मुक्तिबोध : सर्जक और विचारक

सेवाराम त्रिपाठी

लोकभारती प्रकाशन

लोकभारती प्रकाशन
पहली मंजिल, दरबारी बिल्डिंग, महात्मा गाँधी मार्ग
प्रयागराज-211 001
वेबसाइट : www.lokbhartiprakashan.com
ईमेल : info@lokbhartiprakashan.com

शाखाएँ : 1-बी, नेताजी सुभाष मार्ग, दरियागंज
नयी दिल्ली-110 002
अशोक राजपथ, साइन्स कॉलेज के सामने
पटना-800 006
36-ए, शेक्सपियर सरणी
कोलकाता-700 017 (प. बंगाल)

प्रथम लोकभारती संस्करण : 2019

आस्था पेपर कन्वर्टर
इलाहाबाद द्वारा मुद्रित

MUKTIBODH : SARJAK AUR VICHARAK
by Sewaram Tripathi

ISBN : 978-93-89243-67-3

मूल्य : ₹ 500

दीदी और दादू
की स्मृति में
भैया और भाभी
के लिए

अनुक्रम

ज़िन्दगी के तापमानों का सच

(दूसरे संस्करण की भूमिका)

मुक्तिबोध सतह के लेखक नहीं हैं। उनकी आवाजाही, पर्वतों-पहाड़ों, खड्डे-खाइयों, दलदली इलाक़ों में भी अनवरत रही है। वे सतहों के आर-पार की दुनिया तक जाते हैं। वे बिखरी हुई-टूटी हुई इकाइयों, अस्त-व्यस्त चीज़ों को संगत निष्कर्षों तक खोजने का उपक्रम करते हैं और निर्माण की दिशाओं और नई संरचनाओं तक पहुँच बनाते हैं। वे चिलचिलाते फ़ासलों को पाटने वाले, जीवन की दरारों के बरअक्स मूल्यवान और अर्थवान सपनों के लिए एक कठिन मानवोचित आदर्शों, लक्ष्यों और इरादों का संधान करने वाले पक्षधर विचारक हैं। वे क़िताबी और वायवीय कल्पनालोक के बाहर निकलकर आकुल और आक्रांत आत्माओं के कोहराम के बीच वास्तविक स्वतंत्रता की खोज करते हैं और अंतःकरण के आयतन को विस्तार देते हुए किसी अंतर्कथा की असमाप्त दास्तान की तरह अपने समग्र लेखन के साथ प्रस्तुत होते हैं।

उनकी रचनात्मकता में लिजलिजापन तथा लल्लो-चप्पों के स्थान पर एक गंभीर प्रतिरोध और पुख़्ता वैचारिक सजगता और रचनात्मक विस्फोट है। उन्होंने दो कठिन पाटों के बीच से ज़िंदगी के हरेपन की तलाश की है। घटाटोप की काट और जीवन-वास्तव की खोज ही उनकी वैचारिक यात्रा का यथार्थ है। यह ठीक है कि वे पाठकीय माँग और पूर्ति की नहीं, अनवरत ज़लज़लों की दास्तानें हैं। इसीलिए वे जो कुछ भी लिखते हैं, वह जनता के पक्ष में पूरी ईमानदारी से लिखते हैं। उनका रचनात्मक हस्तक्षेप किसी भयावह हॉरर और ट्रेजडी से कम नहीं है। मुक्तिबोध के यहाँ विवाद है तो संवाद का घनत्व भी है। वे समीक्षा को प्रेम-दर्शन कहते हैं- "यदि साहित्य-सृजन एक संघर्ष है- तो समीक्षा एक 'प्रेम-दर्शन' है- ऐसा प्रेम-दर्शन जो आवश्यकता पड़ने पर अतिशय कठोर होता है; किंतु सामान्यतः उदार और कोमल रहता है।" रोज़मर्रा की ज़िंदगी के शोर में उनका दिल सत्य के लिए बेचैन रहा है। वे हर प्रकार की गाँठों को खोलने वाली आवाज़ रहे हैं और सत्य की अकुलाहट भरी पुकार भी। उनकी मानसिक और जीवन-जगत आकृतियों में उखड़ा-पुखड़ापन चाहे जितना हो, उनकी आत्मा की टेर समाज की तलछट और युग की सलवटों को बार-बार ठीक करने का उद्यम करती है। उनकी पुकार, शताब्दियों को लाँघने की प्रेरणा और आमजन के लक्ष्यों को बहुत दूर तक ले जाने की बलवती स्पृहा से भरी

हुई है। मुक्तिबोध ज़माने के उस मुकम्मल चेहरे की खोज में हमेशा रहे; जिसे परंपरा के बंधनों ने विकृत करने की कोशिश की थी। उनके लेखन में हर तरह की जकड़बंदी और अर्गलाएँ तोड़ने की पहल थी। मुक्तिबोध के रचनात्मक सरगम में बेतहासा बेचैनी और हर टूट-फूट को तयशुदा लक्ष्यों के साथ उजागर करने का प्राणपण से प्रयास रहा।

वे जीवन की यंत्रणाओं में फँसे आदमी को वाणी देते हैं। उनके यहाँ आत्मसंघर्ष और जीवन-संघर्ष की अतृप्त और दुर्दम छायाएँ हैं। उनका वस्तु-संसार बहस और विमर्शों की अपार संभावनाओं का संसार है। बहसें और विमर्श उनके साहित्य की तेजोदीप्ति माँग और ज़रूरत हैं; जिनमें उनकी शैली और शिल्प के अनगिनत आयाम खुलते हैं; गहन अँधेरे में फ़ैंटेसी की एक अविरल धारा का प्रवाह भी प्रकाशित होता है। मुक्तिबोध को दुरूह और जटिल करार देकर उनका क़द छाँटने के प्रयास भी कम नहीं हुए हैं; लेकिन ये समझना ज़रूरी है कि दुरूहता शब्दों में नहीं, परिस्थितियों को अभिव्यक्त करने की जटिलता में होती है। अपने समय की इस जटिलता को पकड़ पाना सबके वश में नहीं होता। भविष्य के समय का संकेत-सूत्र देना सहजता का काम नहीं है। मुक्तिबोध की तब की आशंकाएँ आज अगर हू-ब-हू घटित हो रही हैं तो हमें उनकी कविताई और रचनात्मक तड़प की शक्ति का लोहा मानना ही होगा। उनकी वैचारिक संघर्षशीलता को लांछन लगाकर समाप्त नहीं किया जा सकता। अपने कुत्सित मनोभावों और उनसे निःसृत तकनीकों से आप मुक्तिबोध को सहज ही आच्छादित नहीं कर सकते। उन पर आरोप लगाकर आप पार नहीं पा सकते। वे हवाओं में उड़ जाने वाले लेखक नहीं हैं। जीवन के राग-विराग और संघर्षों और समाज के तापमानों से उनका साहित्य उद्भूत है। ज़िंदगी ने उन्हें इतना कम वक़्त दिया कि उनकी जो मनोगत इच्छाएँ थीं, वे पूरी नहीं हो पाईं। वे आधी-अधूरी योजनाओं का ही ख़ाका बना पाए। उसमें आप घट-बढ़ देख सकते हैं; लेकिन उनकी उत्कट ईमानदारी, रचनात्मक बेचैनी और जटिलताओं के बरअक्स उनकी संभावनाओं के क्षितिज को अब और भी गंभीरता से तलाशना ज़रूरी है।

ताज़्ज़ुब नहीं है कि ऐसे जीवट वाले मुक्तिबोध को उनकी मृत्यु के बाद तरह-तरह से तलाशा गया; जाँचा-परखा गया; ठोंका-बजाया गया। उन्हें बार-बार प्रक्षेपित भी किया गया; लेकिन असंदिग्ध रूप से उनके महत्त्व और उनकी प्रासंगिकता को नए-नए पंख मिले। उनकी रचनात्मकता और वैचारिकता की गहन छान-बीन के बाद उनके लेखक की उड़ान में दिन-ब-दिन इज़ाफा ही हुआ। उन्हें सहमति और असहमति के कठिन पाटों के बीच से, नए-नए रूपों में पहचाना गया। यही उनकी रचनात्मकता की संगति और संभावनाओं का आकाश है। मुक्तिबोध की बेचैनी को समझने के निरंतर प्रयास होते रहे हैं। अब भी यह सिलसिला थमा नहीं है। नई पीढ़ी उनसे ऊर्जा पाती है और नए-नए सवाल भी उठाती है; जो ज़रूरी भी है। यह उनकी रचनात्मक बनक और ऊर्जा की अजस्र धार है। वे भ्रम और वास्तविकता की उन तहों को खोलने और समझाने वाले लेखक रहे हैं; जिसमें संभावनाओं के अनंत विस्तार समाहित हैं। उनकी सर्जनात्मकता में आत्मसंघर्ष, जीवन-जगत को तलाशने का थरथराहट भरा विस्तार है। अकादमिकता उनके सामने

हमेशा बौनी हुई है। उसके परखच्चें भी उड़े हैं; क्योंकि उनके साहित्य में वर्गीय साहित्य की कुंजी छिपी हुई है। वे विचार और पुनर्विचार के, ऊर्जा, साहस, संकल्प के, गहन ईमानदारी, अपर्याप्तता, विसंगतियों, विरोधाभासों और संकल्पों की ऊँचाइयों के, प्रतिबद्धता के तथा जड़ीभूत सौंदर्याभिरुचि को चिह्नित करने वाले हथौड़ामार लेखक रहे हैं। उनके लेखन में जितनी सादगी का मनोजगत है, उतने ही ज़्यादा द्वंद्व, तनाव और प्रश्नाकुलता के व्यापक आयाम हैं। उन्होंने अपना एक रास्ता निर्धारित किया था और दूसरों से वे प्रश्न करते थे कि पार्टनर, तुम्हारी पॉलिटिक्स क्या है? यह पॉलिटिक्स कोई सामान्य पॉलिटिक्स नहीं है। यह संघनित और लंबी मार वाली पॉलिटिक्स है। दुनिया में उठने वाली वैचारिक हवाएँ और ज़िंदगी के कोहराम और हाहाकार उनके यहाँ विस्तार से दर्ज़ हैं। वे बहुआयामिता के पैरोकार रहे हैं। इसीलिए मैं चाहता हूँ कि मुक्तिबोध संबंधी विमर्श अबाध गति से जारी रहे; उनकी रचनात्मक दुनिया, समाज और सांस्कृतिक बेचैनियों को समझने की बेहतरी का एक बायस बने।

पुस्तक का यह दूसरा संस्करण है। पहला संस्करण वर्ष 2001 में आया था। कई वर्षों की अनुपलब्धता के बाद लोकभारती प्रकाशन से यह प्रकाशित हो रहा है। 'मुक्तिबोध : पुनश्च' शीर्षक से चार आलेखों की एक शृंखला इसमें जोड़ दी गई है। इन आलेखों से मूल अध्यायों में छूट गईं कुछ महत्त्वपूर्ण बातें यहाँ स्थान पा सकी हैं। तत्परता से पुस्तक प्रकाशित करने हेतु मैं राजकमल प्रकाशन समूह के श्री आशोक माहेश्वरी, श्री आमोद माहेश्वरी और श्री रमेश ग्रोवर का बहुत आभारी हूँ।

-सेवाराम त्रिपाठी

मुक्तिबोध-पुण्यतिथि,
11 सितम्बर, 2018, रीवा

पुरोवाक्

सेवाराम त्रिपाठी विचारवान शिक्षक हैं। विद्यार्थी जीवन से ही वे कविताएँ लिखते रहे। और महत्त्वपूर्ण काव्य परम्पराओं के पारायण में दिलचस्पी ली। धीरे-धीरे दिखायी पड़ा कि उनके प्रिय कवि मुक्तिबोध हैं। कभी भी मुक्तिबोध की पंक्तियों का निहितार्थ खोलने में जुट जाते। बहस करते और एक आशय से दूसरे आशय के बीच आने-जाने में अपना समय बिताते। इसी बेचैनी के बीच उन्होंने मुक्तिबोध पर ही शोध कार्य पूरा करने का मन बनाया। पंजीयन हुआ। कई बार अवधि पूरी हुई। मन्थरगति का स्वभाव पाने के कारण काम हो पाने में आशंका होती। सुखद आश्वस्ति हुई, जब सेवाराम जी ने शोध प्रबन्ध परीक्षणार्थ प्रस्तुत किया। वही प्रबन्ध है जो परिष्कार के बाद पुस्तकाकार में अब मौजूद है।

मुक्तिबोध की मृत्यु 1964 में हुई। उनकी रचनाएँ चौथे दशक में सामने आने लगीं थीं। तारसप्तक में उनकी कविताएँ थीं जिनकी रचना का क्षितिज ही अलग था। कवि के आत्मसंघर्ष की चित्रमालाओं ने हिन्दी समाज को आकर्षित किया। क्रमशः यह आत्म-संघर्ष नयी कविता का आत्म-संघर्ष हो गया। स्पष्ट विभाजन हुआ-नयी कविता में। विचारधारात्मक रूप से एक ओर अस्तित्ववाद था,-मनोवाद था और दूसरी ओर मार्क्सवाद। सांगठनिक रूप से 'परिमल' और प्रगतिशील लेखक संघ की अलग-अलग प्रतिबद्धताएँ थीं। असमंजस के तनावों से मुक्तिबोध जूझते रहे। वैचारिक और काव्यगत संघर्षों में जो हासिल होता, उसे वे व्यक्त करते। अभिव्यक्ति के खतरे उठाते। सपने बुनकर कविता का लोक बनाते। लगातार फ़ैण्टेसी तैयार होती और वह अपनी भाषा तलाशती। मुक्तिबोध का जीवन कविता का कारख़ाना बन गया। लगातार कविताएँ लिखते, उन्हें जाँचते, काटते, सुधारते, कविता का एक रूप बनता, कुछ दिनों बाद उसमें सम्पादन हो जाता। एक कविता के कई-कई रूप काग़ज़ भरे खोखों में मिले।

मुक्तिबोध का स्वभाव बन गया था, मुश्किलों से उलझना और सुलझाने के लिए चेतना का जूझना। सोते-जागते मानसिक चक्र यथार्थ से सपने की ओर दौड़ता रहता। दिवास्वप्नों का काव्यात्मक रूपान्तरण आधुनिक हिन्दी कविता में इतना तीव्र और जगहों में नहीं है। इस कवि ने कहने को कहानियाँ लिखीं, निबन्ध लिखे, समीक्षाएँ कीं पर उनका मन कविताओं में ही निवास करता था। एक तरह से उनकी काव्य-यात्रा का यह भाष्य है। वह उनकी उलझनों को सुलझाने का रास्ता भी है। रचना प्रक्रिया की कार्यशाला के अनेक साक्ष्य मुक्तिबोध के पत्रों तथा गद्य के अन्य रूपों में हैं। हिन्दी प्रेमी पाठक जानता है कि

'एक साहित्यिक की डायरी' जैसी दूसरी पुस्तक नहीं है। मुक्तिबोध ने जीवन में प्रकाशन की चिन्ता उतनी नहीं की, जितनी रचना की की। यही कारण है कि उनका पहला काव्य संग्रह मृत्यु के बाद छपा। उसका एक कारण यह भी रहा कि वे अपनी रचनाओं से अन्तिम रूप से सन्तुष्ट होना चाहते थे। इरादा रखते थे कि कोई कविता ऐसी हो जाय जो उनकी ''परम अभिव्यक्ति'' बन जाये।

मुक्तिबोध का वास्तविक मूल्यांकन उनकी मृत्यु के बाद हुआ। हिन्दी कविता में उनका प्रभाव असाधारण रूप से पड़ा। 30 वर्षों में इस कवि पर विपुल पुस्तकें आयीं। कोई विश्वविद्यालय न होगा, जहाँ उनके साहित्य पर शोध कार्य न हुआ हो। विविध पक्षों पर अलग-अलग प्रबन्ध तैयार हुए। पाठ्यक्रमों में जगह मिली। काव्य परिदृश्य में जो हवाएँ चलीं, उनमें इस कवि को छूकर आनेवाली वायु तरंगों का अनुभव किया गया। प्रभाव की दृष्टि से निराला और मुक्तिबोध की छायाओं ने कई बार हिन्दी के कवियों को घेर तक लिया। समकालीन कविता का आत्म-संघर्ष ही यह रहा है कि वह इन कवियों के उत्तराधिकार में रचनात्मक विस्तार कैसे करे? मूल्यांकन के क्षेत्र में भी चुनौती बन गयी कि इस काव्यधारा का सौन्दर्यशास्त्र कैसे तैयार करे। आश्चर्य है कि यह कार्य पूरा नहीं हुआ।

सेवाराम त्रिपाठी ने मुक्तिबोध के मूल्यांकन को विवेचन से जोड़ा है। इन्होंने स्वतन्त्र भारत में निर्मित भारतीय समाज के भीतर विकासमान विचारधारात्मक संसार में मुक्तिबोध की उपस्थिति को पहचानने का उपक्रम किया है। इस प्रयत्न में प्रयास यह रहा कि स्वयं मुक्तिबोध के लिए मूल्यांकन के आधार क्या हैं, उपकरण क्या हैं, अपेक्षाएँ किधर जाती हैं, सौन्दर्यबोध की परिधि क्या है और अन्ततः उनकी रचनात्मकता किस तरह का सौन्दर्यशास्त्र खड़ा करती है? यह काम सेवाराम जी ने मुक्तिबोध की कविताओं, कहानियों, विपात्र जैसी लम्बी कहानी, आलोचना और उनके अन्य गद्य रूपों के भीतर से गुज़र कर किया है। वे देखना चाहते थे कि मुक्तिबोध के समग्र साहित्य का आन्तरिक सेतु सूत्र क्या है? यह करने में वे भटके भी। पहले से तैयार स्थापनाओं के भ्रम में पड़े। अपनी सीमाओं का अनुभव किया। संगत समग्र आकलन के लिए सेवाराम जी के प्रयत्न मुक्तिबोध को समझने का आधार बनाते हैं। इस दृष्टि से यह पुस्तक अगला क़दम है। पूरी पुस्तक आलोचना की प्रक्रिया से गुँथी है। भाषा की रचनात्मक झलकियाँ इसमें सर्वत्र मिलती हैं। लेखक की यह पहली आलोचना पुस्तक है। इसे पढ़ते हुए यह कहने का मन करता है कि आलोचक में असीमित सम्भावनाएँ हैं।

—कमला प्रसाद

कैफ़ियत

मुक्तिबोध 1964 के बाद हिन्दी संसार के केन्द्र में रहे हैं और उनकी कविता एक तरह की घटना। उन्होंने अपने समय, समाज और दुनिया की जो पेण्टिंग की है, उसके विविध कोण और आयाम हैं। उनके रचनात्मक सरगम में यथार्थ का बेहद तीखा स्वर है, ऐसा स्वर जो शताब्दियों में कभी-कभार सुनायी पड़ता है। मुक्तिबोध ने अपने लम्बे और तीव्र भावात्मक और वैचारिक संघर्ष के द्वारा जो मूल्य प्राप्त किये वे न तो जड़ हैं न उबाऊ बल्कि वे हमारे जीवन की स्थितियों के ठोस पदार्थ खण्ड है जिन्हें मुक्तिबोध ने बड़ी मुश्किल से हासिल किया। साहित्यिक, सांस्कृतिक एवं सामाजिक क्षेत्रों में काम करते हुए उन्होंने जो दृष्टि प्राप्त की वह सीधी, सरल, सहज और सपाट नहीं है बल्कि उसके रास्ते बड़े पेंचदार, घुमावदार और भूलभुलइयों वाले हैं। मुक्तिबोध ने सभी का गहन परीक्षण, विश्लेषण, और मूल्यांकन करते हुए जो जीवन वास्तव प्राप्त किया, उन्हीं से उनकी रचना दृष्टि का विकास हुआ। उनकी यह रचना दृष्टि दरअसल उनकी विश्व दृष्टि है।

मुक्तिबोध अपने जमाने के सामाजिक सन्दर्भों, नये सांस्कृतिक प्रश्नों, साहित्य के क्षेत्र में हो रहे तीव्र बदलावों और विश्व के समूचे ज्ञान-विज्ञान से एवं विभिन्न उपकरणों से अन्तःक्रिया करते हैं अर्थात् इन्हीं सब के द्वारा उनकी विश्व दृष्टि का विकास होता है। उनके समग्र लेखन में जीवन की अजस्रधारा करण्ट की तरह या किसी स्रोतस्वनी की तरह प्रवाहित होती है। उसी का सम्पूर्ण ग्राफ़ इस पुस्तक में खींचने का मैंने प्रयत्न किया है। इस ग्राफ़ में उनकी विचारधारा जो उनकी समूची रचनाशीलता में एक तरह से पिरोयी हुई है उसे भी मैंने पहचानने की कोशिश की है। मुक्तिबोध का सर्जक व्यक्तित्व और बहुआयामी कृतित्व उनके तीव्र आत्मसंघर्ष एवं जीवन संघर्ष से निर्मित हुआ है इसलिए उसमें सहज सपाटता के स्थान पर स्थापत्य और निर्माण कौशल को लेकर युग के समूचे दबाव और उसकी भावधाराएँ, भाव स्थितियाँ बार-बार हमें उत्तेजित करती हैं। मुक्तिबोध का सम्पूर्ण रचनात्मक ग्राफ़ और वैचारिक ग्राफ़ जीवन के विभिन्न आयामों को संस्पर्श करता है।

इस पुस्तक के पीछे मेरा ध्येय मुक्तिबोध की समग्रता को खोजने का रहा है। ऐसे में सवाल उठता है कि यह प्रयास क्यों? इसका उत्तर देते समय मुझे किसी विचारक की शेक्सपियर के सम्बन्ध में कही हुई बात याद आती है–' ही इज़ रिच इन कण्टेण्ट।' इसका अर्थ होता है, जितनी बार पढ़ा जाय उतनी बार नया अर्थ मिलना। मुक्तिबोध को पढ़ते

वक़्त पाया कि यह भी ऐसा रचनाकार है कि इसे जितने पाठक पढ़ेंगे मुक्तिबोध की कृतियाँ उतनी कृतियाँ होंगी। मैने इसी विश्वास के साथ एक और पाठक बनने का प्रयत्न किया है।

इस अध्ययन के जरिये मुक्तिबोध की सर्जनात्मकता और विचारधारा के अन्त:सम्बन्धों की अन्विति को तलाशना भी मेरा लक्ष्य रहा है। कोशिश यह रही है कि उनके समूचे ग्राफ़ को पूर्वग्रहों से मुक्त होकर समझूँ। मेरा यह भी मानना है कि उनकी रचनाओं से गुज़रना एक प्रतिसंसार से गुज़रना है। ऐसा मुकम्मल प्रतिसंसार विरल रचनाकारों के पास होता है।

मुक्तिबोध के पास यही हैसियत है। खण्ड-खण्ड बिखरे हुए उनके रचनात्मक संसार की अन्विति को तलाशना काफ़ी जटिल काम है, इस जटिलता का बोध हर पाठक अलग-अलग करता है। एक कोशिश यह भी।

इस पुस्तक के पहले अध्याय स्वातन्त्र्योत्तर भारतीय समाज और रचनाकार का संघर्ष में मुक्तिबोध के उस अन्तर्मन की खोज है, जिन प्रश्नों से वे लगातार टकराते रहे हैं और जिनके परिप्रेक्ष्य में उनका जीवन दर्शन निर्मित हुआ। मुक्तिबोध की आलोचना के सैद्धान्तिक और व्यावहारिक पक्षों की खोज–और आलोचना के प्रति रवैये को तलाशने का उपक्रम दूसरे अध्याय में है। मुक्तिबोध की कविता की अन्तर्वस्तु और रूप विन्यास, भंगिमा और तेवर एवं उसके अनगिनत सूत्र तीसरे अध्याय के केन्द्र में हैं। उनकी कहानियों का विभिन्न कोणों से विवेचन, कहानियों के अन्त:स्रोत एवं युगीन सन्दर्भो में उसकी परिणतियाँ चौथे अध्याय में है। पाँचवाँ अध्याय मुक्तिबोध की लम्बी कहानी अथवा लघु उपन्यास 'विपात्र' की पड़ताल से सम्बन्धित है। इसमें बुद्धिजीवियों की मानसिक संरचना एवं विरोधाभाषों को युग की जटिलताओं के परिप्रेक्ष्य में खोजा गया है। छठे अध्याय में मुक्तिबोध के समग्र आकलन का प्रयास है जिसके अन्तर्गत उनकी मान्यताएँ, विचारधारा, सृजनशक्ति और आलोचना शक्ति के अन्त:सम्बन्धों को रेखांकित करते हुए उनके साहित्यिक अवदान को जाँचने-परखने एवं परवर्ती रचनाधर्मिता में उनकी विरासत की पड़ताल से सम्बन्धित है। इस पुस्तक में मुक्तिबोध के कृतित्व और विचारधारा के अन्त:सूत्रों और अन्त: सम्बन्धों की अन्विति को, उनके समूचे ग्राफ़ को पूर्वग्रहों से मुक्त होकर समझने का उपक्रम है। मुक्तिबोध पर जो विवाद हुए हैं उनसे हिन्दी संसार परिचित है। मैंने विवादों को न छेड़ते हुए वस्तुगत तरीक़े से उन तमाम बिन्दुओं की तरफ़ ध्यान देने का प्रयत्न किया है, जो उनके रचनाकर्म को महत्त्वपूर्ण एवं प्रासंगिक बनाते हैं। यहाँ सहमतियों-असहमतियों को खुला छोड़ दिया गया है।

मुक्तिबोध की रचनात्मकता जटिलता के रूप में प्रचारित हुई, लेकिन यदि उसकी अन्तर्वस्तु के अन्त:सूत्र खोल दिये जाते हैं तो रचना स्वयं स्पष्ट और उजागर हो जाती है। प्रो. कमला प्रसाद मेरे अग्रज, प्रेरक एवं निर्देशक रहे हैं। उन्होंने मुझे मुक्तिबोध की नयी अर्थ छवियों से परिचित कराया एवं नयी दृष्टि दी। यदि मेरे परिवारीजनों का दबाव नहीं होता तो सम्भवत: मुक्तिबोध सम्बन्धी यह कार्य पुस्तक का आकार नहीं ले पाता। सामग्री संयोजन में प्रिय छात्र प्रीतम सिंह ने अटूट परिश्रम किया है। उसे साधुवाद देता हूँ। मेरे अनगिनत विचारवान अग्रजों एवं साथियों ने मुक्तिबोध विषयक गुत्थियों को समझने

और सुलझाने में सहायता की, मार्ग सुझाया उन्हें यहाँ स्मरण कर रहा हूँ। पत्नी शान्ति और बच्चों–आशीष, नीलम, मनीष और अभिषेक की दिलचस्पियों ने मुझे कर्मठ और जागरुक बनाये रखा। उनके निश्छल प्यार को शिद्दत से याद करता हूँ। रामकृष्ण प्रकाशन के आदरणीय सिलाकारी जी ने पुस्तक को प्रकाशित करने में तत्परता और रुचि दिखायी। मेरे प्रिय अखण्ड प्रताप सिंह ने भी इस कार्य में मेरी मदद की है। आलोचना की यह कृति हिन्दी संसार को सौम्पते हुए कहना चाहूँगा कि इसमें जो अच्छा है वह सब उनका है और इसकी कमियाँ मेरी कमियाँ हैं।

1 मई, 2001

–सेवाराम त्रिपाठी

स्वातन्त्र्योत्तर भारतीय समाज और रचनाकार का संघर्ष

स्वातन्त्र्योत्तर भारतीय समाज : एक पृष्ठभूमि

आज़ादी के दिन गिरिजाकुमार माथुर ने एक कविता लिखी-'आज जीत की रात पहरुये सावधान रहना' इसमें आज़ादी की ख़ुशी के साथ-साथ उसके प्रति आशंकाएँ व्यक्त की गयी हैं। उनका मानना है कि दुश्मन की अदृश्य छायाओं का डर भी बराबर बना हुआ है। उनकी आशंकाएँ दिन-ब-दिन घटित होते प्रसंगों एवं स्थितियों के माध्यम से हम देख-पहचान सकते हैं। आज भी भारत उन आशंकाओं से बरी नहीं हुआ। वे किसी-न-किसी रूप में अब भी बरकरार हैं। इसी तरह के विचार हिन्दुस्तान के संस्कृतिकर्मियों, विचारकों एवं चिन्तकों ने समय-समय पर व्यक्त किये हैं। भारत की आज़ादी के सिलसिले में तरह-तरह के मतमतान्तर भी रहे हैं। उसकी वजह यह है कि एक लम्बी ग़ुलामी के बाद भारत उससे मुक्त हुआ।

15 अगस्त, 1947 को भारत स्वतन्त्र हुआ। इस ख़ुशी के साथ एक त्रासदी ने भी जन्म लिया, वह थी बँटवारे की त्रासदी। घोषणा हुई कि जो मुसलमान पाकिस्तान जाना चाहें वे जा सकते हैं। नव निर्मित पाकिस्तान में रहनेवाले जो हिन्दू हैं, वे भारत आ सकते हैं। इसका लाभ कट्टरपन्थियों ने उठाया। हिन्दुओं को पाकिस्तान से खदेड़ना शुरू किया। लूटपाट, बलात्कार, आगजनी, हत्या और हत्याकाण्ड जैसी घटनाएँ घटीं, बर्बर जुल्म हुए। अपेक्षाकृत भारत से पाकिस्तान जानेवाले मुसलमानों के साथ ऐसा नहीं हुआ। बँटवारे की प्रतिक्रिया स्वरूप साम्प्रदायिक दंगे शुरू हुए, ये दंगे अंग्रेज़ी शासन की कूटनीतिक चाल 'फूट डालो एवं शासन करो' की नीति के परिणाम स्वरूप सामने आये। अंग्रेज़ी साम्राज्य की नीति थी कि हिन्दुओं और मुसलमानों को एक न रहने दिया जाय। इनकी एकता से अंग्रेज़ी साम्राज्य को हमेशा ख़तरा रहेगा, तो दूसरी ओर दोनों धर्मों के कट्टरपन्थी भी अपनी स्वार्थपरताओं की वजह से ऐसा ही चाहते थे। इन दंगों में अपार जन-धन की हानि हुई। हमारी समन्वयशील, सहिष्णु, सांस्कृतिक भावना को रौंदा गया। शान्ति-सद्भाव की जगह नफ़रत के शोले दहकने लगे। विपुल मात्रा में शरणार्थी भारत आये। उनके पुनर्वास की समस्या, पहली ज़रूरी समस्या हो गयी। अंग्रज़ों से प्राप्त तन्त्र में भारतीय सरकार को कुछ महत्त्वपूर्ण काम पूरे करने थे, इसके पूर्व यह समस्या जटिल रूप से सामने आ गयी। ज़रूरी काम रुक गये और अप्रत्याशित काम अत्यन्त ज़रूरी हो गये। ऐसे ज़रूरी कि उन्हें

लम्बित किया ही नहीं जा सकता था। शरणार्थियों को भोजन, मकान, दवाई और काम की समस्या। देश के कोने-कोने में इनको पहुँचाने और रोज़गार देने की समस्या, भूमि की समस्या। सैकड़ों लोग मरने लगे, बीमार हुए, अपाहिज हुए और नारकीय यन्त्रणाओं से जूझने लगे। इन सबको नियन्त्रित करने की समस्या। देश को आन्तरिक रूप से एकीकृत करने की समस्या, रियासतों को समाप्त करने की समस्या। प्रान्तीय सरकारों के गठन की समस्या। नेताओं के परस्पर अहं से उत्पन्न टकराहटों की समस्या। इस हालात पर शिवदान सिंह चौहान की टिप्पणी ग़ौरतलब है-''आज़ादी के उत्सव अभी मनाये ही जा रहे थे और अंहिसात्मक क्रान्ति की ऐतिहासिक विजय पर नेतागण एक-दूसरे की जय-जयकार कर ही रहे थे कि साम्प्रदायिक आधार पर भारत के विभाजन से उत्पन्न कटुता ऐसी पाशविक हिंसा और रक्तपात में फूट पड़ी, जिसकी मिसाल फासिस्टवाद, नस्लवाद में ही मिलती है और इस निर्मम हत्याकाण्ड में भावना के स्तर पर वे सारे आदर्श और सरल विश्वास, जिन्होंने राष्ट्रीय आन्दोलन को गरिमा और अर्थवत्ता प्रदान की थी, स्वाहा हो गये। राष्ट्रपिता गाँधी की हत्या भी जनमानस में उस विवेक को नहीं जगा सकी, जो मनुष्य को क्षुद्र स्वार्थों से ऊपर उठाता है बल्कि गाँधी की हत्या आदर्शवादी भारत की अकाल मृत्यु और मूल्यों के विघटन का प्रतीक बन गयी।''[1]

समस्याओं का ज्वार देश के समक्ष चुनौती की तरह प्रस्तुत हुआ। दूसरी ओर संविधान सभा का गठन होना था, जो अम्बेडकर के नेतृत्व में सम्पन्न हुआ। इतिहासकारों ने इन समस्याओं को भिन्न-भिन्न कोणों से आंकने का प्रयास किया है। ''भारत द्वारा राजनीतिक स्वतन्त्रता की प्राप्ति उसकी आर्थिक तथा सामाजिक प्रगति की एक महत्त्वपूर्ण पूर्वापेक्षा थी, लेकिन स्वतन्त्रता के बाद के प्रारम्भिक वर्षों में भारतीय समाज के केवल सम्पत्तिवान संस्तर ही इस प्रगति के सुफलों का उपयोग करने की स्थिति में थे। 1947-1949 के वर्षों में भारतीय जनता के व्यापक हिस्सों की निर्वाह अवस्थाओं में लगातार गिरावट आयी जिसके कारण देश में सामाजिक तनाव बढ़ा तथा वर्ग-संघर्ष में तेज़ी आयी।''[2] 26 जनवरी, 1950 को भारतीय गणतन्त्र की स्थापना हुई। संविधान के अनुरूप चुनाव हुए और सच्चे अर्थों में जनतन्त्र स्थापित हुआ। स्वतन्त्र भारत में जनता उम्मीदों का स्वप्न लेकर दौड़ रही थी। सरकार से अपेक्षाएँ थीं। रोज़गार, शिक्षा और विकास की माँगें भी। इसी बीच चुनाव की घोषणा हुई। उसमें कांग्रेस का प्रभामण्डल राजनीतिक रूप में बदल गया। उसी से निकल-निकलकर अनेक टुकड़े बने, जैसे-समाजवादी पार्टी, स्वतन्त्र पार्टी आदि। कम्युनिस्ट पार्टी का अपना पहले से ही अस्तित्व था। चुनाव में समूची पार्टियाँ लड़ीं। चुनाव हुए, निर्वाचित सरकारें बनीं। प्रायः कांग्रेस की सरकारें सत्तानशीन हुईं। अन्तरराष्ट्रीय आदान-प्रदान शुरू हुआ। पश्चिमी सभ्यता समाज की परम्परागत व्यवस्था के स्थान पर नयी समाज व्यवस्था विकसित हुई। जाति प्रथा की कठोरता लुप्त होने लगी।...परिवर्तन एवं गतिशीलता की इस प्रक्रिया में प्राचीन भारत की सामाजिक-सांस्कृतिक विशेषताओं में तीव्रगति से बदलाव आया है। ... आधुनिक यातायात के साधनों एवं जनसंचार माध्यमों ने जीवन की सम्पूर्ण धारा को ही बदल दिया है।'' (भारत की सांस्कृतिक विरासत -पृष्ठ-44)

हमारी राष्ट्रीय आवश्यकताओं के अनुरूप जनसंचार माध्यमों से हमारा अन्तरराष्ट्रीय सम्पर्क बना। मिश्रित अर्थव्यवस्था के द्वारा सरकार ने समाजवादी अर्थव्यवस्था की तरफ़ संक्रमण किया। बाद में कांग्रेस ने अपना लक्ष्य समाजवादी समाज की रचना रखा। देश में मध्यवर्ग का तेज़ी से उदय हुआ। स्वतन्त्रता के पश्चात् तब्दीली यह आयी कि चमक-दमक और फैशन-परस्ती ने अपना जलवा दिखाना शुरू किया। हमारे देश में उपभोक्तावाद का ज़बर्दस्त रेला आया। नेहरू के नेतृत्व में सरकार ने पंचशील और सहअस्तित्व-शान्ति सद्भाव और भाईचारे की भावना का ऐलान किया। इसी पर भारत की विदेश नीति निर्धारित हुई। नये ज्ञान, नयी तकनीक से भारत परिचित होने लगा। इस तरह नये मनुष्य, नयी संस्कृति का उदय हुआ। औद्योगिक क्रान्ति और वैज्ञानिक विकास के रास्ते भारत ने अपने विकास के पाँव मंज़िल पर रखने शुरू किये। बाधाएँ भी बहुत थीं और चुनौतियाँ भी। हमें अपने देश का और अपने समाज का नये ढंग से विकास करना था ताकि हम दुनिया के सामने सम्मान के साथ खड़े हो सकें। इसी दौर में नये और पुराने मनुष्य के बीच संघर्ष शुरू हुआ, पीढ़ी-दर-पीढ़ी का संघर्ष भी सामने आया। दबे-कुचले लोगों में विश्वास की नयी लहर आयी। सदियों से प्रताड़ित भारतीय नारी को अपनी स्वतन्त्रता के सपने मिले। शिक्षा संस्थानों के खुलने से और दुनिया के नये संचार माध्यमों के आने से, हमारे ज्ञान के कपाट खुले, बन्द तहख़ाने ध्वस्त होने शुरू हुए। हमारी यात्रा अन्धकार से प्रकाश की ओर प्रारम्भ हुई हालाँकि शंकाओं और सन्देहों के बीच भारतीय समाज के निर्माण की प्रक्रिया शुरू हुई। दुष्यन्त ने लिखा है-"कहाँ तो तय था चिरागां हरेक घर के लिए/कहाँ रोशनी मयस्सर नहीं शहर के लिए कुल मिलाकर जो नया भारतीय समाज बना, उसमें विकास की नयी-नयी किरणें फूटीं। उनके लक्षणों को हम इसी परिप्रेक्ष्य में समझ सकते हैं।

नये सांस्कृतिक प्रश्न

प्रायः हर युग में संस्कृति हमारे चिन्तन का केन्द्र बिन्दु और मूलाधार रही है, क्योंकि समाज में जितने भी बदलाव घटित होते हैं, उनके मूल में सांस्कृतिक सवाल हमेशा प्रत्यक्ष या परोक्ष रूप में विद्यमान रहते हैं। आज़ादी मिलने के पश्चात् समाज की मानसिकता में भी क्रान्तिकारी परिवर्तन आया। ग़ुलामी से आज़ादी की ओर का यह संचरण स्वयं एक क्रान्तिकारी मूल्य है। इस रूपान्तरण की प्रक्रिया के अन्तर्गत हमारी विचारणा में इस बदलाव का एक व्यापक अर्थ भी निहित था और उसके मान-मूल्य भी। भारत की आज़ादी सत्ता के हस्तान्तरण के अलावा व्यापक-सामाजिक परिवर्तन के द्वार खोलनेवाली थी, जिसके अन्तर्गत सामाजिक न्याय, समानता, सहअस्तित्व जैसे चिरन्तन मानवीय प्रश्न भी थे। इसकी वजह से मूल्यों में व्यापक परिवर्तन की गूँजें-अनुगूँजें भी कहीं-न-कहीं विद्यमान थीं। संस्कृति को परिभाषित करते हुए कहा गया है कि-"संस्कृति मनुष्य की सृजनामक शक्तियों और योग्यताओं के तथा समाज के विकास का ऐतिहासिकतः निर्धारित स्तर है। यह स्तर लोगों के जीवन और कार्यकलाप के संगठन के रूपों एवं प्रकारों में तथा लोगों द्वारा निर्मित भौतिक एवं आत्मिक मूल्यों में व्यक्त होता है।"[3]

भारतीय संस्कृति के पारम्परिक मूल्यों और बदलाव की स्थिति को संकेतित करते हुए एवं उसकी व्याप्ति की चर्चा करते हुए विष्णु सखाराम खाण्डेकर लिखते हैं कि– ''भारतीय संस्कृति में सुखी जीवन के आधार के रूप में संयम के सूत्र पर ही हमेशा बल दिया है। यह समाज अब भी अर्थहीन वैराग्य की ओर अवास्तविकता से झुका है, भौतिक समृद्धि की ओर इस संस्कृति ने अनजाने पीठ फेर ली है। विगत तीन सदियों में विज्ञान के सहारे पली यान्त्रिक संस्कृति संसार के जीवन की स्वामिनी बनती जा रही है। इस संस्कृति का शिकार बना इन्सान भोगवाद को ही जीवन का मध्यवर्ती सूत्र मानकर जीने की कोशिश कर रहा है किन्तु भारतीय संस्कृति में बताया गया चरम वैराग्य जिस तरह मानव को सुखी नहीं कर सकता, उसी तरह यान्त्रिक संस्कृति में बताया गया अनिर्बन्ध भोगवाद भी आजकल के मानव को सुखी नहीं कर सकता।'' (ययाति–पृष्ठ 10–11) खाण्डेकर जी ने दो मुद्दे उठाये हैं–अर्थहीन वैराग्य और दूसरा अनिर्बन्ध भोगवाद। ये दोनों जीवन की अतियाँ हैं। हमारे जमाने की विभीषिका और सोच में हुए व्यापक परिवर्तनों से बार-बार ऐसा लगता है कि अब ऐसा समाज ढल रहा है जिसमें कृत्रिमता और हाच–पाच बहुत है और जिसकी विचार प्रणाली में पारम्परिक मूल्यों के विघटन की त्रासदी भी है और उसका ढहा हुआ अस्तित्व भी।

हमारे कालखण्ड की विभीषिकाएँ और त्रासदियाँ अनन्त हैं। इनको रेखांकित करते हुए पूरनचन्द्र जोशी लिखते हैं कि–''आज के सांस्कृतिक पुनर्जागरण की प्रक्रिया तब तक पूरी तरह प्रस्फुटित नहीं होगी जब तक विनष्ट होते हुए जनजीवन के सामुदायिक ढाँचे को भी हम नये रूप से पुनर्जीवित नहीं करते और केवल स्वार्थ और व्यक्तिवाद की तेज़ी से आती हुई आँधी को रोकने के लिए सामुदायिक जीवन के मूल्यों पर आधारित एक नयी आर्थिक व्यवस्था नहीं बनाते।''[4] हिन्दुस्तान के मध्यवर्गीय बुद्धिजीवी निरन्तर जिन सांस्कृतिक सवालों से जूझते रहे हैं, उसकी पहचान हमें अपने युग की चुनौतियों के परिप्रेक्ष्य में ही करनी पड़ेगी, तभी हम भारत में हो रहे व्यापक परिवर्तनों को समझ सकते हैं और उसी में हमें भारत के सांस्कृतिक संकट का पूरा ग्राफ़ दिखायी पड़ सकता है। बुद्धिजीवियों का रचनात्मक चिन्तन उनके अन्दर की बेचैनी को विभिन्न कला माध्यमों के द्वारा रेखांकित करता आया है। पं. नेहरू ने एक महत्त्वपूर्ण तथ्य की ओर हमारा ध्यान आकृष्ट किया था। उन्होंने परिवर्तन की परिस्थितियों को दो कोणों के माध्यम से उठाया है। ''इतिहास में कभी–कभी ऐसा भी समय आता है जब परिवर्तन की प्रक्रिया और उसकी तेज़ी कुछ अधिक प्रत्यक्ष हो जाती है, लेकिन साधारणतः बाहर से उसकी गति दिखायी नहीं देती। परिवर्तन का बाहरी रूप प्रायः निस्पन्द ही रहता है।[5] संस्कृति की मूल संवेदना को समझने के लिए आवश्यक है कि हम उन सांस्कृतिक, सामाजिक, आर्थिक एवं राजनैतिक समस्याओं की खोज करें, जिनके विरोधाभासों और विकृतियों से हमारा आमना–सामना निरन्तर होता रहता हैं। संस्कृति के प्रश्न पर, ''माओ की यह प्रसिद्ध स्थापना है कि आधार और अधिरचना में कौन प्राथमिक है और कौन नहीं, यह सदा के लिए निश्चित नहीं, बल्कि परिस्थिति के अनुसार उनके महत्त्व में परिवर्तन होता रहता है। इस विचार के अनुसार किन्हीं परिस्थितियों में अर्थव्यवस्था को नहीं, संस्कृति को

प्राथमिकता देना अनिवार्य हो सकता है।... माओ ने क्रान्ति में संस्कृति की भूमिका का प्रश्न उठाकर एक महत् योगदान दिया।''[6]

ज़ाहिर है कि संस्कृति के अन्तस्सम्बन्ध विभिन्न कला माध्यमों में तो प्रतिफलित होते ही हैं, संस्कृति की विविधता के केन्द्र में उसकी विकास प्रक्रिया और अन्य प्रश्नों से उसकी अन्त: क्रियाएँ भी होती हैं। ''राजनीतिक स्वतन्त्रता, आर्थिक विकास और सामाजिक समता के आदर्शों में अब सांस्कृतिक स्वायत्तता का लक्ष्य भी जुड़ गया है। परम्परा की उपेक्षा नहीं की जा सकती। उसे दबाया भी नहीं जा सकता। सांस्कृतिक विविधता स्वाभाविक है, किसी रोग का लक्षण नहीं। वह यदि बढ़ती है तो बढ़े। अंकुश लगाना है सांस्कृतिक अहंकार और असहिष्णुता परं साथ ही समूची मानव जाति के विकराल प्रश्नों को हल करने के सहयोगी और सहभागी प्रयत्न भी आवश्यक हैं। यह महान् लक्ष्य परम्परा की ऊर्जा और जातीय सृजनात्मकता के उपयोग के बिना प्राप्त नहीं होगा। विवेक सम्मत इतिहास-दृष्टि का विकास परम्परा की विकृतियों को दूर करने में सहायक होगा और उनके सहअस्तित्व को भी सम्भव बनायेगा।''[7]

संस्कृति के विकास की प्रक्रिया सहज सपाट नहीं होती बल्कि यह जटिल प्रक्रिया है। परम्परा, विकास, आधुनिकता, वैज्ञानिक प्रविधि, प्रौद्योगिकी, राजनीति और सामाजिक सम्बन्धों की अटूट श्रृंखला से उसके द्वन्द्वात्मक अन्त:सम्बन्ध हैं। भारतीय समाज के प्राचीन वैचारिक, सैद्धान्तिक एवं संस्थागत आधार समाप्त हो रहे हैं। नये आदर्श, नये जीवन मूल्य एवं नवीन जीवन प्रणाली स्थान ले रही है। नये सांस्कृतिक प्रश्नों की जटिलता का खुलासा हम कुछ महत्त्वपूर्ण बिन्दुओं के सन्दर्भ में करना चाहेंगे, जिनके द्वारा संस्कृति संचालित विकसित एवं पुनर्रचित होती है-मसलन पुराने संस्कारों का विलोपन और नये संस्कारों का स्थापन, जनतन्त्र की स्थापना, अधिकारों का उदय और उनके प्रति जागरूकता, स्त्री मुक्ति, युवा पीढ़ी का उदय और उसकी हैसियत, मध्यवर्ग की नयी भूमिका, विश्व की संस्कृतियों से अन्त:क्रियाएँ, नयी संचार प्रणाली से बनता नया मनोविज्ञान, रिश्तों के नये मूल्य समीकरण और संस्कृति के स्वरूप में राष्ट्रीयता की अवधारणा। दरअसल ये सांस्कृतिक सवाल मुक्तिबोध को निरन्तर मथते रहे हैं और उनकी वैचारिक दुनिया में अन्तर्क्रियाएँ करते हुए उनके रचनात्मक लेखन और मन्तव्यों में फूटते रहे हैं। इन सबकी एक संक्षिप्त झलक इस रूप में प्रस्तुत की जा सकती है।

पुराने संस्कारों का विलोपन और नये संस्कारों का स्थापन

वैज्ञानिक युग और औद्योगिकीकरण की शुरुआत होने से संस्कृति के नये दबाव देश में पैदा हुए, ऐसे में जो मृत और जर्जर रीति-रिवाज़, अन्धविश्वास और धार्मिक रूप-रंग में सने लोक-सांस्कृतिक-आचरण की जगह नये सोच, नयी जीवन प्रणाली विकसित हुई। जन्म से लेकर मृत्यु के जो भारतीय संस्कार हैं उनमें परिवर्तन हुए। सांस्कृतिक उत्सव बदलने लगे। यह परिवर्तन सर्वथा सकारात्मक ही रहा हो ऐसा नहीं कहा जा सकता। इसमें पश्चिम का प्रभाव विशेष रूप से पड़ा। विदेश जानेवाले लोग और विदेशी संस्कृति का प्रभाव लानेवाले लोग काफ़ी संख्या में हुए। उनका प्रभाव भी पड़ा, विशेष रूप से शिक्षित

समाज में अपने व्यक्तित्व को लेकर तरह-तरह के बौद्धिक और सांस्कृतिक दबाव पैदा हुए। व्यक्ति की अस्मिता और व्यक्ति की स्वतन्त्रता किस हद तक-यह प्रश्न सामने आया। नैतिक-अनैतिक मानदण्डों के प्रति अरुचि पैदा हुई। वर्जनाओं के ख़िलाफ़ युवा पीढ़ी में तेज़ी से सक्रियता बढ़ी। महानगरों में तलाक़ स्त्री और पुरुषों में धड़ल्ले से होने लगे। स्त्रियाँ नौकरी करने लगीं, दफ़्तरों में जाने लगीं, अकेले घूमने लगीं। हरिजनों के लिए पाठशालाएँ खुलीं। उनकी वेशभूषा में परिवर्तन आया। उनकी जड़ताएँ क्रमशः टूटने लगीं। ऐसे में अस्मिता की बातें दूर-दूर तक या गाँव तक पहुँचने लगीं। परिवहन की सुविधाओं के कारण लोग आवाजाही करने लगे, इसलिए छूआछूत की भावनाएँ शनैःशनैः कमज़ोर पड़ने लगीं। समाज में दैन्य, निवेदन का भाव छूटा। भिक्षावृत्ति और दानवृत्ति मूल्य के रूप में अमान्य हुई। संस्कारों में भी क्रमशः परिवर्तन शुरू हुए। जड़ताओं के स्थान पर हर जगह खुलापन आया।

स्वतन्त्रता के पश्चात् अपेक्षाओं का लोगों के सामने अम्बार था लेकिन जिस तरह का राजनैतिक-सामाजिक ढाँचा सक्रिय था यानी पूँजीवादी-साम्राज्यवादी नीति से बना राजनैतिक पथ। उसके परिणाम से गाँव उजड़ने लगे, छोटे-छोटे उद्योग धन्धे नष्ट हुए। गृह उद्योग में लगे लोग बेरोज़गार हुए, इसलिए लोग जीविकोपार्जन के लिए शहरों की तरफ़ भागे। शहरीकरण बढ़ा, गाँव में रहना हीनता का बोधक बना फलतः समाज में नयी तरह की विकृतियाँ आयीं और असन्तोष उभरने लगा। चमक-दमक एवं फ़ैशन-परस्ती की गुंजलक में समाज जकड़ता गया। विचारधाराओं के आक्रमण से जातीय चेतना लुप्त होने लगी। अराजक जीवन प्रणाली का तेज़ी से विकास हुआ। सन्तोष से रहने की प्रवृत्ति ठहर गयी, इससे एक तरह की रिक्तता का बोध हुआ। स्तुतिवाद और अवसरवाद के तत्त्व आये। इससे मध्यवर्ग महत्त्वाकांक्षी बना। इधर राजनीति से लोगों की जो उम्मीदें थीं, उनसे मोहभंग होना शुरू हुआ जिससे निषेधवादी प्रवृत्तियाँ पनपने लगीं। अस्तित्ववादी विचारों का प्रभाव भी इस दौर में होड़ लेने लगा। संयुक्त-परिवार टूट गये लेकिन जो नयी पारिवारिक इकाइयाँ बनीं, उनके बन्धनों का सूत्र बहुत मज़बूत नहीं बना। इस पूरे सांस्कृतिक बदलाव में मध्यवर्ग की स्थिति दिन-ब-दिन हास्यास्पद हुई, वह दो पाटों के बीच पिसने लगा।

ज़ाहिर है कि पुराने संस्कार जब-जब टूटते हैं, दर्द होता है और नये संस्कारों का निर्माण होता है तब भी कठिनाई आती है। वस्तुतः वैचारिक संघर्ष नये और पुराने के बीच की अन्तःक्रिया है और इसी में हमारे समग्र विकास की अन्विति है। हालाँकि यह अन्विति सहज, सपाट एवं सरल प्रक्रिया नहीं है। दरअसल यह पेचीदा और घुमावदार प्रक्रिया है। "समाज के विकास में विचार सक्रिय भूमिका अदा करते हैं। सामाजिक जीवन के हर क्षेत्र में जनगण सदा सचेत एवं सोद्देश्य रूप में कार्य करते हैं। इसलिए उनके विचार, मत एवं सिद्धान्त जीवन के सभी पहलुओं में प्रविष्ट होते हैं तथा उन पर अत्यधिक प्रभाव डालते हैं। सामाजिक विचारों की सक्रियता इस चीज़ में प्रदर्शित होती है कि जनता के लिए कार्य-क्षेत्र में पथप्रदर्शक का काम करते हैं, उसे ऐक्यबद्ध करते हैं तथा कतिपय कार्यों की सिद्धि की दिशा में उसके प्रयासों को केन्द्रित करते हैं।"[8] इस तरह हम देखते हैं कि पुराने

संस्कारों और नये संस्कारों में हमेशा द्वन्द्व होता है लेकिन द्वन्द्व से गतिशीलता का जन्म होता है।

जनतन्त्र की स्थापना

आज़ादी मिलने के पश्चात् राष्ट्रीय विकास एवं सम्पूर्ण मानव समाज के विकास की प्रक्रिया शुरू हुई। इस दौर में राष्ट्र के सामने आर्थिक, सामाजिक एवं सांस्कृतिक विकास मुख्य था मसलन–भारत को आर्थिक रूप से दुनिया के सामने खड़ा होना है। अपनी सम्प्रभुता की रक्षा करनी है एवं वैज्ञानिक, तकनीकी और औद्योगिक इकाई के रूप में इसे समृद्ध करना है। इन सभी की लक्ष्य प्राप्ति किये बिना कोई राष्ट्र टिक नहीं सकता। अपने पैरों पर खड़े होने की यह प्रक्रिया सामान्य नहीं होती बल्कि इसकी जटिलताएँ हमें लगातार विचलित करती हैं। स्वतन्त्रता के बाद जो सपने बुने वे पूरे नहीं हो पाये, क्योंकि विकास चौतरफ़ा होना चाहिए था और ऐसा इसलिए सम्भव नहीं हो पाया कि राष्ट्र को हिन्दू–मुस्लिम संघर्ष की त्रासदी झेलनी पड़ी। हमारे सामने शरणार्थियों की समस्या थी और उनके पुनर्वास की भी। शिक्षा, चिकित्सा, प्रौद्योगिकी, अनाज व्यवस्था, संचार प्रणाली एवं जनतन्त्र की स्थापना भी मूल लक्ष्य था। हम अपने राष्ट्र को लोक कल्याणकारी राष्ट्र बनाना चाहते थे। संविधान सभा के निर्माण के पश्चात् हमने नये जनतन्त्र की स्थापना की।

भारतीय संविधान की प्रस्तावना में कहा गया है कि, "हम भारत के लोग, भारत को एक सम्पूर्ण प्रभुत्व सम्पन्न, लोकतन्त्रात्मक गणराज्य बनाने के लिए तथा उसके समस्त नागरिकों को सामाजिक, आर्थिक और राजनीतिक न्याय, विचार अभिव्यक्ति, विश्वास, धर्म और उपासना की स्वतन्त्रता, प्रतिष्ठा और अवसर की समता प्राप्त करने के लिए, तथा उन सबमें व्यक्ति की गरिमा और राष्ट्र की एकता सुनिश्चित करनेवाली बन्धुता बढ़ाने के लिए दृढ़ संकल्प होकर अपनी इस संविधान सभा में आज तारीख़ 26 नवम्बर, 1949 ई. ... को एतद् द्वारा इस संविधान को अंगीकृत, अधिनियमित और आत्मार्पित करते हैं।" संविधान की मूल भावना में सम्पूर्ण शक्ति जनता में केन्द्रित है। हमारा संविधान न्याय का संकल्प लेता है और हर प्रकार की समानताओं को प्रतिष्ठापित करता है।

दूसरी ओर दबे कुचले वर्गों के आरक्षण का मामला भी था और बहुभाषाभाषी, विभिन्न धर्मावलम्बी राष्ट्र होने के कारण सबके विकास की भी समस्या थी। धीरे–धीरे लोगों के मन में आज़ादी से मोहभंग होना शुरू हुआ। उनके सपने टूटने लगे। जो राजनेता सत्ता में काबिज़ हुए, उनकी स्वार्थपरताएँ दिन–दूनी रात–चौगुनी बढ़ीं। जनकल्याण की जगह स्वकल्याण का निरन्तर विकास हुआ। यह समूचा परिदृश्य और इसकी आपाधापियाँ हमारे सम्पूर्ण साहित्य एवं कला माध्यमों में मुखरित होती हैं। 'नया ख़ून' और 'वसुधा' में मुक्तिबोध द्वारा लिखी गयीं सामयिक टिप्पणियाँ आज़ादी एवं जनतन्त्र के मोहभंग को सूचित करती हैं। पूरनचन्द्र जोशी लिखते हैं कि–'भारत में स्वतन्त्रता की प्राप्ति और नये समाज के निर्माण के बीच एक लम्बा संघर्ष काल है

जिसमें सबसे निर्णायक नये जीवन-दर्शन का सर्जन ही है और एक ऐसे नवप्रबुद्ध वर्ग का जन्म, जो इस नये जीवन दर्शन का वाहक बने सके।" (परिवर्तन और विकास के सांस्कृतिक आयाम-पृष्ठ-29) भारत में परिवर्तन की प्रक्रिया तेज़ हुई। उसके उजले और अँधेरे दोनों पक्ष हैं। राजनीति के चरित्र का जायज़ा लें तो "राजनीति त्याग और तपस्या के संस्कार जगाने वाली राजनीति नहीं, बल्कि पद-लालसा और धन समृद्धि के संचय और भोग की कामना उकसाने और भड़कानेवाली राजनीति है। ऐसी राजनीति की बागडोर यदि ऐसे वर्ग के हाथों में आ जाये और सत्ता को इन्हीं निम्न स्तर की प्रवृत्तियों की पूर्ति का साधन बनाने के लिए कटिबद्ध हो जाय, तो राष्ट्र के लिए ऐसी राजनीति के परिणाम विस्फोटक और अनिष्टकारी ही होंगे।" (वही-पृष्ठ-28)

हमारा जनतन्त्र रजवाड़ों और अंग्रेज़ों के युग के नौकरशाहों के भीतर से जन्मा था। व्यवस्था की संरचना में बदलाव नहीं हुए। जनता के हितों की तरफ़ ध्यान नहीं दिया गया। जनतन्त्र के आचार-व्यवहार के शासकीय तौर-तरीक़े और जनता की सोच तथा चरित्र के तौर-तरीक़ों में अन्तर बढ़ता गया हालाँकि आज़ादी के समय उनका विरोध नहीं हुआ, क्योंकि शताब्दियों की परतन्त्रता के बाद जनतन्त्र की स्थापना हुई थी। ऐसा सोचना कि जनतन्त्र की स्थापना के पश्चात् भारत में प्रगति नहीं हुई, ज़्यादती ही है। विकास हुआ लेकिन पूँजीपति मालामाल हुए, नेता उच्छृंखल एवं भ्रष्ट हुए, नौकरशाह स्वार्थपरस्त हुए। जनता के लिए उपलब्ध की गयी कल्याणकारी योजनाएँ जिस ढंग से संचालित की जानी चाहिए थीं, उनका संचालन व्यवस्थित नहीं हुआ लिहाज़ा इस जनतन्त्र से ग़रीब अधिक ग़रीब हुआ और धनी अधिक धनी हुआ। समानता की बातें काग़ज़ों तक सीमित रह गयीं फलतः समाज में गहरा असन्तोष उपजता और बढ़ता गया। इन समूची स्थितियों के कारण एक नयी संस्कृति विकसित हुई, जिसमें जटिलताएँ हैं। ग्रामीण जीवन में कुण्ठाएँ आ गयीं। नगरों का विकास हुआ। आधुनिकतावाद के रेले से ज़िन्दगी का पारम्परिक ढाँचा तो टूटा लेकिन एक अराजक जीवन, भोगवाद, एवं स्वार्थपरताओं के मूल्य विकसित हुए।

अधिकारों का उदय और उनके प्रति जागरूकता

प्रत्येक नागरिक को भारतीय संविधान कुछ मूलभूत मौलिक अधिकार देता है। प्रश्न यह उठता है कि ये मौलिक अधिकार किसलिए? निश्चित रूप से मनुष्य के सर्वांगीण विकास के लिए। अधिकार को परिभाषित करते हुए प्रो. लास्की लिखते हैं कि, "अधिकार सामाजिक जीवन की वे बुनियादी परिस्थितियाँ हैं, जिनके बिना साधारणतः कोई मनुष्य अपना पूर्ण विकास नहीं कर सकता।" इसका तात्पर्य यह कि हमारे सामाजिक जीवन को सुरक्षा की गारण्टी देनेवाले अधिकार ही हैं और यह भी तय है कि अधिकारों के बिना मनुष्य अपना समग्र विकास नहीं कर सकता। इनका विश्लेषण करते हुए जी. एन. जोशी की मान्यता है कि-"एक स्वतन्त्र प्रजातन्त्रात्मक देश के मौलिक अधिकार, सामाजिक, धार्मिक और नागरिक जीवन के प्रभावदायक उपभोग के एक मात्र साधन हैं। इन अधिकारों के बिना प्रजातन्त्रात्मक सिद्धान्त लागू नहीं हो सकते और सदैव ही बहुमत के

अत्याचार का भय बना रहता है'', यहां यह चर्चा भी आवश्यक है कि अधिकार हमेशा अपने लिये कर्त्तव्यों की चुनौती लेकर आते हैं। आज़ादी के बाद नयी हवा, नया प्रकाश और नयी परिस्थितियाँ आयीं। ऐसा लगा मानों सब कुछ हमारी मुट्ठी में है। हमारे भीतर सब-कुछ पा जाने की इच्छा प्रबल रूप से जागृत हुई, लिहाजा हर समाज, हर व्यक्ति अधिकारों के प्रति सतर्क हुआ, वह सब कुछ पाना चाहता था हालाँकि देश का पर्यावरण देश की परिस्थितियाँ सब-कुछ दे सकने में समर्थ नहीं हुईं। नीति-निर्देशक सिद्धान्तों के जरिये नागरिकों के कर्त्तव्य भी सुनिश्चित किये गये। अधिकार हमेशा नियन्त्रित होते हैं, वे निर्बन्ध नहीं हो सकते। निर्बन्ध होते ही अराजकता की स्थितियाँ निर्मित होने लगती हैं।

अधिकार कर्त्तव्य की कसौटी पर ही खरे हो सकते हैं। भारत में अधिकारों की गारण्टी तो थी लेकिन कर्त्तव्यों के प्रति उदासीन रहने के कारण किसी भय का कोई दबाव नहीं था। इसलिए इन परिस्थितियों के परिप्रेक्ष्य में अधिकारों के दावे तो निरन्तर पेश किये जाते रहे। सांगठनिक रूप से विभिन्न लड़ाइयाँ भी लड़ी जाती रहीं। समूचे देश में विभिन्न प्रकार के संगठन भी अस्तित्व में आते रहे और अपना दबाव अधिकारों की प्राप्ति हेतु अनुभव कराते रहे लेकिन विकास के आँकड़े बताते हैं कि काम के घण्टों के अनुपात में श्रम नहीं किया गया, इसलिए राष्ट्रीय उत्पादन में निरन्तर गिरावट आती रही। तात्पर्य यह है कि अधिकार की माँग बढ़ी लेकिन कर्त्तव्य की पूर्ति नहीं बढ़ी जैसे-अधिकार खुले मन से नहीं दिये गये, शासक चाहते थे कि अधिकार पाने वाले अधिकार का खुला प्रयोग न कर पायें। अधिकार सम्पन्न वर्ग में निहित हों। खुले रूप में कर्त्तव्य के लिए जनता आगे नहीं बढ़ी, इसीलिए खाई निरन्तर बढ़ती गयी। असन्तोष अधिकारों के प्रति तो दायित्वबोध कर्म के प्रति भी कम। बेहतरी का जिन्हें लाभ मिला, जो लाभकारी स्थितियों में आ गये उनका भी असन्तोष सम्पन्नता के लिए था, कर्त्तव्यों के प्रति नहीं। कर्त्तव्य और अधिकार दो पैर और दो आँखें हैं इसलिए इनकी संगति और सहभागिता अत्यन्त ज़रूरी है। यदि संगति सही नहीं बैठती तो समाज का विकास सहज गति से नहीं होता। ज़ाहिर है कि राजनैतिक हस्तक्षेप बढ़ने के कारण एवं प्रभुत्वशाली वर्ग के हाथों नेतृत्व होने के कारण सामाजिक न्याय की प्रक्रिया सन्तुलन की राह से नहीं गुज़री। यह प्रश्न भी विचारणीय है कि सत्ता के गलियारों में सामान्य जनता को, उसकी सोच को, उसके अधिकारों को यों ही ठेल दिया गया है, इसलिए भी दायित्वहीनता की मानसिकता निरन्तर विकसित होती रही। सही काम करनेवालों को बढ़ावा नहीं मिला, उनको प्रशंसा नहीं मिली बल्कि उन्हें काम में निरन्तर पीसा गया और जो कामचोर थे उनको खुली छूट दी गयी, उनकी पीठ थपथपायी गयी सिर्फ़ इसलिए कि उनको राजनैतिक संरक्षण प्राप्त है या सम्पत्तिशाली वर्गों से उनका रिश्ता-नाता है। जोशी लिखते हैं कि-''सत्ता के भूखे राजनीतिज्ञ और सत्ता त्यागी सामाजिक कार्यकर्ता मनोगत उद्देश्यपरकता की दृष्टि से कोसों दूर हैं। पहली प्रवृत्ति में मानव-प्रकृति के हीनतर पक्ष का तीव्रतम प्रतिबिम्ब है तो दूसरी प्रवृत्ति में उदात्तर पक्ष का। किन्तु सामाजिक गतिशीलता की माँग की दृष्टि से वस्तुगत परीक्षा करने पर दोनों प्रवृत्तियाँ मूलतः भिन्न ठहरती हैं। दोनों ही आम जनता की उदासीनता और

निष्क्रियता के आधार पर जन्मती हैं और दोनों ही इस पिछड़ेपन तथा अकर्मण्यता को स्थायी बनाने की दिशा में जाती हैं।''[9]

अधिकार और कर्त्तव्य दोनों हमारे जीवन के महत्त्वपूर्ण पहलू हैं, इसलिए दोनों की संगति आवश्यक है। हमारी समाज व्यवस्था जो कि वर्ग आधारित है जिसमें सामाजिक न्याय के बदले उत्पीड़न और हाहाकार है। आज़ादी के बाद हमारे समाज को जिस रूप में विकसित होना चाहिए था वैसा नहीं हुआ। हमारे सांस्कृतिक आयाम और राष्ट्रीय विकास में इसके अक्स देखे जा सकते हैं।

नारी मुक्ति

प्राचीन काल में स्त्री की एक छवि थी-'यत्र नार्यस्तु पूज्यन्ते रमन्ते तत्र देवता।' आज़ाद भारत के पूर्व की छवि थी 'अबला जीवन हाय! तुम्हारी यही कहानी/आँचल में है दूध आँखों में पानी' अथवा 'नारी तुम केवल श्रद्धा हो/विश्वास रजत नग पग तल में/ पीयूष स्रोत-सी बहा करो/जीवन के सुन्दर समतल में।' पुनर्जागरणकाल के दौर से नारी की स्थिति में बदलाव आना शुरू हुआ, उसका भोग्या और दासी रूप क्रमशः कम होता गया। इस बदलाव के कारण हमारे इतिहास और सामाजिक परिवर्तन की गति में देखे जा सकते हैं। ''नये सांस्कृतिक मूल्यों को, जिनमें नारी के प्रति आदर और नारी मुक्ति सर्वश्रेष्ठ मूल्य है, तब तक नहीं बढ़ाया जा सकता, जब तक पदजीविता को प्रोत्साहन देनेवाली आर्थिक व्यवस्था के स्थान की स्थापना नहीं होती।''[10] नारी के बदलाव की प्रक्रिया में शिक्षा और आधुनिकीकरण की प्रक्रिया का महत्त्वपूर्ण योगदान है। शिक्षा ने सामाजिक परिदृश्य को अत्यधिक तेज़ी से बदला है। स्त्री का जो क्षेत्र सीमित कर दिया गया था अर्थात् घर-परिवार। उसकी लक्ष्मण रेखा को लाँघकर, चौके चूल्हे की घुटन को छोड़कर, नारी ने सभी पुरुष क्षेत्रों में बराबरी के स्तर पर पदार्पण किया। वह पुरुषों के निकट सम्पर्क में आयी, उसका अबला रूप धीरे-धीरे ख़त्म होने लगा। मैथिलीशरण गुप्त ने पंचवटी में लिखा था कि-''नरकृत शास्त्रों के सब बन्धन/हैं नारी को ही लेकर/ अपने लिये सभी सुविधाएँ/पहले ही कर बैठे नर।'' यह सही है कि पुरुष ने अपनी सुविधा के अनुसार नारी की अबला मूर्ति गढ़ी थी, इसमें उनके हित सुनिश्चित थे। पुरुष क्षेत्रों में पदार्पण के साथ नारी का व्यक्तित्व आज तेज़ोदीप्त है। उसे इस हैसियत तक। लाने में ब्रह्मसमाज से लेकर आर्य समाज जैसे अनेक समाज सुधार आन्दोलनों, आधुनिक शिक्षा एवं आधुनिकीकरण की प्रक्रिया की भूमिका रही है। क्षण-क्षण होते तीव्र बदलावों का भी हिस्सा रहा है। नारी वर्जनाओं के बीच हमेशा रही लेकिन बदली हुई परिस्थितियों में अब वह बेचारी नहीं है।

नारी का पदार्पण अब हर जगह है, संसद, शैक्षणिक-व्यापारिक-औद्योगिक उपक्रमों में वह सक्रिय रूप से पुरुष की साझीदार है। कोई ऐसा क्षेत्र नहीं है जहाँ उसकी दस्तक सुनायी न पड़ रही हो, हालाँकि दहेज की बलिवेदी पर वह पाश्विक क्रूरता की शिकार है। कोठों में उसके घुँघरुओं की आवाज़ अब भी गूँजती है, कैबरे में उसकी थिरकन अभी भी जारी है। नारी शोषण के पारम्परिक रूप अब भी विद्यमान हैं। पुरुष

अब भी उसे आतंकित करता है, पीड़ित करता है इसके बावजूद उसकी हैसियत में निरन्तर फ़र्क़ पड़ा है। इससे इंकार नहीं किया जा सकता। नारी समूची संघर्षशील स्थिति का मुकाबला करने के लिए कटिबद्ध है। स्वयं प्रकाश लिखते हैं कि–"पिछले चालीस सालों में महिलाओं की स्थिति में उल्लेखनीय अन्तर आया है और अनेक एशियाई देशों की तुलना में भारत की महिलाएँ एक अधिक सहज और मुक्त समाज में है, लेकिन उनकी स्थिति को नारी-मुक्ति आन्दोलन ने नहीं सामाजिक-आर्थिक दबावों, परिवर्तनों और विवशताओं ने बदला है।" (दूसरा पहलू-पृष्ठ-33) नौकरी पेशा होने से जहाँ, नारी को आर्थिक सुरक्षा और स्वावलम्बन प्राप्त हुआ वहीं उसे अपने अधिकारों के प्रति भी इस स्थिति ने सजग बनाया। आज वह अपनी स्थिति को भाग्य का विधान अथवा समाज की देन या पतिपरमेश्वर का वरदान स्वीकारने को तैयार नहीं। आज वह पुरुष को खुली चुनौती देकर उन दोहरे मानदण्डों पर प्रहार करती है, जहां पुरुष नियन्त्रित समाज-व्यवस्था ने स्त्री व पुरुष के लिए अलग-अलग मानदण्ड बनाये हैं। वह अपने अधिकारों के प्रति सजग होकर प्रत्येक शोषण का सामाजिक और कानूनी स्तर पर विरोध करती है। इस प्रकार आर्थिक सुरक्षा, अपने पैरों पर खड़े होने के बल ने स्त्री को पुरुष नियन्त्रित समाज और व्यवस्था की चुनौती का मुक़ाबला करने योग्य बनाया। भारतीय इतिहास के केवल इस युग में ही नारी को सामाजिक स्वतन्त्रता और समानता प्राप्त हुई।

पश्चिम की नारी का, नारी स्वतन्त्रता या नारी मुक्ति आन्दोलन पुरुष के विरोध में है। भारत में नारी स्वतन्त्रता का रूप किंचित् भिन्न है। यहाँ नारी पुरुष वर्ग के प्रति विद्रोह न करके भी उसके समक्ष अधिकार, स्वतन्त्रता और समानता की माँग कर रही है इसलिए उसमें पुरुष वर्ग के प्रति घृणा, आक्रोश या प्रतिद्वन्द्विता के भाव नहीं हैं। अपनी योग्यता, परिश्रम और सामर्थ्य का प्रदर्शन करके वह अपने पुरुष के समान ही सक्षम मित्र रहने के प्रयत्न में दत्तचित्त है इसीलिए पुरुषों के क्षेत्र में आने पर भी उसने परम्परागत, भारतीय संस्कृति में चित्रित नारी के शील, गुणों को नहीं छोड़ा, इसीलिए वह एक साथ ही प्राचीन और नवीन जीवन-मूल्यों को जी रही है। कहीं उसने प्राचीन मान्यताओं को तोड़ा, कहीं अपने लिए जीवन की नयी लीक बनायी। यह सब हमारे समाज का बदला हुआ परिदृश्य है। परन्तु "यह बात अब स्पष्ट समझ ली जानी चाहिए कि पुरुष नारी का प्रतिद्वन्द्वी या शत्रु नहीं, मित्र और सहयोगी है। यह भी कि नारी को अपनी मुक्ति की लड़ाई स्वयं लड़नी और जीतनी है। कोई भी दूसरा उसके लिए यह लड़ाई नहीं लड़ेगा" (वही-पृष्ठ-38) नारी का शोषण-उत्पीड़न बहुत हुआ लेकिन आधुनिकीकरण, शिक्षा, स्वतन्त्रता और समानता की लहर ने उसे जीने का हौसला दिया है, उसे नयी परिकल्पनाएँ और नयी शिक्षा दी है। यह बात भी सही है कि उसका शोषण उत्पीड़न अब भी जारी है और उसके ख़िलाफ़ नारी का संघर्ष भी। अब नारी सच्चे अर्थों में पुरुष की सहभागिनी बनकर नयी सामाजिक-संरचना में प्राणपण से जुटी हुई हर चुनौती का सामना कर रही है। मुक्तिबोध के लेखन में नारी के इस स्वरूप का चित्रांकन हुआ है। डी.एच. लारेन्स ने नारी और आज़ादी के सन्दर्भ में यह निष्कर्ष पेश किया है कि, "व्यक्ति को बुद्धि की मिथ्या पूजा

के बजाय नये संसार के निर्माण की ओर अग्रसर होना चाहिए। स्त्री और पुरुष की आज़ादी एक-दूसरे के सम्पर्क में आने तथा सहभागिता में ही सम्भव है।" (द पोएट्री ऑफ डब्ल्यू. एच. आडेन-पृ. 337)।

युवा पीढ़ी का उदय और उसकी हैसियत

मुक्तिबोध लिखते हैं कि-"अगर नौज़वानों की ताकत को पहाड़ी नदी की शक्ति मान लिया जाये, तो यह निश्चित है कि नौज़वान के दिलों-दिमाग़ की ताक़त को, ज्ञान और बुद्धि तथा कर्म निश्चय की बिजली में रूपान्तरित करते हुए, देश निर्माण यानी मानव-निर्माण की ऊँची-से-ऊँची मंज़िल तक पहुँचाया जा सकता है, बंजर पड़ती ज़िन्दगी में इश्क़ और इंक़लाब की रूहानियत की फ़सल खड़ी की जा सकती है।...लेकिन नौज़वानों के दिलों-दिमाग़ की ताक़त को बिजली में रूपान्तरित करते हुए, देश और मानव निर्माण में लगाने के लिए, जिस बिजली घर की ज़रूरत होती है। वह हिन्दुस्तान में नदारद है।" युवा पीढ़ी तेज़ी से समाज की हर इकाई में सक्रिय है। यूँ तो उसकी भूमिका हर युग और हर स्थिति में रही है, उसकी शक्ति और ऊर्जा के बावजूद उसे ऐसे अवसर मुहैया नहीं कराये गये कि वह अपनी शक्ति का सक्षम परिचय दे सके। ग़ुलामी से आज़ादी की तरफ़ वापसी में उसकी कल्पनाओं के पंख खोल दिये लेकिन उसकी स्थिति में बुनियादी फ़र्क़ नहीं आया। इसलिए आज़ादी के कुछ समय पश्चात् देश के सामने एक नया सवाल पैदा हुआ, वह था युवाओं का असन्तोष। इस असन्तोष के पीछे भारतीय समाज में उभरनेवाले अन्तर्विरोध तो थे ही परिवर्तन और विकास के नये तकाज़े भी थे। स्वाधीन भारत में कूप-मण्डूकता को छोड़कर विश्व से सम्बन्ध जोड़ने की ललक तेज़ी से बढ़ी। सम्प्रेषण के नये माध्यम आये, नया ज्ञान सामने आया। इन स्थितियों ने युवाओं की मानसिकता बदलने में अपनी भूमिका निभायी। ज़ाहिर है कि युवा मन सहज सन्तोषी नहीं होता। उसको अपनी हर विकास स्थिति से असन्तोष होता है, वह उन मूल्यों को बदलना चाहता है जो बाधक बनते हैं। युवाओं में शक्ति और सामर्थ्य होती है। अपने सपनों की दुनिया होती है, जिन्हें वे हर हालत में यथार्थ में तब्दील करना चाहते हैं।

भारतीय युवा समाज में हो रहे तीव्रतर बदलावों का मूकदर्शक भी नहीं हो सकता था, क्योंकि राष्ट्रीय स्वाधीनता आन्दोलन में उसकी सक्रिय भूमिका भी रही है इसे अनदेखा नहीं किया जा सकता। युवाओं में ताज़गी, नयी कल्पनाशीलता और कुछ कर गुजरने का जज्बा होता है। यह भी सही है कि उन्हें बर्गलाने, फुसलाने और ग़लत दिशाओं की ओर ले जाने का प्रयत्न भी लगातार होता रहा है। जोशी लिखते हैं कि-"संकोची और विनम्र युवक भी जब देखता है कि दूसरे ज़रूरी तौर पर अधिक योग्यता वाले नहीं, बल्कि अधिक महत्त्वपूर्ण सामाजिक सम्पर्क वाले लोग ज़िन्दगी में आसानी से चल निकलते हैं तो वह क्रुद्ध युवक (angry young man) बन जाता है। वर्गगत और सामाजिक पृष्ठभूमियों के अन्तर के कारण उत्पन्न विषमताओं और उनकी तीव्र चेतना से ऐसा तनाव जमा होने लगता है, जिसकी सम्भावनाएँ बड़ी विस्फोटक हैं। उस क्रुद्ध युवक को जब नौकरी तलाश करनेवालों और शिक्षित बेकारों की सेना में शामिल होना पड़ता है

तो वह और भी क्रुद्ध हो जाता है और मौजूद परिस्थितियों के अनुरूप अपनी आकांक्षाओं को ढालने से इंकार करने लगता है।" (परिवर्तन और विकास के सांस्कृतिक आयाम- पृष्ठ 214) ये समूची परिस्थितियाँ आज़ादी के बाद भारत में सामने आयीं। पूँजीवादी-साम्राज्यवादी मानसिकता और कथनी-करनी के अन्तर से पैदा हुईं। युवकों को मात्र उपदेश पिलाये गये, लम्बे-चौड़े वायदे परोसे गये, थोथे आदर्शों की बातें की गयीं। नेताओं ने उनके सामने कोई आदर्श प्रस्तुत नहीं किया, इसके विपरीत उन्हें भटकाया गया। उनके सपनों को बेरहमी से रौंदा और कुचला गया। योजनाबद्ध विकास के कार्यक्रम ने युवकों की कल्पनाशीलता को उद्वेलित नहीं किया। स्थिति यह है कि-"आज के युवक समुदाय को पिछली पीढ़ी से जो विरासत मिली है वह मिश्रित है; एक ओर राजनीतिक स्वाधीनता और विकास प्रक्रिया का आरम्भ तथा दूसरी ओर विकास के अधूरे कार्य और अन्तर्विरोधों का चक्र" (वही-पृष्ठ-216) बुज़ुर्गों पर युवाओं की आस्था नहीं है तो उसके कारण भी हमारी समाज व्यवस्था में है। मुक्तिबोध की मान्यता है कि "मेरा अपना विचार है कि जिस भ्रष्टाचार, अवसरवादिता और अनाचार से आज हमारा समाज व्यथित है उसका सूत्रपात बुज़ुर्गों ने किया। स्वाधीनता प्राप्ति के उपरान्त भारत में दिल्ली से लेकर प्रान्तीय राजधानियों तक भ्रष्टाचार और अवसरवादिता के जो दृश्य दिखायी दिये, उनमें बुज़ुर्गों का बहुत बड़ा हाथ है। अगर हमारे बुज़ुर्गों पर नये तरुणों की श्रद्धा नहीं रही तो इसका कारण यह नहीं है कि वे अनास्थावादी हैं वरन् यह कि हमारे बुज़ुर्ग श्रद्धास्पद नहीं रहे। और अगर हमारे नवयुवक अनास्थावादी हैं भी तो कोई बुराई नहीं है क्योंकि अनास्था का जन्म आस्था से ही होता है।"

मुक्तिबोध की एक टिप्पणी ग़ौरतलब है "यह मैं मानने के लिए तैयार नहीं हूँ कि आज के नवयुवकों में केवल धुआँ शेष रह गया है और आग नहीं है। आग है और वह भीतर-ही-भीतर है लेकिन नवयुवक पाता है कि आज उस आग की कोई क़ीमत नहीं रह गयी है। इस व्यावहारिक जगत में, जिसे कभी ग़लती से समाज भी कहा जाता है, उस आग को 'पुराना भार' जैसा कुछ माना जा रहा है। वह आग उसकी निज की है लेकिन उसके कारण सामाजिक हैं।"[11] (एक साहित्यिक की डायरी-पृ. 32) युवाओं की हैसियत का एहसास इस बात में निहित है कि पीढ़ियों में द्वन्द्व होता है, यह नये-पुराने मान-मूल्यों का द्वन्द्व है। नये-पुराने सोच और तजुर्बों का द्वन्द्व है। अपने-अपने आइडियाज़ का संघर्ष है। इस बात में दो मत नहीं हो सकते कि पुरानों की अपेक्षा नयों में शक्ति ज़्यादा होती है। पुराने नयों से भयभीत भी रहते हैं। मुक्तिबोध के शब्दों में-"पुराने नयों से भयभीत हैं, डर के मारे अपने पुराने कुर्तों को उतारकर नया बुश्कोट धारण कर रहे हैं। आज से कोई पच्चीस-तीस साल पहले यह हालत थी कि नया लड़का मुँछे-पूँछे रखकर और दूसरे तौर-तरीक़ों से अपने को बुज़ुर्ग जैसा गम्भीर बनाये रखना चाहता था। आज हालत यह है कि बुज़ुर्ग भी बालक बनना चाहते हैं और चपल चंचलता सूचित करने के लिए उसी तरह की पोशाक भी धारण करते हैं... पहले समाज और परिवार पर बुज़ुर्गों का वज़न था, आज नवयुवकों और बालकों का ज़ोर है।" (वही-पृष्ठ-30)।

हमारे समाज में युवकों का प्रभाव है। उनके द्वारा सामाजिक विकास को नयी दिशा मिल सकती है लेकिन युवकों की हैसियत को कम करके आँका जा रहा है। मुक्तिबोध ने निष्कर्ष पेश करते हुए लिखा था कि-"जो समाज और राज्य नौज़वानों को सतत उन्नतिशील पेशा नहीं दे सकता, वह राज्य और समाज टिक नहीं सकता। इतिहास के विशाल हाथ इस वक़्त उसकी क़ब्र खोदने के लिए बड़ा भारी गड्ढा तैयार कर रहे हैं। ज़ाहिर है कि आज़ादी की नयी हवा और जनतन्त्र के नये प्रकाश ने युवा वर्ग को नयी ऊर्जा और नये सपने दिये लेकिन समाज और राष्ट्र को विकास की ओर ले जानेवाले हाथों ने उन्हें ज़िन्दगी जीने का सही रास्ता नहीं दिया। उन्हें आगे बढ़ने के द्वार नहीं खोले बल्कि युवाओं के सामने कठिनाइयों, दुश्चक्रों और हताशा का चक्रव्यूह रच दिया। परिणाम यह है कि सृजन की क्षमता रखते हुए भी वे क्रुद्ध हैं, क्योंकि वे जिन प्रश्नों की नंगी सलीब पर टँगे हैं, उनके उत्तर नदारद हैं। यहाँ यह भी कहना ज़रूरी है कि सामाजिक वातावरण और उपभोक्तावादी संस्कृति ने उन्हें समाज की विकासधारा से बहुत दूर पटक दिया है इसलिए आज का नौज़वान अपराध कर रहा है, हडतालों में शरीक है, नेताओं के साथ विभिन्न प्रकार के असामाजिक कार्यक्रमों से सम्बद्ध हो गया है। निश्चय ही यह स्थिति समाज और राष्ट्र के लिए उपयोगी नहीं है। यदि एक बार युवक अपने पैरों पर खड़ा हो गया, उसने अपनी असली ताक़त का एहसास कर लिया तो वह समाज के विकास के नये आयाम पेश कर सकता है।

मध्यवर्ग की नयी भूमिका

हमारी सामाजिक संरचना में तीन वर्ग होते हैं-उच्च वर्ग, मध्य वर्ग और निम्न वर्ग। मध्य वर्ग के भीतर स्वयं दो वर्ग होते हैं। उच्च मध्य वर्ग और निम्न मध्य वर्ग। मध्य वर्ग उस त्रिशंकु की तरह है जो अपने स्वार्थों के लिए, श्रेष्ठता के लिए, हमेशा उच्च वर्ग में पहुँचने की तमन्ना रखता है हालाँकि उच्च वर्ग की श्रेणी तक पहुँचने के लिए उसे लहू-लुहान होना पड़ता है। अपनी अस्मिता को बेचना पड़ता है। ज़ाहिर है मध्य वर्ग में अन्तर्विरोध सबसे ज़्यादा होते हैं, क्योंकि पैदायशी तौर पर यह नकलची वर्ग है, इसीलिए उसमें संकीर्णता के दायरे भी बहुत हैं। यहाँ तक कि उसकी संस्कृति में भी नकलीपन होता है। "उच्च वर्ग नैतिकता की परवाह नहीं करता, निम्न वर्ग उसे 'अफ़ोर्ड' नहीं कर सकता और मध्य वर्ग उसकी सबसे ज़्यादा परवाह करता है और मज़े की बात यह है कि सबसे अधिक अनैतिक भी वही होता है। बेटे की नौकरी के लिए किसी परिचित से बात करने में उसकी नैतिकता आड़े आ जायेगी लेकिन सब्जीवाले की अठन्नी मार लेने में उसे कोई संकोच नहीं होगा।"[12] नैतिकता के लिए इस वर्ग के पास भिन्न-भिन्न प्रकार के मान और मूल्य होते हैं। इस वर्ग में कुण्ठाएँ भी बहुत हैं जिनकी दबोच में यह हमेशा रहता है। इस वर्ग में शील, संकोच, भय, द्वेष और घृणा भी बहुत है। ईर्ष्या और परनिन्दा में जीनेवाला यह वर्ग इन्हीं में आनन्दित रहता है। और इन्हीं से रस और ऊर्जा प्राप्त करता है। हरिशंकर परसाई ने अपनी व्यंग्य-कथा 'निन्दारस' में इस बात को उजागर

किया है। यहाँ घृणा की ईमानदारी है और कुण्ठाओं के आत्मघाती दौर हैं जिनकी स्थायी निष्पत्तियों में यह वर्ग ढलता है।

ज़ाहिर है कि मध्यवर्ग की मानसिकता के क्षितिज अलग-अलग हैं। घृणा, द्वेष, ईर्ष्या जैसे भाव विभिन्न रूपों में इस वर्ग में संचरण करते हैं। अपना कार्य सम्पादित करने के लिए यह वर्ग जुगाड़ बैठाता है और इन जुगाड़ों के लिए वह कुछ भी कर सकता है और किसी भी सीमा तक जा सकता है। यूँ तो भारत में आज़ादी के बाद लाभ-लोभ के समीकरण भी बदले, स्वार्थों की प्रेत छायाएँ भी सर्वत्र मँडराने लगीं। इन सभी का सर्वाधिक असर इसी वर्ग में देखा जा सकता है। विजेन्द्रनारायण सिंह लिखते हैं कि- "औपनिवेशिक शासन ने आर्थिक बुनियाद और अधिरचना दोनों ही स्तरों पर बहुत ही बुनियादी परिवर्तन किये। आर्थिक क्षेत्र में पूँजीवादी व्यवस्था की स्थापना हुई और एक नये वर्ग बूर्जुआ वर्ग-मध्य वर्ग का जन्म हुआ। भारत में इस वर्ग का जन्म और विकास एक सहज प्रक्रिया के रूप में नहीं हुआ, जिस सहज प्रक्रिया के रूप में वह यूरोप में हुआ। यह एक जड़ से विच्छिन्न और मूल से रहित उखड़ा हुआ बनावटी वर्ग है। इसकी वर्ग-संरचना यथार्थ पर आधारित नहीं है। अंग्रेज़ी राज का भारत की सामाजिक व्यवस्था पर जो सबसे पहला और महत्त्वपूर्ण प्रभाव पड़ा, वह है एक खोटे और दोगले मध्यवर्ग का विकास। यह एक ऐसा वर्ग है जो देश के सामाजिक और आर्थिक विकास में कोई सच्ची भूमिका नहीं निभाता है, वेतन या किराये के सहारे अपना जीवनयापन करता है, सामाजिक और आर्थिक जीवन से जिसका बिलगाव होता है और जो आम लोगों से कटकर अपने सफ़ेदपोश पेशे के हाथी दाँत की मीनार पर बैठा रहता है। यह नया मध्यवर्ग पूर्वग्रहों और अन्धविश्वासों से बहुत कुछ मुक्त है, सामाजिक रूप से बहुत कुछ स्वाधीन।" (पहल-इतिहास अंक-पृष्ठ-181)।

मध्यवर्ग का एक हिस्सा समाज की परिवर्तनकारी शक्ति सर्वहारा के साथ आने में अपना निजत्व सार्थक होते देखता है और सार्थकता न मिलने पर लगातार छटपटाता भी है। मुक्तिबोध के समग्र लेखन में मध्यवर्ग की यह छटपटाहट, व्याकुलता कई-कई रूपों में उभरकर सामने आयी है। स्वयं मुक्तिबोध मध्यवर्ग के विभिन्न अन्तर्विरोधों, संघर्षों, जटिलताओं, विरूपताओं और समाज के विकास में उसकी छटपटाहट को विभिन्न रूपों में व्यक्त करते रहे हैं। पूरनचन्द्र जोशी ने मध्यवर्ग की वास्तविकता को उदघाटित करते हुए लिखा है कि-"आज हम भारत में एक नये 'एलीट', एक नये 'मध्यवर्ग' को तेज़ी से उभरते देखते हैं। इस वर्ग में इंग्लिशस्तान के प्यूरिटनों, फ्रान्स के जैकोविन, जापान के सेमुराई और रूस के बोल्शेविकों के चारित्रिक गुणों और विशेषताओं का अभाव है, जिन्होंने अपने-अपने देशों की औद्योगिक क्रान्तियों में महान् प्रेरक शक्ति की भूमिका निभायी थी।... भारत का उभरता हुआ 'इलीट' आज भी पूर्व के पतनशील सामन्ती मूल्यों और उत्तर औद्योगिक पश्चिम के उभरते उपभोक्तावाद और नग्नसुखवाद की वर्णसंकर संस्कृति का प्रतिनिधित्व करता है।"[13]

मध्यवर्ग हर क्षेत्र में सक्रिय है चाहे वह शासन हो, छोटे-मोटे व्यापार हों, कृषि और उद्योग हों अथवा नौकरी पेशा, लेखक या विभिन्न कला माध्यमों से जुड़े हुए काम हों।

स्वतन्त्रता आन्दोलन, सामाजिक विकास या सांस्कृतिक क्षेत्र हों। मध्य वर्ग की भूमिका हर जगह है, लेकिन यह अत्यधिक कमज़ोर, ढुलमुल, अस्थिर और समझौतावादी होता है इसलिए यह हर जगह हाय-हाय करता है। हमेशा अपने को पीड़ित और प्रताड़ित अनुभव करता है। यह कायर और भयभीत वर्ग भी है, जिसने राष्ट्र के सामने उठे हुए गम्भीर सवालों को यथास्थिति में ला फेंका है, क्योंकि उसके भीतर नैतिक रूप से जनसाधारण से अलगाव है। इसकी अहम् मान्यताएँ और भयानक गर्जनाएँ, और तमाम प्रकार की उछल-कूद खोखली होती है और सम्भवतः इसीलिए यह सभी की नज़रों में बेहद सन्देहास्पद भी है। "पिछले डेढ़ सौ वर्षों में एक छोटा वर्ग तैयार हुआ है। कभी इसने सामाजिक विकास में अच्छी भूमिका भी निभायी थी। आज इसकी प्रगतिशील भूमिका निःशेष हो गयी है। लोक से इसका बिलगाव बहुत बढ़ गया है। यह वर्ग इतनी कुण्ठाओं में जीता है कि नये समाज के बैकुण्ठ तक जाने में यह पूरी तरह अक्षम बन गया है। यदि यह वर्ग लोक की जीवन्तधारा से जुड़कर घृणा और भय से मुक्त नहीं होता तो भारतीय लोकतन्त्र का सूर्य डूबता ही चला जायेगा।"[14]

नयी संचार-प्रणाली से बनता नया मनोविज्ञान

आधुनिकता के संचरण से हमारे जीवन, समय और स्थितियों में बड़ी तेज़ी से मूल्यों में परिवर्तन घटित हुआ है। वैज्ञानिकीकरण, औद्योगिकीकरण और आधुनिकीकरण के कारण द्रुत गति से घटित मूल्य परिवर्तनों की प्रक्रिया से परम्परा प्रेमी मनुष्य बहुत भीतर तक हिल गया है। यहाँ यह भी ध्यान देने योग्य है कि परम्पराप्रेमी ही नहीं बल्कि मूल्य परिवर्तनों के इच्छुक भी परिवर्तनों की प्रक्रिया में शामिल नहीं होने जा रहे हैं। आधुनिक जीवन में घटित मूल्य परिवर्तन की यह प्रक्रिया अनेकायामी तो है ही लेकिन पीड़ादायक भी है। आज़ादी के बाद जो परिवर्तन हुए उनके आयाम बहुत हैं और उनकी व्याप्ति भी। नयी संचार प्रणाली ने मनुष्य को विकसित करने की, उनमें बदलाव की प्रक्रिया को ठोस आधार भी दिया और उनकी ठस मानसिकता को परिवर्तित करके ज्ञान-विज्ञान के क्षेत्र में क्रान्तिकारी एवं मूल्यगत परिवर्तन भी किया है। इस नयी संचार प्रणाली ने नया मनोविज्ञान तो निर्मित किया ही, विकास के नये-नये क्षितिज भी उद्घाटित किये हैं। प्रो. श्यामाचरण दुबे लिखते हैं कि-"संचार समाजीकरण का प्रमुख माध्यम है। संचार द्वारा सामाजिक और सांस्कृतिक परम्पराएँ एक पीढ़ी से दूसरी पीढ़ी तक पहुँचती हैं। संचार की विभिन्न विधाओं के बिना सामाजिक निरन्तरता बनाये रखने की कठिनाइयों का अनुमान सहज ही किया जा सकता है। समाजीकरण की प्रत्येक स्थिति और उसका हर रूप संचार पर आश्रित है। मनुष्य जैविकीय प्राणी से सामाजिक प्राणी तब बनता है जब वह संचार द्वारा सांस्कृतिक अभिवृत्तियों, मूल्यों और व्यवहार-प्रकारों को आत्मसात् कर लेता हैं।[15]

संचार माध्यमों की भूमिका निर्विवाद है। इसने हमारी जानकारियाँ बढ़ायीं, दुनिया की विशालता, फैलाव और गतिविधियों को सहज बना दिया, मसलन-हम भारत के भीतर किसी भी शहर में बैठकर हज़ारों किलोमीटर दूर बैठे आदमी से बातें कर लेते हैं। दुनिया के किसी भी कोने में घटी हुई घटना की जानकारी सेकण्डों में उपलब्ध कर लेते हैं उसी

तरह संचार प्रणाली ने हमारे जीवन के हर क्षेत्र को किसी-न-किसी रूप में प्रभावित कर रखा है। जोशी लिखते हैं कि-"आधुनिक संचार साधनों, प्रेस, रेडियो, टेलीविज़न, फ़िल्म आदि का उपयोग भी जनशिक्षण, जनजागरण और जनमनोरंजन के लिए नहीं बल्कि विलासोन्मुख यानी कज़्यूमरिज़्म प्रवृत्तियों को मध्यवर्ग में बढ़ाने के लिए कर रहा है।"[16] इस आशंका के बावजूद संचार प्रणाली की उपयोगिता को नज़र अंदाज़ नहीं किया जा सकता। प्रो. श्यामाचरण दुबे का मानना है कि, "संचार व्यवस्था का दूसरा मूल उत्तरदायित्व है-सामाजिक गतिविधियों की निगरानी करना।...इस तरह हम पाते हैं कि एक ओर संचार-व्यवस्था आदि शिक्षक का काम करती हैं तो दूसरी ओर उसे सामाजिक महानिरीक्षक का उत्तरदायित्व भी ग्रहण करना पड़ता है।" (परम्परा, इतिहास बोध और संस्कृति-पृ.-106) आधुनिकीकरण की दिशा में नयी संचार-प्रणाली द्वारा नयी-नयी सम्भावनाएँ उजागर हो रही हैं और ये सम्भावनायें नये समाज के मनोविज्ञान को नये रूप में परिणत भी कर रही हैं। इससे ऐसा लगता है कि इनके जरिये नये मूल्यों की प्रतिष्ठा सम्भव करायी जा सकती है, साथ ही पारम्परिक समाज को प्रगतिशील जीवन मूल्यों से लैस किया जा सकता है। प्रो. दुबे की मान्यता है कि-'संचार साधनों के योजनाबद्ध उपयोग से जनता का ध्यान विकास योजनाओं पर केन्द्रित किया जा सकता है और उसकी रुचि इन योजनाओं में जागृत की जा सकती है।" (वही-पृष्ठ-122)

नयी संचार प्रणाली से बेहद लाभ हैं, लेकिन उसके ख़तरे भी कम नहीं हैं। संचार माध्यमों की प्रेत छाया से न तो साहित्य बचा, न संस्कृति, न राजनीति, न धर्म। यहाँ तक कि मानवीय मूल्यों का विघटन भी तेज़ी से हो रहा है। मानवीय संवेदना के धरातल और उससे सृजित समूचे आयाम प्रायोजित, नक़ली और क्रुर भी हो गये हैं। समूची चीज़ें विज्ञापनों की तरह चमका-चमकाकर पेश की जा रही हैं। इन स्थितियों के बावजूद भी नयी संचार प्रणाली ने नये समाज की संरचना और विकास में महत्त्वपूर्ण योगदान दिया है। संचार प्रणाली की व्याप्ति की चर्चा करते हुए कहा जा सकता है कि, "इलेक्ट्रानिक संचार माध्यम का प्रवेश घर-घर में हो गया है, कम्प्यूटर हमारे नये जीवन का पंचांग बना रहे हैं, हलों का स्थान ट्रैक्टरों ने बहुत पहले ले लिया लेकिन विश्वकर्मा न केवल अपने सिंहासन पर विराजमान हैं वरन् इलेक्ट्रान का उर्वर देश भी उनके साम्राज्य में शामिल हो गया है।"[17] यह सही है कि हमारा यह समय बेहद क्रुर, भयावह और पेचीदगियों से युक्त एक कठिन समय है। चुनौतियों और चिन्ताओं का कोई ओर-छोर नहीं। कोई भी चीज़ अपने खाँचे के अन्दर नहीं, इसीलिए आशंकाएँ बहुत हैं, क्योंकि इनको निर्धारित समय के तीव्र बदलावों के झटकों ने तोड़ दिया है, फिर भी नयी संचार प्रणाली से नया मनोविज्ञान बन रहा है और नया समाज ढल रहा है; ऐसे वक़्त चुनौतियाँ तो होंगी ही। प्रो. दुबे का निष्कर्ष है कि, "समसामयिक विश्व एक संकट के दौर से गुज़र रहा है। आनेवाले समय के सम्बन्ध में निराशाजनक और चिन्ताजनक भविष्यवाणियाँ की गयी हैं कि वे संकट की स्थितियाँ तो बढ़ेंगी ही, घटेंगी नहीं। हमें भविष्य के धक्कों के लिए और उनके द्वारा उत्पन्न नयी-नयी उलझनों और समस्याओं के लिए तैयार होना है। जीवन के ये उभरते आयाम हमसे अपेक्षा करेंगे कि हम पुराना बहुत कुछ भूलें और नया सीखें। मनोवैज्ञानिक

धरातल पर संचार हमें अनिश्चय की इन घाटियों में लम्बी यात्रा के लिए तैयार कर सकता है और समस्या समाधान की हमारी क्षमताओं को भी तीक्ष्ण बना सकता है।''[18]

विश्व की संस्कृतियों से अन्तःक्रिया

देश को आज़ादी मिलते ही यहाँ की तमाम व्यवस्थाओं से दुनिया का आदान-प्रदान शुरू हुआ। विचारक और विचारधाराएँ आपस में टकराने लगीं। साहित्य और शिक्षा सम्बन्धी पुस्तकों का अन्तरराष्ट्रीय बाज़ार देश में बना। भारत का साहित्य अनूदित होकर दूसरे देशों में पहुँचा और अन्य देशों का साहित्य अनूदित होकर भारत आया। साहित्य के पठन-पाठन से दुनिया के तमाम लोगों ने भारत को जाना, यहाँ की परिस्थितियों, संस्कृति-सभ्यता और विकास की उन्हें जानकारी मिली। उसी तरह भारत ने भी समूची दुनिया में हुई प्रगति और विकास की स्थितियों को जाना-बूझा। के. दामोदरन लिखते हैं कि-''विश्व की राजनीति में एक निर्णायक शक्ति के रूप में समाजवाद का अभ्युदय हो रहा था। सोवियत संघ की आर्थिक तथा वैज्ञानिक उपलब्धियों, अनेक देशों में समाजवादी सरकारों की स्थापना, एशिया और अफ्रीका के बड़े-बड़े भू-भागों की औपनिवेशिक ग़ुलामी के जुए से मुक्ति तथा समस्त संसार में प्रगतिशील आन्दोलनों की उठान-इन सबका भारत के मस्तिष्क पर भी प्रभाव पड़ा। इतनी ही महत्त्वपूर्ण, विज्ञान तथा तकनीक की प्रगति थी, विशेषकर पारमाणविक शक्ति तथा शक्ति के अन्य स्रोतों पर मानव का अधिकार था, जिससे उत्पादक शक्तियों के अभूतपूर्व विकास की सम्भावनाएँ उत्पन्न हो गयी थीं।[19]

विश्व संस्कृति के आदान-प्रदान की प्रक्रिया में संचार माध्यमों की ज़बर्दस्त भूमिका रही है। संचार सुविधाओं की वजह से हमें दुनिया में घट रही हर घटना की जानकारी मिलती रही। विदेशों से हमारे निरन्तर सम्बन्धों के कारण हर तरह के आदान-प्रदान हुए। भारतीय पर्यटक और सभी तरह के प्रतिनिधिमण्डलों का विदेशों में जाना शुरू हुआ और अन्य देशों के पर्यटक और प्रतिनिधिमण्डल भारत आये। अन्तरराष्ट्रीय स्तर पर हमारी अन्तःक्रियाएँ जारी रहीं, विशेषतः साहित्य के क्षेत्र में भारत के लोगों की दिलचस्पी निरन्तर बढ़ी। विदेशी पुस्तकों के अनुवाद और उनकी बिक्री हमारे मानसिक क्षितिज का तो उद्घाटन करती ही रहीं, विभिन्न स्तरीय सहयोग और विकास के नये आयाम भी उसने दिये। ज़ाहिर है कि भारत का दुनिया के तमाम देशों से प्रशासनिक एवं कूटनीतिक सम्बन्ध कायम हुआ। एक-दूसरे को जानने-समझने का अवसर मिला। भारत-सोवियत संघ की मैत्री विश्व की महत्त्वपूर्ण घटना है। आज़ादी के बाद से ही सोवियत संघ तथा भारत के मधुर सम्बन्ध रहे हैं। यूँ तो 1947 को ही सोवियत संघ ने भारत को कूटनीतिक मान्यता प्रदान कर दी थी हालाँकि सोवियत संघ के विखण्डन के बाद भारत सोवियत सम्बन्ध के नये कोण उभरे हैं, लेकिन मुक्तिबोध के मानसिक क्षितिज में तब यही रेखाएँ विद्यमान थीं। उस समय भारतीय संसद में बोलते हुए बुल्गानिन ने कहा था कि, ''हम अपने आर्थिक तथा वैज्ञानिक अनुभवों को भारत के साथ बाँटने के लिए तैयार हैं। हम अपनी रोटी का अन्तिम टुकड़ा भी भारत के साथ बाँटकर खायेंगे।'' भारत को आश्वासन

देते हुए ख्रुश्चेव ने कहा था कि, ''आपको जब हमारी सहायता की आवश्यकता पड़े, पहाड़ की चोटी पर खड़े होकर हमें पुकार लीजिये, हम आपकी सहायता के लिए दौड़े आयेंगे।''

दोनों देशों द्वारा जारी एक संयुक्त विज्ञप्ति में यह घोषणा भी की गयी थी कि दोनों देश साम्राज्यवाद व उपनिवेशवाद का विरोध तथा पंचशील के स्थायी आधार पर सहअस्तित्व के सिद्धानत का समर्थन करते हैं। भारत सोवियत संघ की दोस्ती के सन्दर्भ में पं. जवाहरलाल नेहरू का यह स्पष्ट मत था कि, ''रूस के साथ या तो मित्रता हो सकती है या शत्रुता, उदासीन रहने का प्रश्न ही नहीं उठता।'' सोवियत संघ से हमारे सम्बन्ध सांस्कृतिक, व्यापारिक, आणविक एवं आर्थिक सभी तरह के बने। ''सोवियत संघ और अन्य समाजवादी देशों के साथ सम्बन्धों को भारत के विदेशी आर्थिक सम्बन्धों में एक विशेष स्थान प्राप्त है। पूर्व के जनगण व राष्ट्रीय मुक्ति आन्दोलन के प्रति समर्थन की अपनी नीति तथा मैत्री और पारस्परिक सहायता के सिद्धान्तों का पालन करते हुए सोवियत संघ ने भारत को आर्थिक स्वतन्त्रता प्राप्त करने के प्रयासों में बड़ा सहारा प्रदान किया। सोवियत संघ समेत सम्पूर्ण समाजवादी समुदाय ने भारतीय आर्थिक नीति के प्रगतिशील पहलुओं–उदाहरणार्थ कुछ मात्रा में राजकीय आयोजना का समारम्भ, शक्तिशाली राजकीय क्षेत्र का निर्माण, औद्योगीकरण कार्यक्रम का स्वागत किया।''[20] पं. नेहरू ने पंचवर्षीय योजनाएँ सोवियत संघ के अनुभवों के आधार पर और अपने देश की आवश्यकताओं के अनुरूप शुरू कीं। ''सोवियत संघ और भारत के बीच आर्थिक सहयोग लौह तथा इस्पात और खनन उद्योगों में सम्पूर्ण औद्योगिक समुच्चय क़ायम करने की ओर लक्षित था। सोवियत संघ ने राँची और दुर्गापुर में भारी इंजीनियरी कारख़ानों के निर्माण में भारत की सहायता की, जो इन शाखाओं में और आगे विकास को सुनिश्चित करते हैं।''[21]

हमारे अन्तरराष्ट्रीय सम्बन्धों में मानवीय अधिकार, निःशस्त्रीकरण, अफ्रीका की रंगभेद नीति की समस्या, किसी देश पर आक्रमण न करने की इच्छा, अन्तरराष्ट्रीय शान्ति, सद्भाव और भाईचारे की बढ़ोत्तरी की भावना केन्द्र में रही है इसलिए अन्तरराष्ट्रीय स्तर पर भारत के सम्बन्ध उन देशों से ज़्यादा प्रगाढ़ हुए, जो हमारी तरह सोचते थे। दरअसल भारत अन्तरराष्ट्रीय क्षेत्र की समस्याओं तथा घटनाओं को तमाशबीन की तरह चुपचाप नहीं देखता, बल्कि अन्याय का विरोध करता है और न्याय का समर्थन। पं. नेहरू के शब्दों में, ''जहाँ स्वाधीनता संकट में हो, न्याय ख़तरे में हो, आक्रमण की घटना हुई हो, वहाँ न हम तटस्थ रह सकते हैं और न तटस्थ रहेंगे। भारत वास्तव में संयुक्त राष्ट्र संघ का क्रियाशील सदस्य है और उसके कार्यों में वह पर्याप्त भाग लेता है तथा उसकी नीति का पूर्णतः समर्थन करता है।'' गुटनिरपेक्ष आन्दोलन में भारत की अत्यन्त सार्थक भूमिका रही है। पं. नेहरू ने 1950 में कहा था, ''गुटनिरपेक्षता का अर्थ नकारात्मक या तटस्थ नीति का अनुसरण करना नहीं है, यह एक सकारात्मक नीति है और उन सब बातों का विरोध, जिन्हें वह अनुचित समझता है, परन्तु मूलतः हम ऐसे गठबन्धनों से दूर रहेंगे, जो हमें संघर्ष की ओर ले जाते हैं।'' विश्व की सांस्कृतियों को तनावों, गुटों, शोषण अन्याय अत्याचारों से मुक्ति, दुनिया में शान्ति, सद्भाव स्थापित करने, युद्धों से मुक्ति की रूपरेखा

के साथ संयुक्त राष्ट्र संघ की स्थापना हुई थी। यह सही है कि संयुक्त राष्ट्र की स्थापना के पश्चात् भी तनाव रहे हैं, आक्रमण हुए हैं। बड़े देशों द्वारा छोटे और अविकसित देशों को प्रताड़ित किया गया है फिर भी संयुक्त राष्ट्र संघ की भूमिका ऐतिहासिक और महत्त्वपूर्ण रही है, इससे इनकार नहीं किया जा सकता। "अफ्रीका और एशिया में राष्ट्रीय मुक्ति आन्दोलन को भारत का समर्थन, उसके द्वारा तीसरी दुनिया के देशों में स्वतन्त्र राजनीतिक और आर्थिक विकास का पक्षपोषण भारतीय राजनीति में नेहरू नीति के सुनिश्चित रूप ग्रहण करते समय भी न्यूनाधिक सुसंगत बना रहा था।"[22]

संयुक्त राष्ट्र संघ ने उपनिवेशवाद की समाप्ति हेतु निरन्तर प्रयास किया है, साथ ही मानव अधिकार, आणविक आविष्कारों की प्रतिस्पर्द्धा पर रोक, निःशस्त्रीकरण को बढ़ावा देना, नवीन अन्तरराष्ट्रीय आर्थिक व्यवस्था कायम करना, अन्तरराष्ट्रीय न्यायालय का गठन, विश्वशान्ति की स्थापना हेतु प्रयास, संसार के बाल श्रमिकों के शोषण के ख़िलाफ़ मुहिम, अशिक्षा के ख़िलाफ़ संघर्ष और साक्षरता को प्रोत्साहन, दुनिया की सभी स्त्रियों की मुक्ति का प्रयास, विश्व स्वास्थ्य संगठन के जरिये स्वास्थ्य सम्बन्धी जनशिक्षण और बढ़ते हुए रोगों को समाप्त करने की दिशा में प्रयास–जैसे अनेक महत्त्वपूर्ण कार्य अपने हाथ में लिये हैं। सुरक्षा परिषद् के अन्तर्गत समूची दुनिया को तनाव से मुक्त करने का प्रयास भी। संयुक्त राष्ट्र संघ के इस संगठन के जरिये कम–से–कम लोग यह आशा करते हैं कि तीसरा विश्वयुद्ध नहीं लड़ा जायेगा।

समूची दुनिया में कीर्केगार्ड, फ्रैंजकाफ़्का, ज्यां पाल सार्त्र का दर्शन–अस्तित्ववाद सामने आया। इस दर्शन ने संसार के बुद्धिजीवियों को लगातार प्रभावित भी किया है। डॉ. रामविलास शर्मा लिखते हैं कि–"अस्तित्ववादी विचारक मूल्यों की बात करते हैं। वे कहते हैं कि मनुष्य जब अपना उद्‌देश्य निश्चित करता है, तब वह निर्णय मूल्यगत होता है। किन्तु क्या मूल्यवान् है, क्या मूल्यहीन है, यह तय करने का सवाल, तभी उठता है जब किसी तरह की मूल्य सम्बन्धी धारणा पहले से प्रचलित होती है और यह धारणा समाजगत या वर्गगत होती है।...अस्तित्ववाद में एक तीव्र विसंगति है। वह केवल आत्मगत सत्य को स्वीकार करता है। दूसरी ओर वह मूल्यों की बात करता है जो स्वभावतः समाजगत है। तर्कसंगत विचारक या तो मूल्यों को समाजगत मानकर मार्क्सवाद की ओर बढ़ेगा जैसा सात्र ने किया था। वह उन्हें पूर्ण स्वतन्त्र और निरपेक्ष रूप से आत्मगत मानकर मूल्यहीनता की ओर बढ़ेगा जैसा कि ब्रिटेन, अमेरिका और भारत के पराजयवादी विद्रोही कर रहे हैं।"[23] दुनिया के अन्य देशों की तरह भारत में भी अस्तित्ववाद की गहरी प्रेत छायाएँ विभिन्न रूपों में प्रकट होती रहीं हैं, जैसे–ऊब, उबकाई, अकेलापन, भीड़ में अज़नबीपन का एहसास, सड़ांध का बोध, थूक, पीक, मलवा, कन्धे पर रीछ पंजे गड़ाता हुआ। दुर्गन्ध, वमन, आशंका, व्यर्थताबोध, अपराधबोध जैसी विचित्र स्थितियाँ हिन्दी रचना संसार में बार–बार दिखायी पड़ती हैं। ज़ाहिर है कि अस्तित्ववादी दर्शन ने न केवल भारत के बुद्धिजीवियों, लेखकों और विचारकों को प्रभावित किया वरन् उसकी निष्पत्तियों से विश्व का तमाम बुद्धिजीवी वर्ग भी प्रभावित हुआ।

भारत में पश्चिमी संस्कृति का प्रभाव आया, उसकी प्रणालियाँ आयीं। विशेषकर यह हिन्दी की नयी कविता की धारा के रूप में प्रकट हुईं। यह धारा जो राष्ट्रीय नीति से अलग अपनी स्वायत्ता का लाभ उठाते हुए, पश्चिमी संस्कृति-प्रणाली से अपना रिश्ता जोड़ते हुए, यह अपने राष्ट्र तक सीमित रहने वाली धारा थी। इसी के साथ एक दूसरी धारा जिसे हम वैज्ञानिक, कम्युनिज़्म या मार्क्सवादी अथवा प्रगतिशील धारा भी कह सकते हैं। उसका सीधा असर 1917 में सम्पन्न रूसी क्रान्ति के पश्चात् राजनैतिक, सामाजिक प्रणाली के रूप में और 1936 से भारतीय प्रगतिशील लेखक संघ, भारतीय जननाट्य संघ के रूप में, साहित्यिक एवं सांस्कृतिक रूप में विकसित हुई थी। जिसके अन्तर्गत मार्क्स, ऐंजल्स, लेनिन, होचीमिह्न, कॉडवेल और गोर्की आदि के साहित्य का प्रभाव लेकर आयी। मुक्तिबोध में तो कॉडवेल की सोच प्रणाली का काफ़ी प्रभाव पड़ा है। मुक्तिबोध ने समाजवादी देशों के विचारों से बहुत सीखा है, इसी के साथ उन्होंने पूँजीवादी, साम्राज्यवादी शक्तियों और उनके विचारों से बहुत सीखा है, इसी के साथ उन्होंने पूँजीवादी, साम्राज्यवादी शक्तियों और उनके विचारों को बहुत गहराई से समझने की कोशिश की। सम्भवतः इसीलिए उनके यहाँ जो स्वीकार है वह सहज नहीं है, बल्कि आत्मसंघर्ष के केन्द्र में ही यह सब घटित होता है। राष्ट्र की परिकल्पना शुद्ध राष्ट्र के रूप में यानी राष्ट्रवाद या भौगोलिक सीमाओं में चिपका हुआ राष्ट्रवाद उनके यहाँ नहीं मिलता। उनका राष्ट्रवाद अन्तरराष्ट्रीयतावाद के रूप में मानवीय समस्याओं के स्वरूप और प्रक्रिया में रूपान्तरित हो जाता है।

रिश्तों के नये मूल्य समीकरण

''व्यक्ति-व्यक्ति, व्यक्ति व समूह तथा समूह-समूह के बीच अनेक प्रकार के सम्बन्ध पाये जाते हैं। इन सम्बन्धों में पिता और पुत्र का, पति और पत्नी का, भाई और भाई का, मित्र और मित्र का, शत्रु और शत्रु का तथा इसी प्रकार के अन्य असंख्य सम्बन्ध आते हैं। इन विभिन्न प्रकार के सम्बन्धों के अभाव में समाज की कल्पना नहीं की जा सकती, लेकिन सम्बन्धों के लिए अन्तः क्रिया का होना आवश्यक है। अन्तःक्रिया के आधार पर ही व्यक्ति और व्यक्ति के बीच, व्यक्ति और समूह के बीच तथा समूह व समूह के बीच सामाजिक 'सम्बन्ध स्थापित होते हैं।''[24] यहाँ ध्यान देने की बात है कि हमारे सम्बन्ध कई तरह के होते हैं और कई रूपों में घटित होते हुए निरन्तर रूपान्तरित भी होते रहते हैं। सामान्यतः यह माना जाता है कि सम्बन्धों का आधार अन्तःक्रिया ही है। ''विभिन्न व्यक्तियों और समूहों के बीच सम्बन्धों का आधार अन्तःक्रिया ही है। एक व्यक्ति या समूह के दूसरे के साथ अन्तःक्रिया होती है और वह अन्तःक्रिया सहयोग, संघर्ष, अनुकूलन, आत्मीकरण, प्रतिस्पर्द्धा आदि के रूप में हो सकती है। अन्तःक्रिया के इन विभिन्न स्वरूपों को ही सामाजिक प्रक्रिया के नाम से पुकारा गया है। सामाजिक सम्बन्धों, सामाजिक व्यवस्था और स्वयं समाज को भली भाँति समझने के लिए अन्तःक्रिया के इन प्रमुख स्वरूपों को समझना आवश्यक है।''[25]

वर्ग-समाज में रिश्तों का जो समीकरण है वह लघुता और दीर्घता पर आधारित है। जैसे-श्रद्धा और दास्यभाव, कृपा और दीनता, भिक्षा और दान, सेवा और कृपा, अभाव और उपकार अर्थात् एक दे सकनेवाला और दूसरा ले सकनेवाला। इन रिश्तों में पहले कोई चतुराई या काइयाँपन नहीं होता था, इसके सहज, सरल और स्पष्ट मूल्य होते थे। हमारा समाज ऐसे अनन्त रिश्तों का ख़ज़ाना है मसलन, भगवान् और भक्त। भगवान बड़ा, सामर्थ्यवान, सब-कुछ दे सकने में समर्थ और भक्त दीन-हीन और अपने ईश्वर का हमेशा मुँह जोहनेवाला। तुलसीदास राम के भक्त थे, वे लिखते हैं कि, "राम सो बड़ो है कौन/ मोसो कौन छोटो/ राम सो खरो है कौन / मोसो कौन खोटो।" यह बड़ाई और छोटाई का मूल्य समीकरण है। इसमें लाघिमा और दाघिमा शक्तियाँ सक्रिय हैं। यह जो मूल्य प्रणाली है, वह वर्ग प्रभावी है। इस मूल्य प्रणाली में सामाजिक संयोजन निहित है। जैसे-परिवार में अनेक प्रकार के रिश्ते होते हैं-पत्नी, पुत्र, बहन, भाई, माँ, बुआ, चाचा, बाबा, पिता आदि। परिवार की परिधि से बाहर जायें तो रक्त सम्बन्धों के रिश्ते मामा-मामी, नाना-नानी, साला, जीजा, फूफा, मौसा-मौसी आदि ये जो रिश्ते हैं उनमें आत्मीयता होती है। इसी तरह ग्रामीण समाज में इतर जातियों का होते हुए भी कामकाजी लोगों से आत्मीयता के स्तर पर रिश्तों का निर्माण होता रहा। इस मूल्य प्रणाली ने समाज के भीतर लघुता और दीर्घता के बावजूद आपसी सद्भाव और सौहार्द्र के मूल्य विकसित किये।

पारम्परिक रूप से गुरु और शिष्य के सम्बन्ध हारे भारतीय समाज में अत्यन्त आत्मीय और सघन रहे हैं। गुरु अपने आप में दीर्घता या बड़े होने का द्योतक है और शिष्य लघुता और स्नेह का। हालाँकि गुरु और शिष्य का रिश्ता, पिता और पुत्र के मूल्य की तरह रहा है। उसी तरह मित्रता के रिश्ते भी बड़े सघन रहे हैं, इसकी जिन्दा मिसालें इतिहास में रेखांकित हैं। मित्रता का रिश्ता समानता का सूचक है। ज़ाहिर है कि रिश्तों में बड़े और छोटे की भावना या पद्धति हमें पिरोई हुई दिखती है। भारतीय सामाजिक संरचना में कौन बड़ा है, कौन छोटा है, इनकी परिधि क्या है, इन रिश्तों में पवित्रता का भी बोध होता है और निर्मलता का भी। इन्हीं रिश्तों से संयुक्त परिवार प्रणाली का विकास हुआ। ग्रामीण समाज की अधिरचना विकसित हुई, यह संयोजन वर्ग विषमता को स्थायित्व प्रदान करता है। मुक्तिबोध लिखते हैं कि-"जमाने के साथ, संयुक्त सामन्ती परिवार का ह्रास हुरुड़, विचारों और संस्कारों के प्रति विद्रोह भी किया गया जो सामन्ती परिवार में पाये जाते थे।... समाज में, बाहर, पूँजी या धन की सत्ता से विद्रोह की बात की गयी, लेकिन घर में नहीं। वह शिष्टता और शील के बाहर की बात थी। मतलब यह कि अन्यायपूर्ण व्यवस्था को चुनौती घर से नहीं, घर के बाहर दी गयी।"[26] अब हम उस मुकाम तक पहुँच गये हैं जहाँ एकल परिवारों के बीच निरन्तर घमासान जारी है। कोई किसी का कहा मानने को तैयार नहीं। सब अपनी-अपनी चलाने की फ़िराक़ में है। ज़ाहिर है कि परिवार के भीतर चलने वाली सामान्य अनुशासन प्रक्रिया भंग होती दिखायी पड़ती है और उसके टूटे अक्स बिखर गये हैं। मुक्तिबोध का यह भी मानना है कि "मौजूदा औद्योगिक सभ्यता का प्रभाव गहरे से गहरा हो रहा है, फिर भी इतना गहरा नहीं कि व्यक्ति नवीन स्पन्दनों में घुलकर जीवन में समाज मान्य नवीन दार्शनिक अनुशासन प्राप्त कर सके। हमने उस

सामन्ती इकाई को तोड़ दिया। या यूँ कहिये कि वह अपने आप टूटती गयी। परम्परा ने हमारे स्नान और भोजन से लेकर स्वास्थ्य रक्षा तक की ठेकेदारी की थी।''[27]

दुनिया में विज्ञान, टेक्नालॉजी औद्योगिकीकरण के प्रभाव से मूल्यों का पारम्परिक समीकरण परिवर्तन की दिशा देता है। भारत में आज़ादी के बाद इस मूल्य प्रणाली में व्यापक परिवर्तन होते हैं, यूँ तो फ्रान्स की राज्य क्रान्ति में तीन मुद्दे उभरकर सामने आये थे। स्वतन्त्रता, समानता और बन्धुत्व। भारत में इसका प्रभाव कई रूपों में पड़ना शुरू हुआ था। आज़ादी के बाद समानता की अवधारणा ने रिश्तों के पारम्परिक मूल्य समीकरणों को तेज़ी से बदलना शुरू किया। 'पर्सनैल्टी कल्ट' ने रिश्तों की बजाय अधिकार, धन, पद और प्रतिष्ठा के रूप में अपना विकास शुरू किया। 'पर्सनैल्टी' में ज्ञान और अनुभव की निरन्तरता का बोध होता है। मूल्य प्रणाली में बदलाव के कारण पुराना सामाजिक ढाँचा धीरे-धीरे विघटित होता है और नये ढाँचे का निर्माण होता है। विघटन सम्पूर्णता में नहीं होता वह शनैः शनैः घटित होता है और क्रमशः परिवर्तन की दिशा लेता है। आज़ादी के बाद इन दोनों मूल्य प्रणालियों में टकराहट शुरू हुई, पारम्परिक मूल्यों के स्थान पर नये मूल्य विकसित हुए। पूँजीवादी शासन पद्धति के कारण उन्नत बाज़ार व्यवस्था उपभोक्तावादी संस्कृति का विकास लूट-पाट, हत्याएँ, चोरी, भ्रष्टाचार, धन संचय करने की अनैतिक प्रणालियाँ, इन सबका विकास शुरू हुआ और इसी के तहत नये मान-मूल्य विकसित हुए। नयी संचार प्रणाली ने समूची दुनिया से हमारा सघन सम्पर्क विकसित किया। जानकारियाँ ज़्यादा बढ़ने के कारण विभिन्न देशों से हर तरह के सम्पर्क क़ायम हुए। समूची दुनिया में चल रहे घात-प्रतिघात शुरू हुए। अन्तरराष्ट्रीय स्तर पर मानव अधिकार, नस्लवाद विरोध, स्वतन्त्रता, समानता, विश्वबन्धुत्व जैसे मूल्य निरन्तर विकसित होते रहे, परिणामस्वरूप भारत में सारे सम्बन्धों में समानता की प्रवृत्ति संचरित होती है। हमारे पारम्परिक रिश्तों में बड़े-छोटे के स्थान पर समानता के मूल्य विकसित हुए। रिश्तों के मूल्यों की यह तब्दीली शनैः -शनैः हो रही है। अभी भी किन्हीं अंशों में पारम्परिक रिश्ते विद्यमान हैं लेकिन ये समूचे रिश्ते जकड़बंदी से मुक्त हो रहे हैं। संयुक्त परिवारों का विघटन इन्हीं रिश्तों के बदलते समीकरणों की एक प्रक्रिया है। परिवार प्रणाली में गहन आत्मीय रिश्ते समानता के सिद्धान्त पर परिचालित होने शुरू हुए हैं। भारतीय नारी अब प्राचीन, पारम्परिक दबावों में नहीं है। पति-पत्नी के बीच, पिता-पुत्र के बीच, भाई-भाई के बीच के समूचे रिश्तों का समीकरण बराबरी पर केन्द्रित होता जा रहा है। इससे सिद्ध होता है कि पारम्परिक रिश्ते नये मूल्य समीकरणों में ढल रहे हैं।

पारम्परिक रिश्तों के समीकरणों का ढहना, आज़ादी के पूर्व ही शुरू होने लगा था। अज्ञेय ने 'शेखर: एक जीवनी' में रिश्तों के विखण्डन का संकेत दिया है। इसी उपन्यास में भाई-बहन के बीच नैतिक सम्बन्ध टूट जाता है। पारम्परिक रिश्तों में नैतिक तत्त्व का टूट जाना एक सामान्य घटना नहीं है, उसी तरह अपने बुज़ुर्गों को बोझ मानने का मनोविज्ञान भी रिश्तों के टूटन-फूटन को व्यक्त करता है। राजकमल चौधरी ने अपने काव्य संग्रह 'मुक्ति प्रसंग' में स्त्री को भोगवादी मनोविज्ञान के आधार पर चित्रित किया है अर्थात् उसकी योनि का वीभत्स वर्णन, उसके समूचे गुप्तांगों को खुलकर व्यक्त करना, हालाँकि

इसमें उनका अराजकतावादी नज़रिया रहा है। यह रिश्तों की अराजकता समूची सोच प्रणाली को रेखांकित करती है। यह सही है कि रिश्तों का बन्धन कहीं-कहीं मूल्य बन्धन का कारण बनता है। साम्यवाद ने समानता का नया धरातल प्रस्तुत किया था। तलाक़ की छूट। धर्म चुनने की आज़ादी, धर्म बदलने की आज़ादी, यहाँ तक कि हर 'पर्सनैल्टी' की स्वीकृति, हर व्यक्ति की स्वीकृति। ज़ाहिर है कि जो भी व्यक्ति अपने स्वतन्त्र होने का दावा करे, जिसमें निर्बन्धता हो तो अहं की टकराहट पैदा होती है। हर क्षेत्र स्वतन्त्र होने का दावा करे तो स्वतन्त्रता के सारे प्रतिमानों के टूट जाने का ख़तरा पैदा होता है। तात्पर्य यह है कि एक स्वतन्त्र राष्ट्र से यदि समूचे प्रान्त स्वतन्त्र होने की मानसिकता बनायें तो राष्ट्र टूट सकता है। एक परिवार से हर आदमी अलग होने की बात करे तो परिवार टूट सकता है। विचारक यह मानते हैं कि स्वतन्त्रता कभी निर्बन्ध नहीं होती। उसमें भी एक तरह का अनुशासन पिरोया हुआ होता है। अनुशासन के टूटते ही स्वतन्त्रता छिन्न-भिन्न होने लगती है। अज्ञेय ने कहा था कि हमारी एकता का आधार असहमति है, जो हमें एक-दूसरे से मिलती है। न आदत पसन्द, न जीवन पसन्द, यह निषेधात्मक एकता मूल्य नहीं होती। मूल्य होती है विधेयात्मक एकता जो रिश्तों को सीमेण्ट जैसा जोड़ती है। निजता की स्वाभाविकता का उभार होता है जो निरपेक्षता की सीमा तक चला जाता है। दूसरी ओर विश्व से लेकर व्यक्ति तक परस्परता की माँग है यही विश्व मानव है। इनके बीच समवाय, व्यक्ति और सामान्य के बीच जो द्वन्द्व है इनको जोड़नेवाला रिश्ता या मूल्य गढ़ा जाय या ढल जाय, उसका सर्वस्वीकृत मान बन जाय और उसका पालन हो। यह भी अभी सम्भव है। प्रत्येक देश का संविधान और संयुक्त राष्ट्र संघ का घोषणा-पत्र ऊपरी तौर पर ही प्रभावशील हो पा रहे हैं, इसलिए विधेयात्मक मूल्यों के आविष्कार का संघर्ष रचनाकारों के यहाँ दिखायी पड़ता है।

संस्कृति के रूप में राष्ट्रीयता का स्वरूप

गाँधी जी ने लिखा है कि-"मैं नहीं चाहता कि मेरे घर में सभी दिशाओं में (बन्दीगृह की-सी) दीवारें हों और मेरी खिड़कियाँ बन्द रखी जायें। मैं चाहता हूँ कि सभी देशों की सांस्कृतिक हवाएँ मेरे घर के अन्दर मुक्त रूप से प्रवेश और विचरण करें लेकिन मुझे यह कतई स्वीकार नहीं कि उसके प्रभाव से मेरे पैर ही अपनी धुरी से उखड़ जायें। ... मेरा ऐसा धर्म नहीं जो मेरे घर को क़ैदख़ाना बना दे।"[28] इस कथन में गाँधी जी का आशय ऐसी उन्मुक्ता से है जो सामाजिक, सांस्कृतिक विकास में कोई अवरोध प्रस्तुत न करे और न ही ग़लत दिशाओं की ओर मोड़ने का प्रयत्न। ज़ाहिर है कि पुनर्गायन और प्रवहन संस्कृति की दो अवधारणाएँ हैं। पहला संस्कृति अतीत का गायन है, और दूसरा यह अतीत का गायन नहीं बल्कि एक वाग्धारा है जिसका अतीत होता है, वर्तमान भी होता है और भविष्य भी, नैरन्तर्य की कोई भी बाधा जो प्रकृति के ख़िलाफ़ होती है, वह संस्कृति के क्षेत्र में मान्य नहीं होती। मुक्तिबोध जिसे नयी कविता की विविध धाराएँ कहते हैं। उसके अन्तर्गत राष्ट्रवादी धाराएँ हैं। उसमें वैशेषिक धरातल होता है जिसे मुक्तिबोध शीतयुद्ध का मनोविज्ञान कहते हैं।

प्रतिगामी संस्कृति और प्रगतिशील संस्कृति की जो टकराहट होती है वह मूल्यगत संघर्ष है। "इतिहास दृष्टि में बदलाव के साथ सांस्कृतिक चेतना का स्वरूप भी बदलने लगा। छोटी सांस्कृतिक इकाइयाँ बदलते सन्दर्भों में नयी जागृति का आभास देने लगीं। उनमें आत्म विश्वास जागा और इससे नयी सांस्कृतिक माँगों ने जन्म लिया। वैसे भी सहज विवेक और विशेषकर उभरते वैज्ञानिक विवेक ने कई स्थापित मूर्तियों को खंडित और प्रचलित मिथकों को विश्रृंखलित कर दिया था।"[29] मुक्तिबोध ने नयी कविता की दो धाराओं का विस्तृत विश्लेषण किया है। इसके अन्तर्गत एक धारा वह है जो आधुनिकीकरण, वैज्ञानिकीकरण और समाजवादी समाज की संरचना की पक्षधर होते हुए, नये मनुष्य का निर्माण करने में महत्त्वपूर्ण भूमिका अदा करती है। दूसरी धारा वह है जो प्रतिगामी मूल्यों जैसे-क्षणवाद, लघुमानव, कांग्रेस फॉर कल्चरल फ्रीडम आदि रूपों में व्यक्तिवाद और संकीर्ण राष्ट्रीयता के मूल्यों पर विश्वास करती है। आधुनिकीकरण की प्रक्रिया में राष्ट्रवाद का स्वरूप सीमित नहीं होता, बल्कि राष्ट्र के भीतर रहते हुए विश्व मानवता और विश्व संस्कृति के रूप में अन्तरराष्ट्रीय की संरचना करता है। ज़ाहिर है कि अन्धराष्ट्रवाद और राष्ट्रवाद में फ़र्क़ है। अन्धराष्ट्रवाद मनुष्य के पीछे की ओर लौटता है अर्थात् वह अतीत का गायन करते हुए पारस्परिक मूल्यों को विकसित करना चाहता है। इसके बरक्स सच्चा राष्ट्रवाद, राष्ट्र की हित रक्षा और मानव समाज के विकास में व्यवहृत होनेवाले तमाम मूल्यों, उपकरणों, ज्ञान-विज्ञान के संसाधनों का बेहतर इस्तेमाल करते हुए, विश्व समाज से अन्त:क्रिया करते हुए, ऐसे मूल्यों का विकास करता है, जिसमें राष्ट्र के लोकमंगल के साथ विश्व का लोकमंगल भी जुड़ा होता है किन्तु पूरनचन्द्र जोशी लिखते हैं कि- "वर्तमान भारत में विलम्बित सांस्कृतिक जागरण, दूसरे शब्दों में विरूपित या निष्फल सांस्कृतिक विकास के कारण आर्थिक नियोजन और पुनर्निमाण तथा सत्ता के वर्ग आधार में परिवर्तन की सम्भावनाएँ भी विरूपित और निष्फल न सही तो आंशिक रूप से सफल हुई हैं। इस तथ्य पर जितना ही हम गम्भीरता से मनन करते हैं उतना ही संस्कृति, अर्थ-व्यवस्था और सत्ता-संघर्ष का अन्योन्याश्रित सम्बन्ध स्पष्ट होता जाता है।"[30]

आज़ादी के बाद भारत में आधुनिकीकरण के जो संसाधन विकसित हुए उसके अन्तर्गत विश्वशान्ति, मैत्री, सद्भाव, निरस्त्रीकरण, दूसरे राष्ट्रों के मामलों में हस्तक्षेप न करने की नीति एवं अविकसित राष्ट्रों के विकास की प्रक्रिया में सक्रिय हिस्सेदारी, रंगभेद, नस्लवाद जैसे पतनशील मूल्यों का विरोध इसके अन्तर्गत शामिल है। श्यामाचरण दुबे का यह कहना सही है कि-"संस्कृति और सत्ता के अन्तर्सम्बन्धों पर लम्बे समय से गम्भीर बहस चल रही है। विचारकों का एक सशक्त और मुखर वर्ग संस्कृति की स्वायत्तता का समर्थक है, उसे संस्कृति के क्षेत्र में सत्ता का कोई हस्तक्षेप स्वीकार नहीं। इसके विपरीत ध्रुव पर विचारकों का दूसरा वर्ग है, जो संस्कृति के सम्बन्ध में विचार करते समय उन आर्थिक, सामाजिक और राजनैतिक प्रक्रियाओं और शक्तियों को नहीं भूलता जिनके द्वारा अन्तत: संस्कृति का स्वरूप निर्धारित होता है।"[31] संस्कृति कोई स्वायत्त चीज़ नहीं है वह सामाजिक घात-प्रतिघातों और तरह-तरह की सरणियों से निर्मित और विकसित होती है। इसके ढाँचे बनते-टूटते और नये-नये रूपों में रूपांतरित होते रहते हैं।

यह प्रक्रिया भी न समाप्त होनेवाली प्रक्रिया है। इस प्रक्रिया की अपनी पेचीदगियाँ होती हैं। वे आगे लिखते हैं कि–"नये सामाजिक उद्देश्य, नियोजित आर्थिक बदलाव की दिशा और उनसे सम्बन्ध राजनीतिक निर्णय अनिवार्यत: संस्कृति को प्रभावित करते हैं और स्वयं संस्कृति से प्रभावित होते हैं। इस तरह सामाजिक शक्तियों से जिनमें आर्थिक राजनीतिक शक्तियाँ सन्निहित हैं–संस्कृति असम्पृक्त नहीं होती, सामाजिक निर्णय उसमें प्रत्यक्ष या अप्रत्यक्ष रूप से हस्तक्षेप करते ही रहते हैं। वैकल्पिक भविष्य के निर्माण के प्रयत्न और इतिहास की प्रक्रियाओं को नया मोड़ देने का संकल्प समसामयिक मानवीय चेतना के अंग बन गये हैं। दोनो ही संस्कृति–परिवर्तन के व्यापक कार्यक्रम के रूप में अभिव्यक्त होते हैं।"[32]

यहाँ यह प्रश्न विचारणीय है कि भारतीय राष्ट्रीयतावाद के सांस्कृतिक परिप्रेक्ष्य और पक्षों की अपनी कमज़ोरियाँ रही हैं। राष्ट्रीय चेतना के रूप में भारत के प्राचीन समाजों और संस्कृतियों के प्रति आत्मालोचन की प्रवृत्ति भी कम रही है। हम प्राचीन संस्कृति के गौरव और आदर्शों का गायन करते रहे हैं। उसका हानिकारक पक्ष यह है कि वे मूल्य जो आज उपयोगी नहीं हैं वे हमारे ऊपर कुण्डली मारकर बैठ गये हैं, चाहे यह हमारे साहित्य में उभरनेवाले स्वर रहे हों या समाज में। मैंने प्रारम्भ में ही इस बिन्दु को स्पष्ट किया था कि संस्कृति की एक पद्धति या अवधारणा गायन–पुनर्गायन तक जाती है–जिसे हम पुनर्जागरण कहते हैं, उसमें भी ये तत्त्व भारी मात्रा में पाये जाते हैं। मेरा अपना ख़्याल है कि हम समाज, साहित्य और संस्कृति के सभी मुद्दों से आँख मूँदकर आगे नहीं बढ़ सकते बल्कि उनके प्रति हमारा रवैया आलोचनात्मक भी होना चाहिए ताकि ग़लत चीज़ों को अलगा दें और अच्छी चीज़ों को भविष्य के लिए आगे बढ़ा दें, यदि ऐसा नहीं होता तो हमारी विकास प्रक्रिया और सांस्कृतिक सम्पन्नता बिखर जायेगी। राष्ट्रीयता का जो स्वरूप आज़ादी के पूर्व भारत में था, नयी संचार प्रणाली, नयी वैज्ञानिक प्रविधि और आधुनिकीकरण के विभिन्न सोपानों ने उसको बहुत अंशों में बदल डाला है। हमारे लिए समय वह कसौटी है जिसमें हम अच्छी चीज़ें ग्रहण करते हैं। और ख़राब चीज़ें छोड़ देते हैं। हमारा सांस्कृतिक विकास भी काल सापेक्ष, स्थिति सापेक्ष और मनुष्य सापेक्ष होना चाहिए। राष्ट्रीयता के सन्दर्भ और मान–मूल्य भी तेज़ी से बदलते जा रहे हैं। संस्कृति और राष्ट्रीयता के सन्दर्भ और मान–मूल्य भी तेज़ी से बदलते जा रहे हैं। संस्कृति और राष्ट्रीयता का यह संचरण हमें अतीत गायन से भविष्य की ओर देखने, समझने, बूझने और नया रचने का आमन्त्रण देता है।

साहित्य के क्षेत्र में बदलाव और उसका परिदृश्य

देश–विदेश में हो रहे विभिन्न राजनीतिक, सामाजिक, आर्थिक और सांस्कृतिक बदलावों का प्रभाव समाज में पड़ता है। समाज के जो मान–मूल्य होते हैं उनमें एकरूपता नहीं होती। बल्कि तीव्र अन्तर्विरोध और असंगतियाँ भी होती हैं। रचनाकार चूँकि समाजबद्ध प्राणी है। इसलिए समय के दबावों, अन्तर्विरोधों, स्थितियों और घटनाओं से वह निरन्तर प्रभावित एवं उद्वेलित होता है। रचना उसकी प्रतिक्रिया की सहज परिणति है।

प्रेमचन्द ने कहा था कि साहित्यकार स्वभावत: प्रगतिशील होता है। इस कथन में प्रेमचन्द के आशय बहुत विस्तृत और अनेकायामी थे। ज़ाहिर है कि समाज से घटित तरह-तरह की घटनाएँ, जीवनानुभव रचनाकार के मानस में अन्त:क्रिया करते हुए साहित्य की दुनिया तक आते हैं और रचना के रूप में रूपान्तरित होकर पुन: जनता तक जाते हैं। वस्तुत: रचनाकार न केवल समाज सापेक्ष होता, वह परिस्थिति सापेक्ष, समय सापेक्ष और परिवेश सापेक्ष भी होता है और यह सापेक्षता अनेकायामी और बहुकोणीय होती है।

आज़ादी के पूर्व यूँ तो अनेक समस्याएँ थीं जिनका आमना-सामना रचनाकारों ने किया लेकिन साहित्यकारों की मुख्य समस्या थी-आज़ादी हासिल करना। साहित्य में आज़ादी के प्रति तीव्र आकर्षण की भावना निरन्तर व्यक्त होती रही। प्राय: अंग्रेज़ों की शोषणवादी, साम्राज्यवादी एवं पूँजीवादी नीतियों का विरोध होता रहा। प्रेमचन्द, निराला, यशपाल, प्रसाद, पन्त और यहाँ तक की महादेवी के लेखन में भी इस भावना और विचारबोध का ज़ोर रहा है। शमशेर, रामविलास शर्मा, दिनकर, माखनलाल चतुर्वेदी, शिवमंगल सिंह 'सुमन' आदि के लेखन में साम्प्रदायिक दंगों, ग़रीबों के शोषण, किसानों की हालत और सामाजिक विषमता के बड़े जीवन्त और मर्मस्पर्शी चित्र मिलते हैं। इसी दौर में रवीन्द्रनाथ टैगोर को कहना पड़ा था कि-"कविता या साहित्य जो कुछ हम लिखते हैं, आपको बंगाली और हिन्दुस्तानी और भारतीय बनाने के लिए नहीं लिखते, मनुष्य बनाने के लिए लिखते हैं, क्योंकि उसमें निहित होता है वह अच्छा बेहतर इन्सान जो अपने देश को भी प्यार करेगा, अपनी धरती को, परम्परा को अपनी संस्कृति, अपने साहित्य को भी प्यार करेगा।"[33] इस दौर में सामाजिक यथार्थ का स्वरूप शोषण और शोषित के द्वन्द्व के रूप में सामने आया। इसके कारण पूँजीवादियों और साम्राज्यवादियों के विरुद्ध शोषित जनता के उठ खड़े होने का आह्वान भी था और उनकी हालातों का स्पष्टत: बखान भी। केदारनाथ अग्रवाल, रामविलास शर्मा, नागार्जुन, त्रिलोचन, रांगेय राघव और सुमन आदि की रचनाशीलता इसी रूप में उजागर हुई। आज़ादी के बाद रचनाकार या तो भीतर उतर गये या बाहर। ग़रीबी दिखने लगी, उसे वे मनुष्य की आज़ादी की बुनियाद में देखने लगे। समूचे अन्तर्विरोधों को पहचानने लगे। प्रगतिशीलों में आज़ादी के पूर्व वर्गदृष्टि थी लेकिन स्थूल या सिद्धान्त व्यवस्था के रूप में। आज़ादी के बाद यह वर्गदृष्टि जीवन के क़रीब आयी। इकहरापन टूटा और साहित्यकार उसे व्यापक रूप में देखने लगे। केदारनाथ अग्रवाल ने 'केननदी पर कविता लिखी। 'केन नदी' का पानी शिलाएँ तोड़ने लगा। कवि में एक तरह से वे सारे सन्दर्भ शोषण के ख़िलाफ़ दिखायी देने लगे। यथार्थ की बहुविधि पहचान का सिलसिला शुरू हुआ। बच्चे में क्रान्तिकारी परिवर्तन का भविष्य दिखायी पड़ने लगा। केदार की कविता की कुछ पंक्तियाँ देखें, "एक हथौड़ेवाला घर में और हुआ/ हाथी सा बलवान/ जहाजी हाथोंवाला और हुआ / सूरज-सा इन्सान/ तरेरी आँखोंवाला और हुआ / माता रही विचार / अँधेरा हरने वाला और हुआ / दादा रहे निहार / सबेरा करनेवाला और हुआ / जनता रही पुकार / सलामत लानेवाला और हुआ / सुनले री! सरकार/कयामत ढाने वाला और हुआ।"[34] नागार्जुन और त्रिलोचन ने भी इसी तरह की कविताएँ लिखी हैं। नागार्जुन मिथ के माध्यम से हरिजन बालक को ऐसे ही

क्रान्तिकारी रूप में चित्रित करते हैं। मिथ यह है कि कलियुग में ईश्वर का अवतार हरिजन के यहाँ होगा। नागार्जुन ने इसी बिन्दु को केन्द्र में रखकर इस रचना को समाज के सामने सौम्पा। रचना है 'हरिजन गाथा'।

आज़ादी के पूर्व कवि अपना अहोभाग्य इसमें समझता था कि आज़ादी के दीवाने जहाँ से गुज़रें, वहाँ यदि फूल गिरते हैं तो फूलों का अहोभाग्य। माखनलाल चतुर्वेदी ने अपनी प्रसिद्ध कविता 'पुष्प की अभिलाषा' में इसी तथ्य को रेखांकित किया है। 'चाह नहीं, मैं सुरबाला के/ गहनों में गूँथा जाऊँ / चाह नहीं, प्रेमी-माला में / बिंध प्यारी को ललचाऊँ / चाह नहीं, सम्राटों के शव / पर, हे हरि, डाला जाऊँ / चाह नहीं, देवों के सिर पर / चढ़ूँ भाग्य पर इठलाऊँ / मुझे तोड़ लेना, वन-माली / उस पथ में देना तुम फेंक / मातृभूमि पर शीश चढ़ाने / जिस पथ जायें, वीर अनेक'। आज़ादी के बाद इसी तारतम्य में नागार्जुन ने अनेक कविताएँ लिखीं हैं। 'लाल भवानी' में वह सच्चे मज़दूर राज की कल्पना करते हैं। जैसे 'सेठ और ज़मींदारों को नहीं मिलेगी एक छदाम/खेत, खान, दुकान, मिलें/सरकार करेगी दख़ल तमाम/खेत मज़दूरों और किसानों में ज़मीन बँट जायेगी/नहीं किसी कमकर के सिर पर बेकारी मँडरायेगी/नौकरशाही का यह रद्दी ढाँचा होगा चकनाचूर/सुजलां सुफलां किसान मजूर/।' 'प्रेत का बयान' कविता में किसानों की क़र्जमुक्ति और 'जनवन्दना' में जनशक्ति की कवि अभ्यर्थना करता है। हरिशंकर परसाई, फणीश्वरनाथ रेणु और मुक्तिबोध के लेखन में समग्र रूप से ऐसे स्वर बार-बार उभरते हैं। चीज़ों, वस्तुस्थितियों एवं वास्तविकताओं के बारे में उनकी अन्तर्दृष्टि का विस्तार होता दिखता है। आज़ादी के बाद राष्ट्र, समाज और निरन्तर बदलते विभिन्न आयामों की वजह से साहित्य के भीतर भी तीव्र बदलाव की प्रक्रिया शुरू रहती है इसका साक्ष्य छठवें दशक में लिखी गयी रचनाओं में ढूँढ़ा जा सकता है।[7]

रचनाकार अन्दर घुस आये तात्पर्य यह कि वे जीवन के विभिन्न आयामों, सन्दर्भों और सामाजिक यथार्थ की बारीक़-से-बारीक़ स्थितियों का रेखांकन और विश्लेषण करने लगे। शत्रु-मित्र की पहचान का खुलासा हुआ। रचनाकारों को यह पता भी चल गया कि सर्वहारा कमज़ोर है और शोषक मक्कार है। ज़िन्दगी के संग्राम में शत्रु के सम्मुख खड़े हैं और उनमें काफ़ी असमानता है फिर भी जीवन ज़रूरी है। केदारनाथ अग्रवाल के शब्दों में ''कैसे जियें कठिन है चक्कर/निर्बल हम, बलीन है मक्कर/तिलझन ताबड़तोड़ कटाकट/ हड्डी की लोहे से टक्कर।''[35] एक भयावह स्थिति उस दौर में यह भी थी कि प्रगतिशील जीवन मूल्यों का निरन्तर विरोध हर स्तर पर किया जा रहा था ''नयी कविता का राजनीतिक विरोध खुले तौर पर उस राजनीति का विरोध था जो समाज में और उसको बदलने की प्रक्रिया से जुड़ती थी। राजनीति का मतलब यहाँ विपक्ष की राजनीति था और वह भी वामपन्थी राजनीति। राजनीति विरोध की इस धारणा के पीछे शीतयुद्ध की अन्तरराष्ट्रीय राजनीति का सीधा प्रभाव था।''[36]

इस दौर में अस्तित्ववाद का ज़बर्दस्त रेला आया और वे भाव स्थितियाँ साहित्य में जाने-अनजाने फूटने लगीं। डॉ. रामविलास शर्मा ने अपनी पुस्तक 'नयी कविता और अस्तित्ववाद' में इसके समूचे परिप्रेक्ष्य प्रस्तुत किये हैं। इससे सामूहिकता की भावना

खण्डित होती गयी। समूह के स्थान पर व्यक्ति का दर्शन आया। लघु समूहबद्धता भी दिखायी पड़ने लगी। जनतान्त्रिक प्रक्रिया में तीव्र बदलावों के कारण यह भी हुआ कि रचनाकार यशोलोभी होने लगे। उपयोगितावादी वृत्ति भी सामने आयी। रचनाओं में शार्टकट की प्रवृत्ति, प्रकाशन का ज़बर्दस्त लोभ, लेखन में बिना तैयारी के कूद जाना–जैसी स्थितियाँ और प्रवृत्तियाँ बार–बार प्रकट होने लगीं। संचार माध्यमों के बढ़ते प्रभाव के कारण लाभ–लोभ के कई समीकरण बने। समाज में साहित्य के जरिये प्रभाव डालने की भावना भी बलवती हुई। कविता आन्दोलन की दो धाराएँ सामने आयीं। मुक्तिबोध ने लिखा है कि–'नयी कविता में दो तबके काम कर रहे हैं। एक जो खाते–पीते सुशिक्षित लोग हैं। ... जिनकी जड़ें प्रतिक्रियावादी उच्चतर वर्ग में हैं, उस वर्ग में हैं जो 'अधिक जड़ और प्रतिगामी' हो गया है। वह इस समय साहित्य में ऐसे विचारों का प्रचार करना चाहता है जिनके द्वारा हमारा साहित्यिक व्यक्ति अनुभूत वास्तवों की पाशविकता और अमानवीयता पर परदा डाल दे और वह जनता की ओर उन्मुख न हो। जनता के विरोध का एक उदाहरण लीजिये। हमारी नयी कविता में बहुत ऐसे भाव, विचार प्रकट किये जाते हैं जो नितान्त प्रतिक्रियावादी हैं। नयी कविता के 'फार्म' का सवाल नहीं है, सवाल है उन दृष्टियों का जो मेरे ख़्याल से बिल्कुल ग़लत हैं, ग़लत ही नहीं प्रतिक्रियावादी हैं।''[37] तात्पर्य यह है कि एक धारा वह थी जिसकी दृष्टि सामाजिक प्रगतिशील एवं मानवमुक्ति थी तो दूसरी धारा वह थी जिसमें व्यक्तिवाद, क्षणवाद, लघुमानववाद, कुण्ठावाद और भोगवाद की प्रवृत्तियाँ सक्रिय थीं और इसी के अन्तर्गत व्यक्ति स्वातन्त्र्य के नारे भी गूंजने लगे। ज़ाहिर है कि नयी कविता की दूसरी धारा अराजक और समाज से असम्बद्ध होती गयी। मुक्तिबोध ने अपनी आलोचना में नयी कविता की इन दोनों धाराओं के अन्तर्विरोधों की व्यापक पहचान और छानबीन की है। उनका मानना है कि प्रगतिवादियों में भी तीव्र अन्तर्विरोध हैं और सम्भवतः इसीलिए उन्होंने हर कठमुल्लेपन का प्रतिवाद भी किया और उनके ख़िलाफ़ संघर्ष भी।

आज़ादी के पहले के लेखन में किसानों–मज़दूरों के प्रति प्यार, उनके शोषण के ख़िलाफ़ आवाज़, उनकी बेहतरी के लिए संघर्ष और समर्पणशीलता के क्रान्तिकारी मनोभाव थे, लेकिन आज़ादी के बाद के लेखन में मध्यवर्ग ज़्यादा केन्द्रित होता है। उसके अन्तर्विरोध, बेचैनी, पीड़ा, तक़लीफ़, विरोधाभास, स्वार्थपरताएँ खुलती हैं और लेखन में लगातार चौड़ी होती जाती हैं। कहना न होगा कि आज़ादी के बाद के लेखन में मध्यवर्ग अपनी समूची वास्तविकताओं के साथ केन्द्र में आ जाता है। ज़ाहिर है कि किसानों, मज़दूरों एवं दबे कुचले वर्गों के जीवन चित्र भी हैं लेकिन समग्रता से उनका विस्तार नहीं मिलता। ज़ाहिर है कि आज़ादी के बाद अनुभव निरन्तर कम होता गया है। उसके स्थान पर अनुमान और स्वप्न की दुनिया रची गयी। व्यक्तिवाद का डंका पीटा गया। स्वतन्त्रता के पश्चात् हमारे राष्ट्रीय जीवन में बाह्य और आन्तरिक प्रभावों से, अपनी अन्दरूनी विसंगतियों की वजह से हर पीढ़ी के चिन्तन और भावबोध में परिवर्तन के ज़बर्दस्त रेले आये। उसके दोहरे प्रभाव साहित्य में भी पड़े। नयी कविता, नयी कहानी आदि के रूपों में जो लेखन हुआ उसमें एक अर्थ में 'नयापन' था। ज़ाहिर है कि दृष्टि परिवर्तन से बहुत सारे बदलाव

घटित होते हैं, अभिव्यक्ति के पैटर्न तक बदल जाते हैं। यही वह दौर है जब आज़ादी से मोह भंग की प्रक्रिया भी शुरू होती है, क्योंकि लोगों को जनतन्त्र से जो अपेक्षाएँ थीं, जो सपने थे वे टूटने और बिखरने लगते हैं। उस समय के राष्ट्रीय जीवन में मूल्यों का विघटन भी तेज़ी से हुआ। अन्याय और स्वार्थपरताएँ सर्वोत्तम मूल्य के रूप में सामने आयीं ऐसा प्रचारित किया गया। इसलिए आदर्श लड़खड़ाने लगा। झूठ पर आधारित व्यवस्था में बेगानापन, अज़नबीपन और अकेलेपन का बोध बार-बार कौंधने लगा। आवारागर्दी बढ़ने लगी। कामू, ऑसबर्न, जानवेन आदि 'एंग्रीयंगमैन' पश्चिम में और नयी कविता, नयी कहानी में भूखी पीढ़ी की भावना छाने लगी। स्पष्ट है कि आज़ादी के बाद विकास की जो प्रक्रिया शुरू हुई, नयी संचार प्रणाली, आधुनिकीकरण, औद्योगिकीकरण, नयी तकनीक और अन्तरराष्ट्रीय सम्बन्धों के बदलते विभिन्न सोपानों, मानमूल्यों और अन्य रूपों के बदलावों के कारण ज्ञान का विस्तार तेज़ी से हुआ। वहीं दूसरी ओर हमारे जीवन में नक़लीपन, थोथे आदर्श, झूठी प्रतिष्ठा, फ़ैशनपरस्ती और लाभलोभ के ऐसे समीकरण सामने आये, जिन्होंने हमारे जीवन की स्वाभाविकता और हार्दिकता को बहुत बाहर ठेल दिया। महानगरीकरण की प्रक्रिया में एक ऐसा मध्यवर्ग विकसित हुआ, जिसमें सच्चाई के स्थान पर आभिजात्य भावना की काली प्रेत छायाएँ थीं और इन काली प्रेत छायाओं ने हमारी साहित्यिक चिन्ताएँ ज़्यादातर चमक-दमक की तरफ़ मोड़ दीं। उपभोक्तावाद के रेले में साहित्य को भी एक कमोडिटी (माल) के रूप में पेश करना शुरू किया, लिहाजा तरह-तरह का साहित्य निर्मित हुआ। उदाहरण के लिए कविता में ही देखें जैसा कि डॉ. जगदीश गुप्त ने अपने प्रसिद्ध निबन्ध 'किसिम-किसिम की कविता' में इसके ब्यौरे प्रस्तुत किये हैं। सहज कविता, ठोस कविता, नंगी-भूखी कविता एवं युयुत्सा कविता, नकेनवादी कविता, अकविता, स्वीकृत कविता, अस्वीकृत कविता एवं सनातन-सूर्योदयी कविता आदि। बाद के दौर में प्रतिबद्ध कविता का भी नारा बुलन्द हुआ।

भरत सिंह ने लिखा है कि-"नयी कविता में प्रगतिवादी और प्रतिक्रियावादी दो धाराएँ थीं। छायावाद के निषेधात्मक तत्त्व नयी कविता के प्रतिक्रियावादी रूप में विकसित हुए। छायावादी रहस्यवाद अज्ञेय के फ्रायडीय वासनारूढ़ रहस्यवाद का ही प्रत्यावर्तन था। अज्ञेय के नव रहस्यवाद, व्यक्तिवाद और भोगवाद की सहज, स्वाभाविक परिणति नयी कविता के निषेधात्मक विकास 'अकविता' में हुई।"[38] इस तरह की निष्पत्तियों से हमारी आलोचना समृद्ध है। डॉ. शर्मा ने आज़ादी के बाद साहित्यिक परिवेश का जायजा लेते हुए लिखा है कि-सन् 1947 में 'प्रतीक' के प्रकाशन से शुरू होनेवाली नयी कविता, प्रयोगवादी कविता है जो समाजपरक प्रगतिशीलता का विरोध करती है, जो कुण्ठा और घुटन से संघर्ष को आवश्यक न मानकर उन्हें जीवन मूल्यों के रूप में स्वीकार करती है। सन् 1954 में 'नयी कविता के प्रकाशन से शुरू होनेवाली नयी कविता अस्तित्ववादी कविता है, जो छायावादी 'शिशुआस्था' के विरुद्ध व्यक्तिनिष्ठ विवेक पर बल देती है। जो मानव को लघु बनाकर उसकी विवशता और पराजय के भोगने को कवि की परम उपलब्धि मानती है। सन् 1958 में 'कृति' के प्रकाशन से शुरू होनेवाली 'नयी कविता'

क्रमशः उस पराजित पीढ़ी की कविता बनती जाती है, जो व्यक्तिनिष्ठ मूल्यों के बदले मूल्यहीनता का झण्डा लेकर आगे बढ़ती है। भूखी पीढ़ी, नंगी पीढ़ी, अकविता, ताज़ी कविता आदि की अनेक संक्षिप्त अर्द्धविक्षिप्त पीढ़ियाँ इसे मूल्यहीनता के झण्डे के नीचे एक-दूसरे को ललकारती हैं। इस ललकारने की क्रिया के बावजूद इन सबमें आन्तरिक संगति है क्योंकि वे सभी साहित्य और राजनीति के प्रगतिशील तत्त्वों को अस्वीकार करती हैं।[39]

अन्तरराष्ट्रीय स्तर पर शीतयुद्ध के प्रचार-प्रसार ने समाजवादी देशों और समाजवादी विचारधारा के विरुद्ध प्रचार करने में कोई कोर-कसर नहीं छोड़ी। मुक्तिबोध ने अपनी आलोचना और स्वतन्त्र निबन्धों में इन स्थितियों का बहुत सूक्ष्म निरीक्षण किया है। वे लिखते हैं कि-शीतयुद्ध की राह चलनेवाले स्वयं अपने ही देश के लेखकों ने मौके का लाभ उठाकर प्रगतिवाद पर धावा बोल दिया। नयी कविता की बुर्ज से शीतयुद्ध की गोलन्दाजी की गयी। (नये साहित्य का सौन्दर्यशास्त्र-पू. 57) समग्र सांस्कृतिक क्षेत्र में ये शीतयुद्धीय इरादे अनेकानेक नवीन रूपों में अभिव्यक्त हुए। कलाकार की स्वतन्त्रता, कला की राजनीति से मुक्ति, वाक्य के विशेष पैटर्न, विशिष्ट सौन्दर्यानुभूति का सिद्धान्त, लघु मानववादी मान्यताएँ, क्षणवाद, अनुभूति की प्रामाणिकता, भोगा हुआ यथार्थ जैसी शब्दावली एवं अवधारणाओं का प्रयोग, प्रगतिवाद के मूलोच्छेद के लिए किया जाने लगा। मुक्तिबोध के शब्दों में-''यह साफ़-साफ़ दिखायी पड़ने लगा कि लेखकों के मस्तिष्क पर, उसके मन-प्राण पर अधिकार जमाने के लिए लड़ाई लड़ी जा रही है, अर्थात् भिन्न प्रकार की जीवन व्याख्या उनके हृदय में मूलबद्ध करने का प्रयत्न किया जा रहा है।'' प्रगतिवाद के बारे में मुक्तिबोध का मानना है कि-''प्रगतिवादियों के पास एक सांगोपांग और सुस्पष्ट विचारणा थी। प्रगतिवादियों ने साहित्य की आध्यात्मिक व्याख्या का विरोध किया। बड़ा ही कठोर युद्ध रहा। उस काल के अनन्तर, आध्यात्मिक व्याख्या का प्रभाव दुर्बल होता गया। निःसन्देह, प्रगतिवाद के भारतीय व्याख्याता पर्याप्त अपरिपक्व थे और उनमें ख़ूब भेद भी था। अन्तर्बाह्य कारणों से प्रगतिवाद का प्रभाव वैसे ही क्षीण हो रहा था। नयी कविता के कुछ क्षेत्रों द्वारा किये गये हमले के बाद, उसका प्रभाव अत्यन्त अल्प हो गया।''[40] इन समूची स्थितियों के बावजूद प्रगतिशीलता की धारा निरन्तर बहती रही। इस धारा में हमारे तत्कालीन जीवन की समूची स्थितियाँ केन्द्र में आती हैं तो हिन्दी में प्रयोगवाद के रूप में आधुनिक भावबोध के नाम पर लघुमानववाद, कुण्ठावाद, क्षणवाद, दुःखवाद, व्यक्तिस्वातन्त्र्य आदि अनेक प्रवृत्तियाँ प्रचलित हो गयीं। मुक्तिबोध ने इसके कारणों को रेखांकित करते हुए लिखा था कि-''ध्यान में रखने की बात है कि एक कला सिद्धान्त के पीछे एक विशेष जीवन दृष्टि होती है। उस जीवन-दृष्टि के पीछे एक जीवन-दर्शन होता है। उस जीवन-दर्शन के पीछे आजकल के जमाने में, एक राजनैतिक दृष्टि भी लगी रहती है। ... इस नकारात्मक भाव बोध का प्रकट या अप्रकट उद्देश्य प्रगतिवाद का विरोध करना था, इसके पीछे शीतयुद्ध के उद्देश्य छिपे थे।''[41] अस्तु यह नकारात्मक आधुनिक भावबोध हिन्दी साहित्य की हर विधा, जिसे नयी कहा गया-में स्थापित हुआ और उसके संस्थापकों द्वारा उसके कारण भी गिनाये जाने लगे। अज्ञेय के नेतृत्व में

मध्यवर्गीय बुद्धिजीवी कलाकार इस बोध से आक्रान्त हो गये। हिन्दी साहित्य पर एक प्रकार का यह आरोपित नकारात्मक भावबोध हावी होने लगा।

लघुमानववाद की स्थापना लक्ष्मीकान्त वर्मा एवं विजयदेव नारायण साही ने की। वे इसकी प्रतिष्ठा इसलिए आवश्यक मानते हैं कि, ''इतिहास के सुपरमैन या जनसत्ता के अधिनायक अथवा देवदूत या मसीहा ने अपनी समस्त मान्यता को लघुमानव की बलि देकर ही अपनाया है।...ईश्वर आरूढ़ तर्क, इतिहास की भक्तिवादी या साम्यवादी परिणति तथा सुपरमैन में यह लघु मानव क्रमशः पापों के पुंज, वर्ग चेतना का प्रतीक तथा कृत्रिम रुग्ण और जघन्यता के प्रतिनिधि के रूप में ही अभिव्यक्त हुआ है।''[42] मुक्तिबोध लघु-मानव के इस सिद्धान्त को भी शीतयुद्ध की साम्राज्यवादी विचारधारा की उपज मानते हैं। उनका कहना है कि लघु मानव व्यक्तिवाद का सगा भाई है क्योंकि यह समाज या सामाजिक चेतना से आतंकित है और व्यक्ति सत्ता में भी अपनी अद्वितीयता खोजता है और पाता है। वे लिखते हैं कि-''यह मुख्यतः मानव मुक्तिवादी विचारधाराओं के विरुद्ध है। इसकी तीखी नोक खासकर साम्यवादी धारणाओं के विरुद्ध है, क्योंकि साम्यवादी धारणाओं में यह बताया गया है कि मनुष्य चाहे तो अपना भाग्य परिवर्तन कर सकता है'' नयी कविता के कुछ आचार्यों ने साहित्य सृजन का मूल ही कुण्ठा को माना। अज्ञेय ने कहा कि-''आज के मानव का मन यौन-परिकल्पनाओं से लदा हुआ है और वे कल्पनाएँ सब दमित और कुण्ठित हैं। उनकी सौन्दर्य-चेतना भी इससे आक्रांत है। उसके उपमान सब यौन प्रतीकार्थ रखते हैं।''[43] कुण्ठा की परिभाषा इस प्रकार दी गयी है-''कुण्ठा वहीं हो सकती है, जहाँ निषेध का कारण प्रकृति और आचरण में विरोध की गाँठ पड़ जाय।''[44] रसूल हमजोतोव ने कहा था कि, ''गाँठ नाखून से खुलती है और यदि उनसे नहीं खुल पाती तो दाँत से खोलने का प्रयास किया जाता है किन्तु लोग उसे इतनी गन्दी कर देते हैं कि उसे दाँत से भी नहीं खोला जा सकता।''

क्षणवाद के अन्तर्गत 'क्षण' और 'क्षणभोग' को व्याख्यायित किया गया। उनके विचार में क्षण वह नहीं है जो विज्ञान सिद्ध होता है बल्कि वह है जिसमें 'इतिहास के परे की स्मृति के संसर्ग से अदूषित, संचार से मुक्त, परम्पराविहीन केवल 'शुद्ध वर्तमान' को अनुभूति किया जाता हो। अनुभूति के प्रति सच्चाई बताते हुए 'क्षण' के सम्बन्ध में अज्ञेय लिखते हैं कि-''सच्चा वर्तमान ऐसा क्षण है, जिसके साथ न तो स्मृति का आभास है और न प्रत्याशा या उपेक्षा का-क्योंकि एक अतीत का लक्षण है और दूसरा भविष्य का। दोनों प्रकार की छायाओं से मुक्त असम्पृक्त 'क्षण' ही वर्तमान है।[45] इस प्रकार क्षणवाद ने प्रकारान्तर से मानव के मुक्ति प्रयत्न को ही नकारा। इतिहास का ज्ञान होना इसलिए ज़रूरी है कि मानव सदियों की अपनी शोषण श्रृंखला एवं शोषक वर्ग को न चीन्ह सके, और किसी शोषणहीन समाज के भविष्य की कल्पना करना तो असंगत है ही। एक प्रकार से इस वाद ने मानव जीवन में अनास्था भरनी प्रारम्भ की, क्योंकि भविष्य के प्रति आस्था का भाव ही मनुष्य को मुक्ति की दिशा में प्रेरित करता है। ''कांग्रेस फॉर कल्चरल फ्रीडम' और 'परिमल' समूह की भूमिका इन्हीं के आस-पास है। इन सबके केन्द्र बिन्दु में नेहरू युग का उठान और जड़ताएँ भी थीं। नेहरू युग की छायाएँ साहित्य में भी दिखायी पड़ती

हैं। जैसी जड़ती सत्ता में थी उसी तरह की जड़ताओं का परिप्रेक्ष्य साहित्य में भी दिखायी पड़ता है। मुक्तिबोध की कविता 'भूलग़लती' में इस तीख़ेपन का गहरा अहसास और मूल्यबोध मिलता है। जहाँ उम्मीद 'भलग़लती' में दिखायी देने लगती है। कहना न होगा कि राजनैतिक परिदृश्य के अन्तर्विरोध उस दौर के लेखन में भी मिलते हैं। साहित्य के क्षेत्र में यह परिवर्तन 1960-61 के आस-पास बहुत साफ़ दिखने लगता है, कविता ऐसे समय में चलती है जिसमें सन्त्रास है, वे कारण राजनैतिक और सामाजिक भी हैं। लेखकों को लगता है कि कहीं कुछ बदलता-सा नहीं दिखता। मुक्तिबोध की कविता में चीज़ों को बदलने की तीव्र छटपटाहट और बेचैनी बराबर गहरे तक धँसी हुई लगती है। कहना यह चाहिए कि कविता या साहित्य क्रियात्मक होता है, इसलिए उसमें छटपटाहट और बेचैनी का आभास भी लगातार ध्वनित होता है। अज्ञेय के 'शेखर : एक जीवनी' का तीव्र भावावेग 'अपने-अपने अज़नबी में बिखराव की कगार तक पहुँच जाता है। इसी दौर में अस्तित्ववाद की मूल समस्याएँ हमारे साहित्य की दुनिया में आती हैं, लेकिन वे आती हैं मात्र आभास के स्तर पर, जीवन के स्तर पर नहीं अन्धी आस्थाएँ जो थीं उनके स्थान पर संशय का तीख़ापन आया और यह कहा जाने लगा कि यदि हमारे पूर्वज विश्वासों के प्रति सच्चे थे तो हम अपने संशयों के प्रति सच्चे हैं। कहा गया कि शक्ति केवल विश्वास में नहीं बल्कि संशय में भी होती है।

छायावादियों का जो सौन्दर्यबोध था, मसलन-चाँद जो दूधिया और सम्मोहक था लेकिन अब उसका मुँह टेढ़ा हो गया। उसका जादू टूटने लगा। अज्ञेय ने लिखा-अधिक घिसने से मुलम्मा छूट जाता है, देवता कुँच हो जाते हैं, यहाँ तक कि उपमान मैले हो जाते हैं। मेरा ख़्याल है कि आज़ादी के बाद का जो समूचा साहित्यिक पर्यावरण है, उसमें अन्तर केवल कण्टेण्ट के स्तर पर ही नहीं फ़ार्म के स्तर पर तथा विचारबोध और भावबोध के स्तर पर भी शनैः-शनैः घटित होता है इस संक्षिप्त विश्लेषण से स्पष्ट है कि साहित्य के क्षेत्र में जो तीव्र बदलाव हो रहे थे। परस्पर विचारधाराएँ आपस में टकरा रहीं थीं, घात-प्रतिघात चल रहे थे, उन्होंने मुक्तिबोध के रचनात्मक उठान को नयी अर्थ छवियाँ, नया तेवर दिया। वे दोनों तरह की धाराओं से निरन्तर संघर्ष करते रहे। उनकी मानसिकता टुकड़ों में नहीं थी बल्कि उसका समन्वित रूप उभरकर सामने आया है। धनंजय वर्मा ने सही लिखा है कि-"आधुनिकीकरण सामाजिक और सांस्कृतिक संचरण की अनिवार्य अग्नि स्नान की यातना है जिसे कुछ लोग अनाहूत परिस्थितिजन्य लाचारी भी कह सकते हैं लेकिन इस अग्निस्नान से गुज़रे बिना सभ्यता और संस्कृति की मानव-जय-यात्रा अवरुद्ध हो जायेगी। इस संचरण के सामाजिक, सांस्कृतिक, ऐतिहासिक और मानवीय रूपान्तरण को मूर्त करतीं मुक्तिबोध की रचनाएँ अपने मूल मानसिक सरगम में समकालीन और आधुनिक तो हैं ही, उनका संस्कार और परिवेश भी भारतीय और देशज है।"[48] ज़ाहिर है कि स्वाधीनता के बाद के साहित्य के अन्तर्विरोधी परिदृश्य में मुक्तिबोध प्रगतिशील भावधारा के पक्षधर रहे हैं। इस भावधारा ने प्रगतिवादी मनुष्य को एकांगी व सरलीकृत माना तो व्यक्ति स्वातन्त्र्यवादी, लघुमानव को अधूरा, कुण्ठित, निराश व जड़। इस भावधारा के लिए वांछनीय मनुष्य का वह स्वरूप हुआ जो यथार्थ और उद्देश्य से

एक साथ सम्बद्ध हो, कमज़ोरी और संघर्षाकांक्षा एक साथ जुड़े। वह न तो अन्तर्बाह्य यथार्थ की जटिलताओं से नज़रें चुराये और न ही मानव मुक्ति के लक्ष्य से। मुक्तिबोध का समूचा रचनात्मक संघर्ष स्थिरता के स्थान पर गतिशीलता के लिए और यथास्थिति के स्थान पर प्रगतिशीलता के लिए था। वे सामाजिक न्याय पर आधारित सौन्दर्यबोध और मूल्यबोध को अत्यन्त सार्थक और महत्त्वपूर्ण मानते थे।

रचनाकार की उभरती नयी विश्व दृष्टि

आज़ादी के बाद भारत में जो साहित्यिक स्वरूप विकसित होकर सामने आ रहा था उसके अन्तर्गत दो प्रकार की धाराएँ थीं। साहित्यकारों के ऊपर अस्तित्ववाद, फ्रायडवाद और व्यक्तिवादी चेतना से सम्पन्न विभिन्न प्रकार के प्रभाव थे। ये प्रभाव हिन्दुस्तानी लेखकों की चेतना को निरन्तर झकझोर रहे थे, प्रभावित कर रहे थे। इन प्रभावों के अन्तर्गत क्षणवाद, भोगवाद, अकेलापन, अनुभव की प्रामाणिकता, ऊब, अपराधबोध और अलगाववाद की स्थितियाँ तो थी ही, 'परिमल ग्रुप' की पतनोन्मुख भावधाराएँ, 'कांग्रेस फॉर कल्चरल फ्रीडम' और 'व्यक्ति स्वातन्त्र्य' का नारा भी था। इन सभी प्रवृत्तियों का गहरा असर साहित्यिक दुनिया में पड़ रहा था। दूसरी धारा के अन्तर्गत मानववाद, मार्क्सवाद, प्रगतिवाद, प्रगतिशीलता का क्रान्तिकारी भावबोध और विचारबोध था। प्रगतिवाद की जो हवा 1936 में राष्ट्रीय प्रगतिशील लेखक संघ के गठन के पश्चात् चली थी वह कई अवरोधों के बाद निरन्तर बहती रही। राष्ट्रीय स्वाधीनता आन्दोलन भी तेज़ था और द्वितीय विश्वयुद्ध में हिरोशिमा-नागाशाकी की विध्वंसक और मानव विरोधी कार्यवाहियाँ भी थीं और विश्व शान्ति सहयोग, सद्भाव एवं भाईचारे के सूत्र भी थे। इन समूची गतिविधियों ने भारतीय साहित्य की सुदीर्घ परम्परा को निरन्तर मथना और झकझोरना शुरू किया। यह समाजवादी धारा वह थी जो कई कोणों से भारत की रचनाशीलता को प्रभावित कर रही थी। पश्चिमी देशों के अन्तर्गत वे समाजवादी-विचारक साहित्यकार थे, जहाँ कम्युनिज़्म की स्थापना हो चुकी थी। उन्होंने अपने देश की बहुविध तब्दीली के कई आयाम देखे थे और इसके परिणाम भी। सोशलिस्ट कैम्प के देशों-सोवियत संघ, चीन, पूर्वी जर्मनी, पश्चिमी जर्मनी के समाजवादी विचारकों के अन्तर्गत, मैक्सिम गोर्की, मायकोवस्की, शोलोखोव, लूशिन जैसे रचनाकार थे। इन देशों के साहित्य और वहाँ की चिन्तन पद्धतियों का ज़बर्दस्त असर भारत पर पड़ा। दूसरे वे समाजवादी विचारक थे जो पूँजीवादी देशों में रहकर भी समाजवाद के प्रति समर्पित थे।

अर्न फिशर, क्रिस्टोफर कॉडवेल, जार्ज थाम्पसन लूकाच और बेंजामिन आदि। तीसरे वे समाजवादी विचारक थे जिनका सम्बन्ध 'डार्क कण्ट्रीज' कहे जानेवाले मुल्कों से था उन्हें नीग्रो दृष्टि के रूप में भी जाना जाता था। जैसे अफ्रीका, लेटिन अमेरिका आदि। काले देश या अँधेरे के द्वीप कही जानेवाली जगहों के साहित्य चिन्तकों में रंगभेद, नस्लवाद, ग़रीबी, भुखमरी, पिछड़ापन आदि के कण्टेण्ट, उनकी रचनाओं में क्रान्तिकारी तेवरों के साथ उभरकर सामने आये। यहाँ का समूचा संघर्ष दुनिया के अन्य मुल्कों से भिन्न था। शोषण, उत्पीड़न और अमानवीयता तो थी ही उद्दाम घृणा का भी ये निरन्तर सामना कर

रहे थे। पाब्लो नेरूदा, नाज़िम हिकमत, सेन्सर वेलेंजो आदि साम्राज्यवाद का तीव्रतम विरोध कर रहे थे। उत्तरी अमेरिका के ऐसे रचनाकारों का साहित्य भी बराबर भारत में आ रहा था जो घृणा से जल रहे थे। उसी तरह साम्राज्यवादी-पूँजीवादी देशों जैसे अमेरिका और ब्रिटेन का साहित्य भी धड़ल्ले से हमारे देश में आ रहा था। इस तरह हिन्दुस्तान के लेखकों में पूँजीवादी साम्राज्यवादी देशों की विचार प्रणाली साहित्य के द्वारा आ रही थी तो दूसरी ओर समाजवादी कैम्पों से निकलनेवाला साहित्य भी लगातार भारत में आ रहा था और यहाँ के रचनाकारों को बेहद प्रभावित कर रहा था।

इस दौर में अनुवाद भी बहुत हुए। इन अनुवादों के जरिये इन दोनों कैम्पों की विचार-शैलियों और विचार प्रणालियों का प्रचार-प्रसार काफ़ी तेज़ी से हुआ। हिन्दुस्तान के लेखकों ने अफ्रीका, उत्तरी अमेरिका, नाइजीरिया, क्यूबा, हंगरी, वियतनाम और अन्य मुल्कों का ढेर सारा साहित्य अनुवादित किया। तमाम क्रान्तिकारी विचार इन अनुवादों के जरिये भारत में आये। स्वयं मुक्तिबोध ने पूँजीवादी साम्राज्यवादी, समाजवादी विचार प्रणाली और जीवन प्रणाली अनुवादों के द्वारा अर्जित की। मुक्तिबोध की समग्र रचनशीलता में इन विचार प्रणालियों से संघर्ष की एक अटूट निरन्तरता है।

पूँजीवादी-साम्राज्यवादी विचार प्रणाली की विकृतियों के रूप में भूखी पीढ़ी, नंगी पीढ़ी, बीट्स कविता, निहिलिस्ट, शून्यवादी, हिप्पी और अराजक पीढ़ी की रचनाशीलता भी सामने आयी। गिन्सवर्ग ने इस क्षेत्र में विशेष रूप से काम किया। वह भारत भी आया और यहाँ रहा। इस पूरे दौर में तरह-तरह के साहित्यिक-सांस्कृतिक और राजनैतिक सोचों से ढले रचनातन्त्र और कला के लटके-झटके भी समय-समय पर आते रहे। इन दोनों विचार प्रणालियों ने अपनी-अपनी दृष्टियों को विश्व-दृष्टि के रूप में स्वीकार किया और विश्व-दृष्टि के ताने-बाने के रूप में उनके इस्तेमाल का अपना मतवाद प्रचारित किया। हिन्दी लेखन में युयुत्सावादी पद्धतियों, कलावाद की दुहाइयों की उदघोषणा भी हुई और उनके प्रचार भी जमकर हुए। शब्द की सत्ता पर ज़ोर देने की प्रवृत्तियाँ भी उभर कर सामने आयीं। एक क़िस्म का रीतिवादी बोलबाला भी ठेलने का प्रयत्न हुआ और इसी प्रभावतन्त्र के चलते रचनाएँ भी लिखी गयीं। यह प्रभावशीलता विश्व के देशों का ज्ञानात्मक उपनिवेशवाद था। धारणा यह थी कि विश्व में ग़ुलामी नहीं, आज़ादी चाहिए। शोषण नहीं शोषण से मुक्ति चाहिए। भाईचारा, विश्वशान्ति और सद्‌भाव चाहिए, समानता चाहिए। रंगभेद-नस्लभेद के स्थान पर बराबरी पर आधारित स्नेह की कलकल धारा चाहिए। इसी तरह के कण्टेण्ट व्यापक रूप से उठाये गये। यह एक तरह के लक्ष्यों की एकता थी। इससे विविध लक्ष्योन्मुखता पैदा हुई। इसी दौर में रोमानियत आयी जैसे छायावादी विश्वदृष्टि के साथ वह सम्बद्ध हुई थी। उसी तरह भोगवाद, कुण्ठा, ऊब और व्यक्तिवाद का रेला आया। माँस-मज्जा का तत्त्व रचनाओं में तीव्रता से उभरा। हमारी रचनाशीलता में ये प्रवृत्तियाँ निरन्तर सक्रिय होती गयीं। मांसलता के वर्णन में अकुण्ठ अभिव्यक्ति देखिये, श्याम परमार की कविता का अंश "नंगी धूप, चूमते पुष्ट वक्ष/दूधिया बाँहें रसती केसर-फूल/चौड़े कर्पूरी कूल्हों से दबती/सोफे की एक वर्गी चादर/रेशमी जाँघों से उकसी/टाँगों की चन्दन डालें।" रामवचन राय ने लिखा है कि-"आधुनिक

युग में मानवीयता मूल्यों के अवमूल्यन और व्यक्तियों के विघटन के कारण सर्वत्र निराशा की एक काली छाया फैल गयी है। जीवन के खुरदुरे यथार्थ से टकराकर आदमी भीतर-ही-भीतर टूटता जा रहा है...नयी कविता में मोहभंग की स्थिति तज्जन्य निराशा का चित्र मिलता है।''

कहना चाहिए कि मुक्तिबोध का आत्मसंघर्ष यही है कि वे विभिन्न विश्वदृष्टियों में से किसे चुनें, इसलिए उनके लेखन में स्वप्न देखने की प्रवृत्ति है। वे अक्सर फ़ैण्टेसी रचते हैं। और उस फ़ैण्टेसी में स्वप्न होते हैं। एक भावात्मक दिशा होती है लेकिन इस भावात्मक दिशा में सर्वहारा का हित और मध्य वर्ग का समूचा आत्मसंघर्ष मुखर होता है। मध्यवर्ग की कमज़ोरियाँ उभरती हैं और उन्हीं कमज़ोरियों से एक सही गति और दिशा में ले जाने का प्रयत्न उनका रचनात्मक संघर्ष है। मुक्तिबोध ने तमाम विश्वदृष्टियों से अपने आपको लगातार टकराया है। उसमें से वे बेहतर का चुनाव करते हैं। उनका रचनात्मक संघर्ष मेरे ख़्याल से बेहतरी के लिए संघर्ष तो है ही मानवमुक्ति का भी संघर्ष है। मुक्तिबोध ने लिखा कि-''भारत को स्वाभाविक मानव जीवन का स्वर्ग बनाना है तो शोषण और अत्याचारों के पहाड़ों को चीरकर नीचे के रेगिस्तान की अपारशक्ति से नयी प्राणधारा बहानी होगी, क्योंकि तभी हमारे जीवन में मानवोचित स्वाभाविकता और समद्धि आ सकती है।[47] जब स्थितियों का लाभ उठाकर शीतयुद्धीय इरादे साहित्य में फलीभूत होने लगे। तब आधुनिक भावबोध के नाम पर दबे-ढँके समाजवाद विरोध मुखरित हुआ तो मुक्तिबोध ने लिखा-''यह तो स्पष्ट है कि इस आधुनिक भावबोध में उन उत्पीड़नकारी शक्तियों का बोध शामिल नहीं हैं, जिन्हें हम शोषण कहते हैं, पूँजीवादी कहते हैं, साम्राज्यवाद कहते हैं तथा उन संघर्षकारी शक्तियों का बोध भी शामिल नहीं है जिन्हें हम जनता कहते हैं, शोषित वर्ग कहते हैं। यहाँ तक कि इस आधुनिक भावबोध में उस देश का निर्माण स्वप्न भी नहीं है जिसके अन्तर्गत हमारे यहाँ औद्योगिकीकरण हो रहा है, न उस देश निर्माण का जबकि ग़रीब अमीर रहेंगे ही नहीं।''[48] इस तथाकथित आधुनिक भावबोध को मुक्तिबोध ने नकारात्मक आधुनिक भावबोध' की संज्ञा दी। मुक्तिबोध ने समय-समय पर लिखे अपने निबन्धों और डायरी के पन्नों में जो विचार व्यक्त किये हैं, उनसे समझा जा सकता है कि मुक्तिबोध साम्राज्यवादी, सामन्ती और पूँजीवादी षड्यन्त्रों से भलीभाँति परिचित थे। दमन और शोषण, उत्पीड़नकारी शक्तियों के ख़िलाफ़ संघर्ष करनेवाली क्रान्तिकारी शक्तियों के प्रति वे आस्थावान् थे। इसकी चिन्ताएँ उनके लेखन में विभिन्न रूपों में प्रकट होती हैं वे लिखते हैं-''क्या लेखक के लिए परम आवश्यक नहीं कि वह विश्व जनता के अभ्युत्थान को देखे और समाज का उत्पीड़न करनेवाली शक्तियों से सचेत हो उसके प्रति विद्रोह करनेवाली ताक़तों से सक्रिय सहानुभूति रखे।''[49]

मूल्य विशेषता नये मूल्य बौद्धिक स्तर पर हैं। वे जीवन के अनुशासन में सहायक नहीं बन पाये फलस्वरूप एक सांस्कृतिक शून्य की स्थिति पैदा हो गयी। ''धर्म भावना गयी, लेकिन वैज्ञानिक बुद्धि नहीं आयी। धर्म ने हमारे जीवन के प्रत्येक पक्ष को अनुशासित किया था। वैज्ञानिक मानवीय दर्शन ने वैज्ञानिक मानवीय दष्टि ने, धर्म का स्थान नहीं लिया। इसलिए केवल हम अपनी अन्त: प्रवृत्तियों के यन्त्र से चालित हो उठे।

उस व्यापक, उच्चतर, सर्वतोमुखी मानवीय अनुशासन की हार्दिक सिद्धि के बिना, हम नया-नया चिल्ला उठे, नये मानमूल्य नया इंसान, परिभाषाहीन और निराकार हो गये। वे दृढ़ और व्यापक मानसिक सत्ता के अनुशासन का रूप धारण न कर सके। वे धर्म और दर्शन का स्थान न ले सके।''[50] मुक्तिबोध की मूल चिन्ता यह थी कि मानव जीवन में आयी यान्त्रिकता का असली कारण मशीनीकरण नहीं बल्कि पूँजीवादी अर्थव्यवस्था है। प्रतियोगिता के सिद्धान्त पर आधारित इस व्यवस्था में सभी मनुष्यों का समुचित विकास नहीं हो सकता। वे लिखते हैं कि-''यह समाज व्यवस्था और शासन व्यक्ति को केवल अपने मत प्रकट करने की और एक हद तक अपने मतों के अनुसार कार्य करने की स्वतन्त्रता देती है, किन्तु व्यक्ति के जीवन विकास का उत्तरदायित्व समाज व्यवस्था अपने ऊपर नहीं लेती। यह प्रत्येक व्यक्ति का कार्य है कि अपने जीवन विकास और आत्म विकास का कार्य करे।'' मुक्तिबोध ने अपने तई यह कार्य किया। ज़ाहिर है कि उनके कालखण्ड में किसिम-किसिम के प्रभाव ही प्रभाव हैं जो भारतीय साहित्य में लगातार छाने लगते हैं। उसे पूरी तरह से आच्छादित कर लेते हैं, कुछ ही लेखक ऐसे होते हैं जो इन प्रभावों से भीतरी और बाहरी संघर्ष करते हुए और आत्मसंघर्ष की राह से गुज़रते हुए रचनात्मक वस्तु तथा शिल्प को हासिल करते हैं। मुक्तिबोध ने समूचे साहित्यिक प्रभावों से संघर्ष किया है इसलिए उनके यहाँ समूची चीज़ें बेमालूम तरीक़े से आती हैं। उन्हें आना भी चाहिए। हरिशंकर परसाई के यहाँ भी समूची चीज़ें बेमालूम तरीक़े से ही आती हैं। डॉ. मैनेजर पाण्डेय का यह कहना सही है कि-''मुक्तिबोध ने एक व्यवस्थित विश्वदृष्टि अर्जित करने के लिए गहन आन्तरिक संघर्ष और तलाश के फलस्वरूप मार्क्सवाद को अपनाया था, इसलिए वे जीवन भर मार्क्सवादी साहित्य विचारक और रचनाकार बने रहे ... मार्क्सवाद के रूप में मुक्तिबोध को एक वैज्ञानिक और ओजस्वी दृष्टिकोण प्राप्त हुआ जिसके सहारे वे अपने समय के समाज और जीवन की वास्तविकताओं, समस्याओं और विचारधारात्मक संघर्ष को ही नहीं, इतिहास और परम्परा को भी ठीक से समझने में सफल हुए।''[51] दरअसल मुक्तिबोध के बारे में यह कहना ज़रूरी है कि ''मुक्तिबोध की कविता दूसरे कवियों की कविता की अपेक्षा कहीं अधिक चुनौती की शक्ल हमारे लिए अख़्तियार करती है, हम उसके प्रति अपनी धारणा को स्थिर नहीं कर पाते। मुक्तिबोध की कविता ही नहीं मुक्तिबोध का समूचा कृतित्व किसी भी तरह की साहित्यिक आत्मतुष्टि के ख़िलाफ़ सबसे बड़ा तर्क और सबसे बड़ी कार्यवाई है।''[52]

मुक्तिबोध का जीवन संघर्ष

मुक्तिबोध के व्यक्तित्व का ग्राफ़ खींचते हुए उनके समकालीन, मित्र और समानधर्मा हरिशंकर परसाई लिखते हैं कि, ''लम्बा डील; दुबला-दुबला शरीर, हड्डी की प्रधानता से माँस का भाग दबा-दबा, हाथ की उँगलियाँ और हथेली बिल्कुल लुचई-सी लचीली और मुलायम, छाती में इतने बाल कि जंगल, चेहरे में सूची भेद आँखें, बड़ी-बड़ी जिनमें भावुकता और भावावेश का टूर्नामेण्ट, माथा ख़ूब फैला हुआ कि भाग्यवान् के साइनबोर्ड जैसा, साँवली छवि में त्वचा का स्वभावत: रंग व्यक्त होने के साथ मानव की छाती पर

पड़नेवाली चोटों का व्यापक रंग चढ़ा था। समुन्दर गर्जन साथ में सिमटा-सिमटा था। जो तब मालूम होता जब अत्याचार, अशोभन और असंस्कृति के प्रति उनके नथुने फड़क उठते थे।''[53] मुक्तिबोध के इस ग्राफ़ से उनकी शारीरिक और मानसिक संरचना का पता चलता है। उनका संघर्ष-चिन्तन और इससे उद्‌भूत परिणाम भी झलकता है। परसाई ने ग्राफ़ खींचते हुए जीवन में आनेवाले प्रभाव का आकलन भी किया है। यूँ तो ये पंक्तियाँ सत्र रूप में हैं, किन्तु यदि इनका खुलासा किया जाये तो उनका व्यक्तित्व विश्लेषित किया जा सकता है। व्यक्तित्व का विस्तार भी समझा जा सकता है। विभिन्न पत्र-पत्रिकाओं, पुस्तकों और रचनावली में उनके अनेक चित्र प्रकाशित हुए हैं। इन सभी को देखने से उनके जीवन संघर्ष के कई कोण उभरते हैं। लम्बा डील, पिचके गाल, आँखों में भेदक शक्ति और जमाने से लड़ने की कूबत भी प्रत्यक्ष होती है। प्रमोद वर्मा ने, उनका परसाई से थोड़ा भिन्न नक़्शा खींचते हुए लिखा है कि, ''दुबलेपन के कारण ज़्यादा ही लम्बा लगता उनका क़द घुटने छूती भुजाएँ चौड़े चाक-सा सीना लम्बोत्तरा चेहरा, मज़बूत जिद्‌दी ठोढ़ी, धँसे गाल, तराशे होंठ, तीख़ी नुकीली नाक, उदास स्वप्निल बड़ी-बड़ी आँखें, चौड़ा माथा और थोड़े लच्छेदार बाल। हँसते तो सामने के टूटे दाँतों की ख़ाली जगह जैसे भर जाती थी। कुछ उसी तरह उनकी रचना का भी क़द लम्बा है और भुजाएँ बड़ीं। उसमें मज़बूती भी है और तीख़ापन भी। उदासी के गहरे साँवले सायों के बीच मोहक स्वप्नों की दुनिया है और रिक्तता को भरती मस्ती की लहर भी।''[54] मुक्तिबोध को जितने लोगों ने देखा, उन्होंने उनके अलग-अलग ग्राफ़ खींचे हैं। ज़ाहिर है कि मुक्तिबोध का ग्राफ़ किसी ग्राफ़ में पूरा अटता ही नहीं। वह बार-बार छिटक जाता है।

रचयिता का व्यक्तित्व निर्धारण सामान्य से अलग होता है उसकी बनक और ठनक अलग होती है। ''रचयिता का व्यक्तित्व सक्रियता की स्थिति में दूसरों से अलग होता है। वह एक दूसरी इकाई होता है। उसकी अर्जन क्षमता पर निर्भर करता है कि उसकी इकाई कितने परिक्षेत्र को आच्छादित कर सकी है। वस्तुगत, सच्चाई के कितने हिस्से से उसका द्वन्द्व हो सका है। उसकी प्रातिनिधिकता का दायरा क्या है। व्यक्तित्व की विशेषता यह है कि तमाम विभिन्न संवेदनाओं के अलग-अलग रूपों में सघन होता है। यह विभिन्न हिस्सों से सारवस्तु ग्रहण कर एक बनता है और दूसरे उससे अलग इकाइयों के परिप्रेक्ष्य में अपने काल और स्थान के बीच पूर्ण सत्य का एक हिस्सा बनता है। उसमें सापेक्ष पूर्णता तथा निरपेक्ष भिन्नता के गुण होते हैं। इन्हीं गुणों के बल पर उसके अन्तर्सम्बन्ध वस्तु व्यापार से क़ायम रहते हैं।''[55] व्यक्तित्व का विकास समाज, समय, परिस्थिति, परिवेश और व्यक्ति के संघर्ष की द्वन्द्वात्मकता में ही सम्भव होता है। व्यक्ति की विचार प्रणाली की महती भूमिका भी उसके व्यक्तित्व के विकास में निहित होती है, क्योंकि व्यक्तित्व समाज से बनी ऐसी निजी इकाई है जिसमें विशिष्टता की अनन्त सम्भावनाएँ बद्ध-मूल होती हैं। मनुष्य में योग्यता का गुण ओर अपनी रचनात्मकता की निजता होती है। व्यक्तित्व की यह निजता हमारे सामाजिक सरोकारों से निर्मित होती है, क्योंकि व्यक्ति और समाज का रिश्ता द्वन्द्वात्मक और जीवन्त होता है ज़ाहिर है कि व्यक्ति की रचनात्मक भिन्नता, कार्यप्रणाली की भिन्नता अपरिहार्य है। समाज में उन व्यक्तियों को सार्थक

व्यक्तित्व माना जाता है जिनकी भूमिका समाज के समग्र विकास के लिए होती है। और जिनकी चिन्ता के केन्द्र में समाज का विकास एवं भविष्य का सुनहला सपना और दुनिया को बदलने का जलजला होता है। मुक्तिबोध ने अपनी सार्थकता दुनिया को सुखी देखने और ऐसी ही दुनिया के निर्माण में खोजी। वे अपनी एक कविता में लिखते हैं कि– ''समस्या एक/मेरे सभ्य नगरों और ग्रामों में / सभी मानव / सुखी, सुन्दर और शोषण/ मुक्त कब होंगे / कि मैं अपनी अधूरी दीर्घ कविता में / उमग कर जन्म लेना चाहता फिर से / कि व्यक्तित्वान्तरित होकर / नये सिरे से समझना और जीना / चाहता हूँ, सच!!'' उनकी यह कोशिश अपने समकालीनों में एकदम अलग दिखती है। उनका यह उत्ताप इस रूप में व्यक्त हुआ है ''जो है उससे बेहतर चाहिए। पूरी दुनिया को साफ़ करने के लिए एक मेहतर चाहिए। वह मेहतर मैं हो नहीं पाता।'' मुक्तिबोध के व्यक्ति की निजता समाज सापेक्ष है इसीलिए वह अलग से पहचान में आती है। उनका आत्म-संघर्ष समाज के व्यापकतर क्षेत्र को स्पर्श करता है और इसीलिए उनका स्वर बेहद अलग और निजी विशिष्ट है। उनका व्यक्तित्व अपने समय, समाज, स्थितियों एवं परिवेश की रचनात्मक और जीवन्त ऊर्जा का साक्ष्य भी है और ज़िन्दा हक़ीक़त भी। शमशेर लिखते हैं कि– ''मुक्तिबोध युग के उस चेहरे की तलाश करते हैं जो आज के इतिहास के मलबे के नीचे दब गया है, मगर मर नहीं गया। ... जिन अनुभूतियों को इस कड़ियल कवि ने झेला है, उनमें लगातार जी कर उनकी अग्नि परीक्षा देकर वह वहाँ आ खड़ा हुआ, जहाँ वह प्रत्येक संघर्षशील देश और जगत् का अपना हो गया।''[56]

मुक्तिबोध ने जीवन भर संघर्ष किया है। संघर्ष के तीन रूप होते हैं। अस्तित्व-रक्षा का संघर्ष, स्थिति-रक्षा का संघर्ष और अपने जीवन-दृष्टि-विकास का संघर्ष। उन्होंने इन तीनों संघर्षों को झेला है। वे चाहते तो अपने भरे पूरे परिवार को बेहतर जीवन सुविधाएँ मुहैया करा सकते थे लेकिन छोटे से वेतन के द्वारा यह सम्भव नहीं था। बदमाशी और बेईमानी करना उन्हें रास नहीं आया। वे लिखते हैं, ''अगर मैं उन्नति के उस जीने पर चढ़ने के लिए ठेलमठेल करने लगूँ तो शायद मैं भी सफल हो सकता हूँ। लेकिन ऐसी सफलता किस काम की जिसे प्राप्त करने के लिए आदमी को आत्म गौरव खोना पड़े, चतुरता के नाम पर बदमाशी करना पड़े।''[57] वे यह भी लिखते हैं कि सांसारिक समझौते से ज़्यादा विनाशक कोई चीज़ नहीं। अपने आत्म-संघर्ष को उन्होंने जगह-जगह अभिव्यक्त भी किया है। उन्हीं के शब्दों में, ''परिस्थिति से सामंजस्य के लिए यह जो आजीवन संघर्ष है उसमें कितनी मनोवैज्ञानिक शक्ति खर्च हो जाती है। पच्चीस साल तक के यौवन में जब व्यक्ति की मानसिक शक्ति निर्माणशील प्रयत्नों में लगनी चाहिए वह कैसे बेहूदा युद्ध में व्यय हो जाती है।'' लिहाज़ा उन्हें अपनी अस्तित्व-रक्षा के लिए और थोड़ी-सी आमदनी के लिए निरन्तर संघर्ष करना पड़ा, क्योंकि पारिवारिक उत्तरदायित्वों को वहन करना बहुत आसान नहीं होता। ये पारिवारिक दायित्व आदमी को पूरी तरह नीबू की भाँति निचोड़ देते हैं। अपनी पूरी शक्ति और ऊर्जा झोंक देने के बावजूद समस्याओं से छुटकारा नहीं मिलता। अपनी स्थिति की रक्षा के लिए उन्होंने अपनी वैचारिकता को, अपने सिद्धान्तों और मान्यताओं को ताक पर नहीं रखा और न उसकी बलि दी। वैसे अपने सिद्धान्तों की हत्या

करके सभी चीज़ें , सुविधाएँ 'एचीव' की जा सकती थीं लेकिन मुक्तिबोध जिस मिट्टी के बने थे, उनकी जो वैचारिक प्रतिबद्धताएँ थीं, कथनी-करनी की जो प्रगाढ़ एकता थी, इसलिए उन्हें विराट् तनावों को और उसकी बलवती पीड़ा को निरन्तर झेलना पड़ा। नेमिचन्द्र जैन को नागपुर से लिखे 24.04.55 के एक पत्र में उन्होंने लिखा था कि, "तनाव और दुराव की दुनिया में मन दूर भागता है और पास वाले आदमी को दूर से पकड़ लाता है। मन का यह लम्बा सफ़र व्यर्थ नहीं जाता; लेकिन शक्ति तो क्षीण होती ही है और यह क्षीणता क्या साधारण मनुष्य के मन में 'दर्द का कीड़ा' नहीं बन जाती?"[58] तीसरा उनका संघर्ष रहा है जीवन-दृष्टि विकास का संघर्ष। प्रारम्भ में वे रमाशंकर शुक्ल, महादेवी वर्मा, सुमित्रानन्दन पन्त से प्रभावित रहे। नारायण विष्णु जोशी से सम्पर्क होने के बाद वर्गसाँ के दर्शन में उनकी गहरी रुचि हुई, क्योंकि वे किसी भी मायने में उथले आदमी नहीं थे और कछ समय बाद नेमिचन्द्र जैन से सम्पर्क-सान्निध्य होने के कारण उनका झुकाव मार्क्सवाद की ओर हुआ, जो जीवन पर्यन्त बना रहा। सक्रिय एवं जीवन्त निरन्तर ऊर्जा से ओत प्रोत। इस सक्रियता ने उन्हें कभी फुरसत ही नहीं दी। वे ऐसे आदमी के रूप में उभरते हैं जो हमेशा बेहतर की तलाश में रहा है। तय है कि वे किसी चीज़ को, किसी विचारधारा को सम्पूर्णता से प्राप्त करना चाहते थे इसलिए भी उनमें संघर्ष शीलता विकट थी। उनके पास वर्ग-दृष्टि थी, मार्क्सवादी दर्शन पर अटूट विश्वास था। मध्यवर्ग के मनोविज्ञान की व्यापक समझ थी और निम्न वर्ग से बेहद सहानुभूति। उन्होंने अपने शत्रु और मित्र स्वयं तय किये। इसलिए वे लोगों से अक्सर पूछते थे कि पार्टनर! तुम्हारी पॉलिटिक्स क्या है? अपनी कविता में उन्होंने कहा भी है-'तय करो किस ओर हो तुम। उन्होंने जो किया अपने जीवन संघर्ष के परिप्रेक्ष्य में ही किया। ज़ाहिर है कि उनके शत्रु और मित्र अपने स्वार्थों और निजी हित में नहीं थे बल्कि वर्ग-दृष्टि और मार्क्सवादी दर्शन उनके केन्द्र में था और मनुष्यता के प्रति अटूट प्रेम और कभी न समाप्त होनेवाली गहरी आस्था। स्मरणीय है कि उन्होंने अपनी अन्तिम नौकरी दिग्विजय महाविद्यालय, राजनांदगाँव में की। उनके प्राचार्य और बॉस थे पण्डित किशोरीलाल शुक्ल मुक्तिबोध ने अपनी एक पुस्तक 'नयी कविता का आत्म संघर्ष और अन्य निबन्ध' भी उन्हें समर्पित की थी। इसके बावजूद उन्होंने बॉस के रूप में उनके चरित्र का विधिवत् विश्लेषण-मूल्यांकन किया है। 'विपात्र' उपन्यास में और उनका असली फोटू खींचकर एवं उनके अन्तर्विरोधों को उजागर करते हुए। उनके यहाँ दोहरापन, दोहरा चरित्र नहीं मिलता। जो भी है वह साफ़-साफ़ बिना किसी लाग लपेट के।

उनके जीवन-दृष्टि-विकास के सन्दर्भ में राजनैतिक सामाजिक, आर्थिक, सांस्कृतिक विभीषिकाओं का द्वन्द्व भी है। इसकी पहचान उनके समग्र लेखन में उजागर होती है। बुद्धिजीवियों के द्वैत, विसंगतियों, विरोधाभासों, मुखौटों के भीतर छिपे मुखौटों को उन्होंने अपने लेखन की धुरी में रखा, उनकी कलई खोली और उन्हें साफ़-साफ़ दर्ज किया, इस प्रकार उन्होंने अपने संस्कारों से निरन्तर संघर्ष किया है। विचारों की दृढ़ता उनके रिश्तों में भी आड़े नहीं आयी। उसकी वजह यह है कि वर्ग-दृष्टि और मार्क्सवादी दर्शन उन्हें ऐसी दृष्टि देता था। हरिशंकर परसाई लिखते हैं कि, "विचारों के मामले में

जितने सधे हुए, ज़िन्दगी की व्यवस्था में उतने ही लापरवाह। स्वास्थ्य के प्रति अत्यन्त असावधान थे। सम्बन्धों में लचीले मगर विचारों में इस्पात की तरह। कहीं कोई समझौता नहीं। पैसे-पैसे के लिए तंग रहते थे, पर पैसे को लात भी मारते थे। कभी बिलकुल निस्संग हो जाते, कभी मोहग्रस्त।"[६९] उनके व्यक्तित्व निर्माण की धुरी में जीवन-संघर्ष और आर्थिक तंगियाँ रही हैं। कठिन-से-कठिन समय में उन्होंने अपनी वैचारिक दृढ़ता का परिचय दिया है। बुद्धिजीवी वर्ग से वे कटते गये, निरन्तर अकेले होते गये और इस तरह उनका संघर्ष तीव्र-से-तीव्रतर हुआ। 'विपात्र' में वे लिखते हैं-"जो मेरे अपने हैं जिनके लिए व्यक्तिशः मेरे हृदय में स्थान है। वे मेरे विचारों के विरोधी, मेरे आन्तरिक जीवन से बहुत दूर हैं और जो व्यक्तिशः मेरे नहीं हैं, नहीं हो सकते, उनकी ओर उनके इर्द-गिर्द मेरे विचार, मेरी आत्मा मँडराती है।"[60] उनका निजी विश्वास था कि जनता उनके साथ है। अपने संघर्ष की विकटताओं में भी स्वार्थ उन्हें डिगा नहीं पाये। इन सभी स्थितियों के मूल में जो अकेलापन था वही उनके तनाव, बेचैनी, असुरक्षा और सन्देह में तब्दील हुआ। अपनी पुस्तक 'भारतः इतिहास और संस्कृति' को ग़ैरक़ानूनी करार दिये जाने पर वे काफ़ी अस्त-व्यस्त हो गये थे। फिर भी उनका साथी था तो सि उनका खरापन, वैचारिक दृढ़ता और बुनियादी ईमानदारी। इन सभी का परिणाम है उनके शरीर में और मन में तनाव का प्रभाव, उनकी तनी हुई भृकुटियाँ, दुबलापन निरन्तर बीमारियों का सिलसिला। जीवन के अन्तिम दिनों में ब्रेन-हैमरेज, क्योंकि समूची स्थितियों के लड़ने में उनके दिमाग़ ने भयानक संघर्ष किया है और वह भी लगातार। ऐसा लगता है कि उनका दिमाग़, उनकी लड़ाई का भरर-पूरा मैदान था और वे अपना वैचारिक युद्ध वहीं लड़ते थे। ऐसा आदमी जो संघर्षों की ज़िन्दा तस्वीर, ज़िन्दा मिसाल स्वयं था और सम्भवतः इसीलिए उनके मित्र परसाई जी ने उनके शारीरिक ग्राफ़ के साथ उनके वैचारिक ग्राफ़ को चित्रित किया है।

मुक्तिबोध एक मध्यवर्गीय परिवार में 13 नवम्बर, 1917 को श्योपुर में जन्में। पिता माधवराव और माँ पार्वती बाई थीं। तीन भाई और थे-शरच्चन्द्र, बसन्त और चन्द्रकान्त। वे सबसे बड़े भाई थे। अपने दादा के सबसे प्यारे। उनको अपने परिवार में बहुत प्यार मिला। उनकी एक-एक चीज़ का ख़्याल रखा जाता था। पिता उन्हें वकील बनाना चाहते थे लेकिन वे वकील तो बने लेकिन सम्पूर्ण जनता के। उन्होंने अपने परिवार में, जीवन की ऊँच-नीच में और आपाधापियों से, जीवन्त अनुभवों से, वे अपने आप को लैस करते रहे। उन्होंने दुनिया को दूसरों की तरह सहज रूप में नहीं जाना बल्कि जाना तो जटिलताओं के पूरे परिप्रेक्ष्य में। अपनी मर्जी से प्रेम विवाह किया शान्ता बाई से। विरोध हुआ तो उसे झेला भी उत्तरदायित्व की तरह। उनकी शिक्षा उज्जैन, विदिशा, अमझरा, सरदारपुर, इन्दौर और नागपुर में हुई। नौकरी के सिलसिले में उन्हें एक शहर से दूसरे शहर की यात्राएँ करनी पड़ीं, अकेले नहीं, अपनी पूरी गृहस्थी के साथ। उनकी नौकरी के स्थान रहे बड़नगर, शुजालपुर, उज्जैन, बंगलौर, बनारस, जबलपुर, नागपुर और राजनांदगाँव। यहाँ उन्होंने निरन्तर नये और जीवन्त अनुभव प्राप्त किये। किसी भी परिस्थिति में उन्होंने पराजित होना स्वीकार नहीं किया।

मुक्तिबोध समाज, देश और दुनिया में घट रही घटनाओं, स्थितियों के प्रति बेहद सचेत और संवेदनाओं से भीगे हुए बिल्कुल अलग दिखायी पड़ते हैं। उन्होंने युग की विभीषिका की पहचान अपनी निगाह से की। कबीर ने कहा था, "तू कहता कागद की लेखी मैं कहता आँखन की देखी।' मुक्तिबोध ने कबीर की इस वाणी को निरन्तर ध्यान में रखा है। उन्होंने सामान्य वर्ग और मध्य वर्ग की पीड़ा में अपनी सार्थकता की खोज की, तभी तो अपनी मृत्यु शय्या में लेटे, बेहोशी में बड़बड़ाते थे, "तुम क्यों उनका दमन कर रहे हो। अपने-अपने आइडियाज़ हैं। बीमारी की अवस्था में भी उन्हें अपनी नहीं पण्डित जवाहरलाल नेहरू की चिन्ता थी। यह है मुक्तिबोध की चेतना के बहुत गहरे तक धँसा हुआ चाकू। और इसी चाकू ने उन्हें कभी न चैन लेने दिया और न कभी विराम। उनके संघर्ष और बेचैनी के बारे में प्रमोद वर्मा लिखते हैं-"सन् 1960 से ही उन्हें लगने लगा था कि ज़्यादा दिन नहीं चलेंगे। कम समय में ढेर सारा काम निपटाने की इच्छा उन्हें चैन न लेने देती। शरीर सचमुच टूटने लगा था। लकवे के पहले उन पर एक्ज़िमा का भयानक हमला हुआ था। उस हालत में भी उन दिनों मुक्तिबोध लगभग सारा दिन और सारी ही रात लिखा करते। पैरों में सूजन आ गयी थी। चलना-फिरना तक दुश्वार हो चला था। घाव से पानी रिसता होता। पत्नी शान्ता दबे पाँव आकर चुपचाप पट्टी बदल जातीं। बोतल खड़कने की भी आवाज़ हो जाती तो मुक्तिबोध पूरी तरह उखड़ पड़ते। घर में जैस क़र्फ्यू लगा था।"[61]

मुक्तिबोध का जीवन संघर्ष विकट था। वे शत्रुओं से तो लगातार लोहा लेते ही रहते थे, अपने किसिम-किसिम के मोर्चे भी खोलते थे। उनकी लड़ाई का असली क्षेत्र था उनका लेखन और स्वयं का जीवन। आत्मालोचन भी उनकी लड़ाई का क्षेत्र था अर्थात् अपने आप से लड़ना, अपनी कमज़ोरियों से लड़ना। अपने आप से लड़ी जानेवाली यह लड़ाई बेहद भयावह होती है। वास्तव में उन्होंने अपनी कमज़ोरियों से विजय पायी यह सुविख्यात तथ्य है। ज़ाहिर है कि उनकी लड़ाई चौतरफ़ा थी। एक ओर अपने आप से तो दूसरी ओर अपने ही समानधर्मा लोगों की ग़लत विचार प्रणाली, ग़लत मनोवृत्ति एवं स्वार्थपरताओं से। उन्होंने कहा भी है कि मेरे ही शिविर में मेरे ही लोगों द्वारा मेरी हत्या का प्रयास किया जा रहा है।' इस बात का अन्दाज़ा ही लगाया जा सकता है कि मुक्तिबोध का जीवन संग्राम कितना कठिन, कितना पेचीदा और कितना मारक रहा होगा। 'तारसप्तक' के द्वितीय संस्करण में 'पुनश्च' के अन्तर्गत वे लिखते हैं कि, "मेरी अपनी ज़िन्दगी जिन तंग गलियों में चक्कर काटती रही, उन्हें देखते हुए यही मानना पड़ता है कि साधारण श्रेणी में रहनेवाले हम लोगों को अस्तित्व संघर्ष के प्रयासों में ही समाप्त होना है। मेरा अपना प्रदीर्घ अनुभव बताता है कि व्यक्ति स्वातन्त्र्य की वास्तविक स्थिति केवल उनके लिए है जो उस स्वातन्त्र्य का प्रयोग करने के लिए सुपुष्ट आर्थिक अधिकार रखते हों, जिससे कि वे परिवार सहित मानवोचित जीवन व्यतीत कर सकें और साथ ही व्यक्ति स्वातन्त्र्य का ऐसा प्रयोग भी कर सकें जो विवेकपूर्ण हो।... सच तो यह है कि व्यक्ति की सच्ची आत्म परीक्षा, उसकी आध्यात्मिक शक्ति की परीक्षा, सबसे प्रधान समय, उस इम्तिहान का सबसे नाज़ुक दौर यही आज का युग है।"[62] मुक्तिबोध की लड़ाई चौतरफ़ा

थी। उन्होंने यह लड़ाई अपने जीवन पर्यन्त लड़ी। प्रमोद वर्मा ने उनके आर्थिक संघर्ष को इन शब्दों में रेखांकित किया है–"उनकी सारी ज़िन्दगी फाकेमस्ती में ही कटी। अपने लिए एक साइकिल का जुगाड़ जीवन के अन्तिम वर्षों में ही कर पाये। बैंक एकाउण्ट क्या होता है, यह उन्होंने अपनी मरणशय्या पर जाना। उनकी पत्नी की ढंग की घर-गृहस्थी जोडने की स्त्री-सुलभ स्वाभाविक-लालसा पति के जीते जी पूरी नहीं हो सकी। वह सही माने में एक ग़रीब देश के ग़रीब लेखक थे। ... अपनी नैतिक सच्चाई को बनाये रखने के लिए, मन से धो-पोंछकर एकदम मिटा दिया।"[63] अक्सर लेखकों के साथ यह होता है कि उन्हें ज़िन्दगी भर अपनी जीवन रक्षा के लिए संघर्ष करना पड़ता है। प्रेमचन्द और निराला आदि का जीवन इस बात को प्रमाणित करता है। मुक्तिबोध अपनी ज़िन्दगी भर बेचैन रहे क्योंकि वे जिस तरह का समाज, जिस तरह की दुनिया देखना चाहते थे उसके सामने अनेक रोड़े थे, इसलिए उनका वैचारिक संघर्ष सामान्य नहीं विशिष्ट था। होता यह है कि जो चीज़ें हम चाहते हैं जब वे यथार्थ में प्रत्यक्ष नहीं होती तो हम स्वप्नों की दुनिया में चले जाते हैं। सम्भवतः इसीलिए मुक्तिबोध की दुनिया स्वप्नों, फ़ैण्टेसियों एवं कल्पनाओं की भी दुनिया है। मुक्तिबोध हमेशा नये सत्य की खोज में रहे इसलिए उनके यहाँ बेचैनी की तादाद भी ज़्यादा है। खगेन्द्र ठाकुर के शब्दों में–'एक तरफ़ ग़ुलामी, दूसरी तरफ़ आज़ादी के लिए राष्ट्रीय संघर्ष इस वातावरण में मुक्तिबोध जवान हुए। बचपन से जवान होने के क्रम जैसे-जैसे उनमें जीवन और युग के प्रति आत्मबोध बढ़ता गया वैसे-वैसे वे अपने को स्वतन्त्रता के पक्ष में पाते गये। वे हर तरह की ग़ुलामी के ख़िलाफ़ और हर तरह से मनुष्य की स्वतन्त्रता के पक्ष में होते गये। वे बचपन से ही जीवन के बारे में स्वप्न देखने लगे थे। बेचैनी मुक्तिबोध के साथ वास्तविक जीवन में भी बुरी तरह साथ लगी रहती है, लेकिन बेचैनी कोई चमकीला पत्थर या हीरा पाने की नहीं है। बेचैनी है नया सत्य पाने की। वे कहते हैं नये सत्य पाने तक की मंज़िल में भय, आशंका, चिन्ता, खोज, गणित पुनः आशंका, पुनः चिन्ता, पुनः गणित करना पड़ता है और यह कार्य चलता ही जाता है। प्रक्रिया की बेचैनी वस्तुतः बड़ी भयानक है। जीवन में नया सत्य पाने के लिए लगातार संघर्ष और संघर्ष के कारण जीवन जीने की लगातार बढ़ती हुई परेशानी से मुक्तिबोध सब दिन घिरे रहे।" मुक्तिबोध ने अपने आप को हमेशा अपने वर्ग के साथ रखा। वे लिखते हैं कि–"मैं उन सौभाग्यशाली लोगों में से हूँ जिसे अपने गली-कूँचे में रहने वालों का स्नेह प्राप्त हुआ। वे मेरी ही भाँति छोटी-छोटी हस्तियाँ हैं किन्तु पेचीदा संघर्ष, अथाह प्रेम करने का ज़ज्बा उनके पास है।"

मुक्तिबोध की ज़िन्दगी के विभिन्न पहलू हैं, विभिन्न आयाम हैं, जैसे-मित्रों, स्नेहियों और परिवार के प्रति उनकी भावमयता के अनेक संस्मरण प्रकाशित हैं। जिससे उनकी वैचारिक घनिष्ठता होती थी और जो उनकी मित्रता के दायरे में आते थे, उनके प्रति समर्पण उनमें बहुत था। दुनियावी अर्थों में वे सामंजस्य नहीं कर पाते थे न ही उनमें औपचारिकता थी। परसाई लिखते हैं कि–"मुक्तिबोध की किसी भावना में औपचारिकता नहीं, न स्नेह में, न घृणा में, न क्रोध में। जिसे पसन्द नहीं करते उसकी तरफ़ घण्टे भर बिना बोले आँखें फाड़े देखते रहते थे, वह घबड़ा जाता था।"[64] जब वे राजनांदगाँव में

बीमार पड़े तो उनसे मिलने हरिशंकर परसाई, ज्ञानरंजन और प्रमोद वर्मा आये। इस संस्मरण को परसाई जी ने जीवन्त किया है। जिससे ज्ञात होता है कि वे बच्चों की तरह निष्कलुष और पारदर्शी रहे हैं। वे यह चाहते थे कि उनके सभी मित्र उनके साथ रहें। मित्रों का मिलना, उनसे बातें करना, बहस करना उनके लिए उत्सव जैसा था लेकिन मित्रों को हमेशा चौकस रहना पड़ता था। ''हम जो उनके अधिक सम्पर्क में रहे, उनके मित्र कहलाये, उनसे डरते भी थे, मैं तो डरता था। डरता था, उनके उस पारदर्शी ईमान से, जिसके सामने पड़ते ही अपने घटिया समझौते अपने को ही चिढ़ाने लगते थे। मुक्तिबोध का मित्र होना आसान नहीं था, गो उनमें मित्र-भाव बहुत था। उनकी आत्मा संगी-साथी के लिए तड़पती थी। ...मित्र से उनकी माँग बहुत होती थी जैसी कि आमतौर पर हमारी होती है। यह माँग इनसे कुछ ऊपर की होती थी-वह ईमान की माँग करते थे। रचना के प्रति ईमानदारी, विचारों के प्रति ईमानदारी, जीवनमूल्यों के प्रति ईमानदारी। जिन्हें वे मित्र मानते थे, उनकी कड़ी परीक्षा होती थी। वे अत्यन्त सचेत आदमी थे। साधारण व्यावहारिक जीवन में निहायत सीधे, पर विचारों-मान्यताओं के मामले में बहुत चालाक, बहुत काइयाँ आदमी, बारीक़ से बारीक़ वैचारिक छल को वे पकड़ लेते थे। कोई आदमी उनके सामने छिप नहीं सकता था।''[65]

जैसा कि मैंने स्पष्ट किया है कि मुक्तिबोध के जीवन संघर्ष के विभिन्न पक्ष हैं लेकिन मुक्तिबोध की खासियत यह है कि वे हर क्षेत्र में ईमानदार और जागरूक रहे हैं। अपने किसी स्वार्थ के लिए अपनी विचारधारा और अपने सिद्धान्त की उन्होंने बलि नहीं दी। खगेन्द्र ठाकुर के शब्दों में-''वह ऐसा पुरुष है, इतिहास पुरुष-जो सोचता है सचमुच भावना एक लोहा है, उसे इस्पात बनाने की ज़रूरत है। वे अपने जीवन और परिवार की ज़रूरतों की पूर्ति चाहे नहीं कर पाये हों लेकिन भावना को इस्पात बनाने की ज़रूरत उन्होंने अवश्य पूरी कर ली थी।

सन्दर्भ

1. आलोचना (सम्पादकीय) जून 1965
2. को.अ. अन्तोनोवा/ग्रि.म.बोंगर्द, ग्रि.ग्रि.कोतोव्स्की, लेविन-भारत का इतिहास : पृष्ठ -674
3. युलियान ब्रोमलेय / रोमान पोदोल्नी-मानव और संस्कृति : पृष्ठ-22
4. पूरनचन्द्र भोथी परिवर्तन और विकास के सांस्कृतिक आयाम : पृष्ठ-70
5. रामधारी सिंह दिनकर-संस्कृति के चार अध्याय : पृष्ठ-12
6. डॉ. पूरनचन्द्र जोशी-परिवर्तन और विकास के सांस्कृतिक आयाम : पृष्ठ-33
7. डॉ. श्यामाचरण दुबे-परम्परा, इतिहास बोध और संस्कृति : पृष्ठ-30
8. वि. अफनासेव-मार्क्सवादी दर्शन : पृष्ठ-337
9. पूरनचन्द्र जोशी-परिवर्तन और विकास के सांस्कृतिक आयाम : पृष्ठ 131
10. वही : पृष्ठ 70
11. एक साहित्यिक की डायरी : पृष्ठ 30
12. स्वयं प्रकाश-दूसरा पहलू : पृष्ठ 31
13. पूरनचन्द्र जोशी-परिवर्तन और विकास के सांस्कृतिक आयाम : पृष्ठ-90
14. विजेन्द्र नारायण सिंह-पहल (इतिहास विशेषांक) : पृष्ठ-100

15. डॉ. श्यामाचरण दुबे-परम्परा, इतिहासबोध और संस्कृति : पृष्ठ-105
16. डॉ. पूरनचन्द्र जोशी-परिवर्तन और विकास के सांस्कृतिक आयाम : पृष्ठ -65
17. विजेन्द्र नारायण सिंह-पहल-43-44 : पृष्ठ-187
18. डॉ. श्यामाचरण दुबे-परम्परा, इतिहासबोध और संस्कृति : पृष्ठ-121
19. के. दामोदरन-भारतीय चिन्तन परम्परा : पृष्ठ-503
20. के.अ. अन्तोनोवा, ग्रि.म. बोंगर्द, लेविन, ग्रि.ग्रि. कोतोव्स्की-भारत का इतिहास : पृ. 707-708
21. वही : पृष्ठ-708
22. वही : पृष्ठ-732
23. डॉ. रामविलास शर्मा-नयी कविता और अस्तित्ववाद : पृष्ठ -97
24. एम.एल. गुप्ता, डी.डी. शर्मा-समाजशास्त्र के मूल तत्त्व : पृष्ठ-295
25. वही-: पृष्ठ -295-96
26. एक साहित्यिक की डायरी : पृष्ठ 72
27. वही-: पृष्ठ-74
28. महात्मा गाँधी यंग इण्डिया -1 जून 1921
29. डॉ. श्यामाचरण दुबे-परम्परा, इतिहासबोध और संस्कृति : पृष्ठ -34
30. पूरनचन्द्र जोशी-परिवर्तन और विकास के सांस्कृतिक आयाम : पृष्ठ-36
31. डॉ. श्यामाचरण दुबे-परम्परा, इतिहासबोध और संस्कृति : पृष्ठ-78
32. वह : पृष्ठ-78
33. डॉ. नामवर सिंह-हमारी साहित्यिक परम्परा और भारतीयता की सही पहचान (लेख)
34. केदारनाथ अग्रवाल-कहें केदार खरी - खरी : पृष्ठ-70
35. केदारनाथ अग्रवाल --फूल नहीं रंग बोलते हैं : पृष्ठ-149
36. राजकुमार शर्मा-जनवादी साहित्य के दस वर्ष : पृष्ठ-81
37. एक साहित्यिक की डायरी : पृष्ठ-37
38. विभिन्न काव्यान्दोलन और मुक्तिबोध की कविता - कंक (मुक्तिबोध विशेषांक) : पृष्ठ-37
39. डॉ. रामविलास शर्मा-साप्ताहिक हिन्दुस्तान, 14 सितम्बर, 1969
40. नयी कविता का आत्मसंघर्ष तथा अन्य निबन्ध : पृष्ठ -31
41. नये साहित्य का सौन्दर्यशास्त्र : पृष्ठ-57
42. लक्ष्मीकान्त वर्मा-नयी कविता के प्रतिमान : पृष्ठ-161-62
43. अज्ञेय - तारसप्तक :पृष्ठ-76
44. अज्ञेय-लिखि कागद कोरे : पृष्ठ-84
45. वही : पृष्ठ 56
46. डॉ. धनंजय वर्मा-समावेशी आधुनिकता : पृष्ठ-223
47. नया ख़ून (दीपावली विशेषांक) 1957 : पृष्ठ-2
48. नये साहित्य का सौन्दर्यशास्त्र-: पृष्ठ-59
49. एक साहित्यिक की डायरी-: पृष्ठ-132
50. मुक्तिबोध रचनावली (भाग-4) : पृष्ठ-48
51. निर्मल शर्मा-सं. मुक्तिबोध : पृष्ठ-106
52. हिन्दी साहित्य कोश (भाग-2) : पृष्ठ-122
53. हरिशंकर परसाई-धर्मयुग 8 नवम्बर, 1964 : पृष्ठ-33
54. प्रमोद वर्मा-कालजयी मुक्तिबोध : पृष्ठ-25

55. डॉ. कमला प्रसाद-रचना और आलोचना की द्वन्द्वात्मकता : पृष्ठ-59
56. चाँद का मुँह टेढ़ा है-(एक विलक्षण प्रतिभा) : पृष्ठ-23-24
57. एक साहित्यिक की डायरी : पृष्ठ-85-86
58. मुक्तिबोध रचनावली (भाग-6) : पृष्ठ-320
59. परसाई रचनावली (खण्ड-4) : पृष्ठ-415
60. मुक्तिबोध रचनावली (खण्ड-3) : पृष्ठ-127
61. प्रमोद वर्मा-कालजयी मुक्तिबोध : पृष्ठ-1
62. तारसप्तक-सं. अज्ञेय (दूसरा संस्करण) : पृष्ठ-३६
63. प्रमोद वर्मा-कालजयी मुक्तिबोध : पृष्ठ-१, २
64. परसाई रचनावली (खण्ड-5) : पृष्ठ-३६९
65. हरिशंकर परसाई (वह तेज़वती पीड़ा) : राष्ट्रवाणी-जन. फर. 1965 : पृष्ठ-297

आलोचना के प्रतिमान

प्रेरणा के आधार-विचारधारात्मक विकास

मुक्तिबोध प्रखर विचारशील, विकसित बौद्धिक सामर्थ्यवाले कवि और विचारक थे। प्रारम्भ में वे भावुक मनःस्थिति में रहते थे, उन्होंने तारसप्तक के वक्तव्य में लिखा था कि–"मेरी हर विकास स्थिति में मुझे घोर असन्तोष रहा है। मानसिक द्वंद्व मेरे व्यक्तित्व में बद्धमूल है।"[1] इस सन्दर्भ में डॉ. शर्मा की टिप्पणी है कि "जिस विकास स्थिति से उन्हें इस समय असन्तोष था, वह छायावाद और वर्गसां के भाववाद को छोड़कर मार्क्सवाद के निकट आने की ओर की स्थिति थी।"[2] छायावाद के उत्तरार्द्ध की जो परिस्थितियाँ थीं, उनसे ही उनके मनोविज्ञान का निर्माण शुरू हुआ। स्वभाव से उनमें एकाकीपन था इसलिए अपने अकेलेपन में उन्होंने बौद्धिक क्षमताओं को अर्जित कर अपना विकास किया। मुक्तिबोध की रचनाओं में जो बौद्धिक ऊर्जा है और कहीं न थमनेवाला तीव्र आवेग है, वही उनके व्यक्तित्व के विकास की स्मृति है। आरम्भ की उनकी मनः स्थिति जिस तरह की है उसमें वे जयशंकर प्रसाद के उत्तराधिकारी ठहरते हैं। "जयशंकर प्रसाद की ही तरह संस्कृति मुक्तिबोध की भी केन्द्रीय चिन्ता है। दोनों ही के सरोकार बुनियादी तौर से सांस्कृतिक हैं। मुक्तिबोध और प्रसाद की मानसिक बनावट में भी अपूर्व साम्य है। दोनों ही की मानसिकता क्लासिकी ढंग की थी और संवेदनशीलता रोमानी। दोनों ही अन्तर्मुख और विराट कल्पना के कवि हैं। हर पल फ़ैण्टेसी बुनते मुक्तिबोध को कामायनी इसलिए आकृष्ट करती हैं, क्योंकि वह ख़ुद एक ज़बरदस्त फ़ैण्टेसी है।"[3]

मुक्तिबोध और अन्य प्रगतिवादियों में जो अन्तर है उसकी ओर संकेत करते हुए डॉ. शर्मा लिखते हैं कि–"मुक्तिबोध तथा अन्य प्रगतिवादियों में अन्तर यह था कि उनके लिए मार्क्सवाद एक ऐसी विचारधारा न था, कि जिसे वे आसानी से स्वीकार कर लेते और असुविधा होने पर उतारकर फेंक देते। उनके लिए यह जीवन–मरण का प्रश्न था। वह कविता के लिए जीते थे और उनकी कविता की एक बुनियादी समस्या मार्क्सवाद से उनके व्यक्तित्व के सम्बन्ध की थी।"[4] ज़ाहिर है कि स्वाभाविक रूप से जिन दिनों मुक्तिबोध बालिग हुए, भारतीय समाज में महात्मागाँधी का असर था। गाँधी युवकों, कलाकारों और बुद्धिजीवियों को बौद्धिक रूप से उतना प्रभावित नहीं करते थे, जितना इस बात पर सहमत करा पाते थे कि उपनिवेशवाद से मुक्ति प्राप्त करनी है। अंग्रेज़ों के ख़िलाफ़ भावुक पैगाम गाँधी दे पाने में समर्थ हो जाते थे, वास्तविकता यह है कि

जवाहरलाल नेहरू, जयप्रकाश नारायण और श्रीपाद अमृत डॉगे आदि नेता गाँधी की तुलना में अधिक बौद्धिक नेतृत्व करते थे, क्योंकि ये आज़ादी की लड़ाई ही नहीं बल्कि सामाजिक पुनर्निमाण की कल्पना भी करते थे। इस कल्पना में समाज के विकास की दशा और दिशा निर्धारित होती थी। मुक्तिबोध की मानसिकता का निर्माण गाँधीवाद के सन्दर्भ में स्वयं मुक्तिबोध की मान्यता है कि–"इसी तरह की आज़ादी की विविध धाराओं के बीच होता है। गाँधीवाद ने भावुक कर्म की प्रवृत्ति पर कुछ इस ढंग से जोर दिया है कि सप्रश्न बौद्धिक प्रवृत्ति दबा दी गयी है। असल में यह गाँधीवादी प्रवृत्ति प्रश्न, विश्लेषण और निष्कर्ष की बौद्धिक-क्रियाओं का अनादर करती हैं।[5]

मुक्तिबोध पढ़ने-लिखनेवाले, चिन्तन-मनन करनेवाले और तमाम प्रश्नों के उत्तर खोजने वाले व्यक्ति रहे हैं। अपनी गहन दिलचस्पी के कारण वे निरन्त नयी-नयी जानकारियाँ लेना चाहते थे, इसलिए उन्होंने यूरोप के तमाम जनतन्त्रकामी इतिहासकारों, साहित्यकारों और विचारकों को पढ़ा। जिन नामों का उल्लेख उन्होंने स्वयं किया है वे हैं, 'ब्रह्मराक्षस' कविता के शब्दों में और तब दुगने भयानक ओज से/ पहचानवाला मन / सुमेरी-बेबिलोनी जन-कथाओं से / मधुर वैदिक ऋचाओं तक/ व तब से आज तक के सूत्र / छन्दस, मन्त्र, थियोरम / सब प्रमेयों तक / कि मार्क्स, एंजेल्स, रसेल, टॉयनबी/ कि हेडेग्गर व स्पेंगलर, सार्त्र, गाँधी भी / सभी के सिद्ध अन्तों की / नयी व्याख्या करता वह।" मुक्तिबोध एक स्थल पर लिखते हैं कि, "शरतचन्द चट्टोपाध्याय और मैक्सिम गोर्की, परिचितों के स्वभाव-चित्र आदि, निष्कर्ष रूप में, मनुष्य सुधार की ओर जिस प्रकार अपनी रचनाओं में इंगित करते हैं ठीक वही बात आज मेरे मन में रस की भाँति उभर रही है।" मुक्तिबोध की मनोरचना के सिलसिले में डॉ. शर्मा लिखते हैं कि– "मुक्तिबोध की मनोरचना ऐसी है कि उसमें विवेक और तर्क युक्त उनके भावों और संवेदनों से टकराती है। इसीलिए विवेक का रन्दा चलता है, व्यक्तित्व छीला जाता है। भावों और संवेदनों का संसार उन्हें अत्यन्त प्रिय है। ये भाव और संवेदन अधिकतर स्वतः स्फूर्त और तर्क से परे जान पड़ते हैं।"[6]

मुक्तिबोध की पढ़ाई-लिखाई, उनकी संवेदनाओं की व्याप्ति और वैचारिक सन्दर्भों को उजागर करते हुए उनके छोटे भाई अपने प्रसिद्ध संस्मरण 'मेरे बड़े भाई' में लिखते हैं कि-अंग्रेज़ी, फ्रेंच, रूसी उपन्यास उन्होंने ख़ूब पढ़े थे। ज़िन्दगी की ओर देखने की एक व्यापक दृष्टि उन्हें मेरे ख़्याल से, उपन्यासों से ही प्राप्त हुई थी। उपन्यासों के पात्रों का ज़िक्र हम परिचित लोगों की तरह किया करते थे। पियरे, एदमोशा, दाहान, प्रिन्स मुदश्किन, रोगोजिन, किरिलोष्ट, स्टीपान आदि का उल्लेख हर समय होता रहता था। उनकी जिज्ञासा भी बहुत तीव्र थी। समूची मानव-जाति के क्रम विकास का अध्ययन, स्थिति-गति और नियति का अध्ययन जैसे उन्होंने किया था उसी तरह भिन्न देशों के इतिहासों को भी उन्होंने पढ़ा था। विज्ञान-विषयक साहित्य भी उन्होंने ख़ूब पढ़ा था। उनका निजी जीवन इस प्रकार काव्य और शास्त्र के अध्ययन में समानधर्मा मित्रों के सान्निध्य में विकसित होता गया।"[7] प्रमोद वर्मा ने मुक्तिबोध के वैचारिक संघर्ष को एवं उनकी अध्ययन प्रियता को केन्द्र में रखते हुए लिखा है कि–"बीसवीं सदी के चौथे दशक में

भारत ही नहीं सारा संसार गहरे उथल-पुथल और चिन्ता-उद्वेग के दौर से गुजर रहा था। मनुष्य और मनुष्यता विरोधी फ़ासिस्ट शक्तियों से संसार के सारे देश एकजुट होकर आख़िरी खन्दक की लड़ाई लड़ रहे थे। मुक्तिबोध भी राजनीतिक-दार्शनिक सवालों से जूझते शा, इब्सन, वर्गसां, रसेल, टोयनबी, गाँधी और रवीन्द्रनाथ तक दौड़ लगा रहे थे। निषिद्ध क्रान्तिकारी साहित्य उनकी भीतरी ज़रूरत बन गया था। विश्व साहित्य और अद्यतन दर्शन के कारखाने में मुक्तिबोध का मन धीरे-धीरे रूपाकार पाता गया।''[8] मुक्तिबोध के समय में जिन विचारकों का बोलबाला था, दुनिया के बुद्धिजीवियों में वे जो तीव्र वैचारिक परिवर्तन ला रहे थे वे थे मार्क्स, एंजेल्स, फ्रायड, आइन्सटीन और अस्तित्ववादियों में प्रमुख रूप से कीर्केगाद, फ्रैंजकाफ़्का, आल्वेयर कामू एवं ज्याँ पाल सार्त्र आदि। मुक्तिबोध के चिन्तन से पता चलता है कि इन विचारकों को तो उन्होंने भलीभाँति पढ़ा ही। था। टॉल्लटाय, गोर्की, ब्राउनिंग, टी.यस. इलियट, लूशिन, दोमेनिको कादोरेसी, बायरन, दस्तवस्की ऐसे न जाने कितने साहित्यकों, दार्शनिकों, वैज्ञानिकों आदि को वो पढ़ते रहते थे।

मुक्तिबोध का साबका भारतीय मनीषा में उपलब्ध अधिकांश ज्ञानों से था। अध्ययन की प्रवृत्ति ने उनकी चेतना के क्षितिज को निरन्तर ऊर्जस्वित किया। वे ज्ञान कहीं भी हो, उसे उपलब्ध करने की टोह में रहते थे। मुक्तिबोध के जीवन संघर्ष ने भी उन्हें इस बात के लिए प्रोत्साहित किया। उनके ज्ञान की भूख कभी समाप्त नहीं होती थी। ''मुक्तिबोध ने रवीन्द्रनाथ, प्रसाद और पन्त को ही नहीं पढ़ा था। उन्होंने तिलिस्मी, ऐय्यारी और जासूसी उपन्यास भी पढ़े थे। इन उपन्यासों से ली गयी शब्दावली और अनेक बिम्ब, उनकी रचनाओं में विद्यमान हैं। 'जादुई' उनका प्रिय शब्द है।''[9] मुक्तिबोध साहित्य और राजनीति की प्रगतिशील परम्परा के प्रति अत्यन्त जागरूक रहनेवाले कवि थे। हिन्दी के अलावा, वे मराठी के सन्त वाङ्मय से भली भाँति परिचित थे। आधुनिक बँगला, मराठी और हिन्दी काव्य साहित्य के प्रेमी थे।''[10] मुक्तिबोध के जीवन संघर्ष से पता चलता है कि उनकी मित्रता उन लोगों से होती गयी जो मार्क्सवादी थे। एक समय मालवा में मुक्तिबोध, प्रभाकर माचवे, नेमिचन्द्र जैन और प्रभागचन्द्र शर्मा जैसे मेधावी युवकों का जमावड़ा था। उन दिनों नेमिचन्द्र जैन मार्क्सवाद के प्रखर समर्थक थे। वे मार्क्सवादी चिन्तन के पक्ष में विश्लेषणात्मक बहसें करते थे। नेमि जी के सम्पर्क में आने से मुक्तिबोध की भावुकता काफूर हो गयी। यह लगभग 1941-42 का समय था, जब मुक्तिबोध का मार्क्सवाद के प्रति झुकाव प्रकट हुआ। उसके बाद उनके सोच और संघर्ष की दिशा में तेज़ी से परिवर्तन प्रारम्भ हुआ। वे लगातार मार्क्सवादी साहित्य और दर्शन का अध्ययन करते। मित्रों से बहसें करते और पत्राचार भी। ''शोषक वर्गों के प्रति घृणा, मार्क्सवाद के अलावा उनके जीवन की परिस्थितियों से पैदा हुई थी। वे अपने संस्कारों से लड़ते, भारतीय कम्युनिस्ट पार्टी के क्रियाकलापों में दिलचस्पी लेते। स्टडी सर्किलों में शामिल होते और इस तरह उनकी चेतना का निरन्तर विकास होता रहा। यह विकास उस चरम सीमा तक पहुँचता है। ''परिवार, परिस्थिति और विचार, सभी कोई मेरी उन्नति में योग नहीं देते। लेकिन मुझे उसकी चिन्ता है। अँधेरे में रहकर अँधेरे में मर जाना मैं ठीक समझता

हूँ लेकिन फटीचरों से घृणा करना नहीं। चाहता हूँ कि मेरे हाथ से कोई अच्छा काम हो जाये तो मर पाऊँ।''[11]

मुक्तिबोध के चिन्तन में उनके विकास के लिए, उनका नागपुर और राजनांदगाँव का प्रवास भी कम महत्त्वपूर्ण नहीं है। नागपुर में वे 'नयाखून' नामक पत्र में काम करते थे और उसमें लेख तथा सामयिक टिप्पणियाँ भी लिखते थे। 'अँधेरे में' कविता में प्रतिबिम्बित बहुत-सा वातावरण नागपुर का है विशेष रूप से जुलूस और हड़ताल के दृश्यों के प्रभाव नागपुर के हैं। पता चलता है कि नागपुर शहर में रहकर वे भारतीय कम्युनिस्ट पार्टी के शीर्ष नेताओं के सम्पर्क में थे। मुक्तिबोध के वैचारिक विकास में इनका बहुत महत्त्व है। मुक्तिबोध में मौलिक प्रतिभा थी इसलिए वे अपनी परिस्थितियों में सिद्धान्तों को विकसित करने और अर्जित करने की क्षमता रखते थे।

कवि रूप में वे नयी कविता आन्दोलन से जुड़े। इस आन्दोलन के प्रवक्ता वे लोग थे जो मार्क्सवाद विरोधी थे। मुक्तिबोध ने इस तरह के रचनाकर्म के ख़िलाफ़ लगातार संघर्ष किया और मार्क्सवादी सिद्धान्तों के बल पर इस तरह के लोगों और प्रवृत्तियों से लोहा लिया। नयी कविता को मार्क्सवादी दृष्टि से विकसित कर उन्होंने दूसरा प्रभाव प्रस्तुत किया। 1955 तक आते-आते हम देखते हैं कि वे मार्क्सवाद के प्रखर प्रवक्ता बन जाते हैं। आगे का उनका वैचारिक ग्राफ़ मार्क्सवादी दर्शन से ओत-प्रोत है। इन स्थितियों के बावजूद उन्हें इस नज़र से देखा गया कि वे मार्क्सवाद और अस्तित्ववाद के ऊहापोह में रहते थे। उनके ऊपर कई भाववादी दर्शनों का प्रभाव है। डॉ. धनंजय वर्मा ने इसकी काट करते हुए सही लिखा है कि ''अन्तर्विरोध किस जागरूक और संवेदनशील व्यक्ति में नहीं होते? वह तो प्रकृति, जीवन और अस्तित्व की ही प्रकृति है लेकिन सवाल उन अन्तर्विरोधों में से, विकासकामी द्वन्द्वात्मकता में से प्रगति और अगले संचरण का संश्लेष प्राप्त करना है। मुक्तिबोध ने किन्हीं विशेष सम्प्रदायों की आस्थाएँ स्वीकार नहीं की और न ही उन आस्थाओं का समन्वय पेश करना चाहा। हाँ, विभिन्न सम्प्रदायों की आस्थाओं का टकराव और संघर्ष उनके रचना मानस में ज़रूर हुआ। इसी ने तो उन्हें इस द्वन्द्व और तनाव में गहरे उतरने का, दो कठिन पाटों के बीच पिसने की नीच ट्रैजिडी भोगने का मारक संकल्प दिया।...मुक्तिबोध काव्य तो विसंवादी तत्त्वों, अन्तर्विरोधों द्वन्द्वों और तनावों और संघर्षों में एक बीच की प्रक्रिया में से ऐसे समावेशी रचनात्मकता का धरातल रचता है जिसमें संवादी और विसंवादी तत्त्व भी एक समावेशी अन्तर्राग की रचना करते हैं।''[12]

यूँ मुक्तिबोध मार्क्सवादी थे लेकिन इसको विकसित करने की दिशा में ज़्यादा-से-ज़्यादा और स्पष्ट होने की दिशा में वे लगातार प्रयत्न भी करते थे। अपने आत्मीय मित्र नेमिचन्द्र जैन को 30 अक्टूबर, 1945 के पत्र में लिखा था, ''आपने एक व्यक्ति के साथ नाजुक खेल खेला हैं उसे कम्युनिस्ट बनाया। दुर्धर्ष घृणा के उत्ताप से पीड़ित।'' 13.3.50 के पत्र में वे नेमि जी को पुनः लिखते हैं कि, ''साहित्य पर, साहित्यिक विचारधाराओं, साहित्यिक चिन्ताओं और परेशानियों पर जो कुछ भी मुझे लाभ मिला वह है मन की (दुखी मन की संगीन की नोक पर) समस्त शक्तियों के केन्द्रित होने या मेरी यहाँ के

अकर्मण्य जीवन की विशिष्टता [13] मार्क्सवादी चिन्तन मुक्तिबोध के लिए जीवनी शक्ति की तरह बन गया। उन्होंने इसे अपनी संवेदना और ज्ञान के स्तर पर विकसित कर लिया और इस तरह एक मौलिक विचारक की तरह अपनी स्थापनाएँ प्रस्तुत कीं। अपने चिन्तन के द्वारा नये-नये रूपक गढ़े। इतिहास के सन्दर्भों को वर्गीय दृष्टि से व्याख्यायित-विश्लेषित किया। मिथकों का समाजशास्त्रीय विश्लेषण किया और इन सबको सौन्दर्यशास्त्रीय प्रश्नों से जोड़ा। मुक्तिबोध ने 1955-56 के पश्चात् व्यवस्थित रूप से विभिन्न पत्र-पत्रिकाओं में लिखना शुरू किया जैसे-हरिशंकर परसाई द्वारा सम्पादित वसुधा' में एक साहित्यिक की डायरी 'नया खून' (नागपुर) में विभिन्न नामों से सामायिक टिप्पणियाँ एवं स्तम्भ लेखन। मुक्तिबोध ने स्कूली विद्यार्थियों के लिए एक पुस्तक लिखी थी, "भारत: इतिहास और संस्कृति", जिसे मध्यप्रदेश शासन ने अपने एक विशेष राजपत्र के द्वारा प्रतिबन्धित कर दिया था। इस प्रतिबंध के ख़िलाफ़ उन्होंने न्यायालय के दरवाज़े खटखटाये लेकिन इसका कोई असर नहीं हुआ। मुक्तिबोध के चिन्तन में इस घटना की तीव्र प्रतिक्रियाएँ हुईं थीं। मुक्तिबोध के विभिन्न मित्रों ने अपने संस्मरणों में इनका उल्लेख किया है।

मुक्तिबोध के लेखन में मार्क्सवादी चिन्तन आरोपित नहीं लगता। वह उनके जीवनानुभव और काव्यानुभव का अंग बनकर प्रस्तुत होता है। उदाहरण के लिए कुछ मिसालें दी जा सकती हैं। "मार्क्सवाद मनुष्य को कृत्रिम रूप से बौद्धिक नहीं बनाता, वरन् उसे ज्ञानालोकित आदर्श प्रदान करता है। मार्क्सवाद मनुष्य की अनुभूति को ज्ञानात्मक प्रकाश प्रदान करता है। वह उसकी अनुभूति को बाधित नहीं करता, वरन् बोधयुक्त करते हुए उसे अधिक परिष्कृत और उच्चतर स्थिति में ला देता है। संक्षेप में, मार्क्सवाद का मनुष्य की संवेदन क्षमता से कोई विरोध नहीं है, न हो सकता है।" वे एक जगह और लिखते हैं कि, "मार्क्सवाद यदि एक विज्ञान है (जैसा कि वह है) तो वैसी स्थिति में उसके लिए तथ्यानुशील-जीवनगत और काव्यगत, दोनों एक साथ प्राथमिक और प्रधान महत्त्व रखता है।"[14] वर्ग विभाजित समाज में मन भी विभाजित होता है, चाहे वह इसे स्वीकार करे चाहे न करे। मन के इस विभाजन के रूप अनेक होते हैं। वे प्रच्छन्न भी रह सकते हैं, अप्रच्छन्न भी। उनमें से कुछ विशेष कमज़ोरियों के रूप में प्रकट होते हैं, जिन्हें व्यक्ति स्वीकार करता है (प्रकट या अप्रकट रूप में)। ... वस्तुतः वर्ग-विभाजित समाज में व्यक्ति इसी प्रकार के द्वन्द्वों से पीड़ित रहता है। उससे उबारनेवाले व्यक्ति थोड़े होते हैं, डूब जानेवाले अधिक।"[15] चूँकि मार्क्सवाद एक विज्ञान है इसलिए मुक्तिबोध का मानना है कि, "मैं चाहता हूँ कि साहित्य सम्बन्धी धारणाएँ, वास्तविक साहित्य में विश्लेषण के आधार पर बनायी जायें। जिस प्रकार विज्ञान में इण्डक्शन से डिडक्शन पर आया जाता है-तथ्यों के संग्रह से, उनके विश्लेषण द्वारा, उनके सामान्यीकरण से अनुमान और निष्कर्ष निकाले जाते हैं, उसी प्रकार साहित्य में इंडक्शन से डिडक्शन पर क्यों न आया जाये?" मुक्तिबोध ने कुछ बातें घर और परिवार की स्थितियों के बारे में लिखी हैं जो अत्यन्त सार्थक हैं।" अन्यायपूर्ण व्यवस्था को चुनौती घर में नहीं, घर के बाहर दी गयी। घर का संघर्ष कठिन था। उसमें भावनाओं की टकराहट उन्हीं से होती थी, जो अपने प्राण के अंश

थे। इसीलिए न केवल उस संघर्ष को टाल दिया गया वरन् एक अजीब ढंग का समझौता किया गया।''[16]

इन उद्धरणों से पता चलता है कि मुक्तिबोध ने अपने समय में उपलब्ध अधिकांश मार्क्सवादी साहित्य पढ़ा था और उसे अपने अनुभव में समो लिया था इसलिए उन्होंने अपने जो मन्तव्य पेश किये हैं वे विचारोत्तेजक और मौलिक लगते हैं, क्योंकि उनकी इन स्थापनाओं में जीवन का बेहद ताप है। मुक्तिबोध ने ज़िन्दगी भर अपने आप से लड़ाई लड़ी है, अपनी कमज़ोरियों को निरन्तर पहचानने और उन्हें दूर करने का प्रयत्न किया है और इस प्रयत्न में उन्होंने अपनी पक्षधरता तय की थी। जैसा कि प्रमोद वर्मा लिखते हैं कि–''मुक्तिबोध ने अपनी पक्षधरता लम्बी वैचारिक यात्रा के बाद तय की थी। पक्षधरता तय करने के बाद अन्तःकरण का विस्तार होने लगता है। व्यक्तित्वान्तरण की जटिल प्रक्रिया से गुज़रता आदमी अपने भीतर के रूढ़ प्रतिक्रियावादी और ह्रासग्रस्त पक्षों को क्रमिक रूप में तराशता चलता है। यह अपने को बदलना ही सबसे मुश्किल काम है। आदमी के भीतर एक और आदमी और चेहरे के पीछे एक और चेहरा होता है।'' मुक्तिबोध ने अपने आत्मसंघर्ष के द्वारा सारे चेहरे मिटा दिये और रूढ़ प्रतिक्रियाओं का निरन्तर सामना किया। विष्णुचन्द शर्मा की मान्यता है कि, ''मुक्तिबोध के व्यक्तित्व की पहचान का सिलसिला शुरू में धीमा या मन्थर गति से चला है। बनारस–शुजालपुर–जबलपुर से मुक्तिबोध का आत्मसंघर्ष तेज़ और बहुआयामी होता गया है। अन्त तक, मार्क्सवाद की सार्वभौम भूमिका और देश के क्रान्तिकारी उभार के मुक्तिबोध पक्षधर चिन्तक रहे हैं। मुक्तिबोध का जीवन कई स्तरों में रूपान्तरित होता रहा है। परम्परा का परिष्कार और आधुनिकता की प्रगतिशील भूमिका–यह दो स्तर उनकी चिन्तन–प्रक्रिया में अन्त तक तेज़ से तेज़तर होते रहे हैं। ... अन्त में चिन्तन अधिक और बहसें तीख़ी होती गयी हैं। मैं यह मानता हूँ कि मार्क्सवादी चिन्तन और आधुनिक साहित्य के केन्द्र में मुक्तिबोध इसीलिए आज तक टिके हुए हैं।''[17]

सैद्धान्तिक आलोचना

मुक्तिबोध के लिए आलोचना कर्म आपद्धर्म नहीं था, बल्कि उनकी सहज वृत्ति थी। उस समय जबकि ज़्यादातर कवि–समीक्षक अपने आपको स्थापित करने में लगे थे, पूर्वग्रही और कट्टर सिद्धान्तवादी नज़रिये से साहित्य को देख–समझ रहे थे मुक्तिबोध ने दायित्वपूर्ण तरीक़े से साहित्य का परीक्षण–मूल्यांकन और विश्लेषण किया। अकादमिक आलोचना का राजमार्ग, छोड़कर, उन्होंने प्रचलित मान–मूल्यों के ख़िलाफ़, साहित्य को जीवनभूमि से जोड़ा था। उन्होंने कला में जीवनपरकता का भी विश्लेषण किया। समाजशास्त्रीय मूल्यों पर बल देते हुए उसे मनोवैज्ञानिक एवं सौन्दर्यशास्त्रीय मूल्यों से दीप्त किया। उन्होंने काव्य एव समीक्षा सम्बन्धी मूलभूत सवालों को निर्भयता और आत्मविश्वास के साथ उठाया। उन्होंने नये लेखन में शीतयुद्धीय उद्देश्यों से प्रेरित कला सिद्धान्तों की निर्मम और दो टूक आलोचना भी की, इसके साथ ही मुक्तिबोध ने रचना प्रक्रिया के मूल उत्स का भी गहन विश्लेषण किया।

मुक्तिबोध का व्यक्तित्व मूलतः एक कवि का है लेकिन उसकी छाया में वे कथाकार आलोचक और इतिहास लेखक भी रहे हैं। दोनों व्यक्तित्त्वों की टकराहट में कवि का रूप ही विजयी होता रहा है, इसलिए उनका मूल चरित्र कवि का है। ऐसा कवि जिसे समीक्षक और कथाकार परिपुष्ट करते हैं। जहाँ कथाकार मन की गहराइयों को तथा वस्तुपरक सम्बन्धों को द्वन्द्वात्मक स्वरूप प्रदान करता है वहीं उनका आलोचक उनके वस्तुतत्त्व और आत्मतत्त्व की बारीकियाँ, उनके संवेदनात्मक सम्बन्ध, परम्परागत जटिलताएँ और समकालीन संघर्षों की वैज्ञानिक पहचान प्रदान करता है ताकि उनका कवि मानस रोमानियत से मुक्त हो सके। अधिक से अधिक विश्वसनीय और प्रामाणिक हो सके। इसका आशय यह है कि मुक्तिबोध का मानसिक संसार पृष्ठभूमि में कथाकार और समीक्षक से द्वन्द्वात्मक रिश्ते क़ायम करते हुए सम्पादित होता रहा है। उस संसार का कोई ऐसा कोना नहीं है जिसकी कई-कई बार उन्होंने परीक्षा न की हो।

मुक्तिबोध निहायत ईमानदार व्यक्ति रहे हैं, इसलिए उनके समग्र लेखन में कलाकार की व्यक्तिगत ईमानदारी मिलती है। 'कविता के नये प्रतिमान' की भूमिका में डॉ. नामवर सिंह ने इस महत्त्वपूर्ण तथ्य की ओर संकेत किया है कि, "अपनी आलोचनात्मक क्षमता के द्वारा मुक्तिबोध ने प्रमाणित कर दिया कि कोई भी चीज़ तभी स्पष्ट होती है जब कम-से-कम एक ईमानदार व्यक्ति मौजूद हो। मूल्यवान् है एक भी ऐसे आलोचक का होना जो किसी भी चीज़ को तब तक अच्छा न कहे जब तक उस निर्णय के लिए वह अपना सब कुछ दाँव पर लगाने को तैयार न हो।"[18] सैद्धान्तिक समीक्षा के रूप में मुक्तिबोध की 'एक साहित्यिक की डायरी', नयी कविता का आत्मसंघर्ष और अन्य निबन्ध, तथा-'नये साहित्य का सौन्दर्यशास्त्र' जैसी कृतियाँ है। रचनावली के चौथे और पाँचवें खण्ड में उनकी सैद्धान्तिक समीक्षा के और रूप भी मिलते हैं। ज़ाहिर है कि मुक्तिबोध ने सैद्धान्तिक समीक्षा के विभिन्न अवयवों और सोपानों पर विस्तृत विचार किया है। जैसे रचना प्रक्रिया, वस्तु और रूप का अन्तस्सम्बन्ध, काव्य हेतु, प्रतिभा और अभ्यास की द्वन्द्वात्मकता, रचनाकार और आलोचक की घनिष्ठता और रचनाकार की व्यक्तिगत स्वतन्त्रता का प्रश्न। इसी के साथ जीवनानुभव, वर्गीय अनुभव, संवेदनात्मक ज्ञान और ज्ञानात्मक संवेदना आदि।

काव्य हेतु :-"हेतु का अभिप्राय उन साधनों से है जो कवि की काव्य-प्रक्रिया में सहायक होते हैं।" भारतीय काव्यशास्त्र में काव्य हेतुओं पर प्रकाश डाला गया है। मम्मट ने लिखा है कि-"शक्तिर्निपुणता लोक शास्त्रकाव्याद्यवेक्षणातू / काव्यज्ञ शिक्षायाभ्यास इति हेतुस्तदुद्भवे।" अर्थातू (एक) शक्ति (कवित्व का बीज रूप संस्कार) जिसके बिना काव्य रचना हो ही नहीं सकती। (दूसरा) लोक-शास्त्र, काव्य आदि के निरीक्षण और ज्ञान से उत्पन्न योग्यता और (तीसरा) काव्य जानने वाले की शिक्षा द्वारा प्राप्त अभ्यास-ये काव्य के उद्भव के हेतु माने जाते हैं। मम्मट ने इन तीनों कारणों से शक्ति को नैसर्गिक और शेष दोनों को अर्जित माना है।

मुक्तिबोध ने प्रतिभा और अभ्यास को ही मुख्यतः काव्य हेतुओं में स्थान दिया। उन्होंने प्रतिभा और अभ्यास की परम्परागत अवधारणाओं को समय के अनुकूल नये रूपों,

नये सन्दर्भों में व्याख्यायित-विश्लेषित किया। ऐतिहासिक दृष्टि से भारतीय काव्यशास्त्र में जो चिन्तन हुआ, वह व्यापक होते हुए भी एक दृष्टि से विभाजित है मसलन उसमें मानवीय अस्तित्व के संघर्ष की लक्ष्य भूमि उसके ऐतिहासिक तनाव और उसमें विकसित होनेवाली कवि दृष्टि को मूलत: केन्द्र में नहीं रखा गया। जयशंकर प्रसाद की मान्यता है कि, "काव्य आत्मा की संकल्पनात्मक अनुभूति है जिसका सम्बन्ध विश्लेषण, विकल्प या विज्ञान से नहीं है। वह एक श्रेयमयी प्रेय रचनात्मक ज्ञानधारा है। विश्लेषणात्मक तर्कों से और विकल्प के आरोप से मिलन न होने के कारण आत्मा की मनन क्रिया जो वाङ्मय रूप में अभिव्यक्त होती है, वह नि:सन्देह प्राणमयी और सत्य के उभय लक्षण प्रेय और श्रेय दोनों में परिपूर्ण होती है।"[19] काव्य में संकल्पनात्मक अनुभूति से प्रसाद जी का तात्पर्य आत्मा की मनन शक्ति पर केंद्रित है। आचार्य शुक्ल लिखते हैं कि-"कविता ही मनुष्य के हृदय को स्वार्थ सम्बन्धों के संकुचित मण्डल से ऊपर उठाकर लोक सामान्य भावभूमि पर ले जाती है, जहाँ जगत् की नाना गतियों के मार्मिक स्वरूप का साक्षात्कार और शुद्ध अनुभूतियों का संचार होता है कि... कविता हृदय पर नित्य प्रभाव पड़नेवाले रूपों और व्यापारों को भावना के सामने लाकर बाह्य प्रकृति के साथ मनुष्य की अन्त: प्रकृति का सामंजस्य घटित करती हुई उसकी भावात्मक सत्ता के प्रसार का प्रयास करती है।"[20]

साहित्य का लक्ष्य निर्धारित करते हुए प्रेमचन्द ने 1936 में लखनऊ में आयोजित 'प्रगतिशील लेखक संघ' के स्थापना सम्मेलन में कहा था कि-"हमारी कसौटी पर वही साहित्य खरा उतरेगा जिसमें उच्च चिन्तन हो, स्वाधीनता का भाव हो, सौन्दर्य का सार हो, सृजन की आत्मा हो, जीवन की सच्चाइयों का प्रकाश हो, जो हममें गति, संघर्ष और बेचैनी पैदा करे, सुलाये नहीं क्योंकि अब और ज़्यादा सोना मृत्यु का लक्षण है।"[21] डॉ. शर्मा का मानना है कि, "जो लेखक समाज को गतिशील मानता है, वह समाज की गति के लक्ष्य को पहचानता है, जो उसके क्रान्तिकारी और अग्रगामी तत्त्वों से सहानुभूति रखता है, वह यथार्थवादी चिन्तन में इस गति, दिशा और लक्ष्य का उल्लेख अवश्य करेगा।"[22]

पाश्चात्य साहित्य में काव्य-लक्ष्य को लेकर जो दो विचार-दर्शन सामने आये, उसमें 'कला जीवन के लिए' सिद्धान्त का महत्त्व यहाँ अधिक प्रासंगिक है। वह इसलिए कि मुक्तिबोध ने काव्य-लक्ष्य को मानवीय संघर्ष की नियति से सीधे-सीधे जोड़ने का प्रयत्न किया। इस यथार्थवादी समीक्षा दृष्टि का विकास, वैलिंस्की, चर्नीशेब्सकी, टेन, मैथ्यू आर्नाल्ड, रस्किन और टाल्सटाय ने किया। 'टाल्सटाय साहित्य में मानवतावाद, सत्य और यथार्थ को अधिक महत्त्व देते हैं और साहित्य या कला को जनसाधारण की सम्पत्ति बनाने पर जोर देते हैं"[23] मुक्तिबोध ने साहित्य के लक्ष्य की बात नयी कविता की ज़मीन से उठायी। उनका विचार है कि-"नयी कविता वर्तमान ह्रासग्रस्त, अध:पतनशील सभ्यता की असलियत को। जब तक पहचाननी नहीं है, सभ्यता के मूलभूत प्रश्नों से अपने को जब तक जोड़ नहीं लेती है, मानवता को भविष्य निर्माण के संघर्ष से जब तक वह स्वयं को संयोजित नहीं कर पाती, जब तक उसमें उत्पीड़ित और शोषित मुखों के बिम्ब दिखायी नहीं देते, उनके हृदयों का आलोक नहीं दिखायी देता, तब तक सचमुच हमारा

कार्य अधूरा रहेगा।" स्पष्ट है कि काव्य का लक्ष्य मानवता के कलुष से लेकर उसकी जीवन्त संस्कृति जुड़ा हुआ है क्योंकि मुक्तिबोध के लिए काव्य एक सांस्कृतिक प्रक्रिया है। इस उद्देश्य की प्राप्ति तभी सम्भव है जबकि अपनी चेतना का संस्कार कर वह, "आज के जगत् के मूल द्वन्द्वों का अध्ययन करे अर्थात् अपनी सम्पूर्ण चेतना द्वारा आज की वास्तविकता की तह में घुसे और ऐसी विश्व दृष्टि का विकास करे जिससे व्यापक जीवन-जगत् की व्याख्या हो सके अन्तर्जगत् के महत्त्वपूर्ण आन्दोलनों का बोध हो।"

मुक्तिबोध ने साहित्य लक्ष्य को मानवीय जीवन की व्यापक लक्ष्य-भूमि से जोड़ने का संकल्प लिया। उनके मतानुसार साहित्य के सामने गम्भीर और व्यापक लक्ष्य होते हैं। "मनुष्य क्या है?, मनुष्य के लक्ष्य क्या हैं?, मानवोचित जीवन क्या है?, वह किन कोशिशों और किन रास्तों से प्राप्त किया जाय। इन कोशिशों और रास्तों पर चलने के लिए किन चारित्रिक शक्तियों और आध्यात्मिक गुणों की आवश्यकता है। और क्या इस सम्बन्ध में हमारे द्वारा प्राप्त निष्कर्ष, वस्तुतः लक्ष्य की प्राप्ति के मार्ग में सहायक हैं या नहीं, कहीं वे जो कल के लिए उचित थे आज के लिए अपर्याप्त और अनुचित तो नहीं हैं? आदि प्रश्न साहित्य के लिए महत्त्वपूर्ण रहे हैं। जिस साहित्य में इनका जीवन चित्रात्मक, चरित्र चित्रात्मक यथार्थवादी अंकन होता है, वह साहित्य महान् हो जाता है।"[24] उनका मानना है कि, "वह काव्य या कला जो हमें भावोत्तेजित तो करती है, किन्तु हमारे वास्तविक जीवन-पक्ष में मूल्यवान् होकर सहायक नहीं होती निश्चय ही वह कला श्रेष्ठ होकर भी श्रेष्ठतम नहीं होती। ... जो तात्कालिक रूप से उपयोगी है, यही सत्य है।" काव्य हेतु के प्रमुख पक्ष का विश्लेषण करते हुए मुक्तिबोध ने लिखा-सच तो यह है कि, "लेखक महापुरुष बनकर पैदा नहीं होता, ... वह अपने सामाजिक वातावरण में साँस लेकर अपने परिवेश से प्रतिक्रिया करता है। उसे अपने परिवेश के भीतर जो कटु अनुभव प्राप्त होते हैं, उन कटु अनुभवों की बारम्बारता उसमें सघन, निविड़ कटुत्व का भाव उत्पन्न करती है और यह भाव स्थायी भाव भी बन सकता है। उसी प्रकार, अन्य भावों के सम्बन्ध में भी यह सच है। एक विशेष जीवनावस्था की विशेष परिस्थितियों में और उन परिस्थितियों की प्रायः नित्यता की स्थिति में, एक विशेष प्रकार की, एक विशेष रूप शैली की संवेदनात्मक प्रतिक्रियाएँ अपनी तीव्रतम बारम्बारता स्थापित कर लेती है।"[25]

प्रतिभा और अभ्यास की द्वन्द्वात्मकता

आचार्यों ने काव्य के तीन हेतु बताये हैं-प्रतिभा, व्युत्पत्ति और अभ्यास। काव्यशास्त्र में इनकी अलग-अलग चर्चा की गयी है पर तीनों मिलकर ही काव्य के कारण होते हैं। इनमें प्रधानता प्रतिभा को ही दी जाती है, इसका दूसरा नाम शक्ति भी है। प्रतिभा या कल्पना के सम्बन्ध में पाश्चात्य काव्यशास्त्र काफ़ी मुखर है। क्रोचे और कॉलरिज का यह केन्द्रवर्ती प्रस्थान बिन्दु है भारतीय काव्यशास्त्र में भट्टतौत का कथन है-'प्रज्ञा नवोन्मेषशालिनी प्रतिभा मता।' अर्थात् प्रज्ञा विशेष प्रकार की मानसिकता है। प्रतिभा वह प्रज्ञा है जो नये उन्मेष का सृजन करती है। अभिनव गुप्त का भी कहना है कि, "प्रतिभा अपूर्व वस्तु

निर्माण क्षमा प्रज्ञा / तस्या: विशेषो रसोवेशवैशध सौन्दर्य काव्य निर्माण क्षमत्वम्।'' आनन्दवर्द्धन ने प्रतिभा को 'अपूर्व वस्तु निर्माण क्षमा प्रज्ञा' बताया था। इसका तात्पर्य यह है कि प्रत्येक रचनात्मक कार्य का उद्‌गम कविता है जो शक्ति रूप है। भारतीय चिन्तन में प्रतिभा पर विचार काव्य हेतुओं के अन्तर्गत किया गया है। काव्य हेतु प्राय: है प्रतिभा शक्ति या शक्ति निपुणता या व्युत्पत्ति और अभ्यास प्रतिभा काव्य हेतुओं के केन्द्र में है ''प्रतिभा एक तरह से सम्पूर्ण ऐतिहासिक परिप्रेक्ष्य की मनुष्य में उपलब्ध स्फुरण है, जिसकी पृष्ठभूमि में वह अपने युग की जीवित सच्चाई के सम्पर्क में आता है। सम्पर्क में आने के लिए उसके कुछ प्रयत्न सायासिक-अनायासिक, प्रत्यक्ष-अप्रत्यक्ष तरह के होते हैं। वे प्रयत्न जब अन्दर से शारीरिक या मानसिक संवेदना आदि के रूप में दिखते हैं।''[26] प्रतिभा और अभ्यास के सम्बन्ध को स्पष्ट करते हुए रमेश कुन्तल मेघ की मान्यता है कि ''प्रतिभा हृदय और मस्तिष्क का वह संयुक्त तथा विशिष्ट संस्कारमूलक रूपान्तर है जो व्युत्पत्ति एवं अभ्यास से पोषित होता हुआ प्रज्ञा रूप में गतिमान, व्यापारमान तथा आवेशयुक्त होता है। यह प्रज्ञा रूप व्यक्तित्व की असाधारणता, प्रेरणा और कल्पना को अतिशयता तथा निपुणता एवं अनुसन्धान की नवीनतादि के प्रकाशन व स्फुरण को आयत्त करता है।''[27]

मुक्तिबोध मानते हैं कि, ''कलाकृति की रचना का कार्य अभ्यास और प्रतिभा के द्वारा होता है।'' इस तरह उन्होंने काव्य-रचना में अभ्यास के महत्त्व को भी स्वीकारा, किन्तु अभ्यास की सारी परम्परागत भूमिका को एकदम बदल दिया। उनका विचार है कि, ''भावों की प्रवहमान् संगति की स्थापना के दौरान में, आभ्यान्तर भाव सम्पादन, सक्रिय आलोचना धर्म की सहायता द्वारा विभिन्न भावों का विभिन्न अभिव्यंजक रूपों में घनिष्ठ संयोजन स्थापित कर देता है। काव्य रचना के अनवरत अभ्यास के फलस्वरूप, यह संयोजन अभेद्य हो जाता है। यही स्थिति-स्थापना अर्थात् 'कन्डीशनिंग' है।''[28] काव्य रचना में अभ्यास की पूरी प्रक्रिया और उसकी परिणति की व्याख्या करते हुए मुक्तिबोध ने स्पष्ट किया है कि, ''काव्याभिव्यक्ति अभ्यास-सिद्ध होती है। एक विशेष प्रकार की भाव दशाओं की बारम्बारता इतनी प्रबल हो जाती है कि वह अपनी काव्यात्मक शब्दावली विकसित करती है, ... लेखक जब इस या ऐसे ही आधार, अपनी अभिव्यक्ति पद्धति विकसित कर लेता है, तब वह अभिव्यक्ति पद्धति-स्वयं ही दृढ़ और जड़ हो जाता है। वह फिर अपनी उस अभिव्यक्ति पद्धति की पकड़ से छूट नहीं सकता, जब तक कि वह अनवरत रूप से अभ्यास न करे, उसके चंगुल से छूटने का।'' उन्होंने एक स्थान पर और लिखा है कि-''सच्चा लेखक हमेशा नौसिखिया होता है। केवल उस नौसिखियापन को सार्थक बनाना आवश्यक है। विशिष्ट-विशिष्ट भाव संवेदनाभ्यास तथा एतसम्बन्धित अभिव्यक्ति का अभ्यास इन दोनों के दो, किन्तु एकीभूत अभ्यासक्रमों से उत्पन्न जो वास्तविक सीमाएँ, जो वास्तविक ज़ंजीरें कवि अपने आपके लिए पैदा कर देता है, उन्हें तोड़कर उन सीमाओं को लाँघकर, अपने वास्तविक जीवन के वास्तविक अनुभवों को, वास्तविक जीवन-विवेक को, ज़िन्दगी की पेचीदगियों और संघर्षोंनुभवों को, मूल्यानुभूतियों को, आदर्शानुभवों को, काव्य में कलात्मक रूप से, प्रकट किया जा सकता है, उनमें

वास्तविक सौन्दर्य लाया जा सकता है, ... बशर्ते कि वैसी तैयारी हो, वैसा, रियाज़ हो, वैसा स्वप्न हो।''[29]

मुक्तिबोध ने अभ्यास की अनिवार्यता को रेखांकित तो किया ही है साथ ही उसके अन्य अंगीय अनिवार्य तत्त्वों को भी विश्लेषित किया–''प्रतिभा और अभ्यास के योग से कवि कर्म निष्पन्न होता है। ... कवि कर्म श्रम साध्य है, उसके लिए रियाज़ की ज़रूरत होती है। अभिव्यक्ति सम्पदा बढ़ाने की ज़रूरत होती है।''[30] अभ्यास के सिलसिले में यह युक्ति प्रचलित है ''करत-करत अभ्यास के, जड़मति होत सुजान/ रसरी आवत जात ते, सिल पर परत निसान।'' तात्पर्य यह कि जब अभ्यास से जड़मति अच्छे जानकार बन सकते हैं तो जिनमें प्रतिभा है वे और कितनी ऊँचाई तक नहीं जा सकते? प्रतिभा और अभ्यास का द्वन्द्वात्मक रिश्ता है, प्रतिभा तभी सफल हो पाती है जब उसमें अभ्यास की निरन्तरता का योग हो। मुक्तिबोध ने काव्य के उदय की मानसिक भूमिका को भी रेखांकित किया है–मानसिक अथवा बाह्य उत्प्रेरक तत्त्वों द्वारा एकाएक हृदय में हलचल पैदा होकर उसमें संचित जीवनानुभव तीव्रगति से मानस पटल पर मूर्तिमान् होकर बहने लगते हैं, संवेदनात्मक उद्देश्यों की दिशा में-इस तरह से बहने लगते हैं कि मनुष्य तन्मय होकर उन्हीं में डूब जाता है। और उनका रस लेने लगता है'' अभ्यास के सम्बन्ध में मुक्तिबोध का मानना है कि ''अभिव्यक्ति के प्रयत्न-कलाकर्म-बहुत कुछ अभ्यास में निहित हैं। लेखक को अभिव्यक्ति साधना में काव्याभयास में न केवल विशेष प्रकार की अभिव्यक्ति का अभ्यास हो जाता है, वरन्। विशेष प्रकार की भाव संवेदनाओं का भी अभ्यास हो जाता है। क्रमशः दोनों तरह के अभ्यास-भावसंवेदनाओं की अभ्यासात्मकता और तत्सम्बन्धी अभिव्यक्ति की अभ्यासात्मकता ये दोनों मिलकर, लेखक की जिस प्रकार क्षमता बन जाते हैं, उसी प्रकार वह उसकी कठोर सीमा भी बन जाते हैं।''[31]

प्रतिभा के सम्बन्ध में मुक्तिबोध लिखते हैं कि, ''यह सही है कि साहित्य-रचना में प्रतिभा का बहुत बड़ा स्थान होता है। किन्तु वास्तविक प्रतिभावान् कौन कहाँ तक है, इसका निर्णय महान् उपलब्धियों के पूर्व नहीं पश्चात् होता है। पूर्व स्थिति में तो सभी लेखक गुणवान् होते है। सच तो यह है कि समय की कसौटी पर जिस लेखक का साहित्य खरा उतरेगा, वही प्रतिभावान् कहलायेगा।''[32] प्रतिभा के अभाव में लेखकीय स्थिति और उसकी सार्थकता मुक्तिबोध स्वीकार नहीं करते।'' वे एक स्थल पर और लिखते हैं कि, ''प्रतिभा को गम्भीरता से परिभाषित किया जाये तो यह लेखक की आन्तरिक सम्पन्नता का ही रूप है, जो हर स्थिति में उसके लिए एक अनिवार्य तत्त्व है।'' अपनी 'छायावाद' नामक पुस्तक में डॉ. नामवर सिंह ने प्रतिभा के महत्त्व को अस्वीकार किया है। उनका मानना है कि यदि प्रतिभा ही सब-कुछ है तो बाद में कुछ लेखक चुक क्यों जाते हैं या वे अपने आपको बार-बार दोहराने क्यों लगते है। इस विश्लेषण से स्पष्ट है कि मुक्तिबोध प्रतिभा के दैवी सम्बन्ध को ख़ारिज करते हुए प्रतिभा और अभ्यास दोनों में अन्तः सम्बन्ध स्थापित करने की अवधारणा को उपस्थित करते हैं क्योंकि उनकी नज़र में वे एक-दूसरे के बिना अधूरे हैं। प्रतिभा के लिए अभ्यास की विशेष आवश्यकता पड़ती है, क्योंकि जिस तरह किसी अस्त्र की धार में यदि जंग लग जाये और उसे मांजना बन्द

कर दिया जाये तो उसकी धार कुन्द हो जाती है, उसी तरह प्रतिभा बिना अभ्यास के कुण्ठित हो जाती है। व्यक्ति की प्रतिभा का विकास सही मायने में अभ्यास पर ही अवलम्बित है और यही अभ्यास और प्रतिभा की द्वन्द्वात्मकता है।

रचना प्रक्रिया के तीन क्षणों की संगति का औचित्य

काव्य की रचना प्रक्रिया के सिलसिले में भारतीय एवं पाश्चात्य काव्य चिन्तन में व्यापक रूप से विचार हुआ है किन्तु हिन्दी आलोचना में मुक्तिबोध के समय तक बहुत ही चलताऊ ढंग से छुट-पुट चर्चाएँ हुईं थीं और वे भी रहस्यमूलक। इस विषय को अत्यन्त रहस्यमय भी माना जाता रहा है जैसे-कवि या रचनाकार ईश्वर द्वारा निर्मित होते हैं। एक दायित्व सजग चिन्तक के रूप में मुक्तिबोध ने इस पर गम्भीरता के साथ, इसकी बारीकियों में पैठकर, अत्यन्त साहस के साथ इसका विधिवत् विश्लेषण किया है। काव्य की रचना प्रक्रिया एक ऐसा विषय है जो उन्हें बहुत प्रिय है। इस विषय पर उन्होंने कई-कई बार लिखा है और हर बार कुछ-न-कुछ उसकी प्रस्तुति समृद्धतर हुई है। 'नयी कविता का आत्मसंघर्ष और अन्य निबन्ध, के निबन्धों जैसे-नयी कविता का आत्मसंघर्ष, काव्य: एक सांस्कृतिक प्रक्रिया, काव्य की रचना प्रक्रिया और 'नये साहित्य का सौन्दर्यशास्त्र' में काव्य की रचना प्रक्रिया के अलावा वे 'एक साहित्यिक की डायरी' में 'तीसरा क्षण' में व्यापकरूप से काव्य की रचना प्रक्रिया के सैद्धान्तिक एवं व्यावहारिक दोनों स्वरूपों का उद्घाटन करते हैं। प्रत्यक्ष रूप से ये शीर्षक ही रचना प्रक्रिया का विश्लेषण करते हैं परन्तु दूसरे अन्य शीर्षक निबन्धों के माध्यम से भी उन्होंने इसी मसले को गहरे से जानने का प्रयास किया है मसलन, कलाकार की व्यक्तिगत ईमानदारी और कलात्मक अनुभव आदि। इसका आशय यह हुआ कि मुक्तिबोध रचना प्रक्रिया का उद्घाटन समीक्षक के लिए अनिवार्य क्रिया मानते हैं। जिस प्रकार कवि की अपनी एक रचना प्रक्रिया होती ही है और जब यह कवि के लिए अनिवार्य है अर्थात् रचना की आकृति उसके बिना नहीं बनती तो ऐसा कैसे सम्भव है कि आलोचक उसका विश्लेषण किये बगैर आगे निकल जाये। अगर वह कवि की यात्रा को अनुभव नहीं करता उसकी प्रक्रिया से नहीं गुज़रता तो उसकी समीक्षा का अर्थ क्या है? मुक्तिबोध की विशेषता यह है कि वे रचना के समय जिस प्रक्रिया से गुजरे, रचना के तत्त्वों को उन्होंने जैसे-जैसे पाया और व्यक्तित्वान्तरण के बाद जिस नतीजे में पहुँचे, उस सबको वे बारीक़ी से पकड़ सके। दूसरे कवियों के लिए उनकी ही काव्य यात्राएँ विश्लेषण के समय रहस्यमूलक हो जाती थीं, जिन्हें मुक्तिबोध ने हासिल किया। यही कारण है कि वे इन दोनों व्यक्तित्त्वों में द्वन्द्वात्मक सम्बन्ध रखते हुए भी पृथक् नहीं हो पाये।

हिन्दी आलोचना में सृजन प्रक्रिया को ईश्वरीय विधान माना जाता रहा है अर्थात् रचनाकार एक विशेष प्रकार का प्राणी। इसलिए उसकी रचना प्रक्रिया को कोई अहमियत नहीं दी गयी। मुक्तिबोध ने इस बिन्दु को अत्यन्त महत्त्वपूर्ण मानते हुए तर्क दिया-''यदि कलाकार का जीवन तुच्छ है अर्थात् नवनवीन संवेदनात्मक ज्ञान और ज्ञानात्मक संवेदनों से हीन है, यदि उसमें उदार सहानुभूतियों का विस्तार नहीं है, यदि उसमें नितान्त आत्मबद्धता

है तो फिर ऐसा अन्तर्जगत् कलाभिव्यक्ति के लिए महत्त्वहीन है।''[33] मुक्तिबोध समीक्षक के रूप में रचना प्रक्रिया के माध्यम से जिन तत्त्वों पर विशेष बल देते हैं, उसके बारे में उनका मानना है कि, ''कला का पहला क्षण, जीवन का उत्कट तीव्र अनुभव क्षण। दूसरा क्षण है इस अनुभव का अपने कसकते दु:खते हुए मूलों से पृथक् हो जाना और एक ऐसी फ़ैण्टेसी का रूप धारण करना मानों वह फ़ैण्टेसी अपनी आँखों के सामने ही खड़ी हो। तीसरा और अन्तिम क्षण है, इस फ़ैण्टेसी के शब्दबद्ध होने की प्रक्रिया का आरम्भ और इस प्रक्रिया की परिपूर्णावस्था तक की गतिमानता।''[34] रचना प्रक्रिया की यह मूलभूमि है। ज़ाहिर है कि उनकी सैद्धान्तिक समीक्षा का पूरा चिन्तन रचना प्रक्रिया पर आधृत है। उनका विवेचन इतना विस्तृत है कि प्राय: कोई पक्ष अछूता नहीं बचा। कला के इन तीन क्षणों की व्याख्या कई-कई बार दोहरायी गयी है, बावजूद इसके कि उनके विश्लेषण में कहीं भी आवृत्ति दोष या असंगति नहीं है। 'एक साहित्यिक की डायरी' और 'नयी कविता का आत्मसंघर्ष' निबन्ध में क्षण विकास के विभिन्न पड़ावों के जो नाम दिये गये हैं। उनमें कहीं भी अन्तर्विरोध नहीं है बल्कि वे एक-दूसरे के पूरक ही नज़र आते हैं। स्पष्ट है कि रचना प्रक्रिया सम्बन्धी मुक्तिबोध के निष्कर्षों से पूर्ववर्ती कई जटिलताएँ और गुत्थियाँ सुलझ गयी हैं।

मुक्तिबोध कवि हैं इस नाते वे कवि की रचना प्रक्रिया से परिचित हैं। किसी व्यक्ति को रचना के धरातल की पूरी जानकारी होगी, तभी वह सही मूल्यांकन कर पायेगा। रचना प्रक्रिया में विचारधारा, वस्तु योजना, भाषा की गतिमानता एवं ऐतिहासिक-सामाजिक-सांस्कृतिक सम्बन्धों की द्वन्द्वात्मकता अपना महत्त्वपूर्ण रोल अदा करती हैं रचना की समग्रता आलोचक के रसास्वादन से नहीं आती। मुक्तिबोध रचना को एक स्वायत्त इकाई मानते हैं, वे रचना प्रक्रिया पर विस्तार से लिखते हैं, इस विस्तार में रचना के कर्म को विभिन्न चरणों में घटित होते हुए देखते हैं। उनका विश्वास है कि रचना में स्वत: स्फूर्तन के साथ-साथ निर्मिति या निर्माण कर्म भी होता है, वह केवल आवेग नहीं है। इसलिए निर्माण की स्थितियों पर वे व्यवस्थित निगाह रखते हैं। निर्मिति कहीं खण्डित या अधूरी न हो इसलिए सजगता पर ज़ोर देते हैं। उन्होंने कला के तीन क्षणों की अवधारणा की है, उनके बीच एक नैसर्गिक सम्बन्ध माना है। विश्लेषण के दौरान उन्होंने इस नैसर्गिकता को स्वचालित प्रक्रिया की तरह प्रस्तुत किया है। यही कला के तीन क्षणों की संगति है। चारुमित्र ने रचना प्रक्रिया का विश्लेषण करते हुए इसका विभाजन किया है-''रचना-प्रक्रिया में मुक्तिबोध की दिलचस्पी कई कारणों से थी। प्रथमत:, उनकी धारणा थी कि सृजन-प्रक्रिया के विश्लेषण से सौन्दर्य सम्बन्धी किसी सामान्य सिद्धान्त पर आया जा सकता है। दूसरे, जीवन के विस्तृत क्षेत्र को साहित्य में लाने के लिए सृजन-प्रक्रिया की जानकारी उपयोगी होगी। तीसरे, अपनी विशेष काव्य-प्रवृत्ति का औचित्य सिद्ध करने के लिए रचना-प्रक्रिया का विश्लेषण किया जाये। चौथे, किसी कृति अथवा समुचित मूल्यांकन की दिशा में सृजन प्रक्रिया की समझ उपयोगी होगी। पाँचवें, सृजनशील साहित्य का मार्ग प्रशस्त करने के लिए भी यह विवेचन उपयोगी सिद्ध होगा।''[35]

कला का पहला क्षण और उसकी व्याप्ति

मुक्तिबोध वैज्ञानिक दृष्टि सम्पन्न लेखक हैं। वे विज्ञान की पद्धति की तरह विश्वसनीयता जीवन के सन्दर्भ में भी देखने के हिमायती हैं। विज्ञान की पद्धति में मूल नियम कारण-कार्य सम्बन्ध नियम से होता है। आकस्मिकता और सम्भाव्यता की बातें भी विज्ञान में स्वीकृत हैं। जीवन के क्षेत्र में भी विकास के नियम सक्रिय होते हैं। इस बात को समाज वैज्ञानिकों ने सिद्ध किया है, इसीलिए मुक्तिबोध इसी आलोक में सृजन के प्रश्नों को समझना चाहते हैं। मुक्तिबोध के शब्दों म, "मानसिक प्रक्रिया को आत्माभिव्यक्ति की ओर ले जाने के लिए आवश्यक पहला ज़बर्दस्त धक्का यह प्रथम क्षण ही देता है, वह उस गति की दिशा निर्धारित करता है, साथ ही उसके तत्त्व रूपायित करता है अर्थात् वह उनको एक आकार प्रदान करता है।" अन्तर्तत्व जिस क्षण से तरंगायित होकर मानसिक जगत् में उपस्थित होते हैं और उनमें रूप आने लगता है, इसी को मुक्तिबोध उद्घाटन का क्षण मानते हैं। कलाकार की मानसिक दृष्टि बोधपक्ष या ज्ञानवृत्ति की ओर देख रही थी, वह उसके रस में भीगने लगती है। पहले क्षण में हम अनुभव, जीवनानुभव, संवेदनात्मक ज्ञान एवं वर्गीय अनुभव का अध्ययन करेंगे, ये सभी रचनाकार को बेहद प्रभावित एवं उत्तेजित करते हैं।

अनुभव :—रचनाकार सबसे पहले एक नागरिक होता है और कोई भी मनुष्य ऐसा नहीं होता, जिसके जीवन की नीव अनुभव न हो। अनुभव ही दरअसल मनुष्य की नीव है। और उसके विकास का आधार भी। समझने की ज़रूरत है कि अनुभव क्या है? संक्षेप में कहें तो इतिहास की कोख से जन्में मनुष्य और देशकाल के बीच उसके सम्बन्धों का मनुष्य में संचित बोध अनुभव कहलाता है। इस सूत्र को अलग-अलग करके स्पष्ट रूप से देखने पर बातों का खुलासा हो सकता है। मुक्तिबोध ने कला के पहले क्षण के रूप में अनुभव की ही चर्चा की है। उनका सूत्र है 'कला का पहला क्षण है, जीवन का उत्कट तीव्र अनुभव क्षण।' ज़ाहिर है कि जिसे मुक्तिबोध अनुभव मानते हैं, उसमें उत्कटता, तीव्रता की विशेषताएँ होती हैं। उत्कटता की विशेषता इसलिए इसमें होती है क्योंकि यह जीवन में घटित होती है। इसके चिह्न देशकाल के भीतर मनुष्य में दिखायी पड़ते हैं और तीव्रता इसमें इसलिए होती है क्योंकि इसमें ऐन्द्रीयता होती है। इन विशेषताओं का विस्तार यदि किसी समाजशास्त्रीय को करना हो तो वह बहुत दूर तक जाता है। उसकी दूरी इतिहास और वर्तमान तक फैलती है। अनुभव की क्रिया इतिहास को भी ऐन्द्रिय रूप देती है और दूसरे के अनुभवों को भी अपने साथ जीवन्तता के साथ संलग्न कर देती है। अनुभवकर्त्ता के आभ्यान्तरीकरण में घटित, श्रुत, पठित आदि सभी वृत्तान्त जीवन्त हो जाते हैं और इसीलिए इनमें उत्कटता का गुण आ जाता है। इसे महाकवियों की रचनाओं में सप्रमाण पाया जा सकता है। उदाहरण के लिए निराला की 'राम की शक्ति पूजा में राम की कथा के विभिन्न पौराणिक और ऐतिहासिक रूप कवि के अनुभव में निजी और विशिष्ट से हो गये प्रतीत होते हैं। यहाँ व्यतीत वर्तमान हो जाता है। उसी तरह वह वर्तमान की चित्र पद्धति में सहयोगी हो जाता है। इतिहास और अनुभव की द्वन्द्वात्मकता का भी अपना विशेष कोण है—"प्रारम्भ में अनुभव के लिए सतही यथार्थ सामने आता है, किन्तु उसके नज़दीक

जाकर शामिल होते ही इतिहास के यथार्थ से उसकी संगति होती है, इतिहास का यथार्थ उसे व्यापक बनाता है और इस तरह रचनाकार निरंतर यथार्थ के द्वारा ही ज्ञान के वास्तविक संसार की ओर बढ़ता है। ज्ञान का वास्तविक संसार समूचे उन्मेष से रचना का जनक बन जाता है।''[36]

अनुभव की प्रक्रिया को हम दो मुद्दों से और अधिक समझ सकते हैं। पहला- इन्द्रियाँ प्रवेश द्वार हैं जो बाह्य जगत् से मनुष्य का सम्बन्ध जोड़ती हैं, जैसे-रूप, रस, गन्ध, स्पर्श आदि। वि. अफनास्येव लिखते हैं कि, ''वस्तुओं की प्रत्यक्ष अनुभूति प्रारम्भिक मंज़िल होती है। मनुष्य अपने व्यावहारिक कार्यों के द्वारा जब प्राकृतिक वस्तुओं और व्यापारों से पहले-पहल सम्पर्क में जाता है तो उनके विषय में उसकी प्रथम धारणाएँ उसकी ज्ञानेन्द्रियों द्वारा बनती है। ज्ञानेन्द्रियाँ एक प्रकार के दरवाज़े हैं, जिनसे होकर बाह्य जगत् मानव के मस्तिष्क में प्रवेश करता है।''[37] दूसरा-इतिहास ज्ञान में ऐन्द्रिय अनुभव और अर्जित ज्ञान में द्वन्द्वात्मक अन्तस्सम्बन्ध होता है, जैसे किसी स्त्री के सौन्दर्य को देखकर हम सीता, राधा, शकुन्तला आदि के सौन्दर्य का अनुभव करते हैं। जिन पेड़ों, फूलों या चीज़ों को हमने देखा है उनका ज्ञान और अनुभव तो हमें हो जाता है, लेकिन जिनको हम नहीं जानते उन चीज़ों का अनुभव किन्हीं जानी हुई, उनसे मिलती हुई चीज़ों के रूप में हम अपने अनुभव का विस्तार अनुमान के द्वारा करते हैं। उदाहरण के लिए हमने यदि अमेरिका का वाशिंगटन शहर नहीं देखा तो उसका अन्दाज़ा हम अपने देश में देखे हुए बम्बई, कलकत्ता, मद्रास, दिल्ली के महानगरों के रूप में उसकी अन्तर्क्रिया के द्वारा सम्पन्न करते हैं। इसे ही आचार्य रामचन्द्र शुक्ल 'ऐतिहासिक भावुकता' कहते हैं।

रचना प्रक्रिया के सिलसिले में मुक्तिबोध का मानना है कि, ''प्रथम क्षण निस्सन्देह अनुभव का क्षण है। उसके बिना आवेग और आगे की गति असम्भव है। वह उस गति की दिशा निर्धारित करता है। साथ ही वह उसके तत्त्व रूपायित करता है अर्थात् उनको एक आकार प्रदान करता है।'' ज़ाहिर है कि ''अनुभव प्रत्यक्ष संसार से सम्पर्क की वृत्ति है और सम्पर्क की क्रिया निश्चित रूप से प्रत्यक्ष और मूर्त होती है। अनुभव का चयन भावना के रूप में रूपान्तरित होता जाता है।... शब्द तथा इन्द्रियों के सीधे व्यवहार का द्वन्द्वात्मक संघर्ष अनुभव को ताज़ा और ऐतिहासिक बनाता है। इसी द्वन्द्व से अनुभव व्यक्तिगत और सामाजिक एक साथ बनता है। ... मनोमय जीवन में बाह्य की सामग्री बाह्य के तत्त्व हैं।''[38] अनुभव गतिशील और रचनात्मक होता है। सवाल यह है कि हम अनुभव का कितना उपयोग करते हैं, कितना उससे सीखते हैं। अनुभव की प्रक्रिया सभी में घटित होती है। ओमप्रकाश ग्रेवाल के शब्दों में-''बिना वैज्ञानिक और वस्तुपरक दृष्टिकोण अपनाये हम किसी भी अनुभव को पूरी तरह पकड़ नहीं सकते। साहित्य में विशेष रूप से अनुभव को ज्यों-का-त्यों अधकचरे रूप में नहीं रखा जाता, बल्कि उसे अच्छी तरह समझने-बूझने के पश्चात् शब्द बद्ध किया जाता है और समझने-बूझने की इस क्रिया में लेखक का वर्गीय दृष्टिकोण हमेशा विद्यमान रहता है।''[39]

मुक्तिबोध ने अनुभव संवेदन और अनुभव प्रक्षेपण की क्रियाओं की चर्चा करते हुए लिखा है कि, ''अनुभव संवेदन और अनुभव प्रक्षेपण दोनों साथ-साथ नहीं चलते, यह

एकदम सही है। किन्तु जिस व्यक्ति का मन मूलतः क्रियेटिव (सर्जनशील) और कल्पना-प्रवण है वह टेबिल पर लिखते वक़्त कल्पना-प्रवण होता है यह बात नहीं।'' मुक्तिबोध ने लिखा है कि, ''अपनी ईमानदार अनुभव संवेदनाओं को तथा अपने जीवन के स्थायी भावों की प्रॉपर पर्सपेक्टिव (सही परिप्रेक्ष्य) में पहचानें।'' इसी प्रक्रिया को उद्घटित करते हुए वे लिखते हैं कि, ''इन अनुभव संवेदनों को सँजोकर रखना, उनसे सम्बन्धित जीवन प्रसंग और मानव हृदय समेटकर रखना, उन्हें नोटबुक में टाँक लेना क्या ज़रूरी नहीं है? स्वयं को आंतरिक रूप में सम्पन्न करने का यह भी एक तरीक़ा है।'' अनुभूति को देखते समय हमारा ध्यान उसके परस्पर अवलम्बित होते हुए स्वरूपों की ओर नहीं जाता। ''अनुभूति तथा अनुभूति के विषय अर्थात् बाह्य वस्तु या व्यक्ति के परस्पर सम्बन्ध के बिना अनुभूति असम्भव होती है। वे सम्बन्ध अनुभूति के स्वरूप में ही निहित होते हैं।''

जीवनानुभव :–अनुभवों की ज़िन्दगी से जो टकराहट शुरू होती है उसे जीवनानुभव कहते हैं। जैसे अक्सर लोग कहो करते हैं कि हमारे बाल धूप में सफ़ेद नहीं हुए, दर-दर की ठोकरें खाई हैं तब ऐसा ज्ञान हुआ है। इसे कोई रिरियाना कहे या कुछ और। दरअसल मेरे ख़्याल से यही जीवनानुभव है। एक शायर लिखते हैं कि, ''चोट जब तक लगी नहीं होती / होश में ज़िन्दगी नहीं होती / सर है सजदे में दिल है और कहीं / इस तरह बन्दगी नहीं होती।'' मनुष्य के समूचे जीवन में बार-बार चोटें लगती हैं, इन चोटों से वह बहुत कुछ। सीखता है। निराला ने लिखा, ''दुःख ही जीवन की कथा रही / क्या कहूँ आज जो नहीं कही।'' काव्य में तत्त्व समृद्धि तथा तत्त्व परिष्कार के लिए भी वास्तविक जीवन के विविध जीवनानुभवों से सम्पन्न होना तथा पीड़ित मानवता के आदर्शों से एकात्म होना अनिवार्य है। कलात्मक दृष्टि भी तभी सम्भव है। ''हमारे साहित्य चिन्तन या कलात्मक सृष्टि का विकास तभी होगा जब हम वास्तविक जीवन में व्यापक तथा विविध जीवनानुभवों से सम्पन्न होंगे तथा हम विक्षुब्ध उत्पीड़ित मानवता के (वायवीय नहीं पूर्ण) आदर्शों से एकात्म होंगे। इसके बिना तत्त्व समृद्धि और तत्त्व परिष्कार की समस्या अधूरी ही रह जायेगी।''

स्वयं मुक्तिबोध के जीवन का उदाहरण लें तो हम यह देखते हैं कि उन्होंने अपनी अड़तालीस साला ज़िन्दगी में विभिन्न प्रकार के जीवनानुभव प्राप्त किये। ये मार्मिक अनुभव उनके समग्र लेखन में बार-बार फूट पड़ते हैं। अपने मित्र श्री नेमिचन्द्र जैन को 4.3.58 के पत्र में वे लिखते हैं कि, ''पिछले कई दिनों से मेरा स्वास्थ्य ज़र्जर है, रगें कमज़ोर हो गयी हैं। दवाओं से विशेष लाभ नहीं हो पाया। शरीर आराम और शान्तिपूर्ण व्यवसाय माँगता है। शरीर पर अधिक बोझ पड़ते ही मानसिक थकान और अप्रसन्नता आ घेरती है। फालतू की झंझटों से मन पर भार रहने के फलस्वरूप लिखाई होना बहुत मुश्किल हो जाता है। मुझे आशा है कि राजनांदगाँव पहुँचकर मुझे कछ आराम मिलेगा और स्वयं के साहित्यिक कार्य के लिए कुछ फ़ुरसत मिलेगी। शहर छोटा होने के कारण ज़िन्दगी का अस्तित्व बनाये रखने का संघर्ष भी कम होगा। नेमिबाबू ! मेरी कहानी बड़ी उदास है कहने से क्या लाभ। नौ वर्ष की सरकारी नौकरी ने कुछ नहीं दिया, तोहमत दी,

राजनैतिक और सामाजिक तोहमत। प्राइवेट कम्पनियों की नौकरी पर भी अब भरोसा नहीं रहा। माया मिली न राम, ऊपर से मानसिक और शारीरिक स्वास्थ्य चौपट हो गया। मैंने कभी किसी से झगड़ा-झाँसा नहीं किया, साथ ही अपने अधिकारियों को ख़ुश रखने की अजहद कोशिश की, फिर भी हानि-की-हानि।" [40] मुक्तिबोध के ये जीवनानुभव बहुत संजीदा हैं, जिनकी वजह से उनकी काव्य सम्बन्धी मान्यताएँ भी बनी हैं। वे लिखते हैं कि, "जीवनानुभव के दो प्रधान पक्ष, मूलभूत पक्ष, नित्यश: एकीभूत स्थिति में, विराजमान रहते हैं। वे हैं-बाह्य सन्दर्भ सूत्र, जो बाह्य जगत् को, और उससे आत्म सम्बन्धों को सूचित करते हैं। जीवनानुभव का दूसरा पक्ष है-बाह्य परिवेश के प्रति की गयी संवेदनाओं की प्रतिक्रियाएँ, जो अन्तर में भावपुंज उपस्थित करके उस पूरे जीवनानुभव को अत्यन्त आत्मीय बना देती हैं।" मुक्तिबोध जीवनानुभव को जीवन तथ्य भी कहते हैं। "ये जीवन तथ्य अनुभवात्मक रूप में ही हृदय में विद्यमान रह सकते है, इसीलिए उन्हें जीवनानुभव कह देने में भी कोई हर्ज नहीं।"

लेनिन ने बताया है कि "सजीव अनुभूति से अविशिष्ट चिन्तन की ओर और फिर व्यवहार की ओर सत्य के संज्ञान का यही द्वन्द्वात्मक पथ है।" [41] मुक्तिबोध की दृष्टि में जीवनानुभव का पर्याय संवेदनात्मक अन्तर्जगत् है। वे लिखते हैं कि, "संवेदनात्मक अन्तर्जगत् अर्थात् जीवनानुभव रचना प्रक्रिया के दौरान, अपने विशेष संवेदनात्मक उद्‌देश्यों को लेकर अवतीर्ण होते हैं। ये संवेदनात्मक उद्‌देश्य एक ओर लेखक के अन्तर्व्यक्तित्व का एक भाग है, उसके अनुभवात्मक इतिहास से सम्बन्ध रखते हैं, उसने जो कुछ आत्मसात् किया है, जो कुछ पाया-खोया है, उससे नाता रखते हैं उसकी विद्यमान जीवन-स्थिति और मनोदशाओं से सम्बन्धित रहते हैं। इन संवेदनात्मक उद्‌देश्यों से प्रेरित होकर ही कलात्मक अभिव्यक्ति होती है।" [42] मुक्तिबोध ने अपनी समीक्षा पुस्तकों में संवेदनात्मक उद्‌देश्यों के बारे में विस्तृत रूप से विचार किया है। वे संवेदनात्मक उद्‌देश्यों के लिए कई शब्द युग्मों का इस्तेमाल करते हैं जैसे-भावात्मक उद्‌देश्य, भावनात्मक उद्‌देश्य, वेदनात्मक हेतु, संवेदनात्मक अभिप्राय और संवेदनात्मक दिशा आदि। वे लिखते हैं कि, "संवेदनात्मक उद्‌देश्यों का कार्य प्रारम्भ से लेकर अन्त तक व्यक्तित्व की विशेषताओं और उसकी हलचलों से लेकर अभिव्यक्ति के अन्तिम पैटर्न तक होता है।" वे एक जगह और लिखते हैं कि, "कलात्मक चेतना के भीतर समाये संवेदनात्मक उद्‌देश्य भोक्तामन के उस स्वचेतन आवेग से उत्पन्न होते हैं जो स्वचेतन आगे, वांछित और वांछनीय को प्राप्त करने के लिए तड़पता हुआ, अपनी निजबद्ध स्थिति से ऊपर उठकर,अन्तर तथा बाह्य वास्तव में भावनानुकूल परिवर्तन करना चाहता है। ये संवेदनात्मक उद्‌देश्य अन्त:संस्कृति के अंग होते हैं। उस संस्कृति के जो बाह्य के आभ्यान्तरीकृत रूप में अवस्थित हैं।' [43] प्रत्येक व्यक्ति बाह्य जीवन जगत से रूपायित अपने अनुभवों द्वारा अपने जीवन की प्रकृति के अनुसार, उसी जीवन जगत की आलोचना करता है, प्रतिक्रियाएं करता है, अपना आत्मालोचन करता है, इस विशेष अर्थ में उसका अनुभूत जीवन ही उसकी सम्पूर्ण मानवीय क्रिया-प्रतिक्रिया का मूलाधार हो जाता है। जीवनानुभवों के एक कोण को मुक्तिबोध ने विश्लेषित करते हुए लिखा है कि, "मनुष्य एक ओर अपने

विशिष्ट सुख दुःख का भोक्ता है तो दूसरी ओर वह उनका दृष्टा भी है। अपने से परे जाने, दूसरों से अपने को मिलाने, ज्ञान तथा बोध द्वारा विशिष्टों का सामान्यीकरण करने और सार–सार पहचानने और ग्रहण करने की उसमें अद्‌भुत शक्ति है।''

सौन्दर्यानुभव अथवा कलानुभूति को मुक्तिबोध जीवनानुभूति से अलग करके नहीं देखते। मुक्तिबोध के ही समानधर्मा कवि आलोचक अज्ञेय का मानना है कि, ''अनुभूति अद्वितीय होती है क्योंकि कोई दूसरे की अनुभूति नहीं भोग सकता ... और कवि साधारणीकरण द्वारा जिस अनुभूति का प्रेषण करता है वह काव्यानुभूति जीवन की अनुभूति से अलग होती है।''[44] मुक्तिबोध का मानना है कि लेखक की सच्ची ईमानदारी इसी में है कि, ''वह कलात्मक अनुभूति के क्षणों में, सृजन में मग्न होकर अपने चैतन्य को जागृत संवेदन जगत को, समग्रतः उपस्थित करने से ही अपनी सारी अनुभव सम्पन्नता और वेदनायित जीवन–विवेक की अभिव्यक्ति हो सकेगी।''[45] वे यह भी मानते हैं कि, ''सौन्दर्यानुभव और वास्तविक जीवन–जगत् में प्राप्त वास्तविक अनुभव, इन दो में मूलभूत एकात्मकता है। सौन्दर्यानुभव–जीवनानुभव, इन दो का सार स्वरूप एक ही है।'' जीवन अनुभूति और सौन्दर्यानुभूति की परस्पर अवलम्बित विकास प्रक्रिया को देखें तो उसमें भी क्षण से विराट् की ओर यात्रा है। अपने से परे जाने, ऊपर उठने, दूसरों को अपने में मिलाने, अपने को दूसरों से मिलाने, आगे पहचानने और व्यक्तित्वान्तरण की प्रक्रिया है। कैला के उद्‌घाटन क्षण और अनुभव क्षण का सम्बन्ध वास्तविक जीवन जगत की अनुभूतियों से है। अतः सौन्दर्यानुभव जीवन से अलग हो ही कैसे सकते हैं जैसा कि मुक्तिबोध ने एक उदाहरण द्वारा स्पष्ट किया है कि, ''एक कलाकार, चाहे वह युद्ध के किसी मोर्चे पर काम कर रहा हो, या बाल–बच्चों के लिए रोटियाँ पका रहा हो, चूल्हा फेंक रहा हो, मंच पर भाषण दे रहा हो या मुहल्ले–मुहल्ले में जाकर जन संगठन कर रहा हो, वह श्मशान भूमि में हो या विवाहोत्सव में, वह नरक में पड़ा हो या स्वर्ग का सुख भोग रहा हो–ये सब बातें, उसके ये विविध अनुभव सब कलात्मक चेतना के विस्तार के कारक होते हैं, बशर्ते कि कलाकार में कलाकार का व्यक्तित्व हो।'[46] सवाल यह है कि लेखक को ये जीवनानुभव कहाँ से प्राप्त होते हैं, जो कि उसके अन्तर्जगत् का अंग बनते हैं। मुक्तिबोध के अनुसार, ''बाह्य संसार से प्राप्त ज्ञाननिधि तथा भाव परम्परा ही लेखक के जीवनानुभवों को निर्मित करती है और बाहर से प्राप्त यह ज्ञाननिधि तथा भाव परम्परा लेखक के अन्तर्व्यक्तित्व में इतना घुल–मिल जाती है कि उसकी अपनी निजी बन जाती है।'' डॉ. शिवकुमार मिश्र का यह मानना है कि ''ये संवेदनात्मक उद्‌देश्य लेखक के अन्तर्व्यक्तित्व का एक भाग है, उसके अनुभवात्मक इतिहास से सम्बन्ध रखते हैं, उसने जो कुछ आत्मसात किया है, जो कुछ पाया और खोया है, उससे नाता रखते हैं, उसकी विद्यमान जीवन–स्थिति और मनोदशाओं से सम्बन्धित रहते हैं। इन संवेदनात्मक उद्‌देश्यों से प्रेरित होकर ही कलात्मक अभिव्यक्ति होती है।[47]

संवेदनात्मक ज्ञान :–मार्क्सवादी दर्शन के अनुसार संवेदना, संवेदनात्मक ज्ञान का मुख्य रूप है। संवेदना किसी वस्तु के वैयक्तिक गुणों विशिष्टताओं अथवा पहलुओं का अक़्स है। वस्तुओं का स्वरूप और प्रकृति जैसे गरम या ठण्डी, अँधेरी या प्रकाशित,

चिकनी या रुखड़ी होती है, उनके ये तथा अनेक अन्य गुणधर्म हमारी ज्ञानेन्द्रियों पर आघात करते हैं और कुछ संवेदनाओं को जन्म देते हैं। मनुष्य के शरीर में संवेदनाओं की उत्पत्ति के लिए आवश्यक दैहिक यन्त्र होता है, इस यन्त्र में तीन चीज़ें होती हैं। पहली ज्ञानेन्द्रियाँ, दूसरी-स्नायुतन्त्र जिसके जरिये उद्दीपन मस्तिष्क के अंगों को उसी तरह प्रेषित होते हैं जैसे तार के माध्यम से बिजली। तीसरी, मस्तिष्क के विभिन्न क्षेत्र जिनमें पहुँचकर ये उद्दीपन अलग-अलग संवेदनाओं का रूप ग्रहण कर लेते हैं। जैसे-जब हमारे पाँव में काँटा चुभता है तो तत्काल हमें पीड़ा की संवेदना होती है, इसी प्रकार जब हमारी आँखों पर प्रकाश की तेज़ किरणें पड़ती हैं, तो हमें प्रकाश की संवेदना होती है। लेनिन ने संवेदना को वस्तुजगत् की मनोगत प्रतिच्छाया कहा था। संवेदनात्मक ज्ञान को विश्लेषित करते हुए वि . अफनास्येव लिखते हैं कि-"संवेदना के अतिरिक्त संवेदनात्मक ज्ञान में अनुभूतियाँ और भावनाएँ शामिल हैं। इन्द्रियगत अनुभूति संवेदात्मक ज्ञान का उच्चतर रूप है। वह किसी वस्तु को उसकी संवेदनात्मकता, प्रत्यक्ष सम्पूर्णता के साथ प्रतिबिम्बित करता है। उसके बाहरी पहलुओं और शिष्ट लक्षणों के कुल योग को प्रतिबिम्बित करता है। भावना मनुष्य के मस्तिष्क में पहले की अनुभूतियों का पुनर्जनन है। उदाहरण के लिए हम अपने मस्तिष्क में पाठशाला के अपने किसी पुराने साथी की वर्तमान छवि अंकित कर सकते हैं, उसकी कल्पना कर सकते हैं, यद्यपि हमने उसे वर्षों से नहीं देखा।[48] सभी व्यक्तियों में एक जैसी संवेदना नहीं होती, विशेषकर साहित्यकार की संवेदना का स्तर दूसरा ही होता है। "सबसे पहले तो हम स्पष्ट कर दें कि संवेदनात्मक अभिप्राय से हमारा मतलब क्या है। इन अभिप्रायों की पड़ताल पूरी रचना प्रक्रिया और तज्जन्य अर्थप्रक्रिया में से काव्य के समाहित प्रभाव का खुलासा है। इससे यह भी स्पष्ट होता है कि कवि किस प्रकार का प्रभाव उत्पन्न करना चाहता है। ये अभिप्राय ही काव्य का परिचालन भी करते हैं और उनका कार्य प्रारम्भ से लेकर अन्त तक ... व्यक्तित्व की विशेषता और उसकी हलचलों से लेकर अभिव्यक्ति के पैटर्न तक ... फैले होते हैं।[49]

संवेदनात्मक ज्ञान हमें चीज़ों के बाहरी पहलुओं की धारणा प्रदान करता है। उदाहरण के लिए-ज्ञानेन्द्रियों की मदद से हम बिजली के करेण्ट को अनुभव कर सकते हैं, किन्तु यह कल्पना करना सम्भव है कि बिजली इलेक्ट्रॉनों की एक खास प्रवेग से बहती हुई धारा है। इसी तरह ज्ञानेन्द्रियों से प्रकाश के प्रचण्ड वेग को परमाणु में मौलिक कणों के स्पन्दन को तथा प्रकृति सामाजिक जीवन के अनेक जटिल व्यापारों को अनुभूत करना सम्भव नहीं। संवेदनात्मक ज्ञान को परिभाषित करते हुए वि. अफनास्येव लिखते हैं कि-"संवेदनात्मक ज्ञान चीज़ों की आन्तरिक प्रकृति व उनके सार को, उनके विकास के नियमों को नहीं प्रकट कर सकता। किन्तु ज्ञान का मुख्य प्रयोजन तो यही करना है। नियमों का ज्ञान, वस्तुओं के सार का ज्ञान भी व्यावहारिक कार्यों में मनुष्य का पथ-प्रदर्शन कर सकता है। अविशिष्ट अथवा तर्कगत चिन्तन यही काम आता है।"[50]

मुक्तिबोध ने कविता को एक संवेदनात्मक प्रतिक्रिया मानते हुए लिखा है कि-"कविता वैविध्य में जीवन के प्रति आत्मचेतस व्यक्ति की संवेदनात्मक प्रतिक्रिया है। कवि की संवेदन क्षमता, कल्पना की संश्लेषण शक्ति और बुद्धि की विश्लेषण शक्ति इन

तीनों में से कोई भी बात कमज़ोर हुई तो, मनोमय तत्त्व रूप अपनी सही-सही ऊँचाई को नहीं प्राप्त कर सकेगा।'' एक स्थल पर ज्ञान को संवेदना समन्वित करने की आवश्यकता पर बल देते हुए मुक्तिबोध ने लिखा है-''केवल विवेक भी अपने आप में कुछ नहीं कर सकता जब तक संवेदनात्मक अनुभवों का वह स्वयं अंग नहीं बन जाता-आन्तरिक-मानसिक संवेदनात्मक प्रवाह का जब तक वह, बेमालूम ढंग से, अंग नहीं बन जाता। दूसरे शब्दों में, संवेदनात्मक ज्ञान और ज्ञानात्मक संवेदना की एकमेव स्थिति जब तक उपस्थिति नहीं हो जाती, तब तक वह विवेक अन्तर में भी संवेदनात्मक जीवन का अंग न होगा।'' उनका मानना है कि-''वास्तविक जीवन के संवेदनात्मक धरातल पर लेखक और समीक्षक की होड़ है। लेखक और समीक्षक की यह प्रतियोगिता निस्सन्देह वांछनीय है। ज़िन्दगी को कौन ज़्यादा समझता है? समीक्षक या लेखक? यद्यपि इन दो के कर्त्तव्य अलग-अलग हैं फिर भी, उनके कर्त्तव्यों की पूर्ति जीवन के वास्तविक संवेदनात्मक ज्ञान के आधार पर ही होगी। यदि साहित्य जीवन का उद्घाटन है तो समीक्षक को यह जानना ही पड़ेगा कि उद्घाटित जीवन वास्तविक है या नहीं। असल में कसौटी वास्तविक जीवन का संवेदनात्मक ज्ञान ही है, जो न केवल लेखक और समीक्षक में होता है, वरन् पाठक में भी रहता है।''[51]

वास्तविक जीवन के संवेदनात्मक ज्ञान से ही आलोचक की सौन्दर्याभिरुचि की जड़ता टूटती है और वास्तविक जीवन के संवेदनात्मक ज्ञान के अभाव में सौन्दर्याभिरुचि जड़ीभूत होने लगती है। सौन्दर्याभिरुचि का विकास केवल कलात्मक अनुभव से ही नहीं होता, उसके लिए व्यापक सामाजिक जीवन और यथार्थ का बोध भी ज़रूरी है। मुक्तिबोध ने स्वीकार किया है कि-''कृति की स्वनिष्ठता के लिए बाह्यानुरोध बाधक है पर स्वनिष्ठता कवि की आन्तरिक अनुशासन पद्धति से नियन्त्रित होनी चाहिए, कहना न होगा कि कवि की आंतरिक सम्पन्नता, जो संवेदनात्मक ज्ञान से अर्जित की गयी है-काव्य की स्वनिष्ठता की रक्षा करने में समर्थ होती है।''[52] मुक्तिबोध काव्य-सृजन के लिए ज्ञानात्मक आधार को पुष्ट होना अनिवार्य बताते हैं, उनके अनुसार, ''यदि कवि का ज्ञान पक्ष दुर्बल है, यदि उसका ज्ञान आत्मपक्ष और बाह्यपक्ष और तनाव के सम्बन्ध में अधूरा अथवा धुँधला है, अथवा यदि वह तरह-तरह के कुसंस्कारों और पूर्वग्रहों तथा व्यक्तिबद्ध अनुरोधों से दूषित है तो ऐसे ज्ञान की मूलभूत पीठिका पर विचरण करनेवाली भावना या संवेदना निःसन्देह विकारग्रस्त होगी।'' सहृदयता और सूक्ष्म दृष्टि के अभाव में समीक्षा को संवेदना का सन्दर्भ नहीं मिल सकता और संवेदनात्मक समीक्षा की दृष्टि के अभाव में समीक्षा की यान्त्रिकता पर नियन्त्रण रखना असम्भव होता है। मुक्तिबोध के सामने प्रगतिवादी आलोचना पद्धति की संवेदनाहीन समीक्षा दृष्टि का उदाहरण था-परिणामतः उन्होंने उसी की प्रतिक्रिया में समीक्षा को संवेदनात्मक धरातल से जोड़ने का प्रयत्न किया। आलोचना में संवेदनात्मक दृष्टि की महत्ता को रेखांकित करनेवाले मुक्तिबोध समकालीन आलोचना में प्रथम व्यक्ति थे। उन्होंने कहा है कि ''संवेदनात्मक-ज्ञान और ज्ञानात्मक संवेदनाओं के आधार पर हम एक साथ तटस्थ और तन्मय, अपने से परे और अपने में निमग्न, अपने से बाहर और अपने अन्दर एक साथ रह सकते हैं।''

वर्गीय अनुभव :–कोई भी कला वर्गीय अनुभव से परे नहीं हो सकती क्योंकि रचनाकार जिस वर्ग में पैदा होता है, उसमें पलता–बढ़ता और विकसित होता है। जीवन के घात–प्रतिघात उसे नये–नये अनुभव देते हैं। उसकी संवेदनाओं का विकास होता है। इन सभी में एक द्वन्द्वात्मक संगति तो होती ही है साथ ही उसकी रचना प्रक्रिया में से समूचे वर्गीय अनुभव नये–नये रूपों में रूपांतरित होते हैं। वि. अफनास्येव लिखते हैं कि– ''मार्क्सवाद से पहले भी विद्वान लोग अनुभव करते थे कि जनता बँटी हुई है और समाज में वर्ग संघर्ष का अस्तित्व है। किन्तु वे समाज के वर्ग–विभाजन का वस्तुगत आधार ढूँढ़ निकालने में असमर्थ रहे। वे यह नहीं देख सके कि समाज के वर्ग–विभाजन का कारण भौतिक उत्पादन में खोजना चाहिए जो मानव सम्बन्धों का प्रधान क्षेत्र है।''[53] वर्ग को परिभाषित करते हुए लेनिन ने अपनी पुस्तक 'महान् आरम्भ' में लिखा है कि ''वर्ग जनता के बड़े समूह में है जिनमें सामाजिक उत्पादन का इतिहास द्वारा निर्दिष्ट किसी व्यवस्था में अपने विशिष्ट स्थान द्वारा उत्पादन साधनों के प्रति अपने सम्बन्ध द्वारा (यह अधिकतर मामलों में नियम द्वारा स्थिर एवं निरूपित होता है), श्रम के सामाजिक संगठन में अपनी भूमिका द्वारा और परिणामस्वरूप, इस चीज़ द्वारा कि वह सामाजिक सम्पदा का कितना बड़ा भाग अर्जित करते हैं और किस तरीक़े से अर्जित करते हैं, एक–दूसरे से भिन्नता तो है। वर्ग जनता के ऐसे समूह होते हैं जिनमें से एक इस चीज़ की बदौलत कि वे सामाजिक अर्थव्यस्था की किसी ख़ास प्रणाली में भिन्न–भिन्न स्थान रखते हैं, दूसरों के श्रम को हड़प सकता है।''[54]

साहित्य की वर्गीय स्थिति को देखते हुए मुक्तिबोध प्रगतिवादी समीक्षा की इस मान्यता को स्वीकार करते हैं कि वर्गबद्ध समाज में साहित्य और साहित्यकार भी वर्गों के हिमायती बन कर प्रकट होते हैं। वर्ग विभाजित समाज में वर्ग–निरपेक्ष साहित्य–सृजन की कल्पना भ्रान्ति है। ''कोई भी लेखक अपने व्यक्तित्व से, अपने इतिहास से अर्थात् अपने देश–काल से स्वतन्त्र नहीं है।'' अतएव ''कला यद्यपि व्यक्तिगत आधार पर होती है, किन्तु उसकी चेतना उस वर्ग में समाहित तथा उससे विकसित है जिसके भीतर रहकर कलाकार ने अनुभव प्राप्त किये हैं। इस प्रकार मुक्तिबोध ने कला की व्यक्ति मूलकता की चर्चा की है, इससे उनका अभिप्राय व्यक्ति की नितान्त निरपेक्ष सत्ता से कभी नहीं रहा। उनका मानना है कि–''कला चाहे वह यथार्थवादी कला ही क्यों न हो, एक आत्मपरक प्रयास है यह उसकी विशेषता है, बहुत बड़ी विशेषता। कला न केवल एक आत्मपरक प्रयास है, वरन् उसकी अपनी एक सापेक्ष स्वतन्त्रता है। वह व्यक्तिसापेक्ष है, जीवन–सापेक्ष है, वर्ग–सापेक्ष है, युग–सापेक्ष है। वह स्वतन्त्र भी है।''

मुक्तिबोध कला–सृष्टि में व्यक्ति का भी महत्त्व स्वीकार करते हैं। पर उसकी मूल चेतना वर्गीय मानते हैं। इसका मतलब यह क़तई नहीं है कि व्यक्ति का वर्ग उसके जन्म से निर्धारित होता है। एक वर्ग में जन्म लेकर भी व्यक्ति उस वर्ग के संस्कारों से मुक्त होकर दूसरे वर्ग की चेतना का संवाहक हो सकता है। वर्ग–भेद के कारण ही साहित्य में प्रकार भेद होता है। मुक्तिबोध इस तथ्य से भी परिचित थे। साथ ही वे यह भी जानते थे कि निम्नवर्ग की कला उच्चवर्ग की कला से भी उपादान ग्रहण करती है। उनका कथन इस

प्रकार है-'सांस्कृतिक-साहित्यिक एकाधिकार रखने वाला वर्ग, शेष समाज से अपने को अलग कर, अपने वर्ग की विशेष प्रवृत्तियों तथा उन प्रवृत्तियों की आवश्यकताओं को साहित्य में व्यक्त करता है। अतएव शिष्ट साहित्य एक ओर बढ़ता है समाज के निम्न वर्गों की वास्तविकताओं के अनुसार, शोषितों की कला दूसरा मार्ग ग्रहण करती है-यद्यपि यह निम्नवर्गीय कला अपने कुछ उपादान और मूल विचार उच्चवर्गीय श्रेणी से ही ग्रहण करती है।[55] जब साहित्य भी वर्गों के आधार पर रचित होता है, तब मुक्तिबोध के लिए यही स्वाभाविक है कि वे उससे सर्वहारा वर्ग की राजनीति की सहायता करने की बात करें। मुक्तिबोध की मान्यता है कि-"वह काव्य या कला जो हमें भावोत्तेजित तो करती है किन्तु हमारे वास्तविक जीवन-पथ में मूल्यवान होकर सहायक नहीं होती। निश्चय ही वह कला श्रेष्ठ होकर भी श्रेष्ठतम नहीं होती ... जो तात्कालिक रूप से उपयोगी है, वही सत्य है।"

मुक्तिबोध ने 'नयी कविता की प्रकृति' निबन्ध में लिखा है कि -"एक कला सिद्धान्त के पीछे एक विशेष जीवन-दृष्टि होती है, उस जीवन-दृष्टि के पीछे एक जीवन-दर्शन होता है और उस जीवन दर्शन के पीछे आजकल के जमाने में, एक राजनीतिक दृष्टि भी लगी रहती है।" मुक्तिबोध ने नयी कविता की व्यक्तिवादी-कलावादी धारा के साहित्य-सिद्धान्तों पर विचार करते हुए यह बात लिखी है। इससे स्पष्ट है कि मुक्तिबोध के अनुसार नयी कविता की इस धारा ने प्रगतिशील साहित्य और विचारधारा के ख़िलाफ़ एक प्रगति विरोधी कला दर्शन गढ़ने का प्रयास किया था, जिसका एक निश्चित प्रगति विरोधी राजनीतिक अभिप्राय भी था। इस प्रगति विरोधी कलादर्शन, जीवन दृष्टि और राजनीतिक दृष्टिकोण के विरुद्ध संघर्ष करना नयी कविता के काल की मार्क्सवादी आलोचना का मुख्य दायित्व था। इस दायित्व को मुक्तिबोध ने पूरा किया। उन्होंने कविता को केवल आत्माभिव्यक्ति मानने की धारणा का खण्डन करते हुए ही 'कला के तीन क्षण' के नाम से रचना प्रक्रिया की तीन अवस्थाओं का विश्लेषण किया।

कला एवं साहित्य में वर्गीय अधार की अनिवार्यता का विश्लेषण करते हुए अमृत राय लिखते हैं-"वर्गहीन कला वर्गहीन समाज में ही उत्पन्न हो सकती है, अब तक चूँकि वर्गहीन समाज विश्व के किसी भी देश में स्थापित नहीं हो सका है अतः अब तक की सारी कला, सारा साहित्य वर्गयुक्त समाज की उपज है।"[56] कहने का तात्पर्य यह है कि मानवीय सदाचार, नैतिकता, कला एवं साहित्य के प्रतिमानों का उद्गम यथार्थ जीवन है, वर्गीय स्थितियाँ हैं, वर्गीय सामाजिक सम्बन्ध है। इस विषय पर अर्नफिशर ने भी मुक्तिबोध के समान विचार व्यक्त किये हैं। मुक्तिबोध की तरह उनकी भी धारणा है कि, "कलाकार की चेतना दो धरातलों पर सक्रिय रहती है। एक ओर उसकी सामाजिक और वर्गीय चेतना होती है और दूसरी ओर वैयक्तिक चेतना, जो स्थितियों के कारण स्वयं परोक्ष रूप से वर्गीय चेतना के निकट होती है या होती जाती है। इन दोनों चेतनाओं के बीच संघर्ष की स्थिति तब आयी है, जब उनके बीच का अन्तराल बहुत बड़ा हो जाता है, खाई गहरी हो जाती है अर्थात् किसी वर्ग या समाज में प्रगतिवादी तत्त्व एकदम कम हो

जाते हैं।"[57] यही वह स्थिति होती है जबकि लेखक अपने युग की धारा से अलग हटकर सृजन करने लगता है।

मुक्तिबोध ने अपने समग्र लेखन में पक्षधरता के सवाल को केन्द्र में रखा है। वे व्यक्तित्वान्तरण को भी महत्त्व देते हैं। "पक्षधरता का प्रश्न हमारी आत्मा का हमारी अन्तरात्मा का प्रश्न है। यह पक्षधरता अन्तरात्मा की ईमानदारी लेखक के अपने मानसिक संसार की सही स्थितियों और सन्दर्भों में परखकर एक मानवीय नैतिकता की पक्षधरता है। ... हम साहित्यकार जो पीड़ित मध्यवर्गीय श्रेणी से आये हैं, अपना विकल्प सामाजिक प्रगति और मानव मुक्ति ही चुनते हैं और इस पक्ष में हमें कलाकार के मानव व्यक्तित्व के हनन, सौन्दर्य की उपेक्षा तथा व्यक्ति की अवहेलना नहीं दिखायी देती क्योंकि उसी राह पर हमें सौन्दर्य का साक्षात्कार होता है।"[58] यूँ तो साहित्य मनुष्य कल्याण का पक्षधर है साथ ही उसमें सामाजिक संघर्ष के विभिन्न आयाम भी मुखर होते हैं किन्तु कलाकार जिस वर्ग से आता है और वह जो अनुभव प्राप्त करता है वह भी कलाकृति में पिरोया हुआ रहता है। "कला यद्यपि व्यक्तिगत आधार पर होती है, किन्तु उसकी चेतना उस वर्ग में समाहित तथा उससे विकसित है जिसके भीतर रहकर कलाकार ने अनुभव प्राप्त किये हैं।" इससे ज़ाहिर है कि कला निर्माण की प्रक्रिया में वर्गीय अनुभव का बहुत महत्त्वपूर्ण स्थान है, वे निश्चय ही किसी-न-किसी रूप में कला में आते हैं।

कला का दूसरा क्षण और उसकी व्याप्ति

मुक्तिबोध दूसरे क्षण को पहले क्षण का आत्मज मानते हैं। दूसरे क्षण के दो रूप हैं। पहला-उदात्तीकरण और दूसरा-सौन्दर्यानुभव से लेकर सृजन की शब्दबद्धता की प्रक्रिया तक की गतिमानता। उदात्तीकरण से आशय है कि अनुभव को भोक्ता से निजता के बजाय जगत् से जुड़ जाने का रूप। आपबीती का जगबीती या परबीती तक हो जाना। भोक्ता को ही उसके अनुभव से तटस्थ बना देना। इस तरह तटस्थता के क्षण तक आते-आते अनुभव एक विराट् रूप धारण कर लेता है। विराटता का स्वतः स्फूर्त गुण है, फ़ैण्टेसी के रूप में रूपान्तरण। मुक्तिबोध फ़ैण्टेसी को गतिशील प्रक्रिया मानते हैं तो पहले क्षण और दूसरे क्षण में जो अन्तर है वह एक लेखक और सामान्य मनुष्य का अन्तर है। सामान्य मनुष्य का अनुभव प्रायः तटस्थता की भूमि को स्पर्श नहीं कर पाता। वह उसे निजबद्ध बनाये रखता है। निजबद्धता रूढ़ होकर उसे स्वार्थी और व्यावसायिक मनोवृत्ति का व्यक्ति बने रहने देती है। एक लेखक में ही यह गुण होता है कि उसकी निजबद्धता जगत् के अनुभवों में शामिल होकर भोक्ता को तटस्थ बना देती है। बार-बार अपने अनुभवों से तटस्थ होने का अभ्यास लेखक की जीवन प्रणाली का अंग बन जाता है। तटस्थता, निरपेक्षता आदि की प्रवृत्तियाँ रचनाकार में स्वाभाविक होती हैं। भारतीय काव्यशास्त्र में उल्लिखित भट्टनायक का 'भोजकत्व' व्यापार यही है।

मुक्तिबोध लिखते हैं कि, "कल्पना उद्दीप्त होकर संवेदना से आलुप्त उस मूल तत्त्व को समरूप अनुभवों और जीवनमूल्यों से संश्लेषित करती हुई, एक संश्लिष्ट जीवन चित्रशाला उपस्थित कर देती है। यह कला का दूसरा क्षण है जिसमें हमारे वेदनात्मक हेतु

और संवेदनात्मक अभिप्राय किसी व्यापक मार्मिक जीवन महत्त्व से न्यस्त हो जाते हैं और हमारे लिये वह आत्मतत्व इतना अधिक महत्त्वपूर्ण मालूम होता है कि हम उसकी अभिव्यक्ति के लिए छटपटाते हैं।'' दूसरा क्षण महत्त्वपूर्ण क्रियाएँ सम्पादित करता है। पहले क्षण में अनुभव होता है और दूसरे क्षण में, ''अनुभव के मूल अपनी दु:खती हुई भूमि से पृथक् हो जाते हैं। अत: वे निरे वैयक्तिक न रहकर अपने से परे हो उठते हैं।'' दूसरे क्षण में कला का अन्तर्तत्त्व अधिक विकसित हुआ और उसने दो कार्य सम्पादित किये। पहला अन्तर्तत्त्व जीवन मूल्यों तथा अनुभवों से पूर्णत: अवलोकित हुए और इसी के साथ अभिव्यक्ति की तीव्रता की प्रक्रिया की ओर रचनाकार की आतुरता बढ़ती है। दूसरे क्षण के अन्तर्गत हम ज्ञानात्मक संवेदना और सौन्दर्यानुभव का अध्ययन करेंगे क्योंकि अनुभव के क्षण में जो प्रक्रिया शुरू हुई थी उसका विस्तार और उसकी समूची रचनात्मक संगति दूसरे क्षण में ही विधिवत सम्पन्न होती है। संवेदनात्मक ज्ञान, ज्ञानात्मक संवेदना में अन्तर्क्रिया करता है साथ ही अनुभव, जीवनानुभव के साथ सौन्दर्यानुभव की अन्तर्क्रिया भी इसी क्षण में घटित होती है।

ज्ञानात्मक संवेदना

'संवेदना' और 'विवेक' इन दोनों शब्दों को मिलाकर मुक्तिबोध ने एक शब्द गढ़ा है–संवेदनशील विवेक। यह उनका प्रिय शब्द है, जिसे वे कभी 'संवेदनात्मक ज्ञान' और 'ज्ञानात्मक संवेदना' भी कहते हैं। इससे स्पष्टत: उनका तात्पर्य संवेदना समन्वित ज्ञान अथवा ज्ञान समन्वित संवेदना से है। एक स्थल पर ज्ञान को संवेदना समन्वित करने की आवश्यकता पर बल देते हुए उन्होंने लिखा है कि, ''केवल विवेक भी अपने आप में कुछ नहीं कर सकता। जब तक संवेदनात्मक अनुभवों का वह स्वयं अंग नहीं बन जाता। आंतरिक–मानसिक संवेदनात्मक प्रवाह का जब तक वह, बेमालूम ढंग से, अंग नहीं बन जाता। दूसरे शब्दों में, संवेदनात्मक ज्ञान और ज्ञानात्मक संवेदना की एकमेव स्थिति जब तक उपस्थित नहीं हो जाती, तब तक वह विवेक अन्तर में भी संवेदनात्मक जीवन का अंग न होगा।''[59] हिन्दी में मुक्तिबोध ने जिस ज्ञानात्मक संवेदन के प्रश्न को उठाया है वह वास्तव में सृजन–कल्पना के इन्द्रिय–संवेदनात्मक व्यापार और प्रत्यक्षीकरण व्यापार तक सीमित नहीं है। बल्कि वह विचारधारात्मक कर्म तक व्याप्त है जिससे सृजन धर्म दायित्वपूर्ण बनता है, उसका कथ्य ठोस रूप में प्रकाशित होता है। संवेदना के ज्ञानात्मक होने से ही कुछ नहीं बनता बल्कि ज्ञानात्मक कर्म में प्रवृत्ति जगाने वाली संवेदना ही सार्थक हो पाती है, वस्तुनिष्ठ हो पाती है।' आचार्य शुक्ल मानते हैं कि ज्ञान के क्षेत्र में ही भाव का प्रसार होता है–''मनुष्य में ज्ञान प्रसार के साथ–साथ भाव प्रसार भी क्रमश: बढ़ता गया है।''[60] मुक्तिबोध का मानना है कि ''जब तक वास्तविक जीवन की संवेदना ज्ञानात्मक और ज्ञान संवेदनात्मक समीक्षा शक्ति लेखक और समीक्षक दोनों में विकसित और सम्पन्न नहीं होती तब तक हमारे सारे प्रयत्न अधूरे हैं।''

नयी कविता में प्रेरणामय मानवतावादी भाव–धारा के विकास की अभिलाषा रखते हुए भी, मुक्तिबोध रचनाकार की ''जीवन्त संवेदनशील मानसिकता को ही प्रमुख मानते

हैं।'' वास्तविक जीवन में पाये जानेवाले तत्त्व ही साहित्य में प्रकट तत्त्व की जाँच की कसौटी हैं। वास्तविक जीवन की संवेदनात्मक और ज्ञान संवेदनात्मक समीक्षा शक्ति लेखक और समीक्षक दोनों में विकसित होनी चाहिए, ''क्योंकि जिस लेखक की यह जीवनगत समीक्षा शक्ति बढ़ी हुई होगी, वह अपनी संवेदनाओं के माध्यम से जीवन तथ्यों का सही-सही मूल्यांकन और चित्रण करेगा, उसकी दृष्टि उतनी ही गहरी और विशाल होगी। समीक्षक की सफलता के लिए भी यही स्थिति आवश्यक है।'' नयी कविता में प्रगतिवादी समीक्षकों का प्रभाव न आ सकने का कारण भी उनकी स्वयं की भीतरी कमज़ोरियाँ थीं। मुक्तिबोध लिखते हैं, ''साहित्य क्षेत्र में किसी भी समीक्षक का प्रभाव उसकी कला समीक्षात्मक उपलब्धियों से, ईमानदार, वैज्ञानिक, नैतिक, निर्भय, तटस्थ, आत्मनिरपेक्ष, लेकिन सच्चे दिल से और अनुरागपूर्ण मन से किये गये मानवीय ज्ञान संवेदनात्मक और संवेदनात्मक समीक्षा प्रयासों से और ऐसे ही तात्विक विश्लेषणों से होता है।'' मुक्तिबोध जब यह कहते हैं कि ''कविता वैविध्यमय जीवन के प्रति आत्मचेतस् व्यक्ति की संवेदनात्मक प्रतिक्रिया है।'' तो संवेदनात्मक प्रतिक्रिया का आशय स्वयं ही ज्ञानात्मक संवेदना और संवेदनात्मक ज्ञान हो जाता है। मुक्तिबोध के इस कथन के अनुसार लेखक में पहले से विद्यमान ज्ञान नये बाह्य प्राप्त ज्ञान के प्रति संवेदनात्मक प्रतिक्रिया करता है। एक तरह से लेखक का आभ्यन्तर व्यक्तित्व बाह्य से मिलना चाहता है। प्रतिक्रिया स्वरूप होनेवाली आभ्यान्तर संवेदना, लेखक के बाह्यीकरण का कारण बनती है।

सौन्दर्यानुभव

'एक साहित्यिक की डायरी' में सौन्दर्यानुभव की चर्चा करते हुए मुक्तिबोध और उनके एक पात्र केशव के बीच वार्त्तालाप का एक अंश द्रष्टव्य है-''साँझ पानी के भीतर लटक गयी थी। सन्ध्या तालाब में प्रवेश कर नहीं रही थी। लाल भड़क आकाशीय वस्त्र पानी में सूख रहे थे और मैं संध्या के इस रंगीन यौवन से उन्मत्त हो उठा था, पता नहीं क्यों मैं एक अजीब भाव से आतंकित हो उठा। उस पीपल वृक्ष के नीचे अँधेरे में मैंने उससे एक अजीब और विलक्षण आवेश में कहा, ''शाम रंगीन शाम मेरे भीतर समा गयी है। बस गयी है। वह एक जादुई रंगीन शक्ति है। मुझे उस सुकुमार ज्वालाग्रही जादुई शक्ति से यानी मुझसे मुझे डर लगता है।'' और सचमुच तब मुझे एक कँप-कँपी आ गयी! ... एकाएक मेरे कंधे पर अपना शिथिल ढीला हाथ रखकर केशव ने मुझसे कहा, याद है एक बार तुमने सौन्दर्य की परिभाषा मुझसे पूछी थी?...अब तुम स्वयं सौन्दर्य अनुभव कर रहे हो, मैं नहीं जानता कि मैं क्या अनुभव कर रहा था। मैं केवल यही कह सकता हूँ कि किसी मादक अवर्णनीय शक्ति ने मुझे भीतर से जकड़ लिया था। ... किसी वस्तु या दृश्य या भाव से मनुष्य जब एकाकार हो जाता है तो सौन्दर्यबोध होता है। सब्जेक्ट और आब्जेक्ट, वस्तु और उसका दर्शन, इन दो पृथक् तत्त्वों का भेद मिटकर जब सब्जेक्ट आब्जेक्ट से तादात्म्य प्राप्त कर लेता है, तब सौन्दर्य भावना उद्‌बुद्ध होती है!''

इस समूचे अंश में सौन्दर्यानुभव की एक खास प्रक्रिया की ओर हमारा ध्यान जाता है। सौन्दर्य के प्रति आकृष्ट होना सहज प्रक्रिया है। यूँ अलग-अलग लोगों के लिए सौन्दर्य की अलग-अलग धारणाएँ हो सकती हैं। मसलन, निराला इलाहाबाद के पथ पर उस पत्थर तोड़ती युवती को देखकर सौन्दर्य अनुभव करते हैं तो दूसरे कवि आभूषणों से सुसज्जित नारी को देखकर सौन्दर्य अनुभव करते हैं। इसलिए सौन्दर्य की प्रक्रिया भिन्न-भिन्न होती है। मुक्तिबोध लिखते हैं, ''अपने से परे उठने और परे जाने की यह जो प्रवृत्ति है, उसी की एक विशेष शाखा है सौन्दर्यानुभूति। यह सौन्दर्यानुभूति केवल कलाकार की विशेषता नहीं है, वरन् वह उन सबकी विशेषता है जिन्हें हम मनुष्य कहते हैं। यह मनुष्यत्व का एक लक्षण है। मुक्तिबोध ने सौन्दर्यानुभव और वास्तविक जीवनानुभव को एक ही माना है। सौन्दर्यानुभव वास्तविक जीवनानुभव के गुणात्मक रीति से परिवर्तित रूप का नाम है। मुक्तिबोध के शब्दों में-सौन्दर्यानुभव तब घटित होता है जब मनस्पटल पर बिम्बित कल्पना-रूपों में डूबकर मन, साधारण जीवन की अपनी निजबद्धता का परित्याग करता है। वह उस निजबद्धता के ऊपर उठकर, उसके परे जाकर, उससे सम्पूर्णतः मुक्त होकर, मनस्पटल पर उद्दीप्त उन बिम्बों में खो जाता है।...जो बिम्ब, संवेदनात्मक उद्देश्यों से परिचालित कल्पना तथा उन्हीं उद्देश्यों द्वारा परिचालित और संकलित जीवन अनुभवत्व के पूर्ण संयोग से बने हुए हैं।'' मुक्तिबोध सौन्दर्यानुभव और जीवन अनुभव पर विचार करते हुए लिखते हैं कि-''निःसन्देह सौन्दर्यानुभूति और वास्तविक जीवन-अनुभूति में गुणात्मक अन्तर होता है किन्तु यह सौन्दर्यानुभूति कलाकृति के रचनाकाल में ही सतत रूप से होती रहे, यह आवश्यक नहीं है। सौन्दर्यानुभूति यदि रचनाकाल से बाहर वास्तविक जीवन में गहरे अन्तरानुभवों के रूप में न हो, या न होती रहे, तो रचना के तत्त्व पुष्ट नहीं होंगे, रचना-काल भी रिक्त-सा रहेगा। जिस कलाकार के जीवन क्षेत्र में सौन्दर्यानुभूतियों की बारम्बारता अल्प है, क्षीण है, उस कलाकार की रचना भी बहुत कुछ उथली और थोथी रहेगी।'' उनका मानना है कि लेखक की सच्ची ईमानदारी इसी में है कि वह, ''कलात्मक अनुभूति के क्षणों में, सृजन प्रक्रिया में मग्न होकर अपने चैतन्य को, जागृत संवेदन-जगत् को, समग्रतः उपस्थित करने से ही अपनी सारी अनुभव सम्पन्नता और वेदनायित जीवन-विवेक की अभिव्यक्ति हो सकेगी।''

मुक्तिबोध यह भी मानते हैं कि, ''सौन्दर्यानुभूति उच्च स्तर पर, अधिक उदात्त स्तर पर जीवनानुभूति ही का एक रूप है, जीवनानुभव का ही वह एक कल्पनोद्भसित पुनर्अनुभव है।''... वास्तविक कला कर्म में, वास्तविक सृजन प्रक्रिया में हृदय का द्रवण और सौन्दर्यानुभूति अनिवार्यतः और निरन्तर रहती है, यह मान्यता निराधार है। ... वह कम या अधिक हो सकती है अथवा बीच-बीच में टूट सकती है, या क्षण मात्र के लिए ही क्यों न हो, उसका अभाव भी हो सकता है।'' सौन्दर्यानुभव सृजन-क्षण अथवा आस्वादन के समय तक ही सीमित नहीं है, जैसा कि हिन्दी साहित्य कोश में माना गया है-'' सुन्दर वस्तु के सर्जन अथवा आस्वादन के समय कलाकार या रसिक की आत्मा की विशेष अवस्था को सौन्दर्य चेतना कहा जाता है अथवा सौन्दर्यानुभूति

का नाम सौन्दर्य चेतना है। इसके विपरीत मुक्तिबोध का मानना है कि, "ये सौन्दर्यानुभव रास्ते चलते भी हो सकते हैं, जीवन की विभिन्न स्थिति परिस्थितियों में होते रहते हैं।" वह यह भी स्वीकार करते हैं कि, "यह सौन्दर्यानुभूति केवल कलाकार की निधि नहीं है। वह वास्तविक जीवन में, वास्तविक भावना और कल्पना का उच्चतर स्तर पर ऐसा एकाएक उत्स्फूर्त और विकसित विस्तार है जिसमें मनुष्य की व्यक्ति सत्ता का विलोपन हो जाता है।" मुक्तिबोध ने सौन्दर्यानुभूति के क्षण की चर्चा करते हुए लिखा है कि, "सौन्दर्यानुभूति का क्षण जीवन वास्तविक जीवन का एक अंग है, जो इसी वास्तविक जीवन को न केवल अधिक सम्पन्न बनाता है वरन उसे अधिक स्निग्ध सुगम और सर्जक बनाता है। कलाकर्म में सौन्दर्यानुभूति अखण्ड और निरन्तर भाव से बनी रहती है। यह भी निराधार है। वास्तविकता यह है कि कलाकर्म के भीतर कलाकार की दृष्टि चतुर्भुजी होती है।" कलाकार जब सौन्दर्यानुभव को व्यक्त करता है तब उसके साहित्य में मनुष्य सत्य का जन्म होता है, उसका लक्ष्य अपने आप मानवतावादी हो जाता है। मुक्तिबोध की विशेषता है कि वे मार्क्सवादी सौन्दर्यशास्त्र के आरंभिक सूत्र तक ही सीमित नहीं रहे बल्कि उसकी जटिलता में भी गये हैं। उन्होंने सौन्दर्यानुभूति और जीवन के यथार्थ के सम्बन्ध को उसकी द्वन्द्वात्मकता में समझा है। "वास्तविक सौन्दर्यानुभूति व्यक्ति सत्ता का परिहार करती हुई, गतिमान् धारा बनकर, अपने विविध ज्योतिष्मान् जीवन तत्त्वों को अनवरत रूप से उद्घाटित करती जाती है। उस समय मनुष्य का सारा व्यक्तित्व विद्युन्मय होकर उस गतिमान धारा का ही अंग बन जाता है।"

सौन्दर्यानुभव मनुष्य की सृजनात्मकता के दायरे में आता है वह अपनी व्यापकता में समस्त प्रकृति की अभिव्यक्ति करता है और यह सौन्दर्य ही मनुष्य की सृजन क्षमता की प्रेरणा है। सौन्दर्य का यह विराट् अनुभव मानव समाज के सामूहिक विकास पर अवलम्बित है। "कॉडवेल ने मनुष्य की एक विशेष दशा का नाम सौन्दर्य माना है, वह सौन्दर्य को वस्तु और मानव मन का परस्पर सम्बन्ध मानता है।"[62] इसी तरह, 'मार्क्स सौन्दर्यानुभूति को संश्लिष्ट मानते हैं। संश्लिष्टता में सभी तत्त्वों का समावेश होता है। सृजनशील विधियाँ, बौद्धिक अभिधारणाएँ, ऐतिहासिक प्रवर्ग, उपयोगिता, यथार्थ से पात्र का सम्बन्ध, रागात्मक और ऐन्द्रिय तत्त्वों का मिश्रण होता है[63] मुक्तिबोध ने सौन्दर्य उत्पन्न होने की प्रक्रिया की चर्चा करते हुए लिखा है कि, "एक बात निश्चित है, सौन्दर्य प्रतीति का सम्बन्ध सृजन प्रक्रिया से है। सृजन प्रक्रिया से हटकर सौन्दर्य प्रतीति असम्भव हो जाती है, ... असलियत यह है कि सौन्दर्य तब उत्पन्न होता है जब सृजनशील कल्पना के सहारे, संवेदित अनुभव का ही विस्तार हो जाये।"

मुक्तिबोध ने जीवनानुभूति और सौन्दर्यानुभूति की समान्तरता की धारणा का खण्डन किया है और दोनों की एकता पर बल दिया है। उन्होंने सौन्दर्यानुभूति की व्याख्या करते हुए लिखा है कि–"सौन्दर्यानुभव जीवन के सार रूप का प्रागाढ मार्मिक अनुभव है। किन्तु वह तभी प्राप्त होता है, जब मनुष्य के पास अपने परे जाने, अपने से ऊपर उठने, तटस्थ होने निजबद्धता से मुक्त होने के साथ-साथ (और एक साथ)

तन्मय होने का, विलीन हो जाने का मानवीय गुण और उस गुण का सामर्थ्य प्राप्त हो, तभी वह विशिष्ट की सामान्य में परिणति की मुक्त आत्मीयता का आनन्द ले सकेगा।'' मुक्तिबोध ने सौन्दर्यानुभूति को केवल कलाकार की ही विशिष्टता न मानकर उसे मनुष्य का लक्षण कहा है। आचार्य रामचन्द्र शुक्ल ने जीवनानुभूति और काव्यानुभूति की एकता को स्वीकार करते हुए रचनाकारों के लिए आत्मबोध के साथ-साथ जगत्बोध को अर्जित करने पर बल दिया था। मुक्तिबोध भी जीवनानुभूति और सौन्दर्यानुभूति की एकता स्वीकार करते हैं और रचनाकार को आत्मचेतस होने के साथ-साथ विश्वचेतस होने की सलाह देते हैं।

मुक्तिबोध की तरह आचार्य रामचन्द्र शुक्ल ने भी सौन्दर्य को वस्तुगत मानते हुए कहा था कि ''कुछ रूप-रंग की वस्तुएँ ऐसी होती हैं जो हमारे मन में आते ही थोड़ी देर के लिए हमारी सत्ता पर ऐसा अधिकार कर लेती हैं कि उसका ज्ञान ही हवा हो जाता है और हम उन वस्तुओं की भावना के रूप में ही परिणति हो जाते हैं। हमारी अन्तस्सत्ता की यही तदाकार परिणति सौन्दर्य की अनुभूति है।''[64] मुक्तिबोध स्वीकार करते हैं कि-'' मैं सौन्दर्यानुभूति की भावार्द्रदशा में प्राप्त सम्पूर्ण अनुभवात्मक अन्तर्जगत् की तेज़स्विय सम्पन्नता की कलात्मक अभिव्यक्ति के पक्ष में हूँ। तभी आत्मपरक ईमानदारी और वस्तुपरक सत्य परायणता (शब्द पुराना है नये लोग क्षमा करेंगे) प्राप्त हो सकेगी। ज़ाहिर है कि आचार्य शुक्ल ने जिस सौन्दर्य शास्त्र को विकसित किया था और जिस बिन्दु पर उन्होंने अपनी साहित्य समीक्षा को छोड़ा था उसको विकसित नहीं किया गया। मुक्तिबोध ने उनकी मान्यता को आगे बढ़ाया और सही वस्तुवादी आधार प्रदान किया। शुक्ल जी और मुक्तिबोध की यही संगति है।

कला का तीसरा क्षण और उसकी व्याप्ति

तीसरे क्षण का विवेचन मुक्तिबोध ने अतिरिक्त विस्तार के साथ किया है। 'एक साहित्यिक की डायरी' में उसकी तीन बार आवृत्ति हुई है। ये आवृत्तियाँ सूचित करती हैं कि वस्तुतः मुक्तिबोध के चिन्तन में इसकी महत्ता सर्वाधिक है, वह इसलिए कि यह क्षण दीर्घ होता है और रचना का यह पूर्ण क्षण भी है। इस दौरान सृजन प्रक्रिया की गतिमानता ज़ोरों से रहती है। तीसरे क्षण में वे दोनों क्षण जिनमें कलाकार ने अनुभवों एवं फ़ैण्टेसी की ऊँचाइयाँ स्पर्श की होती हैं वे सभी शब्दबद्ध होने की प्रक्रिया में इसी क्षण में रूपाकार होती हैं। फ़ैण्टेसी साहित्यिक, कलात्मक स्वरूप धारण करने लगती है। फ़ैण्टेसी का रूपाकार जब अभिव्यक्ति की दिशा की ओर मुड़ जाता है तब उसे शब्दों की आवश्यकता होती है। वे शब्द जो फ़ैण्टेसी से चित्र, ध्वनियाँ , लय आदि ग्रहण कर उसे पूर्णरूप से व्यक्त कर पाने में संचार की भूमिका अदा करते हैं। शब्दों में कई तरह की बातें होती हैं जैसे वे अर्थ होते हैं, उनमें ध्वनियाँ होती हैं , चित्रात्मकता होती है, रंग-रूप के लक्षण होते हैं। ये सब लक्षण शब्दों में अन्तर्निहि होते हैं और जब फ़ैण्टेसी अभिव्यक्ति प्रक्रिया में आती है तो वह इन्हीं शब्दों में ढल जाती है। मुक्तिबोध ने इसे दो तरह की परिधियों में स्पष्ट किया है। पहला-भाव ध्वनियों को उपलब्ध शब्द ध्वनियों के कटघरे में फँसाने का

प्रयत्न। दूसरा–अभिव्यक्ति साधना के दौरान स्वयं अभिव्यक्ति का फ़ैण्टेसी को सम्पन्न और परिपूर्ण करना। पहले परिणाम में कवि भाषा में अपने भाव–तत्त्वों को तिरोहित करता है, इस समय शब्दों एवं भावों दोनों में सम्पादन होता है। दूसरी स्थिति में शब्दों और फ़ैण्टेसी के बीच नये समीकरण बनते हैं। फ़ैण्टेसी एक ओर पूरी तरह व्यक्त होने को उत्सुक होती है तो दूसरी ओर शब्द उसकी उत्सुकता को अर्थवत्ता प्रदान करते हैं। कभी – कभी उसका परिमार्जन भी करते हैं। इससे फ़ैण्टेसी स्वयं अर्थवान होती है। फ़ैण्टेसी और भाषा के आदान–प्रदान में कवि के नये पुराने अनुभव जुड़ते हैं, जिससे फ़ैण्टेसी को नया सन्दर्भ मिल जाता है, बकौल मुक्तिबोध–'फ़ैण्टेसी के जगत् की अर्थवत्ता तो उनसे बढ़ जाती है, साथ ही उनके द्वारा फ़ैण्टेसी को एक नया पर्सपेक्टिव प्राप्त हो जाता है। इस पर्सपेक्टिव से संयुक्त होकर फ़ैण्टेसी एक तेज़ोवलय में चमकने लगती है। फ़ैण्टेसी अब पूर्णरूप से सार्वजनीन हो जाती है।''[65] चूँकि तीसरे क्षण में रंगध्वनियों, भावध्वनियों का रूपान्तरण भाषा के माध्यम से होने लगता है और यह निश्चित है कि समूचे विचारों को अभिव्यक्त करने का माध्यम भाषा है, अस्तु भाषा के महत्त्व को अस्वीकृत नहीं किया जा सकता। भाषा सामाजिक निधि है, शब्द के पीछे अर्थ परम्परा है। ये अर्थ जीवनानुभवों से जुड़े हुए हैं। फ़ैण्टेसी अपने अनुकूल शब्दों में स्थित अर्थ–स्पन्दन को उद्बुद्ध करती है। इन शब्दों के ढांचों में फ़ैण्टेसी को फिट करना पड़ता है इसलिए फ़ैण्टेसी का मौलिक तेज़ काफ़ी कट–छँट जाता है।''[66] तीसरे क्षण में भाव और भाषा का द्वन्द्व अत्यन्त महत्त्वपूर्ण है। तय है कि कवि की फ़ैण्टेसी भाषा को समृद्धता देती है, साथ ही नये अर्थ अनुषंग भी। इसी क्षण के दौरान भाषा की निर्मिति भी होती है। भाषा की निर्माण प्रक्रिया को मुक्तिबोध अत्यधिक महत्ता प्रदान करते हैं। उनके शब्दों में ''जो कवि भाषा का निर्माण करता है, विकास करता है, वह निःसन्देह महान कवि है।'' यह तय है कि मुक्तिबोध ने रचना प्रक्रिया के दौरान की स्थिति में तीसरे क्षण को अत्यधिक महत्त्वपूर्ण माना है। तीनों क्षणों में हर पड़ाव की अपनी विशिष्टता है। इन तीनों की द्वन्द्वात्मक अन्विति भी ज़रूरी है।

वस्तु और रूप के सम्बन्धों की एकता

रचना में प्राथमिक महत्त्व वस्तु का है या रूप का? सैद्धान्तिक दृष्टि से दोनों को अलग–अलग करके नहीं देखा जा सकता। दोनों एक ही स्थिति के द्योतक है 'गिरा अरथ जल बीचि सम कहियत भिन्न न भिन्न' की तरह। वस्तु तत्त्व ही रूप तत्त्व को नियमित करता है। जिस प्रकार, ''मनुष्य की त्वचा का उसके भीतरी अंगों से सम्पर्क के बिना कोई अस्तित्व नहीं हो सकता उसी प्रकार विचार वस्तु के बिना बाह्य रूप का भी कोई अलग अस्तित्व सम्भव नहीं है।'[67] मुक्तिबोध के विचार में ''रूप अपनी स्थिति के लिए तत्त्व पर ही अवलम्बित होता है। तत्त्व अपने प्रकट होने की प्रक्रिया में रूप निर्धारित और विकसित करता है, इसीलिए तत्त्व की आलोचना रूप की आलोचना से अधिक मूलभूत है।'' इस प्रकार मुक्तिबोध प्रगतिवादी समीक्षकों की तरह वस्तुतत्व को रूपतत्व से अधिक महत्त्व देते हैं। उन्हीं के शब्दों में, ''वस्तुतत्व ही कलाकृति का प्राण होता है। उसमें इतनी शक्ति

होती है कि वह स्वयं अपने रूप को लेकर आता है। अतएव हमारे लिए मुख्यतः वस्तुतत्त्व प्रधान हो जाता है। परन्तु इसका मतलब यह कदापि नहीं कि शिल्प की उपेक्षा की जाये। कला अपनी ऊँचाई तभी प्राप्त करती है जब उसमें वस्तु और शिल्प का समुचित संयोग होता है। सुन्दर बात सुन्दर शैली में कहने पर ही प्रभावशाली बनती है।

मुक्तिबोध की मान्यता है कि, "सृजन-प्रक्रिया के दौरान काव्य के मनोमय तत्त्व और रूप स्थिर नहीं होते। वे मनोमय तत्त्व-रूप तब तक अपने को विकसित और संशोधित करते जाते हैं, अपने को पुष्ट और प्रकाशान्वित करते जाते हैं, जब तक कि अभिव्यक्ति में सम्पूर्णता आकर कला का तीसरा क्षण समाप्त न हो जाये।" दरअसल मुक्तिबोध वस्तुतत्त्वों को जीवन तत्त्वों से अलग करके नहीं देखते-"जीवन में जिये जानेवाले तत्त्व साहित्य समीक्षा के क्षेत्र से बाहर की चीज़ है। यह आपत्ति एकदम निराधार है। साहित्य में प्रकट तत्त्व की जाँच की कसौटी क्या है? सिद्धान्त? समीक्षक की कल्पनाएँ? नहीं बिल्कुल नहीं। साहित्य में प्रकट तत्त्व की जाँच की कसौटी है, वास्तविक जीवन में पाये जानेवाले तत्व। इसी कसौटी के आधार पर हम कहते हैं कि अमुक कवि के आँसू वास्तविक करुणा नहीं, करुणा की विलासपूर्ण कल्पना है।" इस प्रकार वस्तुतत्व की आलोचना के लिए वास्तविक जीवन तत्त्वों को आधारभूमि बनाना अपेक्षित है। रूप पर विचार करते हुए उन्होंने लिखा है कि, "अभ्यान्तर में तत्त्व रूप के बिना प्रकट होना असम्भव है। रूप का अर्थ केवल चित्र ही नहीं, वरन् शब्द रंग-स्वर-प्रवाह, इनमें से कुछ भी हो सकता है। अथवा उनका संयोग हो सकता है। मनस्तत्व का रूप या तत्त्व स्वयं-निश्चल नहीं है वे मानते हैं कि, "कविता का कथ्य पुराना हो सकता है पर महत्त्वपूर्ण उसके प्रति लेखक के सृजनात्मक दृष्टिकोण की गत्यात्मकता को है। यह सच है कि साहित्य में सामान्य भावों का उदात्तीकरण होता है। किन्तु "इस उदात्तीकरण के लिए न केवल विषयवस्तु के यथार्थ की तन्मयता आवश्यक है वरन् उस यथार्थ के प्रति लेखक अथवा कलाकार के अन्तःकरण सन्तुलित तथा यथार्थ भावदृष्टि भी आवश्यक है अर्थात् उस विषयवस्तु के यथार्थ से, विभिन्न यथार्थ के परस्पर सम्बन्ध तथा जीवन में उसके विशिष्ट स्थान के सचेत आकलन-ग्रहण की पीठिका पहले से ही तैयार होनी चाहिए।... चाहे उसकी विषयवस्तु पौराणिक ही क्यों न हो उसकी विषयवस्तु स्वयं लेखक के उदात्तीकृत प्रतीक बनकर अत्यन्त उत्कृष्ट साहित्य का निर्माण करेगी।"[68]

वस्तु और रूप के सम्बन्धों पर लगातार विचार होता आया है। भाववादी सौन्दर्यशास्त्र में रूपतत्व पर अधिक जोर दिया जाता है तो मार्क्सवादी सौन्दर्यशास्त्र में वस्तु पर ज़्यादा ज़ोर देने का रिवाज़ रहा है। कुछ विचारकों ने वस्तु और रूप के द्वन्द्वात्मक अन्तःसम्बन्धों को स्वीकार किया है। हमारी समूची आलोचना वस्तु और रूप के सम्बन्धों पर विचार करती रही है। अर्न फिशर लिखते हैं कि, "कला में रूप तथा वस्तु की समस्या एक सामाजिक यथार्थ है लेकिन यह विभिन्न स्तरों में और अधिक संश्लिष्टता के साथ घटित होती है। सामाजिक विषयवस्तु का आधार उत्पादन के साधन हैं जो मनुष्य के सामाजिक संगठन से लेकर उसकी कला एवं संस्कृति तक का नियमन करते है।[69] वास्तविक साहित्य

मनुष्य को ही प्रतिस्थापित करता है। मानवीय वस्तु और वस्तुयुक्त मानव की द्वन्द्वात्मक परिणतियाँ ही साहित्य को मूल्यवान् एवं अर्थवान् बनाती हैं। सत्यप्रकाश मिश्र के शब्दों में, ''वस्तु-तत्व और रूप की एकता लोकप्रियता और स्तरात्मकता की भावना से युक्त होने पर साहित्य को महत्त्वपूर्णता और मूल्यवत्ता प्रदान करती है। जनता को यदि वह नयी दृष्टि देता है या जागरूक बनाता है तो वह उत्पादक शक्ति भी होता है।[70] दोनों की एकता को नये सन्दर्भों में पेश करते हुए माओ-त्से-तुंग लिखते हैं, ''वह है राजनीति और कला की एकता, विषयवस्तु और रूप की एकता, क्रान्तिकारी राजनीतिक विषयवस्तु और यथासम्भव अधिकपूर्ण कलात्मक रूप की एकता।''[71] मुक्तिबोध ने कला के लिए रूप और वस्तु की एकता को महत्त्वपूर्ण माना है, लेकिन वे ऐसे विचार को ख़ारिज करते हैं जिसमें रूप के सौन्दर्य को बढ़ाने के लिए वस्तु तत्त्व की हत्या कर दी जाती है।

रचनाकार और आलोचक की घनिष्ठता

प्रायः हर युग में रचनाकारों को आलोचकों से शिकायत रही है तो दूसरी ओर आलोचक, रचनाकारों से अलग-थलग दिखायी पड़ते रहे हैं और सम्भवतः इसीलिए रचनाकारों को समय-समय पर आलोचक की भूमिका निभानी पड़ी है, चाहे यह उदाहरण निराला के रूप में मिलता हो या स्वयं मुक्तिबोध के रूप में। रचना का समूचा विकास रचनाकार और आलोचक की घनिष्ठता में ही सम्भव हो सकता है। यूँ देखें तो आलोचक भी रचनाकार होता है और रचनाकार भी आलोचक होता है क्योंकि आलोचना रचनाओं के भीतर से समूचे अन्तर्तत्वों की खोज करती है तो रचनात्मकता में बार-बार शब्दशोधन, भावशोधन एवं विचारशोधन होता है। निरन्तर शोधन की यह प्रक्रिया रचना और आलोचना दोनों में एक-दूसरे को संयोजित और तिरोहित करती है, इसलिए यह जानना आवश्यक है कि दोनों की परिधि और परिव्याप्ति कहाँ तक जाती है। साहित्य शास्त्र का समूचा विकासक्रम रचना और आलोचना की संगीन मुठभेड़ का इतिहास है। कभी-कभी जब रचना पिछड़ने लगती है तो आलोचना उसे नये आयाम देती है और जब कभी आलोचना पिछड़ने लगती है तो रचनात्मकता ऐसे-ऐसे रूपाकार प्रस्तुत कर देती है कि आलोचना के सामने चुनौती खड़ी हो जाती है। रचना और आलोचना की ये चुनौतियाँ साहित्यशास्त्र को निरन्तर विकसित करती जान पड़ती हैं।

काव्यशास्त्र में रचना और आलोचना के सम्बन्धों में जो विचार मन्थन हुआ है वह अत्यन्त महत्त्वपूर्ण है। ''राजशेखर ने रचना और आलोचना के अलग-अलग कर्मों की मान्यता के बावजूद दोनों के अन्योन्याश्रित सम्बन्धों को महसूस किया था। उनका कहना था कि कारयित्री और भावयित्री प्रतिभा के सहयोग से ही श्रेष्ठ रचना बनती है। विवेक के बिना कवि और सहज रचनाशील संस्कारों के बिना आलोचक अधूरे होते हैं।'' देवीशंकर अवस्थी ने इस प्रक्रिया की बावत लिखा कि, ''मनुष्य का स्नायविक संगठन कैसे काम कर रहा है, इसका समग्र आत्मसातीकरण कवि पहले करता है एवं अपनी सृजन प्रक्रिया के दौरान इस स्नायविक प्रतिक्रिया के लय या साँचे को पकड़ने का प्रयास करता है, अथवा यों कहें कि अनुभूति विशेष या विविध अनुभूतियों के लिए

एक साँचा (पैटर्न) खोजता है और जब एक बार यह साँचा पकड़ में आ जाता है, तब वह उससे बाहर की ओर भी यदाकदा संचरण करके भीतर की ओर लोटता है। अर्थात् लिखता भीतर से है और उनमें संशोधन और परिष्कार बाहर से करता है।''[72]

यूँ कहें कि यह प्रक्रिया रचना और आलोचना दोनों में घटित होती है। ज़ाहिर है कि रचनाकार के भीतर बैठा आलोचक उसकी रचना में सम्पादन, संशोधन करता चलता है और आलोचक के भीतर बैठा सृजनकर्त्ता आस्वादन की प्रक्रिया से गुज़रते हुए उस रचना में जीवन के स्रोतों को संवेदनात्मकता के साथ अनुभव करता है और उसके निर्माण की प्रक्रिया देखता है। फिर भी रचनाकार और आलोचक दोनों के दोस्ताना सम्बन्ध मानते हुए भी यह स्पष्ट है कि दोनों की राहें अलग हैं, दोनों के माध्यम अलग-अलग हैं। दोनों में एका भी होता है और भिड़न्त भी। मुक्तिबोध ने दोनों की स्थितियों का अलग-अलग और कभी-कभी एक साथ विश्लेषण किया है। वे लिखते हैं-''लेखक अपने अन्तःकरण में उस नवोदित दृष्टि क्षेत्र को महत्त्व देने लगता है, उसके अन्तर में समाये हुए जीवन-सत्य और मूल्य भावना को हृदयंगम करता है। ... रचना कार्य द्वारा, और उसके दौरान में, लेखक अपने आपका भी निर्माण करता है, भले ही उसकी रचनाएँ अधूरी रह जायँ। वह जीवन को और-और जानने लगता है, उसका व्यक्ति और-और समृद्ध होने लगता है। ''(समीक्षा की समस्याएँ-पृष्ठ-55)

रचनाकार के भीतर सामाजिक अनुरोधों और आग्रहों का आभ्यान्तरीकरण होता है। ''लेखक कलाकार के ये आन्तरिक कार्य उसकी नैतिकता है। केवल रचनाकार ही उसका आत्म-धर्म नहीं है, वरन् अन्तःसमृद्धि का अधिकाधिक विकास करना स्वयं को अधिकाधिक चैतन्यमय, कोमल, उदार और सहानुभूतिशील बनाना, अधिकाधिक जीवन पारायण और सत्य पारायण होना-यह भी कलाकार का आत्म-धर्म है। कलाकार का यह आन्तरिक कार्य सतत चलना चाहिए। ... लेखक अपने अन्तर्वैभव का विकास करते हुए, वास्तविक जीवन विवेक की पीड़ाओं में से गुज़रते हुए, सामाजिक अनुरोधों और आग्रहों का ऐसा आभ्यान्तरीकरण कर सकता है, कि जिनसे वे एकदम निजी और अनुभव-जन्य हो उठें।'' लेखक के लिए मुख्य सवाल आभ्यान्तरीकरण का है और आभ्यान्तरीकरण की प्रक्रिया केवल विचारों तक ही सीमित नहीं है। ''कोई लेखक वैचारिक दृष्टि से भले ही कोई बाह्य आग्रह स्वीकार कर ले किन्तु जब तक उस आग्रह के तत्त्वों का आभ्यान्तरीकरण नहीं हो जाता, तब तक अन्तर्जगत के तत्त्वों में उसका रंग नहीं चढ़ जाता। जब तक वह हृदय में तड़पते हुए जीवनानुभवों का एक भाग नहीं बन जाता तब तक उस आग्रह के अनुरूप रचित साहित्य निष्प्राण और कृत्रिम ही रहेगा।'[73] जनता और लेखक के आपसी सम्बन्धों को विश्लेषित करते हुए राल्फ फाक्स लिखते हैं कि ''जहाँ लेखक अपनी जनता से पृथक होता है, उसकी उपेक्षा करता है या लेखक की आत्मा इस मामले में अचेत होती है, वहाँ रक्त शून्यता की सम्भावना भी सर्वाधिक रहती है। ऐसा मालूम होता है मानो कल्पना के रसायन में किसी महत्त्वपूर्ण तत्त्व का अभाव है, जिसने लेखक के चिन्तन को खोखला और उसकी शक्तियों को पंगु बना दिया है।'[74] मुक्तिबोध ने निचली ग़रीब श्रेणी के रचनाकारों का संघर्ष देखा था, स्वयं अनुभव किया था। वे मानते हैं कि उनका संघर्ष प्रदीर्घ

होता है। वे वास्तविक बाह्य से अस्तित्व रक्षा के लिए ही सम्बन्धित नहीं है, बल्कि वे इस सम्बन्ध को जीते-भोगते, सृजनात्मक स्तर पर अपने आप से लड़ते हुए बाहरी परिस्थितियों से भी लड़ने की कोशिश करते हैं। जीवन-जगत् की सापेक्षता में अपनी वस्तुस्थिति उनके लिए प्रत्यक्ष अनुभव और वास्तविक संवेदनात्मक प्रतिक्रिया का विषय है। उसी सिलसिले में जे.एम. हाथार्न का विचार है कि, "जब हम किसी रचना का अध्ययन करते हैं, तो उस अध्ययन में विश्व के रूपान्तरण की सामाजिक स्वीकृति मिलती है। उसमें हमारे विश्व प्रवेश, व्यावहारिक संलग्नता, कृति के प्रति हमारे अनुमान और निकष व्यक्ति और समाज की अन्तर्निर्भरता की प्रक्रिया का बोध होता है।" [75]

मुक्तिबोध कवि-कथाकार, लेखक, विचारक और आलोचक भी थे। अपने जमाने में लिखी जा रही आलोचना की संकीर्णता और खामियों को देखते हुए, उन्होंने अपने तईं आलोचना के औजार भी सम्हाले। यूँ तो अपनी डायरी, कविताओं, कहानियों एवं अन्य स्थलों पर भी वे आलोचक की हैसियत से उपस्थित होते हैं। लेकिन कामायनी, उर्वशी और अन्य कृतियों की राह से भी गुज़रे। उनका प्रसिद्ध निबन्ध 'समीक्षा की समस्याएँ अपने युग की आलोचना का ऐतिहासिक दस्तावेज़ है। "यह निबन्ध एक ओर यदि हिन्दी आलोचना साहित्य के तत्कालीन दारिद्रय और दायित्वहीनता को उजागर करता है तो दूसरी ओर रचना और समीक्षक के रिश्ते को लेकर अनेकानेक बुनियादी सवाल उठाता है। जो आज भी उतने ही प्रासंगिक हैं। प्रगतिशील समीक्षा दृष्टि की अपूर्णताओं की ओर इंगित करते हुए मुक्तिबोध का कहना है कि रचना में निहित जीवन तथ्यों की वास्तविकता और मानव यथार्थ को दृष्टि से ओझल करके सिद्धान्तों को लागू करना नितान्त ग़लत है। बने बनाये सिद्धान्तों के उदाहरण के रूप में रचना को नहीं देखा जाना चाहिए, बल्कि रचनाकार के अपने जीवनानुभव, उसकी दार्शनिक सामाजिक तथा राजनैतिक भावधारा और यथार्थ के समग्र व्यक्त रूपों का रचना की गति और स्थिति के अनुसार अध्ययन आवश्यक है।"

मुक्तिबोध समाजशास्त्रीय आलोचना को भी अपूर्ण मानते हैं। "जो लोग साहित्य के केवल सौन्दर्यात्मक, मनोवैज्ञानिक पक्ष को चरम मानकर चलते हैं, वे समूची मानव सत्ता के प्रति दिलचस्पी न रख सकने के अपराधी तो हैं ही, साहित्य के मूलभूत तत्व, उनके मानवीय अभिप्राय तथा मानव-विकास में उनके ऐतिहासिक योगदान अर्थात् दूसरे शब्दों में साहित्य के स्वरूप विश्लेषण तथा मूल्यांकन न कर पाने के भी अपराधी हैं।"[76] दूसरी ओर उनका यह भी कहना है कि, "साहित्य की केवल ऐतिहासिक अथवा स्थूल समाजशास्त्रीय विवेचना कर चुकने में जो आलोचक इति कर्त्तव्यता समझ लेते हैं, वे न केवल एकपक्षी अतिरेक करते हैं, वरन् वे मनुष्य का विवेचन करने के स्थान पर, केवल उसके अस्थिपंजर को ही पाठकों के सामने करके यह कहते हैं कि देखो मनुष्य जो कुछ है वह यही है।" आलोचना के उद्देश्य की चर्चा करते हुए वे लिखते हैं कि, "आलोचना का कार्य केवल गुण-दोष विवेचन ही नहीं है वरन् साहित्य का नेतृत्व करना भी है।" इस नेतृत्व के लिए यह आवश्यक है कि आलोचना केवल आलोच्य साहित्य तक सीमित न रहकर उस जीवन का भी मर्म जाने, जिसे

उसमें सामग्री के रूप में उपयोग में लाया गया है। "समीक्षा-कोई भी समीक्षा-जब-जब जीवन-यथार्थ के स्पन्दनों का अपमान करती है, उसके स्वरूप का तटस्थ, वैज्ञानिक और नम्र भाव गम्भीर विश्लेषण नहीं करती है, जब-जब वह लदने और ख़ुद को थोपने का प्रयत्न करती है। जब-जब वह एकपक्षीय विचारणा के फलस्वरूप उत्पन्न असफलताओं के कारणों को दृष्टि से ओझल कर देती है।"[77] तब-तब वह अपने आपको हास्यास्पद और ग़ैर ज़िम्मेदाराना बनाती है।

मुक्तिबोध साहित्य के वास्तविक विश्लेषण के लिए उस युग की मूल गतिमान् शक्तियों से बननेवाले सांस्कृतिक इतिहास को जानना आवश्यक समझते है। "किसी भी साहित्य का वास्तविक विश्लेषण हम तब तक नहीं कर सकते जब तक कि हम उन गतिमान् सामाजिक शक्तियों को नहीं समझते जिन्होंने मनोवैज्ञानिक-सांस्कृतिक धरातल पर आत्मप्रकटीकरण किया है।" उनका यह कथन भी अत्यन्त महत्त्वपूर्ण है कि, "कोई भी भावना न अपने आप में प्रतिक्रियावादी होती है, न प्रगतिशील। वह वास्तविक जीवन सम्बन्धों से युक्त होकर ही उचित या अनुचित, संगति या असंगति सिद्ध हो सकती है। किसी भी भावना के जीवन सम्बन्धों को देखना आवश्यक है। घृणा यदि उचित के प्रति है तो वह प्रशंसनीय है।" मुक्तिबोध आलोचना के लिए दुराग्रहों को स्वीकार नहीं करते। "साहित्य के प्रश्न किसी दुराग्रह से हल नहीं किये जा सकते कि साहित्य पर चिन्तन करने से पहले आलोचक को अपने व्यक्ति संस्कारों से उठना ज़रूरी है कि आलोचक को निरन्तर अपनी चेतना का विकास करते रहना चाहिए।" समीक्षक के कर्त्तव्यों पर विचार करते हुए मुक्तिबोध लिखते हैं कि, "समीक्षक का प्रथम कर्त्तव्य यह है कि वह किसी भी कलाकृति के अन्तर्तत्वों को, उसके प्राणतत्त्वों को भावना-कल्पना को हृदयंगम करे, और एक विशेष दिशा की ओर प्रवाहित अन्तर्धारा की गति को, और उसकी अन्तिम परिणति को, सहानुभूतिपूर्वक अच्छी तरह समझे और तदुपरान्त उसका विश्लेषण करे।"

ज़ाहिर है कि मुक्तिबोध ने रचनाकार के नाते उनके गुणदोषों का विवेचन किया है तो दूसरी ओर एक विचारवान चिन्तक और आलोचक की हैसियत से आलोचना की खामियों की पड़ताल की है। वे यह भी आवश्यक मानते हैं कि आलोचना के लिए कम से कम कुछ हाशिया तो होना चाहिए। समीक्षक की ज़िम्मेदारी की तरफ़ इशारा करते हुए डॉ. कमला प्रसाद का मानना है कि "समीक्षक पहले सामान्य जनता का, फिर प्रबुद्ध और संस्कृत आस्वादकों का तथा अन्त में सम्भावना का प्रतिनिधि होता है। इतना बड़ा दायित्व लेकर वह रचना की आन्तरिक प्रक्रिया में धंसने की ज़िम्मेदारी उठाता है।"[78] इसी सन्दर्भ में नामवर सिंह का यह निष्कर्ष मूल्यवान है कि "वास्तविक आलोचक किसी एक कृति का मूल्यांकन करते समय परोक्ष रूप से साहित्य की समस्त कृतियों का मूल्यांकन करता है, यदि वह ऐसा नहीं करता तो वह मूल्यांकन ही नहीं है और उसके अन्तर्निहित प्रतिमान में कहीं-न-कहीं असंगति है। जो हर रचना के मूल्यांकन के लिए एक नया प्रतिमान इस्तेमाल करता है। अथवा किसी कृति का

मूल्यांकन उस कृति के अनुरूप प्रतिमान से करता है और उस कृति के समय उसे भूल जाता है।[79]

रचना और आलोचना का संवाद और उसकी भिड़न्त दोनों ज़रूरी है, इससे दोनों का विकास भी होता है। रचना और आलोचना की टकराहट दरअसल उस युग में अन्तर्निहित विचारसरणियों की टकराहट है। टकराहट तो कभी अपनों से भी होती है। इस टकराहट से निरन्तर नये मानमूल्यों और रचनामूल्यों का विकास होता है। रचना और आलोचना की परस्परता के सन्दर्भ में कहा गया है कि, "रचना और आलोचना दोनों के सम्बन्ध एक-दूसरे के लिए सहायक तब होते हैं जब वे अपने काल की जीवन पद्धति से जीवन्तता के साथ जुड़े होते हैं। जीवन के प्रति लगाव के कारण ही वे परस्पर खुलते एवं खिलते हैं। जीवन में जब मानवीय सम्बन्ध अलगावपूर्ण रहते हैं, तब कला का संसार शून्य का आनन्द खोजता है और जब मैत्रीपूर्ण तब मानवता की अजस्रधारा कला से फूटती है। ... यह तो मनुष्य का मूल गुण है कि यदि वह ज़िन्दा है तो उसमें परस्परता का रस मौजूद होगा। इसीलिए आज हम अपावन ठौर में पड़ी मानवीय धारा की भी खोज करते हैं। यह काम मार्क्सवादी आलोचक गम्भीरता से करते हैं। ... हम चाहते हैं कि वर्गीय सम्बन्धों में ग़ायब, मानवीयधारा को खोज-खोज वर्गहीन समाज की रचना के लिए संयोजित कर उसे शक्तिशाली बनायें। इसी के लिए रचना और आलोचना भी अपना काम करे।"[80] मुक्तिबोध मानते हैं कि-"यदि साहित्य सृजन एक संघर्ष है तो समीक्षा एक 'प्रेमदर्शन' है-ऐसा प्रेमदर्शन जो आवश्यकता पड़ने पर अतिशय कठोर होता है किन्तु सामान्यतः उदार और कोमल। नेतृत्व का अधिकार वह ऐसे ही समीक्षक को दे सकते हैं।"

व्यावहारिक आलोचना

मुक्तिबोध की आलोचना के प्रतिमान जीवन और जगत् से निर्मित हुए हैं इसलिए उनमे शुष्कता नहीं है, बल्कि रचना और आलोचना की गतिशील और द्वन्द्वात्मक प्रक्रिया है। जब वे आलोचना की सैद्धान्तिक बातें करते हैं तो निश्चय ही उसके केन्द्र में रचनाएँ होती हैं, मनुष्य होता है और उसका जीवन संघर्ष भी। ज़ाहिर है कि वे जब व्याहारिक आलोचना में उतरते हैं तो रचना के भीतर अन्तर्तत्वों की खोज करते हैं और उन रहस्यों को उजागर करते हैं जो रचनाकार के मानस में रचना प्रक्रिया के दौरान मूर्तिमान् हुए थे। वे व्यक्तिगत आग्रह और दुराग्रह को केन्द्र में नहीं रखते। किसी कृति को विश्लेषित और मूल्यांकित करते हुए वे रचना के आर-पार देखते हैं, उसी के आधार पर मन्तव्य व्यक्त करते हैं। प्रायः लेखन में कवि और आलोचक भिन्न-भिन्न व्यक्ति और व्यक्तित्व होते आये हैं। आचार्य और सामाजिक जिस ढंग से रचना की पड़ताल करते हैं और रचनाकार जिस तरह अपनी रचना प्रक्रिया से गुज़रते हैं, उनमें आपसी समझ और रिश्ते का अभाव रहता है। इसका स्पष्ट कारण है कि दोनों भिन्न धरातल पर खड़े हैं। भारतीय काव्यशास्त्र में ध्वनि सिद्धान्त ने सबसे पहले रचना के भीतर से गुज़र कर सिद्धान्त निरूपण की प्रथा की शुरुआत की थी, लेकिन अब वह उस रूप में नहीं बची। मुक्तिबोध हिन्दी कविता में पहले कृती हैं जिन्होंने रचना की है और तटस्थ होकर रचना-प्रक्रिया से निकलते हुए, साक्ष्य के आधार पर रचनाशास्त्र या सौन्दर्यशास्त्र

का निरूपण किया है। इसीलिए उसका नाम विवेचन या सौन्दर्यशास्त्र है। उन्होंने सैद्धान्तिक समीक्षाएँ लिखीं और व्यावहारिक आलोचना भी की।

मुक्तिबोध आलोचना के इस ख़तरे को भी जानते थे, ख़ासकर किसी रचना का परीक्षण करते वक़्त रचना के अन्तर्जगत् की बजाय रचनाकार पर केन्द्रित होने की विशेष प्रवृत्ति रही है। वे लिखते हैं कि, "जब समीक्षक साहित्य सृजन की मूलाधार वास्तविक मानव भूमि से सम्बन्ध त्याग करके अपने आप में स्वयं पूर्ण सम्पूर्ण बनकर उपस्थित होता है तथा पाण्डित्य का चण्डत्व और चिन्तन की चतुरता बताते हुए सैद्धान्तिक शब्दावली में अपने आपको स्थापित करने का प्रयत्न करने लगता है, ऐसे समय समीक्षक का उद्देश्य लेखक से परस्पर संवाद करना, आत्मीय आधार पर विचार विनिमय करना, एक-दूसरे का परिज्ञान करना नहीं है वरन् कुछ और है।" मुक्तिबोध ने आलोचना के विभिन्न पक्षों का विश्लेषण करते हुए लिखा कि, "आलोचना हमेशा तटस्थ और निष्पक्ष नहीं हुआ करती, वह बहुधा दृष्टि की बजाय मात्र एक भावावेश होती है और दिल की कीमियागिरी उस भावावेश पर बनावटी आँखें जड़ देता है। उसकी कीमियागिरी इतनी भयानक होती है कि हमारी सूरत बन्दर जैसी बना देती है। जबकि हम ख़ुद अपनी समझ की इस गिरफ्त में रहते हैं कि हमारा चेहरा बहुत ख़ूबसूरत है। मतलब यह कि मेरा ख़्याल है कि अन्ध श्रद्धा से अन्धी आलोचना एक भयंकर चीज़ है।" मुक्तिबोध इस बात पर भी बल देते थे कि आलोचना में मूल्य-निर्णय देने की क्षमता होनी चाहिए। स्वयं उनकी आलोचना मूल्य-परक थी। उन्होंने जोर देकर कहा था कि, "मूल्य भावना के बिना आलोचना-कर्म असम्भव है।[82] यह बात उन्होंने तब कही थी जब सर्वत्र मूल्यहीनता का, ख़ासकर प्रगतिशील जीवन मूल्यों के विरोध का वातावरण था। "मुक्तिबोध की समीक्षा को उनकी रचना और रचना को उनकी ज़िन्दगी से जोड़े बिना उसकी सही तस्वीर सामने नहीं आ सकती। वैचारिक और रचनात्मक संघर्ष वस्तुतः उनके जीवन-संघर्ष के ही प्रक्षेप हैं।" मुक्तिबोध की व्यावहारिक आलोचना का फलक बहुत व्यापक है। हम इसका विश्लेषण इस शीर्षकों के जरिये करना चाहेंगे।

प्राचीन साहित्य

मुक्तिबोध ने प्राचीन साहित्य का मूल्यांकन विस्तार से नहीं किया। भिन्न-भिन्न सन्दर्भो में छुटपुट रूप से उन्होंने उसके बारे में अपनी टिप्पणियाँ की हैं, ये टिप्पणियाँ अँधेरे में प्रकाश की तरह उद्भासित होती हैं। "मुक्तिबोध प्राचीन साहित्य का मूल्यांकन करते समय उसकी समकालीन प्रासंगिकता पर विचार करना विशेष रूप से आवश्यक मानते हैं। वे साहित्य के मूल्यांकन के सन्दर्भ में अतीत के प्रति रक्षात्मक, वर्तमान के प्रति आक्रामक और भविष्य के प्रति सन्देह की भावना से परिचालित आलोचना के विरुद्ध हैं। उनका विचार है कि वही प्राचीन साहित्य हमारे लिए प्रासंगिक होगा, जिसमें व्यक्त जीवन मूल्य समकालीन समाज और उसके विकास में सहायक हों। उनके अनुसार प्राचीन साहित्य का मूल्यांकन करते समय वहाँ अत्यन्त सावधानी की जरूरत होगी, जहाँ रचना में व्यक्त जीवन मूल्य प्रतिक्रियावादी हों, लेकिन कलात्मक सौन्दर्य अत्यन्त आकर्षक।"[82]

मैनेजर पाण्डेय का मानना है कि प्राचीन साहित्य का मूल्यांकन मार्क्सवादी आलोचना के सामने एक गम्भीर चुनौती और समस्या है और दुनिया भर के मार्क्सवादी आलोचकों ने इस चुनौती और समस्या का सामना किया है। साहित्य के स्थायी मूल्यों की खोज और अतीत की महान कलाकृतियों के कलात्मक प्रभाव के स्थायित्व की व्याख्या का प्रश्न भी इस समस्या से जुड़ा हुआ है।''[83] प्राचीन साहित्य की उपयोगिता के विषय में मुक्तिबोध लिखते हैं कि-''पुराने साहित्य का केवल वही श्री-सौन्दर्य हमारे लिए ग्राह्य होगा, जो हमारे नवीन जीवन-मूल्यों के विकास में सक्रिय सहयोग दे, अथवा उसकी स्थिति-रक्षा में सहायक हो। किन्तु, यदि ये जीवन-मूल्य स्वयं हमारी ह्रासग्रस्त दशा से उत्पन्न है, तो वह श्रेष्ठ साहित्य हमारे नवीन भावों के अनुकूल न होने से हम उसका आदर करते हुए भी उससे रस न ले पायेंगे। शुद्ध साहित्यिक सौन्दर्य, मात्र-सौन्दर्य, निरपेक्ष सौन्दर्य की निरपेक्ष सत्ता स्वीकार करनेवाले लोग या तो स्वयं धोखे में हैं, अथवा धोखा देना चाहते हैं।'' मुक्तिबोध ने कालिदास, भवभूति और चन्द बरदाई के बारे में संक्षिप्त प्रकाश डाला है।

'मुक्तिबोध' मानते हैं कि कालिदास की श्रेष्ठता का युग-युगीन आधार है, वे जीवन-मूल्य जो हमारे जीवन को समृद्ध बनाते हैं। उनका उन्होंने विश्लेषण किया है। कालिदास की लोकप्रियता का कारण बताते हुए वे लिखते हैं कि-''निश्चित ही जब हम कालिदास के काव्य का अनुशीलन करते हैं, तो हम उस जीवन के सौन्दर्य चित्रों तथा तत्कालीन सूक्ष्म दृष्टियों में आनन्द लेते हैं कालिदास का काव्य हमारे लिए आधुनिक अर्थों में प्रेरणाप्रद भले न हो, किन्तु हमारा रंजन करने की शक्ति तो उसमें है।... कालिदास के प्रति हमारी आसक्ति इसलिए स्थिर रहती है कि उसमें मानव-सुलभ प्रेम तथा प्रकृति सौन्दर्य के प्रति स्वाभाविक अनुरक्ति के दर्शन होते हैं। उसमें प्रेमी द्वारा प्रेमिका की भयानक उपेक्षा का जो विरोध कलात्मक माध्यम से प्रस्तुत हुआ है, वह हमारे जीवन मूल्यों को दृढ करता है, और हमारे हृदय को स्पर्श करता है।''[84] यहाँ मुक्तिबोध ने कालिदास के शाश्वत महत्त्व का वास्तविक उद्घाटन किया है। 'अभिज्ञान शाकुन्तलम्' की समीक्षा करते हुए वे लिखते हैं कि ''कालिदास के 'अभिज्ञान शाकुन्तलम्' में जरा-जरा-सी बात पर पद्यों का व्यवहार होता है, तब हमारे रसास्वादन में बाधा होती है, किन्तु कवि-नाटककार ने अपनी निपुणता से तथा कला-विवेक के सचेत प्रयोग द्वारा उन पद्यों को पात्र तथा कथा के विकास में योगकारी बना दिया है, मनोहारी तो उन्हें बनाया ही है।''

हमारे भारतीय वाङ्मय में भवभूति की ख्याति उनके रचना सौन्दर्य और मानव मन की गहन पड़ताल के कारण है। मुक्तिबोध ने भवभूति के उत्तर रामचरितम्' की सीता के बारे में लिखा है कि-''सीता के प्रति राम के प्रेम वाली पद्धति को उन्होंने अत्यन्त उत्कृष्ट बतलाया है, किन्तु सूक्ष्म दृष्टि से सीता की जीवनगाथा को देखने पर यह ज्ञात होता है कि साध्वी नारी को सामाजिक नियम-विधानों के कारण कितना दुःख और कष्ट उठाना पड़ा। माना कि राम का चरित्र उज्ज्वल था, किन्तु सीता का कम उज्ज्वल नहीं था। फिर भी उस भारतीय महामानवी को कितनी ही अग्नि परीक्षाओं से गुज़रना पड़ा। सीता की जीवनगाथा

से तादात्म्य में प्राप्त करनेवाले भवभूति के 'उत्तर रामचरितम्' की करुणा, सीता को दुःख देने वाले व्यक्ति के प्रति कवि की मानवता का विरोध भाव था।''

वीरगाथा काल के कवि चन्द बरदाई' का महत्त्व विशेष रूप से है। वे पृथ्वीराज चौहान के मित्र और उस कालखण्ड के कवि भी हैं। यूँ तो उनकी रचनाओं की प्रामाणिकता पर अनेक प्रश्नचिह्न लगे हैं। मुक्तिबोध का मानना है कि रचनाकार क्या और कितना लिखता है असल चीज़ यह नहीं है। असल तो यह है कि रचनाकार अपने युग की प्रधान घटनाओं तथा भावों से कितना एकाकार है तभी तो वे चन्द बरदाई की महानता को रेखांकित करते हुए लिखते हैं कि, ''चन्द बरदाई स्वयं उन युगान्तकारी घटनाओं से सम्बद्ध था, जिनकी अभिव्यक्ति उसके काव्य में हुई। उन घटनाओं के मूल्यांकन की सीमायें तथा उसकी शक्ति निश्चय ही उस युग की सीमाएँ तथा शक्ति थी।''

मध्यकालीन साहित्य

मध्यकाल का साहित्य दो दृष्टियों से हमारा ध्यान आकर्षित करता है। पहला, भारतीय समाज में व्याप्त आडम्बर, छल, प्रपंच एवं सामाजिक शोषण, दूसरा-आर्थिक रूप से समाज में कार्यरत वर्गों की ख़राब हालत। मुक्तिबोध ने इन सभी बिन्दुओं को केन्द्र में रखते हुए, इस कालखण्ड का मूल्यांकन किया है और उन शक्तियों को भी देखा जो नये समाज को नयी राह पर ले जाने में समर्थ हैं। इस कालखण्ड के जिन रचनाकारों पर उन्होंने विचार किया है उनमें प्रमुख हैं। सन्त ज्ञानेश्वर, कबीर, तुलसी एवं भूषण। सन्त ज्ञानेश्वर मराठी के अत्यन्त लोकप्रिय सन्त हैं। 'ज्ञानेश्वरी' इनका काफ़ी प्रसिद्ध ग्रन्थ हैं। रामविलास शर्मा की मान्यता है कि मुक्तिबोध ने ज्ञानेश्वर की ज्ञानेश्वरी को एक थीसिस माना है। मुक्तिबोध के शब्दों में, ''काव्य रूप में थीसिस लिखना बहुत बड़ी कला है। सन्त ज्ञानेश्वर की ज्ञानेश्वरी ऐसा ही एक थीसिस है, विस्तृत निबन्ध है। उसमें बौद्धिक, दार्शनिक भाव विश्लेषित होकर बारीक़-से-बारीक़ तत्त्व में विघटित हो जाते हैं और उन सूक्ष्म तत्त्वों को कल्पना के माध्यम से विशाल-से-विशाल तक बनाया जाता है। ... ज्ञानेश्वरी मराठी का एक प्रसिद्ध काव्य ग्रन्थ है। वह असल में गीता की टीका है और इसलिए उसमें (एक हद तक) शास्त्रीयता भी है, किन्तु वह न केवल दार्शनिकता के लिए वरन् रसमय काव्यात्मकता के लिए भी प्रसिद्ध है।'' उनका यह भी मानना है कि ''ब्राह्मणेत्तर सन्त कवि की काव्यभावना अधिक जनतन्त्रात्मक सर्वांगीण और मानवीय थी।''

मुक्तिबोध का मानना था कि किसी भी साहित्य का ठीक-ठीक विश्लेषण तब तक नहीं हो सकता, जब तक हम उस युग की मूल गतिमान सामाजिक शक्तियों से बनने वाले सांस्कृतिक इतिहास को ठीक-ठीक न जान लें। मुक्तिबोध तुलसी की तुलना में कबीर को प्रगतिशील मानते हैं। उनका मत है कि, ''निर्गुणवादी भक्ति आन्दोलन में शोषित जनता का सबसे बड़ा हाथ था। कबीर, रैदास आदि सन्तों की बानियों का सन्देश, तात्कालिक मानों के अनुसार बहुत अधिक क्रान्तिकारी था यह आकस्मिकता न थी कि चण्डीदास कह उठते हैं 'शुनहु मानुष भाई / शाबार ऊपरे मानुष सत्य। ताहार ऊपर नाई' इस

मनुष्य सत्य की घोषणा के क्रन्तिकारी अभिप्राय कबीर में प्रकट हुए। कुरीतियों, धार्मिक अंधविश्वासों और जातिवाद के विरूद्ध कबीर ने आवाज़ उठायी। वह फैली।''[85] मुक्तिबोध भक्ति आन्दोलन की महत्ता प्रतिपादित करते हुए लिखते हैं कि ''भक्ति आन्दोलन का जन साधारण पर जितना व्यापक प्रभाव हुआ उतना किसी अन्य आन्दोलन का नहीं। पहली बार शूद्रों ने अपने सन्त पैदा किये। अपना साहित्य और अपने गीत सृजित किये। कबीर, रैदास, नाभासिन्धी, सेननाई आदि-आदि महापुरुषों ने ईश्वर के नाम पर जातिवाद के विरुद्ध आवाज़ बुलन्द की।''

मुक्तिबोध ने भक्ति आन्दोलन के सन्दर्भ में जो सवाल उठाये हैं और उनके जो निष्कर्ष पेश किये हैं, वे भक्ति आन्दोलन की समूची संरचना और प्रक्रिया को समझने में महत्त्वपूर्ण है। कुँवरपाल सिंह का मानना है कि, ''एक ओर आर्थिक उत्पादन में कुशलता और वृद्धि जिसके कारण किसानों और दस्तकारों में शोषण और अन्याय के प्रति विद्रोह की भावना की प्रखर अभिव्यक्ति मिलती है। दूसरी ओर राजशक्ति की बढ़ती हुई माँग तथा विशेषकर राज्य कर्मचारियों के भ्रष्टाचार तथा तीसरी ओर सामाजिक अत्याचार जिसका सबसे ज्वलन्त उदाहरण जाति प्रथा है। सामाजिक और प्रशासनिक अत्याचार के प्रति विरोध की भावना का सबसे मर्मान्तक चित्रण कबीर और नानक के पदों में हुआ है।''[86] निर्गुण मत के विरुद्ध उस कालखण्ड में सगुण मत ने संघर्ष किया जो मुक्तिबोध के अनुसार 'निम्न वर्गों के विरुद्ध उच्चवंशीय संस्कारशील अभिरुचिवालों का संघर्ष था। 'सगुण मत विजयी हुआ। उसका प्रारम्भिक विकास कृष्णभक्ति के रूप में हुआ। उसमें निर्गुण मत का क्रान्तिकारी सन्देश अथवा धार्मिक जनवाद न था, यद्यपि वह निम्नवर्गीय भक्ति आन्दोलन से प्रभावित थी। जब भक्ति आन्दोलन में ब्राह्मणों का प्रभाव जम गया तो तुलसीदास ने फिर से वर्णाश्रम धर्म के पुनर्विजय की घोषणा की। निर्गुण मत के जनोन्मुख रूप और उसकी क्रान्तिकारी जातिवादी विरोधी भूमिका के विरुद्ध तुलसीदास ने पुराणमतवादी स्वरूप प्रस्तुत किया। ''निष्कर्ष यह है कि जो भक्ति आन्दोलन जनसाधारण से शुरू हुआ और जिसमें सामाजिक कट्टरपन के विरुद्ध जनसाधारण की सांस्कृतिक आशा-आकांक्षाएँ बोलती थीं, उसका मनुष्य सत्य बोलता था, उसी भक्ति आन्दोलन को उच्चवर्गियों ने आगे चलकर अपनी तरह बना लिया और उससे समझौता करके और अनन्तर जनता के अपने तत्त्वों को उसमें से निकालकर उन्होंने उस पर अपना पूरा प्रभुत्व स्थापित कर लिया।''[87]

मुक्तिबोध ने तुलसीदास के 'मानस' की शाश्वतता के युगयुगीन आधार को रेखांकित किया है। ''तत्कालीन नियम विधान, आचार-विचार मर गये, किन्तु राम की मानवता हमारी संस्कृति की पुरानी मंज़िल के रूप में आज भी खड़ी है।... वे नियम विधान, वे आचार-विचाार अब आज त्याज्य हो चुके हैं। किन्तु, उनके भीतर जो तत्कालीन मानव सम्बन्ध हैं उनको कहीं भी भंग न करते हुए, राम ने निषाद और गुह से भी आलिंगन किया, शबरी के बेर खाये, केवट से दोस्ती की, वनवासी असभ्यों को गले लगाया। तत्कालीन मानव संबधों का वास्तविक निर्वाह उन्होंने अपने इन्हीं आदर्श क्षणों में किया।''[88] मुक्तिबोध के अनुसार कुछ रूढ़िवादी लोग तत्कालीन ''सामन्ती मानव सम्बन्धों,

विश्वदृष्टि तथा जीवन-मूल्यों को आवश्यकता के अनुकूल हेर-फेर करके सामने रखते हैं। राम का चरित्र उनके लिए ढाल का काम करता है। अत: तुलसी के साहित्य ने वस्तुत: हमारे रूढ़िवादियों के हाथ मज़बूत किये। अगर नवयुग के उद्‌गाताओं ने उससे प्रेरणा प्राप्त नहीं की, तो इसका कारण यह है कि उन्होंने रामचरित के प्रति सच्ची ऐतिहासिक, समाजशास्त्रीय दृष्टि नहीं रखी, उन्होंने हिन्दी साहित्य के इतिहास का वैज्ञानिक विश्लेषण तथा मूल्यांकन नहीं किया ... जब तुलसी दास जी की चेतना रामचन्द्र का चरित्र उपस्थित करती है, तब तुलसीदास जी यह नहीं जान रहे कि वे, वस्तुत: रामचरित्र के द्वारा सामन्ती समाज के मानव सम्बन्धों को उपस्थित कर रहे हैं। उन मानव सम्बन्धों का सामन्ती स्वरूप उनकी समस्त चेतना के बाहर है। किन्तु वह सामन्ती स्वरूप तो सत्य है ही, तुलसीदास जी उसे जाने या न जानें।''[89] मुक्तिबोध का यह भी मानना है कि, ''समाजशास्त्रीय दृष्टि से मध्ययुगीन भारत की सामाजिक, सांस्कृतिक, ऐतिहासिक शक्तियों के विश्लेषण के बिना तुलसीदास जी के साहित्य के अन्त:स्वरूप का साक्षात्कार नहीं किया जा सकता।''

भूषण की काव्यात्मकता का विश्लेषण हमारे यहाँ तरह-तरह से किया जाता है।। भूषण में वीरता की आन, बान और शान है। उनमें वीरगाथाकाल की प्रवृत्तियाँ मूर्तमान होती हैं। मुक्तिबोध भूषण और उनकी कविता के विषय में लिखते हैं कि, ''भूषण की कविता किसी को अच्छी लगे या नहीं। लेखक अपने युग की प्रधान घटनाओं तथा उसके भावों से असंदिग्ध रूप से एकाकार थे। भूषण की कविता के ओज को, लेखक के व्यक्तित्व को केवल मानसिक प्रवृत्तियों से नहीं समझा जा सकता...यही उनकी सीमाएँ तथा शक्ति थी।'' ज़ाहिर है कि मुक्तिबोध ने कबीर, तुलसीदास, भूषण आदि कवियों का अध्ययन तद्‌युगीन समाज की उन गतिमान् सामाजिक शक्तियों के परिप्रेक्ष्य में किया है, जिन्होंने मनोवैज्ञानिक, सांस्कृतिक धरातल पर आत्मप्रकटीकरण किया।

आधुनिक साहित्य

आधुनिक साहित्य में विविधता है। इस कालखण्ड में हिन्दी गद्य और उसकी विधाओं का तीव्र गति से विकास हुआ। इस कालखण्ड के साहित्य का मूल्यांकन मुक्तिबोध ने विस्तार के साथ किया है, साथ ही इस कालखण्ड में स्वयं रचनारत रहने के कारण वे उन अन्तर्विरोधों और विकास की अवस्थाओं से भी भली-भाँति परिचित थे। इस काल की विशेषताएँ है-गद्य का विकास, राष्ट्रीय भावों की प्रधानता, शृंगारिक निष्पत्तियाँ, जीवन के अधिक समीप जाने की कोशिश, कल्पना की अपेक्षा वास्तविकता का सीधा साक्षात्कार, मानव जीवन को सीधे केद्र में रखना। इस कालखण्ड में दार्शनिकता की अभिव्यक्ति छायावाद और रहस्यवाद के रूप में हुई है एवं साहित्य की सभी विधाओं का और सभी अंगों का पूर्ण विकास हुआ है। पूरे दौर में वाद चलते रहे हैं जैसे छायावाद, प्रगतिवाद, प्रयोगवाद, स्वच्छन्दतावाद एवं स्वतन्त्रता के बाद सभी विधाओं में लगातार नयी मान्यताएँ। मुक्तिबोध ने आधुनिक साहित्य के मूल्यांकन में अपनी खास दृष्टि का परिचय दिया है। जिसका विश्लेषण यहाँ किया जा रहा है।

'मेरी माँ ने मुझे प्रेमचन्द का भक्त बनाया' शीर्षक निबन्ध में मुक्तिबोध ने

प्रेमचन्द का अपने ऊपर पड़े प्रभाव व उनके साहित्य की प्रासंगिकता पर विचार किया है। "मेरी माँ जब प्रेमचन्द की कृति पढ़ती, तो उसकी आंखों में बार-बार आँसू छल-छलाते से मालूम होते और तब, उन दिनों मैं साहित्य का एक जड़मति विद्यार्थी मात्र मैट्रिक का एक छोकरा था। प्रेमचन्द की कहानियों का दर्द भरा मर्म माँ मुझे बताने बैठतीं।' मुक्तिबोध मानते हैं कि प्रेमचन्द के प्रति मेरी श्रद्धा व ममता को अमर करने का श्रेय मेरी माँ को ही है। उन्होंने यह अनुभव किया कि, "प्रेमचन्द की ज़रूरत आज पहले से भी ज़्यादा बढ़ी हुई है। प्रेमचन्द के पात्र आज भी हमारे समाज में जीवित हैं किन्तु वे अब भिन्न स्थिति में रह रहे है।"[90] मुक्तिबोध मानते हैं कि प्रेमचन्द समाज के चित्रणकर्त्ता ही नहीं, वरन् वे हमारी आत्मा के शिल्पी भी हैं। उनका कथा साहित्य हम पर एक बहुत बड़ा नैतिक प्रभाव डालता है।

रामचन्द्र शुक्ल के विषय में मुक्तिबोध लिखते हैं कि-"स्वर्गीय रामचन्द्र शुक्ल ने अपने 'हिन्दी साहित्य का इतिहास' में छायावाद के प्रति जो क्षोभ प्रकट किया, वह एकदम निःसार और अनर्गल है, यह नहीं कहा जा सकता। उन्होंने बार-बार यह शिकायत की है कि छायावाद में अर्थभूमि का संकोच हो गया है, मानव मन के बहुत अल्प और अमहत्त्वपूर्ण विषयों की ओर ध्यान दिया गया है।" वे 'मध्ययुगीन भक्ति आन्दोलन का एक पहलू' शीर्षक निबन्ध में लिखते हैं कि, "पण्डित रामचन्द्र शुक्ल की वर्णाश्रमधर्मी जातिवादग्रस्त सामाजिकता और सच्चे जनवाद को एक-दूसरे से मिला दिया गया है, मानो शुक्ल जी (जिनके प्रति हमारे मन में अत्यन्त आदर है) सच्ची जनवादी सामाजिकता के पक्षपाती हों। तुलसीदास जी को पुरातनवादी कहा जायेगा कबीर की तुलना में, जिनके प्रति शुक्ल जी ने चोटें की हैं।" मुक्तिबोध की शब्दावली भले ही आचार्य शुक्ल की शब्दावली से भिन्न हो किन्तु कविता को एक सांस्कृतिक प्रक्रिया के रूप में स्वीकार करते हुए उन्होंने भी जिस बात पर पूरा ज़ोर दिया है वह कविता को मानवीयता या कविता का मानवीय चरित्र ही है। शुक्ल जी की विचारधारा अनेक महत्त्वपूर्ण बिन्दुओं पर भौतिकवादी विचारधारा के बहुत नज़दीक है। "पण्डित रामचन्द्र शुक्ल के इस कथन में हमें पर्याप्त सत्य मालूम होता है कि भक्ति आन्दोलन का एक मूल कारण जनता का कष्ट है। किन्तु पण्डित शुक्ल ने इन कष्टों के मुस्लिम विरोधी और हिन्दू राजसत्ता के पक्षपाती जो अभिप्राय निकाले हैं, वे उचित नहीं मालूम होते। असल बात यह है कि मुसलमान सन्त-मत भी उसी तरह कट्टरपन्थियों के विरुद्ध था, जितना कि भक्ति मार्ग। दोनों एक-दूसरे से प्रभावित भी थे। किन्तु इस बात से इनकार नहीं किया जा सकता कि भक्ति भावना की तीव्र आर्द्रता और सारे दुःखों और कष्टों के परिहार के लिए ईश्वर की पुकार के पीछे जनता की भयानक दुःस्थिति छिपी हुई थी।"[91]

जयशंकर प्रसाद के विषय में मुक्तिबोध ने 'पन्त : एक विश्लेषण' शीर्षक में पन्त व प्रसाद की तुलनात्मक समीक्षा की है मुक्तिबोध ने लिखा है कि प्रसाद जी समाज और सभ्यता की व्याख्या करते हुए अरूप आध्यात्मिक सामरस्यवाद की ओर निकल गये। उन्हीं के शब्दों में, "प्रसाद जी की आत्मा ने भोगा तो वास्तविक जीवन, खोज की वास्तविक जीवन की, चिन्तन किया वास्तविक जीवन का। किन्तु निष्कर्ष रूप में

निदान और समाधान के रूप में पाया क्या? आध्यात्मिक-मनोवैज्ञानिक भाववादी रहस्यवाद। यह ऐतिहासिक सामाजिक समस्याओं का ऐतिहासिक हल नहीं हुआ।[92] वे यह भी लिखते हैं कि–''वास्तविक जीवनानुभव की जितनी सम्पन्नता निराला और प्रसाद में है, उतनी महादेवी और पन्त में नहीं। यही कारण है कि प्रसाद जी जैसा अन्तर्मुख कवि भी अपने युग की सारभूत विशेषताओं को प्रकट कर गया। उनमें भावों का सूक्ष्म विश्लेषण अधिक पाया जाता है तो पन्त में नहीं।''[93] उनका मानना था कि, ''प्रसाद जी की सहानुभूति शोषितों के पक्ष में बहुत कम थी। यद्यपि उन्हें शोषण को बुरा तो कहना ही पड़ता था, फिर भी शोषितों के पक्ष में उनकी सहानुभूति इतनी गहरी न थी कि वे उनके जीवन का भी चित्रण करें, अथवा भावुक होकर उनकी दीन-दरिद्रावस्था पर प्रकाश डालें।'' उनका मानना था कि प्रसाद जी दार्शनिक थे। उनकी दार्शनिक ज्ञान-व्यवस्था इतनी दृढ़ और कठोर हो गयी थी कि वास्तव की ताज़ी संवेदनाओं, ताज़े भावों और प्रतिक्रियाओं में वह हस्तक्षेप करती थी।

मुक्तिबोध के सैद्धान्तिक और व्यावहारिक आलोचनात्मक निबन्ध समय-समय पर विभिन्न पत्र-पत्रिकाओं में प्रकाशित होते रहे हैं जो बाद में पुस्तक रूप में संकलित हुए। उनके सैद्धान्तिक और व्यावहारिक निबन्धों में कोई निश्चित सीमा रेखा खींचना दुष्कर कार्य है, क्योंकि उनका सिद्धान्त और व्यवहार साथ-साथ चलता रहता है लेकिन 'कामायनी : एक पुनर्विचार' उनकी व्यावहारिक आलोचना की महत्त्वपूर्ण कड़ी है, जो कि मुक्तिबोध के साहित्य का महत्त्वपूर्ण कीर्त्तिमान् तो है ही, साथ ही कामायनी सम्बन्धी जड़ीभूत विचारों को भी एक नया और वैज्ञानिक मार्ग सुझाती है। उल्लेखनीय है कि नवलेखन के क्षेत्र में किसी विशेष कवि की कृति पर 'कामायनी : एक पुनर्विचार', जैसा महत्त्वपूर्ण प्रयास किसी सर्जक आलोचक में नहीं मिलता। मुक्तिबोध में काव्य सृजन और समीक्षा का अद्‌भुत सामंजस्य है। आधुनिक हिन्दी साहित्य में कामायनी ही ऐसी काव्यकृति है जिस पर सबसे अधिक समीक्षाएँ लिखी गयी हैं। इस दिशा में आचार्य शुक्ल की आलोचना को महत्त्वपूर्ण माना जा सकता है। अपनी विशेष काव्यदृष्टि के कारण छायावाद के प्रति सहानुभूतिशील न होते हुए भी आचार्य शुक्ल ने कामायनी का महत्त्वपूर्ण विश्लेषण किया है। उन्होंने लिखा है ''यह काव्य बड़ी विशद कल्पनाओं और मार्मिक उक्तियों से पूर्ण है ... इस प्रकार प्रसाद जी प्रबन्ध-क्षेत्र में भी छायावाद की चित्र प्रधान और लाक्षणिक शैली की सफलता की आशा बँधा गये हैं।'' डॉ. नगेन्द्र ने कामायनी पर विस्तृत विचार किया है। 'कामायनी के अध्ययन की समस्याएं, नामक पुस्तक में उन्होंने कामायनी के विभिन्न पक्षों-महाकाव्यत्त्व, अंगीरस, रूपकतत्व और दार्शनिक पृष्ठभूमि-का गम्भीर विश्लेषण किया है और कामायनी की श्रेष्ठता और औदात्य की प्रतिष्ठा की है लेकिन कामायनी के पुनर्मूल्यांकन की समस्या तब भी बनी हुई थी।

मुक्तिबोध द्वारा कामायनी की समीक्षा लिखने के औचित्य को प्रमाणित करते हुए डॉ. रामविलास शर्मा की मान्यता है कि–''प्रसाद के प्रति उनके(मुक्तिबोध के) प्रबल आकर्षण का कारण यह था कि उनकी समझ में प्रसाद का दार्शनिक चिन्तन उनके जीवन के अनुभवों पर आधारित था और इस चिन्तन को काव्य-रूप देने में दो ही महाकवि

सफल हुए थे, मराठी में सन्त ज्ञानेश्वर और हिन्दी में जयशंकर प्रसाद।''[94] मुक्तिबोध कामायनी को फ़ैण्टेसी के रूप में जीवन का कलात्मक प्रतिबिम्बन मानते हैं, इसलिए वह कामायनी को प्रसाद और उनके युग से सम्पृक्त करके देखते हैं। उनका 'कामायनी : एक पुनर्विचार' केवल कामायनी को फ़ैण्टेसी के रूप में देखने का कलावादी प्रयास भर नहीं, बल्कि उस फ़ैण्टेसी में निहित जीवन-मूल्यों की समीक्षा करते हुए नये मूल्यों की व्याख्या का मूल्यपरक विवेचन है।''[95]

मुक्तिबोध ने 'कामायनी' के सहारे नयी रचनाशीलता का विरोध करनेवाले पुराणपन्थी आलोचकों के इरादों का भेद खोलते हुए लिखा है कि-'' प्रसाद जी की कामायनी रसवादी, छायावादी, पुराणपन्थियों के हाथ में नवीन प्रगति शक्तियों के विरुद्ध एक अस्त्र बन गयी। भाववादी आलोचकों ने प्रसाद जी से आगे बढ़कर 'कामायनी' का रहस्यवादी मनोवैज्ञानिक अर्थ लगाया और उसके उपयोगी तत्त्वों को प्रच्छन्न कर दिया। उन्होंने कामायनी के सम्बन्ध में हर तरह के ऊँचे क़िस्म की ग़लतफ़हमियाँ फैलायी।'' अतएव ''एक नये सृजनशील कवि के नाते मुक्तिबोध ने काव्य और जीवन दोनों ही क्षेत्रों में छायावाद के प्रतिक्रियावादी मूल्यों के ख़िलाफ़ संघर्ष करना अपना कर्त्तव्य समझा और इसलिए उन्होंने विशेष रूप से कामायनी के भीतर घुसकर उन सामाजिक-ऐतिहासिक शक्तियों का उद्घाटन किया जिन्होंने हिन्दी में व्यक्तिवादी रोमांसवाद, छायावादी भावुकता तथा भाववादी आदर्शवादी विचारधारा का प्रणयन किया।''[96] आज की समीक्षा प्रतीकों, बिम्बों और रचना-प्रक्रिया के माध्यम से कृति को समझना चाहती है। इस दृष्टि से मुक्तिबोध कामायनी को एक विशाल फ़ैण्टेसी के रूप में देखते हैं-एक ऐसी फ़ैण्टेसी जो कल्पना-बिम्बों द्वारा जीवन की पुनर्रचना है। उनका मत है कि-कामायनी उस अर्थ में कथा-काव्य नहीं है जिस अर्थ में 'साकेत' अथवा 'प्रियप्रवास'। कामायनी की कथा के अन्तर्गत जो पात्र, चरित्र और कार्य प्रस्तुत हुए हैं, वे सब प्रतीक हैं वास्तविक जीवन-तथ्यों के। फ़ैण्टेसी के कथानक, घटनाएँ और पात्र तो सुविधा रूप हैं। इस फ़ैण्टेसी के माध्यम से लेखक ने आत्मजीवन को और उस आत्मजीवन में प्रतिबिम्बित जीवन-जगत के बिम्बों को और तत्सम्बन्धी अपने चिन्तन को, अपने जीवन निष्कर्षों को प्रकट किया है।''

मुक्तिबोध ने कामायनी की आलोचना करने के लिए आलोचना का एक नया व्यवस्थित सैद्धान्तिक ढाँचा और नयी पद्धति का निर्माण किया, उन्होंने मूल्यांकन की प्रक्रिया और मूल्य निर्णय का आधार भी सामने रखा है। मुक्तिबोध ने रचना की उत्पत्ति के ऐतिहासिक सामाजिक परिवेश, रचना की अन्तःप्रकृति और रचना के कलात्मक प्रभाव के विश्लेषण को आलोचना की सुव्यवस्थित पद्धति के लिए आवश्यक माना। ''मुक्तिबोध ने कामायनी के कलात्मक सौन्दर्य का विश्लेषण नहीं किया है, उन्होंने उसकी अन्तर्वस्तु को ही आलोचना का विषय बनाया है। मुक्तिबोध ने कामायनी में व्यक्त जीवन मूल्य, विश्वदृष्टि और यथार्थ बोध का विश्लेषण मूल्यांकन करते हुए अपनी सफल वस्तुवादी आलोचना दृष्टि का प्रमाण दिया है।''[97] मुक्तिबोध ने कामायनी में व्यक्त यथार्थ चेतना, जीवन-मूल्य और विश्व-दृष्टि की विस्तृत समीक्षा की है।

उनके अनुसार कामायनी जीवन की पुनर्रचना है। ऐसे जीवन की पुनर्रचना, कि जिस जीवन के प्रति लेखक अत्यन्त दीर्घकाल से संवेदनात्मक प्रतिक्रियाएँ करता आया, जिसे वह अपने अन्तस्तल में अनुभूत करता रहा, मानों वह उसकी निजी गोपनीय सम्पत्ति हो।

मनु, मुक्तिबोध के अनुसार, मन का प्रतीक नहीं है। "वह उस वर्ग का टाइप है जिसकी शासन–सत्ता तथा ऐश्वर्य छिन गया हो, उस वर्ग की समस्त प्रवृत्तियाँ मनु में है। अहंकार, विलासिता, आत्ममोह, निर्बाध उच्छृंखलता, व्यक्तिवादी साहस, व्यक्तिवादी निराशा, पाखण्ड और ऐसा आत्मग्रस्त निविड़ आत्म विश्लेषण जो पराजय से प्रसूत होकर पराजयों की ओर ले जाता है, मनु की विशेषता है।" मुक्तिबोध के अनुसार, मनु के रूप में प्रसाद जी ने अपना वर्ग–चरित्र स्पष्ट किया है। मनु प्रसाद जी की अन्तर्निहित प्रवृत्तियों का प्रतिनिधि पात्र है किन्तु वह प्रसाद जी के मन अथवा व्यक्तित्व का पूर्णतः प्रतिनिधित्व नहीं करता। मनु समस्या प्रसाद की आत्मानुभूति समस्या है।" ध्यान रखने की बात यह है कि मनु देव सभ्यता के भीतर अपने जीवन के हार्दिक प्रेम–सम्बन्धों की स्मृतियों को जागृत नहीं करता। हृदय सम्बन्ध मानव थे ही नहीं, उसे याद आते हैं मात्र विलास दृश्य और कुछ नहीं।"

मुक्तिबोध ने लिखा है कि प्रसाद जी को वर्तमान पूँजीवादी समाज व्यवस्था की विकृतियों और समस्याओं का गहरा और ठीक ज्ञान है, उन्होंने इन सबका प्रभावशाली चित्रण भी किया है, लेकिन प्रसाद जी ने जो समाधान प्रस्तुत किया है वह ग़लत है। "श्रद्धा की अवतारणा मनु की मुक्ति के लिए की गयी है। उसमें हृदय के सब गुण हैं। वह प्राइवेट इण्डिविज्युअल है–अपने आप में सीमित। वह मानवता एवं लोकाग्नि में तपने की बात करती है किन्तु व्यावहारिक धरातल पर लोकसेवा के विस्तृत चित्र नहीं मिलते।"[98] मुक्तिबोध मानते हैं कि इड़ा बुद्धि प्रधान अवश्य है किन्तु वह बुद्धिवाद का प्रतीक नही है। वह पूँजीवादी सभ्यता की प्रतीक है, ह्रासग्रस्त सभ्यता की उन्नायिका है। 'अतएव' वह मनु की अतिचारी कार्यों की न्यायपूर्ण भर्त्सना के बावजूद प्रसाद जी की अन्तिम सहानुभूति खो बैठी। मुक्तिबोध मानते हैं कि, "श्रद्धा और मनु के बीच की टकराहट आदर्शवाद और स्वार्थवाद के बीच की टकराहट नहीं है। वरन् संक्षिप्त जीवन–क्षेत्र की चौहद्दी में फँसे रहने की प्रवृत्ति और व्यापक जीवन क्षेत्र में विचरण करनेवाली प्रवृत्ति के बीच की टकराहट है।" वह दर्शन है समरसता–सिद्धान्त जो इच्छा, ज्ञान और क्रिया के सामंजस्य पर बल देता है। मुक्तिबोध के अनुसार "इच्छाक्रिया–ज्ञान के सामंजस्य का प्रतिफलन कामायनी के चरित्रों में नहीं हो सकता है।"[99] मुक्तिबोध के अनुसार, "इच्छा, क्रिया, ज्ञान का सामंजस्य वास्तविक जीवन–क्षेत्र में होता है। मानवता के उद्धार–लक्षण के सन्दर्भ के बिना, ज्ञान इच्छा तथा क्रिया का दार्शनिक एवं वायवीय सामंजस्य रीति सामंजस्य है। उससे वास्तविक जगत् की समस्याओं का समाधान नहीं हो सकता–उन युगीन समस्याओं का जिनके प्रति प्रसाद जी ने तीव्र प्रतिक्रियाएँ व्यक्त की है पुरुष, स्त्री, व्यक्ति, समाज, सभ्यता, मुक्ति आदि सभी प्रश्नों को चित्रात्मक रूप में उठाकर प्रसाद जी ने महत्त्वपूर्ण कार्य किया है, किन्तु उनका जो दार्शनिक निदान प्रस्तुत किया है वह

वायवीय है। दार्शनिक भावना हृदय के घाव भर सकती है, किन्तु वह सामाजिक विषमता एवं मानवीय समस्याओं को दूर नहीं कर सकती जब तक कि वह वस्तुवादी होकर सकर्मक न हो जाय। कामायनी में वर्णित अन्तर्विरोध को इंगित करते हुए मुक्तिबोध लिखते हैं कि, "कामायनी अपने युग का अवैज्ञानिक, अपरिष्कृत प्रतिबिम्ब है। यदि वह सुपरिष्कृत प्रतिबिम्ब होता तो तत्कालीन समस्याओं का यथार्थ हल भी प्रस्तुत किया जाता। उससे जनता का पक्ष भी ऊँचा उठता ... मनु से अपने किये पर वास्तविक पश्चात्ताप कराया जाता तथा श्रद्धा भी रहस्यवादिनी न बनती।" मुक्तिबोध कामायनी के अद्वैतवाद, रहस्यवादी-आनन्दवाद, आध्यामित्कता आदि का खण्डन करते हैं और इन सबके समर्थक नन्ददुलारे वाजपेयी की सामन्ती-बूर्जुआ (रसवादी-कलावादी) आलोचना दृष्टि का भी खण्डन करते हैं।

कामायनी का जो विवेचन मुक्तिबोध ने किया है वह एक ओर प्रसाद जी का युग तो दूसरी ओर उनका व्यक्तित्व-इन दोनों की क्रिया-प्रतिक्रियाओं के योग को ध्यान में रखकर ही। मुक्तिबोध ने कामायनी में व्यक्त प्रतिक्रियावादी और प्रगतिशील तत्त्वों को अलग -अलग दर्शाया है और कहा है कि वैज्ञानिक दृष्टि के अभाव में प्रसाद जी की सभ्यता-समीक्षा में उन तत्त्वों का जाने-अनजाने रूप में आना अनिवार्य था। कोई भी लेखक अपने देश-काल एवं युगीन परिस्थितियों से पृथक् नहीं हो सकता। प्रसाद जी इसके अपवाद नहीं थे। मुक्ति बोध ने कामायनी की वस्तुवादी आलोचना की है और उसके कलात्मक सौन्दर्य की आलोचना का काम दूसरों के लिए छोड़ दिया। "मुक्तिबोध ने कामायनी में व्यक्त रचनाकार के व्यक्तित्व, यथार्थ बोध, जीवन मूल्य और विश्व दृष्टि की समीक्षा करते हुए उसके यथार्थ बोध की प्रशंसा की है, लेकिन जन विरोधी, प्रगति विरोधी और आध्यात्मिक जीवन मूल्य तथा विश्व दृष्टि की कड़ी आलोचना की है।" मुक्तिबोध ने छायावाद और कामायनी की जो आलोचना की है, उसमें छायावाद और कामायनी की केवल निन्दा ही नहीं है, जैसा कि कुछ लोग समझते हैं। मुक्तिबोध कामायनी को एक महत्त्वपूर्ण रचना मानते थे। "मुक्तिबोध की यह आलोचना उस आलोचना से भिन्न है जो या तो प्रशंसा परक होती है या निन्दापरक।"[100] मुक्तिबोध द्वारा कामायनी के विवेचन में एक बात खटकती है कि कृति की सौन्दर्यात्मक विवेचना को महत्त्व देने के बावजूद उन्होंने कामायनी का सौन्दर्यात्मक अथवा कलात्मक विवेचन नहीं किया। वे कहते हैं कि-"पाठक का यह आदि कर्त्तव्य और प्रथम धर्म है कि वह कलात्मक सौन्दर्य को आत्मसात करते हुए कृति के मर्म में प्रवेश करे। कलात्मक सौन्दर्य तो वह सिंहद्वार है, जिसमें से गुज़रकर ही कृति के मर्म-क्षेत्र में विचरण किया जा सकता है, अन्यथा नहीं" कामायनी : एक पुनर्विचार में कला-पक्ष के विवेचन की उपेक्षा का कारण बताते हुए मुक्तिबोध ने कहा है कि उस पक्ष पर बहुत सारी पुस्तकें लिखी गयीं हैं और दूसरी बात यह है कि उनके अनुसार, रूप से तत्त्व की आलोचना अधिक महत्त्वपूर्ण होती है।

निःसन्देह मुक्तिबोध की सारी स्थापनाओं से सहमत नहीं हुआ जा सकता। आलोचना एक संवाद है। संवाद की शुरुआत ही उचित निष्कर्षों की दिशा में ले जाती है। मुक्तिबोध

आशा व्यक्त करते हुए कहते हैं कि–"अगर इस रचना की ओर आलोचकों का ध्यान गया तो निश्चय ही मतभेदों की टंकार सुनायी देगी। यह आवश्यक भी है। कामायनी हमारे लिये मूल्यवान् ग्रन्थ है। मतभेदों की सक्रियता के द्वारा ही हम मतैक्य का विकास कर सकेंगे, तथा न केवल साहित्य के वरन् साहित्यालोचन के प्रधान सिद्धान्तों के बारे में भी कतिपय निष्कर्षों की तरफ़ बढ़ सकेंगे।"[101] यह कामायनी के पुनर्मूल्यांकन की दिशा में पहला ही प्रयास है। डॉ. नामवर सिंह ने ठीक कहा है कि वह "समकालीन साहित्य में मूल्यांकन के साथ ही समकालीन सन्दर्भ में अपनी पूरी परम्परा का पुनर्मूल्यांकन करने की दृष्टि देता है।"[102] मुक्तिबोध ने सोचा था और उनका यह सोचना बिल्कुल सही था कि 'कामायनी'–जैसे आधुनिक 'क्लैसिक' पर नयी दृष्टि से विचार किये बग़ैर हिन्दी में मार्क्सवादी आलोचना का मार्ग प्रशस्त नहीं किया जा सकता है। मार्क्सवादी दृष्टि से 'कामायनी' की आलोचना जितना आवश्यक कार्य था, उतना ही चुनौती–भरा भी। मुक्तिबोध ने साहसपूर्वक वह कार्य सम्पन्न किया।

'सुमित्रानन्दन पन्त : एक विश्लेषण' शीर्षक निबन्ध में छायावादी चतुष्टय से पन्त की तुलना करते हुए मुक्तिबोध ने लिखा है कि–" प्रसाद जी समाज और सभ्यता की व्याख्या करते हुए आध्यात्मिक सामरस्यवाद की ओर निकल गये, महादेवी जी अपने काव्य द्वारा समाज और सभ्यता के चक्कर में ही नहीं पड़ी। निराला जी संघर्षानुभवों द्वारा, जनस्थिति की ओर उन्मुख हुए। एक पन्त जी ही हैं (निराला जी के अतिरिक्त) जो अपनी विशुद्ध ऐतिहासिक अनुभूति के फलस्वरूप, जनता के साथ हैं।" मुक्तिबोध ने प्रसाद व पन्त के काव्य पर गम्भीरता से विचार किया है। उनका कहना है "पन्त जी के काव्य में हमें संयम–असंयम दिखायी ही नहीं देता। हाँ, कहीं–कहीं कल्पना का अतिरेकपूर्ण आवेग हमें अवश्य प्राप्त होता है। वे मात्र निवेदन करते हैं। उनका काव्य अधिकतर निवेदनात्मक है। सच तो यह है कि पन्त जी अन्तर्तम के गहन भाव–दृश्यों के चित्रकार नहीं हैं। वैसी अन्तर्मुखता और विश्लेषणमयी दृष्टि उनके पास है ही नहीं। वे प्रकृति–चित्रों के अतिरिक्त मनोदशाओं और मन:स्थितियों के गीतकार रहे हैं।" प्राय: प्रकृति उपादान ही पन्त के काव्य का विषय समझा जाता था किन्तु मुक्तिबोध ने कहा 'प्रकृति सौन्दर्य' मुख्यत: उनका कार्य–विषय नहीं, मानव–भाव कार्य–विषय हैं। मुक्तिबोध ने पन्त और प्रसाद के कवि स्वभाव पर विचार करते हुए कहा कि पन्त जी की दृष्टि वास्तवोन्मुख अधिक है, प्रसाद जी की अन्तर्मुख अधिक। अपने में गहरे अथाह खोये रहने का गम्भीर सामर्थ्य जो प्रसाद में था वह पन्त में नहीं। "पन्त का काव्य जीवन–विवेक प्रदीप्त करता है, दृष्टि प्रदान करता है। उससे हम कुछ सीख ले सकते हैं, रस के कुछ अधिक ठोस और स्पष्ट। वह हमारे जीवन को समृद्ध बनाता है।" मुक्तिबोध ने महादेवी वर्मा के विषय में थोड़ा–सा ज़िक्र किया है। उन्होंने लिखा है कि महादेवी जी अपने काव्य द्वारा समाज और सभ्यता के चक्कर में ही नहीं पड़ीं। वास्तविक जीवनानुभव की जितनी सम्पन्नता निराला और प्रसाद में है उतनी महादेवी और पन्त में नहीं।

'आधुनिक हिन्दी कविता में यथार्थ' शीर्षक निबन्ध में मुक्तिबोध ने छायावादोत्तर काल के कवियों पर अपनी संक्षिप्त टिप्पणियाँ दी हैं। मुक्तिबोध इन कवियों की प्रवृत्ति

यथार्थवादी मानते हुए लिखते हैं कि, ''दिनकर नवीन से कुछ अधिक चित्रकार हैं। ग्रामीण या अन्य चित्रों के द्वारा ही उन्होंने अपनी भावनाओं को प्रकट किया। उन्होंने जीवन के कुछ विस्तृत कोनों को छुआ है। दिनकर की न केवल प्रवृत्ति यथार्थवादी है वरन् कला भी।'' 'आधुनिक काव्य की चिन्ताजनक स्थिति' शीर्षक में मुक्तिबोध लिखते हैं कि-'' दिनकर कुरुक्षेत्र का पोथा भले ही लिख लें और उसमें राष्ट्रवाद के नाम पर बड़े शब्दों और ऊँची-ऊँची कल्पनाओं, फड़कते हुए वाक्यों और धड़कते हुए चित्रों की रेल पेल कर दिखायें, यह निश्चित है कि वही ज़िन्दा रहेगा जो वर्तमान यथार्थ के अभिप्रायों को समझ सके। यानि आज के प्रश्नों के सम्बन्ध में निश्चित भावात्मक और बौद्धिक 'आउटलुक' रख सके।''

'उर्वशी' की व्यावहारिक समीक्षा सर्वप्रथम 'उर्वशी : मनोविज्ञान' शीर्षक से ''आलोचना' पत्रिका में प्रकाशित हुई। उसे मुक्तिबोध ने भगवत शरण उपाध्याय के द्वारा लिखी गयी 'उर्वशी' की आलोचना के प्रतिक्रिया स्वरूप की है। कल्पना, जनवरी 1964 द्वारा आयोजित उर्वशी परिचर्चा में अनेक समीक्षक साहित्यकारों ने भाग लिया है। इस परिचर्चा में मुक्तिबोध की समीक्षा सर्वाधिक महत्त्वपूर्ण इसलिए है कि उन्होंने 'उर्वशी' की मूलभूत कमज़ोरी को पकड़ा है। उक्त परिचर्चा को डॉ. नामवर सिंह ने 'ऐतिहासिक दस्तावेज़' माना है क्योंकि उससे, ''समकालीन साहित्य में मुल्यों की सीधी टक्कर का पता चलता है।'' भगवत शरण जी ने 'उर्वशी' का मुख्यत: ऐतिहासिक ग्रन्थ की दृष्टि से मूल्यांकन करने का प्रयास किया है। इसके विपरीत मुक्तिबोध 'उर्वशी' के कथानक की ऐतिहासिकता को भ्रम मात्र मानते हुए यह कहते हैं कि वह ऐतिहासिक ग्रन्थ नहीं, कामायनी की तरह एक बृहद कल्पना-स्वप्न है।' मुक्तिबोध के शब्दों में ''उर्वशी एक बृहद कल्पना-स्वप्न है जिसके द्वारा और जिसके माध्यम से लेखक अपनी कामात्मक स्पृहाओं का आदर्शीकरण करता है, और उन्हें एक सर्वोच्च्व आध्यात्मिक औचित्य प्रदान करता है। कथानक की ऐतिहासिकता केवल भ्रम है।'' मुक्तिबोध की दृढ़ धारणा है कि पुरूरवा-उर्वशी की कथा ने रचनाकार को वह कल्पना स्वप्न प्रदान किया है जिसमें उसे अपनी मनोवृत्तियों की तृप्ति प्राप्त होती है। 'उर्वशी' के मूलदर्शन पर मुक्तिबोध ने आपत्ति की है। उर्वशी का मूल प्रतिपाद्य यह है कि इन्द्रिय सौन्दर्य के माध्यम से अतीन्द्रिय सौन्दर्य तक-देह के माध्यम से अदेह सौन्दर्य तक पहुँचा जा सकता है। मुक्तिबोध के अनुसार उर्वशी का मूल दोष यह है कि, 'वह कृत्रिम मनोविज्ञान पर आधारित काव्य है।' वे आगे लिखते हैं कि-''लेखक ने यह स्थापित करना चाहा है कि ''कुछ प्रज्ञावान भोगिर्यो के लिए ऐन्द्रिय सुख केचरम क्षणों की परिणति अतीन्द्रिय सत्ता की उपलब्धि में होती है। किन्तु कौन हैं वे प्रज्ञावान् भोगी ... क्या इस समय वे भारत में उपलब्ध है।[103] इस प्रकार मुक्तिबोध की व्यावहारिक समीक्षा जीवन के संवेदनात्मक ज्ञान पर आधारित है।

मुक्तिबोध ने उर्वशी के दर्शन को रचनाकार के वर्ग-संस्कारों से सम्बद्ध बताया है। दर्शन से भी अधिक आपत्ति मुक्तिबोध को उर्वशी की काव्य-भाषा पर है। जिस भाषा में प्रभाकर माचवे ने 'वक्तव्य गुण' देखा है और डॉ. रामविलास शर्मा ने 'निराला के बाद मेघमन्द्र स्वर' सुना है वह मुक्तिबोध की दृष्टि में 'विचित्र, बोझिल, जड़ और

बागाडंबर' से पूर्ण है। बागाडम्बर और कृत्रिमता का मूल कारण है, अनुभूति की प्रामाणिकता का अभाव। इसलिए पुरूरवा और उर्वशी समुत्तेजित कल्पना द्वारा रति - सुख के क्षणों की ऐन्द्रिक संवेदनाओं पर प्रदीर्घ वार्त्तालाप करते हैं, करते रहते हैं, मानों वाग्मुख द्वारा देह-सुख प्राप्त करते हुए अदेह होना चाह रहे हों।'' मुक्तिबोध की दृष्टि में सच तो यह है कि कवि के पास 'कहने के लिए ज़्यादा कुछ है ही नहीं।' भाव की इस कमी को छिपाने के लिए उसने 'दीर्घ समारोह का आयोजन' किया है और इसलिए उसे बलात् मनोरति का श्रम करना पड़ता है, कल्पना को बलात् समुत्तेजित करना पड़ता है। मुक्तिबोध ने उर्वशी की भाषा की समीक्षा करते हुए लिखा, '' भाषा में बोझिल गुण है, विचित्र-विचित्र प्रयोग हैं, शब्दों की तोड़-मरोड़ है, ठूँसठाँस है। भाषा का अनायास प्रांजल निर्मल, सरल, चपल प्रवाह देखने को भी नहीं मिलता। भाषा भी समारोह पूर्वक चलती है बृहत आयोजन के साथ। इसीलिए उसकी प्रदीर्घ पंक्तियों में सांस्कृतिक ध्वनियों और प्रतिध्वनियों का निनाद है, और बहुत से स्थानों पर अर्थ की वायवीय शून्यताएँ हैं ... हर चीज़ प्रदर्शनीय है, भड़कीली है।''[104] डॉ. नामवर सिंह के अनुसार, मुक्तिबोध ने जो उर्वशी की आलोचना की है, उसके पीछे 'नयी-कविता का आत्मसजग भावबोध है।' उर्वशी के प्रसंग में डॉ. रामविलास शर्मा और मुक्तिबोध की तुलना करते हुए उन्होंने लिखा है कि-''उर्वशी की आलोचना के प्रसंग में यदि रामविलास शर्मा एक छोर पर हैं और मुक्तिबोध दूसरे छोर पर तो केवल संयोग की बात नहीं है। अन्तर भाषाबोध का ही नहीं, मूल्यबोध का भी है।''[105]

मुक्तिबोध ने छायावादी कवियों एवं दिनकर के लेखन पर अपनी जो दृष्टि दी है वह अत्यन्त मूल्यवाः है। छायावादोत्तर जिन रचनाकारों पर उन्होंने विचार किया है उनमें प्रमुख हैं-त्रिलोचन, सुभद्राकुमारी चौहान, नरेश मेहता, हरिशंकर परसाई, शमशेर, कुँवरनारायण और बच्चन। यही नहीं उन्होंने छायावाद, लघुमानव, नयी कविता एवं प्रगतिवाद पर भी अपनी दृष्टि डाली है। त्रिलोचन के काव्य संग्रह 'धरती : एक समीक्षा' शीर्षक निबन्ध में वे लिखते हैं कि-''त्रिलोचन के काव्य में बेचैनी और विह्वलता नहीं है, बल्कि एक विशेष प्रकार की तटस्थता है। हिन्दी की उत्तेजना प्रिय रुचि को कदाचित यह अच्छा न लगे, परन्तु ज़रा ध्यान से पढ़ने पर अभिव्यक्ति के पीछे किसी गहराई का अन्दाजा हो जाता है।' वे त्रिलोचन के काव्य संग्रह की कविताओं पर विस्तार से विचार करते हुए लिखते हैं कि-'' सारी कविताओं में कवि का गहरा आत्मविश्वास और सामाजिक लक्ष्य के प्रति ईमानदारी प्रकट होती है। यह मात्र ईमानदारी ही नहीं, प्रत्युत उसका जीवन दर्शन है। उससे जहाँ थोड़ा-सा भी स्खलन होता है, उसे अपने में प्रतिक्षोभ होता है और वह कहता है। 'पथ पर धूल उड़ा करती है। वह भी आख़िर कुछ करती है। क्या मेरा जीवन, जीवन है।'' 'सुभद्रा जी की सफलता का रहस्य' शीर्षक निबन्ध में वे विस्तृत रूप से सुभद्रा जी के काव्य और उनकी सफलता की चर्चा करते हैं।''सुभद्रा जी के काव्य-विषय के मूल तत्व, अपने प्रकृत रूप में, पारिवारिक, सामाजिक, राष्ट्रीय जीवन से लिए गये, जिसके द्वारा उनका रूप निर्माण हुआ था। सुभद्रा जी इस पारिवारिक-सामाजिक-राष्ट्रीय-परिधि से अधिक परिचित, निकट और उसके प्रति अधिक ईमानदार रहीं।' आधुनिक हिन्दी काव्य

साहित्य में सुभद्रा जी की अलग ही ख्याति है, इस बात को रेखांकित करते हुए मुक्तिबोध लिखते हैं कि–"आधुनिक हिन्दी काव्य–साहित्य की एकरसता में सुभद्रा जी की झंकार एक नवीन दृश्य उपस्थित करती है। उनकी कविता से सहज मैत्री का बोध, सामीप्य का भाव उत्पन्न होता है। हृदय स्नेहमय सामीप्यपूर्ण वातावरण में साँस लेने लगता है। उनका मानना है कि सुभद्रा जी का राष्ट्रीय कार्य हिन्दी में बेजोड़ है। क्योंकि उन्होंने उस राष्ट्रीय आदर्श को जीवन में समाया हुआ देखा है, उसकी प्रवृत्ति अपने अन्तःकरण में पायी है। 'छायावाद और नयी कविता' शीर्षक निबन्ध में मुक्तिबोध ने नरेश मेहता के काव्य की समीक्षा करते हुए लिखा कि, "समय के विशाल कैनवास पर देश–देशान्तरों के मानव–चित्रों का विहंगमावलोकन करने का श्रेय नरेश मेहता को प्राप्त है। उन्होंने प्रकृतिसौन्दर्य को, वैदिक संस्कृति की आँखों से देखा और उसके भव्य उदात्त चित्र खड़े किये।"

'मध्यप्रदेश का जाज्वल्यमान कथाकार' शीर्षक निबन्ध में मुक्तिबोध परसाई जी के बारे में विचार करते हुए लिखते हैं कि, "विदेशों में जिन मौजूदा भारतीय लेखकों की कृतियों का ठाठ से प्रकाशन हुआ है, उन लेखकों में से बहुतेरे अत्यन्त साधारण हैं। श्री परसाई कलात्मक दृष्टि से प्रगतिशीलता के क्षेत्र में, उनसे कहीं अधिक समर्थ है। उनकी कृतियों में प्रकट खरेपन का एक व्यक्तित्व है, उसका एक उद्‌देश्य है, और गुण समन्वित उसकी एक पृथक् शैली है। मुक्तिबोध ने शमशेर पर मुख्यतः शिल्प की दृष्टि से विचार किया है और स्थापना की है कि शिल्प की दृष्टि से शमशेर हिन्दी के अद्धितीय कवि हैं। उनका मानना है कि 'निज के मौलिक विशेष ' ने ही शमशेर के मौलिक शिल्प को विकसित किया है। उनका शिल्प उनके काव्य व्यक्तित्व से अटूट रूप से जुड़ा है। वे एक ऐसे समर्पित कवि हैं, जिनकी आत्मा ने अनेक असुविधाओं और कठोर उपेक्षाओं के बावजूद, दुनिया की परवाह न करते हुए, सस्ती ख्याति के चक्कर में न पड़कर, जो अभिव्यक्ति–शिल्प तैयार किया है वह हिन्दी साहित्य को अनूठी देन है। मुक्तिबोध के अनुसार, "शमशेर की मूल मनोवृत्ति एक इम्प्रेशनिस्टिक चित्रकार की है।" शमशेर उनके अनुसार 'मुख्यतः प्रणयजीवन के प्रसंबद्ध रसवादी कवि है। शायद, इसलिए आधुनिक दृष्टिकोण के फलस्वरूप बेपर्दगी नहीं कर सकते।' शमशेर का काव्य एकदम खरा है, अपने विशेष गुणों के कारण मौलिक है, अपने शिल्प के कारण अद्धितीय है, और ये ही बातें उन्हें श्रेष्ठ कवि सिद्ध करती है।"

कुँवर नारायण की काव्य–कृति 'परिवेश–हम तुम' की समीक्षा करते हुए मुक्तिबोध ने लिखा है कि "कुँवर नारायण की कविताएँ उस विशेष तनाव से उत्पन्न हैं जो आत्म और बाह्य के द्वन्द्व के कारण उपस्थित होता है।" मुक्तिबोध ने उनके शिल्प की प्रशंसा की है और उसे जनतान्त्रिक बताया है। उनके अनुसार इस कवि के शिल्प में कहने की सादगी, संवेदना की तीव्रता, रंगों की गहराई और ख़्यालों की लकीरें साफ़ साफ़ उभर कर सामने आती हैं, फलतः न केवल आत्मपक्ष का वरन् बाह्य पक्ष का चित्रण होता जाता है। कुँवर नारायण की कविता में, मुक्तिबोध के अनुसार, अन्तरात्मा की पीडित विवेक–चेतना और जीवन की आलोचना है। यथार्थवाद के प्रति दृष्टि के कारण मुक्तिबोध बच्चन की

भावनात्मकता को उचित ठहराते हैं। 'आधुनिक हिन्दी कविता में यथार्थ' शीर्षक निबन्ध 1940-41 में लिखा गया है, उसकी निष्पत्तियाँ मार्क्सवादी मूल्य भावना से काफ़ी दूर हैं। वे लिखते हैं कि, "जब बच्चन की अतार्किक, कल्पना-विगत, भावनापूर्ण दृष्टि से बाह्य को देखा, तब सुख मिटनेवाला देखा और दुःख अगाध देखा। संसार की इस स्थिति से उनका कवि-हृदय व्यापक हो गया। दुखियों के प्रति सहानुभूति की गहराई जितनी अधिक मुझे 'बच्चन' में दिखलायी दी, उतनी, मुझे खेद है, छायावादी न दिखला सके। ... निशा-निमन्त्रण इस दृष्टि से अत्यन्त सुन्दर काव्य है। अपने दुःख से पीड़ित होकर 'बच्चन' ने संसार के दुःख के दर्शन किये।"

डॉ. नगेन्द्र ने छायावाद को 'स्थूल के प्रति सूक्ष्म का विद्रोह' कहा था। मुक्तिबोध ने इस अत्यन्त प्रचलित लटके को याद याद करते हुए लिखा है कि, "छायावाद को स्थूल के प्रति सूक्ष्म का विद्रोह कहना बेमानी है, क्योंकि इससे छायावाद की कोई ऐतिहासिक, सामाजिक या साहित्यिक विशेषता सामने नहीं आती।" मुक्तिबोध ने उन आलोचकों की असलियत की ओर भी संकेत किया है, जो वास्तविक जीवन की उपेक्षा करके केवल कृति की राह से गुजरकर या कृति में से आलोचना की राहों का अन्वेषण करके छाया की आलोचना करते थे। ऐसे आलोचकों के बारे में मुक्तिबोध ने लिखा है कि, "छायावाद की आलोचना करनेवाले हमारे आलोचक छायावाद के निःसहाय बच्चे हैं। छायावादी सम्मोह और उसके अद्वैतवादी प्रयास साहित्यिक आलोचना के मानदण्ड नहीं हैं। इन सम्मोहों तुल्यनास्वप्नों का भावुक विवरण विश्लेषण नहीं है।"[106] डॉ. रामविलास शर्मा लिखते हैं कि-"मुक्तिबोध ने स्वाधीनता आन्दोलन के प्रति सकारात्मक रुख़ अपनाया और कविता तथा गद्य दोनों में लोकमान्य तिलक, महात्मा गाँधी आदि की भूमिका का महत्त्व स्वीकार किया। यह स्वीकृति पूरी तरह वैज्ञानिक विश्लेषण पर आधारित है यह नहीं कहा जा सकता किन्तु वह अन्ध श्रद्धा नहीं है। स्वाधीनता आन्दोलन के प्रति यह रु.ख़ अपनाने के साथ मुक्तिबोध ने छायावादी कविता के साथ सकारात्मक रुख अपनाया'[107]

मुक्तिबोध लघु मानव के इस सिद्धान्त को भी शीतयुद्ध की साम्राज्यवादी विचारधारा की उपज मानते हैं उनका कहना है कि, "यह लघु मानव व्यक्तिवाद का सगा भाई है क्योंकि यह समाज और सामाजिक चेतना से आतंकित है और व्यक्ति सत्ता में ही अपनी अद्वितीयता खोजता और पाता है।"[108] मुक्तिबोध यहाँ बड़े व्यंग्यात्मक तेवरों के साथ लिखते हैं कि-महान आत्माओं, महान् प्रतिभाशालियों, महामानवों का युग गया। अब हम जन -साधारण ही नहीं, केवल लघु मानव हैं। नयी कविता के बारे में मुक्तिबोध ने विस्तृत विचार किया है। "नयी कविता को उत्तराधिकार के रूप में न आध्यात्मवादी विचाराधारा प्राप्त हुई, न भौतिकवादी। विश्वदृष्टि को-चाहे वह जो भी हो, विकसित करने का प्रयत्न भी नहीं हुआ।... उसके (नयी कविता के) पास ऐसी कोई केन्द्रीय दृष्टि नहीं जो उनकी (नयी कवितावादियों की) भाव दृष्टि का अनुशासन कर सके।"[109] एक अन्य स्थान पर वे लिखते हैं कि, "नयी कविता की अपनी विशेष दार्शनिक धारा या विचारधारा नही रहीं। वह तरह-तरह के झुकावों, दृष्टियों और

विचारों का एक ढेर बन गयी।" नयी कविता के बारे में मुक्तिबोध ने लिखा था कि "नयी कविता में प्रारम्भ काल से आज तक के इस समयक्रम में अनाशा और वैकल्प की भावना के साथ-ही-साथ स्वस्थ मानवीय, उन्मेषशील, मानव कल्याण मूलक तथा कोमल मानवीय भावना के और प्रगतिशील तत्त्व रहे हैं।"

मुक्तिबोध का संघर्ष दो तरफ़ा था, एक तरफ़ उन्होंने नयी कविता की पतनशील प्रवृत्ति के विरुद्ध संघर्ष किया, तो दूसरी तरफ़ प्रगतिवाद की खामियों और संकीर्णताओं की तीव्र आलोचना की। मुक्तिबोध की धारणा थी कि पतनशील नयी कविता और प्रगतिवादी कविता दोनों के प्रसार का क्षेत्र मध्यवर्ग ही था, यह पतनशील नयी कविता उच्च मध्यवर्ग की देन थी तो दूसरी ओर प्रगतिवादी कविता निम्न-मध्यवर्ग पर सर्वहारा वर्ग की भावधारा और विचारधारा के प्रभाव की देन। उन्होंने लिखा है कि, "इसी मध्यवर्ग में भिन्न-भिन्न स्थानों पर ऐसे लोग भी हैं जो न अत्यन्त दरिद्र निम्न मध्यवर्गीय लोग हैं, न ऐसे जिन्हें हम आर्थिक दृष्टि से किसी भी हालत में सुखी कह सकते हैं। यह श्रेणी साहित्य तथा कला के क्षेत्र में काम भी करती है, तथा ज्ञान-भिक्षु है, यह कहा जा सकता है। इसकी मनोवृत्ति में प्रगतिवादी प्रवृत्तियों के प्रति समीपता, सम्भवत: पायी जा सकती है और बहुत-कुछ अंशों में अभी भी देखी जा सकती है। प्रगतिवादी जीवन-मूल्य भी इनमें देखे जा सकते हैं। यह है सामाजिक आधार उस सर्वहारा आन्दोलन के, मध्यवर्ग के ऊपर प्रभाव का।"[110]

इस प्रकार हम देखते हैं कि मुक्तिबोध का आलोचक व्यक्तित्व उनके कवि व्यक्तित्व से रत्ती भर छोटा नहीं है। मुझे ऐसा लगता है कि मुक्तिबोध ने अपने कालखण्ड की चुनौतियों का सामना निहायत ईमानदारी से किया है। उन्होंने अपने समय में फैली आलोचनात्मक स्थितियों से सीधे मुठभेड़ की। उन्होंने सैद्धान्तिक आलोचना के क्षेत्र में प्रचलित वायवीय सिद्धान्तों का भण्डाफोड़ करते हुए उसे वैज्ञानिक सुसंगत आधार दिया। उन्होंने अपने कालखण्ड में प्रचलित छल-छद्मों का आवरण चीरते हुए उसे एक गहरी निष्ठा, संवेदनात्मकता और वैचारिकता से जोड़ा। अपने जमाने में मानमूल्य और व्यावहारिक आलोचना में चल रहे भेड़ियाधसान को न केवल उजागर किया बल्कि आलोचक की व्यक्तिगत ईमानदारी को भी रेखांकित किया। आज के माहौल में जिस तरह मुँहदेखी आलोचना हो रही है, आलोचना के नाम पर भड़ैती हो रही है एवं प्रायोजित कार्यक्रम चल रहे हैं जिसके अन्तर्गत किसी को उठाने और किसी को गिराने का खेल चल रहा है। मुक्तिबोध ने नफा-नुकसान की परवाह किये बगैर ऐसी आलोचना के मानमूल्य रखे एवं उन्हें विश्लेषित भी किया। उनका यह कार्य हमें अभी भी अचम्भे में डालता है। उनकी आलोचना की सबसे बड़ी ख़ूबी है बेलाग, दो टूक, निर्भय एवं तटस्थ दृष्टि। ऐसी आलोचना आज दुर्लभ हो गयी है। मुक्तिबोध एक उदाहरण के रूप में हमेशा याद किये जायेंगे।

सन्दर्भ

1. तार सप्तक (सं. अज्ञेय) मुक्तिबोध का वक़्तव्य
2. डॉ. रामविलास शर्मा-नयी कविता और अस्तित्ववाद : पृष्ठ-153

3. प्रमोद वर्मा-मुक्तिबोध विनिबन्ध (पहल का आयोजन) : पृष्ठ - 7
4. डॉ. रामविलास शर्मा-नयी कविता और अस्तित्ववाद : पृष्ठ-154
5. एक साहित्यिक की डायरी : पृष्ठ-4
6. डॉ. रामविलास शर्मा-नयी कविता और अस्तित्ववाद : पृष्ठ-192
7. शरत्चन्द मुक्तिबोध-मुक्तिबोध (सं. लक्ष्मण दत्त गौतम) पृष्ठ - 11-12
8. प्रमोद वर्मा-मुक्तिबोध विनिबन्ध (पहल का आयोजन) पृष्ठ-2
9. डॉ. रामविलास शर्मा-नयी कविता और अस्तित्ववाद : पृष्ठ-123
10. वही पृष्ठ-129
11. मुक्तिबोध रचनावली (भाग-तीन) पृष्ठ - 115
12. डॉ. धनंजय वर्मा-समावेशी आधुनिकता : पृष्ठ-230
13. मुक्तिबोध रचनावली (भाग -6) : पृष्ठ-290
14. मुक्तिबोध रचनावली (भाग-5) : पृष्ठ-133
15. मुक्तिबोध रचनावली (भाग-4) : पृष्ठ - 22-21
16. एक साहित्यिक की डायरी : पृष्ठ-72
17. विष्णुचन्द शर्मा-मुक्तिबोध की आत्मकथा : पृष्ठ-9
18. डॉ. नामवर सिंह-कविता के नये प्रतिमान (भूमिका) : पृष्ठ-9
19. जयशंकर प्रसाद-काव्यकला तथा अन्यनिबन्ध : पृष्ठ - 26
20. रामचन्द शुक्ल-चिन्तामणि (भाग -2) : पृष्ठ-7
21. प्रेमचन्द-साहित्य का उद्देश्य : पृष्ठ-26
22. डॉ. रामविलास शर्मा-आस्था और सौन्दर्य : पृष्ठ-13
23. डॉ. शिवदान सिंह चौहान-आलोचना के सिद्धान्त : पृष्ठ -144
24. नयी कविता-का आत्म संघर्ष तथा अन्य निबन्ध : पृष्ठ -107
25. वही-पृष्ठ -136
26. डॉ. कमला प्रसाद-रचना और आलोचना की द्वन्द्वात्मकता : पृष्ठ-66
27. डॉ. रमेश कुन्तल मेध-अथातो सौन्दर्य जिज्ञासा : पृष्ठ - 273
28. नयी कविता का आत्मसंघर्ष तथा अन्यनिबन्ध : पृष्ठ -24
29. वही -पृष्ठ-168
30. नये साहित्य का सौन्दर्य शास्त्र : पृष्ठ-156
31. नयी कविता का आत्मसंघर्ष तथा अन्य निबन्ध : पृष्ठ -167
32. मुक्तिबोध रचनावली (भाग-5) : पृष्ठ-84
33. नये साहित्य का सौन्दर्यशास्त्र : पृष्ठ-86
34. एक साहित्यिक की डायरी : पृष्ठ -16-17
35. चारुमित्र-आलोचक मुक्तिबोध : पृष्ठ-6
36. पहल का मार्क्सवादी सौन्दर्यशास्त्र विशेषांक (अंक 10-11)
37. वि. अफनास्येव -मार्क्सवादी दर्शन : पृष्ठ -161
38. डॉ. कमला प्रसाद-रचना और आलोचना की द्वन्द्वात्मकता : पृष्ठ-89
39. ओमप्रकाश ग्रेवाल-मार्क्सवादी सौन्दर्यशास्त्र (पहल विशेषांक) : पृष्ठ -36
40. मुक्तिबोध रचनावली (भाग-6) : पृष्ठ-328
41. लेनिन-संग्रहीत रचना (भाग 38): पृष्ठ-171

42. नये साहित्य का सौन्दर्यशास्त्र : पृष्ठ-90
43. नयी कविता का आत्मसंघर्ष तथा अन्य निबन्ध : पृष्ठ-41
44. अज्ञेय-आत्मनेपद : पृष्ठ-161
45. नयी कविता का आत्मसंघर्ष तथा अन्य निबन्ध : पृष्ठ-145
46. मुक्तिबोध रचनावली (भाग-5) : पृष्ठ-262-63
47. डॉ. शिवकुमार मिश्र : साहित्य और सामाजिक सन्दर्भ : पृष्ठ-91
48. वि. अफनास्येव-मार्क्सवादी दर्शन : पृष्ठ-163
49. डॉ. धनंजय वर्मा : समावेशी आधुनिकता : पृष्ठ-207
50. वि. अफनास्येव-मार्क्सवादी दर्शन : पृष्ठ-163
51. नयी कविता का आत्मसंघर्ष तथा अन्य निबन्ध : पृष्ठ-100
52. पुष्पलता राठौर : मुक्तिबोध के आलोचना सिद्धान्त : पृष्ठ-142
53. वि. अफनास्येव-मार्क्सवादी दर्शन : पृष्ठ-240
54. लेनिन-संकलित रचनाएँ (खण्ड-तीन) : पृष्ठ-248
55. नये साहित्य का सौन्दर्यशास्त्र : पृष्ठ-120
56. अमृतराय-नयी समीक्षा : पृष्ठ-8
57. अर्न फिशर-द नेसेसिटी ऑफ आर्ट (अंग्रेज़ी) : पृष्ठ-151
58. मुक्तिबोध रचनावली (भाग-5) : पृष्ठ-284
59. नये साहित्य का सौन्दर्यशास्त्र : पृष्ठ-10
60. आचार्य रामचन्द्र शुक्ल-रस मीमांसा : पृष्ठ-19
61. हिन्दी शब्दकोश (भाग-एक) : पृष्ठ 94
62. कॉडवेल उद्धृत-डॉ. रामविलास शर्मा : आस्था और सौन्दर्य : पृष्ठ-26
63. मार्क्सवादी सौन्दर्यशास्त्र (पहल का विशेषांक) : पृष्ठ-256
64. आचार्य रामचन्द्र शुक्ल : रस मीमांसा : पृष्ठ-24
65. मुक्तिबोध रचनावली (भाग-चार) : पृष्ठ-104-105
66. एक साहित्यिक की डायरी : पृष्ठ-23
67. हार्वर्ड फास्ट-लिटरेचर ऐण्ड सोसाइटी (अंग्रेज़ी) : पृष्ठ-45
68. नये साहित्य का सौन्दर्यशास्त्र : पृष्ठ-134
69. अर्न फिशर-द नेसेसिटी ऑफ आर्ट (अंग्रेज़ी) : पृष्ठ-129
70. डॉ. सत्यप्रकाश मिश्र-मार्क्सवादी सौन्दर्यशास्त्र (पहल का विशेषांक) : पृष्ठ-86
71. माओ-त्से-तुंग-माओ की चुनी हुई कृतियाँ (भाग-3) : पृष्ठ-11
72. डॉ. देवीशंकर अवस्थी-रचना और आलोचना : पृष्ठ-119
73. नये साहित्य का सौन्दर्यशास्त्र : पृष्ठ-88
74. राल्फ फाक्स-उपन्यास और लोकजीवन : पृष्ठ-142
75. जे.एम. हार्थार्न-आइडेण्टटी ऐण्ड रिलेशनशिप : पृष्ठ-149
76. नये साहित्य का सौन्दर्यशास्त्र : पृष्ठ-112
77. मुक्तिबोध रचनावली (भाग-5) : पृष्ठ-155-56
78. डॉ. कमला प्रसाद ; रचना और आलोचना की द्वन्द्वात्मकता : पृष्ठ-212
79. डॉ. नामवर सिंह : इतिहास और आलोचना : पृष्ठ-201-202
80. डॉ. कमला प्रसाद : रचना और आलोचना की द्वन्द्वात्मकता : पृष्ठ-9

81. मैनेजर पाण्डेय-कंक-मुक्तिबोध विशेषांक : पृष्ठ-135
82. सम्पादक-निर्मल शर्मा : मुक्तिबोध : पृष्ठ-133
83. मैनेजर पाण्डेय-'कंक' मुक्तिबोध विशेषांक : पृष्ठ-179
84. मुक्तिबोध रचनावली (भाग-5) : पृष्ठ-48-49
85. वही-: पृष्ठ - 296
86. कुँवरपाल सिंह-पहल : 43-44, संयुक्तांक : पृष्ठ - 147
87. चारुमित्र-आलोचक मुक्तिबोध : पृष्ठ - 100
88. मुक्तिबोध रचनावली (भाग-5) : पृष्ठ-37
89. वही-: पृष्ठ-50
90. वही-: पृष्ठ-426
91. वही-: पृष्ठ-297
92. कङ्क-मुक्तिबोध विशेषांक : पृष्ठ-158
93. चारुमित्र-आलोचक मुक्तिबोध : पृष्ठ - 93
94. डॉ. रामविलास शर्मा : नयी कविता और अस्तित्ववाद : पृष्ठ-169
95. डॉ. नामवर सिंह-कविता के नये प्रतिमान : पृष्ठ-82
96. वही-: पृष्ठ - 81-82
97. कङ्क : मुक्तिबोध विशेषांक : पृष्ठ-157
98. चारुमित्र-आलोचक मुक्तिबोध : पृष्ठ - 86
99. डॉ. नामवर सिंह-कविता के नये प्रतिमान : पृष्ठ - 82-83
100. कङ्क : मुक्तिबोध विशेषांक : पृष्ठ - 161
101. कामायनी : एक पुनर्विचार : पृष्ठ-22
102. डॉ. नामवर सिंह-कविता के नये प्रतिमान : पृष्ठ - 83
103. मुक्तिबोध रचनावली (भाग-5) : पृष्ठ - 466
104. वही-: पृष्ठ - 470
105. डॉ. नामवर सिंह-कविता के नये प्रतिमान : पृष्ठ-75
106. कङ्क : मुक्तिबोध विशेषांक : पृष्ठ-156
107. डॉ. रामविलास शर्मा - नयी कविता और अस्तित्ववाद : पृष्ठ-232
108. वही -: पृष्ठ-172
109. वही-: पृष्ठ-109
110. नये साहित्य का सौन्दर्यशास्त्र : पृष्ठ-24

कविता : वस्तु और शिल्प

कविता का वस्तुलोक

मुक्तिबोध की कविता आदमी की कविता है। वह आदमी जो सैकड़ों दबावों और शोषण के अनौचित्यपूर्ण साधनों के कारण संकटग्रस्त है। यह ऐसा संकट है जिसके पार वह निकल नहीं पाता। पीड़ाओं में घुटना, पीड़ाओं से मुक्ति पाने की तुलना में ज़्यादा विश्वसनीय हक़ीक़त है। मुक्तिबोध अपने आसपास और अपने समय की जानी पहचानी घटनाओं को उठा लेते हैं और हमारे, आपके सामने उनका विश्लेषण करते हैं जो विश्वसनीय होता है। घटनाओं का रहस्य टूटता है और विश्लेषण मात्र से घटनाएँ अपना अलौकिक चरित्र छोड़कर भौतिक हो जाती हैं। मुक्तिबोध की कविताएँ पाठक को विश्वास में लेती है कि उसकी निराशा और फ्रस्ट्रेशन आकस्मिक और अनजाने ही नहीं हैं। आदमी के ख़िलाफ़ जो भी योजनाओं का तन्त्र है वह सब सुनियोजित है। व्यवस्था ने अपना सामाजिक, राजनैतिक, ऐतिहासिक और सांस्कृतिक क्षेत्रों में ऐसा जाल बुन दिया है, जो मोटे तौर पर सामान्य आदमी की समझ को गायब करता है और उसे इस बात के लिए मज़बूर करता है कि वह हर घटना को होनी समझ ले। मुक्तिबोध का तर्क यहीं समाप्त नहीं होता। वे आदमी के भीतर से उस मनुष्य की तलाश करते हैं जो निराशा से मुक्ति चाहता है लेकिन आदमी के भीतर का संघर्ष धूमिल हो गया है। द्वन्द्व की प्रक्रिया कमज़ोर हो गयी है और इस कारण इतिहास की गति मन्द पड़ गयी है। मुक्तिबोध उस आदमी को उसके अपने सामने ही खड़ा करते हैं और इस तरह द्वन्द्व को तीख़ा और तीव्र बनाते हैं इसलिए मुक्तिबोध की अपने समय के कवियों में अलग पहचान है। उन्हें दूर से ही पहचाना जा सकता है। डॉ. नामवर सिंह का कथन इस बात को पुष्ट करता है कि–"उनकी कविताओं का केन्द्रीय विषय है आज के व्यक्ति का अन्तर्द्वन्द्व। सामाजिक अन्तर्द्वन्द्व की जो छाया व्यक्ति के जागरूक मन में प्रतिबिम्बित होती है, उसी के मार्मिक चित्रों का प्रयास मुक्तिबोध ने बार-बार किया है। इस तरह मुक्तिबोध आत्म-विश्लेषण के माध्यम से इस युग के सामाजिक संघर्ष को समझना चाहते हैं। उनकी कविताओं में इसी आत्म-संघर्ष से छिटकी हुई चित्र श्रृंखला मिलती है।"[1]

मुक्तिबोध ने जो कुछ भी लिखा चाहे वह कहानी हो, निबन्ध, डायरी या आलोचना या कोई अन्य लेखन, उन सबमें आदमी की पहचान और आदमी के बेहतर भविष्य की

ओर, उसे प्रेरित करने की आकांक्षा है। उनकी समूची रचनाएँ इसी केन्द्रीय आयोजन के विभिन्न स्तरों की व्याख्या करती हैं और उनका विश्लेषण भी। उन्होंने सामाजिक सन्दर्भों से जुड़े हुए किसी कवि की मानसिक बनावट और उसकी काव्य प्रक्रियाओं को अपनी व्यक्तिगत डायरी के माध्यम से व्यक्त किया है। मुक्तिबोध की कविता इस बात का प्रमाण है कि रचनाकार का मनोजगत् सामाजिक मनोजगत् से कटकर जीवित नहीं रह सकता। उसका निजी मनोजगत् सामाजिक मनोजगत् की प्रतिच्छाया है। डॉ. नामवर सिंह के शब्दों में "जो अपने मन के माध्यम से उस मन के साथ जुड़े हुए सैकड़ों मनों का उद्घाटन करते हैं, इस तरह वे अपने मन के द्वन्द्व का उद्घाटन करते हुए उस युग के पूरे समाज के संघर्ष को खोलकर रख देते हैं।"[2] मोटे तौर पर 'एक साहित्यिक की डायरी' में व्यक्त कवि के विचार, मुक्तिबोध के ऊर्जस्वित व्यक्ति के विचार हैं और उनकी कविताएँ भी उनके व्यक्तित्व की अभिव्यक्ति हैं, लेकिन यहाँ जब हम निजता और व्यक्तित्व जैसे शब्दों का प्रयोग करते हैं तो इन शब्दों का अर्थ है जिसकी ओर नामवर सिंह ने संकेत किया है। आशय यह कि पूरा भौतिक-जगत् अपनी सघन प्रतिच्छाया व्यक्ति के मनोजगत् में छोड़ता है और वह प्रतिच्छाया सघनतर और सघनतम रूप धारण कर बहिर्गत होती है। ज़ाहिर है कि उनका समूचा मनोजगत् आदमी की पीड़ाओं से आक्रान्त एवं द्रवित दिखायी देता है। उसके मूल में करुणा की अजस्रधारा प्रवाहित होती हुई अनुभव की जा सकती है। महाकवि भवभूति इसी करुणा को श्रेष्ठ मानते हैं 'एको रसः करुण एव'। मुक्तिबोध अपनी कविता में आदमी की समूची हालत का बखान करना चाहते थे। वे मनुष्यता को विध्वंस करनेवाले तत्त्वों को ख़त्म करना चाहते थे और यह तड़प उनके समग्र लेखन में बराबर मिलती है। अशोक वाजपेयी का कहना है कि-"मुक्तिबोध मनुष्य के विरुद्ध हो रहे विराट् षड्यन्त्र के शिकार के ही रूप में नहीं लिखते बल्कि वे उस षड्यन्त्र में अपनी हिस्सेदारी की भी खोज करते हैं और उसे वे बेझिझक ज़ाहिर करते हैं। इसीलिए उनकी कविता निरा तटस्थ बखान नहीं बल्कि निजी प्रामाणिकता और 'इनवाल्वमेण्ट' की कविता है।"[3]

मुक्तिबोध की प्रारम्भिक कविताएँ रोमैण्टिक हैं, लेकिन उनमें मानववादी दृष्टि हमें लगातार मिलती है। उनकी कविताओं में अनुभूत वास्तव एवं मनुष्य यथार्थ 'करण्ट' की तरह दौड़ता हुआ अनुभव किया जा सकता है। जीवन की गहन अनुभूतियों को उन्होंने अपनी रचनात्मकता में संजोया है, क्योंकि वे अपने अनुभवों को अनेक कोणों से प्रकट करते हैं। यथार्थ के पल-पल परिवर्तित स्वरूप को, बदलते विधानों को विभिन्न शिल्प माध्यमों द्वारा वे पुनः-पुनः सृजित करते हैं। इसीलिए उनमें एक भुतहापन और भयावहता दिखायी पड़ती है। सम्भवतः इसीलिए अशोक वाजपेयी उन्हें भयानक ख़बर का कवि कहते हैं। उनका वस्तुलोक और उनका शिल्प निरपेक्ष नहीं है बल्कि दोनों का रिश्ता द्वन्द्वात्मक भी है। सर्वप्रथम मैं उनकी काव्यवस्तु की पड़ताल उनकी कविताओं के रूप आकार के आधार पर करना चाहूँगा, मसलन, छन्दोबद्ध कविताएँ, छोटी कविताएँ, लम्बी कविताएँ और अधूरी कविताएँ। इससे उनके काव्य के भीतर की जटिलताएँ भी प्रत्यक्ष होंगी और उनका ताना-बाना और गतिशीलता हम जान पायेंगे। उनकी अन्तर्वस्तु के

स्वरूप, उसकी भौगोलिक स्थिति और आबोहवा से भी हम साक्षात्कार कर पायेंगे, यही नहीं उनकी वैचारिक प्रतिबद्धता के उस मसाले को भी हम जान पायेंगे जिसके बिना कविता का इतना विस्तृत, मज़बूत, वैण्टीलेटेड, कलात्मक और भव्य भवन का निर्माण वे कर सके।

छन्दोबद्ध कविताएँ

मुक्तिबोध अपनी एक कविता में लिखते हैं, "वे ... जो अपने ही/ काव्य और छन्द के बन्दी हैं/ उनकी निगाहें तो अन्धी हैं अपनी ही लौ से/...कई ऐसे सत्य हैं (और वे अनन्त हैं)/ ज़िन्दगी के पहलू/ जो हैं, जो बनते हैं, बढ़ते ही रहे हैं/ उनके असंख्य रूप छन्द हैं अनगिन/ चित्र हैं भिन्न-भिन्न।'[4] मुक्तिबोध की मान्यता है कि छन्द का बन्दी रहकर न तो कविता का विकास किया जा सकता और न मनुष्य का। निराला ने भी कविता की मुक्ति को छन्दों के शासन से अलग होने के रूप में देखा था। रूढ़ अर्थों में छन्द का निर्वाह मुक्तिबोध की कविता में बहुत कम है। जहाँ है, वहाँ कवि का व्यक्तित्व पूरी क्षमताओं के साथ सामने नहीं आ पाता। मुक्तिबोध की कविता के छन्द के विषय में त्रिलोचन शास्त्री का विचार है कि, "उनकी सारी कविताओं को पढ़ने से साफ़ है कि उन्होंने मुक्त छन्द के अलावा व्यवस्थित छन्दों में कम नहीं लिखा है। छन्दोबद्ध रचनाओं में उनके भाव कहीं बाधित नहीं होते। उनकी परवर्ती कविता छन्दों में नहीं मिलती। मुक्त छन्द का ही प्रयोग मिलता है उनकी छन्द से युक्त कविताओं में; सहर्ष स्वीकारा है, हृदय की प्यास, तू और मैं, तुम कुहर-विपिन में छिपी रहीं, तन्मयता के बाद, अन्तर्दर्शन आदि हैं। 'सहर्ष स्वीकारा है' कविता में सहज स्वतः उद्भूत छन्द का प्रयोग है, "ज़िन्दगी में जो कुछ है, जो भी है/ सहर्ष स्वीकारा है/ इसीलिए कि जो कुछ भी मेरा है। वह तुम्हें प्यारा है। इसी तरह 'हृदय की प्यास' कविता में तुकान्तिक स्वनिर्मित छन्द का प्रयोग वे करते हैं। "कौन मदिरा माँगता हूँ? यह हृदय की प्यास आली/ और यौवन के खिले अरमान हैं, मधुमास आली/ या तो ज्वाला ही लगा दो, और तिनके जल उठे ये/किन्तु प्यासे इन दृगों को है बड़ा विश्वास आली।" मुक्तिबोध की क्लोज कविता में सहज मात्रिकता और वर्णिकता है-पर पारम्परिक वर्णिक छन्दों और गणों से वे युक्त हैं। उनकी क्लोज कविता में निकटवर्ती तुक हैं, ओपेन कविता में दूरवर्ती लय है जो 'तू और मैं' कविता में देखी जा सकती है "मैं बना उन्माद री सखि, तू तरल अवसाद/ प्रेम-पारावार पीड़ा, तू सुनहली याद/ तैल तू तो दीप मैं हूँ, सजग मेरे प्राण/रजनि में जीवन-चिता औ, प्रात में निर्वाण।" मुक्तिबोध के प्रसाद प्रवण छन्द का प्रयोग 'तुम कुहर विपिन में छिपी रहीं' में देखा जा सकता है -"तुम कुहर विपिन में छिपी रहीं/ कोमल पातों पर पारिजात/ इस स्निग्ध मध्य-रजनी में/ प्रिया स्मृति ले आया है सुरभि-वात।"

मुक्तिबोध की 'मरण-रमणी' कविता संगीत युक्त और रूबाई पैटर्न पर लिखी गयी है जिसकी कुछ पंक्तियाँ द्रष्टव्य हैं-'री, अधर उन्माद यह उस पार का संवाद लाये/ प्रेमविकला वासना यह स्वर्ग का आह्लाद लाये/कुसुम-कोमल कर धरे तब नाचता नेपथ्य

जाऊँ!/ दिन हटे, औ' निशि जगे, द्रुत शून्य हो प्रासाद जाये।'' इसी तरह उन्होंने 'कविते' शीर्षक कविता में संबोध गीत के माध्यम से जो रूबाई पैटर्न में लिखी है यथा–''तरुणि, तेरे पास आया इन कणों का भार लेकर/ बादलों के पार होने इन्द्रधनुष का प्यार लेकर/ मरण आकर्षण बना री सुमुखि/ प्रिय के रूप-मधु-सा/आज जीवन स्खलित होता प्रिय मधुर मधुसार लेकर।'' उनकी 'जीवन यात्रा' कविता में महादेवी की गीत शैली की अन्तर्क्रिया दिखायी पड़ती है-''मेरे जीवन का विराम/नित चलता ही रहता है मेरा मनोधाम/गति में ही उसकी संसृति है/निज नव जीवन में उन्नति है/नित नव अनुभव है अविश्राम/ मन सदा तृषित, सन्तत सकाम/ मेरे जीवन का विराम।'' 'कोकिल' कविता में 'री' की टेक का अच्छा प्रयोग हुआ है–''प्रिय-नाम कोकिल बोल री।/आज स्मृति के बन्धनों में तू हृदय निज खोल री/ आज शूलों में बिंधा यह सुमन व्याकुल हासवाला/ प्यास आँखों में भरी, तू यहाँ न पानी ढोल री ! वे जान पायें ना अधर के स्मयन में है प्राण-कम्पन/ आज उनका प्यार निष्ठुर अश्रु से मत तोल री !/ आम्र की मृदु प्राण, री, तू गीत गा उनके विजय में/ निज पराजय-हर्ष में तू वेदना-मधु घोल री !/प्रियनाम कोकिल, बोल री !।'' प्रगीत का प्रयोग 'मेरी प्रेयसी' कविता में हुआ है–''साँझ बेला में हँसी तुम, जबकि रोने जा रहा मैं/ चरण-मणियाँ चुन रही हो जबकि खोने जा रहा मैं,/ आलि, सोने जा रहा मैं, नाचती तू ताल-गति से/मिलन-कविता तू बनी, निःस्पन्द होने जा रहा मैं।''

मुक्तिबोध की कविता में शास्त्रीय वर्णिक और मात्रिक छन्द नहीं मिलते। प्रचलित छन्दों का उपयोग उन्होंने लगभग नहीं किया। उनके यहाँ स्वनिर्मित नयी छन्दबद्धता है। जिसका अभी तक नामकरण नहीं हुआ। ज़्यादातर लय इनकी कविता को अनुशासित करती है। कहा जाता है कि कविता वर्णो से, यति-गति से अनुशासित होती है जैसे पुलिस का आदमी, सेना का आदमी। इनमें अलग तरह की लय होती है। शास्त्र का अनुशासन कविता को अनुशासित स्वतन्त्रता देता है। उनकी कविता में भावानुप्रवेश होता है। कभी-कभी वे लय से भाव लांघ जाते हैं। वे अपनी कविता के साथ अन्तर्क्रिया करते हैं। उनमें शैली की अन्तर्क्रिया भी शामिल है। कुछ अपने कालखण्ड की शब्द सम्पदा होती है जो समसामयिक अर्थ में प्राणवान होती है ऐसी शब्दावली प्रत्येक रचनाकार में घूम-फिरकर मिलती है। छायावाद काल की शब्द सम्पदा मुक्तिबोध की अन्तर्क्रिया के साथ शामिल है। उन्होंने उसका उपयोग अपने अनुसार किया है। ज़ाहिर है कि कवि प्रतिभा और अर्थ दिशा के आधार पर हो गया है ऐसे शब्दों के अर्थकोण बदल जाते हैं जैसे-अनुभूति, सरोकार, अँधेरा, प्रकाश, जन, शिशु या प्रतिबद्धता आदि शब्द। मुक्तिबोध की छन्दोबद्ध कविताओं की चर्चा के सन्दर्भ में धनंजय वर्मा के शब्दों में कहा जा सकता है कि, ''उन्होंने औपचारिक छान्दसिक लय का आग्रह नहीं किया है। यद्यपि खींचतान कर उनकी कविता में कतिपय छन्दों और वर्षों की लय और अनुप्रास देखा जा सकता है लेकिन यह न तो उनके काव्य की समझ और न ही मूल्यांकन के किसी काम का है।... अपने संघर्षमय अन्तर्पक्ष की तनाव-भरी विम्बात्मक अभिव्यक्ति के लिए उन्होंने मुक्त छन्द में ही सार्थकता प्राप्त कर ली है।''[6]

छोटी कविताएँ

मुक्तिबोध छोटी कविताओं के कवि नहीं है, उनका स्वयं कहना है–''मैं छोटी कविताएँ लिख नहीं पाता और जो छोटी हैं वे वस्तुतः छोटी न होकर अधूरी होती हैं। और इस प्रकार की न मालूम कितनी ही कविताएँ मैंने अधूरी लिखकर छोड़ दी हैं। उन्हें ख़त्म करने की कला मुझे नहीं आती। यही मेरी ट्रैजिडी है।''[7] मुक्तिबोध ने अपने काव्य–जीवन के प्रारम्भ में छोटी–छोटी कविताएँ लिखी हैं। ये कविताएँ कुछ तुकांत, लयबद्ध और छायावादी प्रभाव से युक्त भी हैं। समय के साथ परिवर्तन आया और यह परिवर्तन रचना, आकार एवं भाषा के क्षेत्र में है। उनकी इन कविताओं से प्रतीत होता है जैसे एक निश्चित रूपरेखा के पश्चात् निश्चित भाव और विचार को लेकर लिखी गयी हैं। इनमें अनावश्यक विस्तार नहीं पाया जाता, जिससे कथ्य स्पष्ट और भाव सम्प्रेषणीयता से युक्त है। इन छोटी कविताओं को हम नातिदीर्घ कविताएँ भी कह सकते हैं। ऐसी कविताओं में–भूल ग़लती, पता नहीं, मुझे कदम–कदम पर, मुझे नहीं मालूम, मेरे लोग, मैं तुम लोगों से दूर हूँ, कल हमने जो चर्चा की थी, एक अरूप शून्य के प्रति, नक्षत्र खण्ड, शून्य, एक स्वप्न कथा, बाँहें पसारे बोला था आकाश, मीठा बेर, ओ मसीहा, एक फोड़ा दुखा, बिना तुम्हारे, कई बार, मेरे युवजन मेरे परिजन, भूरी भूरी ख़ाक धूल, एक के बाद एक, झरने पुराने पड़ गये आदि लम्बी कविताओं की माप से छोटी कही जा सकती हैं। 'भूल–ग़लती' कविता आधुनिक मानव की मूल्यहीनता को प्रस्तुत करनेवाली कविता है। इसमें मानवीय पशुता या मूर्खता जिरहबख़्तर पहनकर दिल के तख़्त पर बैठी है। उसका साम्राज्य अनन्त है, उसका दबदबा सर्वव्यापी है, आज का आदमी मानवी पशुता के सामने हार चुका है किन्तु यह स्थिति सदा नहीं रहेगी। कभी ईमान की भी जीत होगी ''हमारी हार का बदला चुकाने आयेगा / संकल्प–धर्मा चेतना का रक्तप्लावित स्वर/ हमारे ही हृदय का गुप्त स्वर्णाक्षर/ प्रकट होकर विकट हो जायेगा !!'' 'पता नहीं' कविता में कवि की आत्मान्वेषण की प्रवृत्ति का एक अग्रिम सोपान प्रतिफलित हुआ है। यह कविता भरे–पूरे की खोज के लिए एक लम्बे सफ़र पर निकल पड़ती है –''आत्मीय एक छवि तुम्हें नित्य भटकायेगी/ जिस जगह, जहाँ जो छोर मिले/ ले जायेगी .../...पता नहीं, कब, कौन कहाँ, किस ओर मिले।'' यह आत्मबोध व्यक्ति को सारी सृष्टि से एकमेव बना देता है। प्रत्येक व्यक्ति परम आत्मीय प्रतीत होता है। मुझे कदम–कदम पर' कविता में कवि किसी एक रास्ते पर नहीं चलना चाहता, प्रत्युत वह उन सब पर से गुजरना चाहता है। इन रास्तों के अनुभव उसे बहुत अच्छे लगते हैं। वह गहराई में उतरना चाहता है। उसके मन में यह आशा है कि न जाने उसमें उसे कुछ मिल जाय, ''मुझे भ्रम होता है कि प्रत्येक वाणी में/ महाकाव्य पीड़ा है/ पल भर में सब में से गुज़रना चाहता हूँ।'' 'मुझे याद आते हैं' कविता मनोचिन्तन से सम्बन्धित है। जिसमें गर्भवती नारी का परिश्रमशीला रूप उसे नया विश्वास देता है और वह सोचता है कि यदि उस श्रमशीला नारी की आत्मा सभी अभावों को सहकर, कष्टों को लात मारकर, निराशायें ठुकराकर किसी ध्रुव लक्ष्य पर खिंचती–सी जाती है तो मैं भी वैसे जीवित रह सकता हूँ ''गर्भवती नारी का/ कि जो पानी भरती है वज़नदार घड़ों से/ कपड़ों को धोती

है भाड़-भाड़/ घर के काम बाहर के काम सब करती है,/ अपनी सारी थकान के बावजूद/ मज़दूरी करती है। घर की गिरस्ती के लिए ही/ पुत्रों के भविष्य के लिए सब।''

'मैं तुम लोगों से दूर हूँ' कविता वर्ग भावना को व्यक्त करती है। कवि सुविधाजीवी सम्पन्न वर्ग से स्वयं को अलग घोषित करता है, क्योंकि उसकी तथा अन्य की प्रेरणा में विष और अन्न का-सा अन्तर है। कवि असफलता का धूल कचड़ा ओढे हुए है। वह जीवन की सीधी-सादी पटरी पर दौड़ता है पर वह अपनी सार्थकता में खिन्न है, ''विष से अप्रसन्न हूँ/ इसलिए कि जो है उससे बेहतर चाहिए/ परी दुनिया साफ़ करने के लिए मेहतर चाहिए। वह मेहतर मैं हो नहीं पाता, 'मेरे लोग' सर्वहारा वर्ग से आत्मीयता की अनुभूति को प्रकट करती है। जो जुलूस के माध्यम से स्पष्ट होता है इसे ही कवि मेरे लोग कहता है। 'दुख-सुख' कविता कष्ट में ही प्रसन्न रहने, हिम्मत रखने का भाव जगाती है। यह अन्धकार युग में अन्धकार का प्रसार है। यह कविता निराशा का भाव जगाती है। 'गीत' कविता में भक्त की महत्ता बतायी गयी है। तप से ईश्वर भगत के वशीभूत हो जाता है, स्वयं उसके पास चला आता है ''स्वयं पुजाने प्रभु आये हैं। नाच उठी है मीरा दासी/ घूँघट खोल, पिया आये हैं।''[8] बाँहें पसारे बोला था आकाश' कविता में पृथ्वी और आकाश का वार्त्तालाप आकर्षक है। आकाश पृथ्वी से कहता है-'काश, तुम मेरे उर पर सिमटी होतीं/ सिमट सकी होती जीवन में।''[9] उपर्युक्त विवेचन से स्पष्ट है कि ये प्रारम्भिक छोटी-छोटी कविताएँ पूर्ण प्रभाव तो मन पर नहीं डाल पातीं परन्तु भाव का स्पर्श अवश्य कर जाती हैं। इसमें भी 'भूल-ग़लती' जैसी कविताएँ इसका अपवाद हैं। मुक्तिबोध की ख़ासियत यह है कि वे विषयवस्तु को पूरी सघनता और जटिलता के साथ अभिव्यक्त करते हैं, जो एक हद तक उनके काव्य की अन्यतम विशेषता के रूप में मुखर होती है।

अधूरी कविताएँ

लम्बी कविताएँ, छोटी कविताएँ व छन्दोबद्ध कविताओं के अलावा मुक्तिबोध ने कुछ ऐसी कविताएँ लिखी हैं जो अपूर्ण कही जा सकती हैं। इस सम्बन्ध में नेमिचन्द्र जैन का कहना है कि, ''छठे दशक के प्रारम्भ से ही वे ऐसी कविताएँ लिखने लगे जो न तो एक बार में पूरी होती थीं, न उनका कोई एक स्थिर रूप ही बन पाता था।''[10] अधूरी कविताओं के बारे में शिवकुमार मिश्र का कहना है कि-''मुक्तिबोध की बहुत-सी अधूरी कविताओं का राज है। परम अभिव्यक्ति के लिए आतुर और उसकी खोज में संलग्न, उसे पा न सकने वाली स्थिति में उन्हें बीच में ही छोड़ देना ; पहले तिलिस्म को गढ़ना फिर उसे भेदने का उपक्रम करना, उसे सुलझाने का हठ, बाहरी तनाव, सांसारिक दायित्व और कविता का अपूर्ण रह जाना।''[11] उनकी अपूर्ण कविताओं में-'चाहिए मुझे मेरा असंग बबूलपन', काँप उठता दिल, ओ मेघ, जमाने का चेहरा, एक के बाद एक, झरने पुराने पड़ गये, कल्पना की दीप्ति, एक सपना, लिख न सका हूँ, ग़ुलामी की ज़ंजीरें टूट जायेंगी, टी.एस . इलियट के प्रति, मध्य-वित्त, हे प्रखर सत्य, दो, बड़े वेग से चला रही है, अगर तुम्हें सचाई का शौक है आदि हैं। इन अधूरी कविताओं के अतिरिक्त कुछ ऐसी कविताएँ भी मुक्तिबोध ने लिखी हैं जो शीर्षक विहीन हैं। वे रचनावली भाग-दो में संकलित है,

''इस खण्ड के अन्त में एक उपखण्ड में कुछ कवितांश भी दिये जा रहे हैं। ये कवि की बेशुमार अधूरी रचनाओं में से कुछ के टुकड़े हैं जो अपने आप में एक लगभग सम्पूर्ण भाव स्थिति अथवा प्रभावी बिम्ब को प्रस्तुत करते हैं। बल्कि कुछेक को तो शायद स्वतन्त्रपूर्ण या अपूर्ण कविता मानना भी बहुत असंगत न हो।''[12] कवितांश खण्ड में संकलित कविताएँ निम्न हैं–जीवन-सुख अन्यों को अपनों को देने में, हृदय तुम्हारा काम, हमसे जो भिन्न और, एक चींटी चढ़ गयी, तुमने आलोचना ख़ूब की, काट दो यदि तना, ओ सूर्य, तुझ तक पहुँचने की, पीला चेहरा और नुकीली नाक, भूमिका, बाज़ार में बिकते हुए, खुले हुए ग्रन्थों पर जब तक, मनुष्यों के जंगल में, अनाशा की इन अंधेरी खाइयों में, पेट भर भोजन के बाद, बेचैन चील !!, तुम्हारे गालों पर गुस्से के अंगारे, विचार आते हैं, तुम चाहे जो हो, जो मेरे बहुत बहुत प्यारे हैं, कमरे के अकेले कोने में रखी हुई, मेरे छाँह-सागर-तरंगों पर भागती जाती, कोई स्वर ऊँचा उठता हुआ बींधता चला गया आदि हैं।

'ग़ुलामी की ज़ंजीरें टूट जायेंगी, अपूर्ण कविता है। इसकी कुछ पंक्तियाँ द्रष्टव्य हैं।– ''ग़ुलामी की ज़ंजीरें जल्दी ही टूट सब जायेंगी/ मेरी कमज़ोरियों की/ अन्दर की लाचारी की दीवारें टूटेंगी/ तीखे सुभाव के कँटीले तारों घिरी हुई/ सूखी हुई ज़मीन पर/ सोया हुआ जागेगा इंसान/ लेकिन, ये मेरे साथी, तेरे बिना जागकर करेगा क्या।' मुक्तिबोध की कुछ अधूरी कविताएँ रचनावली दो में संकलित हैं जिनमें से कुछ कविताएँ अच्छी बन पड़ी हैं जैसे–''काट दो यदि तना/ तो फिर प्राण-रस/ किस राह से पहुँचे भला/ उस डाल तक/ जिस पर विकसती पत्तियाँ/ शायद खिले जिस पर सुनहला फूल !!'' उन्होंने 'भूमिका' कविता में जो सन्दर्भ और विषयवस्तु प्रस्तुत की है वह काफ़ी सघन और जीवन्त है– '' अगर मेरी कविताएँ पसन्द नहीं/ उन्हें जला दो/ अगर उसका लोहा पसन्द नहीं/ उसे गला दो/ अगर उसकी आग बुरी लगती है/दबा डालो/ इस तरह बला टालो !!/ लेकिन याद रखो/ वह लोहा खेतों में तीख़ा तलवारों का जंगल बन सकेगा/ मेरे नाम से नहीं, किसी और नाम से सही/ और वह आग बार-बार चूल्हे में सपनों-सी जागेगी/ सिगड़ी में ख़यालों-सी भड़केगी, दिल में दमकेगी/ मेरे नाम से नहीं। किसी और नाम से सही/ लेकिन मैं वहाँ रहूँगा।'' उनका दूसरा कवितांश है–''खुले हुए ग्रन्थों पर जब तक/ किरने फैले नहीं। हमारे ग्रहणशील संवेदित मन की/ तब तक वे सब ग्रन्थ-पोटलियाँ/ मात्र ग्रन्थियाँ हैं। इसीलिए तुम रचनाकार/ महामूर्तियों से न प्रभावित/ आतंकित हो/ उनकी महानता की चाहे जितनी गाथायें रच दी हों।'' कहना यह चाहिए कि मुक्तिबोध की कविताओं के इन टुकड़ों में अन्तर्वस्तु अपनी पूरी हैसियत, गरिमा और पूरी गहनता के साथ, बेचैनी से भरी हुई उद्‌भूत होती हैं। उनका व्यंग्य भीतर तक मार करता है और पाठक को उत्तेजना से भर देता है। वे एक कवितांश में लिखते हैं कि, ''पेट भर भोजन के बाद/ रवीन्द्र पढ़ना मुश्किल है। फिर भी कुछ ऐसे हैं, जो डकार लेकर देश भक्ति से पूर्ण/ लिखते हैं। कविताएँ !!/ कालिदास-रवीन्द्र का नाम लेकर सीख देते हैं हम सबको।'' अपनी अपूर्ण कविताओं में मुक्तिबोध कथ्य की विराटता को प्रकट करने में कोई दुराव नहीं रखते।

लम्बी कविताएँ

मुक्तिबोध से लम्बी कविताएँ ही बन पड़ी हैं। उनकी प्रकृति ही ऐसी थी कि वे छोटी कविताएँ लिख ही नहीं सकते थे। रमेश बक्षी ने एक दिन उनसे पूछा था-"इन लम्बी कविताओं का राज क्या है? उत्तर हँसी से दबा गम्भीर चेहरा था, "नदी बहने लगती है तो बहे चली जाती है। नदी की लम्बाई का राज कौन बताये अब? और कविताएँ इतनी अधिक बौद्धिक क्यों हैं?" "अब हिमालय पर बर्फ़ क्यों जमती है? ...वहाँ की जलवायु ही ऐसी है-वह हिमालय की प्रकृति है।"[13] उनकी लम्बी कविताओं के विषय में शिवकुमार मिश्र लिखते हैं कि, "लम्बी कविताओं का मोह वे छोड़ न सके। सच पूछा जाय तो जो उनकी अन्तः प्रकृति थी, उसे देखते हुए उनकी कविता लम्बी हो जाती थी। बहरहाल मुक्तिबोध से लम्बी कविता ही उठती है। उसी का तिलिस्म गढ़ने और उसी को तोड़ने के लिए मन की अंधियारी और गहरी से गहरी सीढ़ियों में वे उतरते हैं।"[14] उनकी लम्बी कविताओं में, अँधेरे में, चम्बल की घाटी में, ब्रह्मराक्षस,चाँद का मुँह टेढ़ा है, लकड़ी का बना रावण, डूबता चाँद कब डूबेगा, एक भूतपूर्व विद्रोही का आत्म कथन, चकमक की चिनगारियाँ, ओ काव्यात्मन् फणिधर, इसी बैलगाड़ी को, भविष्यधारा, कहने दो उन्हें जो यह क़हते हैं, आदि प्रमुख हैं। मुक्तिबोध की लम्बी कविताओं के विषय में उनके मित्र और रचनावली के सम्पादक नेमिचन्द्र जैन ने लिखा है कि "मुक्तिबोध की भावात्मक ऊर्जा अशेष और अटूट थी, जैसे कोई नैसर्गिक अन्तःस्रोत हो जो कभी चुकता ही नहीं, बल्कि लगातार अधिकाधिक वेग और तीव्रता के साथ उमड़ता चला आता है। इस आवेग के दबाव में वह लगातार लिखते चले जाते थे और उनकी यह ऊर्जा अनेकानेक कल्पनाचित्रों, फ़ैण्टेसियों के आकार ग्रहण कर लेती थी। इस कारण यह भी स्पष्ट नहीं होता था कि कोई रचना कब और कहाँ शुरू हुई और कैसे किस जगह समाप्त हुई।"[15] कविताओं की दीर्घता मुक्तिबोध की उस नीयत से सम्बद्ध है, जो संघर्षशील मनुष्य को पूरी तरह काव्य में समेटना चाहती है। यह निजता को व्यापकता से जोड़ना है। लम्बी कविताएँ इसका भी परिणाम हैं। डॉ. नामवर सिंह के शब्दों में "जब हम अपने-आप से लड़ते हुए बाहरी स्थिति से भी लड़ने की कोशिश करते हैं और एक विशेष प्रकार की 'लम्बी कविताएँ' पैदा होती हैं, जो आधुनिक कविता की सबसे बड़ी उपलब्धि है। निराला की 'राम की शक्ति पूजा' 'सरोज स्मृति' आदि लम्बी कविताएँ इसी प्रकार के संघर्ष से उत्पन्न हुई हैं। मुक्तिबोध की लम्बी कविताएँ उसी परम्परा में आती हैं।"[16] प्रमोद वर्मा का यह मानना सही है कि "मुक्तिबोध और लम्बी कविता हिन्दी में एक तरह से समानार्थी शब्द बन गये हैं।"[17]

मुक्तिबोध की लम्बी कविताएँ रैखिक ढंग से विकसित नहीं होतीं। सीधे-सीधे एक दिशा में सुनिश्चित ढंग से वे आगे नहीं बढ़तीं। उनके विकास की दिशा प्रायः ऊर्ध्वमुखी है। अपने आस-पास का आकाश घेरते हुए वे आगे बढ़ती हैं। 'अँधेरे में' का वाचक अपनी परम अभिव्यक्ति को पाने के लिए संघर्षरत है। अभिव्यक्ति ध्वनि का व्यवस्थित रूप है और ध्वनि आकाश का गुण। परम अभिव्यक्ति पाने के लिए छटपटाना ऊर्ध्वमुखी होने के लिए छटपटाना है। गड्ढे में पड़े काव्य नायक और विद्युल्लहरिल गतिमयता' वाली

'फटेहाल' परम अभिव्यक्ति के तनावपूर्ण सम्बन्ध काव्यार्थ को रूप देते हैं। मार्शल-लों के माहौल में ये सम्बंध विकसित होते है। माहौल भयानक अंधरे के रूप में आद्यन्त व्याप्त है। इसकी पृष्ठभूमि में सम्बन्धों की बिखरी हुई स्थितियाँ हैं। ''ज़िन्दगी के ... कमरों में अँधेरे'' से शुरू होकर कविता 'विद्युल्लहरिल गतिमयता' तक पहुँचती है। इसकी रचना वर्तुल नहीं जहाँ से वह चलती है वहीं लौट नहीं आती। न ही समान आकार के अनेक वृत्त बनाते हुए सुनिश्चित ढंग से वह आगे बढ़ती है। आगे वह बढ़ती है दायँ-बायँ, घूमते-देखते हुए। आसपास का आकाश घेरते हुए इसीलिए यह बताना मुश्किल है कि 'अँधेरे में' की मुख्य घटना कौन-सी है। उसमें अँधेरे में उजाले की बिखरी हुई वे स्थितियाँ हैं, जिन्हें सन्दर्भो के बिना समझा नहीं जा सकता। शमशेर के शब्दों में 'यह कविता देश के आधनिक इतिहास का स्वतन्त्रता पर्व और पश्चात का' एक दहकता इस्पाती दस्तावेज़ है।''[18] डॉ. शिवकुमार मिश्र का मानना है कि ''मुक्तिबोध की यह कविता आत्म केन्द्रित अनेक नये कवियों के सम्मुख चिन्तन के नये क्षितिज उद्घाटित करती है। यह नयी कविता का एक गौरवशाली कीर्तिमान है।''[19] नामवर सिंह की दृष्टि में यह परम अभिव्यक्ति की खोज है। इस कविता के बारे में आलोचकों की भिन्न-भिन्न रायें है, भिन्न-भिन्न प्रकार के मत मतान्तर हैं लेकिन कहना यह चाहिए कि यह नयी कविता की अन्यतम उपलब्धि भी है।

'लकड़ी का बना रावण' घमण्ड और नि:संगता के पहाड़ पर एक भव्य पुरुष है। नीचे फैले कुहरे को वह कुछ नहीं समझता। कोहरा जनता के उग्र चेहरों में बदलकर पहाड़ पर चढ़ने लगता है और 'लकड़ी के रावण' को पराजय की कगार पर पहुँचा देता है। कोहरे का जनता में बदलना एक कलात्मक युक्ति है, जो कविता की दिशा बदल देती है। इस कविता में जिस कचोटनेवाली अनुभूति को कहने की कोशिश है, वह काव्य नायक के अपने हलचली परिवेश से कट जाने की है ''सब तरफ़ अकेला/शिखर पर खड़ा हूँ। लक्ष-मुख दानव-सा, लक्षहस्त देव-सा/परन्तु, यह क्या/आत्म-प्रतीति भी धोखा ही दे रही है।'' 'ब्रह्मराक्षस' मुक्तिबोध के व्यक्तित्व का प्रतीक है। यह उनके जीवन एवं काव्य का प्रतिनिधित्व करनेवाली महत्त्वपूर्ण रचना है। इन्द्रनाथ मदान की दृष्टि में ''ब्रह्मराक्षस आदिम बिम्ब है, अतीत की बौद्धिक चेतना का प्रतीक है, कवि का भोगा हुआ आत्म है जो उपचेतन की संकुलता में कैद है।''[20] मुक्तिबोध ने इस कविता में अन्त:बाह्य द्वन्द्व से उलझे व्यक्ति के त्रासद स्वरूप पर भी प्रकाश डाला है। यह प्रकारान्तर से उनकी व्यक्तिगत जीवन गाथा भी सिद्ध होती है और जमाने का क्रुर संघर्ष भी अभिव्यक्त होता है। यह ऐसी ट्रैजिडी है जिसमें हमारी सभ्यता, मनुष्यता और उसकी प्रगति ध्वस्त होती हुई दिखायी पड़ती है। ''पिस गया वह भीतरी/और बाहरी दो कठिन पाटों के बीच ऐसी ट्रैजिडी है नीच !!'' ''चाँद का मुँह टेढ़ा है' में पोस्टर अपने कंधों पर आसमान थामते हैं। यथार्थ होते हुए भी उच्चतर वास्तविकता का यह संसार महत्त्वपूर्ण है। इस कविता की चाँदनी नगर की जासूसी करती है। गंजे सिर टेढ़े मुँह चाँद की ही कंजी आँखों के बाद कवि लिखता है-''बारह का वक़्त है/भुस-भुसे उजाले का फुसफुसाता षड्यन्त्र/शहर में चारों ओर ज़माना भी सख़्त है। प्रतीक चित्र के फ़ौरन बाद गद्यात्मक सूचना। इसके बाद

बरगद है, जिसकी डाल गिरी हुई विपदा के घेरे-सी' है। भैरों है। बरगद के तने पर चिपकते पोस्टर है। गाँधी व तिलक की मूर्तियों पर बैठे, बात करते घुग्घू है। वेदना की बिजली है। बहस करते भैरों व बरगद हैं। आसमान से बूँद-बूँद चूता बिजली का उजाला है। अँधेरे में' की तरह यहाँ भी अभिव्यक्ति की एक से अधिक पद्धतियों का प्रयोग है, नाटकीयता है। 'अँधेरे में' का अँधेरा और चाँद का मुँह टेढ़ा है' की चाँदनी प्रतीक तो हैं ही, यथार्थ के वांछनीय पक्ष उभारने के लिए तकनीक भी हैं।

'डूबता चाँद कब डूबेगा' में चाँद डूबता हुआ भी डूबने में नहीं आ रहा है। यह भी गंजी खोपड़ीवाला है। इस दीर्घ कविता में भी अँधियारे मैदान का चित्रण हुआ है जो अँधियारे मैदानों के सुनसानों बिजली बाघ की चमकदार आँखें' से शुरू होती है। मालवा का पठार मुक्तिबोध की कविता का फलक-सा बन गया है, जो कभी रूढ़ि का भी संकेत देने लगता है। इसमें यह कविता 'में' न होकर कविता 'पर' है, विस्मय पैदा करने के लिए है। इसमें जिन बिम्बों का उपयोग किया गया है। उनमें नवीनता और ताज़गी है-पत्थर के बौद्धिक सींगों का निकल आना, जलन रूपी औरत को मूँछ का निकल आना, द्वेष-पुरुष के दो हाथों का चार पंजों में बदल जाना, इन्सान में हैवान का संकेत देता है। 'एक भूतपूर्व विद्रोही का आत्मकथन' में प्रकारान्तर से अतीत और भविष्य के बीच है-वर्तमान। कविता के शब्दों में विद्रोही कहते हैं-"हम यहाँ ज़मीन के नीचे दबे हुए हैं/गड़ी हुई अन्य धुकधुकियो/ख़ुश रहो/ इसी में कि/वक्षों में तुम्हारे अब/बच्चे ये खेलेंगे।" हाँ बच्चे भविष्य के प्रतीक हैं और धुकधुकियाँ वर्तमान की व्यंजक। वर्तमान की ख़ुशी बच्चों के लिए खेल के मैदान बनने में है।

'ओ काव्यात्मन फणिधर' प्रतीकात्मक कविता है, जिसमें कवि नागात्मक कविता से वट के नीचे पागल स्त्री के स्तन से चिपके बालक की झाँई को दिखाता है और वट की शाखाओं में चढ़ाता है। इन शाखाओं में एक ऐसे दार्शनिक की आत्मा सिसक रही है जो अपने जीवन में उदर-शिश्न के सुखों को जन-उत्पीड़न विभ्राट व्यवस्था के सम्मुख भोगती रही है। वहाँ वट के नीचे वही पागल स्त्री सोयी पड़ी है "मैली दरिद्र स्त्री अस्त-व्यस्त/उसके बिखरे हैं बाल व स्तन है लटका-सा/... शोषिता व व्यभिचारिता आत्मा को पुत्र हुआ/स्तन मुँह में डाल, मरा बालक ! उसकी झाँई/अब तक लेटी है पास उसी की परछाईं !!' 'चकमक की चिनगारियाँ' कविता में ज़िन्दगी के पठार की चर्चा है, जिससे कवि के मुख पर क्षुब्ध बारूदी धुएँ की झार आती है। वह उनसे प्यार करता है जो जगत् की काली सड़कों पर भविष्यत-युद्ध में रत हैं। वह अपने हथौड़े से अपनी अधूरी दीर्घ कविता की प्रश्नोत्तरी की तुंग प्रतिमाओं को तोड़ देना चाहता है, क्योंकि ये प्रश्न कृत्रिम थे तथा उनके उत्तर भी छलपूर्ण थे। उसकी केवल एक ही समस्या है, "समस्या एक/मेरे सभ्य नगरों और ग्रामों में/सभी मानव/सुखी, सुन्दर व शोषण मुक्त कब होंगे?"[7]

इन कविताओं के अलावा 'इसी बैलगाड़ी को' भविष्यधारा, 'कहने दो उन्हें जो यह कहते हैं' आदि लम्बी कविताएँ हैं, जिनमें वास्तव की जटिलता को या जटिल की वास्तविकता को पकड़ने की कोशिश है। मुक्तिबोध की कविताओं की दीर्घकाय विराटता शमशेर जैसे कवियों को हताश करती है, क्योंकि ये 'वास्तव की विस्फारित प्रतिमाएँ,

भयानक हिडिम्बा' लगें तो क्या आश्चर्य ! अनुभववाद की छोटी कविताओं में अनुभव तो होता है लेकिन सन्दर्भहीन और परिप्रेक्ष्यहीन जबकि मुक्तिबोध की कोशिश अनुभव को उसके सन्दर्भ और परिप्रेक्ष्य में उसकी पूरी संश्लिष्टता और गतिशीलता में व्यक्त करना है। वे अपनी कविता में बुनियादी प्रश्नों की ऐतिहासिक भूमिका और व्याख्या स्पष्ट करना चाहते हैं। शायद इसीलिए "नहीं होती कभी ख़त्म कविता/नहीं होती/ कि वह आवेग त्वरित कालयात्री है/ परम स्वाधीन है/ वह विश्वशास्त्री है।" मुक्तिबोध की लम्बी कविताओं को ध्यान में रखने के कारण ही डॉ. नामवर सिंह को कविता के नये प्रतिमानों की आवश्यकता का अनुभव हुआ।

कीट्स ने कहा है कि-'लम्बी कविता कवि की आविष्कारमयी प्रतिभा की आख़िरी कसौटी है। यही वह ध्रुवतारा है जो समुद्र में कविता को दिशा ज्ञान करता है। उपकल्पना कुछ नहीं केवल पाल है और नाव की पतवार महाकल्पना के हाथ में होती है।" मुक्तिबोध की कविताओं की दृष्टि मूलतः सामाजिक और वस्तुपरक है और आज के ज्वलन्त एवं जटिल यथार्थ को अधिक-से-अधिक समेटने के प्रयास में है। उसने उनकी कविता को अनिवार्य रूप से दीर्घकाय और नाट्य-विन्यास प्रदान किया है। धनंजय वर्मा के शब्दों में "मुक्तिबोध ने लम्बी कविता को अपना विशिष्ट विधान दिया है। उन्होंने अपनी लगभग हर कविता में अपनी अन्तर्वस्तु और कथ्य का विकास एक सार्थक, सोची हुई परिणति के आलोक में किया है और पूरी कविता उस परिणति की ओर क्रमशः विकसित होती है। उनकी लम्बी कविताओं में जहाँ यह नाट्य विन्यास है वहाँ मुक्तिबोध ने सिनेमेटोग्राफिक गत्यात्मक-समग्रता का बोध होता है। वहाँ अनुभूति सिर्फ़ प्रलम्बित और दीर्घ नहीं है, एक साथ ही वर्टीकल और हारीजेण्टल लाइन पर विकसित है। जितनी वह ऊपर है उतनी ही नीचे भी है और जितनी 'स्पेस' में है उतनी ही 'टाइम' में भी।"[21] मुक्तिबोध ने हमेशा टाइम, स्पेस और स्थितियों को ध्यान में रखा है-"अधिकांश लम्बी कविताओं में वर्णन और कथात्मकता के विपरीत मुक्तिबोध में आधुनिक परिस्थिति और संवेदना की पारस्परिक अन्तर्क्रिया का जो विधान है, अनुभूति और विचार का जो तीखा द्वन्द्व और तनाव है, वह सन्दर्भों की निरन्तरता और परिप्रेक्ष्य की व्यापकता में अनुस्यूत है। उनकी लम्बी कविताओं में संवेदना और निर्वाह का जो संवरण-सस्टेन्स है, अनुभूति की अन्तर्बाह्य रचना की अन्विति का जो आत्यन्तिक समापन संवरण-सस्टेन्स है, अनुभूति की अन्तर्बाह्य रचना की अन्विति का जो आत्यन्तिक समापन है, वही उनकी कविताओं को समकालीन हिन्दी कविता की विशिष्ट उपलब्धि बनाता है।"[22]

काव्य संसार

मुक्तिबोध के काव्य संसार की छन्दोबद्ध, छोटी, लम्बी एवं अधूरी कविताओं में से गुज़रते हुए सहज ही यह एहसास होता है कि उनकी कविता छोटी हो या लम्बी, छन्दोबद्ध हो या अधूरी-ये सभी प्रकार की कविताएँ उनके प्रदीर्घ कविता के हिस्से या टुकड़े हैं। जिनमें से कुछ को वे तराश पाये, कुछ को उन्होंने शेप तो दिया लेकिन अपेक्षित रंग वे भर नहीं पाये। उनकी कविता की अन्तर्वस्तु में एक बेचैन छटपटाहट, एक बेहद

संवेदनशील आत्मा, एक सुलगता हुआ गुस्सा, एक भीतर तक फैला हुआ प्यार, एक संगीन मुठभेड़, शान्ति की अजस्र धारा भी है और जमाने की चपड़ धौं-धौं के ख़िलाफ़ जहरीली छी: थू भी है। इसलिए मुझे लगता है कि मुक्तिबोध एक प्रदीर्घ कविता ही अपने जीवन में रचते रहे हैं और सम्भवत: इसीलिए अपनी अधूरी दीर्घ कविताओं में उमग कर जन्म लेने की बलवती इच्छा से भरे भी रहे हैं। इस अदम्य इच्छा ने उन्हें चैन भी नहीं लेने दिया। उनकी कविता पुकारती हुई पुकार भी है। और बहुत दूरी तक फैली हुई उसकी अनुगूंज भी। यूँ तो मुक्तिबोध के अनुभूत वास्तव के बहुत सारे कोण है, क्योंकि उनकी निगाह हर जगह जाती है लेकिन वे मध्यवर्ग की हक़ीक़त को अपने पूरे कविता के कैनवस' में चित्रित और रूपांतरित करते हैं। यह सच है कि उन्होंने केदारनाथ अग्रवाल और नागार्जुन की तरह किसान चेतना का सीधा स्पर्श नहीं किया। निराला की तरह 'वह तोड़ती पत्थर' जैसी कविता उन्होंने नहीं रची। इनका 'स्पेशलाइजेशन' उनकी कविता में बेशक नहीं है। वे सम्पूर्ण मनुष्यता के कवि हैं, उन्होंने अपने युग के जिस हाहाकार, घमासान को रूपाकार दिया है वह अन्यों के लिए शायद सम्भव भी नहीं था। इसलिए भी शायद उनकी कविता की अन्त:प्रकृति की ठीक से पहचान सम्भव नहीं हो पायी। उनकी यथार्थ के भीतर की परतों में छिपे यथार्थ को, उसके समावेशी चरित्र को, शिल्प के भीतर छिपी सामासिकशिल्प-संरचना को और उसके विविध रूपाकारों को थाहने की कोशिश नहीं हुईं। जो कोशिशें हुई भी वे अपने-अपने अनुभव के वस्तुलोक और अपने-अपने लबादों को प्रक्षेपित करने के लिए या अपने आलोचना के दारोगापन की कठहुज्जती के लिए। मैं मुक्तिबोध की कविता के बहुआयामों, बहुकोणीय, विविध रंग संयोजनों, विविध रूपाकारों में से कुछ कोणों का विश्लेषण कर रहा हूँ जिसके जरिये उनके सभी कोणों को स्पर्श किया जा सकता है मसलन 'मैं और उसकी व्याप्ति', 'अँधेरा और उसका निहितार्थ'।

'मैं' और उसकी व्याप्ति

मुक्तिबोध के निबन्धों में सूक्ष्म दृष्टि से देखने पर एक सुनियोजित प्रक्रिया का अनुभव होता है यह प्रक्रिया कुछ ऐसी है कि लेखक का 'मैं' एवं उसका कोई मित्र किसी साहित्यिक प्रश्न को लेकर बातचीत आरम्भ करते हैं। 'मैं' कुछ विचार रखता है और वार्त्तालाप में भाग ले रहा दूसरा व्यक्ति उन्हीं विचारों का विरोध-सा करता प्रतीत होता है, तत्पश्चात् 'मैं' अपने कथन की व्याख्या करते हुए मित्र की बातों में से कुछ को स्वीकारता है और पुन: अपने संशोधित विचार रखता है। अब वह मित्र भी 'मैं' के कथन के औचित्य को ग्रहण करता है और पुन: उसमें अपनी व्याख्या और अपना संशोधन जोड़ता है। इस तरह देखें कि 'मैं' उनके समग्र लेखन का एक केन्द्रीय पात्र भी है और चरित्र भी। मुक्तिबोध की समूची चिन्ताओं का वाहक यह 'मैं' ही है, जो उनकी कहानियों, डायरियों और विशेष रूप से उनकी कविता में हर कहीं उपस्थित मिलता है। स्थूल रूप से हम 'मैं' को मुक्तिबोध के आत्म संघर्षशील व्यक्तित्व का एक जीता जागता प्रतिरूप भी कह सकते हैं और सम्भवत: इसीलिए उनकी कविताओं में 'मैं' की व्याप्ति बहुत व्यापक रूप

में, बहुत गहरे तक धंसी हुई देखी जा सकती है। एक उदाहरण द्रष्टव्य है–'मैं' ब्रह्मराक्षस का सजल उर शिष्य होना चाहता हूँ जिससे कि उसका वह अधूरा कार्य/उसकी वेदना का स्रोत/संगतिपूर्ण निष्कर्षों तक पहुँचा सकूँ।'' मुक्तिबोध की चिन्ताएँ अनन्त है वे समूचे युग की संघर्षशीलता को जिस वैचारिक आवेग की ऊँचाई से देखते हैं, उसमें एक तरह की विकल छटपटाहट है, कभी-कभी किंकर्त्तव्यविमूढता भी। कविता के शब्दों में '' अधूरी और सतही ज़िन्दगी के गर्म रास्तों पर,/अचानक सनसनी भौंचक/कि पैरों के तलों ज़ को काट-खाती कौन-सी वह आग?/जिससे नच रहा सा हूँ/ खड़ा भी हो नहीं सकता, न चल सकता/भयानक, हाय, अन्धा दौर/ज़िन्दा छातियों पर और चेहरों पर कदम रखकर/चले हैं पैर।'' यहाँ ध्यान देने की बात है कि मुक्तिबोध के दौर के अन्य कवि हम या तुम का प्रयोग करते हैं, किन्तु 'मैं' से कतराते हैं। रमेश शर्मा के शब्दों में-''मुक्तिबोध हम के दैनिक यन्त्रणा के बीच 'मैं' के हॉरर को भी भोगते थे। लगता है कि मुक्तिबोध की सारी काव्य यात्रा 'मैं' और हम' के बीच भाषा का एक पुल बनाने की सार्थक कोशिश थी।... वे जानते थे कि सम्प्रेषण की ऊष्मा 'मैं' में अधिक है।''[23]

मुक्तिबोध के 'मैं' को एक अलग कोण से देखते हुए नामवर सिंह का विचार है कि ''मुक्तिबोध की कविता का 'मैं' कभी मन की गुहा में पैठता है, कभी अकेलेपन की निराशा में डूबता है और कभी जनक्रान्ति के स्वप्न में डूबकर मुक्ति का अनुभव करता है।'' मुक्तिबोध की कविताओं के केन्द्र में 'मैं' की भूमिका असन्दिग्ध है, क्योंकि उनकी अपने युग की चिन्ताएँ अपने स्वयं की काव्य यात्रा में जिन कविताओं में मुख्य रूप से उजागर होती हैं, उन कविताओं के शीर्षक भी 'मैं' केन्द्रित हैं जैसे-तू और मैं, मेरी प्रेयसि, तुम मुझको मत छोड़ो, मुझको मरण मिला, आत्मा के मित्र मेरे, मेरे अन्तर, मैं उनका ही होता, मेरे प्राणों की स्वर लहरी, मुझे पुकारती हुई पुकार, मुझे याद आते हैं, मेरे सहचर मेरे मित्र, पिता मेरे, सहर्ष स्वीकारा है, आज मैंने शक्ति के अमृत का घूँट पिया, मैं कमल तोड़कर लाऊँगा, कहने दो उन्हें जो यह कहते हैं, मुझे क़दम-क़दम पर, मुझे नहीं मालूम, मेरे महाकाव्य के पन्ने, मेरे युवजन मेरे परिजन, और 'मैं तुम लोगों से दूर हूँ' आदि। इन सभी कविताओं में 'मैं' की व्याप्ति के अनगिनत स्वरूप और शेड्स हैं, जो 'मैं' की केन्द्रीयता को बार-बार खोलते हैं। इससे यह पता चलता है कि मुक्तिबोध 'मैं' को कितना महत्त्वपूर्ण मानते रहे हैं ।

अपनी हर मनःस्थिति में कवि, घर, समाज और देश, बल्कि पूरे विश्व को अपने साथ पाता है। घर से लेकर देश तक कोई साथ न भी दे तो इनके साथ की कल्पना करने से उसे कोई नहीं रोक सकता। आत्मा में ईमान की ताकत लेकर कवि अनजान दुर्गम यात्रा पर अकेले निकल पड़ता है-''क्या करें/ज़िन्दगी ही ऐसी है कि/सहचर रूप में/हमारे साथ तारे हैं/चाँद है व आसमान/अब तो तुम्हारे लेखे/आउ ट ऑफ डेट हैं। इसके लिए क्या करें हमारे तुम्हारे बीच/फ़र्क़ आबोहवा का कि/शब्द का अभिधार्थ/एक होते हुए भी/व्यंजना, लक्षणा, ध्वनि और/अर्थ भिन्न-भिन्न है/इसके लिए क्या करें हम लोग।' मुक्तिबोध कविता में नहीं तो गद्य में कहेंगे, चित्र नहीं बना सके तो पोस्टर ही बनायेंगे-लेकिन लिखेंगे ज़रूर ''जैसे तुम भी आदमी वैसे मैं भी आदमी। ज़ाहिर है कि मुक्तिबोध की

कविता में 'मैं' की व्याप्ति और उसकी भूमिका केन्द्रीय है। दूसरे शब्दों में हम कह सकते हैं कि उनकी कविता का यह 'मैं' नामक उपकरण अपनी भूमिका और कविता में अपनी हिस्सेदारी को एक नया अर्थ प्रदान करता है। धनंजय वर्मा के शब्दों में-''मुक्तिबोध अपने इस 'मैं' और उसके आसपास के सम्बन्धों को स्पष्ट करने के लिए यह विधान लाते हैं। उनका 'मैं' दीवारों से सर फोड़ता है, परिस्थितियों से टकराता है, बन्दीगृह से छूटने के लिए अकुलाता है, वह विरोधों से टूट जाता है लेकिन समर्पित नहीं होता, उसकी आस्था भविष्य के प्रकाश को वर्तमान में बदलने की अपेक्षा-आकांक्षा के रूप में हर प्रतिकूल स्थिति में सदैव मूर्तिमान हो उठती है। यहाँ उनका यह 'मैं' मुक्तिबोध से तदाकार और तादात्मीकृत इसलिए है कि वह उनके काव्य के संवेदनात्मक उद्देश्य का परीक्षित और व्यक्तित्वान्तरित 'मैं' है।''[24] इसी 'मैं' को व्याख्यायित और विश्लेषित करते हुए वे आगे लिखते है कि उनका 'मैं' जिस सामाजिक आत्मा का प्रतिबिम्ब है, उसकी बेचैनी और द्वन्द्व उसमें मूर्त है। युग की ह्रासोन्मुख प्रवृत्तियों और विसंगतियों ने उसे वह विकरालता दी है जो अपने प्रभाव में कविता में ज्यों-की-त्यों चली आयी है। यह युग परिवर्तन की एक तेज़ प्रक्रिया से गुज़रता हुआ है, जिसमें आन्दोलन है, जनसाधारण का क्षोभ है, धुआँ उग़लती चिमनियाँ है, भ्रष्ट काली नौकरशाही है, रक्तपायी वर्ग से नाभिनालबद्ध बुद्धिजीवी हैं, शोषक पूँजीपति हैं, नागरी जीवन की तथाकथित सभ्य दुनिया का अमानवीयकरण है, तेलिया लिबास में पुर्जे सुधारता श्रमिक है।''[25]

मुक्तिबोध की बहुत सारी कविताएँ 'मैं' से शुरू होती हैं अथवा किसी-न-किसी कोण से उसमें 'मैं' की गूँज और अनुगूँज भी होती है। उसकी मुख्य वजह यह है कि मुक्तिबोध मध्यवर्ग की त्रासदी को विभिन्न कोणों, आयामों एवं सन्दर्भों के द्वारा खोलना चाहते थे। चाहे वह 'ब्रह्मराक्षस' हो, 'भूल-गलती' या 'मेरे युवजन मेरे परिजन' या 'मैं' केन्द्रित अन्य कविताएँ। उनकी समूची कविताओं में किसी-न-किसी रूप में 'मैं' की उपस्थिति अवश्य होती है। मुक्तिबोध का यह 'मैं' एक अत्यन्त जागरूक, संवेदनशील, ज्ञानवान और आस्थावान व्यक्ति है, तो दूसरी ओर यह ''मैं अपनी बुराइयों से अपने अन्तर्विरोधों से और अपनी कमज़ोरियों से लड़नेवाला 'मैं' भी है। इस 'मैं' की भूमिका को आलोचकों ने भिन्न-भिन्न रूपों में देखने, समझने, जानने-पहचानने और अपनी आलोचना के दायरे में, किसी-न-किसी तरह अपने खाँचे में ढालने की कोशिश भी की है। और उनके 'मैं' को लेकर जो व्याख्याएँ, निष्पत्तियाँ सामने आयी है, वे कई बार उनकी कविताओं को ग़लत ढंग से पेश करती हैं। ज़ाहिर है कि कविता के 'मैं' को खोलने की जगह आलोचकों ने कई अन्य चीज़ें भी प्रक्षेपित की है। वैसे ऐसा सब जगह नहीं हुआ। कभी-कभी उनके 'मैं' की पहचान सार्थक ढंग से भी अभिव्यक्त हुई है जैसे-''जो है उससे बेहतर चाहिए पूरी दुनिया को साफ़ करने के लिए। एक मेहतर चाहिए और वह मेहतर मैं हो नहीं पाता।'' इन पंक्तियों में मुक्तिबोध ने 'मैं' की अपनी समूची कमज़ोरियों को, उसकी ललक और पीड़ा को और मेहतर न बन पाने की स्थिति का खुलासा किया है, दरअसल यह मध्यवर्गीय मानसिकता का परिणाम है। एक अन्य कविता का उदाहरण द्रष्टव्य है-''तुम्हारे पास, हमारे पास/सिर्फ़ एक चीज़ है/ईमान का डण्डा है। बुद्धि का

बल्लम है/अभय की गैती है, हृदय की तगारी है ; तसला है नये-नये बनाने के लिए भवन/आत्मा के, मनुष्य के/हृदय की तगारी में ढोते हैं/हमी लोग जीवन की गीली और महकती हुई मिट्टी को।" इसमें मनुष्यता के सार्थक निर्माण की आकांक्षा और कोशिश दोनों है। हाई क्लास सोसायटी तक न पहुँचने का जो प्रण है और अपने वर्ग में रहने की जो गहरी इच्छा शक्ति है, उसे इन पंक्तियों में पहचाना जा सकता है -"इतनी कहाँ फ़ुर्सत हमें/वक़्त नहीं मिलता है/कि दुकान पर जा सकें / अहंकार समझो या सुपीरियार्टी काम्प्लेक्स अथवा कुछ ऐसा ही चाहो तो मान लो/लेकिन सच है यह जीवन की तथाकथित सफलता को पाने की हमको फुर्सत नहीं/खाली नहीं हम लोग।"

मुक्तिबोध का 'मैं कई रूपों में हमारे सामने आता है। मोटे तौर पर देखने से यह प्रतीत होता है कि उनके काव्य के केन्द्र में 'मैं' है, जबकि इस 'मै' के विभिन्न शेड्स, विभिन्न रूपाकार, विभिन्न आयाम, विभिन्न कोण, और विभिन्न मुद्राएँ हैं, लेकिन इनको पहचानने में लगातार एक तरह की ग़लती की गयी। धनंजय वर्मा के शब्दों में-उनके काव्य में उत्तम पुरुष सर्वनाम 'मैं' के प्रयोग की पूरी रचनात्मक मर्यादाओं का प्रमाण मिलता है। उनकी कविता का 'मैं' हर जगह कवि नहीं है और न अनाधिकारी आक्रांता, जैसे-नाटक में हम अभिनेता को नहीं उसके माध्यम से प्रस्तुत होनेवाले चरित्र को देखते हैं, उसी तरह मुक्तिबोध का 'मैं' चरित्र के वक़्तव्य का स्वर है। उनका 'मैं भी एक पर्सोना है स्वयं कवि नहीं। यह पर्सोना कवि की प्रतिक्रियाओं, भावों को व्यक्त कर सकता है और यह पर्सोना एक छद्म नहीं है। वह सच्चाई को प्रस्तुत करने के लिए है।"[26] जैसा कि इस कविता में व्यक्त किया गया है -"पृथ्वी के प्रसारों पर जहाँ भी स्नेह या संगर वहाँ मेरी एक छपटाहट है/ वहाँ है ज़ोर गहरा एक मेरा भी। सततू मेरी उपस्थिति, नित्य सन्निधि है।" उसका वास्तविक 'मैं' इस सभ्यता से इतना दूर और अलग है कि उसके लिए जो विष है वही उसके लिए अमृत है। उसने इस सभ्यता के चेहरे की शिनाख़्त सिर्फ़ व्यवस्थागत आधार पर नहीं की है उसकी मूल्य-व्यवस्था और साहित्यिक-सांस्कृतिक-कलात्मक और दार्शनिक-आध्यात्मिक क्षेत्रों में उसके षड्यन्त्रों का भी पर्दाफाश किया है। इसके दो उदाहरण द्रष्टव्य हैं पहला-"मुझे बताया गया और यह कहकर ख़ूब सताया गया/ कि.मोह का घर/ख़ुद इंसान/ दु:ख सनातन है/ जो निज के कारण है।" दूसरा "सभ्य हूँ, सुसंस्कृत हूँ/आराकुर्सियाँ चार/ डाल दालान में/ मित्रों सम्मुख मैं/ नित्य सत्य बनता हूँ। उग्र बहुत बनता हूं।" इस विवेचन से स्पष्ट है कि मुक्तिबोध - काव्य की एक महत्त्वपूर्ण विशेषता उनकी कविताओं में 'मैं' की उपस्थिति और व्याप्ति भी है। उनका 'मैं' सर्व-स्पर्शी और बहुआयामी है। 'मैं' की परिसीमाओं से उठकर वह 'अधिमय' हो जाता है।

अँधेरा और उसका निहितार्थ

कहा जाता है कि बड़े कवियों के यहाँ कुछ शब्द होते हैं, कुछ बिम्ब होते हैं तो कुछ केवल शब्द होते हैं और कुछ पूरी कविता होते हैं जैसे-मुक्तिबोध के यहाँ 'ब्रह्मराक्षस', 'चाँद का मुँह टेढ़ा है' 'अँधेरा आदि। 'डिक्सनरी' में इन शब्दों का अर्थ यहाँ इन कविताओं में नहीं है, इन शब्दों का अभिप्राय कविता में उसकी अन्तर्वस्तु एवं संरचना में

से पैदा होता है इसीलिए अपनी निजी विशिष्ट शब्दावली और अपना-अलग शब्दकोष निर्मित करते हैं, जिसका अर्थ बिल्कुल जीवनानुभूति की गम्भीर भूमि का है, जो न व्यंजना है, न प्रतीक है, न ध्वन्यर्थ है बल्कि मुक्तिबोध की पूरी मनोभूमि के शीर्षक हैं, नायक हैं ये शब्द। इसलिए मुक्तिबोध की कविता का शैली वैज्ञानिक अध्ययन है उसमें इन शब्दों पर अध्याय लिखे जाते हैं या लिखे जा सकते हैं।

कविता के बारे में कहा जाता है कि वह 'बिटवीन द लाइन्स' होती है। पंक्तियों के बीच होती है, शब्द के बीच में होती है। शब्द बहाना बन जाते हैं। कविता उनके बीच में होती है जो अनुभूतियों, पाठक और युग के बीच का रास्ता तय कराती है, पाठक और कवि की अनुभूतियों को जोड़ देती है और शब्द किनारे हो जाते हैं तो शब्दों में इतनी सामर्थ्य होनी चाहिए कि बिटवीन जो अर्थ है उनको ले आयें, जैसे 'अँधेरे में' एक शब्द है। पूरी कविता में बल्कि यह अपनी स्थिति, परिवेश और यथार्थ के विभिन्न आयामों को भी प्रकट करता है। इसलिए यह केवल एक शब्द नहीं है। पूरी कविता 'अँधेरे में' शब्द का एक सामाजिक रूप है, वह उस सामाजिक रूप का प्रतिबिम्ब बनता है अर्थात् अँधेरे का पूरा अतिरिक्त अर्थ प्रदान करनेवाला शब्द। अँधेरा रात का भी है और व्यवस्था का दबा हुआ रूप भी। वह इस समूची व्यवस्था को पूरा-का-पूरा व्यक्त करना चाहता है अत: यह कविता का एक शब्द नहीं है बल्कि उनकी कविता का ढाँचा या स्ट्रक्चर है। इस तरह मुक्तिबोध की ये जो शब्दावली है जैसे-रावण, चाँद या चाँद का मुँह टेढ़ा है, टीला, बरगद ये शब्द मात्र अर्थ नहीं देते बल्कि व्यवस्था का प्रतिबिम्ब बनाते हैं। एक आकांक्षा देते हैं, एक संघर्षशीलता उत्पन्न करते हैं इसलिए ये मात्र शब्द नहीं रह जाते बल्कि इससे ऊपर उठकर कविता का एसेन्स या सारवस्तु बन जाते हैं।

किसी कवि के सारे शब्द, वाक्य, बिटवीन द लाइन्स नहीं होते। वे बिटवीन द वर्ड्स भी नहीं होते। कुछ केन्द्रीय शब्द होते हैं तो ये बिटवीन द लाइन्स या बिटवीन द वर्ड्स का निर्माण करते हैं। वे जीवनानुभूति का भी निर्माण करते हैं। मनुष्य की संघर्षशीलता, उसकी जद्दोजहद, उसकी परेशानी का भी निर्माण करते हैं। जैसे कुछ ही शिलाएँ होती हैं जो पानी के बहाव को नियन्त्रित करती हैं, उसी तरह कुछ ही शब्द होते हैं, जो केन्द्रीय होते हैं। जो कवि के पूरे अनुभूति-लोक को प्रतिबिम्बित कराते हैं तो ये शब्द केवल शब्द नहीं होते बल्कि पूरा सामाजिक जीवन ही लेकर उतरते हैं। इस तरह मैं जिन शब्दों की ओर इशारा कर रहा हूँ, उनके माध्यम से मुक्तिबोध की कविता के गहरे तक उतरा जा सकता है। मुक्तिबोध की कविताओं में इन शब्दों की गरिमा, इनके क्लोजप, इनके अलग-अलग रूप, शेड्स और विभिन्न छवियाँ भी हमें उपलब्ध होती हैं जैसे-मुक्तिबोध की ब्रह्मराक्षस कविता की कुछ पंक्तियाँ द्रष्टव्य हैं-''मैं 'ब्रह्मराक्षस' का सजल-उर-शिष्य/ होना चाहता/ जिससे कि उसका वह अधूरा कार्य/ उसकी वेदना का स्रोत/ संगत, पूर्ण निष्कर्षों तलक/ पहुँचा सकूँ।'' यह जो 'ब्रह्मराक्षस' है, वह इस व्यवस्था में अभिव्यक्ति के लिए, अपने अनुभवों को व्यक्त करने के लिए छटपटाता हुआ एक नागरिक है। यह वह नागरिक है जो अभिव्यक्ति के बिना मर जाता है जिसके लिए वह जीवनपर्यन्त छटपटाता है और जिसकी आकांक्षा मृत्यु में रूपान्तरित

हो जाती है। ऐसे मरे हुए मनुष्य या नागरिक की ओर से यह जो परिकल्पना करता है, उस परिकल्पना का न तो पूरा बिम्ब है, न प्रतीक है बल्कि उस परिकल्पना का पूरा आकार है जो 'ब्रह्मराक्षस के माध्यम से अपना समग्र रूप ग्रहण करता है। ज़ाहिर है कि वस्तु का यह पुनर्रचित वस्तुजगत् है। यह पूरा सामाजिक प्रतिबिम्ब है। इस तरह 'ब्रह्मराक्षस' एक शब्द न होकर एक सामाजिक प्रतिबिम्ब हो जाता है इस मैथालाजी या मिथक के माध्यम से।

मुक्तिबोध की कविताओं में बार-बार अँधेरा शब्द आता है या उसके विभिन्न रूप आते हैं। मोटे तौर पर अँधेरे के बारे में यह मान्यता उजागर कर ली गयी है कि आदमी अँधेरे के ख़िलाफ़ लड़ेगा। अँधेरा यानी व्यवस्था का, सामाजिक कुरीतियों का, अत्याचार, शोषण, उत्पीड़न और विभिन्न बुराइयों का भी। ज़ाहिर है कि हमारी कलाओं में अँधेरे के इस रूप को बार-बार पहचाना गया है। उसके ख़िलाफ़ हमारे संघर्ष को भी नया स्वर दिया गया है, लेकिन अँधेरे के कुछ दूसरे शेड्स भी जो हैं हमारी ज़िन्दगी के लिए बहुत ज़रूरी होते हैं जैसे-दिनभर परिश्रम करने के बाद शाम ढलते-ढलते आदमी को रात की ललक होती है, वह अँधेरे में सोना चाहता है। उसे इस अँधेरे में राहत मिलती है। अँधेरे में पूरी रात गुज़ारने के बाद आदमी सुबह के लिए मचलता है, उजाला चाहता है। यह आदमी की प्रकृति है कि उसे उजाला भी चाहिए, उसको अँधेरा भी चाहिए। यह मनुष्य की स्वाभाविक इच्छा और सोच का एक पहलू है, क्योंकि आदमी एक ही स्थिति में बहुत लम्बे समय तक नहीं रह सकता। एक ही स्थिति में रहते-रहते वह ऊबने लगता है, वह निरन्तर परिवर्तन चाहता है और यह प्रक्रिया लगातार घटित होती रहती है। हम स्थायी रूप से न तो अँधेरे को चाहते न उजाले को बल्कि कभी हमें अँधेरा ज़रूरी लगता है तो कभी उजाला। आप जैसे हँसते-हँसते-कुछ समय बाद चुप रहना चाहते हैं, रोते-रोते कुछ बतियाना चाहते हैं, प्यार जताना चाहते हैं, हँसना और मुस्कराना चाहते हैं, ये स्थितियाँ हमारे जीवन पर्यन्त रूपान्तरित होती रहती हैं। उसी तरह अँधेरे का एक शेड है कि वह अन्याय, अत्याचार, शोषण, उत्पीड़न का प्रतीक है तो दूसरी ओर वह थके हुए आदमी को राहत देने का प्रतीक है। इस तरह समग्रता में देखें तो अँधेरा, हमारे एक माध्यम का प्रतीक नहीं हो सकता बल्कि वह भिन्न-भिन्न रूपों में हमारे जीवन में अवतरित होता है और अपनी भूमिका निभाता है। यदि कोई कविता मात्र 'अँधेरे' को केन्द्रित करती है और उसका एक कोण बनाती है तो निश्चित है कि वह कविता महत्त्वपूर्ण होते हुए भी समूचे जीवन को विश्लेषित और व्याख्यायित नहीं कर सकती। सवाल यह उठता है कि क्या 'अँधेरा' एक सपाट शब्द है? या अँधेरे के विभिन्न रूप हैं। मेरे ख़्याल से अँधेरा एक सपाटीय शब्द नहीं हो सकता। उदाहरण के लिए मुक्तिबोध की कविता में अँधेरा' विभिन्न रूपों में, विभिन्न कोणों से एवं विभिन्न माध्यमों से आता जरूर है, लेकिन वह हमारे जीवन के भिन्न-भिन्न क्षेत्रों को, भिन्न-भिन्न स्थितियों को अपने भीतर समोकर आता है। इसलिए इस अँधेरे की अर्थव्यंजनाएँ या अर्थध्वनियाँ जीवन के विविध पक्षों, विविध रूपों और विविध आयामों को स्पर्श करती हैं। कुँवर नारायण लिखते हैं कि "अँधेरा शब्द जितनी बार मुक्तिबोध की कविता में आया है, दूसरे किसी कवि में मिलना मुश्किल है।"[27] और डॉ. रामविलास

शर्मा की मान्यता है कि, "ऊपर से अँधेरा-अँधेरा दिखने पर भी उनकी (मुक्तिबोध) कविता में बड़ी विविधता है।"[28]

मुक्तिबोध ने अपनी एक कविता 'अन्तःकरण का आयतन' में भी अपनी अंधेरी खाइयों में विराजते छल, षड्यन्त्र के केन्द्रीय संचालक से साक्षात्कार होने पर कोई जादुई संगीत सुन पड़ता है और सहस्रों पीढ़ियों ने विश्व का जो रमणीयतम स्वप्न देख रखा था वह बिल्कुल प्रत्यक्ष हो उठता है। "मैं देखता क्या हूँ?/ अँधेरे आइनों में सिर उठाती है। प्रतेज़स आनना/ प्रतिभामयी मुख लालिमा/ तेज़स्वनी लावण्यमयी/ प्रत्यक्ष/बिल्कुल सामने।" उन्होंने एक स्थल पर लिखा है कि, "मन एक रहस्यमय लोक है। उसमें अँधेरा है। अँधेरे में सीढ़ियाँ है। सीढ़ियाँ गीली हैं। सबसे निचली सीढ़ी पानी में डूबी हुई है। यहाँ अथाह काला जल है। उस अथाह जल से स्वयं को ही डर लगता है। इस अथाह काले जल में कोई बैठा है। वह शायद मैं ही हूँ। अथाह और एकदम स्याह अँधेरे पानी की सतह पर चाँदनी का एक चमकदार पट्टा फैला हुआ है, जिसमें मेरी ही आँखें चमक रही हैं, मानों दो नीले मूँगिया पत्थर भीतर से उद्दीप्त हो उठे हैं।"[29]

अन्धकार, रहस्यमय अन्धकार और उसकी कोख़ में पड़ती अनन्त रहस्यमय फ़ैण्टेसियों के दर्शन प्रायः उनकी हर कविताओं में होते हैं। डायरी में प्रस्तुत दिवास्वप्न की हू-ब-हू अभिव्यक्ति ब्रह्मराक्षस, दिमाग़ी गुहान्धकार का औरॉग-उटाँग, चाँद का मुँह टेढ़ा है, 'चम्बल की घाटी में' और 'अँधेरे में हमें देखने को मिलती है। 'ब्रह्मराक्षस' कविता की ये पंक्तियाँ द्रष्टव्य हैं–"शहर के उस ओर खँडहर की तरफ़/परित्यक्त सूनी बावड़ी/के भीतरी/ठंडे अँधेरे में बसी गहराइयाँ जल की ... सीढ़ियाँ डूबी जल की/ उस पुराने घिरे पानी में ... समझ में न आ सकता हो।' फैंटेसी का यही स्वरूप दिमाग़ी गुहान्धकार का औरॉग-उटाँग' कविता में दिखायी पड़ता है-'मस्तिष्क के भीतर मस्तिष्क उसके भी अन्दर एक और कक्ष/ कक्ष के भीतर/ एक गुप्त प्रकोष्ठ और/ कोठे के साँवले गुहान्धकार में/ मज़बूत-सन्दूक।" 'चाँद का मुँह टेढ़ा है' कविता में भी अन्धकार के सर्वमूलक स्वरूप को देखा जा सकता है-'नगर के बीचोंबीच/ आधी रात अँधेरे की काली स्याह/ शिलाओं से बनी हुई/भीतों और अहातों के काँच-टुकड़े जमे हुए/ऊँचे-ऊँचे कंधों पर/ चाँदनी की फैली हुई सँवलायी झालरें।" चम्बल की घाटी में भी अँधियारे दालान हैं, अँधेरे के मेघ हैं, स्याह जादूदां अथवा जिन्न हैं। तारों के कुहरीले फैलाव के बीच-बीच में अँधियारी जगहें, सोच विचारों की बात अँधेरे में चलती है। इस कविता में अँधेरे का यह सन्दर्भ बहुत स्पष्ट हुआ है–"अँधेरे में रहता था अब तक छिपा हुआ/ जो निज सन्दर्भ/ जो निज सम्बंध/ जो गुण प्रक्रिया गहन निजात्मक/वह देह धरकर दस्यु रूप/ बैठ गयी उर पर।"

यहाँ दस्यु रूप में हृदय पर बैठा हुआ अन्धकार ही अँधेरे में कविता में जाकर अपनी चरम परिणति को प्राप्त हुआ है। इसी सन्दर्भ में 'अँधेरे में' कविता की ये पंक्तियाँ द्रष्टव्य हैं–"ज़िन्दगी के-कमरों में अँधेरे/ लगाता है चक्कर/ कोई एक लगातार/... तिलिस्मी खोह में गिरफ्तार कोई एक भीत पार आती हुई पास से/ गहन रहस्यमय अन्धकार ध्वनि-सा/ अनिवार्य कोई एक।' मुक्तिबोध की कविता में अँधेरा शब्द बार-बार आता है, अँधेरे

से मिलतेज़ुलते बहुत से अन्य शब्द भी हैं जैसे-स्याह, काला, साँवला, रात, तम-अन्तराल, तिमिर आदि। "सुनसान-चौराहा साँवला फैला/ बीच में वीरान गेरुआ घण्टाघर/ ऊपर कत्थई बुज़ुर्ग गुम्बद/ साँवली हवाओं में काल टहलता है।" मुक्तिबोध की कविताओं में अँधेरा या अँधेरे से मिलते-जुलते शब्द प्रयुक्त होते हैं। क्या है यह अँधेरा? कवि के काव्य पर इस तरह हावी क्यों है? यह अँधेरा भीतर और बाहर का अँधेरा है, मन का और मन को बनानेवाली बाह्य परिस्थितियों का। जैसे-" भयानक थर-थर है ग्लानिकर सागर में/ मुझे गश आता है/ विलक्षण स्पर्शों की अपरिचित पीड़ा में/ परिप्रेक्ष्य गहरा हो/ तिमिर-दृश्य आता है/ ठनकती रहती हैं आभ्यन्तर ग्रन्थियाँ, वही : समस्याएँ।" भीतर और बाहर के इसी अँधेरे में कवि मुक्तिबोध ने आत्मरूप की और सत्य की खोज की है। गड्ढा, बावड़ी, तालाब, कोठरी, तह, तिलिस्मी खोह, अन्तराल-विवर, तम विवर, अँधेरे की सुरंग गलियाँ, समुद्र तल की बस्ती जैसे बहुल प्रयोग उनकी कविताओं में बार-बार आते हैं। "चला जा रहा हूँ/सूखे हुए झरने की पथरीली गली में/ भयानक गुफाओं में घूमता हूँ काँपकर/ मन मार/ उतरता हूँ गड्ढों में, खोहों के तले में।" मुक्तिबोध शायद अवचेतन के गुहान्धकार में, दमित मन के खोहों में बार-बार इसलिए ले जाते हैं कि वे अपने असली रूप का, नंगी सच्चाइयों का साक्षात्कार करना चाहते हैं। अवचेतन को कवि ने जीवन शक्ति का रूप माना है। वह उसमें उन चमकदार रत्नों को प्राप्त करना चाहते हैं, जिनका उपयोग आत्म और जन के लिए सार्थक है। मुक्तिबोध को अन्धकार क्यों प्रिय है? इसका कारण सरलता से जाना जा सकता है। यह अन्धकार व्यष्टि का ही अन्धकार नहीं है, बल्कि समष्टि का अन्धकार भी है, जिससे मुक्तिबोध का जीवन ही नहीं बल्कि समूचे भारत और समूची दुनिया का जीवन आच्छादित है। इस तरह अँधेरा उनके काव्य की पृष्ठभूमि है जिसमें प्रकाश के सारे अक्षर उन्मीलित होते हैं, इसी को उपनिषदों में 'तमसो मा ज्योतिर्गमय' कहा गया है।

काव्य शिल्प

मुक्तिबोध ने अपने काव्य की अन्तर्वस्तु की तरह काव्य शिल्प का भी बहुविधि उपयोग किया है। अपने जमाने तक प्रचलित सभी फार्मों का प्रयोग उनके शिल्प संरचना की ख़ूबी के तौर पर देखा जा सकता है। उनका रूप शिल्प समकालीन हिन्दी कविता की एक अभूतपूर्व घटना है। उन्होंने स्वीकृत और स्थापित प्रतिमानों का तो उपयोग किया ही है इसके साथ ही कलावादियों के पास उपलब्ध शिल्प का भी पूरा-पूरा प्रयोग किया है, जिन्हें मार्क्सवादी चिन्तकों ने एक तरह से अनदेखा किया था। उनकी कविता में जो रूप शिल्प है और जो उसका एक नया स्थापत्य है, उसकी खोज के लिए और उसकी पहचान के लिए भी एक नये सौन्दर्य शास्त्र की आवश्यकता बराबर अनुभव की गयी है। उनके काव्य शिल्प की संरचना के सिलसिले में डॉ. धनंजय वर्मा का विचार है कि, "मुक्तिबोध के काव्य में रूप शिल्प के यथार्थवादी और भाववादी रूपाकार एक-दूसरे से अन्तर्भूत हैं। उनमें जहाँ यथार्थ के बिम्ब, स्वरूप और गतिनियमों से बँधकर वस्तुपक्ष साकार होता है वहीं भाववादी रूपशिल्प की उस पद्धति का भी अनुसरण किया गया है, जहाँ भावचित्र में

वस्तुपक्ष की नेपथ्य ध्वनियाँ झंकृत होती हैं। वहाँ भावस्थितियों से विभाव स्थितियों का अनुमान किया जाना चाहिए। अपने यथार्थवादी दृष्टिकोण के बावजूद भाववादी शिल्प योजना की इस पद्धति का वरण करने के पीछे भी यही तथ्य उजागर होता है कि मुक्तिबोध कलावादी या रूपवादी तो नहीं है लेकिन कला या रूप का तिरस्कार और उपेक्षा उन्होंने नहीं की। उनकी कल्पना वास्तविकता के यथार्थ बिम्बों में न उलझकर वास्तविकता को प्रतीकों, समष्टि चित्रों और उपमादृश्यों द्वारा सूचित करती है। उनके शिल्प की बुनियाद अभिव्यक्ति के सारे उपकरणों का सधा हुआ सचेत जागरूक चुनाव है, इसीलिए वह उनकी अद्वितीयता की रचना करता हुआ उनकी समावेशी रचनात्मकता को प्रमाणित करता है।''[30]

मुक्तिबोध अपनी कविताओं का सृजन करते वक़्त बहुत परिश्रम करते थे। उन्होंने एक-एक कविता के कई-कई प्रारूप तैयार किये हैं। एक-एक कविता ने उनके महीने और साल लिए हैं। उनकी पाण्डुलिपियाँ जो कि अब उपलब्ध हैं, इस सच्चाई को उजागर करती हैं। छायावाद का काव्य-शिल्प और उससे विकसित होता हुआ छायावादोत्तर काव्य-शिल्प इस बात को उजागर करता है। मुक्तिबोध के काव्य शिल्प का अध्ययन करते हुए बिम्ब,प्रतीक, लय, ध्वनि, छन्द, अलंकार, काव्य भाषा, और फ़ैण्टेसी की समूची प्रक्रियाओं को विश्लेषित करते हुए ही उनके शिल्प-संगठन की खूबियों की पहचान हम कर सकते हैं। जहाँ तक फ़ैण्टेसी। का सवाल है। मुक्तिबोध ने उसका विधिवत उपयोग अपनी कविताओं में और अन्य लेखन में किया है। 'एक साहित्यिक की डायरी' में एवं 'कामायनी : एक पुनर्विचार' में उसके स्वरूप का उन्होंने खुलासा किया है। शिल्प-चर्चा के दौरान हम उनके इस रूप का भी मूल्यांकन करना चाहेंगे।

बिम्ब :-बिम्ब में उपमा, लुप्त और रूपक अधिक सांद्र हो जाते हैं-भाव और विचार, दिल और दिमाग़ एक दिल की भाषिक मुट्ठी हो उठते हैं। कवि की सूक्ष्म एवं जटिल भावनाओं की अभिव्यक्ति के लिए बिम्ब एक महत्त्वपूर्ण एवं सशक्त माध्यम है। इसके द्वारा कवि अपनी अनुभूतियों को पूर्णता प्रदान करता है। बिम्ब के साथ एक प्रकार का मानवीय संवेग भी जुड़ा होता है। देखा यह जाता है कि कवि अपनी अनुभूति के विस्तार को संक्षेप में व्यक्त करना चाहता है, इसके लिए वह बिम्बों का उपयोग करता है। बिम्बों में पूर्व-स्मृतियों को जगाने की अपार शक्ति होती है, उसमें नवीनता और तीव्रता का गुण रहता है। बेलिंस्की मानते हैं कि, ''कला बिम्बात्मक चिन्तन के माध्यम से सत्य का तात्कालिक निरीक्षण है'। लेबी लिखते हैं कि ''काव्य-बिम्ब क़रीब-क़रीब एक इन्द्रियानुभूति शब्द चित्र है, किसी हद तक अलंकृत, मानव संवेदन गर्भित और पाठक के मन में कोई एक विशिष्ट काव्यात्मक भाव अथवा राग उत्पन्न करने में सक्षम।''[31] ज्ञातव्य है कि बिम्ब हमारे ज्ञान का प्राथमिक आधार है। बिम्ब बाह्य-जगत् से हमारे साक्षात्कार की बाह्य-जगत् को आत्मसात् करने की मूल शक्ति है। विजेन्द्र नारायण सिंह का मानना है कि, ''बिम्ब किसी कवि के स्वभाव और संस्कारों का भी सबसे अधिक सच्चा दर्पण है, विचार कोई कवि कैसे भी ओढ़ सकता है पर उसका बिम्ब विधान उसकी मूल प्रकृति के ही अनुकूल होगा।'' जी. प्लेखानोव ने लिखा है कि, ''मेरे विचार से कला का जन्म तब

होता है जब मनुष्य अपने बाह्य जीवन की यथार्थता के प्रभाव में अपने द्वारा अनुभूत भावों तथा विचारों को पुनर्जागृत करते हुए सुनिश्चित बिम्बों द्वारा व्यक्त करता है।''[32] माइखेल ओत्स्यान्निकोव के शब्दों में–''कलात्मक बिम्ब सच्ची कला का एक अभिन्न गुण है, कला का पतन वहीं शुरू होता है जहाँ कलात्मक बिम्ब का ह्रास शुरू होता है।''[33] बिम्ब पर विचार करते हुए ब्राउन लिखते हैं कि–साहित्य में बिम्ब से तात्पर्य होता है कलाकार की उस क्षमता से जिसके सहारे वह बीती हुई घटनाओं और विषयवस्तु का रंग, ध्वनि, गति, आकार–प्रकार सहित देशकाल परिस्थिति को ध्यान में रखकर शब्द चित्रों में वर्णित कर देता है और शब्द चित्र ठीक उसी प्रकार का होता है जैसा कि उस घटना या वस्तु का स्वरूप था।''[34] डॉ. कुमार विमल मानते हैं कि बिम्ब विधान ही बहुत अंशों में कलाकार की सहजानुभूति की अभिव्यक्ति की सफलता को प्रमाणित करता है और कलाकार की सौन्दर्य चेतना को भी द्योतित करता है। वस्तुत: बिम्ब विधान कला का वह मूर्त पक्ष है जिससे कलाकार की भावानयन (एब्स्ट्रेक्शन) से शिलष्ट सौन्दर्यानुभूति को वस्तु सत्य का संस्पर्श या तद्‌गत सम्पृक्त आधार के साथ सादृश्याभास (सेम्ब्लेन्स) मिल जाता है। ... बिम्ब विधान कला का क्रिया पक्ष है जो कल्पना से उत्थित होता है। कला जगत् में कल्पना के विकास की एक सरणि है। कल्पना से बिम्ब का आविर्भाव होता है और बिम्बों से प्रतीक का। जब कल्पना मूर्तरूप धारण करती है, तब बिम्बों की सृष्टि होती है।'' आचार्य रामचन्द्र शुक्ल का मानना है कि, ''काव्य में बिम्ब विधान का बहुत महत्त्व है, क्योंकि काव्य में अर्थ ग्रहण मात्र से काम नहीं चलता। बिम्ब ग्रहण अपेक्षित है।''[35]

आचार्य शुक्ल की मान्यता से स्पष्ट है कि बिम्ब ही वह महत्त्वपूर्ण साधन है जो कवि के भाव एवं अनुभूति तत्त्व को उसी प्रभाव क्षमता के साथ पाठक के हृदय तक पहुँचा सकता है। कवि अपनी कविता के द्वारा जो सम्प्रेषित करना चाहता है वह सम्प्रेषण निश्चित ही बिम्बों के द्वारा करता है, कवि का उद्‌देश्य यह होता है कि वह अपने द्वारा अनुभूत तत्त्व को वैसी ही प्रभाव क्षमता के साथ पाठक के हृदय तक पहुँचा सके। मुक्तिबोध लिखते हैं कि–''आसमान का बिम्ब सधे न सधे, सामने के मैले डबरे में सूरज के बिम्ब का चित्रण करना चाहिए, शायद वह मेरे जीवन सत्य के अधिक निकट होगा। उतना चित्रण मुझसे सध भी जायेगा।''[36] वे स्वयं स्वीकार करते हैं कि हम बिम्बों और प्रतीकों में जीते हैं और उन्हीं माध्यम से सत्य और यथार्थ को संवेदित करते हैं। साहित्यकों एवं मनोवैज्ञानिकों ने बिम्ब को अलग–अलग रूपों में व्याख्यायित किया है। डॉ. नामवर सिंह के अनुसार–''बिम्ब से साहित्यकों का तात्पर्य प्राय: दृश्य बिम्ब से होता है अर्थात् मस्तिष्कगत चित्र, लेकिन मनोवैज्ञानिकों के अनुसार सभी ऐन्द्रिय बोधों और माँसपेशियों की क्रियाओं के बिम्ब होते हैं।'[37] बिम्ब के बारे में स्वयं मुक्तिबोध का मानना है कि, ''कल्पना चित्र स्वयं एक बोधात्मक या ज्ञानात्मक (जीवन ज्ञानात्मक) पक्ष रखते हैं और उनका दूसरा पक्ष निस्सन्देह संवेदनात्मक होता है। इस प्रकार दोनों पक्षों के संयोग से कल्पना चित्र में सौन्दर्य और सार्थकता उत्पन्न होती है। कल्पना चित्र या बिम्ब विधान स्वयं वस्तु सत्यों के ज्ञान की एक विशेष प्रणाली है जो सृजन–प्रक्रिया में अपना एक

महत्त्वपूर्ण स्थान रखती है।''[38] इस कथन से ज़ाहिर है कि कल्पना चित्र या बिम्ब विधान वस्तु सत्य का उद्‌घाटन करते हैं और इन्हीं के जरिये हमारे जीवन के विविध कोण सामने आते हैं। स्वयं मुक्तिबोध ने एक स्थान पर लिखा है कि, ''मैं बिना चित्र प्रस्तुत किये लिखता नहीं, कोई भी विचार यदि अभिभूत कर देता है, तभी लिख जाता है।''[39]

मुक्तिबोध की खासियत यह है कि वे जिस संश्लिष्ट चित्र या बिम्ब का प्रयोग करते हैं यह सामाजिक स्तर पर घटित होते हुए वर्ग संघर्ष को पूरी स्पष्टता के साथ और सक्षमता के साथ उजागर करता है। मुक्तिबोध अपने कल्पना चित्रों या बिम्बों के जरिये एक अभूतपूर्व वातावरण की सर्जना करते हैं और मेरी समझ में यही उनका ध्येय भी होता है। उनके कल्पना चित्र या बिम्ब सायास नहीं हैं बल्कि अपने प्रकृत स्वरूप में कविता की परिधि तक आते हैं। जिसमें न तो जोड़ बाकी है और न गुणा-भाग बावजूद इसके कि उनका बिम्ब विधान अत्यन्त समर्थ और सम्पन्न है। यदि प्रकृत रूप में बिम्ब प्रयुक्त होते हैं तो उनमें स्वाभाविकता, शब्दों की मितव्ययिता और सौन्दर्य के नये-नये रूप मुखर होते हैं। डॉ. धनंजय वर्मा का विचार है कि, ''उनका बिम्ब विधान भी जीवन की पुनर्रचना करते समय जाने-अनजाने जीवन की व्याख्या के साधन अधिक हैं। उनके बिम्ब विधान में सचेत और जागरूक कला चेष्टा के संकेत हैं। कविता के बिम्ब के उभरने के पहले ही उसकी एक पूर्व पीठिका बनायी जाती है और संवेदनानुसारी योजना के अन्तर्गत उसमें वे काट-छाँट करते हैं।' [40] वे आगे लिखते हैं कि, ''उनके अधिकतर बिम्ब समकालीन भारतीय मनुष्य की शोषित और पीडित स्थितियों से आते। हैं और वे उसे मूर्त करते हैं। मगर साथ ही समकालीन शोषक और शासक व्यवस्था और सामाजिक और राजनीतिक, नृशंसता और अमानवीयकरण को उनके बिम्ब उभारते हैं। इन बिम्बों में प्रभाव की तात्कालिकता और समग्रता उनके उत्तेजित ऐन्द्रिय आसंगों से आती है। और उनकी गति और गत्यात्मकता, क्रिया और क्रियाशीलता से समकालीन यथार्थबोध अपनी पूरी जटिल संश्लिष्टता में मूर्त होता है।'' [41]

मुक्तिबोध की कविता 'अँधेरे में' का रचना संसार बिम्बों और प्रतीकों का संसार है। इसमें शब्द और अर्थ के द्वारा एक असंगत और विसंगतिपूर्ण संसार पैदा हो गया है जो पैशाचिक, भयंकर और त्रासद है, तो उतना ही मानवीय और अर्थपूर्ण। मुक्तिबोध के रचना संसार में मानव और पिशाच का सहअस्तित्व है। 'अँधेरे में' कविता में बिम्बों और प्रतीकों का एक सतही सन्तरण मिलता है लेकिन गहरे में 'त्रासदीय तनाव' की एक ऐसी लम्बी रेखा है जो कविता को बाँधे रहती है। इस कविता की और साथ ही चम्बल की घाटी की भी सबसे बड़ी विशेषता यह है कि इसका बिम्ब विधान इतना घना है कि अर्थ की निहित एक बिम्ब में न होकर अनेक बिम्बों के गठबन्धन में है। यही कारण है कि कविता में कोई एक बिम्ब प्रमुख नहीं हो पाता, पर उन सारे बिम्बों का एक ऐसा सहअस्तित्व है जो पूरी कविता को गतिशील तनाव में बाँधे रहती है। ''मुक्तिबोध का रचना संसार भयानक और जटिल है और उनके बिम्ब और प्रतीक (फ़ैण्टेसी) भी भयानक है। उनमें जटिलता भी है पर एक प्रकार-सी जीवन की विसंगतियों और जटिलताओं का प्रतिबिम्बन है।'' बिम्बों के दो उदाहरण द्रष्टव्य हैं-'लाल-लाल चादरें/ सिन्दूरी झण्डियाँ/सुनहरी पताकाएँ फरफरा

रही हैं। और आसमान में/ कत्थई गेरुये धुएँ की बड़ी-बड़ी लहरें। तैरती हवा में।'' दूसरा उदाहरण -''जोर लगा, दरवाज़ा खोलता/ झाँकता हूँ बाहर .../ सूनी है राह, अजीब है फैलाव,/ सर्द अँधेरा/ ढीली आँखों से देखते हैं विश्व/उदास तारे/ ... हवाओं की निसंग लहरों में काँपती/कुत्तों की दूर-दूर अलग -अलग आवाज़/टकराती रहती सियारों की ध्वनि से/ काँपती हैं दूरियाँ, गूँजते हैं फासले/ (बाहर कोई नहीं, कोई नहीं बाहर)।'' शमशेर जी ने सही कहा है कि, ''मुक्तिबोध के हर इमेज के पीछे शक्ति होती है। वे हर वर्णन को दमदार, अर्थपूर्ण और चित्रमय बनाते हैं। वे विशिष्ट बिम्ब बल्कि उससे अधिक विशिष्ट प्रतीक की योजना लाते हैं, इसी रास्ते भाषा को इमेज और मेटाफर के लेबल पर वह औरों से बहुत आगे ले गये हैं।''[42]

प्रतीक :-अर्थ संकेत को प्रतीक कहते हैं, इन संकेतों में अनेकार्थता होती है। जैसे- ''सुन रहा हूँ मैं वही/ पागल प्रतीकों में कही जाती हुई वह ट्रैजिडी/ जो बावड़ी में अड़ गयी।'' किसी भी काव्यकृति के मनोवैज्ञानिक, सौन्दर्यात्मक विवेचन के लिए उसमें प्रयुक्त प्रतीकों को विश्लेषित-संश्लेषित करना आवश्यक होता है। प्रतीक अर्थ के स्रोत होते हैं और साथ ही कवि के संवेदनात्मक उद्‌देश्य को रूपायित करते है। प्रतीक के बारे में विभिन्न विद्वानों ने अपने-अपने विचार व्यक्त किये हैं-रैने वैलेक और ए. वारेन के शब्दों में-''सामान्य प्रणाली यह है कि बिम्ब, मैटाफर और मैटाफर प्रतीक बन जाते हैं।''[43] मुक्तिबोध के यहाँ प्रतीकों की यही प्रक्रिया है। बिम्ब प्रतीक बनते हैं और प्रतीक बिम्ब बन जाते हैं। प्रतीक ही उनके अर्थ के स्रोत हैं। उन्हें बिना जाने मुक्तिबोध काव्य सिर्फ़ स्वप्न की रचना लगेगा। कविता में प्रतीकों की रचना कवि की अक्षमता या विक्षिप्तता का परिचायक न होकर उसकी पूरी क्षमताओं अध्ययन, ज्ञान और अनुभूति की व्यापकता का प्रतीयमान बन जाती है बशर्ते उनकी आन्तरिक अन्विति व्यवस्थित हो।''प्रतीक पूरे सन्दर्भ में कलाकार की मानसिकता तथा उसके संवेदनात्मक उद्‌देश्य को सम्प्रेषित कर देते हैं। प्रतीक की रचना में सबसे पहली सीढी उस आधार की होती है जिससे संवेदनात्मक उद्‌देश्य जुड़ा होता है। यह उद्‌देश्य एक विचार के रूप में सम्प्रेषित होना चाहता है।''[44] मुक्तिबोध के प्रतीकों के बारे में अशोक वाजपेयी लिखते हैं कि-''अपने प्रतीक मुक्तिबोध ने या तो अपने मिथिकल अतीत से या हाल के इतिहास से लिए। विशाल वटवृक्ष, ब्रह्मराक्षस, औरॉग-उटाँग, पागल मनुष्य, शक्ति पुरुष आदि और महात्मा गाँधी, तिलक, टाल्सटाय आदि इसका प्रमाण हैं। माँ और शिशु दूसरे उल्लेखनीय प्रतीक हैं। इन सब प्रतीकों में एक तरह की प्रखर आदिमता है यह ग़ौर करने की बात है कि प्रायः कविता में नायक के अलावा एक प्रतीकात्मक और आप्तवाची चरित्र है।''[45]

प्रतीक का सबसे बड़ा गुण समय सन्दर्भ के प्रति उसकी सचेष्ट ईमानदारी है। अन्योक्ति में प्रस्तुत-अप्रस्तुत दोनों बने रहते हैं। प्रतीक में प्रस्तुत-अप्रस्तुत में विलीन होकर अर्थवत्ता प्राप्त करता है। प्रतीक वास्तव में ज्ञान का उपकरण है, इसके साथ ही प्रस्तुत के माध्यम से अप्रस्तुत की व्यंजना करना प्रतीक का लक्ष्य होता है। प्रतीक की पर्त -दर-पर्त अर्थवत्ता और अनुकूल अर्थगुम्फन के छोरों को जिस तरह, जिस आधार पर लाकर जोड़ा जाता है वह रहस्यों को अपने कटु यथार्थ में और तीख़ेपन के साथ प्रस्तुत

करने में सक्षम होता है। मुक्तिबोध की कविता 'अँधेरे में' के बिम्ब आसपास के परिवेश में व्याप्त मिथ्या-चेतना के प्रतीक हैं। मुक्तिबोध के शब्दों में, "साहित्य मनुष्य के आंशिक साक्षात्कारों के बिम्बों की एक मालिका तैयार करता है। साहित्य में प्रकाश-ही-प्रकाश है, किन्तु हमें प्रकाश में सत्यों को ढूँढ़ना है।" प्रकाश से सत्य ढूँढ़ने की प्रक्रिया को मुक्तिबोध ने कई कविताओं में प्रतीकात्मक ढंग से वर्णित किया है, किन्तु शुक्ल जी का कहना है कि प्रतीक सर्वदा अपने से इतर संकेत देते है। समुद्र चातक आदि की अर्थवत्ता स्वयं इनमें नहीं है, बल्कि इनके द्वारा संकेतित विशिष्ट अर्थ में है। रामविलास शर्मा को मुक्तिबोध के काव्य में तैर आये रहस्यवादी-आध्यात्मिक प्रतीकों पर आपत्ति है तो कलावादी समीक्षकों को उनकी रचना के लाउड, अतिरंजित और वक्तव्यपूर्ण होने पर। "अतिरंजना और वक्तव्य की ही तरह रहस्यवादी-आध्यात्मिक प्रतीक भी उनकी कविता के ज़रूरी हिस्से हैं ऐसे प्रतीकों से मुक्तिबोध इसलिए परहेज नहीं करते, क्योंकि वे ऐसे देश के कवि हैं जिसे वेद-उपनिषद् काल से सन्तों और भक्तों की समृद्ध मानवतावादी परम्परा विरासत के रूप में मिली है।'[46] स्वयं मुक्तिबोध का मानना है कि प्रतीक जटिल अर्थों को व्यंजना के माध्यम से प्रेषित करने का साधन है लेकिन प्रतीक तभी सार्थक हो सकते हैं जब उनकी जड़े सामाजिक अनुभवों में फैली हुई हों। मुक्तिबोध इस तथ्य को उजागर करते हुए लिखते हैं कि, "कोई भी प्रतीक तभी तक भावोत्तेजना की शक्ति रखता है, जब तक कि उसकी जड़े सामाजिक-सामूहिक अनुभवों की धरती में समायी हुई हों। मात्र वैयक्तिक आधार पर तो हज़ारों प्रतीक खड़े किये जा सकते हैं।... मुख्य बात यह है कि प्रतीक विधान जैसा हो, उसे यथार्थ पर आधारित तथा यथार्थ-बोध में सहायक होना चाहिए।"[47] बिम्ब और प्रतीक में मुख्य अन्तर यह है कि बिम्ब विधान में जहाँ सम्मूर्तन और चित्रोपमता को प्रधानता दी जाती है, वहाँ प्रतीक में एक अभिव्यक्ति-लाघव के साथ किसी सूक्ष्म सत्य, सौन्दर्य या प्रभाव की संकेत-व्यंजना की जाती है। ध्यातव्य है कि बिम्ब भी कभी-कभी प्रयोग की आवृत्ति से किसी विशेष अर्थ में प्रतिमित होकर प्रतीक का रूप धारण कर लेते हैं।

प्रतीकों का प्रचुर प्रयोग मुक्तिबोध के काव्य में अनजाने ही हुआ है। उन्होंने सांस्कृतिक, ऐतिहासिक और प्राकृतिक प्रतीकों का सफल प्रयोग किया है। मुक्तिबोध अपनी फ़ैण्टेसी में प्रतीकों के माध्यम ग्रहण करते हैं और प्रतीकों को मानवीकरण और प्रतिमाओं से सजाते हैं। जहाँ उनके बिम्बों में प्रतीकात्मक वैशिष्ट्य है, वहाँ उनके प्रतीकों में बिम्बों का गुणात्मक वैशिष्ट्य भी है। उनके मन पर पौराणिक प्रतीकों और कल्पनाओं का गहरा प्रभाव है। रावण को जलाये जानेवाले काठ के मन के रूप में चित्रित करते हैं। औराँग-उटाँग हमारी परम्परा में नैसर्गिक अविकसित दुर्दमनीय पाशवी वृत्तियों की मूर्ति हैं। वे गाँधी और तिलक के पुतलों को भी प्रतीक के रूप में प्रयोग करते हैं। उनके प्रतीकों में परम्परागत शास्त्रीय प्रतीक भी हैं एवं नये आयाम, आधुनिक गरिमा को लेकर आने वाले प्रतीक भी हैं जैसे-धूमकेतु, एकलव्य, उल्का, चौराहे, स्याह, घुग्घू आदि। सांस्कृतिक और ऐतिहासिक प्रतीकों के सन्दर्भ में कहा जा सकता है कि प्रगतिशील कवि होने के नाते वे प्रतीक संस्कृति की क्षीयमान और शोषणकारी प्रवृत्तियों के विरुद्ध है, किन्तु इसी

शोषणकारी परम्परा को स्पष्ट करने के लिए मुक्तिबोध ने इतिहास, पुराण, मान्य प्रतीकों का प्रयोग भी किया है। एक उदाहरण द्रष्टव्य है–"आँखें फाड़े मैंने देखा मन-के-मन में जाने कितने कारावासी वसुदेव/ स्वयं अपने कर में, शिशु आत्मज ले/ बरसाती रातों में निकले। ... अति दूर अरे उस नन्द ग्राम की ओर चले जाने किसके डर स्थानान्तरित कर रहे वे/ जीवन के आत्मज सत्यों को/ किस महाकंस से भय खाकर गहरा-गहरा।' वसुदेव शोषित का प्रतीक है, महाकंस शोषक का और शिशु आत्म (कृष्ण) सत्य का। सत्य के निष्कासन की परम्परा पुराण काल से अब तक चली आ रही है, इन पंक्तियों में कवि का अभिप्रेत यही है। पौराणिक प्रतीक का एक उदाहरण देखें-... शोषण की सभ्यता के नियमों के अनुसार बनी हुई संस्कृति के तिलस्मी/सियाह चक्रव्यूहों में फँसे हुए प्राण सब मुझे याद आते हैं।" उन्होंने प्राकृतिक प्रतीकों का उपयोग भी अपनी कविताओं में किया है। वटवृक्ष उनका प्रिय प्रकृत प्रतीक है, जिसे आवश्यकतानुसार कहीं जीवन के, कहीं परम्परा के, कहीं स्नेह के अर्थ में उन्होंने प्रयुक्त किया है। बरगद कर्फ्यू से आतंकित जनपद के प्रतीक के रूप में-"इन्ही हलचलों के ही कारण तो सहसा बरगद में पले हुए पावों की डरी हुई। चौंकी हुई अजीब-सी गंदी सी फड़फड़..।"

विषादमय जीवन के प्रतीक के रूप में एक और सम्पूर्ण चित्र देखे-"भयंकर बरगद/ सभी उपेक्षितों, वंचितों/ ग़रीबों का वही घर, वही छत/ उसके ही तलखोह अँधेरे में सो रहे। गृहहीन कई प्राण।" उनके प्रतीक अधिकांशतः मिथों का सृजन करनेवाले हैं। उदाहरण के लिए जब मुक्तिबोध कहते हैं कि, "मानव मस्तिष्क में से निकले हुए कुछ ब्रह्मराक्षसों ने गाँधी जी की टूटी चप्पल पहन ली'-तो वे एक प्रतीक को जन्म देते हैं किन्तु जब वे इसको एक कला का रूप दे देते हैं तो मिथ का स्वरूप स्पष्ट हो जाता है। कविता की पंक्तियाँ हैं-"मानव मस्तिष्क में से निकले। कुछ ब्रह्मराक्षसों ने पहनी/ गाँधी जी की टूटी चप्पल/ हरहरा उठा यह पीपल तन/ हँस पड़ा ठठाकर, गर्जन कर, गाँव का कुआँ/तब दूर सुनायी दिया शब्द 'हुआ 'हुआ'।" मुक्तिबोध की कुछ कविताओं के शीर्षक भी प्रतीकबद्ध हैं जैसे-ब्रह्मराक्षस अहंवादी, विलक्षण, किन्तु भटकी हुई प्रतिभा (स्पाइल्ड जीनिअस) के धनी व्यक्ति का प्रतीक है, डूबता चाँद : मृत पूँजीवादी व्यवस्था का प्रतीक, काव्यात्मन फणिधर : कवि की क्रान्ति चेतना का प्रतीक, नक्षत्र खण्ड और चकमक की चिनगारियाँ-कवि के विद्रोही भावों-विचारों के प्रतीक, चम्बल की घाटी : शोषित और आतंकित देशकाल का प्रतीक आदि।

लय :–इसका सर्वप्रथम उल्लेख भरत के नाट्यशास्त्र (ई.पू. 200) में मिलता है। धनंजय के 'दशरूपक' (10 वीं शताब्दी) में उसी का विस्तार किया गया है। 'नृत्त' के प्रसंग में वह लिखता है-'नृत्त ताल लयाश्रयम्' नृत्त ताल और लय पर आश्रित होता है। ताल के आधार पर वह मात्रा का अनुसरण करता है तथा लय के आधार पर गति (द्रुत, मन्द या मध्य) का। अभिनवगुप्त (10वीं शताब्दी) लय को चमत्कार, निर्वेश, योग, समापत्ति, विश्रान्ति आदि के पर्याय के रूप में प्रयुक्त करते हैं। वाल्टर पीटर के शब्दों में- "'गति' और 'गतिहीनता तथा 'प्रफुल्लता' और 'विश्रान्ति' जैसे विरोधी नियमों में अन्तर्निहित सामंजस्य ही लय है।" [48] लय को भाषा का संगीत कहने का भी हमारे यहाँ

रिवाज रहा है। यों लय पर नये ढंग से विचार करने का कार्य छायावादी कवियों ने शुरू किया। निराला की 'गीतिका' (1936) में नवगति, नवलय, ताल, छन्द नव' का प्रश्न उठाया गया और उसके गीतों में पश्चिमी स्वरों को विन्यस्त किया गया। इसके पहले बंगला में मधुसूदन दत्त और रवि बाबू अपने काव्य और संगीत में पश्चिमी लय का प्रयोग कर चुके थे। लय के सन्दर्भ में विचार करते हुए आई.ए. रिचर्ड्स की मान्यता है कि, "उन्नत विचार अथवा अनुभूति की भाषा सदैव लयात्मक होती है, किसी भी प्रकार की तीव्र अनुभूति में एक लयात्मक स्पन्दन भर देती है क्योंकि लय जीवन में सतत लगी रहती है, इसलिए जिस काव्य में भावनाओं की अधिक हलचल होती है उसके लयात्मक तथा छन्दोबद्ध होने की सम्भावना भी अधिक होती है। लय कविता के लिए अत्यन्त ज़रूरी चीज़ है, लेकिन उसे मात्र संगीत में खोजने से एक गड़बड़ी भी पैदा होती है और अनपेक्षित घपला भी। लय की स्थिति और उपस्थिति काव्य की समूची विधाओं में विद्यमान रहती है, उसके दायरे को केवल गीत या छन्दात्मकता में नहीं पहचाना जा सकता। वह गद्य, कहानी और नाटक में भी होती है। लय समूचे काव्य का आधार है। लय की प्रक्रिया भीतर-ही-भीतर होती है और कविता में प्रकट होती है। मायकोवस्की मानते हैं कि लय कविता की मूल शक्ति तथा मूल ऊर्जा है। इसकी व्याख्या नहीं की जा सकती, उसकी चुम्बकीय या विद्युत् के प्रभाव की तरह केवल चर्चा ही की जा सकती है। चुम्बकत्व या विद्युत ऊर्जा के रूप हैं। कवि की कविताओं में यहाँ तक कि कवि के पूरे कृतित्व में एक ही लय हो सकती है। लेकिन इससे उसका कृतित्व एक जैसा नहीं हो जाता, क्योंकि लय निरूपण में इतनी जटिल और कठिन हो सकती है।

नयी कविता के कवियों ने लय पर विस्तृत ढंग से विचार नहीं किया क्योंकि ये कविताएँ छायावादी लय को तोड़कर जब गद्यपरक लय की ओर बढ़ने लगीं तो कहा जाने लगा कि नयी कविता में शब्दों की नहीं, अर्थ की लय होती है, किन्तु कुछ समय में अर्थ की लय का मुलम्मा छूट गया, क्योंकि शब्द से हटकर अर्थ की लय या अर्थ भी क्या होगा? पर्यायवाची शब्दों के प्रयोग से शब्द की लय के साथ अर्थ की लय बदल जाती है। कविता और गद्य की लय में फ़र्क़ होता है। "छन्दोबद्ध कविता की लयात्मक गतियाँ मात्रा और वर्णों से निर्धारित होती हैं। किन्तु जहाँ मात्राओं और वर्गों का ख़याल नहीं किया जाता वहाँ भी कविता की एक अपनी लय होती है जो शब्दों के आवर्त-विवर्त, मुद्रण-पद्धति, विराम चिह्नों, ध्वनियों, पाठकला आदि द्वारा निर्धारित और नियन्त्रित होती चलती है।"[49] जहाँ कविता में आवर्ती का अभाव है, वहाँ कविता में प्रयुक्त शब्दों और वाक्यों के बीच के 'स्पेस' से लय की पहचान होगी।

गद्य की लय कविता से तो भिन्न होती ही है, सामान्य गद्य की लय से भी अलग होती है किन्तु कलात्मक गद्य की लय की संघटना सामान्य गद्य पर आधारित होती है। कलात्मक गद्य में छोटे-छोटे उपवाक्यों के बीच एक प्रकार की कालिक समानता देखी जाती है। वाक्य के आरम्भ और अन्त का वैचित्र्य भी उसे नियमित करता चलता है। मुक्तिबोध अपनी 'नूतन अहं' शीर्षक कविता में बलाघात के माध्यम से लय का निर्माण इस तरह करते हैं, "किन्तु आज लघु स्वार्थों में घुल, क्रन्दन-विह्वल। अन्तर्मन यह टार रोड

के अन्दर नीचे बहनेवाली गटरों से भी/ है अस्वच्छ अधिक यह तेरी लघु विजय और लघु हार तेरी इस दयनीय दशा का लघुतामय संसार/ अहंभाव उत्तुंग हुआ है तेरे मन में जैसे घूरे पर उट्ठा है/ धृष्ट कुकुरमुत्ता उन्मत्त।'' यहाँ मुक्त छन्द द्वारा निर्मित लय है। छन्द सम्बन्धी किसी भी नियम का निर्वाह न करने पर भी उक्त कवितांश लयहीन नहीं है। इसका छेद रूढ़ियों से मुक्त और लय से अनुशासित है। मात्राओं की या अक्षरों की निश्चित आवृत्तियाँ यहाँ लय नहीं बनातीं। लय बनाता है बलाघात और स्वरपात का विश्रृंखलित आरोह-अवरोह। उपर्युक्त पंक्तियों में 'लघु' की आवृत्ति 'अहं' पर क्रमशः अधिक दिया गया बल है। 'उट्ठा' को यदि 'उठा' कर दिया जाये तो लय की टूटन बात का आवेग नष्ट कर देगी। मुक्तिबोध की कविता में लय के बारे में त्रिलोचन शास्त्री का विचार है कि ''मुक्तिबोध की कविताओं में लय का इस्तेमाल मिलता है और इस लय का निर्माण भी वे चार-पाँच छन्दों की आन्तरिक लय के आधार पर करते हैं। उनकी कविताओं में कहीं-कहीं गद्य की पंक्तियाँ भी आती हैं, जिसमें किसी छन्द की आन्तरिक लय का पाना कठिन है'[50] मुक्तिबोध की लयात्मकता का एक उदाहरण द्रष्टव्य है-''इसीलिए जहाँ देखो वहाँ/ ख़ूब मच रही है, ख़ूब ठन रही है/ मौत अब नये-नये बच्चे जन रही है। जगह-जगह दाँतदार भूल/ हथियार बन्द ग़लती है। जिन्हें देख, दुनिया हाथ मलती हुई चलती है।''

ध्वनि-यूँ तो भारतीय काव्यशास्त्र में ध्वनि सिद्धान्त में ध्वनि के पूरे फैलाव को, उसके विस्तार को बहुत व्याख्यायित किया गया है। मूलतः ध्वनि व्यंजना तो होती ही है गुणीभूत व्यंग्य भी होता है। ध्वनि में विस्तार करने की क्षमता बहुत अधिक होती है जैसे-घण्टी बज गयी है। यहाँ घण्टी का बजना भिन्न-भिन्न लोगों के लिए भिन्न-भिन्न अर्थ देता है। शिक्षकों के लिए अलग, छात्रों के लिए अलग एवं अन्य लोगों के लिए अलग। शब्द शक्ति में जो स्थान व्यंजना का है वही अर्थ के क्षेत्र में ध्वनि या व्यंग्यार्थ का है। ध्वनि का बाह्य रूप नाद सौन्दर्य का स्पर्श करता है। मुक्तिबोध के यहाँ व्यंग्यार्थ तो है ही उनकी कर्कश शब्दावली में जो अमानवीयकृत यथार्थ है, उसे व्यक्त करने के लिए तदनुरूप परुष-नादात्मक शब्दों का उपयोग भी उनकी कविता में भरपूर मिलता है। मुक्तिबोध की चित्रात्मक अर्थ-ध्वनि की व्यंजना के कुछ उदाहरण द्रष्टव्य हैं जैसे-''दिल में अलग जबड़ा, अलग दाढ़ी लिए /दो-मुंहेपन के सौ तजुर्बों की बुज़ुर्गी से भरे।'' हृदय का गुप्त स्वर्णाक्षर प्रकट होकर/विकट हो जायेगा। ''कमल-कोष के पराग स्तर।'' उद्विग्न भालों पर /सितारे आसमानी छोर पर फैले हुए।'' मैं ब्रह्मराक्षस का /सजल-उर शिष्य/ होना चाहता।'' इसी तरह विषम परिस्थिति और उसके बीच में जो जिजीविषा है, उसकी अर्थ-व्यंजना के कुछ उदाहरण द्रष्टव्य हैं-''खँडहर में दबी हुई अन्य धुक-धुकियों।' प्रत्येक पत्थर में चमकता हीरा है/महाकाव्य पीड़ा है।'' ''बिना छत गिरस्तिन।' जटिल मूर्च्छना और जुलूस का संकेत ''मन्दतार उच्च निम्न स्वर-स्वप्न अरुण कमल एक।' मुक्तिबोध की कविताओं में अर्थ ध्वनियां, शब्द ध्वनियाँ और आवृत्ति ध्वनियाँ भी पर्याप्त मात्रा में मिलती हैं।

अज्ञेय व धर्मवीर भारती जैसे कवि भाषा के स्तर पर भी मुक्तिबोध से अलग हैं। कर्ण-कटु ध्वनियाँ, मुक्तिबोध की भाषा में अधिक हैं उनके काव्य की ध्वन्यात्मकता नये

रूप, नये तेवर और नयी भंगिमा के साथ, परिस्थितियों के अनुरूप स्वाभाविक रूप से प्रकट होती है। ध्वनियों के मिज़ाज़ पर उनकी स्वयं की टिप्पणी देखी जा सकती है। कहते हैं लोग-बाग/ बेकार है। मेहनत तुम्हारी सब/कविताएं रद्दी हैं।'' और '' शब्दों की खड़-खड़ में ख़्यालों की भड़-भड़/अजीब समां बाँधे है ! !/गढ़ों भरे उखड़े हुए जैसे रास्ते पर किसी/पत्थरों को ढोती हुई बैलगाड़ी जाती हो।' यह ध्वनि सुखद नहीं है। 'अँधेरे में' कविता का नायक, तिलक के सामने तीखा रंदा चलाते विवेक को अनुभव करता है। उसे लगता है ''इतने में छाती के भीतर ठक-ठक/ सिर में है धड़ -धड़ !!/ कट रही हड्डी !!'' ये ऐसी काव्य ध्वनियाँ हैं जिन्हें देखा सुना और समझा भी जा सकता है। तो इन्हें अनुभव भी किया जा सकता है। मार्शललॉ के माहौल में 'अँधेरे में' का काव्य नायक दम छोड़ भागते हुए ''घूम गया कई मोड़/ भागती। है चप्पल, चटपट आवाज़/ चाँटों सी पड़ती।'' ध्वनि-रूप और स्पर्श का एक संश्लिष्ट चित्र देखें-भुसभुसे उजाले का फुसफुसाता षड्यन्त्र। मुक्तिबोध के काव्य में ध्वनि का चित्रण विराटता के साथ होता है। जैसे-''उनके पीछे चल रहा/संगीन नोकों का चमकता जंगल/चल रही पदचाप, ताल-बद्ध दीर्घपाँत/ टैंक-दल, मोर्टार, आर्टिलरी, सन्नद्ध/ धीरे-धीरे बढ़ रहा जुलूस भयावना/ सैनिकों के पथराये चेहरे/ चिढ़े हुए, झुलसे हुए, बिगड़े हुए गहरे।'' एक दूसरा उदाहरण ''भीतर जो शून्य है/ उसका एक जबड़ा है/ जबड़े में माँस काट खाने के दाँत हैं ;/ उनको खा जायेंगे/ तुमको खा जायेंगे।'' इस तरह हम देखते हैं कि मुक्तिबोध की कविताओं में विभिन्न प्रकार की ध्वनियों का प्रयोग वातावरण, 'समय' एवं 'स्पेस' को अभिव्यक्त करने के लिए होता है।

छन्द –मुक्तिबोध की सम्पूर्ण रचनाएँ मुक्त-छन्द में लिखी गयी हैं, जिसकी अपनी विशिष्टताएँ हैं। मुक्तिबोध ने जिस मुक्त-छन्द का विधान किया है वह ऐसा है, ''जो निराला के ठेठ मुक्त छन्दों से हाथ मिलाकर आगे जाता है। वही सीधी अभिव्यक्ति, तरल मानवीय व्यंजना, मगर उससे अधिक भी कुछ। 'निरालापन' के साथ मुक्तिबोधपन।' यानी वही एक नया, गहरा, साथीपन का भाव, सबके ऊपर नहीं, सबके साथ, यद्यपि विशिष्ट। एक विशिष्ट अपनाव।'' [51] वस्तुतः मुक्तिबोध के मुक्त छन्द में अद्भुत लय और शक्ति है। ''अरे रे ! कौन अभागा वह/ जिसने यों आत्मोत्पन्न सत्य त्यागा? किस मौन विवशता के कारण?/ किसके भय से?/ पर भय किसका?/ कौन-सी क्रान्ति करनेवाला था यह बालक !!''

मुक्तिबोध के छन्द का निर्माण लय से होता है यद्यपि मुक्त छन्द, विश्लेषणात्मक भाषा और विचारपूर्ण वस्तु फिर भी किसी स्तर पर लयात्मकता बनी रहती है। भाषा नितान्त गद्य के समीप की है, लेकिन लय से उसका रिश्ता बना रहता है। काव्य में छन्द की आवश्यकता के विषय में रघुपतिसहाय 'फिराक' का मानना है कि-''छन्द काव्य के लिए अपरिहार्य है। इसका सुगठित आवेग और निर्दिष्ट लचीलापन मानवीय कानों को सहज ग्राह्य होते हैं। ज़्यादा महत्त्वपूर्ण है कि शुद्ध लय पद्यात्मक उक्तियों के तीव्रतर दबाव और बलाघात के नाते अधिक अनुभूति गम्य, अधिक झंकारमय, अधिक तीव्रता से स्पन्दनशील हो। काव्य के लिए छन्द अनिवार्य है ताकि लय की शक्ति के उन्मेष का

आवेग पूरी तरह पकड़ में आ सके।''[52] मुक्तिबोध का शिल्प जटिल एवं आत्मपरक है। उनके शिल्प में दम तोड़ते लय वाले प्रतिम्बित वाक्य युक्त छन्द हैं। उनकी कविताओं की बुनावट को मद्देनज़र रखते हुए कुँवर नारायण ने लिखा है कि, ''अपनी कई कविताओं में मुक्तिबोध तुकों का इस्तेमाल भी अर्थों पर किसी तरह का विश्राम देने के लिए नहीं करते, अवर्तन द्वारा गति का आभास देने के लिए करते हैं। उनका प्रभाव धक्के का सा होता है, मानों कविता को आगे ढकेलने के लिए।''[53] मुक्तिबोध के छान्दसिक अनुशासन के सन्दर्भ में धनंजय वर्मा का विचार है कि, ''लयहीन, तुकहीन लेकिन इसका तात्पर्य क्या यह है कि मुक्तिबोध छान्दसिक सामर्थ्य–विहीन कवि हैं?... दरअसल मुक्तिबोध ने जब अभिव्यक्ति के सारे ख़तरों को उठाकर मठ और गढ़ तोड़ने का संकल्प लिया तो इस आरोपित औपचारिकता का उनमें संकेत भी देखना उनके साथ ज़्यादती है। अपने संघर्षमय अन्तर्पक्ष की तनाव–भरी बिम्बात्मक अभिव्यक्ति के लिए उन्होंने मुक्त छन्द में ही सार्थकता प्राप्त कर ली है।''[54] मुक्तिबोध ने अपनी प्रारम्भिक कविताओं में छन्दों का प्रयोग किया है लेकिन वे पारम्परिक छन्द नहीं है बल्कि मुक्तिबोध के द्वारा उद्भूत नये छान्दसिक अनुशासन में हैं।

अलंकार –भारतीय साहित्य शास्त्र में अलंकार सम्प्रदाय की मान्यताएँ एक लम्बे अरसे से प्रचारित हैं। अलंकार को काव्य की आत्मा के रूप में भी पहचानने की कोशिश हुई है। रीतिकाल के कवि केशव की मान्यता है कि, ''जदपि सुजात, सुलक्षणी, सुबरन, सरस, सुवृत्त ; भूषण बिन न विराजई, कविता वनिता, मित्त।'' दरअसल अलंकार भाषिक भंगिमाएँ एवं मुद्राएँ हैं। समाज में जब जद्दोज़हद बन्द हो जाती हैं तो, उपमानों का बनना बन्द हो जाता है। और जैसे ही जद्ज़हद शुरू होती है उपमान बनने की प्रक्रिया तीव्र गति से शुरू हो जाती है। छायावादी कवियों की कविता में अलंकारों का प्रयोग स्वाभाविक रूप से हुआ है इसीलिए उस कालखण्ड का काव्य अलंकृत काव्य कहा जा सकता है। नयी कविता और प्रयोगवाद काल में आलंकारिक भावना नये रूपों में विकसित हुई है। मुक्तिबोध की कविता की एक अलग स्थिति है। उनकी पसन्द और विषय के प्रति उनके आवेश ने मिलकर ही उनके अलंकारों को रूप दिया है। उनके काव्य में उपमानों की संख्या सबसे अधिक है। रूपक और उत्प्रेक्षा पर्याप्त संख्या में मिलते हैं। अनुप्रास सहज ही आ गया है। श्लेष और यमक जैसे प्रयोग अनुपस्थित हैं। कहना यह चाहिए कि मुक्तिबोध की कविता में अलंकार सहज स्वाभाविक रूप से उपस्थित हुए हैं। वे जबरिया नहीं लाये गये। उनके काव्य में अलंकारों की उपस्थिति इस बात को ज़ाहिर करती है कि कविता में चाहे जिस रूप में हो अलंकार और उनकी उपस्थिति से इन्कार नहीं किया जा सकता। कुछ अलंकारों के उदाहरणों द्वारा उनकी कविता की प्रक्रिया को समझा जा सकता है।

मुक्तिबोध की उपमाएँ उपमानों के परम्परागत स्वरूप को बिल्कुल स्वीकार नहीं करतीं, इसी प्रकार वह शोषक वर्ग की क्रियाओं से युक्त मुक्तिबोध के लिए वह चोरों–सी, उचक्कों–सी, शोहदों–सी है–''टेढ़े मुँह चाँद की ऐयारी रोशनी/ बड़े पुल मेहराबों के ठीक नीचे बैठकर चोरों–सी, उचक्कों–सी चली चलती कहीं पर नालों और झरनों के किनारे–किनारे चल।'' यह उपमा अलंकार है। उनकी कविताओं में रूपक अलंकार भी

उपस्थित होता है। यदि उनके काव्य का परिगणनात्मक विश्लेषण किया जाय तो उसमें दो प्रकार की अभिव्यक्तियों का बाहुल्य मिलेगा। प्रथम : फ़ैण्टेसी और द्वितीयत : रूपक। फ़ैण्टेसी में रूपक नहीं आयेगा, अनेक स्थानों पर मुक्तिबोध अपनी बात रूपकों से प्रारम्भ करते हैं। उनके रूपकों में कहीं-कहीं पौराणिक सन्दर्भ भी प्राप्त होते हैं। ''टूटती बेड़ियों की नोंकों/ से ज़ख़्म हुआ औ' ख़ून बहा/ ... तन-मन की ढीली रगें झटक-झटकाकर तानी, बना गयी।'' यह रूपक अलंकार का उदाहरण है। ज़ाहिर है कि मुक्तिबोध आवेश में रूपक कुछ न्यून कर देते हैं। परन्तु निर्वाह की ओर उनकी प्रवृत्ति बिल्कुल नहीं रहती। जिस प्रकार उनके वर्क्स विषय पर कोई नियन्त्रण नहीं रहता, उसी प्रकार रूपक के निर्वाह पर भी उनका कोई बस नहीं रहता। सब काम सहज ढंग से होते हैं। उनकी कविताओं में उत्प्रेक्षा अलंकार का सबसे अधिक उपयोग हुआ है फिर भी उत्प्रेक्षा उनका प्रमुख अलंकार नहीं क़हा जा सकता। उनका वर्ण्य विषय, मध्य वर्ग, निम्न मध्यवर्ग और निम्न वर्ग है। क्रान्ति है परन्तु इस उदाहरण में वे जिस वर्णन का प्रारम्भ करते हैं उसका प्रस्तुत वह है जो अप्रस्तुत के रूप में आता है। ''दीवालें ले रही हैं आलाप/पत्थर गा रहे हैं तेज़/ तूफानी हवाएँ धूम करती गूँजती रहती उखड़ते चौखटों में ही/ ... भयानक नाचने लगते।'' एक पंक्ति में आये प्रस्तुत के लिए अठारह पंक्तियों के अप्रस्तुत की योजना की गयी है। यह आशय एक अत्यन्त तीव्र प्रकाश के रूप में है, जिसको कवि की चेतना सरल नहीं कर पायी। पंक्तियाँ इस प्रकार है-''मेरे सम्मुख, नाचने लगा कोई आशय/मानों अथाह पानी के निचले तल में से/ नीली-नीली अणु-किरणों की प्रदीप्त गुत्थियाँ भभक उठे।'' इस उत्प्रेक्षा में कवि ने एक अमूर्त को मूर्त रूप देने का प्रयत्न किया है।

मुक्तिबोध की कविताओं में विरोधाभास अलंकार का प्रयोग भी हुआ है। विरोधी पदार्थों का एकत्रावस्थान विरोधाभास अलंकार कहलाता है। इसमें विरोध का वास्तविक रूप नहीं होता, विरोध का आभास, मात्र होता है और विरोध अपने परिहार की अपेक्षा करता है। मुक्तिबोध का काव्य प्रतिबद्धता का काव्य है, वे अपने आपको जनता के प्रति, निम्न वर्ग के प्रति प्रतिबद्ध पाते हैं। उनकी प्रतिबद्धता मार्क्सवादी प्रतिबद्धता है। निम्न वर्ग के लघुत्व में महानता का अनुसन्धान मार्क्सवाद का एक महत्त्वपूर्ण बिन्दु है। निम्न वर्ग की लघुता में महत्ता के अनुसन्धान में भी उनके काव्य में अनेक स्थानों पर विरोधाभास, अलंकार की सृष्टि की है। उनकी 'सृजन-क्षण' कविता इसी विरोधाभास से प्रारम्भ होती है-''जो कि तुम्हारे गर्त बने हैं अक्षमता के/ उन पर लहराकर करता मैं एक अवज्ञा/... फिर जीती जिन पर वन्या-सी मेरी प्रज्ञा/ जबकि स्वयं मैं सुज्ञ बना हूँ।'' यहाँ जिन अलंकारों की चर्चा की गयी हैं वे इस बात का प्रमाण हैं कि अलंकार साधना की ओर मुक्तिबोध का ध्यान नहीं है। उनके काव्य में ऐसा लगता है जैसे वे अलंकार शब्द ही भूल गये हों। इसी वजह से कहीं वर्ण्य विषय ही अप्रस्तुत बन गया है। ज़ाहिर है कि नयी कविता के दौर में अलंकारों को सचेष्ट ढंग से उपस्थित करने की प्रवृत्ति बिल्कुल नहीं दिखती। अलंकार यदि आते हैं तो अपनी सहजता के कारण ही।

काव्य भाषा–मुक्तिबोध ने लिखा है कि ''कवि भाषा का निर्माण करता है। जो कवि भाषा का निर्माण करता है, विकास करता है, वह निस्सन्देह महान् होता है।''[55] इस

कथन पर टिप्पणी करते हुए जगदीश गुप्त लिखते हैं कि–''मैं उनकी कविताओं को पढ़कर इस निष्कर्ष पर पहुँचा हूँ कि उन्होंने अपनी अभिव्यक्ति के अनुरूप रूपकों, प्रतीकों और बिम्बों की परिकल्पना करते हुए पर्याप्त सशक्त भाषा गढ़ी है। अत: जितने अंशों में उनकी अभिव्यक्ति सफल हुई है, उतने अंशों में वे अपनी ही मान्यता के अनुरूप महान् कहलाने के हकदार हैं।''[56] मुक्तिबोध की भाषा खुरदुरी, अनगढ़ तथा ऊबड़-खाबड़पन लिए है लेकिन अभिव्यक्ति सामर्थ्य के अपूर्व गुण से युक्त, जिसके समक्ष कलावादी सिद्धान्त फीके दिखायी देते हैं, क्योंकि मुक्तिबोध अनुभूतियों की ईमानदार अभिव्यक्ति के अनुकूल भाषा का सृजन करते हैं। आज के भयावह यथार्थ तथा अपनी कटु-तिक्त अनुभूतियों की अभिव्यक्ति के लिए मुक्तिबोध ने जिस भाषा का सृजन किया है वह बोझिल, जटिल और कहीं-कहीं तोड़फोड़ वाली निरर्थकता का शिकार होते हुए भी अत्यन्त आधुनिक, संवदनशील और समर्थ भाषा है। हम देखते है कि मुक्तिबोध की तमाम कविताओं में जो भाषा का पैटर्न उभरता है, वह प्रचलित भाषा के मुहावरे से नितान्त भिन्न है। इस आधार पर भी वे अपने समसामयिक कवियों से अलग हैं और आधुनिक हिन्दी कविता में उनकी काव्याभिव्यक्ति को नितान्त नवीन और मौलिक कहा जा सकता है। विष्णु खरे लिखते हैं कि, ''मुक्तिबोध की सारी कविताओं में भाषा एक-सी है, इससे शायद असहमति नहीं होगी। वे भाषा को इण्टैन्स तथा परिष्कृत स्तर पर इस्तेमाल करते हैं और उनकी कविता में भाषा का योगदान नज़रअन्दाज़ नहीं किया जा सकता।''[57] मुक्तिबोध की कविताओं में भाषा के विभिन्न रूप हैं, शैलियाँ है, आयाम हैं। यही नहीं, उनकी भाषा क्रमश: कालक्रम तथा विषयानुसार बदलती गयी है। जिस सक्रिय विकास का उदाहरण मुक्तिबोध प्रस्तुत करते हैं वह हिन्दी की आधुनिक कविता में अत्यन्त विरल हैं। उन्होंने धर्म, राजनीति, विज्ञान और दर्शन से लेकर सड़क और अख़बार तक की भाषा बेहिचक टोहते हुए उन्होंने अपना निराला शब्द संसार रचा है। जिस तरह वे विचार के स्तर पर जकड़बन्दी से परहेज करते थे उसी तरह उनकी भाषा सम्बन्धी दृष्टि भी बेहद मुक्त और समावेशी है। हिन्दी के तत्सम, तद्भव और देशज शब्दों के अलावा अंग्रेज़ी-फ़ारसी अरबी और मराठी शब्दों का भी उन्होंने अपनी कविता में इस्तेमाल किया है। अशोक वाजपेयी के शब्दों में, ''मुक्तिबोध की भाषा उनकी कविता के भीतर जाने का रास्ता इस खोज के अनुभव से गुजरने का रास्ता है। मुक्तिबोध की कविता को समझना इस ख़ोज को अपने भीतर सक्रिय करना है। मुक्तिबोध की कविता के शब्द सबसे पहले, हमें यह अनुभव देते हैं कि मनुष्य के भीतर एक सम्पूर्ण शब्द की एक सम्पूर्ण दुनिया की खोज जारी है। हम इस खोज की प्रतिज्ञा के साथ ही उनकी कविता की दुनिया में जा सकते हैं। इसी चलताऊ समझदारी से उनकी कविता पर बहस की जा सकती है, लेकिन यह उनकी कविता में रहने का अनुभव है।''[58]

मुक्तिबोध की विलक्षण भाषा चेतना और भाषा प्रयोग को समग्रता से न आँक पाने के कारण डॉ. रामविलास शर्मा की मान्यता है कि, ''उनकी रचनाओं में जगह-जगह भाषा और छन्द की शिथिलता दिखायी देती है, किन्तु जब वह मस्ती में होते हैं तब भाषा और छन्द की गति साँचे में ढली हुई निकलती है।''[59] डॉ. नामवर सिंह लिखते हैं कि जहाँ तक

भाषा का सवाल है मैं मुक्तिबोध को आदर्श लेखक नहीं कहूँगा। उन्होंने मुक्तिबोध की भाषा के दो स्तर देखे हैं–"जब वे आत्मनिष्ठ होकर स्वप्न–प्रक्रिया का प्रक्षेपण करते हैं तो वहाँ भाषा जटिल होती है, लेकिन जैसे ही उनकी कविता के विन्यास में आम मज़दूर या किसान आते हैं, भाषा साफ़ होती है, टूटती है और ऐसा लगता है कि कहीं कोई उलझाव नहीं है, बेबाक दो टूक वह दिखायी पड़ती है।"[60] मुक्तिबोध ने अनिल कुमार को बतलाया था कि, "मेरे ऊपर अनगढ़पन का आरोप लोग इसलिए लगाते हैं, चूँकि हमारे भाषाई संस्कार एकदम भिन्न हैं।"[61] उनके काव्य में भाषात्मक बिम्बों की विशिष्ट योजना है। अक्षर, शब्द, वाक्य, लिपि, विराम चिह्न, क्षेत्रीय एवं वर्गगत बोलियाँ, व्याकरण, छन्द तथा अलंकार कथ्य से जुड़े हैं, तो अन्य अनुभूतियों के सम्प्रेषण में भी उनका प्रयोग किया गया है। भगवत रावत ने लिखा है कि, "मुक्तिबोध की काव्य भाषा कोई आदर्श काव्य भाषा नहीं है। वह उन्हीं का आदर्श है। और किसी भी कवि की काव्य भाषा केवल उसी का ही आदर्श होती है।"[62] रामस्वरूप चतुर्वेदी मुक्तिबोध की भाषा के जनसंस्कार और तद्‌भव प्रयोगों को नोट करते हैं लेकिन उनकी जातीय भाषा के संस्कारों को भूल जाते हैं। निश्चय ही उनकी काव्य भाषा में शास्त्रीय गद्यमयता की वजह से भाषा विधान के दो स्तर दिखायी पड़ते है, पहला सपाट बयानी और दूसरा आन्तरिक माँग और आंगिकता से जुड़ी भाषा की प्रकृति। मुक्तिबोध भाषा को सांस्कृतिक प्रक्रिया के रूप में देखते हैं। भाषा के प्रति उनका रवैया और नज़रिया अधिक प्रौढ़ और क्लासिकी है।

उनके पास जीवनानुभवों से जुड़ी शब्दों की अर्थ परम्परा है। डॉ. धनंजय वर्मा का विचार है कि, "मुक्तिबोध ने काव्य भाषा को एक नया मुहावरा, एक नया दृष्टिकोण दिया तो इसका मतलब यह भी है कि उन्होंने जीवन को देखने का भी एक नया दृष्टिकोण दिया, बल्कि उनकी भाषा जीवन को देखने के इसी नये कोण की अनिवार्य संवेदनानुसारी परिणति है। वह नयी कविता की सामान्य काव्य भाषा की तुलना में बकौल डॉ. नामवर सिंह काफ़ी अनगढ़ और बेडौल लगती है और इससे केवल यही सिद्ध होता है कि मुक्तिबोध की भाषा काव्यात्मक नहीं है।[63]

मुक्तिबोध की भाषा में विभिन्न भाषाओं की शब्दावली का प्रयोग हुआ है। अपने भावों की अभिव्यक्ति के लिए जिस भाषा का जो भी शब्द अनुकूल और उचित लगा, मुक्तिबोध ने निस्संकोच उसका उपयोग किया है। उनकी कविता में उर्दू तथा अरबी–फारसी के शब्दों का प्रचुर प्रयोग मिलता है। सम्भतः पत्रकारिता से सम्बद्ध रहने के कारण ऐसा हुआ है। मराठी भाषी होने के नाते उनकी भाषा संस्कृतनिष्ठ है। मुक्तिबोध सामान्य जनजीवन से अधिक जुड़े थे और सामान्य जनता की भाषा में उर्दू के प्रचलित शब्दों की बहुतायत है और मुक्तिबोध ने जनता की बात..जनता की ही भाषा में बिना किसी लाग लपेट के कहने का प्रयास किया है–"लेकिन हम इसलिए/मरे कि ज़रूरत से/ज़्यादा नहीं बहुत–बहुत कम/ हम बागी थे।" सामान्य जनता बोलचाल में विद्रोही नहीं 'बागी' ही कहती है। सांस्कृतिक तथा पौराणिक सन्दर्भों में उन्होंने संस्कृतनिष्ठ शब्दों का प्रयोग किया है। कहीं तो मुक्तिबोध ने संस्कृत के शब्दों की झड़ी–सी लगा दी है। इस उदाहरण में देखें कि अंग्रेज़ी और संस्कृत के शब्द किस तरह प्रयुक्त हुए हैं। मेरे कोब्रा, औ क्रेट,

पुष्ट पायथन/ तम-विशेषज्ञ, प्रज्ज्वलन्त मन/... तक्षक मेरे/ मेरी छाती से चिपक रक्त का पान करो।" अंग्रेज़ी के शब्दों को देखें जैसे-फ़्यूज, बल्ब, टावर, लैम्प, यूरेनियम, मार्शल-लॉ, हिस्टरी, ट्रैजिडी, पोस्टर, मीटिंग इत्यादि। जो भी उनके भाषा प्रयोग मिलते हैं, वे प्रयोग के लिए नहीं बल्कि ज़रूरत के अनुसार शब्दों का स्वाभाविक और रचनात्मक प्रयोग करते हैं और कहीं-कहीं अंग्रेज़ी के ये शब्द इतने अधिक प्रभावशाली बन पड़े है कि उनके स्थान पर हिन्दी के अन्य शब्द उतने प्रभावशाली नहीं हो पाते जैसे- "छिपे हुए प्रिण्टिंग प्रेस को खोजो/जहाँ कि चुपचाप ख़यालों के पर्चे/छपते रहते हैं, बाँटे जाते। ... स्क्रीनिंग करो मिस्टर गुप्ता/ क्रास एक्जामिन हिम थोरौली।" वास्तव में मुक्तिबोध ने इन शब्दों का प्रयोग अर्थों के वजन पर ही किया है।

मुक्तिबोध की मातृभाषा मराठी थी अतः उनकी कविता में मराठी शब्दों का इस्तेमाल अक्सर हुआ है। इसे अस्वाभाविक नहीं कहा जा सकता। जैसे नक्षीदार (नक़्क़ाशीदार), नक्षे (नक्शा), क़ंदील (लालटेन), तिपहर (तीसरा पहर) आदि। कुछ विशेषण भी उन्होंने मराठी भाषा के अनुरूप गढ़कर प्रयुक्त किये है, उनमें से अंगारी (अंगार युक्त) का बहुत प्रयोग हुआ है। जैसे-"निहाई से उठती हुई लाल-लाल/अंगारी तारिकाएँ बरसती हैं जिसके उजाले में कि..।" क़ंदील कहकर मुक्तिबोध चाँद' को एक नयी उपमा प्रदान करते हैं।"लटक रहा एक और/चाँद/कंदील-सा। 'मुक्तिबोध ने संस्कृतनिष्ठ-सामासिक-पदावली का प्रयोग किया है, वहीं देशज शब्दों का भी, वे लोक अनुभवों को व्यक्त करने के लिए किसी अंचल विशेष के शब्दों का भी भरपूर इस्तेमाल करते है जैसे-एक शब्द है 'चिलक' जो मालवा का बहुत प्रचलित शब्द है। जहाँ कहीं उपयुक्त विशेषण नहीं मिले हैं, उन्होंने स्वयं बना लिए हैं जैसे-अँधियाला, लहरीला, कुहरीला, धुमैला, सुरमीला आदि। ये उनके द्वारा स्वयं निर्मित विशेषण है। "मुक्तिबोध के विशाल बीहड़ कथ्य में अपने अनुरूप बहुभंगिमावती भाषा का भी निर्माण किया है। उसमें छायावाद-प्रगतिवाद-प्रयोगवाद युग की छायाएँ हैं, तो दूसरी ओर उस काव्यभाषा के भी नमूने है जिसका प्रयोग आज की अद्यतन कविता कर रही है।" [64]

मुक्तिबोध भाषा के शिल्पी हैं जो अनुभूत वास्तव को, ज़िन्दगी के सम्पूर्ण प्रश्नों और आयामों को, उसकी विभिन्न गतियों एवं धुरियों को, शब्दों की सामर्थ्य के अनुसार गढ़ते हैं, काटते-छाँटते और तराशते हुए अपनी कविता की चौखट तक ले आते हैं। इसीलिए उनकी भाषा आधुनिक युग की कविता की अपार संवेदना और शक्ति से संचालित है। उनकी भाषा उनके समकालीन जीवन की समस्याओं और त्रासदी को, युग के हाहाकार और अन्तर्विरोधों को अभिव्यंजित करने में समर्थ है। मुक्तिबोध ने अपनी कविताओं के जरिये एक ऐसा काव्य मुहावरा गढ़ा है, जो उनके बाद की कविता को निरन्तर प्रभावित करता रहा है।

फ़ैण्टेसी : एक शिल्प

'फ़ैण्टेसी' मनोविज्ञान का शब्द है। इसका सम्बन्ध स्वप्न और अवचेतन मन में घटित होनेवाली घटनाओं की विघटित और बेतरतीब बिम्बावलियों से है। साहित्य या काव्य में

यह एक टेकनीक के रूप में प्रयुक्त की जाती है। इसमें भी बिम्बों, प्रतीकों, मिथकों आदि को अतर्कानुमोदित पद्धति पर उपस्थित किया जाता है। एक फ़ैण्टेसी रूपक हो सकती है, पर जहाँ पूरी कविता में फ़ैण्टेसियाँ ही फ़ैण्टेसियाँ हों, वहाँ उनके टैक्श्चर में काफ़ी भिन्नता होती है। एक टैक्श्चर दूसरे टैक्श्चर का विपरीतार्थक या विसंगत्यात्मक कुछ भी हो सकता है। फ़ैण्टेसी की केवल मानसिक शक्ति नहीं है, उसकी बिम्बात्मक और निगूढ़ अर्थवत्ता उसके विघटन और विश्रृंखलन पद्धति में निहित होती है। फ्रायड के अनुसार- 'स्वप्नगत फ़ैण्टेसी जीवनगत अनुभवों का विघटित रूपांकन है। इनका अध्ययन मन की अतल गहराइयों को खोज निकालने का प्रयास है।''[65] यह रहस्यमयी लगने वाली कविता रहस्यमयी नहीं है यदि फ़ैण्टेसी के विधान की दृष्टि से देखा जाय तो यह रहस्य फ़ैण्टेसी युक्त है, फ़ैण्टेसी के कारण है। फ़ैण्टेसी और वास्तव का यह संवाद मुक्तिबोध की कविता का, उनके रचनात्मक बोध का एक अभिन्न अंग है। रचना प्रक्रिया की व्याख्या करते हुए मुक्तिबोध लिखते हैं कि, ''फ़ैण्टेसी जो शुरू मे एक आभास रूप होती है, वह तुरन्त ही अनेक चित्रों की सुसंगत पाँत बनने लगती है।''[66] मुक्तिबोध जीवन के जिस संग्राम को, कठिनता की यथार्थपरक परिस्थितियों से जद्दोज़हद करते हैं निश्चय ही उन्हें इससे गहरा असन्तोष होता है। कविता के शब्दों में' कविता में कहने की आदत नहीं/ पर कह दूँ। वर्तमान समाज में चल नहीं सकता/ पूँजी से जुड़ा हुआ हृदय/बदल नहीं सकता। ''[67] कहना यह चाहिए कि फ़ैण्टेसी विश्लेषित स्थितियों के संश्लिष्ट चित्र ही नहीं बनाती, उच्चतर वास्तविकता की काल्पनिक सृष्टि भी करती है। कॉडवेल लिखते हैं कि-'' कविता मानव हृदय को नवीन उद्देश्य के अनुकूल बनाती है। फ़ैण्टेसी इसका माध्यम है। वर्तमान वास्तविकता से उच्चतर वास्तविकता का संसार, जो अभी यथार्थ नहीं है, फ़ैण्टेसी निर्मित करती है। यह उच्चतर वास्तविकता अपेक्षाकृत अधिक महत्त्वपूर्ण है।'' (इल्यूजन एण्ड रियलिटी-पृष्ठ-19) वे यह भी मानते है कि-* सामाजिक संसार में मनुष्य की इच्छाओं को स्वप्न में सामाजिक अहम् काल्पनिक ढंग से पूरा करता है। (वही-पृष्ठ-184) फ़ैण्टेसी अन्तर्जीवन की मूल्यवान् संवेदनाओं से सम्बन्धित है, जिसका प्रयोग कवि विवेकपूर्ण तरीक़े से करता है। मुक्तिबोध की फ़ैण्टेसी स्थिर नहीं है, वह एक गतिशील तत्त्व है जो उसकी कविता को अर्थ प्रदान करती है, तो दूसरी ओर जीवन के भयानक शून्य को रूपायित करती है। फ़ैण्टेसी एक प्रकार से, यथार्थबोध को गहराती है, उसे अर्थवत्ता देती है। मुक्तिबोध ने फ़ैण्टेसी को यथार्थ से सम्बन्धित माना है, क्योंकि उसे विश्वास है कि कभी-न-कभी फ़ैण्टेसी 'वास्तव' होगी। ''मैं विचरण करता सा हूँ एक फ़ैण्टेसी में यह निश्चित है कि फ़ैण्टेसी कल वास्तव होगी।'' प्रमोद वर्मा का विचार है कि ''मुक्तिबोध की कविता में फ़ैण्टेसी प्रतीकों का माध्यम ग्रहण करती है और ये प्रतीक अनेक बिम्ब-मालाओं में मिथकों से या अपने इतिहास से जुड़ते है तभी इतने सशक्त और प्रासंगिक मालूम पड़ते है''[68] हिन्दी काव्य संसार में फ़ैण्टेसी पर विचार करनेवाले मुक्तिबोध पहले विचारक हैं। उन्होंने एक साहित्यिक की डायरी', कामायनी : एक पुनर्विचार और अपने अन्य निबन्धों में फ़ैण्टेसी की प्रक्रिया के बारे में विस्तृत विचार किया है। इसके साथ ही उन्होंने अपनी कविता की संरचना

और प्रक्रिया में फ़ैण्टेसी का बेहद इस्तेमाल किया है। ज़ाहिर है कि आधुनिक कविता में मुक्तिबोध की रचनाएँ फ़ैण्टेसी के अद्भुत नमूने हैं। ऐसे स्वप्न-बिम्ब जो यथार्थ से उत्पन्न होते है किन्तु यथार्थ नहीं होते। उनके माध्यम से यथार्थ अधिक पूर्णता में अभिव्यक्त होता है। कहा जा सकता है कि यथार्थ से टकराकर, उससे मुठभेड़ कर हम जो अनुभव प्राप्त करते हैं वे फ़ैण्टेसी में सृजित होते हुए अनुभवों का नया रूप ग्रहण करते हैं और शब्दबद्ध होकर एक नयी अर्थवत्ता प्राप्त करते हैं। फ़ैण्टेसी के विकट अनुशासन में अनुभवों की बेतरतीब अराजकता को एक संगति मिलती है और हमारा समूचा अनुभव एक अद्भुत रचना सौन्दर्य में मुखर होता है। वास्तविकता के बगैर फ़ैण्टेसी का अस्तित्व सम्भव नहीं है।

फ़ैण्टेसी और बिम्ब के द्वारा मुक्तिबोध की रचना प्रक्रिया भयानकता या हॉरर' को जन्म देती है और यह 'हॉरर' बेमानी नहीं है। मुक्तिबोध की कविता ब्रह्मराक्षस, चम्बल की घाटी में, अँधेरे में, ओ काव्यात्मन फणिधर, एक भूतपूर्व विद्रोही का आत्मकथन, में प्रयुक्त प्रतीकों और बिम्बों के द्वारा मुक्तिबोध ने एक भयावह वास्तविकता को फ़ैण्टेसी के माध्यम से अभिव्यक्त किया है। मुक्तिबोध की फ़ैण्टेसी भयावह होते हुए भी गतिशील है, अर्थवान् और जीवन्त है। वे फ़ैण्टेसी के द्वारा भयावहता, अन्तर्विरोध, डरावने सच को अर्थवान तरीक़े से प्रस्तुत करते हैं। साहित्य में फ़ैण्टेसी ने एक शैली का रूप धारण कर लिया है और अब ऐसा लगता है कि एक विधा बनने जा रही है जैसे-हरिशंकर परसाई का लेखन 'व्यंग्य विधा' के रूप में पहचाना जाने लगा है। कहते हैं साहित्य में स्वप्नतन्त्र की शैली का प्रयास फ़ैण्टेसी है। स्वप्न में एक धुँधलापन और अस्पष्टता होती है, वायवीयता और विरलता होती है, स्वप्न में एक ही वस्तु दो या तीन या चार भागों में विभक्त हो जाती है। स्वप्न में एक ही वस्तु दो या तीन या चार चीज़ें एक ही वस्तु के अन्दर संघनित हो जाती हैं या एक वस्तु दूसरी वस्तु में परिणति हो जाती है और वही वस्तु फिर तीसरे रूप में परिणति हो जाती है अथवा वस्तुएँ प्रतीक रूप में दिखायी देती हैं। फ़ैण्टेसी शैली में कवि मुख्य रूप से बिम्बों की शृंखला का ही निर्माण करता है और इन बिम्बों में विभाजन, संघनन, प्रतीकात्मकता और रूपान्तरण आदि स्वप्न की सभी प्रक्रियाओं का प्रयोग करता है। मुक्तिबोध के अनुसार-"फ़ैण्टेसी एक झीना पर्दा है जिसमें जीवन-तथ्य झाँक-झाँक उठते हैं। फ़ैण्टेसी का ताना-बाना कल्पना-बिम्बो में प्रकट होनेवाली विविध क्रिया-प्रतिक्रियाओं से बना हुआ होता है। दूसरे शब्दों में तथ्यों का उद्घाटन अत्यन्त गौण और विकार-पूर्ण होता है, किन्तु उन तथ्यों के प्रति की गयी क्रिया-प्रक्रियाएँ ही प्रधान होती है।"[69]

मुक्तिबोध की कविता 'अँधेरे में' एक ऐसा रूपाकार है, जो सम्पूर्ण कविता को एक विसंगति में ढाल लेता है और साथ ही, न समाप्त होनेवाली प्रक्रिया की ओर संकेत करता है। शमशेर के शब्दों में-'देश के आधुनिक जन इतिहास का (यह कविता) एक दस्तावेज है। इसमें अजब और अद्भुत रूप में व्यक्ति और जन का एकीकरण है।"[70] 'अँधेरे में कविता में जुलूस का चलना, उसमें भिन्न-भिन्न क़िस्म के लोगों का शामिल होना, ऐसी वास्तविक फ़ैण्टेसी है, जो हमारे जीवन को, उसकी विडम्बनाओं को मूर्तित करती है। जुलूस एक तरह से मरे हुए लोगों की शोभा यात्रा है, ज़िन्दगी जो निष्क्रिय और प्रश्न चिह्न

है, नाटकीयता के द्वारा अँधेरे के रंगमंच पर अवतरित होते हैं, यही नहीं कहीं आग लग जाती है, कहीं गोली चल जाती है। ऐसा लगता है कि अँधेरे में घटित होनेवाली ये सम्पूर्ण घटनाएँ झूठी नहीं बल्कि सत्य हैं। कविता का समूचा वातावरण 'अँधेरे में' गतिमान है। मानो अँधेरा एक भयंकर सत्य है, जो आदमी और जगत को ग्रसित किये हुए है। स्वयं मुक्तिबोध ने फ़ैण्टेसी में प्राप्त सुविधाओं पर प्रकाश डाला है।'' फ़ैण्टेसी के प्रयोग में कई सुविधाएँ होती हैं। एक तो यह कि जिए और भोगे गये जीवन की वास्तविकताओं के बौद्धिक अथवा सारभूत निष्कर्षों को, अथवा जीवन ज्ञान को वास्तविक जीवन चित्र उपस्थित न करते हुए कल्पना के रंगों में प्रस्तुत किया जा सकता है। इस प्रकार की ज्ञान-गर्भ फ़ैण्टेसी वास्तविक जीवन ही का प्रतिनिधित्व करती है।''[71] लेखक वास्तविकता के प्रदीर्घ चित्रण से बच जाता है। वह संक्षेप में ज्ञान-गर्भ फ़ैण्टेसी द्वारा, सार-रूप में, जीवन की पुनर्रचना करता है। किन्तु फ़ैण्टेसी का प्रयोग कुछ विशेष असुविधाएँ भी उत्पन्न करता है, जिनमें से एक यह है कि फ़ैण्टेसी में कभी-कभी जीवन तथ्य इस प्रकार प्रस्तुत होते हैं कि उन्हें पहचानना भी मुश्किल होता है। यहाँ तक कि कभी-कभी उनका क्रम स्थापित करने में भी अड़चन होने लगती है। प्रतीकात्मक रूप से प्रस्तुत होने के कारण वास्तविक या जीवन सत्य अधिकतर अनुमान से पहचाने जा सकते हैं। मुक्तिबोध के शब्दों में '' फ़ैण्टेसी के रूप में कथा प्रस्तुत होती है और कथा के अन्तर्गत जो पात्र-चरित्र कार्य प्रस्तुत होते हैं वे सब प्रतीक होते हैं वास्तविक जीवन तथ्यों के। यही कारण है कि फ़ैण्टेसी का चित्रण करते हुए लेखक, पात्रों, चरित्रों और उनके कार्यों के बारे में अनेकानेक बातें कह जाता है कि जो बातें पात्र-चरित्र और पात्र कार्य के भीतर से उद्गत नहीं होती-नहीं हो सकती, क्योंकि वस्तुतः वे उन चरित्रों और कार्यों की अंगभूत नहीं है।''

मुक्तिबोध फ़ैण्टेसी शब्द का प्रयोग काफ़ी व्यापक अर्थ में करते थे, उनके लिए कामायनी भी एक तरह की फ़ैण्टेसी थी। फ़ैण्टेसी के प्रयोग के द्वारा साहित्यकार अपने इच्छित वर्णना पर शीघ्र उपस्थित हो जाता है, उसके लिए उसे कथानक के आश्रित नहीं होना पड़ता। इस प्रकार वह भाव के अनुपयोगी वर्णनों को टाल देता है। अतः इसमें वर्णनों को उलांघकर इष्ट वर्णनों पर आने की शक्ति होती है। दूसरी बात यह है कि इसके अन्तर्गत तर्कशास्त्र नहीं होता, वर्णनों के समय क्यों और कैसे का प्रश्न उपस्थित नहीं होता। अतः कवि अन्दर बाहर, देश-विदेश और बे हाथ-पैरों के वर्णन द्वारा अपने भावों को पुष्ट करता चलता है। कभी वह आसमान में होता है तो कभी पाताल में। कभी वह स्वयं की छवि टीले में देखता है तो कभी वृक्ष में। कभी वह विभक्त रहता है तो कभी कई वस्तुओं का, व्यक्तियों का पुँज।

कथ्य चयन और शिल्प निर्माण में विचारधारा की भूमिका

मुक्तिबोध की कविताओं में आयी अन्तर्वस्तु की पड़ताल से पता चलता है कि वह सायास नहीं आयी है, बल्कि सघन जीवन-अनुभवों को सहज स्वाभाविक रूप में व्यक्त करने के लिए ही प्रस्तुत हुई है। मानव जीवन के ठोस पदार्थ-खण्ड और सामाजिक संघर्ष उनकी कविता में बार-बार आते हैं। ज़ाहिर है कि मुक्तिबोध अपने कथ्य का चयन करते

वक़्त एकदम सहज होते हैं। उनके शिल्प में जो अनगढ़ता है वह जीवन्त और ठोस यथार्थ को, अपने कसकते–दु:खते मूलों को, उसके समूचे वैविध्य को, उसके विभिन्न आयामों को न सम्हाल पाने के कारण। यह तो निश्चित है कि भाषा विचारों के सम्प्रेषण का बेहद ज़रूरी माध्यम है और मुक्तिबोध चूँकि मूलत: हिन्दी भाषी नहीं हैं, इसलिए हिन्दी भाषा की शक्ति और संवेदना को स्वाभाविक रूप से कभी–कभी अभिव्यक्त नहीं कर पाते, इसलिए भी टूट–फूट बहुत होती है। उनकी शिल्प संरचना को लेकर बार–बार ऊबड़-खाबड़ होने के आरोप हैं। डॉ. रामविलास शर्मा जैसे आलोचक यह स्वीकार करते हैं कि मुक्तिबोध जब मस्ती में होते हैं तो उनकी कविता साँचे की तरह ढली हुई निकलती है। एक उदाहरण देखें–'दु:ख तुम्हें भी है/ दु:ख मुझे भी है/ हम एक ढहे हुए मकान के नीचे दबे हैं/ चीख़ निकलना भी मुश्किल है/ असम्भव है हिलना भी।''

मुक्तिबोध के काव्य में बहुवर्णी, बहुरंगी और बहुकोणीय भाव–दशाओं के साथ ही शिल्प संरचना की रंग छटाए., भंगिमाएँ और रूपाकृतियाँ भी बहुविध हैं। उनके रचनातन्त्र में एक ओर क्लासिकी बुनावट है तो दूसरी ओर अपने समय में प्रचलित संरचना के अनेक आयाम भी और फ़ैण्टेसी एवं स्वप्न संसार का बेहद अलग क़िस्म का ताना–बाना भी। उनमें मानवीय अनुभूतियों की गहनता और यथार्थ की दुनिया के विविध सोपान और परिदृश्य भी हैं। मुक्तिबोध की कविता के जनतन्त्र में कोई भी कथ्य और कोई भी शिल्प न तो अछूत है और न मुज़रिम। वे जिन विचारधाराओं की सरणियों से गुज़रे हैं वह कोई आयातित चीज़ नहीं है, बल्कि उनकी जटिल–प्रक्रिया और ठोस जीवन्त–अनुभव और जीवन की विविधता, संघर्षशीलता और ज़द्दोज़हद से उपजा है। विचारधारा उनके यहाँ चस्पा नहीं होती, बल्कि एक सहज, सतत, विकासमान और गतिशील प्रक्रिया के रूप में ही उनकी रचना में ढलती है। और अपनी आकृति प्राप्त करती है। इस ढलने में और आकृति प्राप्त करने में मुक्तिबोध की कोई कारीगरी नहीं है बल्कि कथ्य के अनुरूप शिल्प सृजित होता है और फिर टूट–टूटकर दूसरे अन्य रूपों में रूपान्तरित हो जाता है। कब, कहाँ किस तरह उनका कथ्य कौन–सा शिल्प, कौन–सा शेप और कौन से रूप में रूपान्तरित हो जायेगा ऐसा कोई मानक मुक्तिबोध के यहाँ नहीं है। मुक्तिबोध बार–बार मानकों को बनाते हैं, तोड़ते हैं और फिर कई दूसरे आकारों प्रकारों में निर्झरों की तरह फूट पड़ते हैं। अँधेरे में' कविता में रूपान्तरित कथ्य, शिल्प, संरचना और उसके रचनात्मक प्रवाह और उद्दाम वेग में ये बातें खोजी जा सकती हैं। यह कहना मुश्किल है कि मुक्तिबोध के यहाँ कथ्य सुनिश्चित है या शिल्प सुनिश्चित है या विचार प्रणाली सुनिश्चित है। वहाँ यह कहना भी ज़रूरी है कि सब–कुछ अनिश्चित होते हुए भी उनके रचनातन्त्र में एक उदार संगति है। एक ऐसा रचनात्मक आवेग है मुक्तिबोध के यहाँ जो उनके कथ्य को, उनके शिल्प को और उनकी विचार प्रणाली को बार–बार टूटने के बावजूद भी भीतर–भीतर बहुत गहरे से गूंथ देता है। भीतर–भीतर ऐसा मसाला जमा देता है कि ऊपर–ऊपर से चीज़ टूटी–फूटी दिखायी पड़ती हैं, लेकिन वे भीतर–ही–भीतर बहुत मज़बूती से जुड़ी रहती हैं।

मुक्तिबोध के यहाँ टूटने–जुड़ने–टूटने और पुन: जुड़ने की प्रक्रिया की बारम्बारता है। यह उनके रचनातन्त्र का सहज स्वाभाविक गुण है और इस गुण का विकास कोई विरला

ही रचनाकार कर पाता है। यह प्रक्रिया बीसवीं शताब्दी के एक और जिस रचनाकार में मिलती है वे हैं निराला। इसीलिए निराला और मुक्तिबोध का स्थापत्य बीसवीं शताब्दी के रचना परिदृश्य की एक अद्भुत घटना है। डॉ. धनंजय वर्मा मुक्तिबोध के रचनात्मक आवेग को विश्लेषित करते हुए लिखते हैं कि उनके अधिकतर बिम्ब समकालीन भारतीय मनुष्य की शोषित और पीड़ित स्थितियों से आते और उसे मूर्त करते हैं मगर साथ ही समकालीन शोषक और शासक व्यवस्था और सामाजिक और राजनीतिक नृशंसता और अमानवीयकरण को उनके बिम्ब उभारते हैं। इन बिम्बों में प्रभाव की तात्कालिकता और समग्रता उनके उत्तेजित ऐन्द्रिय आसंगों से आती है और उनकी गति और गत्यात्मकता, क्रिया और क्रियाशीलता से समकालीन यथार्थ बोध अपनी पूरी जटिल संश्लिष्टता में मूर्त होता है।''[72]

मुक्तिबोध के कथ्य और विचारधारा के सिलसिले में धनंजय वर्मा की टिप्पणी है कि–''डब्ल्यू.बी. येट्स ने लिखा है कि गहन जीवन दर्शन की उपलब्धि 'टेरर' से होती है। मुक्तिबोध में यह 'टेरर' एक समकालीन प्रतीक है। उन्होंने प्रतीक को अलंकार या सज्जा की तरह इस्तेमाल नहीं किया है। वे विचारधारा और मूल्यगत सन्दर्भों को उजागर करने के लिए उनका विन्यास करते है। संवेदनात्मक अनुभव, ज्ञान और विचारधारा तथा विश्व दृष्टि को प्रतीकीकृत करने के लिए उनका प्रयोग किया गया है। इसीलिए उनके प्रतीकों की प्रकृति भिन्न है।''[73] कोई भी विचार मनुष्य अपने जीवन में दर्शन के रूप में स्वीकार करता है। उस दर्शन में अनन्त सम्भावनाएँ होती हैं। उसका यूटोपिया बहुत सुख प्रदान करता है। यह सुख जब उसकी क्षमताओं को निःशेष कर सके। उसको उस दर्शन की विराटता आतंकित भी करती है, शान्ति भी प्रदान करती है, दरअसल दर्शन और आतंक के द्वन्द्व में जीवन दर्शन की संगति होती है। उनके प्रतीक उनकी विचारधारा में पिरोये हुए आते है। ''प्रतीकों के माध्यम से ही हम मुक्तिबोध के काव्य की अन्तर्वस्तु और विचारधारा, समकालीनता के साक्षात्कार और उनके संवेदनात्मक अभिप्रायों और दिशाओं का अन्दाजा लगा सकते हैं मसलन अक्सर ही उनकी कविताएँ अँधेरे और स्याह रूपाकारों से शुरू होती हैं लेकिन उनका अन्त अक्सर ही रक्तवर्णी भास्वर उजाले में होता है। बीच में अँधेरे और उजाले का संघर्ष है। वह ऐतिहासिक शक्तियों के संघर्ष के साथ ही समकालीन जीवन के अन्तर्बाह्य संघषों को सन्दर्भित करता हुआ उनकी अदम्य आस्था को उजागर करता है।''[74]

मुक्तिबोध कविता को सर्वहारा क्रान्ति का अधिभार कहते हैं। कविता के शब्दों में– ''मानों या मत मानो/ इस नाज़ुक घड़ी में/ चन्द्र है, सविता है/ पोस्टर ही कविता है/ चटाक से लगी हुई/ कारतूस गोली के धड़ाके से टकरा/ प्रतिरोधी कविता बनती है पोस्टर।' उनके लिए कविता का कथ्य जनता का मुक्ति संग्राम था, ''जन –जीवन की संघर्ष व्यथा/ फिर हुई कथा की एक बात।'' इस संघर्ष व्यथा की अभिव्यक्ति के लिए उन्हें हर स्तर पर लड़ना पड़ा। अपनी कविता का संघर्ष, विचारधारा का यूटोपिया उनको सुख देते हैं। लेनिन कहा करते थे कि विचारधारा संघर्ष की दिशा भी देती है तो आत्म विश्वास का सुख भी। विचारधारा और दर्शन का यूटोपिया आदमी को हमेशा कद्दावर बनाता है।

स्वयं मुक्तिबोध जिन परिस्थितियों में रहे हैं वे कम त्रासद, आतंकपूर्ण और भयावह नहीं थीं? यदि आदमी निराश हो जाये तो हत्या या आत्महत्या और यदि त्रासदी का आतंक झेलते हुए गहरा आत्म विश्वास हो तो उसी आत्म विश्वास के भरोसे आदमी समूचे संकट झेल लेता है। मुक्तिबोध ने विचारधारा के रूप में मार्क्सवाद को अपनाया था। इसमें उनका विश्वास अटूट था। आलोचकों ने उनकी विचारधारा को लेकर भिन्न-भिन्न प्रकार की बातें कही है लेकिन उनकी रचनात्मकता से यह बात सिद्ध होती है कि वे कम्युनिज़्म पर आस्था रखने वाले साहित्यकार रहे हैं। वस्तुतः मुक्तिबोध ने अपनी पूरी ज़िन्दगी विकट संघर्षों में गुज़ारी है, उन्होंने अभिव्यक्ति के खतरे उठाये तो अपनी विचार प्रणाली के लिए। दूसरे वामपन्थी आन्दोलन ने उन्हें अपेक्षाकृत सहयोग नहीं दिया। उनके भीतर जो जिजीविषा थी संघर्ष करने की जो अपार क्षमता थी, जो निश्चय ही उन्हें विचार प्रणाली के द्वारा मिली थी और इसी वजह से वे सुरक्षित रहे। उनके पास जो यूटोपिया था वही उनको सन्तोष देता था। मार्क्सवादी दर्शन उन्हें गहरी आस्था और विश्वास से भर देता था। दुनिया का समूचा संघर्ष, मज़दूरों का आन्दोलन छोटे-छोटे लोगों से प्यार यही उनकी शक्ति थे। उन्होंने अपने आपको शोषितों के साथ हो जाने में सुरक्षित अनुभव किया। मुक्तिबोध इतिहास की इस धारा के साथ हमेशा रहे। वे बराबर यह कहते रहे कि 'मुक्ति कभी अकेल में नहीं मिलती/ यदि वह है तो सबके ही साथ में।' वे बार-बार लोगों से पूछते थे कि पार्टनर ! तुम्हारी पॉलिटिक्स क्या है? वे हमेशा अभिव्यक्ति के ख़तरे उठाने की बातें करते रहे। कविता में भी और अपने समूचे लेखन में भी। वे इस बात को अपने मित्रों, साथियों और परिचितों के बीच भी बराबर दोहराते रहे।

मुक्तिबोध बिना हथियार के सैनिक हैं, इसलिए उन्हें ज़मीन में गड़कर, भूमिगत होकर, सतह पर होनेवाले आतंक को, सभी साजिशों को मापने का काम करना पड़ा एवं उसके ख़िलाफ़ लगातार संघर्ष भी। उनकी कविताओं के इतने चौकन्ने कान हैं, इतने सतर्क स्पर्श के चिह्न हैं जो हिन्दी कविता में कहीं नहीं मिलते। भीरुता, आतंक की विरूपता होती है, वह शून्य करती है। डर आदमी को शिथिल करता है। इसीलिए कहा जाता है कि 'जो डरा वह मरा'। आतंक है, लेकिन मुक्तिबोध आतंकित नहीं हैं। उदाहरण के रूप में देखें कि आग लगी है, परा मोहल्ला जल रहा है, उसमें फंसा हुआ पूरा मोहल्ला है, लेकिन कोई आदमी उस आग को बुझाने के लिए प्रयत्नशील होता है। मुक्तिबोध का यूटोपिया यह है कि सबकी शान्ति समूह में कल्पना और सृजन में है। पोलिटिकल आर्किटेक्ट नहीं है तो कलागत। यह मुक्तिबोध का जीवन दर्शन है जो उनके रंग और रग-रग में धँसा हुआ है। जैसे-तुलसी का यूटोपिया है राम, जो उनके रोम-रोम में धंसा है। 'सीय राम मय सब जग जानी/करहुँ प्रणाम जोर जुग पानी।' मुक्तिबोध का यूटोपिया उनके आगे, पीछे रग-रग में धंसा है। जैसे तुलसी कहते है 'मेरो मन अनत कहाँ सुख पावै।' धनंजय वर्मा के शब्दों में-''मुक्तिबोध ने अपने कथ्य के लिए एक नयी भाषा का निर्माण, संवेदनानुसारी शब्द-चयन के जरिये किया है। इस भाषा का निर्माण अपरिचित और विलक्षण शब्दों को गढ़कर नहीं बल्कि भाषा की विद्यमान सामाजिक विरासत और निधि के शब्दों को नयी अर्थवत्ता प्रदान कर किया गया है।''[75] शमशेर जी ने सही कहा है कि, ''मुक्तिबोध में जो

काव्यात्मक अनुभूति है, जीवन की जो अनुभूति है और समाज की जो अनुभूति है वह इतनी गहरी और ठोस है, इतनी जीवन्त है और उसमें इतना फोर्स है कि वही फोर्स उनकी भाषा में आ जाता है।',[76] इससे सिद्ध है कि मुक्तिबोध में कथ्य और शिल्प की द्वन्द्वात्मकता अटूट है।

विचारधारा कोई अलग क़िस्म की चीज़ नहीं है जो कहीं बाहर से प्रक्षेपित होती हो, बल्कि यह हमारे समग्र अनुभव का विशिष्ट और आधारभूत आयाम भी है। धनंजय वर्मा के शब्दों में, ''सचेष्ट, सुचिन्तित और सुव्यवस्थित बौद्धिक निष्कर्षों के अलावा विचारधारा हमारी भावनाओं के धरातल पर भी सक्रिय रूप से विद्यमान रहती है। एक व्यक्ति की संवेदना तथा उसका चिन्तन इस प्रकार उसकी वर्गगत भूमिका से निर्धारित हो रहे हैं, इसी से उसकी विचारधारा लक्षित होती है। विचारधारा को वर्ग दृष्टिकोण से अलग नहीं समझा जा सकता है। विचारधारा एक वर्ग विशेष से जुडी हई चिन्तन पद्धति और समझ को कहते है और उनके आधार पर किसी विशेष समय पर वस्तुस्थिति का जो विश्लेषण किया जाता है वह विचारधारा के विशिष्ट रूप को ही व्यक्त करता है।''[77] कहना यह चाहिए कि मुक्तिबोध का रचना संसार भौतिक है जिस तक इन्द्रिय बोधात्मकता के माध्यम से पहुँचा जा सकता है। मुक्तिबोध की कविताओं में नाटकीयता, चित्रों, स्थितियों और वक्तव्यों के विशृंखलित संयोजन से आयी।

मुक्तिबोध के लिए भाववादी शिल्प तद्‌युगीन परिवेश में व्यक्तित्व और समाज की विश्लेषित स्थितियाँ संश्लिष्ट रूप में व्यंजित करने का.माध्यम हैं। द्वन्द्वपरक अन्तर्वस्तु की सतत व्यंजना के लिए उसी शिल्प की ज़रूरत थी जो मुक्तिबोध ने अपनाया। ऐसा शिल्प जो जटिल यथार्थ को रूप देने में कल्पना का अपेक्षाकृत अधिक स्वतन्त्र प्रयोग करे, बिखराव को स्वाभाविक बनाये, अतार्किकता को तार्किक माने। एक ही कविता में चित्रण की एकाधिक पद्धतियाँ प्रयुक्त करने की छूट दे। स्वयं मुक्तिबोध के शब्दों में–''यथार्थवादी शिल्प और यथार्थवादी दृष्टिकोण में अन्तर है। यह बहुत ही सम्भव है कि यथार्थवादी शिल्प के विपरीत, जो भाववादी शिल्प है–उस शिल्प के अन्तर्गत जीवन को समझने की दृष्टि यथार्थवादी रही हो।'' मुक्तिबोध–काव्य की सबसे बड़ी ख़ूबी इस बात में परिलक्षित की जानी चाहिए कि उन्होंने अपने समय में व्याप्त, जड़ीभूत–सौन्दर्याभिरुचि को तोड़कर वस्तु शिल्प और विचारधारा की द्वन्द्वात्मकता के साथ अपनी कविता को क्लैसिक, आधुनिक और पारदर्शी बनाने की चेष्टा की। उनकी कविता का जनतन्त्र न तो कथ्य को वर्गीकृत रूप में स्वीकार करता न शिल्प को। विचारधारा उनके यहाँ आरोपित मुद्राओं के साथ नहीं आती, बल्कि वह उनकी अन्तर्वस्तु और शिल्प संरचना में भीतर–ही–भीतर बहती हुई स्रोतस्विनी की तरह आती है और साधारण जनों की संघर्षशीलता को, उनकी संवेदनात्मक क्षमता को अपने में पिरो लेती है। इस तरह का विरल संयोजन उनके काव्य संसार को ताकतवर तो बनाता ही है अपनी कविता के लिए चुनौतियाँ भी खड़ी करता है। इतने लम्बे अरसे बाद भी उनकी कविता हिन्दी काव्य संसार के लिए चुनौती है। उनकी कविता को व्याख्यायित और विश्लेषित करने के लिए आलोचना के नये प्रतिमानों की आवश्यकता है।

सन्दर्भ

1. डॉ. नामवर सिंह–सामाजिक संघर्ष का महाकवि मुक्तिबोध -वीणा, नवम्बर-दिसंबर 1964, पृष्ठ–65
2. डॉ. नामवर सिंह–इतिहास और आलोचना : पृष्ठ–92
3. अशोक वाजपेयी-फिलहाल : पृष्ठ-119
4. मुक्तिबोध रचनावली (खण्ड-1): पृष्ठ 182–83
5. त्रिलोचन शास्त्री से वीरेन्द्र मोहन की बातचीत : आलोचना-अप्रैल-जून 1987, पृष्ठ–51
6. डॉ. धनंजय वर्मा : समावेशी आधुनिकता, : पृष्ठ–225
7. एक साहित्यिक की डायरी (एक लम्बी कविता का अन्त) पृष्ठ–27
8. मुक्तिबोध रचनावली (भाग-एक) : पृष्ठ–83
9. भूरी भूरी ख़ाक धूल : पृष्ठ–160
10. मुक्तिबोध रचनावली (भाग-एक) : पृष्ठ–17
11. डॉ. शिवकुमार मिश्र : आधुनिक कविता और युग दृष्टि : पृष्ठ–267
12. मुक्तिबोध रचनावली (भाग --दो) भूमिका नेमिचन्द जैन
13. रमेश बक्षी --एक और साहित्यिक की डायरी.ज्ञानपीठ पत्रिका,अक्टूबर 1964 : पृष्ठ - 8
14. डॉ. शिवकुमार मिश्र : आधुनिक कविता और युग दृष्टि : पृष्ठ–267
15. मुक्तिबोध रचनावली (भाग-एक) : पृष्ठ-14
16. विपक्ष : 3 : पृष्ठ–204
17. प्रमोद वर्मा, कालजयी मुक्तिबोध पृष्ठ - 10
18. चाँद का मुँह टेढ़ा है, (भूमिका : पृष्ठ–27)
19. डॉ. शिवकुमार मिश्र : आधुनिक कविता और युग दृष्टि: पृष्ठ–283
20. मुक्तिबोध-सम्पादक : डॉ. लक्ष्मणदत्त गौतम : पृष्ठ–105
21. डॉ. धनंजय वर्मा : समावेशी आधुनिकता : पृष्ठ–228
22. वही-पृष्ठ–228
23. रमेश शर्मा-कवि मुक्तिबोध : एक विश्लेषण : पृष्ठ–52
24. डॉ. धनंजय वर्मा : समावेशी आधुनिकता : पृष्ठ–204
25. वही -पृष्ठ–208
26. वही-पृष्ठ–204
27. कुँवर नारायण : पूर्वग्रह : पृष्ठ–9
28. डॉ. रामविलास शर्मा : नयी कविता और6 अस्तित्ववाद : पृष्ठ–138
29. एक साहित्यिक की डायरी : पृष्ठ–3
30. डा. धनंजय वर्मा : समावेशी आधुनिकता : पृष्ठ–217–18
31. लेबी-पोयटिक इमेज :पृष्ठ–12
32. चंचल चौहान-मुक्तिबोध : प्रतिबद्ध कला के प्रतीक : पृष्ठ–48
33. वही-पृष्ठ–23
34. स्टीफेण्ट जे. ब्राउन-वर्ल्ड ऑफ इमेजी : पृष्ठ–1–2
35. आचार्य रामचन्द्र शुक्ल-चिन्तामणि (भाग-एक) : पृष्ठ–145
36. एक साहित्यिक की डायरी : पृष्ठ–44
37. डॉ. नामवर सिंह-कविता के नये प्रतिमान : पृष्ठ–137
38. नयी कविता का आत्मसंघर्ष तथा अन्य निबन्ध : पृष्ठ–133–134

39. लहर-अक्टूबर-64 : पृष्ठ 7 (शंकरलाल द्वारा मुक्तिबोध की स्मृति)
40. डॉ. धनंजय वर्मा : समावेशी आधुनिकता : पृष्ठ-220
41. वही-पृष्ठ-220
42. चाँद का मुँह टेढ़ा है-(भूमिका) : पृष्ठ-25
43. चंचल चौहान-मुक्तिबोध प्रतिबद्ध कला के प्रतीक : पृष्ठ-48
44. वही-पृष्ठ-261
45. अशोक वाजपेयी-फिलहाल : पृष्ठ-122
46. प्रमोद वर्मा-कालजयी मुक्तिबोध : पृष्ठ-18
47. नये साहित्य का सौन्दर्यशास्त्र : पृष्ठ-129
48. आलोचना : अप्रैल-जून-1987 : पृष्ठ -3
49. डॉ. बच्चन सिंह-आधुनिक हिन्दी आलोचना के बीज शब्द : पृष्ठ -93
50. आलोचना (त्रिलोचन शास्त्री से वीरेन्द्र मोहन की बातचीत) अप्रैल-जून-87 : पृष्ठ - 51
51. चाँद का मुँह टेढ़ा है (एक विलक्षण प्रतिभा) : पृष्ठ-26
52. आलोचना-अप्रैल-जून 1987 : पृष्ठ -5
53. कुँवर नारायण (मुक्तिबोध की कविता की बनावट) पूर्वग्रह : पृष्ठ -9
54. डॉ. धनंजय वर्मा : समावेशी आधुनिकता : पृष्ठ-225
55. नयी कविता का आत्म संघर्ष तथा अन्य निबन्ध : पृष्ठ -2
56. सं. गंगा प्रसाद विमल-मुक्तिबोध का रचना संसार : पृष्ठ -71
57. शैलेश्वर सती प्रसाद-मुक्तिबोध की भाषा चेतना -आलोचना (जनवरी-मार्च 84) : पृष्ठ -31
58. अशोक वाजपेयी-मध्यप्रदेश सन्देश (1980) : पृष्ठ-24
59. डॉ. रामविलास शर्मा-नयी कविता और अस्तित्ववाद : पृष्ठ-199
60. शैलेश्वर सती प्रसाद (मुक्तिबोध की भाषा चेतना) आलोचना-जनवरी-मार्च-84 : पृष्ठ 32
61. मोतीराम वर्मा-लक्षित मुक्तिबोध : पृष्ठ -163-64
62. भगवत रावत-मुक्तिबोध पर लिखा गया अप्रकाशित निबन्ध
63. डॉ. धनंजय वर्मा : समावेशी आधुनिकता : पृष्ठ-223
64. सं. लक्ष्मणदत्त गौतम (शीतला मिश्र का आलेख) मुक्तिबोध : पृष्ठ - 223
65. डॉ. बच्चन सिंह-आधुनिक हिन्दी आलोचना के बीज शब्द : पृष्ठ-69
66. कामायनी : एक पुनर्विचार पृष्ठ - 9
67. चाँद का मुँह टेढ़ा है : पृष्ठ -283-84
68. प्रमोद वर्मा-कालजयी मुक्तिबोध : पृष्ठ-15
69. कामायनी : एक पुनर्विचार-पृष्ठ-7
70. चाँद का मुँह टेढ़ा है : एक विलक्षण प्रतिभा
71. कामायनी एक पुनर्विचार-पृष्ठ -12
72. डॉ. धनंजय वर्मा : समावेशी आधुनिकता : पृष्ठ-220
73. वही-पृष्ठ-221
74. वही-पृष्ठ-221-22
75. वही-पृष्ठ-223
76. चाँद का मुँह टेढ़ा है : एक विलुक्षण प्रतिभा
77. डॉ. धनंजय वर्मा : समावेशी आधुनिकता : पृष्ठ-36.

कहानियों का विवेचन

कहानी का परिदृश्य

यूँ तो कहानियाँ घटना मूलक भी होती हैं, परन्तु ऐसी कहानियों की ज़िन्दगी लम्बी नहीं होती। लोक कथाएँ कालजयी होती हैं, क्योंकि उनमें घटना सत्य या व्यक्ति सत्य के स्थान पर जीवन सत्य का सार्वभौमिक रूप एक वृत्त का रूप ग्रहण कर लेता है और इस तरह वे पुरावृत्त का रूप धारण कर प्रकट होती हैं। इन कथाओं में अपने युग की पदचाप तो होती ही है पर ऐसा भी बहुत कुछ होता है जो सार्वभौमिक कहा जाता है। हिन्दी कहानी जिस तरह शुरू हुई उसमें लोक कथा की यह प्रवृत्ति देखने को मिलती है। इंशा अल्ला खाँ की 'रानी केतकी की कहानी', बंग महिला की 'दुलाईवाली' चन्द्रधर शर्मा गुलेरी की 'उसने कहा था से लेकर प्रेमचन्द की कफ़न तक की जो कथा यात्रा है, उसमें लोक कथा की यह परम्परा आंशिक रूप से मिल जाती है। यहाँ यह उल्लेख ज़रूरी है कि जयशंकर प्रसाद का कवि हृदय कहानियों को भी प्रभावित करता है। कल्पना, आदर्श का चित्रण, वातावरण की सघनता, प्रकृति-चित्रण, नाटकीयता आदि कहानियों का आवश्यक गुण है, हालाँकि वे तत्कालीन सामाजिक और आर्थिक परिस्थितियों का चित्रण नहीं कर पाये। प्रसाद के बाद की कथा परम्परा में सुदर्शन, ज्वालादत्त शर्मा, विश्वम्भरनाथ शर्मा 'कौशिक' और चतुरसेन शास्त्री आते हैं। सुदर्शन की प्रसिद्ध कहानी 'हार की जीत' सत्य-असत्य के संघर्ष और डाकू के हृदय परिवर्तन की कहानी है, तो कौशिक जी की 'ताई' विद्वेष-पीड़िता बाँझ नारी के मातृत्व प्रस्फुटन की। इस कहानी में पारिवारिक जीवन का सूक्ष्म पर्यवेक्षण किया गया है।

प्रेमचन्द ने समाज के पूरे परिवेश को अपनी कहानियों के केन्द्र में रखा। उनकी कहानियों में किसानों, मज़दूरों, स्त्रियों और दबे-कुचले निरीह लोगों की दशा, वास्तविकता और कशमकश का जीवंत चित्रण हुआ है। वे ज़िन्दगी को बहुत गहराई से देखते-पहचानते हैं। उनकी कहानियाँ अपने युग और समय की जलती सच्चाइयों को बेबाक तरीक़े से उद्घाटित करती हैं। वे ऐसे समर्थ कथाकार हैं जो हमारे समाज और समय की नब्ज़ पहचानते हैं। मुक्तिबोध की प्रारम्भिक कहानियों जैसे 'ख़लील काका' और 'आखेट' आदि में प्रेमचन्द की कथा-परम्परा के बीज हैं। इस दृष्टि से मुक्तिबोध का एक निबन्ध मुझे बरबस याद आता है 'मेरी माँ ने मुझे प्रेमचन्द का भक्त बनाया।' वे लिखते हैं, " हमारे यहाँ प्रेमचन्द के बाद एक भी ऐसे चरित्र का चित्रण नहीं हुआ, जिसे हम भारतीय

विवेक चेतना का प्रतीक कह सकें। ... प्रेमचन्द का कथा साहित्य पढ़कर हमारे मन पर जो प्रभाव होते हैं, वे धीरे-धीरे हमारी चिन्तना को इस सभ्यता, समस्या तक ले आते हैं। क्या यह हमें प्रेमचन्द की ही देन नहीं है।"। प्रेमचन्द के बाद निराला की कहानी 'देवी' का उल्लेख आवश्यक है, उसकी संवेदना उस दौर की कहानियों से भिन्न है। यशपाल की कहानियों में हमारे सामाजिक सन्दर्भ, हमारी तक़लीफ़ें और हमारी स्थितियाँ उजागर होती हैं। "यशपाल अपने में ही एक शक्ति है और उनकी कहानियों से उनका क्रान्तिकारी व्यक्तित्व सामने आ जाता है। उन्होंने समाज के पूँजीपतियों, किसानों, मज़दूरों के शोषकों के ख़िलाफ़ खुला विद्रोह करने की घोषणा की।"[2] यशपाल को जिस विचार परम्परा अर्थात् प्रगतिवाद से जोड़ा जाता है उसके प्रमुख लेखक हैं, राहुल सांकृत्यायन, अमृत राय, भैरव प्रसाद गुप्त और रांगेय राघव आदि।

'कहानी' पत्रिका के प्रकाशन के साथ हमें कहानियों के नये मोड़ का संकेत मिलता है। सर्वप्रथम कहानी के 'नयेपन' की बात डॉ. नामवर सिंह ने की थी, उन्होंने कहानी के क्षेत्र में पुरानी प्रवृत्तियों के टूटने और नयी कहानी बनने की स्थितियों को रेखांकित करते हुए नये सवाल उठाये। नयी कहानी के दौर में हरिशंकर परसाई और मुक्तिबोध ऐसे कथाकार हैं जो घटना सत्य और व्यक्ति सत्य के बजाय जीवन सत्य को कहानियों के द्वारा व्यक्त करना ज़्यादह आवश्यक समझते हैं। इसलिए उनकी कहानियाँ फ़ैण्टेसी के शिल्प में रूपायित होती है। नयी कहानी में मनोग्रन्थियों का विस्फोट काफ़ी मात्रा में हुआ है, लेकिन विशेषत: मुक्तिबोध की रचना प्रक्रिया मनोग्रन्थियों तक सीमित नहीं है। उनके यहाँ समूचा अनुभूतजगत् बाह्यजगत्। का अर्जित रूप होता है। कहानियों में हम उनके उसी रचनात्मक स्वभाव को पाते हैं, जो उनके द्वारा रचे गये अन्य साहित्य रूपों में मिलता है। कथाकार काशीनाथ सिंह ने कहानी के विषय। में लिखा, "यथार्थ कहानी का जीवन है, इसलिए इस यथार्थ ने ही उसे पुनर्जीवित भी किया ऐसे यथार्थ ने जो उन दिनों आज़ादी की रूमानी पर्तों में लिपटा हुआ था और व्यक्त होने के लिए बेचैन था। इस तरह उसे पहचाना भले कविता ने हो, पकड़ने और सामने लाने का काम कहानी ने किया-'नयी कहानी' ने।'"[3]

इस दौर में दो तरह के कहानीकार सामने आये, जिनमें फणीश्वरनाथ रेणु', मार्कण्डेय, शैलेश मटियानी, शिवप्रसाद सिंह, भैरव प्रसाद गुप्त आदि ने आँचलिक जीवन को और कमलेश्वर, अमरकान्त, मोहन राकेश, भीष्म साहनी, उषा प्रियम्वदा, निर्मल वर्मा, राजेन्द्र यादव, मन्नू भण्डारी, कृष्णा सोबती आदि ने शहरी जीवन की संकुलता के अत्यन्त सजीव, वास्तविक चित्र प्रस्तुत किये। सामाजिक जीवन के यथार्थ को अंकित करने की सहज क्षमता के कारण स्वतन्त्रता प्राप्ति के बाद हिन्दी कहानी सर्वाधिक सशक्त और आकर्षक विधा के रूप में उभर कर सामने आयी। सम्भवत: इसीलिए उसे केन्द्रीय विधा के रूप में स्वीकृति भी मिली। लेकिन यह कहना कि नयी कहानी की संवेदना पूर्ववर्ती कहानी की संवेदना से एकदम अलग हो गयी, एक ऐतिहासिक तथ्य को नकारना है।'[4] अमरकान्त के विचार में आज की कहानी निश्चय ही वस्तुगत सन्दर्भो से जुड़ी है, लेकिन वह अब भी भावुकता और रोमानियत के प्रभाव से मुक्त नहीं हो पायी।

कहानी के क्षेत्र में नयेपन की माँग को लेकर पहली आवाज़ 1950 के आसपास उठी थी और उचित ही था कि उसका सम्बन्ध स्वाधीनता प्राप्ति के बाद की आशा, आस्था, उत्कण्ठा से जोड़ा गया। पिछले तीन-चार दशकों में कहानी के कई आन्दोलन सामने आये। उनमें 'नयी कहानी' को छोड़कर शायद ही कोई आन्दोलन रहा हो, जिसकी रचनात्मक पहचान भी विवाद से परे हो। "नयी कहानी आन्दोलन के प्रवक्ताओं के सच्चे-झूठे दावों को नज़र अन्दाज़ भी कर दिया जाय तो यह मानने से कोई इन्कार नहीं करेगा कि लगभग दर्जन भर महत्त्वपूर्ण कहानियाँ इसी एक प्रवृत्ति या आन्दोलन से पैदा हुईं और उन्होंने एक बदले हुए समय की संवेदनाा का महत्त्वपूर्ण रचनात्मक प्रमाण उपस्थित किया। 'गदल' 'रसप्रिया', 'चीफ़ की दावत', 'हंसा जाइ अकेला', 'डिप्टी कलेक्टरी', 'सेव' आदि कहानियाँ इसके उदाहरण हैं।"[5] नयी कहानी के बारे में यह तथ्य विचारणीय है कि प्रयोगशीलता ही, उसके जीवन्त होने का सबसे बड़ा प्रमाण है। कमलेश्वर लिखते हैं कि "वस्तुतः नयी कहानी प्रयोग की प्रक्रिया से गुज़र रही है। ये सारे प्रयोग जीवन मूल्यों की तलाश के लिए हैं।" [6] आरम्भ से लेकर 1956 तक के नववर्षांक तक की प्रकाशित कहानियों और कुछ नये प्रसिद्ध कहानीकारों में 'मन के मोड़'-मार्कण्डेय, बदली बरस गयी-कृष्णा सोबती, बैगाटेल-निर्मल वर्मा, बाँकेलाल-महेन्द्र भल्ला, सौदा-मोहन राकेश, गदल-रांगेय राघव, कस्बे का आदमी-कमलेश्वर, डिप्टी कलेक्टरी-अमरकान्त, चीफ़ की दावत-भीष्म साहनी, हंसा जाइ अकेला-मार्कण्डेय आदि है। किन्तु इन सबसे अलग मुक्तिबोध की कहानियाँ हैं जो अधिकतर उपेक्षित रही हैं। उनकी कहानियाँ हिन्दी कहानी की परम्परा से एकदम भिन्न हैं। उनका टेम्परामेण्ट एकदम अलग है। रवीन्द्र वर्मा के शब्दों में, "मुक्तिबोध इस दौर के सबसे जागरूक साहित्यकार रहे हैं। उनकी कहानियों में तत्कालीन राजनीतिक परिवेश और सांस्कृतिक स्थिति का गहरा बोध है।-विशेषकर मध्य वर्गीय जीवन की पीड़ाओं और संघर्षों को मुक्तिबोध ने व्यापक सामाजिक-राजनीतिक पृष्ठभूमि में प्रस्तुत किया है।" [7] क्लॉड ईथरली' उनकी उत्कृष्ट कहानियों में से एक है। मुक्तिबोध की कहानियों के रचना समय को देखें तो यह बात चकित करनेवाली लगेगी कि उन दिनों के किसी भी साहित्यिक आन्दोलन का आतंक या प्रभाव उन पर नहीं है, आधुनिकता या आधुनिकतावाद का भी नहीं। कम-से-कम उनके जो रूप या संस्करण हिन्दी में प्रचलित थे, उनका तो बिलकुल ही नहीं। इसीलिए न तो प्रगतिशील साहित्य के दायरे में इन कहानियों की पहचान बनी, न नयी कहानी के दायरे में। आखेट, क्लॉड ईथरली, ब्रह्मराक्षस का शिष्य, ज़िन्दगी की क़तरन, सतह से उठता आदमी, जैसी कहानियों को समझने के लिए उनके रचना तन्त्र को ठीक-ठीक पहचानना भी ज़रूरी है और उसके पीछे काम करनेवाली विचारधारा को भी।

मुक्तिबोध की कहानियाँ : अन्तर्वस्तु

मुक्तिबोध की प्रकृति विचारक की है। विचारक की प्रकृति में समूचे विश्व की आकृति तिरोहित हो जाती है। वह विचारक के घोल में आकर दार्शनिक रूप धारण कर लेती है। रचनाकार होने के नाते वस्तुजगत् की आकृतिबद्धता उतनी ही स्वाभाविक है,

जितनी आकृति शून्यता यानी दर्शन और रचयिता का द्वन्द्व उन्हें मूर्त और अमूर्त के बीच संघर्ष में सक्रिय रखता है। परिणामत: यह उनके स्वभाव की सहजता हो गयी है कि वस्तु जगत् की बहुआयामी और बहुरंगी छवियों, प्रवृत्तियों, आकृतियों और भावनाओं को विचारों की और इस तरह व्यवस्था की संगति में समझें। इसे यों स्पष्ट करें कि जब उनके सामने 'क्लॉड ईथरली' होते हैं तो व्यक्ति रूप में उनकी चरित्रगत विशेषताओं को पहचानने के साथ वे उन्हें व्यवस्था-पुत्र की तरह भी देखना चाहते हैं। वे इस चरित्र को एक चरित्र के रूप में निरपेक्ष भाव से नहीं देखते।। इसलिए वह उनके लिए एक चरित्र नहीं होता बल्कि प्रतिनिधि चरित्र होता है। जब वे किसी प्रवृत्ति पर ध्यान केन्द्रित करते हैं तो अनेक चरित्र उस प्रवृत्ति के प्रतिबिम्ब बनकर उस प्रवृत्ति को उस व्यवस्था की प्रतिनिधि प्रवृत्ति बना देते हैं। इस तरह का चित्रांकन-निरूपण के साथ-साथ वैचारिक धुरी को क्षण भर को नहीं छोड़ता।

मुक्तिबोध व्यक्तियों, स्थितियों, घटनाओं, मनोविकारों, वृत्तियों, जिज्ञासाओं में से जब किसी को कथा का रूप देते हैं तो केवल भिन्नता यह होती है कि कथा का गतिमान् बदल जाता है। उसकी पद्धति और प्रक्रिया दूसरी होती है लेकिन व्यक्तिवादी लेखकों की तरह एक कहानी निहितार्थ और पद्धति को दूसरी कहानी के निहितार्थों और पद्धति को काटती नहीं, पर सब में एक अद्‌भुत सामंजस्य और एकता होती है। उनके लेखन की विविधता में एकता उनकी वैचारिक धुरी में घूमती है। इस पृष्ठभूमि को ध्यान में रखकर मुक्तिबोध की कहानियों का विश्लेषण करने के लिए स्थूल रूप से ही सही इस तरह का विभाजन हम कर सकते हैं।

व्यक्तिपरक कहानियाँ

मुक्तिबोध की कथाओं में ऐसी कहानियों की संख्या कम नहीं है, जिसमें मुख्य रूप। से कोई व्यक्ति केन्द्र में होता है, मसलन-ख़लील काका, क्लॉड ईथरली, वह, भटनागर, मेरा मित्र, बाबूरामचन्द्र अग्रवाल, दो चेहरे तथा महापुरुष आदि कहानियाँ प्रमुख हैं। यूँ तो व्यक्ति की हम जब बात करते हैं तो निश्चय ही उसमें वह व्यक्ति जिसका निरूपण किया जा रहा है, जिसके चरित्र को पेश किया जा रहा है, वह प्रमुख होता है। कथा साहित्य में अन्य पुरुष या उत्तम पुरुष रूप में कथा कहने की सुदीर्घ परम्परा रही है। उसका तरह-तरह से विकास भी हुआ है। जैसे प्रेमचन्द की 'मोटेराम शास्त्री' और 'बड़े भाई साहब' ऐसी ही कहानियाँ हैं। मुक्तिबोध ने अपनी व्यक्तिपरक कहानियों में व्यक्ति को गहरी व्यापकता से रेखांकित किया है उसकी परिधि में। उन्होंने व्यक्ति को भी समाज के प्रतिनिधि चरित्र के रूप में प्रस्तुत किया है। वह व्यक्ति मात्र व्यक्ति नहीं होता बल्कि समाज की गतिविधियों का एक ज़रूरी हिस्सा होता है। वह व्यवस्था का या तो पक्षधर होता है या विरोधी। उसके चरित्र की रेखाओं से हम समाज को समग्रता से जान सकते हैं। वे व्यक्ति का विश्लेषण करते हुए उसके वर्गीय चरित्र को कभी नज़रअन्दाज़ नहीं करते, क्योंकि उनमें वर्ग चेतना बहुत व्यापक और गहरी थी। वे अपनी वर्गीय भावनाओं को ईमानदारी से अभिव्यक्त करते हैं। स्मरण रखना ज़रूरी है कि ऐसी कहानियाँ व्यक्ति केन्द्रित होते हुए भी समग्र

समाज, परिवेश, परिस्थिति, वास्तविकता और ज़िन्दगी के अन्यान्य पहलुओं को केन्द्र में रखती हैं।

'क्लॉड ईथरली' –मुक्तिबोध के शब्दों में "अणुयुद्ध का विरोध करनेवाली आत्मा की आवाज़ का दूसरा नाम है।" वह " आध्यात्मिकअशान्ति का, आध्यात्मिक उद्विग्निता का ज्वलन्त प्रतीक है।'[8] मुक्तिबोध ने आदमी पर ढाए जा रहे जुल्मों का विरोध अपनी कहानियों में किया है। युद्ध की बर्बरताओं और उनके परिणामों का समूचा बखान यह कहानी करती है, 'क्लॉड ईथरली' इसके ख़िलाफ़ एक ज़िरहनामा है और यह ज़िरहनामा आदमीयत के विध्वंस से उठते हुए मानवीय सम्बन्धों को बेहतर तरीक़े से प्रस्तुत करने की सार्थक कोशिश भी है। 'क्लॉड ईथरली' केवल अमरीका में ही नहीं, भारत में भी हो सकता है, क्योंकि यह तो एक प्रतीक है, ऐसी आत्मा का जो अन्याय, शोषण तथा पापाचारों के लिए स्वयं को ज़िम्मेदार समझती है, उसका विरोध करती है, उससे मुक्त होने के लिए छटपटाती है। " 'क्लॉड ईथरली' हमारे यहाँ भले ही देह रूप में न रहे, लेकिन आत्मा की वैसी बेचैनी रखने वाले लोग तो यहाँ रह ही सकते हैं।" लेखक का वह मित्र 'क्लॉड ईथरली' की मानसिक वेदना, उसकी करुण कथा सुनाता है, अन्त में एकाएक कह उठता है –"तुम-सरीखे सचेत जागरूक संवेदनशील जन 'क्लॉड ईथरली' हैं। कहानी का प्रमुख पात्र 'क्लॉड ईथरली' अपना परिचय इस तरह देता है–'पता नहीं क्यों, मैं बहुत ईमानदारी की ज़िन्दगी जीता हूँ; झूठ नहीं बोला करता, परस्त्री को नहीं देखता ; रिश्वत नहीं लेता ; भ्रष्टाचारी नहीं हूँ; अलबत्ता कर्ज मुझ पर ज़रूर है जो मैं चुका नहीं पाता।"'क्लॉड ईथरली' एक विमान चालक था उसके एटमबम से 'हिरोशिमा' नष्ट हुआ था। क्लॉड ईथरली कहानी में भरपूर विचारोत्तेजना है जिसका इस्तेमाल पाठक को उत्तेजित करने के लिए ही मुक्तिबोध ने किया है। इसके पहले कि आत्मा की आवाज़ ज़रूरत से ज़्यादा सुनकर, बेचैनी में कुछ कर गुज़रे, हर देश अपने-अपने क्लॉड ईथरली' को पागलखाने में बन्द कर देता है–जेल में नहीं। जागृत नैतिक बोध से संचालित लोगों को तो पागलखाने में ही डाला जा सकता है-वे कोई सामान्य अपराधी तो है नहीं कि जेल में रख दें।"[9] डॉ. लक्ष्मणदत्त गौतम का मानना है कि "इस कहानी में हमें एक सचेत, जागरूक, संवेदनशील भारतीय आत्मा का स्वर सुनायी देता है।"[10] 'क्लॉड ईथरली' पापाचार के बोध से ग्रस्त उससे मुक्त होने के लिए छटपटाती हुई आत्मा का प्रतीक है। यह कहानी आधुनिक भद्र समाज के भीतरी तनावों उलझनों की सार्थक समझ देने वाली है। कहानी की रचना 'फ़ैण्टेसी' में है, जो सच न होते हुए भी यथार्थ है। 'क्लॉड ईथरली' वह विमान-चालक था, जिसने हिरोशिमा पर बम विस्फोट किया था और जो बाद में पागलखाने में डाल दिया गया। इस सन्दर्भ को दृष्टि में रखकर मुक्तिबोध ने हमारे देश पर पड़ने वाले साम्राज्यवादी संस्कृति के प्रभाव की ओर संकेत किया है कि "भारत के हर बड़े नगर में एक-एक अमेरिका है।" दूसरे स्तर पर यही " 'क्लॉड ईथरली' अन्याय को देखकर चुप रह जानेवाले, अवचेतन में डाल दिये गये भावों और विचारों का प्रतीक बन जाता है। वर्तमान सभ्यता की अमानवीय प्रकृति और साम्राज्यवादी परिवेश में व्यक्ति के

विभाजित मन पर चोट करती हुई यह कहानी पाठक को आत्म साक्षात्कार के लिए प्रेरित ही नहीं, उद्वेलित भी करती है।''[11]

ख़लील काका –मुक्तिबोध की पहली और प्रेमचन्द की परम्परा पर आधृत कहानी है। ख़लील काका अनाथ केशव को अपने बेटे की तरह पालता-पोसता है। उसके लिए, वह अपना सब कुछ दांव पर लगाता है। अपने लड़के रसूल की ज़्यादा परवाह नहीं करता। रसूल और केशव में ख़लील काका को लेकर निरन्तर द्वन्द्व और संघर्ष की स्थिति बनी रहती है। हमारे समकालीन जीवन में साम्प्रदायिकता का जो माहौल है। हिन्दू-मुसलमानों के बीच काटानासी और नफरत है। यह कहानी इन स्थितियों के ख़िलाफ़ एक आश्वासन है। ख़लील काका का निर्मल चरित्र पाठक को कहीं भीतर तक मथता है। केशव जैसे अनाथ बालक को ख़लील काका ने अपनाया, यह मनुष्यता की शक्ति का स्रोत भी है। ख़लील बेहद उदात्त चरित्र है। उसके पछतावे का एक बिन्दु हमें भीतर तक संवेदित करता है। ''ख़लील को क्या मालूम था कि रसूल उस होटल में जाकर मर जायेगा, नहीं तो वह जरूर चूम लेता, प्यार कर लेता, छाती से चिपका लेता। वाह रे खलील।... ख़लील काका के जी में न मालूम कैसा कैसा होने लगा। कण्ठावरोध हटाने का प्रयत्न कर केशव को बुलाया। सहसा ख़लील ने तरुण केशव के गालों को चूम लिया। अपनी दोनों बाँहों से उसे ज़ोर से पकड़ कहने लगे, ''मेरा केशव कितना अच्छा है। !'' और आँसू बरसाने लगे।

'बाबू रामचन्द्र अग्रवाल'-मुक्तिबोध की अपूर्ण कहानी है। इस कहानी में नायक की कुछ विशेषताओं की तरफ़ हमारा ध्यान आकृष्ट किया गया है। ''रामचन्द्र में बनियापन बिलकुल न था। पैसा हो तो ख़र्च करनें में वह बादशाह था, किन्तु जितना फक्कड़ चाहिए उतना वह न था। बहुत ही रिज़र्ड, वायदे में पक्का, यहाँ तक कि बहुत बार चिड़चिड़ा, अगर कोई अपना वचन न रख पाये। उसमें दो गुण प्रधान थे। एक मानसिक सूक्ष्मता और दूसरा हाथ में लिए हुए काम के पीछे हाथ धोकर पड़ने का उसका तरीक़ा। शायद इन्हीं दो गुणों के कारण वह अपने जात-भाइयों से ज़्यादा अग्रसर और, कहना चाहिए कि, जाति से प्रगतिशील था, किन्तु उद्धत न था। स्वाभाविक भीरु स्वभाव पर उसने बड़ी मुश्किल से विजय पायी थी, वह भी मात्र संघर्ष से नहीं, वरन् अथक परिश्रम से पायी हुई विद्या और विद्या-प्रेम के कारण उत्पन्न हुई उच्चता के द्वारा।''[12] मध्यवर्ग की क़मज़ोरियाँ बाबू रामचन्द्र में भी हैं। झूठी कल्पनाएँ करना, अपने को सत्य का अवतार समझना और अपनी ग़लतियों के लिए स्वयं को हीनता की दृष्टि से देखना। वह ज़िन्दगी की लड़ाई में यदि हारता नहीं था तो भी पीछे अवश्य रह जाता था। यह कहानी की अपेक्षा रेखाचित्र अधिक है, उसमें नायक की दुर्बलताएँ हैं तो उसकी ख़ूबियाँ भी।

'भटनागर'-शीर्षक कहानी भी अपूर्ण है। इसमें भटनागर के चरित्र की पूरी असलियत प्रत्यक्ष नहीं होती। इस कहानी का शीर्षक 'भटनागर' है, किन्तु ऐसा लगता है कि मुक्तिबोध ने भटनागर के स्थान पर 'मैं' का ही पूरा उल्लेख किया है – ''मैं अपनी प्रवृत्ति बता दें। किसी भी व्यक्ति के प्रति पहले मैं सावधान भाव से देखता हूँ। मैं चौकन्ना रहता हूँ। आगे यह देखता हूँ कि मुझे उस पर सन्देह करना चाहिए या विश्वास करना चाहिए। विश्वास करना चाहिए तो किस हद तक, और सन्देह करना चाहिए तो किस हद तक।''

'दो चेहरे'-कहानी में वातावरण चित्रण के साथ एक प्रेमी युगल का वृत्तान्त है। प्रेमी-युगल अपने इश्क में इतना डूबे हुए हैं कि वे क्या कर रहे हैं, कहाँ जा रहे हैं, कैसा व्यवहार कर रहे हैं इसका उन्हें होश नहीं। एक अधेड़ मुसलमान जो अर्से से ख़ुदा की इबादत कर रहा है लेकिन वह प्रेमी युगल की गतिविधियों का दर्शक है। जब अधेड़ मुसलमान को प्रेमी-युगल की अनजाने लात लग जाती है तो वह उन्हें टोंकता है। अधेड़ मुसलमान अपनी जागृति का और प्रेमी-युगल के ग़लत आचरण का विरोध भी करता है। प्रेमी-युगल का कहना है "हुज़ूर जो भी ग़लती हुई है वह भी अनजाने में हुई है आप माफ़ करें।" मुक्तिबोध ने प्रेमी-युगल के चरित्र को उजागर करते हुए जो ब्योरा पेश किया है, उसमें सहजता और घनत्व दोनों हैं-"उनके चेहरों पर गहरा भोलापन और मासूमियत है। उसे लगा कि वे झूठ नहीं बोल रहे हैं। अकबर उनके चेहरे के भाव को देखता ही रह गया मानो वहाँ आसमान छाया हुआ हो और उसमें एक मस्जिद का सफ़ेद पवित्र गुम्बद दिखायी दे रहा हो।" अधेड़ मुसलमान अकबर, प्रेमी-युगल के निश्छल व्यवहार को देखकर स्वयं अपराध बोध से भीग जाता है और-"या परवरदिगार, वे दोनों इश्क में इतने डूबे हुए हैं कि वे इस दुनिया में ही नहीं रहे। लेकिन, अभागा मैं, तेरी इबादत में होते हुए भी, तेरा ध्यान करते हुए भी दुनिया में जमा रहा, मैं अपने को भूल न सका, ख़ुदा मुझे माफ कर ...।"[13]

'महापुरुष'-एक ऐसे पात्र की कहानी है, जिसके व्यक्तित्व की दो धुरियाँ है। उसने ग़रीबी देखी है, म्युनिसिपल कंदील की रोशनी में अध्ययन किया है और तरह-तरह के छोटे-छोटे काम किये हैं। जैसे-भोजन के टिफिन के डिब्बे घर-घर भेजना। वह कर्मठ आदमी है, लेकिन कुछ बन जाने के बाद वह अपने पूरे संघर्ष को भूल जाता है। अपने वर्ग चरित्र को अपनी नज़रों से ओझल कर देता है। कहानी में उसका खाक़ा इस रूप में खींचा गया है।-"उनके साथ मेरे दो प्रकार के सम्बन्ध हैं-प्रेम के, घृणा के, ललक के, विरक्ति के, आकर्षण के; विरोध के। एक सम्बन्ध दूसरे का विरोधी है। और दोनों एक साथ, एक ही आदमी से हैं। इसीलिए, मैं इस शख़्स से बचने की कोशिश करता हूँ। ज्यों-ही इस आदमी की सूरत मुझे दिखायी देती है, दिल डुग्गी जैसा बजने, घड़कने लगता है, और एक अजीबो-ग़रीब बेचैनी खा जाती है।" एक स्थिति यह भी है कि 'महापुरुष' अपने आपको 'सेल्फमेड' आदमी कहता है, जबकि वह नितान्त अवसरवादी है-"ऐसा अवसरवादी जिसके दर्शन से प्रसन्नता नहीं होती है। वह जिस वर्ग से उठा है, जिस वर्ग ने उसे जन्म दिया है, उससे घृणा करता है (यद्यपि उसके मन में उस वर्ग के प्रति दया और करुणा के भाव हैं, उसके सभ्य सुसंस्कृत व्यवहार के भीतर एक सूक्ष्म किन्तु मूर्ख अहंकार छिपा हुआ है। उसे देखते ही मेरे मन में विपरीत प्रतिक्रियाएँ होने लगती हैं।"

'जलना'-कहानी नेहरू युग के 'स्वप्न भंग' की कहानी है-जो सन् '60 के आसपास तीख़ा होता गया था। 'ग़रीबी के दर्शन' के बीच देखे गये स्वप्न इसी 'रोमैण्टिक विजय' की देन है। कहानी के नायक के विषय में मुक्तिबोध लिखते हैं, "उसके अपने स्वभाव के अनुसार सुबह की रोशनी की ताज़गी में उसकी आँखों के सामने स्वप्न तैरने लगे। उसके बच्चे बड़े हो गये हैं। वे ख़ूब मेहनती निकले हैं। वे बहुत होशियार हैं। हाँ, सही

है कि उनके कपड़े फटे हुए हैं। लेकिन वे काण्ट और मार्क्स, सार्त्त और नेहरू के वचन अपने भाषणों में सहज रूप से गुँथ जाते हैं। वे किसी सुनहले लक्ष्य के लिए लड़ रहे हैं।''[14] 'जलना' के परिवार का प्रत्येक सदस्य एक-दूसरे की परिस्थिति है, एक-दूसरे का परिवेश है। फिर भी सभी का अपना-अपना इतिहास है, और सभी के व्यवहार का अपना-अपना औचित्य है। परिवार को आर्थिक आधार प्रदान करनेवाला एक मात्र सदस्य चुन्नीलाल शर्मा, अपने यथार्थ की बाहरी पीड़ाओं को अलग हटाने के लिए अपने मन की अर्जित भव्यता का बारम्बार आश्रय लेता है, और इस प्रकार उसका अन्तर्जीवन अपने स्वप्नों में, अपने तर्कों और विश्लेषणों में डूबता-उतराता रहता है। जब वह भविष्य की ओर देखता है तो अर्थाभाव से ग्रस्त वास्तविक परिस्थिति का इलाज न सोचकर, अपने एकान्त को सजाने लगता है-उसके बच्चे बड़े होंगे।... मैं अपने सारे विचार, मेरी अपनी सारी कल्पनाएँ और धारणाएँ उन्हें बता दूँगा। मैं उन्हें बडे आदमियों की बैठकों से दूर रखूँगा और इस तरह छुट्टी हूँगा कि वे उनके तौर-तरीक़ों से घृणा करें, अपने जैसे ग़रीबों में ही रहें, और उन्हें लिखाये-पढ़ायें, उन्हें नये-नये विचार दें, उनकी भविष्य-कल्पना तीव्र कर दें, उनकी जगत् चेतना को विस्तृत और यथार्थवादी बना दें, और उनमें मरें और जियें। मैं उन्हें क्रान्तिकारी बनाऊँगा, मैं उन्हें समाज की तलछट बनने के लिए प्रेरित करूँगा, वे वहाँ बैठे-बैठे किताबें लिखेंगे, पैम्फलेट छापेंगे और जो मिलेगा उसे सबके साथ खाकर उन सब भड़कीले दंभों से घृणा करेंगे जो शिक्षा और संस्कृति के नाम पर चलते हैं...।''[15] 'जलना' कहानी के कथानायक चुन्नीलाल का परिवार जिसमें उसके बूढ़े माँ-बाप हैं, स्त्री है, बच्चे हैं, एक निम्न मध्यवर्गीय आर्थिक विषमता की मार खाया हुआ परिवार है। किन्तु उस समय जब चूल्हे की अंगारी लाल घाटियों में सुनहली...बचपन और जवानी के दृश्य दिखायी देने लगे और उसे अफ़सोस होने लगा कि अगर वह पढ़-लिख जाती और नौकरी करने लगती, तो उसकी इतनी दुर्दशा न होती, उसके घर में पिछवाड़े से चुपचाप वह औरत न आती जो पठान से भी अधिक 'सूद' लेती है, तो उसको इतना अपमानित न होना पड़ता।'' इस तरह वह अपनी परिस्थिति की चर्चा करती है 'जलना' कहानी में सामंजस्य-असामंजस्य को जिस रूप में उपस्थित किया गया है, वह अपने निष्कर्ष तक सामाजिक उत्पीड़न की व्यापक पार्श्वभूमि में पारिवारिक विवशता का परिचायक है।'' इसी बीच उसकी पत्नी आग से झुलस जाती है और अकस्मात् चुन्नीलाल को लगा कि वह अपने एकान्त की रक्षा नहीं कर सकेगा। उसे लड़ाई में कूद पड़ना होगा, परिस्थिति को वश में करने के कार्य में उसे दक्ष और समर्थ होना पड़ेगा।''

मनोवृत्तिपरक कहानियाँ

मनोवृत्ति मन की वह अवस्था है जिसमें कोई भाव-विचार या विकार होता है, जैसे-क्रोध, दया, करुणा और घृणा आदि। मनुष्य के अन्दर विभिन्न प्रकार के भाव विद्यमान रहते हैं और यही भाव मनुष्य के व्यवहार और आचरण में उजागर होते हैं, और इन्हीं के आधार पर मनुष्य की मनोवृत्ति का पता चलता है। आचार्य रामचन्द्र शुक्ल ने लिखा है ''नाना विषयों के बोध का विधान होने पर ही उनसे सम्बन्ध रखनेवाली इच्छा की अनेक

रूपता के अनुसार अनुभूति के भिन्न-भिन्न योग संघटित होते हैं, जो भाव या मनोविकार कहलाते हैं।...समस्त मानव जीवन के प्रवर्तक भाव या मनोविकार ही होते हैं। मनुष्य की प्रवृत्तियों की तह में अनेक प्रकार के भाव ही प्रेरक के रूप में पाये जाते हैं।... जिस प्रकार लोक कल्याण के व्यापक उद्देश्य की सिद्धि के लिए मनुष्य के मनोविकार काम में लाये गये हैं, उसी प्रकार किसी सम्प्रदाय या संस्था के संकुचित और परिमित विधान की सफलता के लिए भी।[16] मनुष्य की मनोदशाओं, मनोवृत्तियों और मानसिक संरचना के आधार पर उसकी जीवन पद्धति समाज से उसका व्यवहार, रिश्ता और उसकी कार्य प्रणाली का पता चलता है। मनोवृत्तियाँ मनुष्य का दर्पण होती हैं। इस दर्पण के द्वारा किसी भी व्यक्ति को समग्रता से देखा जाता है एवं उसकी पहचान बनती है।

मुक्तिबोध ने अपनी कहानियों में ही नहीं वरन् अपनी समस्त रचनाशीलता में भावों या मनोविकारों को केन्द्र में रखा है। वे स्वयं मनोवैज्ञानिक तत्त्वों के चित्रण को साहित्यकार का कर्त्तव्य मानते हैं। उन्होंने अपने पात्रों के चरित्र-चित्रण में मनोवैज्ञानिक धारणा का सटीक इस्तेमाल किया है। उदाहरणार्थ-'क्लॉड ईथरली' कहानी में चित्रित 'व्यक्तिगत पाप भावना', और अपराध बोध' का उल्लेख किया जा सकता है, जिसे उन्होंने प्रगति प्रेरक मानकर सैद्धान्तिक स्वीकृति प्रदान की है। फ़ैण्टेसी पर विचार करते हुए उन्होंने क्षतिपूर्ति की प्रसिद्ध मनोवैज्ञानिक धारणा का उल्लेख किया है-"फ़ैण्टेसी में इच्छित विश्वासों का सन्निवेश हो जाता है और व्यक्तित्व की कुछ मूलभूत कमज़ोरियों या कमियों की भी मनोवैज्ञानिक मानसिक पूर्ति हो जाती है। उन्होंने रचना प्रक्रिया के सम्बन्ध में जिन धारणाओं का विवेचन किया है वे मूलतः मनोवैज्ञानिक है। मुक्तिबोध की दृष्टि में भाव सम्पादन मूल प्रकृति के तल से अभ्यान्तर वास्तव में कुछ विशेष उद्वेगों या प्रतिक्रियाओं द्वारा परिचालित होकर पूर्णता प्राप्त करता है-समर्थ कलाकारों के हृदय में विविध तथा व्यापक सौन्दर्यानुभवों की संचित राशियाँ पहले से ही तैयार होती हैं, कवि कर्म करते समय वे सौन्दर्यानुभव फिर भी नयी-नयी रूपाकृतियाँ प्राप्त करते हुए अपने को भावानुवाद करने का प्रयत्न करते हैं।' मुक्तिबोध की कई कहानियाँ विशेष रूप से मनोवृत्तियों को केन्द्र में रखती हैं। जैसे-'प्रश्न', 'समझौता', 'पक्षी और दीमक', 'नयी ज़िन्दगी', 'अँधेरे में' 'मोह और मरण', 'जंक्शन, क्लॉड ईथरली', 'ब्रह्मराक्षस का शिष्य', ज़िन्दगी की क़तरन', 'आखेट' और 'चाबुक' आदि।

'पक्षी और दीमक'-'क्लॉड ईथरली' की तरह यह कहानी भी सीधे मर्म पर आघात करती है। उसका आख़िरी वाक्य है-"जहाँ मेरा हृदय है, वहीं मेरा भाग्य है।" अगर हृदय दीमक में है, पक्षी पंख देकर ग़लत ही सौदा करेगा और सौदागर ने कोई कच्ची गोलियाँ नहीं खेली हैं कि सौदा हो चुकने पर सौदा फेर ले।"जहाँ साँप देखो, मार डालो, फिर चाहे वह पनियल साँप ही क्यों न हो' यही है पैने तर्क की ... अन्तिम प्रभावोत्पादक परिणति ' 'जहाँ भोले-भाले आदिवासी तो बात-ही-बात में पहुँच जाते हैं लेकिन "रोमाण्टिक ख़्याल' भद्र जनों के रास्ते रूँध देता है। इस कहानी में संस्थापति उस बुज़ुर्ग सत्ताधिकारी बेईमान वर्ग का प्रतीक है, जिसने मध्यवर्गीय बुद्धिजीवी शक्ति को अपनी बशवर्तिनी बना रखा है। इस वर्ग प्रतीक की जहरीली मनोवृत्ति के प्रतीकत्व के

लिए लेखक ने 'साँप' की प्रतीकात्मकता का उपयोग किया है। संस्थापति में उस कल्पना को मूर्त रूप मिला है–''माली साल की आख़िरी तारीख को अब सिर्फ़ दो या तीन दिन बचे हैं। सरकारी ग्राण्ट अभी मंजूर नहीं हो पा रहीं है, कागज़ात अभी वित्त विभाग में अटके पड़े हैं। ऑफिस के बाहर गलियारे के दूर किसी कोने में पेशाबघर के पास या होटलों के कोनों में क्लर्कों की मुट्ठियाँ गरम की जा रही हैं ताकि ग्राण्ट मंजूर हो और जल्दी मिल जाये। ऐसी ही किसी जगह पर मैंने इस भगवे खद्दर कुर्ते वाले को जोर-जोर से अंग्रेज़ी बोलते हुए देखा था। और तभी मैंने उसके तेज़ मिजाज और फितरती दिमाग़ का अन्दाज़ा लगाया था।[17] यह कहानी मध्यवर्गीय आत्म सीमित प्रवृत्ति के रहस्य को व्यापक सन्दर्भ में प्रभाव, धन और भ्रष्टाचार की सत्ता के सही परिप्रेक्ष्य में उजागर करती है, साथ ही व्यक्ति की प्रबुद्धता को उदात्त स्तरीय निष्कर्ष तक पहुँचाती है। 'पक्षी और दीमक' का नायक अपने व्यक्ति स्वातन्त्र्य, आत्म स्वातन्त्र्य का परित्याग कर किसी ऐसे ही समझौते के लिए बाध्य है। भीतर उफनते विद्रोह एवं विरोध को दबाकर वफादारी का ढोंग रचते रहने में ही उसे लाभ प्रतीत होता है। कहानी के नायक के शब्दों में ... ''साफ़ है कि उस भगवे खद्दर कुरते वाले से मैं दुश्मनी मोल नहीं लेना चाहता। मैं उसके प्रति वफ़ादार रहूँगा। भले ही वह बुरा हो, भ्रष्टाचारी हो, किन्तु उसी के कारण मेरी आमदनी के जरिये बने हुए हैं।''

'अँधेरे में'-का युवक या दूसरी अधिकांश परवर्ती कहानियों के मुख्य पात्र लेखक के ही रूप हैं। यह स्पष्ट है कि यह पात्र आत्ममोह या आत्म-दया से एकदम मुक्त है। अपने खास कुण्ठाहीन रंगों के साथ यह पात्र अपने को समाज की एक मध्यवर्गबद्ध इकाई के रूप में ही देखता है। और इस माध्यम से विभिन्न सामाजिक प्रक्रियाओं को परखता हुआ, अपनी नियति या अनियति की खोज करता है। 'पाप, हमारा पाप, हम ढीले-ढाले, सुस्त, मध्यवर्गीय आत्म-सन्तोषियों का घोर पाप। बंगाल की भूख हमारे चरित्र-विनाश का सबसे बड़ा सबूत। उसकी याद आते ही, जिसको भुलाने की तीव्र चेष्टा कर रहा था, उसका हृदय काँप जाता था, और विवेकभावना हाँफने लगती थी।'' 'अँधेरे में' कहानी सिर्फ़ मुक्तिबोध के कथा संसार का भूगोल ही हमारे सामने नहीं खोलती, वरन् आज़ाद देश की मूल सामाजिक विडम्बना पर उँगली भी रखती है।[18] 'अंधरे में' कहानी अपने युग की समग्रता-''लड़ाई के दिन, बंगाल अकाल, साम्प्रदायिकता आदि के मध्य मध्यवर्गीय विवेक भावना की अनिश्चयात्मक स्थिति को यथार्थ रूप में ला खड़ी करने में पूर्णत: समर्थ है।''[19] मुक्तिबोध जिस निचले मध्य वर्ग के लेखक हैं उसकी दुनिया यों भी कहीं स्तब्ध कहीं ठहरी हुई है। 'अँधेरे में' कहानी के शुरू में प्लेटफ़ार्म का बयान इस तरह है- इन पाँच सालों की अवधि में दुनिया में काफ़ी परिवर्तन हो गया परन्तु उस स्टेशन पर परिवर्तन आना नहीं पसन्द करता था ...।''[20] वस्तुत: यह ज़िन्दगी का यथार्थ है जिसको आधार बनाकर मुक्तिबोध ने कहानियाँ लिखी हैं। ज़िन्दगी भी ठहरी हुई है, महज प्लेटफ़ार्म नहीं। 'अँधेरे में' कहानी में प्रतीक-जटिल रूप में व्यक्त हुआ है। ''इस कहानी में अँधेरे में डूबा नगर आज की व्यवस्था का प्रतीक है जिसमें घूमता हुआ कथा नायक आज की उस निष्क्रिय बौद्धिकता का प्रतिनिधि है जिसके भीतर सामाजिक उत्पीड़न की

व्यवस्था के प्रति सहानुभूति और संवेदना है, किन्तु जो अपनी निस्संगता में खोया हुआ होने के कारण अपनी अभिव्यक्ति की सम्भावनाओं का उपयोग नहीं कर पाता। वह अधिक-से-अधिक बौद्धिक सहानुभूति मात्र दे सकता है।''[21]

'मोह और मरण'-कहानी मुक्तिबोध के निजी संघर्ष से एकदम अछूती है, फलतः मान्य परिपाटी की कसौटी पर खरी उतरकर भी अत्यन्त साधारण कहानी है। कहानी का वृद्ध अपने परिवार के भरण-पोषण के लिए झूठ बोलता है, लालच करता है। इस बात को लेकर उसके बेटे की बहू अपनी घृणा व्यक्त करती है। ''तुम्हें बुढ़ापे में भी लालच न छूटा'' लेकिन बूढ़े की अपनी विवशता एक सीधा-सा समाधान ढूँढ़ लेती है : ''लालच उसने अपने लिए नहीं किया, उसने अपना शरीर और मन कुटुम्ब के लिए दिया था। साधारण श्रेणी के लोगों की पारिवारिक विवशता पर सहानुभूति का ऐसा आवरण पुरानी और परम्परागत मान्यताओं के मुताबिक सही हो सकता है, किन्तु चिन्तन के नये आयाम उसमें छिपे उस अविवेक को झाँक लेते हैं जो शोषण के दुष्ट-चक्र का भी पोषक रहा है।

'जंक्शन'-ग़रीबी की कटुता और आम आदमी की विवशता की कहानी है। इसमें मध्यवर्ग की आत्मालोचना के अनगिनत सूत्र हैं। इस कहानी में एक बिन्दु यह उभरता है कि रेलवे प्लेटफ़ार्म में सर्वहारा वर्ग इस तरह बिछा है जैसे कोई गंदा सामान हो। वे बार-बार महसूसते हैं-''मेरे पास जो भी चीज़ें हैं वे सभी उधार लायी हुई हैं। घर की हालत खराब है। बच्चों के लिए रजाई नहीं और यहाँ अकेले में बैठकर अपने आपको शानदार समझो। यहाँ कहानी का नायक 'मैं' अपने भीतर ही नंगा हो जाता है और अपने नंगेपन को ढाँपने की कोशिश भी नहीं करता है। अपने आदर्शों के प्रति गहरी आस्था और अपनी गर्वीली ग़रीबी का अहं, यह मुक्तिबोध का अपना जीवन-सत्य रहा है। वे इस सत्य को छिपाने के पक्ष में कदाचित्। नहीं हैं, बल्कि इसके लिए वे स्वयं अपने वर्ग की छिपाव-वृत्ति के सामने खड़े होने का साहस रखते हैं। यह कहानी इस तथ्य का ज्वलन्त उदाहरण है। कहानी का 'मैं' अपने घर पर बच्चों को यह सिखाता है : तुम्हारी जन्मभूमि ज़मीन और धूल और पत्थर से बनी यह भारत की धरती ही नहीं है। वह है-ग़रीबी। तुम कटे-पिटे दागदार चेहरेवालों की सन्तान हो। उनसे विद्रोह मत करो। अपने इन लोगों को मत त्यागना। इस कहानी में लेखक अपने-आप से जूझ रहा है, कथा की अन्तिम परिणति उसके आत्मोद्बोधन का द्योतक प्रतीत होता है।'' जंक्शन कहानी में लेखक का अन्तस्संघर्ष आत्मालोचन-अन्तर्दर्शन के रूप में मुखरित है।

घटनापरक कहानियाँ

घटना-इतिहास और परिवेश निरपेक्ष नहीं होती हैं। जब कोई तथ्य या यथार्थ वास्तविक रूप में सामने उपस्थित होता है तब उसे घटना कहते हैं। घटना से तात्पर्य होता है वारदात या वाकया से। घटना यानी होना या उपस्थित होना। कहानियों में घटना का चित्रण परिवेश, परिस्थितियों को मूर्त करने के लिए होता है। यूँ घटना के बिना कहानियाँ बनती भी नहीं हैं। वैसे कहानी लेखन में तरह-तरह की कहानियों का विश्लेषण मिलता है, जैसे वातावरण परक कहानियाँ, चरित्रपरक, उद्देश्य परक एवं घटनापरक कहानियाँ।

डॉ. नामवर सिंह लिखते हैं कि–"घटना का अर्थ उद्घाटित करना ही कहानी का पहला कार्य है। इसके लिए घटनाओं को जोड़ना पड़े, चाहे टुकड़े-टुकड़े तोड़ना पड़े, जोड़-तोड़ का कार्य गौण है ; इसका नम्बर बाद में आता है। इस प्रकार कहानी एक सार्थक घटना' है। अब यह घटना छोटी हो या बड़ी, सपाट हो या पेचदार, स्थूल हो या सूक्ष्म, बाह्य हो या आन्तरिक, यदि उसका कुछ अर्थ है तो वह कहानी है ...किसी घटना का ठीक-ठीक अर्थ जानने के अभिलाषी कहानीकार उस घटना को ठीक-ठीक जानने और जानकर ठीक-ठीक शब्दों में प्रस्तुत कर देने के लिए अधिक सचेष्ट दिखायी पड़ते हैं। हेमिंग्वे ने कहानी लेखन की दिशा में अपने आरम्भिक प्रयास की बात करते हुए एक जगह लिखा है कि कोई घटना ठीक-ठीक किस रूप में घटी है, उसको हू-ब-हू उतार देने के लिए मैं उन दिनों जी-तोड़ मेहनत कर रहा था। और इस तरह लिखना सीख रहा था।"[22] मुक्तिबोध की घटनापरक कहानियों में ज़िन्दगी की क़तरन' और 'आखेट' को रखा जा सकता है। मुक्तिबोध ने अपने आसपास घटित होनेवाली रोज़मर्रा जीवन की घटनाओं को अपनी कहानियों में रखा है। जैसे आत्महत्या, बलात्कार, रिश्वतख़ोरी या छात्रों पर लाठी चार्ज। घटनाएँ अक्सर हमारी चेतना पर आघात करती हैं। मुक्तिबोध ने घटनाओं का सूखा वर्णन नहीं किया और न ही उसकी अख़बारी रिपोर्टिंग। वे घटना के आर-पार देखते हैं, समूची संवेदना के साथ। वे घटना के घात-प्रतिघात के मर्म को पकड़ते हैं। वे घटना के भीतर छिपी घटना के सूत्रों को पकड़ते हैं। इसलिए वे रोज़मर्रा की घटित घटनाओं को व्यापक सामाजिक सवालों के साथ उसे जीवन्त रूप में प्रत्यक्ष करते हैं। दरअसल मुक्तिबोध की घटनापरक कहानियाँ उनकी संवेदनात्मक प्रतिक्रियाएँ हैं।

'ज़िन्दगी की क़तरन' में नैतिक प्रश्नों से मुक्तिबोध जिस तरह टकराते हैं वह उन्हें सौन्दर्यवादी नहीं बनाता। हर कहानी में स्थिति की घटनात्मकता से अधिक उससे जुड़े हुए मूल्य की चिन्ता उन्हें ज़्यादा रहती है, जिससे कभी-कभी लग सकता है कि किसी सामान्य घटना के प्रति वे अतिरिक्त तरल रूप में प्रतिक्रिया कर रहे हैं–'ज़िन्दगी की क़तरन' में निर्मला की आत्महत्या उन्हें सीधे 'आत्महत्या' के मौलिक मनोविज्ञान की ओर ले जाती है–"आत्महत्या करनेवाले के निजी सवाल उतने उलझे हुए नहीं होते जितने उनके अन्दर के विरोधी तत्व, जिनके अधीन प्रवृत्तियों का झगड़ा इतना तेज़ हो जाता है कि नयी ऊँचाई छू लेता है। जहाँ से एक रास्ता जाता है ज़िन्दगी और नयी ज़िन्दगी की ओर तो दूसरा जाता है–मौत की तरफ़, जिसका एक रूप है आत्महत्या।" 'ज़िन्दगी की क़तरन आत्महत्या के तर्काधार को अस्वीकृत करनेवाली रचना है, उसका औचित्य प्रमाणित करनेवाली नहीं। कोलाहल भरी भीड़ में अकेले भटकते हुए भी आदमी को जीवन के वृहद लक्ष्य की ही खोज करते चलना चाहिए। अगर ज़िन्दगी का आधारभूत "सामंजस्य बुरा है तो उसे बदलकर नयी परिस्थिति पैदा करके नया सामंजस्य लाओ।" आत्महत्या कर लेने से "आत्महननकारी और जीवनहननशील" स्थितियाँ तो मिट नहीं जायेंगी–इसलिए मुक्तिबोध निर्मला के 'साहस' को भी 'एकद' 'ग़लत' कहते हैं।" 'ज़िन्दगी की क़तरन' में आत्महत्या करनेवालों की मानसिकता और शोषण करनेवाले समाज से न लड़ पाने की स्थिति का रेखांकन है। प्रेम सम्बन्धों की असफलता या अपने बड़प्पन के खो

जाने के 'मूड्स' में भी लोग अपनी जानें देते हैं। इस बात की ओर गौर किया जाये तो कितने ही लोग अपनी अक्षमताओं से संघर्ष न कर पाने की स्थिति में आत्महत्या करने को मज़बूर होते हैं। "आज तक इस सियाह तालाब में सामाजिक और आर्थिक उत्पीड़न से ग्रस्त लोगों ने ही जानें दी हैं। यहाँ मरे लोगों का तुम श्रेणी विभाजन कर सकते हो।" मुक्तिबोध की कहानियों का विषय ही मध्यवर्ग का सामाजिक, आर्थिक और पारिवारिक उत्पीड़न से ग्रस्त अभिशप्त जीवन रहा है। जिसमें निःसंगता एवं असहायता का बोध इतना तीव्र हो जाता है कि आत्महत्या की सीमा तक ले जाता है। ज़िन्दगी की क़तरन' कहानी के पात्र-शंकर और तिवारी की आत्महत्या के पीछे निःसंगता एवं असहायता का बोध ही था। शंकर की पत्नी को उसी के सम्मुख कुछ गुण्डे उठाकर ले गये। वह कुछ नहीं कर पाया। यह कुछ न कर पाने के बोध ने ही उसे जीवित नहीं रहने दिया ... "शंकर ने पत्नी-वियोग से जान नहीं दी, किन्तु इस घटना के द्वारा अपनी असहायता का जो बोध उसे हुआ, उस बोध ने ही उसको कुचल डाला। पत्नी के जाने के बाद वह कहीं मुँह दिखाने लायक़ भी नहीं रहा। सामाजिक लज्जा, नपुंसक क्रोध और असहायता ने उसे दीन-हीन बना दिया था।"[23] परमानन्द श्रीवास्तव के विचार में -"मुक्तिबोध की ज़िन्दगी की क़तरन' जैसी कहानियाँ लगातार अहसास कराती हैं कि संस्कारगत जड़ता सामाजिक दबाव और आत्मदमन से पैदा होनेवाला दुःख किसी एक का नहीं है, बहुतों का है। सियाह तालाब में जल-समाधि लेने वाली पाराशर की बहू निर्मला अकेली नहीं है, कितनी ही निर्मलाएँ हैं।"[24] 'ज़िन्दगी की क़तरन' कहानी में रमेश के परिवार की परिस्थिति का चित्रण इस प्रकार किया गया है -"उस संयुक्त परिवार को खानदानियत का रोग था। अपने कुलशील के कारण, भावों को दबाकर वह अपनी ज़िन्दगी बसर करने लगी। किन्तु, उस घर में रहने का औचित्य प्रदान करनेवाली स्थिति यानी पति का अस्तित्व थोड़े ही दिनों में ख़त्म हो गया। उसकी बीमारी में निर्मला के जो भी गहने थे सब व्यय हो गये। विधवा जीवन के चार वर्ष उसने भौजाइयों के क़ैदख़ाने में काटे।"

'आखेट' में बलात्कारी हेड कांस्टेबिल की समूची बर्बरता की परिणति सजीव प्रेम की कोमल शक्तियों के साथ हो जाती है और जिस बर्बरता का पाठ उसे पढ़ाया गया था वह शुद्ध भूमिका में उजागर होता है। उसकी पशुता अनाथ भिखारिणी के साथ (जो भूखी प्यासी है) बलात्कार करने के बाद अपने जीवन के पुराने इतिहास से जुड़ जाती है और वह निर्णय लेता है कि उसने ग़लती की है-इस प्रकार वह आत्मालोचन करता हुआ उस भिखारिणी को अपना लेता है। 'आखेट' का मुहब्बत सिंह भिखारिन से बलात् शरीर सम्पर्क स्थापित करने के बाद अचानक पाता है कि अपने आन्तरिक जगत् से निकलकर वह समाज और राजनीति के जगत् में खड़ा हो गया है।"[25] इस तरह कोई कार्य हमें अकेला नहीं रहने देता-वह हमें समाज और व्यवस्था की पूरी शृंखला से जोड़ देता है। आखेट' मनुष्य के अच्छे संस्कारों की कहानी है। कहानी का नायक मुहब्बत सिंह-एक अंधेरी चौकी का सिपाही है, उदार हृदय और दुनिया को समझनेवाला। एक रात एक भूख से व्याकुल युवती उसके दरवाज़े पर आयी। मुहब्बत सिंह का पशु जाग उठा। पशुता के आवेश को चीरते हुए एक आवाज़ उसकी स्मृति से टकराती है. पाप से बचाकर। यह

उसकी माँ की आवाज़ थी। मुहब्बत सिंह चौंक उठता है और स्वयं को धिक्कारने लगता है। उसके भीतर दवा देवत्वभाव जाग्रत हो उठा और मनुष्य के जिस पशु ने इस स्त्री को चौकी के अन्दर पैर रखते हुए अपना आखेट बना लिया था, उसी मनुष्य के भीतर बैठे हुए देवता ने मानो अपने आचरण से ही उसे अनाथिनी से सनाथिनी बना दिया था।[26] 'आखेट' का मुहब्बत सिंह एक भूखी औरत को अपनी वासना का शिकार बनाने के बाद उसी औरत में अपनी प्रेयसी को पा लेता है।''[27] इस प्रकार 'आखेट' एक निष्कर्ष तक पहुँचती है और पुरानी कहानी के रचना-कौशल का सफलतापूर्वक निर्वाह करती है। इसका कथा-नायक मूलतः दोषहीन है, असद् प्रवृत्ति के प्रभाव में वह अपना विवेक खो देता है, विषम स्थिति के दौरान जब उसे इस बात का ज्ञान होता है तब वह अपनी ग़लती सुधार लेता है और विषमता समाप्त हो जाती है। भूल-सुधार और हृदय परिवर्तन के मूलाधार पर विकसित यह कहानी गाँधीवाद के प्रेमचन्दीय स्वरूप से अपनी नाटकीय मुद्रा के कारण विशिष्ट बन सकी है तथा नैतिक निष्कर्ष का सरलीकृत रूप भी उसे पूर्णतः प्रभावित रचना होने से बचा लेता है।

वृत्ति (जीविका) परक कहानियाँ

वृत्ति वह कार्य है जिसके द्वारा जीविका का निर्वाह होता है। वृत्ति वह चीज़ है, जिससे हमारी रोटी-रोज़ी चलती है, हमारा जीवनयापन होता है। हमने पाया कि वृत्ति का अर्थ है। जीविका। मनुष्य जीविका के लिए न जाने कितने प्रकार से जीवन और समाज में तरह-तरह के पापड़ बेलता है। जीविका हमारी मनोवृत्तियों को भी प्रभावित करती है और विभिन्न परिस्थितियों में अनेक रूप धारण करती है। हमारे औद्योगिक और पूँजी प्रधान समाज में वृत्ति के बिना जीविका का चलना बिल्कुल असम्भव है। लोग कठिन परिस्थितियों में अनेक झमेलों और लफड़ों के होते हुए भी वृत्ति की खोज करते हैं और किसी तरह अपनी ज़िन्दगी का निर्वाह करते हैं चूँकि मुक्तिबोध की कहानियों में मध्यवर्ग की भूमिका अत्यन्त महत्त्वपूर्ण है, उनकी कहानियों के ज़्यादातर पात्र मध्यवर्ग से आये हैं। इसलिए उन्हें अपनी जीविका के लिए कभी रीछ की खाल ओढ़नी पड़ती है, कभी शेर की। मुक्तिबोध की वृत्तिपरक कहानियों में 'नयी ज़िन्दगी' 'समझौता', 'ज़िन्दगी की क़तरन' और 'एक दाखिल दफ़्तर साँझ' प्रमुख हैं।

'**समझौता**'-'सतह से उठता आदमी' संग्रह की महत्त्वपूर्ण रचना है। कहानी के भीतर की कहानी दुःख के भीतर के दुःख को पूरी तरह उघाड़ देती है। पट्टी खोल देने से घाव अपनी भयावहता में सजीव हो उठता है और उस पर अनगिनत मक्खियाँ भिनभिनाने लगती हैं। मनुष्य को पशु में बदलने के लिए मजबूर करनेवाली नौकरशाही व्यवस्था का यह चित्र हमें चिन्तासागर में डुबो देता है। सर्विस सरकस है। वार्निंग देने में सक्षम मुलाजिम शेर है और पाने वाला रीछ। फ़र्क़ सिर्फ़ इतना है कि पहले पशु बन जानेवाले को सीनियॉरिटी का लाभ मिला होता है। वार्निंग पाने वाले को दिलासा दी जाती है, चिन्ता मत करो, एक दिन यह लाभ तुम्हें भी मिल सकता है, बस 'एक्सप्लेनेशन' देना सीख जाओ। सभी आदमियों को हण्टर मारमारकर पशुओं की खाल पहना दी गयी है। कच्चा

माँस खाने की आदत डाल दी गयी है। सरकस में भरती पशुओं में किसी ने भी उस मैनेजर को नहीं देखा-जो हमें-तुम्हें, सबको, रीछ, भालू, चीता-हाथी बनाये हुए है। समझौता कहानी, जो मुक्तिबोध की सर्वोत्तम कहानियों में से एक है, प्रतीकात्मक ढंग से व्यवस्था विशेष अमानवीकरण की प्रक्रिया को व्यक्त करती है। कहानी का रूपक स्पष्ट है कि पाठक को पशु बनानेवाले सारे तन्त्र का 'अक्षर-बोध' हो जाता है। "मुझे नहीं मालूम कि हिन्दी में 'मैनेजमेण्ट' की भूमिका को लेकर इतने गहरे राजनैतिक अर्थ ध्वनित करनेवाली कोई कहानी कभी लिखी गयी है।"[28] समझौता आज की ज़िन्दगी की शर्त है और आज की स्थिति में ज़िन्दगी की इस शर्त को समझौते से मुक्तिबोध के व्यंग्य की प्रखरता से तिलमिला कर रह जाना पड़ता है। "भाई समझौता करके चलना पड़ता है, ज़िन्दगी में, कभी-कभी जान-बूझकर अपने से बुराई भी मोल लेनी पड़ती है। लेकिन उससे फ़ायदा भी होता है। सिर सलामत तो टोपी हज़ार।" इस तरह यह कहानी नौकरशाही यान्त्रिकता का चिट्ठा खोलती है। असल में कोई भी कर्मचारी अफ़सर की चमचागिरी किये बगैर चैन से नहीं रह सकता और अगर यदि लड़ाई के लिए तैयार होना हो तो 'एक्सप्लेनेशन काल' का जवाब देने के लिए हमेशा तैयार रहना चाहिए। मध्यवर्गीय व्यक्ति, नौकरी पेशे से जुड़ने पर कितना दर्द भोगता है, इसका अन्दाज़ा इसी बात से लगाया जा सकता है कि नायक महसूसता है कि यह तो सर्कस है 'सर्विस' नहीं, क्योंकि यहाँ आदमी मार खा-खाकर निरन्तर पशु बनाया जाता है। उसके शरीर पर ज़ोर ज़बर्दस्ती के साथ रीछ का चमड़ा मढ़ा जाता है, और उस चमड़ा मढ़े रीछ का दायित्व है कि वह चमड़ा मढ़े शेरों से समझौता करके ठाठ से ज़िन्दगी गुज़ारे, क्योंकि इस भीषण दैत्याकार मशीन रूपी पूँजीवादी सभ्यता ने साधारण आदमी को इसी तरह की ज़िन्दगी गुजारने के लिए विवश किया है।

'समझौता' कहानी में स्थितियों से सामंजस्य बनाये रखने के लिए, भौतिक सुख सुविधाएँ उपलब्ध करने के लिए मनुष्य अपनी आत्मा की आवाज़ के विरुद्ध कैसे-कैसे समझौते करता है-यहाँ तक कि मानव से पशु बनना भी स्वीकार कर लेता है... "लेकिन वह अपने पर ही विस्मित हो उठा। यह सब वह सह सका, ज़िन्दा रह सका, कच्चा माँस खा सका।। मार खा सका और जीवित रह सका। क्या वह आदमी है? पशु बनने की प्रक्रिया पहले ही शुरू हो गयी थी। लेकिन केवल वही एक पशु नहीं बना है, इस आधुनिक सभ्यता और सामाजिक विषमताओं ने मानव मात्र को पशु बना दिया है। अन्तर केवल इतना है कि कोई शेर की खाल पहने है और कोई रीछ की ... "अबे डरता क्या है, मैं भी तो तेरे ही सरीखा हूँ, मुझे भी पशु बनाया गया है, सिर्फ़ मैं शेर की खाल पहने हूँ, तू रीछ की। ... तुम पर चढ़ बैठने की मुझे सिर्फ़ क़वायद करनी है। मैं तुझे खा डालने की कोशिश करूँगा, खाऊँगा नहीं। कवायद नहीं की तो हण्टर पड़ेंगे तुमको और मुझको भी। आओ, हम दोस्त बन जायें, अगर पशु की ज़िन्दगी बितानी है तो ठाठ से बितायें, आपस में समझौता करके।"

'एक दाखिल दफ़्तर साँझ'-कहानी में दफ़्तरों की ज़िन्दगी एवं वहाँ पर हो रहे षड्यन्त्रों और गुटबाजी की अधिकता को उभारा गया है। गुटपरस्ती के कारण मातहत

कर्मचारियों को भीषण कहर भुगतने पड़ते हैं। यहाँ रामेश्वर का पूरा आक्रोश इन शब्दों में व्यक्त हुआ है–"मैं किसी शब्द से नहीं डरता लेकिन मैं अब सरकारी नौकर हैं। पेट की ग़ुलामी कर रहा हूँ, आत्मा को बेचकर। किसी वेश्या को सुहागन कहने से उसका अपमान ही होता है। वैसा अपमान तुम कर रहे हो मेरा ... और वह भी आज इस मौक़े पर" मध्यवर्ग का ही एक हिस्सा बाबू समुदाय कितना क़ायर, काइयाँ तथा डरपोक होता है–इसका उद्घाटन मुक्तिबोध ने अपनी अनेक कहानियों में किया है। इस ट्रैजिडी' का एक बहुत बड़ा पक्ष उसकी विडम्बनापूर्ण स्थिति से जुड़ा हुआ है–'एक दाख़िल दफ़्तर साँझ' का 'मातहत' पहले अपने बॉस के 'स्वभावजन्य डरपोकपन' तथा व्यक्तिगत संघर्ष से बचने के तरीक़ों से 'कुढ़ता है। फिर पूछता है–"पर आप तो प्रगतिवादी हैं?" कहने की जरूरत नहीं कि यह कितना बड़ा प्रश्न है और किसी एक व्यक्ति से नहीं पूछा जा रहा है। जहाँ इसमें बेहद आत्मालोचन शामिल है वहीं एक पूर्वाभासपूर्ण प्रश्न चिह्न भी ! प्रश्न का जवाब कहानी में वही है, जिसमें ऊपर से ईमानदारी आत्म स्वीकृति लगनेवाले इजहार में आत्म औचित्य सिद्ध करने की प्रवृत्ति भी शामिल है। "प्रगतिवादी शब्द से मैं डरता नहीं, किन्तु दुर्भाग्य से मैं अब सरकारी नौकर हूँ। सरकारी नौकर की विचारधारा नहीं होती, होती भी है तो उसके अनुसार काम करना मना है ... मात्र वेश्यावृत्ति पर हम लोग जीवित हैं।"[29] 'एक दाख़िल दफ़्तर साँझ' में काफ़्काई संसार से कुछ कम भयावह संसार में मुक्तिबोध नहीं रहे, लेकिन दोनों में एक बुनियादी अन्तर है। अपने ही विरुद्ध षड्यन्त्रों में शामिल आदमी की मजबूरी को समझते हुए भी मुक्तिबोध मौक़ा लगते ही उससे यह सवाल करने में नहीं चूकते–"आपने अपनी आत्मा ही बेची है या इन्सानियत भी? इन्सानियत का मतलब है इन्सान के लिए लड़ना और आप लड़ने से डरते हैं।"

'नयी ज़िन्दगी'–का रमेश पारिवारिक दायित्वों का निर्वाह नहीं कर पाता। यह उसकी अक्षमता है। उसके पास ज़िन्दगी के अनगिनत तजरुबे हैं। राष्ट्रीय एवं अन्तरराष्ट्रीय समस्याओं, देश में घट रही घटनाओं की उसे सिलसिलेवार जानकारी है। यह बात अलग है कि वह पारिवारिक जिम्मेदारियों को समझते हुए भी उसकी पूर्ति करने की ताकत नहीं रखता। इसके बावजूद ज़िन्दगी की समूची कड़ुवाहट को झेलते–झेलते, दर्द की मार से लहू–लुहान होते हुए भी वह दायित्वों को नकारता नहीं और न उनसे कन्नी ही काटता। वरन्, वह इस बात के लिए कटिबद्ध है कि वह अपने पारिवारिक जीवन में तब्दीली लायेगा। उत्तरदायित्व की साधना 'सिर हथेली पर लेकर चलने का सौदा' है। नयी ज़िन्दगी' में मुक्तिबोध ने दायित्व के एक नये कोण को उभारा है, वह है कला के माध्यम से मानव का घर और बाहर की परिस्थितियों के प्रति दायित्व। यहाँ बातें बनाना निरर्थक है। "बातें करके परिस्थितियाँ नहीं सुधरा करतीं, सूने में सपने देखने से ज़िन्दगी नहीं बना करती।"[30] मुक्तिबोध स्वयं अपने आलोचक रहे हैं।–घर और बाहर का दायित्व निभाते हुए कहानी के रमेश के साथ मानो वे भी प्रतिज्ञा करते हैं, करते रहे हैं, "मैं अब नयी ज़िन्दगी की सारी ज़िम्मेदारी को एक साथ निबाहना चाहता हूँ।" "नयी ज़िन्दगी' के पात्रों के विषय में डॉ. लक्ष्मणदत्त गौतम लिखते हैं कि–"परिस्थितियाँ प्रतिकूल थीं और मन ही नहीं, तन की शक्ति भी पूरी तरह साथ नहीं देती थीं। किन्तु संघर्ष फिर भी इनका

साथी रहा। इनका विश्वास था कि पारिवारिक व्यक्ति की संवेदना अपेक्षाकृत गहन है और बाल-बच्चेदार होने पर ही मनुष्य की असंग अहंकारिता काफ़ी हद तक घिस जाती है।" इन कहानियों में व्यक्ति की विभिन्न परिस्थितियों का बख़ूबी चित्रण हुआ है।

स्थितिपरक कहानियाँ

स्थिति से तात्पर्य होता है एक स्थान या अवस्था में रहना। इसे हम अवस्था या दशा भी भी कह सकते हैं। हालत या ठहराव के लिए भी स्थिति का इस्तेमाल किया जाता है और कभी अस्तित्व की पहचान के लिए भी स्थिति का निरूपण होता है। कथा संसार में हमारी जीवन स्थितियों का या उसके घात प्रतिघातों का चित्रण होता है। ये जीवन स्थितियाँ या तो आदमी को हँसाती हैं या उसे ताश के पत्तों की तरह फेंटती हैं। अथवा ऐसा भी होता है कि इन स्थितियों की मार से आदमी अपने स्वभाव में परिवर्तन करता है या उनसे जूझ जाता है। निर्मल वर्मा की कहानियों की चर्चा करते हुए नामवर सिंह यह मत व्यक्त करते हैं कि-"व्यक्ति चरित्र वही है, जीवन-स्थितियाँ भी रोज़ की जानी-पहचानी ही हैं, लेकिन निर्मल के हाथों वही स्थितियाँ इतिहास की विराट् नियति बनकर खड़ी हो जाती हैं और उनके सम्मुख खड़ा व्यक्ति सहसा अपने को असाधारण रूप से अकेला पाता है और उसकी जबान से निकला हुआ मामूली-सा वाक्य एक युग व्यापी प्रश्न बन जाता है।"[32] स्थितियों के प्रभाव से आदमी की यन्त्रणा बढ़ सकती है उसके स्वभाव में परिर्वतन हो सकता है, आदमी विचित्र-विचित्र-सा व्यवहार भी करने लग सकता है। लेकिन इन स्थितियों का चित्रण कथाकार जिस सहज रूप में करता है वे उतनी ही अधिक प्रभावित करती हैं। नामवर सिंह लिखते है-"बहुत-सी कहानियाँ ऐसी हैं जो अनेक घुले-मिले तत्त्वों के कारण अच्छी लगती हैं। लेकिन शुरू-शुरू में हम नहीं समझ पाते हैं कि उनके अच्छे लगने का मूल कारण क्या है। विषय जो भी हो, ध्यान से देखने पर उसमें एक संकटपूर्ण स्थिति मिल सकती हैं। जिसमें कुछ या कोई मानव-चरित्र जूझता हुआ दिखायी पड़ सकता है। उस संघर्ष की स्थिति में वह व्यक्ति कुछ करना चाहता है अथवा कर बैठता है। उस क्रिया अथवा क्रिया की इच्छा के पीछे कोई प्रेरक भाव या विचार होता है। यह विचार ही उसके कार्य को अर्थ प्रदान करता है और साथ ही उस व्यक्ति को एक व्यक्तित्व ! उस व्यक्ति की सफलता या असफलता अनुभव की एक विधि प्रदान करते हैं।"[33] मुक्तिबोध ने अपनी कहानियों, में जीवन स्थितियों, जूझते हुए व्यक्ति एवं समाज की संघर्षपूर्ण स्थितियों का बेबाक चित्रण किया है। उन स्थितियों को वे तटस्थ दृष्टि से नहीं देखते बल्कि अपने समाज की हिस्सेदारी का अटूट सिलसिला और गतिमयता भी देखते हैं। मुक्तिबोध की स्थितिपरक कहानियों में विद्रूप' व 'एक दाखिल दफ़्तर साँझ हैं।'

'**विद्रूप**-मुक्तिबोध की कहानियों में ऐसे व्यक्ति की कुण्ठाओं का सफल चित्रण हुआ है, जो किसी कारण से अपने वर्ग से कट गये हैं। उनकी एक विषम स्थिति हो जाती है कि न तो वे अपने ही वर्ग में जा सकते हैं और न नीचे की श्रेणी उन्हें आश्रय देती है। ऐसी स्थिति में व्यक्ति असामान्य जीवन जीने लगता है और कभी-कभी उसके स्वभाव

की विचित्रताएँ अथवा 'कॉम्प्लेक्स' उसके पूरे परिवार के लिए क्लेश कर हो जाता है। 'विद्रूप' कहानी का नायक सर्वटे ऐसा ही व्यक्ति है जो अपनी श्रेणी से कटा हुआ है और नीचे की श्रेणी में जा नहीं सकता। फलतः सबसे घृणा करने लगता है और स्वयं तो एक अस्वाभाविक जीवन जीता ही है, अपनी पत्नी व बच्चों को भी उसी के समान जीवन जीने के लिए विवश करता है। यह एक दारुण स्थिति है, लेकिन वह इसीलिए अधिक है कि वह एक सम्पन्न परिवार से है। इसीलिए उसकी पत्नी कहती है ... "अगर वे ग़रीब परिवार से आते तो उनके मन में कॉम्प्लेक्स नहीं रहते। वे जिस श्रेणी से आये हैं, उससे गिरे हुए है इसलिए उससे नफ़रत है और इसी की उन्होंने एक फ़िलासफ़ी बना रखी है। वह फ़िलासफ़ी वे मुझ पर सक्रिय रूप से लागू करते हैं और अपने ऊपर भी।" सर्वटे की स्थिति का चित्रण करते हुए मुक्तिबोध लिखते हैं कि–"भीड़ में भी अगर सर्वटे अकेला रहे तो उसमें कोई दोष नहीं था। वह समझता था कि उसकी स्थिति दयनीय है, इसलिए और भी अकेला महसूस करता है। हमदर्दी मिलना आसान था, सहायता मिलना लगभग सम्भव था। हमदर्द वही थे और हो सकते थे जो उसके जैसे लाचार हों, वे क्या सहायता देते। स्वयं की लाचारी की भावना, उस व्यक्ति को मन-ही-मन और अकेला बना देती है।" 'विद्रूप' कहानी में एक ऐसे नौज़वान की हक़ीक़त है, जो सम्पन्न वर्ग से सामान्य वर्ग में आकर स्वयं अपने आपको दण्डित करता है। यहाँ यह नहीं कहा जा सकता कि सर्वहारा वर्ग को अच्छी ज़िन्दगी नहीं जीनी चाहिए, भाववादियों ने इस सन्दर्भ में ग़लत बातें कहीं हैं, उनका कहना है कि कम्युनिज़्म में आस्था रखने वालों को तब तक अच्छी ज़िन्दगी नहीं जीनी चाहिए। जब तक सभी लोग समान न हो जायें। निश्चित रूप से ऐसी बातें नितान्त अवैज्ञानिक एवं वाहियात है। सर्वटे आर्थिक अभावों में निरन्तर गुन्ताड़ा भिड़ा लेने के लिए सचेष्ट रहता है। वह अपने आपको भीड़ में भी अकेला समझता है। "सर्वटे कभी अपने आपको पशु, कभी बन्दर, कभी रीछ, कभी सिर्फ़ कुत्ता अनुभव करते हुए, पुराने असभ्य बर्बर आदिवासी की भाँति दिन के भोजन की तलाश में निकल पड़ता है। ... किन्तु सर्वटे अपने आपको चाहे जितना बर्बर मान ले, वह बर्बर समाज का अंग नहीं था।

जिज्ञासापरक कहानियाँ

'जिज्ञासा' का तात्पर्य होता है, जानने की इच्छा [7] ज्ञान प्राप्त करने की कामना। प्रश्न करना और उनके उत्तर प्राप्त करना। तहकीकात करना भी जिज्ञासा के अन्तर्गत है। जीवन और जगत् को गहराई से जानने की इच्छा करना। उन मूलभूत प्रश्नों के उत्तर खोजना, जिससे हमारे जीवन की विविध गतिविधियाँ संचालित होती हैं। साहित्यकार, चिन्तक, वैज्ञानिक या राजनीतिज्ञ यही खोज करते हैं कि समाज को, जीवन को, संसार को कैसे गतिशील बनाया जाय, उनमें कैसे परिवर्तन सम्भव हो। अगर हम जीवन के गम्भीर प्रश्नों को झुठलाने का प्रयत्न करते हैं तो हमारे जीवन में तरह-तरह के सवाल पैदा होते हैं। समाज के सन्दर्भ में जीवन के सन्दर्भ में, मरण के सन्दर्भ में। आर्थिक और सामाजिक प्रश्न भी हमें चारों तरफ़ से घेरते हैं। मुक्तिबोध की कहानियाँ प्रश्न हैं तो उन प्रश्नों के उत्तरों की

खोज भी हैं। जिज्ञासा की कोटि में मुख्य रूप से मुक्तिबोध की तीन कहानियाँ केन्द्र में हैं। 'प्रश्न' 'सतह से उठता आदमी' और 'ब्रह्मराक्षस का शिष्य'

'ब्रह्मराक्षस का शिष्य'–कहानी एक ऐसे दायित्व सजग और आत्मचेता की भीषण त्रासदी की अभिव्यक्ति है, जिसका सबसे बड़ा अपराध यह है कि उसने आदमी के दर्द को बख़ूबी पहचाना है, लेकिन उसे 'मिसफिट' घोषित कर दिया गया है और वह निर्वासन की ज़िन्दगी जी रहा है। जब तक वह अपने उत्तरदायित्वों की शृंखला किसी को नहीं सौम्पेगा तब तक उसे छुटकारा नहीं मिल सकता। "माता-पिता द्वारा निकाल दिये जाने पर तुम्हारे व्यथित अहंकार ने तुम्हें ज्ञान-लोक का पथ खोज निकालने की ओर प्रवृत्त किया। मैं प्रवृत्तिवादी हूँ, साधु नहीं। सैकड़ों मील जंगल की बाधाएँ पार कर तुम काशी आये। तुम्हारे चेहरे पर जिज्ञासा का आलोक था। मैंने अज्ञान से तुम्हारी मुक्ति की।" मुक्तिबोध अभिव्यक्ति की जिस बेचैनी से पीड़ित थे।" ब्रह्मराक्षस का शिष्य' उसी की कहानी है। चेखव की 'घोड़ा' यदि साधारण आदमी के दर्द की अभिव्यक्ति की सबसे उम्दा कहानी है तो 'ब्रह्मराक्षस का शिष्य कलाकार की अभिव्यक्ति की बेचैनी की सबसे अर्थगर्भित कहानी है। उस कलाकार से अधिक अकेला कौन हो सकता है जो यह अनुभव करता हो कि वह अपने अनुभव के आगे गैंगा है। उसका सारा जीवन एक भुतहा मकान है और वह ख़ुद महज एक ब्रह्मराक्षस है। मुक्तिबोध की कहानी का 'ब्रह्मराक्षस' भी दरअसल एक कलाकार है जिसे केवल अभिव्यक्ति ही मुक्त कर सकती है। इसका शिष्य उसकी अभिव्यक्ति है --"गुरु ने दुःखपूर्ण कोमलता से कहा, 'शिष्य ! स्पष्ट कर दूं मैं ब्रह्मराक्षस हूँ। किन्तु फिर भी तुम्हारा गुरु हूँ। मुझे तुम्हारा स्नेह चाहिए।"[34] सचाई यह है कि मुक्तिबोध स्वयं ही 'ब्रह्मराक्षस' थे और स्वयं ही 'ब्रह्मराक्षस का शिष्य' भी।"[35] ऊपर-ऊपर देखने से 'ब्रह्मराक्षस का शिष्य' एक मामूली फ़ैण्टेसी लग सकती है, किन्तु जब हम उसका अर्थ खोलने के लिए यत्न करते हैं तो एक गहरी आवश्यकता की ओर कहानी हमारा ध्यान आकर्षित करती है।

'प्रश्न'–कहानी पढ़ने में बड़ी साधारण लगती है, लेकिन जिस संकट को यह उजागर करती। है उसकी एक ख़ास अहमियत है। समाज के तथाकथित बड़े लोगों के ख़िलाफ़ यह एक सच्चा ज़िरहनामा है। "यह 'प्रश्न' नामक कहानी में और अधिक उभरकर सामने आता है। यहीं हमें मुक्तिबोध के जीवट व्यक्तित्व के भी दर्शन होते हैं। उबले हुए अभिशप्त मध्यवर्गीय जीवन के भुक्तभोगी मुक्तिबोध ने पराजय को कदाचित् ही स्वीकार किया है। प्रतीकात्मक रीति में मध्यवर्गीय विवशता को उभारकर प्रश्न कहानी 'उत्तर' को खोजकर एक प्रकार का सन्तोष लाभ प्रदान करती है।"[36] नायिका के लड़के को जिस ढंग से उकसाया जाता है, जिसके कारण वह छोटा-सा बालक बेचैन है। उसके सामने इतने प्रश्न खड़े कर दिये गये हैं और उसे चारों ओर से घेरा जा रहा है, वह भागता है और अपनी माँ से उसकी पवित्रता के बारे में पूछता है–"सच कहोगी?' उसने दृढ़ स्वर में पूछा। सुशीला ने अधिक उद्विग्न होकर कहा, "क्या है? बोल जल्दी।" नरेन्द्र ने धीरे-धीरे गोद में से अपना लाल मुँह निकाला और माँ की ओर देखा। उसका ही, कुछ उद्विग्न पर स्मितमय, सुकोमल चेहरा। मानो ... तो वह मेरी ही माता रहेगी। उसने फिर कहा,

"सच कहोगी, सचमुच?" "हाँ रे !" "माँ तुम पवित्र हो? तुम पवित्र हो, न?" इन प्रश्नों के बावजूद वह बालक अपने आपको बुजदिल नहीं बनाता वरन् समाज के ठेकेदारों, ढोंगियों से लड़ने के लिए अपने आपको तैयार कर लेता है। यहाँ यह बात भी रेखांकित की जा सकती है कि उच्च समाज के तथाकथित ठेकेदार कितने अधिक भ्रष्ट हैं। लुक छिपकर वे कितना पाप करते हैं। विधवाओं के साथ अनाचार-कई युवतियों को कोठे में बिठाकर उन्हें शरीर बेचने के लिए मजबूर करते हैं, लेकिन अपने काले चेहरों को साफ़ स्वच्छ तरीक़े से पेश करने की नाक़ामयाब कोशिश भी करते हैं, और दूसरों पर उंगली उठाते हैं। यहाँ मुक्तिबोध ने सीधे-आड़े-तिरछे कई कोणों से ऐसे सुसभ्य लोगों की पोलें खोली हैं। अपने तीखे व्यंग्य के माध्यम से उन्होंने समाज की नैतिकता को ललकारा है। राम बक्ष का कहना है कि-"प्रश्न कहानी में घटनाओं और जीवन स्थितियाँ अति परिचित हैं। एक तेरह साल का बालक इसलिए स्कूल छोड़कर चला आता है कि दूसरे लोग उसकी माँ की अपवित्रता पर व्यंग्य करते हैं। इस कहानी में मुक्तिबोध ने हमारे मध्यवर्गीय परिवारों में पल रहे सामन्ती संस्कारों का पर्दाफाश किया है। सामन्ती नैतिकता के घेरे में पल रहे किशोर के मन में प्रश्न है कि माँ तुम पवित्र हो, पवित्र हो न? बच्चे के सवाल को मुक्तिबोध ने अन्ततः सारे समाज के सामने प्रश्न बनाकर पेश किया है कि सुशीला को अपने पति की मृत्य के बाद सामाजिक व्यवहार के दौरान काका से संबध हो जाने में अपवित्रता कहाँ आ जाती है।"[37] यहाँ मुक्तिबोध ने इस दर्द को प्रचलित जीवन मूल्यों के सामने प्रश्न चिह्न के रूप में पेश किया है।

'**सतह से उठता आदमी**'-दो ध्रुवों पर चलनेवाली कहानी है। एक धुरी है कृष्ण स्वरूप जो नीचे से ऊपर की ओर जा रहा है यानी सतह से उठता हुआ और दूसरी धुरी है रामनारायण जो अपनी शान-शौकत को छोड़कर सामान्य वर्ग से जुड़ने के लिए प्रयास करता है। "सतह का यह आदमी हिन्दुस्तान का सबसे पुराना आदमी है। इतिहास के सब झमेले और परम्परा की सब गाँठे इसमें हैं। इसी से यह आदमी उलझा हुआ आदमी भी है। यह एक शुद्ध औद्योगिक समाज के मज़दूर की तरह इकहरा आदमी नहीं-अपनी तात्कालिक ज़रूरतों, माँगों के घेरे में कसा हुआ, इनकार या आक्रोश की दृष्टि मुद्रा मात्र। यह आदमी न ज़्यादा गहरे में है, न ज़्यादा उथले में। वह वर्तमान में रहते हुए भविष्य के छायालोक में जीता है और अतीत के समय सिद्धि सत्यों को अपने आज के रुधिर में धड़कते हुए पाना चाहता है। उसे यथार्थ भी चाहिए-और आदर्श भी।"[38] इन कहानियों के अलावा 'ना घर तेरा ना घर मेरा' कहानी अपूर्ण है, किन्तु जिज्ञासा प्रधान कहानियों की श्रेणी में उसे रखा जा सकता है।

परिस्थितिपरक कहानियाँ

घटना का व्यापक रूप परिस्थिति में आता है। परिस्थिति का सम्बन्ध सामाजिक, आर्थिक, राजनैतिक और सांस्कृतिक कई रूपों में आता है। परिस्थितियों के कारण मनोवृत्तियों या मनोभावों के रूप भी बदल जाते हैं। कहा यह जाता है कि आदमी परिस्थितियों का दास होता है तो दूसरा पहलू यह भी है कि आदमी परिस्थितियों की

कारा को तोड़कर उन्मुक्त भी होता है। आदमी को परिस्थितियों से निरन्तर संघर्ष करना पड़ता है और अपना रास्ता स्वयं खोजना पड़ता है। मुक्तिबोध की कहानियों के पात्र एक हद तक परिस्थितियों में फँसे हुए हैं, लेकिन वे परिस्थितियों के शिकंजे से छूटने के लिए निरन्तर संघर्ष करते हैं। आदमी चाहे जिन दारुण परिस्थितियों में क्यों न हो। उसकी जिजीविषा उसे संकल्पवान बनाती है और छोटे घेरे को तोड़कर उन्मुक्तता की ओर ले जाती है। मुक्तिबोध स्वयं ज़िन्दगी भर परिस्थितियों से संघर्ष करते रहे, उन्होंने मनुष्य की इस मूल धुरी को पहचाना है ; और अपने पात्रों को परिस्थितियों का ग्रास नहीं बनने दिया। मुक्तिबोध की ऐसी परिस्थितिपरक कहानियों में प्रमुख हैं–'काठ का सपना', 'चाबुक', 'जलना', 'समझौता', 'अँधेरे में', 'नयी ज़िन्दगी', 'ज़िन्दगी की क़तरन' व विद्रूप।

'चाबुक' कहानी का रामलाल अपने परिवार से पूरी तरह से जुड़ा हुआ है। निश्चित रूप से वह 'नयी ज़िन्दगी' के रमेश का विकसित रूप है, क्योंकि रमेश में जो कमियाँ थीं वे कुछ सुधरे हुए रूप में रामलाल तक आयी हैं। रामलाल की पत्नी की परिस्थिति का चित्रण लेखक ने इस प्रकार किया है–"किन्तु ग़रीबी, अभाव और अस्वास्थ्य के सम्मिलित योग से उसका शरीर एक विद्रूप छाया दृश्य हो गया था कि आज के उसके चिड़चिड़ेपन को देख पति को भी क्रोध आ गया। अपनी संकटापन्न गिरिस्ती की प्रतीक यह गृहिणी न स्वयं सुखी होगी और न किसी को सुख दे सकेगी। उसका म्लान, निस्तेज़, रक्तहीन साँवला चेहरा मात्र कोप के और कुछ नहीं प्रदान कर सकता। रामलाल स्वयं ऊपर से नीचे तक जल उठा।" उसे राजनीति और सामाजिक-आर्थिक स्थितियों की बेहतर जानकारी है। उसके लंगोटिया यार भी उससे कन्नी काट जाते हैं, उसे फटकारते हैं। साथ ही उपदेश भी देते है लेकिन रामलाल अपने को उस तरह चेंज नहीं कर पाता। वह जैसा चाहता है, वैसा दुनिया हो नहीं पाती और वह दुनिया के लिए अपने आपको बदल नहीं सकता। "निरन्तर मार खाता, अपने ही अन्तर्विरोधों व अभावों से परेशान मध्यवर्ग जब लगातार अपना हारना व हारकर भी हाथ मलते रह जाना देखता है तो रोज़-रोज़ के ये 'चाबुक' उसकी सहानुभूति को निम्न-सर्वहारा वर्ग के साथ करें न करें, सत्ता के ख़िलाफ़ अवश्य खड़ा कर देते हैं व निर्णायक घड़ी में ही सही वह क्रान्ति का हिस्सा बनता है।"[39] 'चाबुक'-कहानी के रामलाल की नयी परिस्थितियाँ हैं, ठोस समस्याएँ हैं–बीबी है, बच्चे हैं। हारी-बीमारी, रोटी-कपड़े और जीवन की मूर्त कठोरताएँ उसके दिल को निर्दयता पूर्वक कुचलती रहती हैं। वह इनका निराकरण नहीं कर पाता, समाधान नहीं ढूँढ़ पाता है। किन्तु वह आत्म-ग्रस्त नहीं है। पारिवारिक विवशताओं से परे जाकर उनसे ऊपर उठकर, वह जमाने भर के दर्द को 'दिमाग़ी फितूर' की तरह जीता है, शोषण और अन्याय के प्रति विद्रोह करनेवाली शक्तियों की ऊष्मा से एकाकार रहता है। रामलाल वह बेचैन नौज़वान भी है जिसने देशपाण्डे की ख़ुदकशी की खबर सुन, इन्कलाब की आग लगाने की हिम्मत और जुर्रत की और गिरफ़तार हुआ। वे सभाएँ, वे जलसे, वे पॉलिटिकल डिमान्स्ट्रेशन भी है, जो देशपाण्डे और उसके परिवार के लिए आग के शोलों की मानिन्द भड़क उठे।"

'**काठ का सपना**'-कहानी प्रतिदिन के ठोस चित्रों द्वारा उस घुटन भरी मध्यवर्गीय ज़िन्दगी के सन्ताप का आकलन करते हुए आगे बढ़ती है "जहाँ ख़यालों से माथे का दुखना नहीं थमता, देह की थकन दूर नहीं होती, असन्तोष की आग और बेबसी का धुआँ दूर नहीं होता' कहानी का थका-हताश पिता एक स्वप्न देखता है, जिसमें वह और उसकी पत्नी, दोनों निष्प्राण काठ हो गये है : जल-विप्लव है। काठ बहे जाते हैं ; फिर भी वे निष्प्राण काठ, आपस में गुंथे हुए जा रहे हैं। पर वे गुँथे-बँधे बहे जा रहे हैं बहे, जा रहे हैं ... और गुंथे-बँधे काठ खाली नहीं है। उन पर एक बालिका बैठी हुई है।" वह बालिका सरोज है-उसकी अपनी बच्ची। अपने दो नन्हें हाथ उसने दोनों काठों पर टेक दिये हैं जिनके सहारे वह स्वयं चली जा रही है। अन्त में पिता अनुभव करता है ; सरोज की उस बाल मूर्ति की रक्षा करनी होगी। दोनों निष्प्राण काठ-लट्ठों का यही कर्त्तव्य है।" समाज और व्यक्ति की भीतरी असंगति के बहुविधि दरारों और दोषों के तीव्र संवेदनात्मक प्रतिघात को झेलने वाला व्यक्ति यदि स्वयं का सन्तुलन तथा समझौता नहीं साध पाता है, तो अन्ततः उसे मात्र काल्पनिक-सी आत्म-संगति को लेकर गुज़र करनी पड़ती है। कदाचित् यह उसकी विवशता है।

निष्कर्ष-मुक्तिबोध की कहानियों की अन्तर्वस्तु की पड़ताल करने पर यह तथ्य उजागर होता है कि वे अपने समय के दबावों, अन्तर्विरोधों, विसंगतियों का सामना आत्मसंघर्ष के मार्फत जगतसंघर्ष के रूप में करते हैं। वे जो कुछ हैं, उससे सन्तुष्ट नहीं हैं बल्कि उनका मुहावरा है-"कोशिश करो, कोशिश करो। जीने की जमीन में गड़कर भी।" वे सामाजिक यथार्थ और समकालीन तकलीफ़ों का सामना न केवल अपनी कहानियों में करते बल्कि अपने सम्पूर्ण लेखन में भी करते हैं। इसलिए 'जो है उससे बेहतर चाहिए। पूरी दुनिया को साफ़ करने के लिए एक मेहतर चाहिए' की योजना से उनका समग्र साहित्य संचालित है। डॉ. नामवर सिंह का यह कहना सही है कि-'क्लॉड ईथरली का पागलखाना भी मुक्तिबोध की कविताओं की तिलिस्मी गुहा और तहख़ाने की याद दिलाता है। काव्य संसार के विभिन्न मध्यवर्गीय चरित्रों की तरह इन कहानियों में ऐसे चरित्र मिलते हैं। जिनमें से कुछ व्यवस्था के क्रीतदास हैं तो कुछ एकदम असंग-उदासीन और कुछ बेचैन, विक्षुब्ध, आत्मचेतस। इन कहानियों में भी एक दमघोंटू वातावरण से मुक्ति की छटपटाहट व्यक्त हुई है। ... उनके केन्द्रीय कृति-कथ्य का निरूपण इसी सन्दर्भ में समीचीन है।"[40] मुक्तिबोध की कहानियों की पड़ताल करते हुए अग्न्येश्का सोनी अपनी मान्यता व्यक्त करती हैं कि-"मुक्तिबोध की संकल्प धर्मा चेतना का रक्त-प्लावित स्वर, सन्नाटे के दायरे को तोड़ता हुआ, तेज़ बजता है-उदासीनता के विरुद्ध, अलगाव के विरुद्ध-मानवीयता की जलती पीड़ाओं से हमारे भीतरी अलगाव के विरुद्ध।"

संरचना

मुक्तिबोध की कहानियाँ हिन्दी की चालू कथा परम्परा से एकदम भिन्न है। उसकी वजह यह है कि वे कलारूपों के स्वीकृत प्रतिमानों की चिन्ता नहीं करते। उनकी कहानियाँ कहीं डायरी हो जाती हैं, तो कहीं निबन्ध और कहीं आत्मचरित्र। उनका गद्य सभी

विधाओं का अतिक्रमण करता हुआ दिखायी देता है। उनकी कहानियों में वक्तव्य मिलते हैं एवं आलोचना के तमाम रूप उपलब्ध हो जाते हैं इसलिए उनकी कहानियों का मूल्यांकन बहुत सहज सपाट रूप में और आसानी से नहीं किया जा सकता। मुक्तिबोध की कहानियों के शिल्प के प्रसंग में प्रयाग शुक्ल लिखते हैं–"निबन्धों का-सा लोच है, नाटकों के-से संवाद और स्थितियाँ हैं, कविताओं के-से चित्र और बिम्ब हैं, डायरी के-से स्वीकार हैं, संस्मरणों की-सी 'धूमिल' और ताज़ी स्मृतियाँ हैं। मुक्तिबोध की एक ही कहानी में शैली ही नहीं, बीच-बीच में भाषा भी बदल जाती है। '[42]

उनकी कथा-भाषा के बारे में विचार करते हुए ऐसा अनुभव होता है कि मराठीभाषी होते हुए भी हिन्दी भाषा अर्जित की है, वे भाषा भी क्रियेट करते हैं। उन्होंने अपनी कहानियों में स्वयं द्वारा निर्मित शब्दों का भी इस्तेमाल किया है। हिन्दी भाषा सीखी है। उसकी शब्दावली सीखी है। अशोक वाजपेयी की मान्यता है कि-'मुक्तिबोध के लिए शब्द की खोज शिल्प साधना का तटस्थ कलाकर्म नहीं था, वह उन्हें मानवीय अनुभव के बीहड़ प्रदेश तक ले जानेवाला रास्ता था लेकिन उनके लिए रास्ता भर नहीं था, उनका लक्ष्य भी था। शब्द उनके लिए उनका संसार था।"[43] अपनी गहन रचनात्मकता के जरिये उस भाषा को उपलब्ध किया है, इसलिए कि उनकी वैचारिकता में गहरा सीमेंट है, जिसके जरिये वे अपने विचारों को करीने से जमा देते हैं। उनकी कथा-भाषा की सबसे बड़ी ख़ूबी यह है कि वह प्रयत्नज और रचनात्मक है। वे जिस हद तक अपने विचार सूत्रों का इस्तेमाल करते हैं उस हद तक उनके वाक्य टनटनाते हैं। मेरी दृष्टि में भाषा के सिलसिले में मुक्तिबोध के समतुल्य 'आचार्य रामचन्द्र शुक्ल' और 'सूर्यकान्त त्रिपाठी निराला' रखे जा सकते हैं। मुक्तिबोध की वाक्य रचना जितनी सहज दिखती है, उतनी सहज होती नहीं। उनका गद्य विचार सूत्रों को लेकर आता है। अपनी तर्क पद्धति और भंगिमा से। यही वजह है कि उनके यहाँ पारम्परिक गद्य और पारम्परिक भाषा नहीं है। बल्कि वे पुनर्रचित गद्य और पुनर्रचित कथा-भाषा का इस्तेमाल करते हैं। 'नागार्जुन' की भाषा जनता की भाषा है। जो जनता के बोल चाल, भाव-भंगिमाओं को सीधे लेकर आती है। जबकि मुक्तिबोध के यहाँ भाषा का संयोजन रहता है, रचाव की भूमिका होती है और उसका एक खास पैटर्न यह है कि उनकी भाषा दृश्यों में ढलती है, दृश्यांकन के माध्यम से खुलती है और खेलती है, बाह्यान्तर संसार को उजागर करती है जबकि भूषण की भाषा एक विशेष क़िस्म के रचाव के साथ अपनी भूमिका अदा करती है।

संस्कारों से पायी और उपलब्ध की हुई भाषा से मुक्तिबोध का काम नहीं चलता। वे अपने कथ्य की भी रचना करते हैं और अपने लिए प्रातिनिधिक कथ्य का चुनाव करते हैं। इसलिए उनकी भाषा भी रची हुई भाषा होती है जो रचे हुए गद्य के साथ स्वयं निकल कर आती है। उनके गद्य की यह अन्यतम ख़ूबी है कि वह रबड़ जैसे बढ़ता है, छिलता जाता है। यानी उनके गद्य की प्रॉसिस लगभग अन्तहीन-सी होती है। उनमें शास्त्र शैली है यानी आगमन और निगमन की शैली। उदाहरण के लिए उनकी भाषा का एक नमूना-"ठण्डा पथरीलापन उचित है, या अनुचित-यह मैं नहीं जानता, किन्तु जब औचित्य के सारे प्रमाण, उनका सारा वस्तु सत्य पालिशदार टीन-सा चम-चमा उठता है तो, मुझे लगता

है-बुरे फँसे, इन फालतू की अच्छाइयों में दूसरी तरफ़ मुझे अपने भीतर ही कोई कमी महसूस होती है, और खटकने लगती है।'' मुक्तिबोध की कहानियों को कहानी मानने से ज़्यादातर आलोचकों ने इन्कार किया है। उनकी कहानियों की उपेक्षा तक की जाती रही, उन्हें एवाइड' तथा 'ओवर लुक' किया गया, क्योंकि उनकी कहानियाँ हिन्दी कहानी की परम्परा से थोड़ा भिन्न हैं-''हिन्दी कहानी के सेट पैटर्न तथा भाषा-शैली व रूप-विधान के विरुद्ध अपने वस्तुवादी कथ्य व सादगी ने मुक्तिबोध की कहानियों को अलग से पहचान दी। ऊबड़-खाबड़ व कुरूपता के उपरान्त मुक्तिबोध की कहानियों का चेहरा अपने परिवेश, परिस्थिति तथा जातीय संस्कारों से युक्त था।''[44] मुक्तिबोध की कहानियों की शिल्प संरचना के बारे में मोतीराम वर्मा लिखते हैं-''यदि हम उनके सम-सामयिक यथार्थ के तीखेपन और सुविचारित गहरे ज़ोर की अवहेलना करके उनकी शिल्पगत पकड़ पर ही दृष्टि गड़ाये रखते हैं। उनकी कहानियों में जहाँ कथानक नहीं हैं वहाँ पात्र हैं और यदि कथानक पात्र नहीं हैं तो ज़िन्दगी सब जगह है। निस्सन्देह उनमें बनाव चुनाव के प्रति लापरवाही झलकती है और यह सन्देह सकारण है कि वहाँ परम्परागत अनुशासन को उतनी तरजीह नहीं मिली है।''[45] मेरे ख़याल से मुक्तिबोध की कथा भाषा की पड़ताल बहुत सहज ढंग से नहीं की जा सकती। मुझे ऐसा लगता है कि उनकी कथा-भाषा में हिन्दी गद्य की कथ्य-क्षमता और सम्प्रेषणीयता दोनों हैं, उनकी कहानियाँ मानव मन के रेशे-रेशे को उघाड़ती हुई अपने पारदर्शी और तलस्पर्शी रूप को प्रकट करती हैं। उनकी कथा-भाषा में नयी भंगिमाएँ, नया लोच और उसी के साथ अपूर्व ताज़गी भी है। उनकी भाषा में जीवन का रचाव तो है ही, अर्थ सम्प्रेषण की अद्‌भुत क्षमता भी है। उदाहरण के लिए 'सतह से उठता आदमी' का यह अंश द्रष्टव्य है-''वह सारे भद्र समाज से चिढ़ता। वह नगर के एक-एक बड़े आदमी से परिचित था। अनगिनत छोटे आदमियों से उसकी अच्छी पहचान थी। निर्भीक और उद्‌दण्ड होने के कारण बहुत-अच्छे आदमी उसके पास खिंच जाते। उनमें से कई उसकी मार्मिक वाक्धारा से प्रभावित थे। असल में, ख़ूब अच्छी और सही-सही गालियाँ देना जानता था और कुछ लोग इस तरह के औघड़ आदमी के खुरदुरेपन को बेहद पसन्द करते हैं।'

कविता की तरह मुक्तिबोध ने कहानियों में भी प्रतीकों, बिम्बों, रूपकों और फ़ैण्टेसियों का प्रयोग किया है कथ्य को और अधिक ताकतवर बनाने के लिए। उसे अधिकतम सघन बनाने के लिए, स्थितियों को और अधिक व्यापक बनाने के लिए। उनके प्रतीक और बिम्ब भी सहज नहीं, ऊबड़-खाबड़ हैं, क्योंकि उनके द्वारा वे जिस वस्तु-सत्य का उद्‌घाटन करना चाहते हैं उसी के अनुरूप वे प्रतीकों और बिम्बों का इस्तेमाल करते हैं-''उनकी कहानियों की गति स्थूल नहीं, सूक्ष्म है, बहिर्मुखी नहीं अन्तरमुखी है। कहानी के भीतर कथा नहीं चलती लेखक की अपनी जीवन दृष्टि चलती है जो प्रतीकात्मक परिस्थितियों और प्रतीक पात्रों के माध्यम से युगीन यथार्थ, मानव मूल्यों और सामाजिक सन्दर्भो से होती हुई फ़ैण्टेसियों में परिणित हो जाती है।[46] 'अँधेरे में' कहानी में प्रतीक जटिल रूप में व्यक्त हुआ है। अँधेरे में डूबा नगर, आज की व्यवस्था का प्रतीक है और उस नगर में घूमता हुआ कथा नायक निष्क्रिय बौद्धिकता का प्रतिनिधि है। उसी

तरह ब्रह्मराक्षस एकान्त में क़ैद किये गये अभिशप्त, किन्तु जागृत आत्मा और दायित्वचेता मानव का प्रतीक है जो अपने लाभ-लोभ की उपेक्षा कर अपने ज्ञान अपने आत्मा के प्रकाश के प्रति समर्पित है। 'पक्षी और दीमक' कहानी में तनाव का मूल कारण भ्रष्ट सत्ता के प्रतीक वे संस्थापति या मठाधीश हैं जो बुद्धिजीवियों को खरीद लेते हैं। मुक्तिबोध की 'क्लॉड ईथरली', 'पक्षी और दीमक', विशिष्ट प्रतीकात्मक कहानियाँ हैं। मुक्तिबोध ने विधाओं तक को तोड़ डाला है, यथार्थ से गुज़रते सत्य के समक्ष विधाएँ आड़े आ भी नहीं सकती। किसी सच्ची कलाकृति की चरितार्थता रूप तत्त्व के वस्तु अथवा विचार तत्त्वों में पूर्णत: घुल-मिलकर एक हो जाने में है। मुक्तिबोध के यहाँ रूप तत्त्व और वस्तुतत्व का मिलन स्वाभाविक रूप से सम्भव हुआ है। लूनाचरस्की के अनुसार-'लेखक को अपनी कृति में सदैव ऐसा कुछ कहने का प्रयास करना चाहिए जो उनके पूर्व न कहा गया हो। पिष्टपेषण कभी सच्ची और श्रेष्ठ कला को जन्म नहीं दे सकता। यदि वस्तु में नयापन अथवा मौलिकता है तो वह अपने लिए नये रूप की मांग अवश्य करेगी।''[47] मुक्तिबोध अपनी कहानियों में जब व्यक्तियों, स्थितियों और परिवेश का चित्रण करते हैं तो उसमें बिम्बों का बेहतरीन इस्तेमाल करते हैं मसलन, ''थके हुए कन्धे आगे बढ़ रहे हैं, जिस पर पीली मिट्टी का-सा चौड़ा चेहरा उस पर काले कोयले के-से दाग। कोई घूरा जिलाती हुई, बूभरी, धुआँती मैली आग जो मन में है और कभी-कभी सुनहली आँच भी देती है। पूरा शनिश्चरी रूप।'' मुक्तिबोध के बिम्बात्मक प्रयोगों के बारे में शैलेश्वर सतीप्रसाद का यह कहना सही है कि, ''मुक्तिबोध की भाषात्मक बिम्बों की योजना की दिशा सामाजिक है। वह सर्वदा ''सही दिशा' और सुन्दर भविष्य की ओर उन्मुख प्रगतिशील कलाकार थे, उन्होंने ''शब्द' को कायिक रूप देकर अनेक बिम्बों का प्रयोग किया है।''

मुक्तिबोध ने अपनी कहानियों में जिस युग के सच को उघाड़ा है, उसके लिए फ़ैण्टेसी का प्रयोग अत्यधिक सार्थक है। मुक्तिबोध पहले ऐसे कलाकार हैं जिन्होंने अपनी कहानी में फ़ैण्टेसी की शुरुआत की। ''आधुनिक फ़ैण्टेसी कहानी के सन्दर्भ में पहला नाम जो उभरता है वह गजानन माधव मुक्तिबोध का है। आश्चर्य होता है कि जब अज्ञेय आध्यात्म, प्रणय और दूसरे सामाजिक सन्दर्भो की कहानी लिख रहे थे। मुक्तिबोध आधुनिक भाव बोध की रूखड़ तनाव और 'विकृति की स्थितियों को आत्मसात कर चुके थे। 'ब्रह्मराक्षस का शिष्य' और 'समझौता' मुक्तिबोध की प्रतिनिधि फ़ैण्टेसी कहानियाँ हैं।' [48] अँधेरे में' कहानी की अन्तिम परिणत की प्रभाव शक्ति भी फ़ैण्टेसी पर निर्भर रही है और 'काठ का सपना' में नायक का स्वप्न भी एक फ़ैण्टेसी के माध्यम से ही शिथिल कथा को एक तीव्र परिणति प्रदान करता है। 'ब्रह्मराक्षस' कहानी में ब्रह्मराक्षस का वह चमत्कारी हाथ जो एक कक्ष से बढ़कर दूसरे कक्ष से घी की चमचमाती लुटिया उठा लाता है, वह एक भीषण और भयावह फ़ैण्टेसी का ही रूप है। मलयज की यह मान्यता सही है कि-''फ़ैण्टेसी वह सर्जनात्मक छलांग है जिसके द्वारा मुक्तिबोध इस अनुभव और वस्तु व्यापारमय जगत् के केन्द्र में पहुँचना और उसकी सारी ऊष्मा को सारे द्वन्द्व को उसकी सारी समस्याओं और प्रेरणाओं को एक नये रचनाक्रम में पुनर्सर्जित करना चाहते हैं।''[49]

यूँ तो मुक्तिबोध ने अपनी कहानियों में डायरी संस्मरण, रेखाचित्र, निबन्धात्मकता आलोचना इन सभी का उपयोग किया है। "कवि मुक्तिबोध की कहानियों में भी पंक्ति-पंक्ति पर सौ राहें फूटती हैं। कविता, डायरी, कहानी-मुक्तिबोध किसी भी विधा में लिख रहे हों। अनुभव और संवेदन क्षेत्र में से कुछ छूट जाय, यह उन्हें गँवारा नहीं होता। कुछ छूटा तो नहीं की आशंका में वह जैसे दुगुनी बेचैनी के साथ सब कुछ पकड़ने की कोशिश करते हैं।"[50] यहाँ रेखाचित्र के दो उदाहरण द्रष्टव्य हैं-"तिवारी का चेहरा जड़ीभूत-सा था मानो दिमाग़ के किसी भयानक भार से दबकर चेहरे की माँसपेशियाँ प्रस्तरीभूत हो गयी हों। पलकें कुछ हलकी सूजी हुई-सी और मुख लाल-सा और आँखें भारी-भारी तथा ललाट की त्वचा निर्जीव और रक्तहीन।" निर्मला का चेहरा मुझे बहुत भाता। उसकी गम्भीर उदास आँखें, और दूज के फीके चाँद-सा उसका मुखड़ा। (उन दिनों के) दुअन्नी बार सफ़ेद कपड़े का पोलका। उसकी ग़रीबी, मातृ-पितृहीनता और स्वभावगत अनावश्यक गम्भीरता ने मेरे हृदय में घर कर लिया।

रमेशचन्द्र शाह ने पूर्वग्रह में लिखा है कि-"मुक्तिबोध का विज़न औपन्यासिक है।" जब वे किसी चीज़ का, परिवेश का, घटना या स्थितियों का विजुलाइजेशन करते हैं तो समूचे स्थापत्य को खड़ा कर देते हैं। वे स्वनिर्मित दृश्यात्मकता को चित्रित करते हैं तो उस आधार पर उसकी पेंटिंग बनायी जा सकती है। जैसे सचिदा नागपाल, रमेश नूतन और सुरेश चौधरी ने अँधेरे में' कविता की पेंटिंग बनायी है।[5] या मणि कौल ने 'पक्षी और दीमक' कहानी में उनके द्वारा खीचे गये दृश्यांकनों का मुक्तिबोध पर बनी फ़िल्म 'सतह से उठता आदमी' में इस्तेमाल किया है। दो उदाहरण द्रष्टव्य हैं-'मध्यप्रदेश सन्देश' ने इन दोनों के चित्र प्रकाशित किये हैं-"मेरी आँखें सामने के पीपल के पेड़ की तरफ़ गयीं, जिसकी एक डाल, तालाब के ऊपर, बहुत ऊँचाई पर, दूर तक चली गयी थी।" तथा " मेरे कमरे में जो प्रकाश आता है, वह इन लहरों पर नाचती हुई किरणों का उछलकर आया हुआ प्रकाश है।"[52] मुक्तिबोध की कहानियों में स्वनिर्मित दृश्यात्मकता के अनेक उदाहरण मिलते हैं। मसलन "उस महा भव्य भवन की आठवीं मंज़िल के जीने से सातवीं मंज़िल के जीने की सूनी-सूनी सीढ़ियों पर नीचे उतरते हुए, उस विद्यार्थी का चेहरा भीतर के किसी प्रकाश से लाल हो रहा था।"

मुक्तिबोध की कहानियों में नाटकीय तत्त्व बहुत उपलब्ध होते हैं। वे नाटकीयता के द्वारा यथार्थ को विभिन्न कोणों के माध्यम से अभिव्यक्त करते हैं। यह उनका अपना रचना शिल्प है। 'कविता के नये प्रतिमान में डॉ. नामवर सिंह ने नाटकीयता और नाट्य तत्त्वों का विस्तृत विश्लेषण किया है। मुक्तिबोध के सम्पूर्ण साहित्य में वाचक नायक की परम्परा और भूमिका है। 'अँधेरे में' कविता में और उनकी विभिन्न कहानियों में वाचक और नायक अपनी महत्त्वपूर्ण भूमिका निभाता है। नैरेशन के माध्यम से वह ब्यौरे देता है और सूत्रधार का दर्ज़ा प्राप्त करता है। ऐसा नहीं है कि वह वाचक नायक केवल मुक्तिबोध के रचनातन्त्र में मिलता हो। यह आज लिखी जा रही कहानियों में भी और पूर्व की कहानियों की सुदीर्घ परम्परा में भी है। 'ब्रह्मराक्षस का शिष्य' कहानी में वाचक की भूमिका देखें-"वह चमत्कार उसे प्रभावित नहीं कर रहा था, जो उसने हाल-हाल में देखा। तीन कमरे

पार करता हुआ वह एक विशाल बज्रबाहु हाथ उसकी आँखों के सामने फिर से ख़िंच जाता। उस हाथ की पवित्रता ही उसके ख़्याल में आती, किन्तु वह चमत्कार के रूप में उसे प्रभावित नहीं करता था। उस चमत्कार के पीछे ऐसा कुछ है जिसमें वह घुल रहा है, लगातार घुलता जा रहा है। इसलिए मुक्तिबोध की कहानियाँ अपने समकालीनों की तुलना में कम महत्त्वपूर्ण नहीं है। रवीन्द्र वर्मा के शब्दों में–''जब हम इन कहानियों की एक व्यापक फलक पर ख़िंची गहरी संवेदनाओं को उसी दौर में लिखी जा रही नयी कहानी की अधिकांश उपलब्धियों के सम्बन्ध में देखते हैं। मुक्तिबोध की कहानियों के सामने अधिकांश नयी कहानी उथली या आत्म-ग्रस्त लगती है, अपने चमकते शिल्प के बावजूद।''[53]

भिन्नता, वैशिष्ट्य और प्रदेय

नयी कहानी के बारे में मुक्तिबोध ने अपनी एक महत्त्वपूर्ण धारणा व्यक्त की है। उस पर गौर करने की ज़रूरत है। वे लिखते हैं कि–''नयी कहानी में आधुनिक मानव (इसका मतलब चाहे जो लीजिये प्रगतिवादी अर्थ मत लीजिये) की जो विचित्र मनोदशा है उनको अगर आप उसके सारे सन्दर्भों से काटकर, उस मनोदशा को मनो अधर में लटकाकर चित्रित करेंगे तो मनोदशा के नाम पर (कहानी) में एक धुंध समा जायेगा। कहानी में अगर सिर्फ़ भीतरी धुंध हो और वही रहे और उसी की इतनी प्रधानता हो कि वस्तु सत्यों के संवेदनात्मक चित्रों का प्राय : लोप हो जाये। तो आप वही ग़लती करेंगे जो मेरे ख़्याल से नयी कवितावालों ने की थी।''[54]

मुक्तिबोध की कहानियाँ प्रेमचन्द की ज़मीन से शुरू होकर उस भाव-भूमि के भूगोल की रचना करती हैं जहाँ अमरकान्त और ज्ञानरंजन के सर्वोत्तम कृतित्व के उत्स हैं। मलयज का मानना है कि, ''उनकी (मुक्तिबोध) रचना-यात्रा सतह से ऊपर उठाती रचना है।'' [55] मुक्तिबोध ने अपने कहानी लेखन में प्रथम विश्वयुद्ध के बाद की परिस्थितियों को और द्वितीय विश्वयुद्ध की विभीषिकाओं को भारतीय सन्दर्भो के साथ चित्रित किया है। उनकी कहानियों के केन्द्र में मध्यवर्ग की त्रासदी और लुटते-पिटते ग़रीब-गुरबों की व्यथा-कथा भी अभिव्यक्त हुई है। निर्मल शर्मा के शब्दों में–''मुक्तिबोध की कहानियाँ धोखा खाते मध्यवर्ग, उसके वर्गीय (चारित्रिक) संस्कारों, विडम्बनाओं, हताशा तथा विफलताओं को उघाड़ती-निर्मम, बेबाक व दो-टूक अभिव्यक्ति हैं। वे उन साधारण मध्यवर्गीय और निम्नवर्गीय जनों के विवश उत्पीड़न की कहानियाँ हैं जिनके बच्चों को ठीक से भोजन तक नहीं मिल पाता, न वस्त्र न नौकरी, न शिक्षा, किसी को भी समुचित प्रबंध जो नहीं कर पाते लेकिन अभिशप्त है कि खपे जा रहे है।'' [56] मुक्तिबोध की विशेषता यह है कि वे मध्यवर्ग की त्रासदी को उसके औकात से अधिक चित्रित नहीं करते। उनकी कहानियों में कष्टग्रस्त मनुष्यता के अनेक आयाम और कोण है। जिनमें आलोचनात्मक विश्लेषण-संश्लेषण मिलता है। वर्गीय विषमताओं के अनेक रूपों की उपस्थिति, स्थितियों की गत्यात्मक धुरियाँ, पात्रों के वर्गीय चरित्र और वास्तविकताओं की ज़द्दोज़हद एक भयावह विस्फोट की तरह उपस्थित होती है और पाठक को प्रभावित

करती है। मोतीराम वर्मा का कहना है कि–'मुक्तिबोध की कहानियाँ साधारण जनों से लेकर बुद्धिजीवियों तक और परिवार से लेकर मानव सभ्यता तक के प्रश्नों को छूती हुई अनेक जीवनानुभवों को विविध सन्दर्भों में प्रस्तुत करती हैं। उनमें मानव जीवन की दैनन्दिन तोड़ती–मारती क्षुद्रताओं और गहराते सन्ताप की परिधि में सभ्यता के वर्तमान संकट को समाहित किये हुए हैं, इसीलिए उनकी व्यक्तिगत समस्याएँ, मानव सभ्यता की सीमाओं की हद तक निर्वैयक्तिक बन सकी हैं। अपने हिन्दुस्तानी दृश्यों की स्थानीयता' में उनका रंग–रूप और सौन्दर्य बसा है, इसलिए वे वास्तविक और परिचित लगती हैं।''[57]

''मुक्तिबोध की कहानियों का चेहरा कहानियों के परिदृश्य में एकदम अलग दिखता है। कण्टेण्ट की अपनी प्रस्तुति में और अपनी शिल्प संरचना में भी उनकी कहानियाँ हिन्दी कहानी की परम्परा से कटी हुई हैं। मुक्तिबोध इस दौर के सबसे जागरूक साहित्यकार रहे हैं। उनकी कहानियों में तत्कालीन राजनीतिक परिवेश और सांस्कृतिक स्थिति का गहरा बोध है–विशेषकर मध्यवर्गीय जीवन की पीड़ाओं और संघर्षों को मुक्तिबोध ने व्यापक सामाजिक–राजनीतिक पृष्ठभूमि में प्रस्तुत किया है। इस दृष्टि से उनकी दो कहानियों की चर्चा प्रासंगिक होगी–'क्लॉड ईथरली' और 'प्रश्न'।'' मुक्तिबोध की कहानियों की एक और विशिष्टता की ओर ध्यान दिया जाना चाहिए कि वे सांस्कृतिक प्रश्नों को शिद्दत के साथ उठाती हैं और परिवारों में पल रहे सामन्ती रंग–ढंग को बेनक़ाब करती हैं और व्यवस्था द्वारा आदमी के जानवर बनने की प्रक्रिया के ख़िलाफ़ अपना गुस्सा व्यक्त करती हैं। इस सन्दर्भ में रामवक्ष का यह कहना सही है कि–'मुक्तिबोध की कहानियाँ सांस्कृतिक स्तर पर एक तरफ़ तो साम्राज्यवादी प्रभाव की आलोचना करती हैं। दूसरी तरफ़ हमारे परिवारों में पल रहे सामन्ती संस्कारों की भर्त्सना करती हैं। इस समाज व्यवस्था से समझौता करके आदमी किस प्रकार पशु बन जाता है–इस ओर भी संकेत हैं।''[58]

मुक्तिबोध की कहानियों के परिवेश के जो अलग–अलग रूप हैं जैसे –राजनैतिक परिवेश का रूप, आर्थिक परिवेश का रूप, वैज्ञानिक परिवेश का रूप और सांस्कृतिक परिवेश का रूप। परिवेश के विभिन्न वर्गीय रूप, मध्यवर्गीय रूप, सर्वहारा का रूप, पूँजीपतियों का रूप और शोषितों का रूप। मुक्तिबोध इन सभी रूपों को एक साथ देखना चाहते हैं। ज़ाहिर है। कि उनके लिए परिवेश कोई इकहरा विचार–बोध और भावबोध नहीं होता, बल्कि एक समग्र भावबोध होता है जिसमें राजनीति है तो राजनैतिक संस्कृति है, समाज है तो सामाजिक संस्कृति है। यह सब कुछ होता है और इसीलिए जो चरित्र सृष्टि है वह एक कोण में देखी नहीं होती, एक तरह से लिखी चरित्र सृष्टि नहीं होती। मुक्तिबोध का कोई भी पात्र व्यक्ति से शुरू होकर तत्काल घुमावदार प्रक्रिया से घूमता हुआ आत्म विश्लेषक बहस करता हुआ विचारों में उलझा हुआ, उन्हें सुलझाता हुआ कुल मिलाकर सामाजिक, सांस्कृतिक स्वरूप में विलीन हो जाता है। यह रूप प्रवृत्तियों से शुरू कर व्यक्तियों में आकर अपनी शक्ल देखने लगता है। प्रवृत्तियों से व्यक्तियों से शुरू होकर प्रवृत्तियों में उसका इतिवृत्त समाप्त हो जाता है। शुरू कहीं से भी किया जाय, उनकी कहानियों का वैशिष्ट्य यह है कि वे सुनियोजित, सुसम्बद्ध सामाजिक स्वरूप ग्रहण कर

लेती हैं। मुक्तिबोध को फ़ैण्टेसी बहुत सुविधा जनक लगती है, क्योंकि फैण्टेसी के बिना इतने सारे रूपों को बाँधना सम्भव नहीं होता। मुक्तिबोध चूँकि सभी चीज़ों को एक में समेटना चाहते हैं, इसके लिए उपन्यास का फ़ार्म होना चाहिए। चूँकि वे उपन्यास का फ़ार्म नहीं अपनाते, कहानी या लम्बी कविता का फ़ार्म अपनाते हैं इसीलिए कहानियों के बीच-बीच में निबन्ध आ जाता है, सामान्यीकृत ढंग से दार्शनिक उक्तियों के माध्यम से। कहानी के भीतर वे इतनी बातें करने लगते हैं कि बहुत सारा वृत्तान्त जो कहानी में फैल गया होता वह सिमटकर थोड़े -थोड़े हिस्सों में आ जाता है, या वह थोड़े-थोड़े बिम्बों में आ जाता है। जब बहुत बड़े फलक को संक्षेप में कहने की ज़रूरत पड़ जाती है या सूत्रबद्ध रूप में कहने की आवश्यकता होती है तो मुक्तिबोध कहानी के अन्दर निबन्ध की विधा अपना लेते हैं और निबन्ध को दृश्य रूप में प्रस्तुत करने की ज़रूरत होती है तो वे उसका चरित्रांकन करने लगते हैं। यह जो मुक्तिबोध की कहानियों का वैशिष्ट्य है वह इसीलिए दूसरे कथाकारों से अलग है, क्योंकि दूसरे कथाकारों में इतने डाइमेन्शन नहीं हैं। विचारक कथाकार होना दूसरों के लिए उतना सम्भव नहीं है। जितना विचारक, दार्शनिक और कवि-कथाकार होने पर और दृश्य की इतनी व्यापक बहुआयामी समझ होने के कारण मुक्तिबोध के यहाँ सम्भव होता है। बहुत कम कथाकार हैं। निराला या प्रसाद को छोड़कर। चूँकि निराला और प्रसाद ऐसे कवि हैं जो दार्शनिक भी हैं और विचारक भी। इसलिए मुक्तिबोध की कहानियों में उनका ट्रेडीशन ज़्यादह मिलता है, प्रेमचन्द की कहानियों की तुलना में। मुक्तिबोध की आरम्भिक कहानियाँ जो बहुत वर्णनात्मक है, वे प्रेमचन्द से मेल खा लेती हैं लेकिन निराला की जैसे 'देवी' कहानी भी है। वह एक चरित्र को आधार बनाकर लिखी गयी है, लेकिन स्वतन्त्रता-संग्राम के जो अन्तर्विरोध हैं जिसमें 'Class out look' था ऐसे अन्तर्विरोध का जो विकृत रूप है, वे उसको व्यक्त करते हैं तो जितनी तीखी विदग्धता, तीखा व्यंग्य, फ़ैण्टेसी का रूप देवी' में मिलता है वैसा ही मुक्तिबोध में भी मिलता है। 'क्लॉड ईथरली' और 'देवी' का वस्तु रूप तो अलग-अलग है, क्षेत्र भी अलग है पर मूलरूप में ये एक साथ मिल जाती हैं। दार्शनिक और विचारक की कोटि में ये दोनों कथाकार आते हैं इसलिए इतनी बहुआयामिता जो प्रसंगों की उनके भीतर आ जाती है। वह अत्यन्त सार्थक और महत्त्वपूर्ण होती है।

जहाँ तक वर्णन का सवाल है मुक्तिबोध के यहाँ जगत का वर्णन न होकर विचार जगत् या भाव जगत् का वर्णन होता है इसलिए वस्तु जगत् से पुनर्रचित वस्तु जगत् मुक्तिबोध के यहाँ है, भाव जगत् पुनर्रचित भावजगत् होता है। यह वह वस्तु जगत्, भाव जगत् है जो जीवन में पाया जाता है, मुक्तिबोध के यहाँ जो जीवन जगत् है वह काफ़ी सघन, जटिल और अपनी बहुआयामिता को प्रकट करनेवाला होता है। 'सतह से उठता आदमी' या 'क्लॉड ईथरली' की पूरी संरचना में इस पुनर्रचित भाव जगत् को देखा जा सकता है। भीष्म साहनी की 'चीफ़ की दावत' कहानी में जो स्थितियाँ हैं उसी तरह की स्थितियाँ मुक्तिबोध की कहानियों में भी उपलब्ध होती हैं। मुक्तिबोध मध्यवर्ग की महत्त्वाकांक्षा, चाटुकारिता, असुरक्षा, भयग्रस्तता, राजनीतिक नक़लीपन, हीनग्रन्थि, सांस्कृतिक पराभव जो मध्यवर्ग के कैरेक्टर बन रहे हैं उनमें कोई एक उनकी कहानी का विषय नहीं

होता बल्कि सब विषय एक साथ आते हैं, वे एक चरित्र में उसे उठाने की कोशिश करते हैं पर उसके भीतर वे एक सिससिला इन्सान का भी देखते हैं। इन समूची चीज़ों को एक साथ देखने की बहुआयामिता भीष्म साहनी या अमरकान्त के यहाँ नहीं मिलती। इतने डाइमेन्शन नहीं मिलते। इनकी कहानियों में कोई एक डाइमेन्शन ही उभर कर आता है, जबकि मुक्तिबोध के यहाँ समूचे डायमेंशन एक साथ उभरते हैं। कुल मिलाकर मुक्तिबोध में गतियों की गतियाँ मिलती है इसीलिए सघनता ज़्यादा पिरोई हुई होती। है। मैं कहता हूँ कि वे एक दार्शनिक की कहानियाँ हैं, एक विचारक की कहानियाँ हैं जिनमें बहुव्याप्ति का गुण है। इसलिए उन्हें फ़ैण्टेसी सूट करती है और इसीलिए उसमें कविता, स्थापत्य, कहानी सब है, इकहरापन नहीं है। मुक्तिबोध की कहानियाँ बहुत सारे रूपों को तोड़-तोड़कर बनायी गयी कहानियाँ हैं। मुक्तिबोध और हरिशंकर परसाई की तुलना करते हुए मुझे लगता है कि परसाई की व्यंग्य कथाओं का फलक बहुत व्यापक है। परसाई ने अपने एक साक्षात्कार में कहा है कि–'फ़ैण्टेसी मुझसे सधती है। मेरा बहुत कुछ सोचना फ़ैण्टेसी में होता है। मैं अब कोशिश कर रहा हूँ कि कोई फ़ैण्टेसी लिखूँ 'डान क्विक जोट,'' ज़ाहिर है कि इन दोनों ने अपने लेखन का अलग-अलग फार्म चुना लेकिन परसाई के यहाँ भी फार्म टूटते हैं। निबन्ध और कहानी के फार्म दोनों के यहाँ टूटते हैं फिर भी दोनों में फ़र्क़ है। मुक्तिबोध की कहानियों में व्यंग्य न होकर विश्लेषण की प्रधानता है जबकि परसाई में विश्लेषण नहीं है। एक तरह से फ़ैण्टेसी होते हुए भी कमेण्ट्री है, टिप्पणियाँ हैं। संकेत और कटाक्ष हैं। उनका दृश्य, संकेतों से उभरता है। उनके यहाँ सब चीज़ों को बाँधनेवाला, स्थापत्य नहीं है जबकि मुक्तिबोध में इन सभी को बाँधनेवाला स्थापत्य बार-बार है।

कथाकार के रूप में मुक्तिबोध का प्रभाव

मुक्तिबोध के प्रभाव को जानने के लिए मैंने कुछ कथाकारों से बातचीत की। जब मैंने कथाकार काशीनाथ सिंह से बात की तो उनका कहना है कि–''कवि कथाकार जयशंकर प्रसाद और मुक्तिबोध दोनों हैं लेकिन मुक्तिबोध ने किसी कथापीढ़ी पर प्रभाव डाला हो ऐसा नहीं दिखता। अज्ञेय और प्रसाद ने अपने कवि से कहानीकार को कुछ अलग कर लिया था। वे जीवन में द्वन्द्व मूलक प्रसंग या अन्त: संघर्ष के द्वारा जो नाटकों में नहीं आ पाते थे। प्रसाद ने, उन्हें अपनी कहानियों का विषय बनाया, लेकिन कहानी की पूरी समझ के साथ। कहानीकार के रूप में 'अज्ञेय' की भी एक छवि है लेकिन मुक्तिबोध की ऐसी कोई छवि नहीं हैं।''[59] मेरी दृष्टि में प्रसाद, निराला, जैनेन्द्र, रघुवीर सहाय, अज्ञेय, परसाई और शमशेर विचारक कथाकार हैं। मुक्तिबोध की संगति या बिरादरी यदि सही ढंग से मिलती है तो इन्हीं विचारक कथाकारों से। काशीनाथ सिंह का यह भी कहना है कि–''मुक्तिबोध के अपोज़िट फणीश्वर नाथ रेणु में कण्टेण्ट को अपनी पूरी क्षमता के साथ पकड़ने की शक्ति है, जबकि मुक्तिबोध की कहानियों का कैनवास समूचे परिवेश को पूरी तरह से नहीं पकड़ पाता।'' मैं काशीनाथ सिंह की इस बात से सहमत नहीं हूँ, रेणु जी वर्णन की दृष्टि से ज़्यादा महत्त्वपूर्ण हो सकते हैं। उनकी वर्णन क्षमता का क्षेत्र अभिधा में ज़्यादा प्रकट होता है। चूँकि मुक्तिबोध अभिधा के लेखक हैं

ही नहीं इसलिए मात्र वर्णन की लम्बाई-चौड़ाई से उन्हें नापा नहीं जा सकता और न ही दृश्य जगत् की उपलब्धता के आधार पर। यदि तुलना करना ही चाहें तो मुक्तिबोध किसी दृश्य का सीधा दृश्यांकन नहीं करते बल्कि वे दृश्यों की पुनर्रचना करते हैं। उनका जो दृश्य जगत् होता है वह उनके जाने-पहचाने रूप में होता है, अभिधा रूप में नहीं। यह समूचे परिवेश का एक तरह से रूपांतरित भाव बोध में पाया जानेवाला जगत् है इसलिए इसकी दृश्यात्मकता है, वह भाव बोध से, विचार बोध से मेल खाती है। अत: उन दृश्यों को 'रेणु' से नहीं मिलाया जा सकता। इस रूप में देखें तो नागार्जुन के दृश्य ज़्यादा सघन, जटिल और बहुआयामी हैं। काशीनाथ सिंह यह भी कहते हैं कि- "मुक्तिबोध को मात्र कहानीकार के रूप में नहीं देखना चाहिए, कहानी के नाम पर जो स्ट्रक्चर था मुक्तिबोध ने उसे तोड़ा है।"

मुक्तिबोध किसी विधा को एकान्तिक रूप में नहीं देख सकते जैसे केवल कहानी के एक दृश्य। मुक्तिबोध के यहाँ यह परिभाषा फेल हो जाती है कि कहानी गमला है और उपन्यास बग़ीचा है। कभी-कभी तो उनकी कहानियाँ बग़ीचों का बग़ीचा भी बन जाती हैं। उनके अन्दर 'एपिक सेन्सबिलिटी' मिलती है जो टूट-टूटकर कहानियों में आयी है। काशीनाथ सिंह की मान्यता है कि-"मुक्तिबोध की कहानियाँ नयी कहानी की अवधारणा से एकदम भिन्न हैं। 'नयी कहानी' के समानान्तर दो धाराएँ चल रही थी। एक ओर मोहन राकेश, राजेन्द्र यादव, भीष्म साहनी और अमरकान्त थे तो दूसरी ओर अन्य।" [60] 'नयी कविता' में मुक्तिबोध एक संघर्ष है जैसे 'नयी कविता' एक धारा नहीं हैं जबकि उसमें कई धाराएँ एक साथ काम करती है। उसी तरह 'नयी कहानी' में राजेन्द्र यादव, मोहन राकेश, कमलेश्वर, भीष्म साहनी और हरिशंकर परसाई की कहानियों के अलग-अलग रूप हैं। दरअसल नयी कहानी को राजेन्द्र यादव, मोहन राकेश और कमलेश्वर से बाहर जाकर भी देखना चाहिए। नयी कहानी भी प्रगतिशीलों से शुरू होती है। भैरव प्रसाद गुप्त के सम्पादन से शुरू होती है।

मुक्तिबोध जब कविताओं, बिम्बों और स्थितियों में उलझ जाते हैं तो कहानी लिखते हैं और इनमें उलझनों को सुलझाने की कोशिश करते हैं। वे कविता की ज़मीन को साफ़ करने के लिए कहानियाँ लिखते हैं परन्तु जब उन्होंने कहानियाँ लिखी हैं तो वास्तव में कहानियाँ ही लिखी हैं। उनकी कविता की रचना प्रक्रिया से कहानी की ज़रूरत और कहानी की रचना प्रक्रिया से कविता की ज़रूरत होती है यानी उनकी विधाएँ आपस में पूरक हैं। आचार्य हजारीप्रसाद द्विवेदी ने भी कहा है कि जब शास्त्रों में गप्प मारने की मेरी इच्छा पूरी नहीं हुई तो मेने उपन्यास लिखा। तो सवाल यह उठता है कि उनके उपन्यास, उपन्यास नहीं है क्या? काशीनाथ सिंह कहते हैं -"जीवन के वे टुकड़े जो मुक्तिबोध की कविताओं में नहीं आ सके उन्हें मुक्तिबोध ने कथात्मक गद्य का रूप दिया। उस अर्थ में मैं उन्हें कहानी नहीं कहूँगा। उनके साथ के लोगों ने मुक्तिबोध को कथाकार के रूप में स्वीकार नहीं किया। इसलिए कि कहानी में जो धार होती है, वह धार मुक्तिबोध के कथात्मक साहित्य में नहीं मिलती। अगर मुक्तिबोध कहीं प्रभावित करते हैं तो अपने वर्णनों में।" [61]

मेरे ख़्याल से यह बात कोई मतलब नहीं रखती कि लोगों ने उन्हें कहानीकार माना या नहीं। यदि ऐसा खोजने लगें तो एक कथाकार दूसरे के प्रति उदासीन हो जाते हैं। ऐसे कम उदाहरण हैं कि किसी कथाकार ने घोषित किया हो कि हम फलाँ को कथाकार मानते हैं और फलाँ को नहीं। यदि हम अमरकान्त से पूँछे कि उन्होंने किस-किस को कथाकार कहा तो शायद वे जवाब न दें, तो इसी तरह मुक्तिबोध को किसने कहानीकार माना यह नहीं मिलेगा पर मुक्तिबोध को किसने-किसने पढ़ा और उनमें क्या प्रभाव आये-यह खोजा जा सकता है। डॉ. धनंजय का यह मानना सही है कि-"मुक्तिबोध ने सामयिक होते हुए भी समय से 'एक्सटेण्ड' किया था, हाँ बाहर होने की उनकी प्रक्रिया और आज के कहानीकार की प्रक्रिया में अन्तर है। मुक्तिबोध ने कहानी को जहाँ छोड़ दिया था वहीं से आज के कहानीकार ने इसे जीवन की सही खोज की दिशा की ओर मोड़ा है।"[62] यहाँ यह कहना ज़रूरी है कि मुक्तिबोध की कहानियों की भिन्नता है, उनका वैशिष्ट्य भी और उनकी बाद की पीढ़ी के लिए उनका प्रदेय भी है। इसे अनदेखा करके हम जीवन्त कहानी की परम्परा में उनके योगदान को झुठला नहीं सकते। मनोहर देवलिया ने परसाई और मुक्तिबोध के प्रदेय को स्पष्ट करते हुए बिल्कुल सही लिखा है कि-"कुछ ही कहानियाँ उन्हें (परसाई से) हिन्दी कहानी लेखन में वह स्थान देती हैं जो स्थान 'क्लॉड ईथरली' 'पक्षी और दीमक' तथा 'ब्रह्मराक्षस का शिष्य' जैसी कहानियाँ लिखकर मुक्तिबोध को प्राप्त है। यह आश्चर्य की बात है कि जब हिन्दी के क्षेत्र में 'नयी कहानी' आन्दोलन की धूम थी लगभग तभी मुक्तिबोध ने भी कहानियाँ लिखीं और सम्भवतः उस समय ही परसाई भी लिख रहे थे-यदि इन दो कहानीकारों पर कहानी के कथ्य और रूपबंध, विचार और संवेदना को ध्यान में रख कर विचार किया जाता तो कहानी सम्बन्धी हमारी समझ का नयापन अधिक मूर्त, पैना और वस्तुपरक होता।"[63]

विचारधारात्मक विश्लेषण

मुक्तिबोध की कहानियों का विचारधारात्मक विश्लेषण रेडीमेड तरीक़े से करना असम्भव है, क्योंकि उनकी कहानियों का कैनवस बहुत बड़ा है। उनकी चिन्ता के केन्द्र में-समूचा मनुष्य है, उसका समग्र विकास और शोषण युक्त समाज है तो इतिहास, वर्तमान और भविष्य का पूरा नक़्शा भी है। मुक्तिबोध की चिन्ताएँ कोई छोटी-मोटी चिन्ताएँ नहीं हैं। उनकी चिन्ताओं का फलक बहुत व्यापक है। राल्फ फाक्स ने लिखा है कि-"मनुष्य आज वस्तुपरक बाहरी आतंक से लड़ने के लिए विवश है, जैसे-सामाजिक संरचना का विघटन, फासिज़्म, युद्ध, बेरोज़गारी, खेती की दरिद्रता, यन्त्रों का प्रभुत्व लेकिन इसके अलावा उसे इन सब स्थितियों की उसके अपने मस्तिष्क में, आत्मगत परिस्थितियों से भी संघर्ष करना है। सभ्यता को बचाने के लिए उसे दुनिया को बदलने की लड़ाई लड़नी है, इसके साथ ही मनुष्य की चेतना में भी मौजूद पूँजीवाद अराजकता के ख़िलाफ़ भी उसे जूझना है।"[64] मेरे ख़्याल से उनकी विचारधारात्मक कुंजी ज्ञानात्मक संवेदना और संवेदनात्मक ज्ञान में है जो उनकी रचना प्रक्रिया में निरन्तर गतिवान मिलती है। उनके यहाँ विचार प्रवाह बहुत तेज़ है तो जीवन प्रवाह भी

कम तेज़ नहीं है। उन दोनों की गहन द्वन्द्वात्मकता में ही उनके समूचे सूत्र हैं। जो उलझते-टूटते और सुलझते हैं।

मुक्तिबोध अपनी कहानियों में जो स्ट्रक्चर खड़ा करते हैं वह उनकी विचार प्रणाली को मूर्त करता है। उदाहरण के लिए 'जलना' कहानी को लें। 'जलना' के परिवार का प्रत्येक सदस्य एक-दूसरे की परिस्थिति है। एक-दूसरे का परिवेश है, फिर भी प्रत्येक का अपना व्यक्तिगत इतिहास है और प्रत्येक के व्यवहार का अपना-अपना औचित्य है। चुन्नीलाल की पत्नी कहानी प्रारम्भ होते ही अपनी वास्तविकता के साथ चित्रित की गयी है। "ज्यों-ही उसकी आँख खुली, उसने पाया कि छाती पर का उसका दबाव अभी तक दूर नहीं हुआ है। सपने में न मालूम वह किस -किस पर चिड़चिड़ा रही थी, न मालूम कौन-कौन सामने-सामने छिपे तौर पर उसे मुँह चिढ़ा रहा था। सारी दुनिया कई टन वजन का टीला बनकर उसकी छाती पर बैठी हुई थी, वह अभी भी बैठी हुई है। ... उसने आँख खोलकर सामने के दरवाजे की तरफ़ देखा। वह अभी तक मुँदा हुआ था। उस दरवाजे के भीतर से खाँसने-बँखारने की आवाजें आ रही थीं। वे उसके बूढे सास-ससुर की थीं। दूसरे कमरे में शान्ति थी। इसका मतलब यह था कि कोई चाय बनाने नहीं उठा है। धीरे-धीरे उस दूसरे कमरे में से कपबशियों की आवाज़ टिनटिनाने लगी। उसे अच्छा लगा। बेहतर मालूम हुआ। लेकिन ज्यों-ही उसे ख़याल आया कि उसका पति चाय बना रहा है, उसके मन में तेज़ाबी गटर बहने लगा।

इस स्ट्रक्चर में सुबह की क्रियाएँ, घटनाएँ, जीवन-स्वप्न भी हैं। इसमें कोई दृश्य स्थूल रूप में नहीं आता, विचार आते हैं. प्रतिक्रियाएँ आती है. ज़ाहिर है कि दृश्य में प्रतिक्रियाएँ भी कहानी समेट रही है। लेखक बाहर भी घूमता है, संगति की खोज करता है, उसकी कोशिश है कि एक जीवित आदमी भी दिखे। यह मनोभाषा है। पति-पत्नी दोनों चाहते हैं कि जीवन उत्तम हो लेकिन संघात की वजह से दूरियाँ हैं। चुप्पी मौन में बदली है, प्रतिशोध का भाव है बच्चों को एकाएक झनझना देने में। प्रतिशोध का बिम्ब है, एक झक्क-सी सवार है। मानसिकता बहुत प्रबल होकर उभरती है जो मनोलोक को छोड़कर क्षण भर भी नहीं रह पाती। घटना के आलम्बनों के मनोलोक की दुनिया में स्ट्रक्चर घूमने लगता है, विचार प्रवाह को पकड़ने के लिए क्रिया-प्रतिक्रिया और आइडियाज़ को मुक्तिबोध ले आते हैं। मेरे ख़याल से कुछ ऐसे लेखक होते हैं जो दृश्य में कहानी कहते हैं। मुक्तिबोध अपने यहाँ आइडिया, आइडियालॉजी और जीवन लाते हैं। और जैसे यशपाल आइडिया से कहानी बनाते हैं तो प्रेमचन्द जीवन से आइडिया की तरफ़ जाते हैं, मुक्तिबोध आइडिया और आइडियालॉजी से कहानी बनाते हैं। अनकांशस तक विचारों को जीवन से आइडियालॉजी विकसित करते हैं और इस तरह आइडियालॉजी और जीवन के द्वन्द्व से रचनात्मकता उभारते हैं।

मुक्तिबोध अपने वर्णनों में, दृश्यांकनों से पूरे जीवन की विविधता को, पूरे परिवेश की व्यापकता को समेटते हैं। एक उदाहरण देखें-"दूर दिखती हुई नीली पहाड़ी और सलेटी रंग के फैले हुए तालाब के कई फर्लांग फैले हुए तेज़ लहरदार पानी को पार कर पेड़ों को अपने सामने झुकाती हुई तूफानी हवा रसोई-घर में घुस पड़ी, और उसके साथ

आये हुए छींटें छोटे कमरे को गीला करन लगे।'' हवा घुस आयी यह सीधी-सी बात है। हवा जीवित और सक्रिय वस्तु है। उसका मानवीकरण हुआ है। जब विचारों से कहानी बनती है तो समूची चीज़ें ऐक्टिव हो जाती हैं। इसमें आइडियालॉजी का मुलम्मा चढ़ा होता है। उसकी भूमिका होती है। इसमें जीवन स्थितियाँ हैं और उनसे बने ये रिश्ते हैं और उन रिश्तों पर उनका पड़ा हुआ प्रभाव भी। प्रभाव जो होता है विचारों में पड़ता है, वह जैविक होता है। वे शारीरिक मुद्राओं को भी इस प्रभाव से देखते हैं। मुक्तिबोध के यहाँ 'पाशिंग थ्रू' से काम नहीं चलता। उनके यहाँ नेचुरल पेंटिंग के प्रभाव होते हैं, स्थापत्य के प्रभाव होते हैं। मेरा ख़्याल है कि मुक्तिबोध की कहानियों में आभ्यन्तरीकरण और बाह्यीकरण की समूची प्रक्रिया सार्थक ढंग से घटित होती है। उनके गद्य में अर्थ का संचय बहुत है, इसलिए उसमें फोर्स होता है। कहना चाहिए कि विचार जब बहुत गहरे होते हैं तो न चाहते हुए भी वे बार-बार चक्कर लगाते हैं। जैसे पुरुष कमाता है और औरत खर्च करती है। यह जीवन में घटित होता हुआ, निरन्तर अनुभव किया जानेवाला विचार है। स्त्री की परोपजीविता टूटना चाहती है। आर्थिक संघर्ष और आपाधापियाँ आदमी को निरन्तर चक्कर में डालती हैं। मुक्तिबोध का यह निर्माण कौशल ज़िन्दगी और विचार के परिप्रेक्ष्य में है।

मुक्तिबोध की कहानियों में चित्रण, विश्लेषण और संवाद-ये तीन स्टेजेज मिलते हैं। चित्रण में जो फ़ोटोग्राफ़र, चित्रकार हैं। उस चित्रकार का एंगल (कोण) पकड़ में आता है। वह किन आँखों से चित्र बनाता है। किन रंगों का इस्तेमाल करता है और चित्र को कौन-सा अर्थ प्रदान करता है और चित्र उसे क्या अर्थ प्रदान करते हैं। चित्रण का स्टेज देखें-कचहरी के लम्बे-चौड़े अहाते के अन्दर जो नीम, सेमल और इमली के बड़े-बड़े दरख्त खड़े हैं, उनकी आड़ में क्षितिज की कोर पर जब रक्ताभ साँझ झुक जाती है, और उसके रंगों का प्रवाह जब आसमान के बादलों को लाल और सुनहला बनाता हुआ आकाश का दूसरा छोर छूने के प्रयास में धुँधला हो जाता है, उस समय ऑफिस के अन्दर साँझ की छाया घुसकर रामेश्वर के दुबले शरीर और मन को बेचैन करने लगती है। सहसा उसकी आँखें काम से उचाट खाकर अहाते में खड़े पेड़ों की और मुड़ जाती हैं।''

यह चित्रण 'एक दाखिल दफ़्तर साँझ' कहानी का है। इसमें रामेश्वर की मानसिक हालत, दिन भर दफ़्तर में खटने की बेचैनी का भी है और प्रकृति के मनोरम सौन्दर्य का भी है। दोनों एकाकार हो गये हैं इस चित्रण में। कहा जाता है कि मनुष्य की जैसी हालत होती है उसी के अनुरूप वह चीज़ों, वस्तुस्थितियों के बारे में सोचता है। मुक्तिबोध की कहानी का एक-दूसरे चित्रण का स्टेज देखें, जिसमें चीज़ों की व्यवस्था और सिस्टम है-''अँधेरे से भरा, धुँधला, सँकरा, प्रदीर्घ कॉरिडॉर और पत्थर की दीवारें। ऊँची छत की गहरी कॉर्निस पर एक जगह कबूतरों का घोंसला और कभी-कभी गूँज उठनेवाली गुटरगूँ, जो शाम के छह बजे के सूने को और भी गहरा कर देती है। सूना कॉरिडॉर घूमकर एक ज़ीने तक पहुँचता है। ज़ीना ऊपर चढ़ता है, बीच में रुकता है और फिर मुड़कर एक-दूसरे प्रदीर्घ कॉरिडॉर में समाप्त होता है। इसमें जीना है, दीवार है, कबूतर है और अँधेरा है, स्थिति मूर्त और अमूर्त है। इन सबके डिटेल और इन सबकी संगति मुक्तिबोध इस चित्रण में पेण्ट करते हैं। ये शब्द चित्र पेण्ट होते हैं। यह जो वस्तुपरकता है इनमें मुक्तिबोध का जो

पेण्टर है और जो फ़ोटोग्राफ़ी है, वह अनुपस्थित रहती है। अनुपस्थित चित्रण में आब्जेक्ट -ही-आब्जेक्ट दिखलायी पड़ता है। यह जिसमें दिखलायी पड़ती है वह भौतिकवादी दृष्टिकोण है। इस चित्रण में मुक्तिबोध के फ़ोटोग्राफ़र-कैमरामैन हैं, वह इतना अनुपस्थित रूप में मिश्रित होता है कि उसकी पूरी-पूरी कोशिश होती है कि जो चित्र बनाया जा रहा है वह पूरे डिटेल के साथ, स्वायत्तता के साथ अपने रूप की तरह मौजूद हो; जिसमें मूर्त और अमूर्त सभी तरह की बातें उसमें आ जायें। यह कौन-सी विचारधारा है? यह वह भौतिकवादी विचारधारा है, जिसमें वस्तु की अपनी स्वायत्तता है और विचारों का उत्स, वही वस्तु है, वही फ़ोटो है, वही चित्र है। जो भी मूल ढाँचा है तो इस तरह से वे उसे प्रस्तुत करते हैं। तात्पर्य यह है कि जब मुक्तिबोध कहानी में फ़ोटोग्राफ़ी करते हैं तो उस फ़ोटोग्राफ़ी की अपनी कला है, सत्ता है। उसको मूलरूप में प्रकट करने की वे कोशिश करते हैं। दूसरा उनकी कहानियों में जो रूप आता है वह है मुक्तिबोध का विश्लेषण। तो चित्र और चित्रात्मकता की तुलना में वे विश्लेषण के अवसर पर जो उनकी भावात्मक दिशा है, जो गद्य की गति है और जो लगातार एक निरन्तरता बनती है उस गद्य की। उन कहानियों में बराबर उनकी जो दृष्टि है उनकी जो भावात्मक दिशा है, उद्देश्य है वह बराबर पिरोया हुआ नज़र आता है। कहीं हम देखें कि वहाँ वे मनोभावों, मन के आवेगों, उद्योगों को भी व्यक्त करते हैं। किसी के मन में झांककर उसकी व्याख्या करते हैं। मन के विकारों के पैदा होने की प्रक्रिया भी बताते हैं। हम देखें कि किसी पात्र का जिक्र वे कर रहे हों और उसके भीतर झाँक रहे हों तो कैसे उसके भीतर की सारी बातें, उसके उतार-चढ़ाव तथा उसके मनोभावों को व्यक्त करते हैं और वहाँ मुक्तिबोध रामचन्द्र शुक्ल की तरह मनोविकारों के विश्लेषक जैसे बन जाते हैं। अन्तस्तरंगों को पूरा-का-पूरा वे खोलते हैं। इस तरह हम मुक्तिबोध की जो विचारधारा है उसे ज़्यादा गहराई से जान सकते हैं। तीसरी स्थिति है संवाद की। संवाद में उनकी जो दृष्टि है-किसी एक के साथ न होकर सभी पात्रों में वे अपनी दृष्टि को बिखरा देते हैं, क्योंकि संवादों की मुख्य बात यह होती है। कि जो भी पात्र होता है, उसकी अपनी जो पहचान है ; उसको वे उसी रूप में व्यक्त करें। मसलन एक संवाद देखने योग्य है-''मेहरबान सिंह के इस वक़्तव्य से मुझे लगा कि वह उनका एक आत्म-निवेदन मात्र है। मैं यह पहचान गया-इसे वे भाँप गये। उनकी आँखों में एकाएक प्रकट हुई और फिर वैसे ही तुरन्त लुप्त हुई रोशनी से मैं यह जान गया। लेकिन मेरे ख़्याल की उन्होंने परवाह नहीं की। और उनकी कहानी आगे बढ़ी। ''आख़िरकार, उसने जोकर बनने का बीड़ा उठाया। भूख ने उसे काफ़ी निर्लज्ज भी बना दिया था।

''शाम को, जब खेल शुरू होने के लिए करीब दो घण्टे बाक़ी थे, उसने सर्कस के द्वार से घुसना चाहा कि वह रोक दिया गया। वह अन्दर जाने के लिए गिड़गिड़ाया। दो मजबूत आदमियों ने उसकी दो बाँहें पकड़ लीं। वे गोआनीज़ मालूम होते थे।।

''कहाँ जा रहे हो?'

रौब जमाने के लिए उसने अंग्रेज़ी में कहा, ''मैनेजर साहब से मिलना है।''

अंग्रेज़ी में जवाब मिला, ''वहाँ नही जा सकते। क्या काम है?''

हिन्दी में, ''नौकरी चाहिए।'

अंग्रेज़ी में, "नौकरी नहीं है, गेट-आउट।" और वह बाहर फेंक दिया गया।

"दिल को धक्का लगा। बाहर, एक पत्थर पर बैठे-बैठे वह सोचने लगा कहीं भी जनतन्त्र नहीं है। यहाँ भी नहीं। भीख नहीं माँग सकता, यह असम्भव है, इसलिए नौकरी की तलाश है। और वह मन-ही-मन न मालूम क्या-क्या बड़बड़ाने लगा।"

इस संवाद में हम देखते हैं कि रौब जमाने के लिए अंग्रेज़ी में कहा, डाँटा। विनती के लिए हिन्दी में कहा। दुःख लगा तो बात हिन्दी में कही। हिन्दी में दुःख की बात, विनती की बात, गिड़गिड़ाने की बात। अंग्रेज़ी में रौब जमाने की बात। हम देखते हैं कि मध्यवर्ग जब रौब जमाता है, दीन होता है तो भी नकली होता है, क्योंकि वह जिस वर्ग के भीतर है उससे एक समय जब वह याचक है, तक़लीफ़ों से घिरा होता है, जब श्रमिक वर्ग की तरफ़ उसकी दिशा होती है तो वहाँ दीनता प्रकट होती है और जब वह थोड़ा-सा ऊँची स्थिति में आ जाता है, तो अधिकार जमाता है; क्योंकि रौब की, दीनता की उसकी दुनिया नहीं है। ग़रीब आदमी जब दीन नहीं होता तो अपने अधिकार के साथ, चीज़ों को माँगता है। जनतन्त्र की माँग इस कहानी में उठायी गयी है। क्योंकि दोनों स्थितिया मनुष्य से अलग हैं। हम देखते हैं कि इस संवाद में जो दो पात्रों के बीच बातचीत है और रौब तथा दीनता दोनों स्थितियों को व्यक्त करने के लिए मुक्तिबोध इस बात को लाते हैं। इस स्थिति से मुक्तिबोध यह प्रकट करना चाहते है। इसका विश्लेषण इस रूप में किया जा सकता है कि यह समूची विचार-प्रणाली किसी मार्क्सवादी वैज्ञानिक दृष्टिकोण के समझ की है, जो बिना कुछ कहे चीज़ों को इस रूप में प्रकट करने की क्षमता रखता है। इस तरह ये तीन रूप हैं उनकी कहानियों में, अपने विचारों को प्रकट करने के। इन तीनों में अलग-अलग तरीका है चित्रण, विश्लेषण और संवादों का। सबसे ज़्यादा स्पष्ट तरीका है-वह विश्लेषण का है, मन की ग्रन्थियों का ब्योरा जब वे प्रकट करते हैं या किसी दृश्य का अपनी तरफ़ से विश्लेषण करते हैं तो वहाँ वे फ़ोटोग्राफ़र की बजाय एक लेखक, एक कर्त्ता के रूप में मौजूद होते हैं। ज़ाहिर है कि मुक्तिबोध की कहानियों का विचारधारात्मक रूप उजागर करने के लिए इसी तरह के अध्ययन, विश्लेषण और समझ की आवश्यकता है। विचारधारा रचनाओं के भीतर मौजूद रहती है उसे मुक्तिबोध की कहानियों में अलग से आरोपित नहीं किया जा सकता।

विचारधारा के सिलसिले में डॉ. नामवर सिंह ने एक साक्षात्कार में कहा है कि- "विचारों में वैज्ञानिक दृष्टि का आना, यह हर साहित्य सृजन के लिए ज़रूरी है। लेकिन सार्थक साहित्य सृजन के लिए इतना ही काफ़ी नहीं है। ... कोई लेखक किस खूटे में बँधा है, किस विचारधारा से बँधा है ... इस 'प्रतिबद्धता' शब्द को मैं बद्धता के साथ ही जोड़ें तो आप कहाँ किससे बँधे हुए हैं, इससे आपके साहित्य की मूल्यवत्ता निर्धारित नहीं होती।'[65] मुक्तिबोध की विद्रूप कहानी का एक अंश पढ़े, "जाओ, तुम अगले जनम में बहुत धनी परिवार में जनम लोगी। लेकिन मुझ जैसे ग़रीब की तलाश में तुम दर-ब-दर ठोकर खाओगी। और अन्त में आत्महत्या कर लोगी। और वह व्यक्ति तुम्हारा तिरस्कार करेगा।" इससे मुक्तिबोध की वर्ग दृष्टि उनकी संवेदना और वैचारिक व्यापकता के अनगिनत सूत्र अपने आप खुलते हैं।

चित्रकार की जो हैसियत है, कल्पना कीजिये कि वह मार्क्सवादी है तो वह अपनी कल्पना को किस तरह व्यक्त करेगा। मेरे ख़्याल से वह इसी तरह व्यक्त करेगा कि कहीं भी डिटेल्स छूट न जायें। डिटेल्स जितने अधिक प्रकट होंगे वस्तु जगत् उतना ही ज़्यादा हमारे सामने प्रकट होगा। वस्तु जगत् की समग्रता उसकी सूक्ष्मता, अमूर्त और मूर्त एकता, यह सारा का सारा प्रकट होगा। हम जानते है कि मुक्तिबोध का वस्तु जगत् स्वनिर्मित है अर्थात् उनका रचनात्मक पुनर्सृजन है तो पूरे को चित्रकार की तरह ज्यों-का-त्यों प्रकट करने का। उसमें जितनी अधिक सफलता मिलती है वह उतना ही अधिक मार्क्सवादी है, उतना ही ज़्यादा वह आब्जेक्टिव है, दूसरी स्थिति विश्लेषण की है। मुक्तिबोध के यहाँ विश्लेषणात्मकता, बहुत है। उनके यहाँ निबन्धकार की भूमिका भी अधिक है। हम पाते हैं कि कहानी में जगह-जगह निबन्धात्मकता मिल जाती है। एक पैराग्राफ़ के बीच में वे विश्लेषण करने लगते हैं और तत्काल उसके आगे-पीछे भागते हैं। एक वाक्य में एक सूत्र कहते हैं। एक पात्र एक वाक्य किसी से बोलता है और तत्काल लेखक वहाँ मौजूद हो जाता है और उस वाक्य का विश्लेषण करने लगता है। तो यह जो उनके यहाँ तड़फड़ाहट है कि सब कुछ व्यक्त हो जाय, जो वे कहना चाहते हैं उनके भीतर इतनी सामग्री है कि वे चाहते हैं कि कुछ भी शेष न रह जाय, इसलिए फार्म का जो अनुशासन होता है वे उसको तोड़ देते हैं। उनके भीतर के जो कटेण्ट का करेण्ट है या जो आवेग है, जो दबाव या ज़ोर है वह सारा विश्लेषण में व्यक्त होने लगता है तो जो विश्लेषण 'एपिक' सेन्स है तो इससे बहुत बातें स्पष्ट होती हैं। इससे पता चल जायेगा कि विचारधारा कहाँ जा रही है या समूची चीज़ों को वह किस तरह व्यक्त कर रही है।

तीसरी बात है संवाद की, उनके संवादों में यह स्पष्ट दिखायी पड़ता है कि कहानीकार किसी एक पात्र में अपना प्रतिनिधित्व पाता है। मुक्तिबोध चूँकि ऐसी वैज्ञानिक विचारधारा को मानते हैं तो जो चरित्र हैं वे अपनी स्वायत्तता खोयें नहीं। उदाहरण के लिए यदि बाँस है तो अपनी निष्ठा अपने कैरेक्टर को वह प्रकट करे। वहाँ मुक्तिबोध जिसके पक्षधर हैं उस पक्षधरता में उसकी पेण्टिंग नहीं करते। बॉस को बॉस की ही तरह पेंट करते हैं और यह ध्यान रखते हैं कि विचारधारा के जो वर्ग रूप हैं उन कहानियों में पूरे प्रकट हों, पर मुक्तिबोध चाहते क्या हैं? इसको पाठक स्वयं अनुभव करें। ज़ाहिर है कि विचाराधारा के दो रूप होते हैं, एक विचारधारा को माननेवाला। आदमी उसकी चाहत भी बताता है जब वे चाहत प्रकट करते हैं तो किसी चरित्र के कथनों के माध्यम से या जब वे विचारधारा के प्रति अपनी ज़िम्मेदारियाँ निभाते हैं तो वर्ग को वर्ग की अपनी मूल स्थिति में व्यक्त करने की कोशिश करते हैं। इस तरह यह जो देश व काल की स्थितियाँ हैं उन स्थितियों के बीच में विचारधारा को वे अपनी उन कहानियों में व्यक्त करते हैं।

प्राय: कहा जाता है कि मुक्तिबोध अपनी कहानियों में कोई निष्कर्ष पेश नहीं करते। मेरे ख़्याल से कहानियों में निष्कर्ष रेडीमेड ढंग से पेश नहीं किये जाते हैं बल्कि वे कहानियों में पिरोये हुए ढंग से स्वयं व्यक्त हो जाते हैं। मेरा यह भी मानना है कि उनकी कहानियों में रेडीमेड हल देने की प्रवृत्ति ही नहीं है, हल अलग से चस्पा नहीं है इसलिए मुक्तिबोध जब ब्योरे सामने रखते हैं तो शब्द-शब्द में, उसकी ध्वनियों में उसकी

झनझनाहट होती है। उसके अभिव्यक्तिकरण, रूपान्तरण, पुनर्सर्जन में, उनमें निहित उद्देश्यों में। इन सब में मुक्तिबोध की दिशा नज़र आती है। उनकी कहानियाँ गणित के सवालों की तरह हल नहीं होती और ऐसा होना भी नहीं चाहिए। यह मार्क्सवाद विरोधी पद्धति है। कुछ आलोचकों की राय में उनकी कहानियों में उद्देश्यपरकता नहीं है, मेरी धारणा है कि क़दम-क़दम पर बात-बात पर यानी उद्देश्य अनुप्रमाणित उनकी फ़ैण्टसी और उसका जो पूरा रूप खड़ा होता है उसमें उद्देश्य बाक़ायदा नज़र आता है। इस सन्दर्भ में जलना' कहानी का एक उदाहरण द्रष्टव्य है जो उनकी विचारप्रणाली, विचारधारा और उनकी उद्देश्यपरकता को व्यक्त करता है -"उसके बच्चे बड़े होंगे।...मैं अपने सारे विचार, मेरी अपनी सारी कल्पनायें और धारणाएँ उन्हें बता दूंगा। मैं उन्हें बड़े आदमियों की बैठकों से दूर रखूँगा और इस तरह छुट्टी दूँगा कि वे उनके तौर-तरीक़ों से घृणा करें, अपने जैसे ग़रीबों में ही रहें और उन्हें लिखायें-पढ़ायें, उन्हें नये-नये विचार दें, उनकी भविष्य कल्पना तीव्र कर दें। उनकी जगत्-चेतना को विस्तृत और यथार्थवादी बना दें, और उनमें मरें और जियें। मैं उन्हें क्रान्तिकारी बनाऊँगा, मैं उन्हें समाज की तलछट बनने के लिए प्रेरित करूँगा, वे वहाँ बैठे-बैठे किताबें लिखेंगे, पैम्फलेट छापेंगे और जो मिलेगा उसे सबके साथ खाकर उन सब भड़कीले दम्भों से घृणा करेंगे जो शिक्षा और संस्कृति के नाम पर चलते हैं।" जैसा कि मैं पूर्व में संकेत कर चुका हूँ कि मुक्तिबोध की विचारधारा और दर्शन मार्क्सवाद है।'जंक्शन' कहानी में इसे इस रूप में अभिव्यक्ति मिली है-"मैंने बच्चों को सिखा दिया है कि बेटे कभी इच्छामय दृष्टि से दुनिया को मत देखना। वह मामूली-से-मामूली इच्छा भी पूरी नहीं कर सकती। और चाहे जो करो,मौका मिलने पर झूठ बोल सकते हो, लेकिन यह मत भूलना कि तुम्हारे ग़रीब माँ, बाप थे। तुम्हारी जन्मभूमि ज़मीन और धूल और पत्थर से बनी यह भारत की धरती ही नहीं है। वह है-ग़रीबी। तुम कटे-पिटे दाग़दार चेहरों वालों की सन्तान हो। उनसे द्रोह मत करना। अपने इन लोगों को मत त्यागना॥

स्वातन्त्र्योत्तर हिन्दी कहानी के दौर में ऐसी भी कहानियाँ लिखी गयी है जिनके केन्द्र में जीवन न होकर विचारधारा होती है, ज़ाहिर है कि जीवनधारा और विचारधारा इन दोनों की डायलेक्ट्स (द्वन्द्वात्मकता) दोनों मुक्तिबोध के यहाँ मिलती है। सही मायने में हम पाते हैं कि पुनर्सर्जन की जो अवधारणा है वह जितनी मुक्तिबोध के यहाँ खरी उतरती है उतनी अन्यत्र नहीं। साहित्य के वे ऐसे विश्वामित्र हैं जो बने हुए जगत् में निवास नहीं करता, जो अपनी सृष्टि की रचना करता है। उसकी हर रचना कविता हो या कहानी, पुनर्सेजित है और इस पुनर्सर्जना में जितने कौशल और निजता की गुंजाइश है मेरे ख़्याल से उनके दृष्टिकोण को क़दम-क़दम पर देखना चाहिए, अभिधा उनके यहाँ मौजूद नहीं होती।

मुक्तिबोध जीवन के संघर्षों और द्वन्द्वों को अपनी कहानियों में उभारते हैं, उन्हें विश्लेषित करते हैं। वे पात्रों के चेहरों और उनके द्वारा बोले गये संवादों का प्रभावशाली अंकन करते हैं। वे बातों और मुद्राओं के बीच के गैप को, अभिव्यक्ति और सोच के बीच के गैप को और द्वन्द्वात्मक स्थितियों को सक्षमता से प्रकट करते हैं। सम्बन्धों के दुराव को

वे जीवन जगत् के बीच से खोजते हैं। संस्कारों और स्थितियों के बीच जो संघर्ष है, उसमें जो दरारें पड़ गयी हैं उन्हें वैचारिक धुरी में जाँचते-परखते हैं। जीवन की जटिलताओं के ताने बाने को वह पात्रों के भीतर से खींचकर लाते हैं। ऐसा लगता है कि जैसे वे कहानियों में अपने आपसे बातचीत कर रहे हों। अपने आप को जाँच रहे हों। वे अपनी स्थितियों पर भी चौकसी रखते हैं। मुझे ऐसा भी लगता है कि मुक्तिबोध का मस्तिष्क कहीं विराम नहीं लेता। विचारशीलता का तकाज़ा यह भी होता है कि प्रश्नों को उछाला जाय, उनके समाधान खोजे जायें, ऐसी चीज़ें सामने लायी जायें, जिनका हमारे समूचे जीवन से प्राणवान रिश्ता है। मुक्तिबोध की कहानियों में जीवन और विचार की यह द्वन्द्वात्मकता लगातार दृष्टिगोचर होती है। सम्भवतः इसीलिए उनकी कहानियों में सूत्र-संगठन की शक्ति बहुत होती है। मुक्तिबोध को मनोविज्ञान का बहुत गहरा ज्ञान था, इसीलिए पात्रों के मूड्स को, उनकी स्थितियों को वे चेंज करना भी जानते हैं। उन पात्रों के भीतर वे बहुत गहराई से प्रवेश करते हैं और वहाँ की वास्तविकताओं को, हलचलों को बख़ूबी व्यक्त भी करते हैं।

मुक्तिबोध व्यक्तित्व का विभाजन करके उसकी पड़ताल करते हैं तो स्थितियों के भीतर की स्थितियों को विश्लेषित करते हुए जीवन -जगत् की समीक्षा भी करते हैं और मेरे ख़्याल से इसीलिए उन्हें फ़ैण्टेसी अपने अनुकूल लगती है जिसमें वाद-प्रतिवाद और संवाद की समूची प्रक्रिया सम्भव हो पाती है। उनकी कहानियों में विचार और जीवन का, स्थितियों, घटनाओं, मनोभावों और संवेदनाओं का सर्जनात्मक द्वन्द्व प्रकट होता है। दो-चार कहानीकार ऐसे हैं, जिनके यहाँ घोषित रूप से विचारधारा नहीं मिलती लेकिन जीवन होता है, जीवन की हलचल होती, जैसे-हरिशंकर परसाई, रघुवीर सहाय, अमरकान्त, विरोध में जाते हुए निर्मल वर्मा की कहानियों में। प्रेमचन्द की कहानी 'कफ़न' में जीवन का इतना ताप और उससे उत्पन्न विचारधारा है। यशपाल के यहाँ स्थिति दूसरी है। उनके यहाँ विचारधारा कई बार घोषित होती है। मुक्तिबोध इसके लिए कहते थे-"बेमालूम तरीक़े से प्रकट होना।" उनके यहाँ विचारधारा के सन्दर्भ में यह बात चरितार्थ होती है। यूँ तो मुक्तिबोध की घोषित विचारधारा मार्क्सवाद है लेकिन वे प्रायः उसका नाम नहीं लेते, बावजूद इसके कि उनकी आइडियालॉजी उनकी कहानियों में अभिव्यक्त होती है बल्कि उनके समूचे लेखन में भी। वे इतना सूक्ष्म, टटोल-टटोलकर हर चीज़ को प्रकट करते हैं कि ताज़्जुब होता है; ज़ाहिर है कि यह काम वही कर सकता है जो जीवन दृष्टि पर भरोसा करता हो। जीवन दृष्टि एक भावावेग या विचारावेग नहीं है वह तो सारे जीवन में रचा-बसा समूचा सन्दर्भ है।

सन्दर्भ

1. मुक्तिबोध रचनावली (भाग-5) पृष्ठ : 428
2. बलराज पाण्डेय : कहानी आन्दोलन की भूमिका : पृष्ठ-33
3. 'पहल'-कहानी विशेषांक : पृष्ठ-327
4. वही-पृष्ठ-330

5. डॉ. परमानन्द श्रीवास्तव-वर्तमान साहित्य (कहानी महाविशेषांक) पृष्ठ-497-98
6. नयी धारा-फरवरी, मार्च 1969 : पृष्ठ-96
7. आलोचना : जुलाई-सितम्बर 1976 : पृष्ठ - 75
8. सं. डॉ. लक्ष्मणदत्त गौतम : गजानन माधव मुक्तिबोध : पृष्ठ-169
9. प्रमोद वर्मा-कालजयी मुक्तिबोध : पृष्ठ-19
10. सं. डॉ. लक्ष्मणदत्त गौतम : गजानन माधव मुक्तिबोध : पृष्ठ-169
11. 'आलोचना' : जुलाई-सितम्बर 1976 : पृष्ठ-76
12. मुक्तिबोध रचनावली (भाग-3) पृष्ठ : 325
13. काठ का सपना : पृष्ठ-74
14. विजय मोहन सिंह : आलोचना 64-65 : पृष्ठ-102
15. सतह से उठता आदमी : पृष्ठ-101
16. आचार्य रामचन्द्र शुक्ल-चिन्तामणि (भाग-एक) : पृष्ठ-3
17. डॉ. जगदीश शर्मा-मुक्तिबोध : एक साहित्यिक इकाई : पृष्ठ-66
18. रवीन्द्र वर्मा-'आलोचना'-अक्टूबर-दिसम्बर-84 : पृष्ठ-17
19. सं. डॉ. लक्ष्मणदत्त गौतम : गजानन माधव मुक्तिबोध : पृष्ठ - 172
20. डॉ. परमानन्द श्रीवास्तव-वर्तमान साहित्य (कहानी महाविशेषांक-2) पृष्ठ-504
21. डॉ. जगदीश शर्मा-मुक्तिबोध : एक साहित्यिक इकाई : पृष्ठ-67
22. डॉ. नामवर सिंह-कहानी : नयी कहानी : पृष्ठ-103
23. जनक शर्मा-मुक्तिबोध-व्यक्तित्व एवं कृतित्व : पृष्ठ-318-19
24. वर्तमान साहित्य-कहानी महाविशेषांक-2 : पृष्ठ-504
25. 'आलोचना'-64-65 : विजय मोहन सिंह : पृष्ठ - 99
26. रवीन्द्र वर्मा-'सतह से उठता आदमी' : पृष्ठ-48
27. 'आलोचना'-अक्टूबर-दिसम्बर-84 : पृष्ठ-16
28. विजय मोहन सिंह : आलोचना 64-65 : पृष्ठ -100
29. वही-पृष्ठ-101
30. सं. डॉ. लक्ष्मणदत्त गौतम : गजानन माधव मुक्तिबोध : पृष्ठ - 172
31. वही-पृष्ठ-172
32. डॉ. नामवर सिंह-कहानी : नयी कहानी : पृष्ठ-52
33. वही-पृष्ठ-123-124
34. गंगा प्रसाद विमल : काठ का सपना (भूमिका) : पृष्ठ-7-8
35. सं. डॉ. लक्ष्मणदत्त गौतम : गजानन माधव मुक्तिबोध : पृष्ठ-171
36. वही-पृष्ठ-173
37. 'आलोचना' : जुलाई-सितम्बर 1976 : पृष्ठ-75-76
38. मलयज-संवाद और एकालाप : पृष्ठ-80
39. कड्क-मुक्तिबोध विशेषांक : पृष्ठ-209
40. डॉ. नामवर सिंह-कविता के नये प्रतिमान : पृष्ठ-249

41. 'आलोचना' : जुलाई-सितम्बर 1968
42. 'आलोचना' : जुलाई-सितम्बर 1967 : पृष्ठ-143
43. मध्यप्रदेश सन्देश-10 नवम्बर, 1980 : पृष्ठ-24
44. कड्क-मुक्तिबोध विशेषांक : पृष्ठ - 203
45. मोतीराम वर्मा-मुक्तिबोध का गद्य साहित्य : पृष्ठ-64
46. डॉ. जगदीश शर्मा-मुक्तिबोध : एक साहित्यिक इकाई : पृष्ठ-78-79
47. डॉ. शिवकुमार मिश्र-मार्क्सवादी साहित्य चिन्तन : इतिहास और सिद्धान्त : पृष्ठ-312
48. सुदर्शन नारंग-कहानीकार दीपोत्सव अंक-1969, पृष्ठ-83
49. मलयज-संवाद और एकालाप पृष्ठ-86
50. प्रयाग शुक्ल (सौराहों के यात्री) ''आलोचना' : जुलाई-सितम्बर-1167, : पृष्ठ 139
51 मध्यप्रदेश कला परिषद और म.प्र. शासन साहित्य परिषद 5, 6 और 7 अक्टूबर, पृष्ठ 75
52 मध्यप्रदेश सन्देश-10 दिसम्बर, 1989 : पृष्ठ-18-19
53. 'आलोचना' : अक्टूबर-दिसम्बर, 84 : पृष्ठ-17
54. एक साहित्यिक की डायरी : पृष्ठ-97
55. मलयज-संवाद और एकालाप : पृष्ठ-78
56. कड्क-(मुक्तिबोध विशेषांक) : पृष्ठ-201
57. मोतीराम वर्मा-मुक्तिबोध का गद्य साहित्य : पृष्ठ-64
58. 'आलोचना' : जुलाई-सितम्बर 1976 : पृष्ठ-76
59. सेवाराम त्रिपाठी की काशीनाथ सिंह से बातचीत -
60. वही -
61. वही -
62. डॉ. धनंजय : समकालीन कहानी : दिशा और दृष्टि : पृष्ठ -137-38
63. मनोहर देवलिया-हरिशंकर परसाई : व्यक्तित्व और कृतित्व : पृष्ठ-136
64. राल्फ फॉक्स-द नॉवेल ऐण्ड द पीपुल : पृष्ठ-137
65. डॉ. नामवर सिंह-कहानी-आजकी कहानी, सुरेश पाण्डे से साक्षात्कार : पृष्ठ-61-62

विपात्र : औपन्यासिक परिधि का स्पर्श

विपात्र का परिचय

'विपात्र' 'काठ का सपना' की अन्तिम कहानी है जिसे मुक्तिबोध काट-छाँट कर और तराश कर लिखते जा रहे थे। इसकी कल्पना भी उन्होंने उपन्यास रूप में की थी। इसकी पाण्डुलिपि इतनी विस्तृत थी कि यह बड़ा उपन्यास-सा दिखता था, लेकिन टाइप कराने के पश्चात् उसका आकार बहुत ही छोटा हो गया। विपात्र 1959 से उनकी बीमारी तक के बीच लिखा गया है। समय-समय पर इसमें कुछ-न-कुछ जोड़ा जाता रहा है। वस्तुत: यह दो खण्डों में विभक्त है। सात अंशों का प्रथम खण्ड और दो अंशों का दूसरा खण्ड मिलाकर अन्ततः यह उपन्यास के रूप में प्रकाशित हुआ। ध्यातव्य है कि यह 'काठ का सपना' कहानी संग्रह में छपा था। बाद में कुछ अंश जोड़कर 'विपात्र' उपन्यास के रूप में 1971 में प्रकाशित हुआ। उपन्यास रूप में प्रकाशित 'विपात्र' के आवरणीय वक़्तव्य में कहा गया है कि-''विपात्र एक लघु उपन्यास या लम्बी कहानी या डायरी का एक अंश या रम्य गद्य या चौंकानेवाला एक विशेष प्रयोग, कुछ भी संज्ञा इसे दी जा सकती है।''[1] महत्त्वपूर्ण बात यह है कि इसका प्रत्येक अंश अपने आप में पूर्ण एवं सुगठित है। 'विपात्र' में कई विधाओं का आभास होता है-मसलन कहानी, उपन्यास, आत्मचरित, डायरी या जीवन जगत् की अन्तहीन समीक्षा। मुक्तिबोध रचनावली के सम्पादक नेमिचद्र जैन ने रचनावली के तीसरे खण्ड की भूमिका में लिखा है कि-''विपात्र कहानी के रूप में भी छपी है और उपन्यास के रूप में भी। पर लगता यह है कि उपन्यास रूप में प्रकाशित करते वक़्त जो हिस्सा जोड़कर उसे उपन्यास कहा गया, वह वास्तव में एक प्रारूप मात्र है। कहानी का अगला खण्ड नहीं। यहाँ (रचनावली खण्ड तीन) में दोनों अंश एक साथ तो दिये गये है। पर इस संभावना को सूचित करने के लिए एक टिप्पणी भी बीच में जोड़ दी गयी है।''[2] नेमिचन्द्र जैन का यह भी मानना है कि बादवाला अंश जो उपन्यास रूप में छपा है। वह कहानी का दूसरा प्रारूप है। वे लिखते हैं कि-''ऐसा जान पड़ता है कि यह इस लम्बी कथा का एक अलग प्रारूप है। इसके अन्त में चरित्रों के नाम में भी कुछ परिवर्तन मिलता है और उनकी मानसिकता में भी। इसलिए इसे मिलाकर विपात्र को एक लघु उपन्यास मानने के बजाय उसे कथा का एक अन्य रूप मानना अधिक समीचीन लगता है।''[3]

कथावस्तु

'विपात्र' की कथावस्तु कई दृष्टियों से उलझी हुई है। इसलिए सिलसिलेवार उसे पकड़ना अत्यन्त सहज काम नहीं है फिर भी इसका मोटा-सा खाक़ा बनाया जा सकता है। सम्भवतः 'विपात्र' पर विचार करते हुए समीक्षकों ने कथावस्तु को केन्द्र में नहीं रखा। बहस के टुकड़े इकट्ठे किये गये हैं; और उन्हीं के जरिये कथा को क्रमबद्ध किया गया है। लेखक (मैं) के मन में जीवन-जगत् की अनेक समस्याएँ हैं जो उसे चैन नहीं लेने देतीं। बाह्य जीवन की उधेड़बुन लेखक को भीतर तक मथती और झकझोरती हैं। लेखक का आत्मसंघर्ष और अन्तस्संघर्ष निरंतर उद्वेलित होता रहता है। मुक्तिबोध के ज्ञानात्मक संवेदन और संवेदनात्मक ज्ञान की चरम परिणति 'विपात्र' का झटका-दर-झटका देनेवाला कथ्य है।' विपात्र की कथावस्तु का विकास बहस पर आधृत है।

लेखक (मैं) अपने एक साथी के साथ घूमने निकला है। वहाँ दोनों बग़ीचे में विभिन्न वनस्पतियों का एवं प्रकृति का भरपूर आनन्द ले रहे हैं। इसी दरमियान संस्था के एक साथी प्राध्यापक राव साहब आकर उसे फूलों का एक गुच्छा देता है। मैं कहता है कि यार इन फूलों में मज़ा नहीं आता, एक कप चाय पिलाओ। इस बीच मैं सिंग साहब (जगत) से कहता है कि 'तुम्हारा हेमिंग्वे मर गया है। दोनों की चर्चा हेमिंग्वे पर विस्तार से होती है कि कैसे हेमिंग्वे काई दिनों से अन्यमनस्क था कि अचानक गोली चल गयी और वह मारा गया। पास में ही साँप -साँप की चिल्लाहट सुनकर मैं और सिंग साहब दोनों ठिठक जाते हैं। उपस्थित लोगों में से सभी ने माली से कहा कि साँप मारो लेकिन नौज़वान माली किसी भी तरह साँप मारने को तैयार नहीं हुआ। ''मैं नहीं मारूँगा साहब! यह यहाँ का देवता है। रखवाली करता है।'' साँप कहीं झाड़ी में खिसक जाता है। साँप के किस्से छिड़ जाते हैं कि वह किस जाति का है, क्रेट है, पनियल या अजगर। इसी बीच मैं और सिंग साहब निकल भागना चाहते हैं ताकि वे पकड़ में न आ सकें। साँप के बारे में लोगों के अज़ीब-अज़ीब ख़्याल है। लोगों का सोच है कि बग़ीचे में कहीं धन गड़ा है और मालिक के पूर्वकों की आत्मा धन की रखवाली साँप के रूप में करती है। बग़ीचे के पेड़ पौधों के बारे में चर्चा होती है। राव साहब कहते हैं कुत्ते मारकर डाले हैं पेड़ों की जड़ों में। दरअसल यह बात राव साहब ने व्यंग्य में कही है। मैं और जगत् दोनों राव साहब के बारे में बातें करते हैं। जगत के मन में राव साहब के सम्बन्ध में गुत्थी है। दोनों (राव साहब और जगत) एक-दूसरे को सिरफिरा समझते हैं। जगत अमेरिकी साहित्य का प्रेमी है। यदि घर परिवार आड़े नहीं आता तो निश्चय ही वह बहुत ऊँची जगहों जैसे कैलिफोर्निया या हॉर्वर्ड यूनिवर्सिटियों में होता। जगत के लेखे राव साहब गँवार मिडिलची हैं जिन्होंने कुंजी रट रटकर एम .ए पास किया है। राव साहब इस वक़्त जिस सीढ़ी पर हैं उसकी अगली सीढ़ी का नक़्शा बराबर ध्यान में रखते हैं तो जगत की खूबियों और खामियों की चर्चा 'मैं' पूरे आयामों के साथ करता है। मैं अपने व्यक्तिगत जीवन को केन्द्र में रखकर अपने वर्ग और अपने जीवन का गहन मूल्यांकन-विश्लेषण करता है और अपने आपको निम्नों से जुड़ा अनुभव करता है। कथा के अगले क्रम में ' मैं' और जगत के व्यक्तित्व का खाक़ा है।

विद्या केन्द्र के चीफ़ बॉस साहब के यहाँ महफ़िल जमती है लेकिन बहुतों को उसमें मज़ा नहीं आता। जगत और मैं महफिल की वक़्त कटी और मसालेदार गप्पबाज़ी से घबराते हैं हालाँकि उनके पास इससे मुक्त होने का कोई कारगर माध्यम अथवा हल (सैल्यूशन) नहीं है। विद्या केन्द्र की स्थापना प्रकृति के रमणीय स्थल में है। यही बॉस साहब लगभग रोज खाने-पीने की पार्टियाँ देते हैं। इस महफिल में तरह-तरह की बे-सिरपैर की चर्चाएँ होती हैं ' इस तरह लोगों का अमूल्य समय स्वाहा होता है। बीस अपने अन्य सदस्यों को जी जान से चाहते हैं। सब पर एहसान करते हैं लेकिन अपने प्रेम के मामले में राजा हैं तानाशाह हे। वे अपना बहुत सारा धन ख़र्च करके केवल लोगों का साथ चाहते हैं। वितृष्णा का नमूना देखें ' फ़र्क़ यही था कि मुझे इस तरह अकेलेपन से भागने और वक़्त काटने की इच्छा नहीं रहती न जगत को ही रहती थी। इसलिए हम लोग ' अनसोशल ' कहलाते। क्लब की ज़िन्दगी अगर सामाजिकता का लक्षण है तो मैं ऐसी सामाजिकता से बाज़ू आया। मैं और जगत घूमने जाते हैं वहाँ तरकारियों के खेत देखते हैं। ''ये तरकारियों के खेत थे। छोटी-छोटी मेड़ें बनी हुई थीं। उन पर ख़ूब मेहनत की गयी थी। ऐसा लगता था कि ये खेत नहीं वरन् कल्पनाशील चित्रकार द्वारा निकाले गये मानव श्रम के हरे-भरे चित्र हीं। सब कुछ चित्रात्मक था।[4] आगे बढ़ने पर वे अभावों से भरी ज़िन्दगी का चित्र देखते हैं। लोगों को सुनहरे चेहरे वाला साथी-बस्ती में जाने से मना करता है। इस गली में कमीन लोग रहते हैं और सभ्य लोगों को यहाँ से नहीं गुजरना चाहिए। बड़े लोगों की नजर में यहाँ व्यभिचार होता है। बीस की प्रायवेट ज़िन्दगी का इतिहास खुलता है। इस इतिहास में तथाकथित बड़ों की ज़िन्दगी में जो होता है। ''हमारे बॉस की भी इसी तरह की प्रेमिकाएँ रही हों'' बीस के आचरण के बारे में चर्चाएँ होती हैं। उनके पूर्व के जीवन इतिहास और वर्तमान जीवन पर चर्चा हाती है। ''जो कर्मचारी उनके दरबार में न बैठता वह अपने को असुरक्षित अनुभव करता, जिन कर्मचारियों को कार्यवश वहाँ जाने को नहीं मिलता, उनके मन में एक गुत्थी पैदा हो जाती कि कहीं ऐसा न हो कि उसकी अनुपस्थिति में कुछ-का-कुछ हो जाये।'' इस तरह लोगों में एक अजीब-सी बे-रुखी पैदा हो गयी थी। एक अजीब कैद थी जिसमें प्रत्येक व्यक्ति अपने आपको विफल अनुभव कर रहा था। ''इस विद्या केन्द्र में किसी को भी विद्यानुराग नहीं था। यहाँ तक कि पढ़ाने का जो काम है उससे सम्बन्धित बातों को छोड़्?कर, जो व्यक्ति इधर-उधर किताबें टटोलता या अपने विषय में ही 'रस' लेने लगता, उस विषय में प्राय: रस मग्न होकर बातचीत करता, तो लोग बुरा मान जाते। समझते कि वह व्यक्ति पढ़ाकू हो रहा है।''

आगे गली पार करने के पश्चात् एक गटर थी। वहाँ एक साँवली औरत दिखायी दी। वह धोबिन थी। मैंने कहा चण्डीदास की प्रेमिका फिर अपने को सुधार कर उसे गोर्की की पात्र कहा। बातचीत शहर की समाज शास्त्रीयता पर चल पड़ी। यहाँ इस शहर में तमाम दूर-दूर से लोग आये और बस गये। कालान्तर में सतनामियों और कबीर पन्थियों का जोर और प्रभाव बढ़ा और आधुनिककाल में ईसाई मिशनरियों का। सुनहरे चेहरेवाला मारवाड़ी था। उसने गन्दे होटल में बढ़िया चाय पिलायी। बाद में उसने स्थान और बॉस को डिसरेप्यूटेबिल ' कहा। चर्चा चल पड़ी कि यदि हमारा बाप है और उसमें दुर्गुण है तो क्या

हम उसकी आलोचना नहीं करेंगे। बार-बार चर्चा बॉस के चरित्र पर आ जाती है। चर्चा में यह तथ्य उभरा कि बॉस नामी-गिरामी शैतान है। वह तो छोटे और ग़रीब लोगों को बिल्कुल नहीं छोड़ता। उसकी नज़र में ग़रीबों के बच्चे चोर और आवारा होते ही हैं। भनावत कहता है-तो तुम क्या यह सोचते हो कि अपने मन की बातें साफ़-कहने से आपकी नौकरी टिक पायेगी? अजी दो दिन में लात मारकर निकाल दिये जायेंगे जनाब। यह मेरी चौदहवीं नौकरी है। ज़्यादा ख़तरा अब मैं नहीं उठा सकता। सच कहता हूँ, इसलिए बदमाश कहा जाता हूँ। मैं अब तक व्यक्ति,स्थिति और परिस्थितियों को न देखकर बातें करता था। मैं बदमाश था। अब मैं सोच-समझकर, अपने को भीतर का मौका देख करके बात करता हूँ, इसलिए लोग मुझे 'अच्छा' समझते हैं।'' बहस जारी रहती है। वे आगे चौराहे पर जाते हैं। सिंधी की दुकान में चाय पीते हैं। मैं सोचता है, ''हम कितने अकेले हैं। जीवन में कहीं कोई 'मीनिंग' कोई अर्थ चाहते हैं, और वह भी मिल नहीं पाता'' आगे चर्चा होती है फासलों के बारे में ''और फ़ासले? कितने फ़ासले, हमारे और तुम्हारे बीच में, तुम्हारे और भनावत के बीच में, भनावत और किसी के बीच में ये दिल मिलने नहीं देते।''

यह बातचीत 'मैं', जगत और भनावत को थकाये डाल रही थी। एक बूझ और बेपहचान दर्द भर रहा था। सभी बग़ीचे में जाते है। वहाँ दरबार लगा हुआ है। केन्द्र में बॉस बैठे हुए हैं। और करीने से आसपास सभी विद्या केन्द्र के सदस्य। सबकी हुलिया का वर्णन इसमें मिलता है। बॉस को नमस्कार करके मैं और जगत बैठ जाते हैं। चर्चा गणिकाओं और वेश्याओं से लेकर राजनीतिज्ञों, विश्वविद्यालय प्रशासन, शराब की किस्मों पर और खान पान पर। रामभोज और अन्य साथियों के लिए मिठाई आती है। इसी बीच कांग्रेसी एम.एल.ए. मिलने आते हैं। सामन्तों के चरित्र पर चर्चा होती है। अचानक धमाके के साथ किसी की हत्या होने का विचार सामने आता है। फिर देवकीनन्दन खत्री के तिलिस्म की जिसमें न जाने कितने लोग गिरफ़्तार हैं। बातचीत के दौरान ही मिश्रा ने कहा - ''हमारे तुम्हारे बीच कोई झगड़ा नहीं है जगत। तुम्हारा हमारा प्राकृतिक सहअस्तित्व है, क्योंकि हम दोनों ए.बी.लार्डस हैं। ए.बी.लार्ड; शिखण्डी सन्त जिसने अपनी जननेन्द्रिय को चाकू से काट दिया था। सन्त बने रहने के लिए।''।

इसके आगे के अंश में बड़ी विचारोत्तेजक बहस है। चीज़ों का विश्लेषण है। वासना और वेदना के बारे में दार्शनिक विचार हैं। व्यक्तिबद्ध वेदना और व्यक्तिबद्ध वासना पर भी। जगत के चरित्र का भरा पूरा विश्लेषण उसकी चारित्रिक विशेषताएँ। आत्म कथात्मक शैली में मैं का विश्लेषण और दरबार की संस्कृति का विश्लेषण होता है। इस दूसरे खण्ड में बुद्धिजीवियों के विरोधाभासों, उनकी स्वार्थपरताओं की भी जमकर चर्चा होती है। निम्न मध्यवर्ग की अपनी खूबियाँ और खराबियाँ भी हैं। उनकी अपनी कारा भी है, वे चाहते हुए भी उन खोहों से निकल नहीं पाते। जगत बीच-बीच में हस्तक्षेप करता है लेकिन मैं की चिन्तन धारा लगातार चलती रहती है। मैं का कहना है कि मध्यवर्ग की सबसे बड़ी विचारसरणि यह है कि वह निरंतर उठना चाहता है, वह हर जगह उपलब्धि चाहता है। इसके लिए वह कुछ भी करने को तैयार बैठा है। मैं ज़िन्दगी के समूचे पक्षों,

सभी स्थितियों के बारे में सोचता है। मैं समूचे मध्यवर्ग की कमज़ोरियों को अपनी कमज़ोरियाँ मानता है। "मैं बात करते करते थक गया था। मस्तिष्क में उत्तेजना फैल गयी थी। धीरे-धीरे मैं शान्त हुआ, स्तब्ध हो गया और फिर शर्मिन्दा हो गया। मैं जगत को क्यों डाँट रहा हूँ? जगत मेरे क्रोध का विषय थोड़े ही है।" इसी बीच एक युवक-युवती मिले। दोनों उसके बारे में बातचीत करते हैं। मैं सोचता है कि हमारे जीवन में एक शून्य घिर आया है इसी को भरने के लिए शायद बॉस अपना दरबार लगाते हैं, ऐसा उसने सोचा। आलोचना इस कथा रचना में बहुत है और निष्कर्ष रूप में रचना के अन्त में यह वाक्य आता है-"आई वाण्ट टू बी इन दि थिक ऑफ थिंग्स ऐज मिले ट्राइड टु बी एस, टु बी इन दि थिक ऑफ थिंग्स।" जैसा मैंने पूर्व में संकेत दिया था कि विपात्र की कथावस्तु अत्यन्त बिखरी हुई है। कथावस्तु के केन्द्र में विचारोत्तेजक बहस है और इसी बहस के जरिये टूटती-जुड़ती कथा अस्तित्व में आती है। मेरे ख़्याल से कथावस्तु इसमें गौड़ है। मुख्य बात है जीवन-जगत् की समीक्षा और यह समीक्षा बहस द्वारा सम्भव की गयी है।

वस्तु चयन और नाम की सार्थकता

"मुक्तिबोध ने हमेशा वर्गबोध को एक स्पृह्णीय मूल्य की तरह अपनी अनुभूतियों में जिया है। उसे हमेशा एक शपथ तलवार की तरह अपने सीने पर रखा। वर्गबोध जैसे एक कसौटी हो जीवन संघर्ष को अर्थ देने के लिए। ... मुक्तिबोध की प्रत्येक रचना एक स्वप्न भी है और उसे चरितार्थ करने की एक कोशिश भी। एक आदर्श और यथार्थ भी।" [5] 'विपात्र' हमारी संस्कृति और आत्मा के संकट को अत्यन्त प्रखरता के साथ उठाता है। विपात्र की वैचारिक संरचना भारत के वर्तमान सांस्कृतिक संकट की व्यवस्थापकीय प्रभुत्व और शिक्षित मध्यवर्ग की प्रबुद्धता, विवशता तथा पुंसत्वहीनता के मनोसामाजिक परिप्रेक्ष्य में एक ऐसा अर्थ खोजने की समस्या पर आधारित है जो जीवन को सही तरह से जीने के योग्य बना सके। मानवीय संवेदना को सही दिशा दे सके। डॉ. नामवर सिंह लिखते हैं कि-"भारतीय उपन्यास का नायक मूलवंवित समाज में मूल्यों की खोज का असफल प्रयास करनेवाला समस्या मूलक नायक नहीं, बल्कि अर्द्ध सामन्ती, अर्द्ध पूँजीवादी औपनिवेशिक समाज में किसी तरह जीवित रहने भर के लिए संघर्ष करनेवाला त्रासदीय नायक है, जिसे अनायक भी कह सकते हैं।" [6]

'विपात्र' के रूप में इसका नामकरण विचारणीय है। कोई व्यक्ति नहीं बल्कि कोई बौद्धिक पीड़ा या संकट इसका नायक है जो सबको पराजित और निष्क्रिय कर देता है। 'विपात्र' अर्थात् पात्र हीनता। ऐसी रचना जिसमें कोई पात्र नहीं। नाम के पीछे यदि रचनाकार का उद्देश्य यह हो तो फिर विपात्र में आये बॉस, राय साहब, जगत, भनावत, मैं आदि क्या हैं? ये भी तो पात्र हैं। उपन्यास पढ़ने के बाद ज़ाहिर होता है कि इन पात्रों का अस्तित्व मनुष्य की सामूहिक पीड़ा का बौद्धिक विश्लेषण है। व्यवस्था के षड्यन्त्रों के भीतर से एक बानगी। तमाम प्रकार की स्वार्थपरताएँ स्वहित चिन्ता के आवरण के भीतर से समूचा जीवन रस चूसती हैं। जेल लोहे की सीखचों का ही नहीं, व्यवस्था के तमाम हिस्सों का भी है। विपात्र के 'पात्र हीनता' का कारण यहीं तय हो जाता है। एक नायकहीन

कथा जो इस पूँजीवादी सामाजिक जाल के भीतर का सामूहिक टुकड़ा। समूह के नाम पर दरबार को मूर्तरूप दिया गया है। बॉस की रोज़ाना बैठक की हुलिया का असली रंग। अग्नेश्का सोनी के शब्दों में-''विपात्र में ऐसे 'अमिश्रित आदर्शवाद' का वाहक कोई पात्र नहीं है ; इसलिए परिणाम केवल यही हो सकता है। अपने ऊपर व्यंग्य विस्फोट असल में इस लम्बी कहानी का जिसका विषय उलझी चरित्र स्थितियों का विश्लेषण है-कोई 'नायक' भी नहीं है ; या एक सामूहिक नायक है 'बॉस' साहब का 'दरबार'।''[7]

विपात्र में विसंगतियों, विडम्बनाओं एवं स्वार्थपरताओं की स्वायत्त दुनिया है। पात्रों के चरित्र बनते-बनते टूट जाते हैं ; निरन्तर संवाद रहते हुए भी संवादहीनता की स्थिति पनपती है। विपात्र में स्वतन्त्र भारत के मध्यवर्ग की विडम्बनाएँ केन्द्र में हैं। मध्यवर्ग की रीढहीनता के अनेक चारित्रिक लक्षण इसमें उजागर हुए हैं। जीने की शर्तें शर्मिन्दगी से भरी, सत्ता से मोह और उसका डर। ''जो कर्मचारी बॉस के दरबार में नहीं बैठता वह अपने आपको असुरक्षित महसूस करता है। आहिस्ता-आहिस्ता दरबारी अपने को उनकी रखैले महसूस करने लगते हैं। रखैल भी सीनियर-जूनियर हैं, उनमें ईर्ष्या द्वेष है।'' ईर्ष्या और द्वेष के पीछे लोभ और लालच की भूमिका है। चूँकि दरबारी समाज से कटे हुए हैं। उनकी सारी चिन्ताएँ पदों और ज़्यादा पैसों के इर्द-गिर्द घूमती हैं। उनका मन बॉस के इर्द-गिर्द फिरकनी-सा घूमता है। बॉस अपने दरबारियों से प्रेम भी करता है। यह सत्ता खेल की सामन्ती तर्ज है। बॉस जन-विरोधी है जैसा की सत्तापुंज को होना चाहिए।''[8]

'विपात्र' की पात्रहीनता के सिलसिले में डॉ. ईश्वरदयाल गुप्त ने लिखा है कि-* ''अजनबीपन की समस्या के साथ एक और समस्या गहरी जुड़ी लगती है, अस्मिता की खोज। जिस स्तर पर इसकी चर्चा होती है, मुझे लगता है वह विकसित देशों के चिन्तकों, कलाकारों की समस्या है। वहाँ बीसवीं शदी की संरचना उस तकनीकी शिविर से जुड़ी है जिसने अपनी आत्यान्तिकता में युग की प्रकृति को व्यवस्थापकीय 'मैनेजीरियल' बना दिया है, वह उद्योग की प्रधानता उतनी नहीं जितनी व्यवस्था की। व्यवस्था ने अपने अतिरेक में एक ऐसे अगम्य गढ़ (कैसल) का रूप धारण कर लिया है कि अनाम 'क' की भाँति असफलता पूर्वक उससे निरंतर टकराते रहना आज के व्यक्ति की नियति बन गयी है।''[9] विपात्र के विचित्र संसार पर सर्वत्र एक अवसाद-सा छितराया हुआ है जो पात्रों के प्रत्यक्ष व्यवहार में कदाचित ही प्रकट होता है, यद्यपि वही उनके भीतर अलगाव को मुखरित भी बनाता है। अपनी बाहरी और भीतरी विसंगति को जीता और सहता हुआ समस्त बुद्धिजीवी वर्ग अपने मनोसामाजिक परिवेश की समग्रता के भीतर विपात्र की भूमिका निभा रहा है, विपात्र होने की नियति भुगत रहा है। विपात्र के नाम की सार्थकता इस बात में भी है कि हमारी समकालीन ज़िन्दगी, उसके विरोधाभास और त्रासद स्थितियाँ इतनी जानलेवा हैं कि बुद्धिजीवी वर्ग विचार स्वातन्त्र्य, अभिव्यक्ति स्वातन्त्र्य के बहाने कटी पतंग बन जाता है और अपनी स्वार्थपरताओं की वजह से अपनी पूरी इयत्ता के साथ 'विपात्र' बनने को मज़बूर है। यह मज़बूरी बुद्धिजीवी ने स्वयं अपने लिए पैदा की है, क्योंकि घर गृहस्थी के दाँवपेच उन्हें विपात्र' बनने को मजबूर करते हैं। कथा का 'मैं'

क्यों महसूस करता कि मैं बड़ा आदमी बन रहा हूँ। यदि एक युवक श्रद्धा विनत भाव से सोचता है कि हम लोग प्रभावशाली और श्रेष्ठ हैं तो उसके चेहरे की सलवटें क्यों तनती हैं? स्नायु क्यों कसते हैं? सिर आसमान से क्यों टकराता है? बातचीत का तौर, क्यों बदल जाता है? उसके और युवक के बीच एक हरी चिक का पर्दा जो अफ़सरों के दरवाजे पर पड़ा होता है, कैसे पड़ जाता है? उत्तर एक ही है ख़्याली बातें व्यवहार में ही नहीं उतर आया करतीं।

कथा परिवेश

स्वतन्त्रता मिलने के पश्चात् हमने लोकतन्त्र में आस्था व्यक्त की, लेकिन उस आस्था के लिए कोई ठोस आधार नहीं बनाये। परतन्त्रता की मनोवृत्तियाँ निरन्तर कायम रहीं। इतिहास का पुराना रोग सामन्तवादी व्यक्ति पूजा समाप्त न हो सका। अन्तर यह है कि राजा की जगह नेता ने ले ली। ग़रीबी, भुखमरी, अन्याय, शोषण तथा चापलूसी एवं अन्यान्य स्थितियाँ जड़बद्ध हो गयीं। बुद्धिजीवी निरन्तर अँधेरे में उतरता गया, वह अपने स्वार्थों के कठघरे में बंदी बना रहा। उसने अपने परिवेश से और अपने जगत् से उठने वाले तूफानों एवं बवण्डरों को देखा लेकिन उसको हल करने का कोई सार्थक प्रयास नहीं किया। मुक्तिबोध ने बुद्धिजीवियों की मानसिक हलचलों को तथा उससे निकलने के लिए छटपटाती संघर्षशीलता को विपात्र में उठाया है। उसमें बुद्धिजीवी को आगाह किया है कि एक रास्ता चुनने पर ही वह मंज़िल प्राप्त कर सकता है। विपात्र के कथा परिवेश का सम्बन्ध राजनांदगाँव, दिग्विजय महाविद्यालय, मुक्तिबोध और उसके प्राध्यापक साथियों के अत्यन्त निकट है। मोतीराम वर्मा ने इस तथ्य को उद्घाटित करते हुए लिखा है कि– ''यह बाग़ीचा है जनाब ! जहाँ से विपात्र की कहानी शुरू होती है। मैं कहानी के प्रत्येक पात्र से तुम्हें मिलवा सकता हूँ। सिर्फ़ एकाध को छोड़कर जो राजनांदगाँव से बाहर चले गये हैं।[10] 'विपात्र' के सिलसिले में श्री पदुमलाल पुन्नालाल बख्शी की यह टिप्पणी गौरतलब है–''ज्ञानोदय के मार्च और अप्रैल के अंक में मुक्तिबोध की 'विपात्र' शीर्षक एक लम्बी कहानी निकली है। उस कहानी ने यहाँ हलचल मचा दी है। उसमें दिग्विजय कॉलेज के सम्बन्ध में मुख्य रूप से प्राचार्य और अध्यापकों के सम्बन्ध में कितनी अप्रिय बातें लिखी गयी हैं।''[11]

'विपात्र' में एक विद्या केन्द्र है। यह संस्था बुद्धिजीवियों को एक तरह से खरीदे हुए है। केन्द्र का मुखिया बॉस है। वहाँ हर प्रकार के बुद्धिजीवी है लेकिन विद्या के प्रति प्रेम किसी को नहीं है। यदि किसी को है तो लोग उससे चिढ़ते हैं। चापलूसी करने पर ही वहाँ नौकरी सुरक्षित रह सकती है। विद्या केन्द्र के 'मैं' में मुक्तिबोध की आत्मालोचना और उत्कट ईमानदारी प्रतिबिम्बित होती है लेकिन वह पूर्णतया मुक्तिबोध का विशिष्ट चरित्र नहीं है बल्कि एक आम आदमी का औपन्यासिक चरित्र है। मुक्तिबोध ने बुद्धिजीवियों के नैतिक संकट को इस उपन्यास में उजागर किया है। विद्या केन्द्र में बॉस की प्रमुख भूमिका है। वह हर तरह की व्यवस्था करता है। सभी बुद्धिजीवियों को अपने पास बुलाता है। गप्पें छानता है। चाहे वे गप्पें किसी भी तरह की क्यों न हों। बॉस अपने आप में राजा आदमी है।

उसमें तानाशाही की प्रवृत्ति है। विद्या केन्द्र में ऐसे भी लोग हैं जिनकी चौदहवीं या पन्द्रहवीं नौकरियाँ हैं। वैसे बॉस से हर कोई घबराता है, विदकता है, लेकिन वह उसके दरबार में न चाहते हुए भी जाने के लिए मज़बूर हैं। अन्यथा उसकी नौकरी चले जाने का ख़तरा है। इसलिए बॉस की जी हुजूरी उन्हें करनी ही पड़ती है हालाँकि बॉस की अनुपस्थिति में ये सभी उसे गालियाँ देते हैं, निन्दा करते है। उसका कारण भी है कि बॉस अपनी शुरू की ज़िन्दगी से ही सामन्तों का साथी व सहायक रहा है और उसका विरोध बौद्धिकता समन्वित होते हुए भी विद्रोह की ओढ़ी हुई मुद्रा के बावजूद ग्रूप में से किसी के भी पास नहीं है। उसके सामने सभी की घिग्घी बँध जाती है और सर्वहारा का हिमायती बुद्धिजीवी बॉस के सामने पसर जाता है। ''बाल बच्चों को सड़क पर फेंककर भले ही मैं कुछ कर जाऊँ लेकिन मैं इतना कठोर नहीं हो पाता शायद कोई भी नहीं हो सकता।''[12] इस सिलसिले में-रवीन्द्र वर्मा की मान्यता है कि-''विपात्र एकायामी चरित्र नहीं है। बॉस के सत्तातन्त्र में दरबारियों के लोभ और लालच के ताण्डव नृत्य से संवेदन शन्य होकर यह अमरकान्त के हत्यारे' में तब्दील हो सकता है।''[13] विपात्र में कहानीपन के साथ कथ्य का अपना विशेष महत्त्व है। मुक्तिबोध कहना चाहते हैं कि सामाजिक ऊँच-नीचपन की निसैनी अपने आप टूट जायेगी और हम एक ज़मीन पर आ सकेंगे। ''हाथापायी हुई तो दोनों को चोट लगती है। इससे तो अच्छा है कि ऊँच-नीचपन पैदा करनेवाली ख़तरनाक निसैनी टूट जाय।''[14]

'विपात्र' का बुद्धिजीवी उत्सवधर्मी है। वह काल्पनिक चरित्र अपने दिमाग़ में गढ़ता रहता है। कल्पना बुरी नहीं होती लेकिन उसे यथार्थ में बदलने के लिए एड़ी चोटी का पसीना एक कर देना होता है। अपने लक्ष्य को प्राप्त करने के लिए अनवरत संघर्ष करना पड़ता है। तभी व्यवस्था की दीवारें ढहाई जा सकती हैं और दरमियानी फ़ासले दूर किये जा सकते हैं। जगत् में जहाँ इस तरह का अभाव है। 'मै' में उस तरह की कोशिश और ललक विशेष रूप से परिलक्षित होती है। वह कहता है कि-''हमें इस दलदल को सुखाना होगा। लेकिन उसके लिए तो किसी ज्वालामुखी की आग चाहिए।' यहाँ की व्यवस्था में ग़रीब को हिक़ारत की नज़र से देखा जाता है-उनके लिए सामान्य जन कुत्ते हैं। वस्तुतः इस व्यवस्था का आदर्श रहा है कि सर्वहारा से घृणा की जाय। उसे साधनों से वंचित रखा जाय। भारत का आम आदमी इसी ढंग की अव्यवस्था का शिकार है। दुःखी है, वह अत्याचारों को सहता है लेकिन अपनी ज़बान से कुछ भी नहीं कह पाता। साधारण आदमी इन दर्द के पहाड़ों को ढो रहा है। और अपनी शक्ति को समझ नहीं पा रहा है। बुद्धिजीवी का दायित्व है कि वह उन्हें बताये कि इस शासन व्यवस्था के असली मालिक तुम हो। मुक्तिबोध लिखते हैं कि-''मुक्ति अकेले में अकेले की नहीं हो सकती यदि वह है तो सभी के साथ में।'' 'विपात्र' के अधिकांश पात्र 'मैं' की दृष्टि में हरामख़ोर हैं। वे बॉस के दरबार के टुकड़ों के क़ाहिल भले वे बकते कुछ रहें उनकी व्यर्थ की बड़बड़ाहट हर जागरूक पाठक को बहुत खलती है। ऐसा लगता है कि उनमें जूझने का साहस नहीं है। आग्न्येश्का सोनी का कहना है कि-''विपात्र शिक्षित मध्यवर्ग के सामूहिक नपुंसकत्व की घोषणा है।''

'विपात्र' का बुद्धिजीवी ऊपरवाले वर्ग से नीचे इसलिए नहीं जा रहा, क्योंकि उसे आम आदमी के साथ जुलूस में शरीक होना पड़ेगा और लड़ाई में पता नहीं उसका क्या हश्र होगा। बुद्धिजीवी आम आदमी से भय खाने के साथ-साथ उसके हालात और सामाजिक स्थिति से नफ़रत भी करता है। अत: विपात्र की केन्द्रीय समस्या इस ढंग से उजागर होती है। ''ए.बी. लार्ड सन्त जिसने अपनी जननेन्द्रियों को काट दिया था सन्त बने रहने के लिए।'' भारत के बुद्धिजीवी की भी यही भूमिका है। वह बड़ा बनने के लिए बिकने को तैयार रहता है। ''उनका समूचा संघर्ष यदि किसी निष्ठा पर आधारित है तो ख़ूबसूरत ज़िन्दगी की निष्ठा पर।'' काशीनाथ सिंह ने अपने बहुचर्चित उपन्यास 'अपना मोर्चा' में बुद्धिजीवियों के ललत्तपन को और ख़ूबसूरत तरीक़े से ज़िन्दगी जीने के सन्दर्भों को उजागर किया है। कहना न होगा कि 'अपना मोर्चा' के बुद्धिजीवी और विपात्र के बुद्धिजीवियों में खास तरह का फ़र्क़ तो है ही लेकिन ख़ूबसूरत ज़िन्दगी जीने का दोनों का सपना प्राय: एक तरह का है।

'विपात्र' पूरी तरह से बुद्धिजीवी की हास्यास्पद स्थिति उसके विद्रूप और शोषक वर्गों से उसके बँधे रहने की कोशिश पर क्रूर चोट करता हुआ सर्वहारा वर्ग से उसके नये रिश्तों की शुरुआत के संकेत देता है। उसका संकट बड़ा बने रहने के लिए और आम आदमी की सांत्वना का पात्र होने के लिए ही है। इसीलिए वह समस्याओं की खोल ओढ़ लेता है हालाँकि उसकी पोल सभी जगह खुल जाती है। इन प्रश्नों को और उनसे उत्पन्न ख़तरों को विपात्र, में मुक्तिबोध ने उठाया है। कॉडवेल मानते है कि-''आधुनिक समाज में सम्पूर्ण विश्व, बूर्जुआ और सर्वहारा के बीच संघर्ष से परिचालित होता है किन्तु पेटी बूर्जुआ इस संघर्ष से उठे गर्दगुबार को ही देख पाता है। वास्तविक दुनिया से उसका नाता ही टूट जाता है। इसलिए उसे सब कुछ रहस्यात्मक, अजीबो-ग़रीब, ऊबड़-खाबड़ लगता है। क्योंकि वह उच्च वर्ग को अपनी अस्मिता गिरवी रख चुका है और इस संघर्ष में सर्वहारा के विरुद्ध शत्रुदल में सशस्त्र खड़ा है। इसलिए उसका प्रत्येक तर्क और बहस उन्हीं को सिद्ध करने के लिए है।''[15]

'विपात्र' के प्रथम खण्ड में दरबारी परिवेश का चित्रांकन किया गया है जिसके अन्दर बुद्धिजीवी, संवेदनशील आदमी एवं मध्यवर्ग के आचरण का विश्लेषण है। ये सभी दुर्दशाग्रस्त निम्न वर्ग को पृष्ठभूमि और पार्श्वभूमि में रखकर किया गया है। इसमें मनोसामाजिक संसार के संकट को बड़े प्रखर रूप में अभिव्यक्ति मिली है। दूसरे खण्ड में उसी सन्दर्भ में बहस भी उठायी गयी है। जो पूरी न होकर भी समस्या के समाधान को अँधेरे में प्रकाश की किरणों की तरह मुखर होती है। बॉस का समूचा चरित्र एक तरह से शोषणकर्त्ता का है। या यों कहा जाये कि वह रावण की कोटि का पात्र है तो उसके यहाँ कार्य करनेवाले सभी कर्मचारी रावण की सत्ता के पीछे दुम हिलानेवाले लोग हैं।'' रावण के राज्य का एक मूल नियम यह है कि जो अपना अनुभूत वास्तव है उस पर पर्दा डालो। इसलिए हमारे बहुत से कवि और कथाकार मारे डर के वास्तव को नहीं लिखते जिसे वे भोग रहे हैं। क्योंकि ये उस वास्तव को इतना अधिक जानते हैं कि अपरिचय के कारण भी उस वास्तव से उड़ जाना और उड़ते रहना चाहते हैं। अनुभूत वास्तव का आज जितना

अनादर है उतना पहले कभी नहीं था।''[16] ज़ाहिर है कि बुद्धिजीवी वर्ग वास्तविकताओं को जानता है लेकिन अपनी विवशताओं के कारण और अपनी स्वार्थबद्धता के कारण यह सही हालातों को स्पष्ट नहीं कर सकता। अन्यथा ऐसा करने पर उसकी नौकरी जा सकती है और उसके बीबी-बच्चे भूख से बिलबिलाकर मर जायेंगे। लेकिन मुक्तिबोध का कहना है कि अनुभूत वास्तविकताओं को हमें सामने लाना ही चाहिए। हम यदि ग़रीब मध्यवर्ग में पैदा हुए हैं तो हम उसकी भाव स्थितियों को ज़रूर बतायेंगे प्रश्न विषय का भी है और दृष्टिकोण का भी। हम में से बहुतेरे ऊपर की श्रेणी में मिल गये हैं।

बुद्धिजीवी अपनी स्वार्थबद्धता के कारण और सफलताएँ हासिल करने के लिए बहुतेरे दन्द-फन्द करता है, जिन्हें हम देखना तक बर्दाश्त नहीं करते उन्हें ही हमें अपना गुरु मानना पड़ता है। मुहावरे के तौर पर कहा जा सकता है कि, ''जब काम परे बांका, गधे को कहैं काका'' इस प्रवृत्ति को छोड़े बगैर कोई सार्थक भूमिका बुद्धिजीवी नहीं निभा सकता। इसी बात पर व्यंग्य करते हुए मुक्तिबोध अपनी डायरी में लिखते हैं, ''अगर मैं उन्नति के उस ज़ीनें पर चढ़ने के लिए ठेलम ठेल करने लगूँ तो शायद मैं भी सफल हो सकता हूँ। लेकिन ऐसी सफलता किस काम की जिसे प्राप्त करने के लिए आदमी को आत्म गौरव खोना पड़े। चतुरता के नाम पर बदमाशी करना पड़े, शालीनता के नाम पर बिलकुल एकदम सफ़ेद झूठी ख़ूशामदी बातें करनी पड़े। जिन व्यक्तियों को आप क्षण-भर टालरेट (सहन) नहीं कर सकते उनके दरबार का सदस्य बनना पड़े। हाँ ! जो लोग यह सब कर लेते हैं वे अपनी यशोपताएँ फहराते हुए घर में लौटते हैं। मानों उन्हीं का राज्य है।''

'विपात्र' का कथ्य बिखरा हुआ है। जो उसमें बहस की गयी है उसका विश्लेषण करने के पश्चात् हम इस निष्कर्ष पर पहुँचते है कि मध्यवर्ग के जीवन की मूल ट्रैजिडी उसकी गत्यात्मकता का अभाव है। चमक दमकवाली सभ्यता सारी सुविधाएँ उत्पन्न करती है। इसलिए मध्यवर्गीय व्यक्ति उसकी लपेट में आ जाता है। और इस कारण वह अपनी ज़मीन से कट जाता है। यदि फ़ासले हैं तो उन्हें दूर करने के प्रयास किये जाने चाहिए। ऐसा नहीं कि बुद्धिजीवी फ़ासले के दलदल में फँस जाय। सर्वहारा वर्ग की ताक़त का इस्तेमाल संगठित एवं निर्णायक लड़ाई के लिए किया जा सकता है। वेदना में डूब जाना महत्त्वपूर्ण नहीं है। समसामयिक स्थिति का द्वन्द्व मुक्तिबोध के विपात्र में समग्रता के साथ है और चारों ओर व्याप्त भ्रष्टाचार की पूरी स्थितियाँ उसमें संयोजित हैं। पूँजीवादी समाज में व्यक्ति स्वातन्त्र्य का कोई अर्थ नहीं है, क्योंकि वहाँ आदमी को ख़रीदे जाने-बेचे जाने की आज़ादी है। 'विपात्र' में एक तनाव भी है। ''विपात्र में तनाव का मूल कारण भ्रष्ट सत्ता के प्रतीक वे संस्थापति या मठाधीश हैं जो बुद्धिजीवियों को खरीद लेते हैं। शिक्षित मध्यवर्ग उनके प्रति क्षुब्ध रहता हुआ भी अपनी आर्थिक विवशताओं और कैरियर के लोभ में पड़कर उनके समक्ष आत्म समर्पण कर देता है। उन्हीं के मध्य अपवाद रूप ऐसे पुरुष भी होते हैं जो व्यावहारिक हित की उपेक्षा कर उन्हें स्वीकार नहीं करते है।''[17]

'विपात्र' के बुद्धिजीवियों में कुछ ख़ास बातें भी है। 'विपात्र' की केन्द्रीय समस्या बुद्धिजीवियों की नपुंसकता अवश्य है लेकिन इसका 'मैं' इसके विरुद्ध संघर्ष की भूमिका

भी प्रस्तुत करता है। दुनिया में विसंगतियाँ हैं लेकिन कोई समस्या ऐसी नहीं है जिसे हल न किया जा सके। ज़िन्दगी की कड़ुआहट को झेलते-झेलते, नौकरियों को छोड़ते-छोड़ते 'भनावत' और 'मैं' ने चौदहवीं और पन्द्रहवीं नौकरियाँ की हैं। इसलिए उनके मन में एक प्रकार का भय और आतंक है। यह बात सही है कि बुद्धिजीवी दिनोंदिन आराम तलब होता जा रहा है। ख़ूबसूरत ज़िन्दगी जीने के तरीक़ों की खोज कर रहा है लेकिन उसके मन में एक प्रकार की बौद्धिक सहानुभूति सर्वहारा वर्ग के साथ है। प्रश्न यह है कि क्या परिवार भर के ही दायित्व बुद्धिजीवी के पास है। वास्तव में जिस समाज में एक-दूसरे का खून पीने की संस्कृति विकास पा रही हो वहाँ बुद्धिजीवी भी चुप नहीं बैठ सकता। विपात्रता के वातावरण ने बुद्धिजीवियों को निश्चित रूप से भटकाया है लेकिन उनकी निष्ठा इतनी गयी गुज़री नहीं है कि वे कुछ भी करें। इसलिए 'मैं' ने उस ए.बी. लार्ड सन्त के ख़िलाफ़ अपने हृदय में जिम्मेदारियों की एक नयी शुरुआत की है और 'मैं' बार-बार छटपटाता है। अपने आपको तैयार करता है "और मैने एकाएक अपने दिल की धड़कन सुनी कि निर्बल होकर सन्त और ... बनने के बजाय सबल होकर सृजन शक्ति को तेज़ और तेज़ करूंगा। भले ही लोग मुझे बदनाम करें मगर मुझे इसे तेज़ रखना ही पड़ेगा।" इस प्रकार का आशापूर्ण संकेत 'विपात्र' में उजागर हुआ है। इसमें बुद्धिजीवी के मन की कसमसाहट और बेचैनी मुखर होती है। निश्चित रूप से मात्र बहसों के द्वारा किन्हीं भी समस्याओं के समाधान नहीं खोजे जा सकते। ज़रूरी है हर तरह। से अपने को मज़बूत किया जाय और सभ्यता तथा संस्कृति के नाम पर जो चालाकियाँ चल रही हैं उन्हें गहराई से समझा जाय। अंग्रेज़ी की प्रसिद्ध लेखिका मिले की महत्त्वपूर्ण रचना 'से नो टू डेथ' को आधार बनाकर 'मैं' ने बुद्धिजीवियों के मन में उठ रहे तूफ़ानों और बवण्डरों को शान्त करने की कोशिश की है। यह बहस अन्तहीन है। अभी इसके आगे भी गुंजाइश है।

बुद्धिजीवियों का अस्थिर चरित्र

'विपात्र' का परीक्षण करते हुए चन्द्रकान्त वान्दिवड़ेकर की यह स्थापना अत्यन्त सार्थक है कि-"विपात्र मध्य वर्ग की मज़बूरियों, कमज़ोरियों और दुर्बलताओं का उद्घाटन करता जाता है परन्तु उसकी व्यंग्यात्मकता महज आघात करनेवाले हिंसक व्यक्ति की निषेधात्मकता का ज़हर नहीं उग़लती, न दूसरों पर आक्रमण कर आत्म सन्तोष करनेवाले हिंसक व्यक्ति की आत्मबद्ध अहन्ता। चूँकि लेखक स्वयं अपनी नपुंसकता के दर्शन करते हुए आत्म ग्लानि से बिद्ध है। उसके व्यंग्य को एक ऊँचा स्तर मिलता है। मानवीय सम्बन्धों की सार्थक तलाश व पहचान के लिए व्याकुल आत्मा से 'विपात्र' में जो साक्षात्कार होता है। वह पाठक को उदात्त भूमि पर ले जाता है।"[18] 'विपात्र' में मध्यवर्ग और ख़ासकर नौकरीपेशा बुद्धिजीवी वर्ग की भूमिका को मुक्तिबोध ने व्यापक कैनवस पर चित्रित किया है। इस तरह के बुद्धिजीवियों पर विचार करते हुए राजकमल चौधरी की मान्यता है कि-"नौकरशाही व्यवस्था का बुद्धिजीवी वर्ग पर बड़ा घातक प्रभाव होता है। कुर्सी पर बैठते ही वह आत्मलीन हो जाता है। वेतन वृद्धि (इन्क्रीमेण्ट) और तरक्की के लिए मालिकों की हाजिरी में रहता है। ... बुद्धिजीवी की लड़ाई संस्कृति या समाज

कल्याण या मानव धर्म की लड़ाई नहीं है। वह सिर्फ़ अपने सामाजिक व्यक्तित्व, सम्मान और क्रय शक्ति के लिए लड़ता है। अपना सब कुछ बेचकर वह कुल एक गद्दीदार कुर्सी खरीदना चाहता है जिसे आसपास के लोग सलाम कर सकें। जादू की यह कुर्सी उसे मिल जाते ही सारी लड़ाई ख़त्म हो जाती है।"[19] विपात्र में बुद्धिजीवियों के अन्तर्विरोधों का उसकी समकालीन हैसियत का, समाज से उसके रिश्तों का नक्शा भर मुक्तिबोध ने नहीं खींचा बल्कि उन्होंने उस त्रासदी के विस्फोटक परिणामों की भी खोज की है। जिसे हम इन रूपों में पहचान सकते हैं।

मूल विरोधाभास

आज के बुद्धिजीवी के सामने बड़ी बात यह है कि वह अपने सामने चाहे जिस तरह की बातें करता है लेकिन व्यवस्था के सामने चुप्पी साध लेता है या साष्टांग दण्डवत् करने लगता है। इस प्रकार की थीम 'विपात्र' में संयोजित है। भारत का औसतन बुद्धिजीवी सोचता बहुत है लेकिन उसमें सर्जनात्मक शक्ति का अभाव है। वह जड़ताएँ ढोने का आदी है। वैसे विपात्र के अधिकांश बुद्धिजीवी लुक-छिपकर कुछ भी कर सकते हैं, लेकिन ख़तरों से भी आतंकित रहते हैं। अपने मालिकों की नज़र में नहीं आना चाहते। वज़ह यह कि उनकी नौकरी समाप्त होने का अन्देशा है। दरअसल 'विपात्र' के बुद्धिजीवी की जो तस्वीर है वही कमोबेश हिन्दुस्तान के बुद्धिजीवियों के सोचने-समझने की प्रणाली है। बुद्धिजीवी अपना कैरियर बनाने में अपने-आपको बेच भी सकता है। यही उसकी नियति है। समझदारी का ठेका लिए रहने पर भी वह अपनी अक्ल में पत्थर रख लेता है। अपना सोशल स्टेट्स बनाने में वह जिस वर्ग से आता है, उस वर्ग को ही भूल जाता है। मसलन कोई बुद्धिजीवी यदि किसी प्रकार अच्छी नौकरी पा जाता है तो वह अपने ही वर्ग के लोगों से घृणा करने लगता है। विपात्र का 'मैं' अपनी माता के विषय में कहता है कि वे ग़रीब घराने से आयी थीं लेकिन सम्पन्न घराने में आकर वे अपने मायकेवालों की निन्दा करने लगीं। यही हालत बुद्धिजीवी की हुई है। बुद्धिजीवी गिरगिट की तरह रंग बदलता है, इसलिए वह कहीं का नहीं रह जाता। वह न तो ऊपर के वर्ग से जुड़ पाता और न अपने वर्ग से। हालाँकि उसके मन में ऊँचे उठने की आकांक्षा अवश्य बनी रहती है। सच तो यह है कि बुद्धिजीवी को अपने वर्ग के साथ होना चाहिए। वह अपने उद्देश्य की पूर्ति के लिए बेहद घटिया सिद्धान्तों को गढ़ता है और उनका इस्तेमाल करता है। "वे अपने जीवन प्रणाली की रक्षा के लिए चाहे जो करते हैं। कोई रिश्वत खाता है, तो कोई कुंजियाँ लिखता है, तो कोई पैसे लेकर फेल को पास करता है।"

दरअसल वर्गीय फ़ासले तो बने ही रहेंगे। उन्हें मिटा पाना सहज सम्भव नहीं है। निश्चय ही बुद्धिजीवियों के मोह के कारण सर्वहारा वर्ग और अधिक दर्दनाक ज़िन्दगी जी रहा है। बुद्धिजीवी अपनी ज़मीन से कटता जा रहा है। वह नपुंसक-क्रोध अवश्य कर सकता है लेकिन उसमें विद्रोह की आग नहीं हैं। इसलिए उसे जुल्मों को सहना पड़ता है। वास्तव में यह बात बुद्धिजीवी भर के लिए सही नहीं है बल्कि यह समग्र रूप से हिन्दुस्तान के कोने-कोने में मिलती है। स्थिति यह है कि हम कहते कुछ हैं, करते कुछ हैं।

हमारी कथनी और करनी में बहुत बड़ा फ़र्क़ है। इस वैषम्य का एक बहुत बड़ा कारण है कि हमारे नैतिक मूल्य और स्वार्थबद्धताएँ, अपने स्वार्थों की साधना के लिए बुद्धिजीवी रावणों के घर पानी भरता है और कुछ लोगों के पास बैठकर अपनी ईमानदारी की डींग हाँकता है। वे अपने संकल्पों के प्रति आस्थावान नहीं होते, अपने वर्ग के प्रति समर्पित नहीं हो पाते। हालत यह है कि बुद्धिजीवी स्वयं बिकने को तैयार रहता है। ऐसी स्थिति में यह अपेक्षा नहीं की जा सकती कि उसकी भूमिका निर्विवाद और निर्दोष होगी, स्थितियों ने बुद्धिजीवी को इस कदर बरबाद किया है कि वह सर नहीं उठा सकता। क्योंकि बुद्धिजीवी ने अपने कैरेक्टर' को 'सेल्समैन' का पर्याय बना दिया है। यदि हम जो कुछ कहते हैं, उसे करने के लिए कटिबद्ध हो जायँ तो ऐसी कोई स्थिति नहीं है कि बहुत सारी बातें न साफ़ हो जायें। 'विपात्र' के बुद्धिजीवी बॉस के समक्ष जाकर उसकी हाँ-मे-हाँ मिलाते हैं और उससे अलग होकर उसकी बुराई करते हैं। यदि हमें इस तरह की पद्धति को समाप्त करना है तो इसके लिए ख़तरा उठाना ही होगा। क्योंकि ख़तरा उठाये बिना परिवर्तन नहीं हो सकते। सुविधा प्राप्त करने के लिए बुद्धिजीवी किसी ऐसे प्रिय व्यक्ति का अहित कर सकते हैं जिसका उनके प्रति और समूची जनता के प्रति अदम्य विश्वास है। विपात्र हमारे समक्ष बुद्धिजीवियों के संकट को प्रस्तुत करता है। बुद्धिजीवी अपना एक अलग संसार रचता है। उसके संसार में ऊपर उठने की बातें होती है। हिन्दुस्तान में वर्गीय फ़ासले तो हैं ही उन्हें मिटा पाना सहज सम्भव नहीं है। बुद्धिजीवियों का दुभाषियापन इस सन्दर्भ में भी अर्थवान है। जैसे कोई हाई क्लास सोसाइटी का व्यक्ति बनने के लिए गंदे होटलों में चाय नहीं पीता, गन्दी बस्तियों से नहीं गुज़रता। कुछ लोग हैं जो बॉस की नज़र बचाकर फटेहाल होटलों में चाय नाश्ता कर लेते हैं। गन्दी गलियों एवं गन्दे मुहल्लों में घूम सकते हैं, लेकिन सामने नहीं। अगर बॉस ने देखा कि हम इस गली से जा रहे हैं तो समझ जाइये कि मौत आ गयी।

शिल्प का प्रश्न : उपन्यास या लम्बी कहानी

कोई भी रचना किन्हीं विशेष सन्दर्भों को, किन्हीं विशेष स्थितियों को उजागर करती है। यूँ किसी भी रचना का मूल्यांकन वस्तु और शिल्प के जरिये करने का आम रिवाज है। लेकिन कुछ ऐसी भी कृतियाँ होती हैं जिनका मूल्यांकन मात्र शिल्प और वस्तु के ज़रिये भी नहीं किया जा सकता। देखना चाहिए कि रचनाकार किस परिवेश, किस वस्तु, किस घटना और चरित्रों के विस्तार में उनके आपसी संयोजन और विनियोजन में अपना रचनात्मक विस्फोट करता है। आलोचना के क्षेत्र में कृति के मूल्यांकन के लिए दो धाराएँ लगातार काम करती रही हैं। एक धारा ज़िन्दगी को केन्द्र में रखकर वस्तु का परीक्षण करने में विशेष ज़ोर देती रही तो दूसरी धारा 'कला के लिए कला' के परिप्रेक्ष्य में शिल्प के जरिये रचनाओं के मूल्यांकन में मशगूल रही, इसलिए उनका ज़ोर शिल्प संगठन पर ज़्यादा रहा। वस्तु और शिल्प के इसी तारतम्य की साक्ष्य हमारी आलोचना है। निश्चित रूप से यदि कोई कलाकृति यथार्थ को विकृत करके प्रस्तुत करती है तो वह अप्रभावी हो जाती है।

'विपात्र' का परीक्षण करते हुए, उसके शिल्प पर विचार करते हुए कई प्रश्न अनायास हमारे सामने बार-बार उभरते हैं। उपन्यास या लम्बी कहानी के रूप में 'विपात्र' प्रारम्भ से ही विवादों के घेरे में रहा है। उसके कई कोण हमारे सामने निरन्तर उभरते रहे हैं। पिछले वर्षों में साहित्यिक विधाओं के भीतर एक अभूतपूर्व परिवर्तन हुआ है। इन परिवर्तनों के विषय में निर्मल वर्मा ने लिखा कि-''पहले जो विधाएँ अपने को आत्म केन्द्रित दायरों में सुरक्षित रखती थीं। अब वे धीरे-धीरे अपनी हदों का अतिक्रमण करके दूसरी विधाओं में प्रवेश करने लगी हैं। उन्होंने अपने बंद दरवाज़ों को खोलकर न केवल बाहर झाँका है बल्कि अपनी देहरी को लाँघकर दूसरी विधाओं के संसार में विचरने की उन्मुक्तता दिखायी है। अब वे मुक्त रूप से एक-दूसरे से घुलती-मिलती हैं।''[20] विचरने की इस उन्मुक्तता का यह आशय कदापि नहीं है कि विधाओं में अब कोई अन्तर ही नहीं रह गया है। निर्मल वर्मा का यह भी कहना है। कि-''यह भी सच है कि यदि विधाओं की सीमाएँ धुँधली पड़ गयी हैं तो भी उसके बावजूद कहानी कविता और उपन्यास के बीच अन्तर अब भी क़ायम है। विभिन्न विधाओं के ढाँचे ज़रूर ढीले पड़ गये हों लेकिन वे विघटित नहीं हुए हैं। कहानी सिर्फ़ इसलिए कम कहानी या अकहानी नहीं हो जाती यदि उसने कथा कहने की अपनी पुरानी विधि को त्याग दिया है।''[21] मैंने अपने लेख 'कविता अन्य विधाओं के प्रभाव में, लिखा था कि-''विधाओं में परस्पर मिलने और अलग होने का संघर्ष चलता रहता है। कविता ही क्या, साहित्य की कोई भी विधा आज शुद्ध नहीं है। सभी विधाओं में एक-दूसरे के तत्त्व समाहित हैं। विधाएँ टूटती भी हैं और नयी विधाएँ रचती भी हैं। हरिशंकर परसाई के लेखन में कब कहानियाँ निबन्ध बन जायँ, रेखाचित्र हो जायँ; निबन्ध संस्मरणों एवं आलोचनाओं का स्वरूप ग्रहण कर लें, इसकी कोई गारण्टी नहीं है।''[22]

मुक्तिबोध के 'विपात्र' या उनकी किसी रचना पर विचार करने के पहले यह तथ्य जान लेना ज़रूरी है कि मुक्तिबोध वे लेखक नहीं हैं जो विधात्मक दबाव में रचना लिखते हैं। बल्कि उनमें रचनात्मक दबाव होता है और इस दबाव की भूमि जटिल वैचारिक आवेग की होती है। वे प्राय: विधा के स्मरण से रचना लिखते प्रतीत नहीं होते। अपने सम्पूर्ण को व्यक्त करने की छटपटाहट ही रचना के दौरान उनमें सक्रिय होती है। इसीलिए कविताओं में या आलोचनाओं में आत्म सम्भवा, कभी न पायी जानेवाली अभिव्यक्ति जैसे शब्दों का उन्होंने बारबार प्रयोग किया है। 'विपात्र' उनके इसी स्वभाव की अलग तरह की रचना है। इस रचना को उपन्यास, लम्बी कहानी, रम्य गद्य या बहस कहने की बहस अलग है। पहले यह देखना आवश्यक है कि इस रचना के अन्तस्तत्व किस तरह बुने हुए हैं।

मुक्तिबोध रचनावली तीन में हमने पाया कि मात्र 58 पृष्ठों की इस रचना में कहने को वे सब चीज़ें हैं जैसे स्थितियाँ, वस्तु, पात्र, घटनाएँ, संवाद, प्रवाह और संयोजन अपनी शैली और भाषा का रचनात्मक उद्याम। अन्ततः इन्हीं सब चीज़ों का संयोजन ही तो 'उपन्यास' कहा जाता है। रचना में इन सब तत्त्वों की उपस्थिति गौर करने लायक है। मसलन वस्तु पक्ष लें तो देखते हैं बाग़-बग़ीचा है, कैम्पस है, दरबार है, होटल है, सड़क

और पगडण्डियाँ हैं। 'विपात्र' में इन स्थानवाची वस्तुओं की अपनी खास पहचान है। बग़ीचे का चित्रण देखिये–'लम्बे-लम्बे पत्तों वाली घनी-घनी बड़ी इलायची की झाड़ी के पास जब हम खड़े हो गये तो पीछे से हँसी का ठहाका सुनायी दिया–"हम बड़ी इलायची के सफ़ेद पीले, कुछ लम्बे पंखुड़ियोवाले फूलों को मुग्ध होकर देखते रहे। मैंने एक पंखुरी तोड़ी और मुँह में डाल ली। उसमें बड़ी इलायची का स्वाद था। मैं खुश हो गया। बड़ी इलायची की झाड़ी की पाँत में हींग की घनी हरी-भरी झाड़ी भी थी और उसके आगे, उसी पाँत में पारिजात खिल रहा था।' स्थानवाची के साथ मनुष्यवाची वस्तु का चित्रण देखें। इसमें मुक्तिबोध का पर्यवेक्षण का नज़रिया कितना पुख़्ता और टिकाऊ है। "बाहर खाटों पर पेड़ों की छाया में माँएँ लेटी हुई थीं। कुछ लड़के ऊधम मचा रहे थे। लेकिन मेरी आँखें एक जगह जाकर ठिठक गयीं। एक मैली कुचैली खाट पर एक बूढ़े की ज़िंदा ठठरी पड़ी हुई थी और उस ठठरी के दुबले चेहरे की आँखों में एक ज्योति थी। ऐसी ज्योति जो ममतापूर्वक एक और ठठरी को देख रही थी। वह दो साल के शिशु की ठठरी थी। जिसके सारे बदन पर सलवटें पड़ी हुईं थीं और सलवट भरे बालमुख पर वेदना की चीख़ निःशब्द होकर जड़ हो उठी थी। वह बूढ़ी ठठरी अपने हड़ियल हाथों से शिशु ठठरी को खिला रही थी। और वह शिशु इस अनजानी दुनिया को अपनी मस्त आँखों से देख रहा था।"

ज़ाहिर है कि मुक्तिबोध जिस चीज़ का वर्णन करते हैं उसको परिपूर्ण भी करना चाहते हैं। व्यक्तित्व का विश्लेषण और पात्रों का चरित्रांकन भी इसी पृष्ठभूमि में। अपनी वर्णन क्षमता और विश्लेषणात्मकता में वे सब अलग-अलग वस्तुगत इकाइयाँ बनाते हैं। उन्हें पूरी छूट और स्वायत्तता भी देते हैं। 'विपात्र' पढ़ते हुए ऐसा लगने लगता है कि प्रवाह थम गया है, क्योंकि किसी इकाई को सम्पूर्णता से चित्रित किया जा रहा है। उपन्यास तथाकथित प्रवाह मूलक रचना के रूप में जानी पहचानी जाती है। 'विपात्र' पढ़ते हुए कभी गीत काव्य जैसा, कभी मुक्तक काव्य-सा सुख मिलने लगता है। पात्रों के चरित्र की गतिविधियाँ इनमें आती हैं तो लगता है कि जैसे इनकी पहचान नहीं बन पा रही है। लेकिन खासियत यह है कि विपात्र में पर्यावरणिक पहचान भी नहीं छूटती। मुक्तिबोध बहुत सारे दायरों को स्वभावतः आने देते हैं जबकि उपन्यास या महाकाव्य में प्रवाह होता है। लेकिन वे जितनी इकाइयों को उठाते हैं उनको अनेक आयामों और कोणों से चित्रित करते हैं। इन इकाइयों से फलक बड़ा हो जाता है। वे उपन्यास में सीमा बनाते हैं लेकिन इकाइयों के चित्रण की वजह से परिधि में रुक जाते हैं। कहना यह चाहिए कि यहाँ मुक्तिबोध के चिन्तक की भूमिका प्रधान है। वे अपनी भाषा के द्वारा मन के भीतर की गहराई को प्रकट करते हैं। इकाइयों के चित्रण में देर-देर तक जूझते रहते हैं। मुक्तिबोध के चिन्तन में कहानी, उपन्यास, डायरी, समीक्षा आदि सम्पूर्ण विधाएँ कथा की दुनिया की ही होती हैं।

'विपात्र' में हर कैरेक्टर की कहानी है–कभी रेखाचित्र खड़ा हो रहा है, कभी अपना आत्म चित्रण लिखा जा रहा है। इस रचना में समूचे व्यक्तित्व विश्लेषण का पहलू बहुत प्रखर है। जैसे जगत् के बारे में और उसके चित्रण के सिलसिले में देखा जा सकता है,

"अगर यदि वह सचमुच अमरीका से ऊँची डिग्री लेकर लौट आता तो सम्भव है लोग उसके रौब में रहते लेकिन वह तो जा ही नहीं पा रहा था उसके सामने अमरीका जाने की थाली भी परसी गयी थी लेकिन उसके माता-पाता (जो धनी तो थे, किन्तु थे बहुत अव्यावहारिक) के कहने से और (उसका दुर्भाग्यपूर्ण विवाह संस्कार भी हो चुका था) अन्य सभी, झमेलों के आड़े आ जाने से वह नहीं जा सका था वह ग़रीब नहीं था। आक्सफोर्ड या हार्वर्ड ख़ुद अपने पैसों से जा सकता था। वह वहाँ जाने और बस जाने की इच्छा करता था, किन्तु उस इच्छा की पूर्ति के पूर्व घर के झमेलों से निपटने की कला उसके पास नहीं थी। असल में वह बच्चा था ज़िन्दगी का उसके पास तजुर्बा नहीं था।" 'विपात्र' में कई ऐसे अंश हैं जो हमें डायरी की याद दिलाते है-"मेरे व्यक्तिगत इतिहास का एक सबसे विचित्र रहस्य है कि मुझे अपने जीवन में ऐसे ही लोग प्राप्त हुए, जो किसी-न-किसी प्रकार से आहत थे। इन आहतों को पहचानने में मुझे भी तक़लीफ़ होती। आहतों का भी अपना एक अहंकार होता है जिसे मैं ख़ूब पहचानता था और अहंकार बहुत आप्लावित और दृढ़ होता है। वह उस आवेग-उच्छल कबन्ध के समान है जो सिर कट जाने के बाद रणक्षेत्र में ख़ून के फव्वारे छोड़ते हुए लड़ता रहता है। उसमें मात्र आवेग की ही गति होती है लेकिन सिर' न होने के सबब वह शून्य में ही चारों ओर तलवार भाँजता रहता है।"

मुक्तिबोध 'विपात्र' में जगह-जगह मानक निर्धारित करते हैं-'इनकी रचना वर्कशाप' जैसी लगने लगती है। व्यक्तित्त्वों और चरित्रों की चीर-फाड़ होती है जैसे जगत', 'राव साहब', या बॉस साहब के चरित्रों के विश्लेषण में या घटना वर्णन में पूरी एक आवृति को मुक्तिबोध केन्द्रित करते हैं और आवृति पूरी होने के बाद कथा को बढ़ाते हैं। कहते हैं वस्तु अपना रूप लाती है तो अपनी निजता भी लाती है। निजता की दोहाई देनेवालों का रूप देखिये जैसे 'शेखर : एक जीवनी' में शेखर का चरित्र तो दूसरी ओर 'विपात्र' के जगत का चरित्र। 'विपात्र' में व्यक्तित्त्वों की टकराहट के अनेक बिन्दु और अनेक सोपान हैं, इसका 'मैं' हमेशा दो प्रकार के विरोधों में विरोध करता आया है अपनी निजता को सुरक्षित रखते हुए। इस रचना में विरुद्धों की इकाइयाँ है, तो निजताओं की भी इकाइयाँ हैं, चरित्रों की स्वायत्तता है तो, स्थितियों की भी स्वायत्तता है। पक्ष और विपक्ष में होने की स्थितियाँ हैं। सब किसी पात्र के पक्ष में हैं या विपक्ष में, इसलिए तय करना मुश्किल है कि नायक कौन है और खलनायक कौन है। नायक और खलनायक जीवन की स्थितियों से पैदा होते हैं, इस तरह विपात्र में दुर्लभ तटस्थता का गुण हमें दृष्टिगोचर होता है। जब वे व्यक्ति को सामने रखकर या जब दो व्यक्तियों का सामना कराते हैं तब वे संवाद नहीं होते, एक समूचा मानस होता है जिसमें समूचे अहंकार खोलकर रख दिये जाते हैं। उनके सभी मनोविकारों पर उनकी संरचना पर सामाजिक परिस्थितियाँ जहाँ पर वे निर्मित होती हैं वे बहस छेड़ देते हैं और यह ऐसी बहस है जो अन्तहीन है, हालाँकि उपन्यास में लेखक पर प्रभाव की ज़िम्मेदारी होती है, विधा की दृष्टि से विचार करेंगे तो ऐसा लगेगा कि इसमें अनुशासन नहीं है और यहाँ तक की मर्यादा भी नहीं है। मैं जब यह बात उठा रहा हूँ, तो कदाचित मुक्तिबोध होते तो इन दो शब्दों-अनुशासन और मर्यादा को लेकर लम्बा

व्याख्यान प्रस्तुत करते। यूँ मुक्तिबोध की रचना में कोई शब्द मात्र शब्द नहीं होता वरन् एक पूरी जीवन स्थिति, समूची जीवन प्रणाली या एक समूची तस्वीर या एक पूरी तर्क प्रणाली होती है। वे शब्द की गहराई में जाकर व्याख्याकार, वक़्ता और आचार्य बन जाते हैं। ये समूची चीज़ें दोष की तरह नहीं हैं वरन् एक दुर्लभ गुण की तरह हैं।

आचार्य रामचन्द्र शुक्ल के मनोविकार सम्बन्धी निबन्धों के पढ़ने के बाद और 'विपात्र' में प्रयुक्त शब्दावली को देखने से पता चलता है कि 'विपात्र' में निबन्धात्मकता का भी विशेष गुण है। दोनों के एक-एक उद्धरण द्रष्टव्य हैं-शुक्ल जी लिखते हैं-'करुणा की गति रक्षा की होती है और प्रेम की रंजन की ओर लोक में प्रथम साध्य रक्षा है, रंजन का अवसर उसके पीछे आता है। साधनावस्था या प्रयत्न पक्ष को लेकर चलनेवाले काव्यों का बीज भाव करुणा ही ठहरता है।''[23] मुक्तिबोध लिखते हैं कि-''वासना और वेदना दोनों में एक विचित्रता है-वेदना की अधिकता कष्टों तथा संकटों की बारम्बारता मनुष्य को आत्मबद्ध बना देती है। इस प्रकार आत्मबद्ध की सारी दुनिया उसे परायी मालूम होती है। अपरम्पार दूरियाँ फैल जाती हैं। एक ओर अपनी निस्सहायता की भावना से आत्म विश्वास का लोप होता है तो दूसरी ओर अन्य जन पर विश्वास करने की क्षमता भी बहुत कम होती जाती है। वेदना बुरी होती है वह व्यक्ति को व्यक्तिबद्ध कर देती है।''

मुक्तिबोध ने चरित्र के लिए घटनाओं के लिए, स्थिति विश्लेषण के लिए एक यूनिट का निर्माण किया लेकिन उस यूनिट को समग्रता के साथ प्रस्तुत भी किया। इसे हम हर यूनिट की यूनिटी और यूनिटों की समग्रता भी कह सकते हैं। उनकी भाषा सामान्य भी है और पारिभाषिक भी है, वे सूत्र उभारते हैं और उन्हें विश्लेषित और व्याख्यायित भी करते हैं। ज़ाहिर है कि उनकी रचनात्मकता में विश्लेषण की अद्भुत और अपार ऊर्जा है, वे विश्लेषण को भाषा के माध्यम से रबर की तरह बढ़ाते हैं जिससे एक धारा की 'कण्टीन्यूटी' पैदा होती है। 'विपात्र' पढ़ते हुए ऐसा लगता है मानो हम इकाइयों की दुनिया से निकलकर सम्बन्धों की दुनिया में चले आये हों, यहाँ सब जीव और प्राणी एक-दूसरे में अन्तर्गुम्फित हैं, अन्योनाश्रित हैं। न केवल वे प्राणी जो प्राणवान हैं बल्कि वे चीज़ें भी जो ऊपर से निष्प्राण दिखायी देती हैं। यूँ उपन्यास में विस्तार जटिलता और गहराई होती है। कहते हैं रचनाकार में जितने खुलेपन की अपेक्षा उपन्यास करता है, उतनी दूसरी विधा नहीं। मुक्तिबोध में यह खुलापन अत्यधिक मात्रा में है, वे वातावरण बनाते हैं। ज़िन्दगी के मार्मिक तथ्य, उसमें दर्ज़ करते हैं, चरित्र के छोटे-छोटे तन्तुओं को बहुविध रूप में बहुविध कोणों से प्रत्यक्ष करते है। मेरे ख़्याल से मुक्तिबोध की सबसे बड़ी उपलब्धि उनकी निरीक्षण और परीक्षण क्षमता है। चीज़ों तक पहुँचने के लिए वे विभिन्न माध्यमों से, विभिन्न कोणों से चीज़ों को पहचानने की कूबत रखते हैं। उनके यहाँ बातों का सिलसिला, रिश्तों का सिलसिला, घटनाओं और चरित्रों का सिलसिला कभी ख़त्म नहीं होता। इसके अनेक चित्र उनकी रचनाओं में ज़रूरी तौर पर उपलब्ध होते हैं।

मुक्तिबोध के 'विपात्र' के कथा शिल्प के बारे में विभिन्न आलोचकों ने अपनी मान्यताएँ रखी हैं। डॉ. जगदीश शर्मा लिखते हैं कि-''मुक्तिबोध का कथा शिल्प सीधे उनके आत्मा के भूगोल से जुड़ा हुआ है।''[24] उनके भीतर की बेचैनी उनकी कहानियों एवं

विपात्र को एक प्रकार का तीव्र संवेगात्मक स्पर्श प्रदान करती हुई फ़ैन्टेसियों और प्रतीकों की सर्जना द्वारा कथा शिल्प की बंकिम भंगिमा की सृष्टि कर गयी हैं। 'विपात्र' में प्रयुक्त प्रतीक एक ओर रूँधे बँधे, घुटन भरे, घिरे हुए और बंद अकारों के हैं तो दूसरी ओर प्रज्वलित और प्रकाशमय तिलिस्मी तहख़ाने प्रथम प्रकार के प्रतीक हैं, तो सिन्दूरी और सुनहली ज्वालायें दूसरे प्रकार के। ये दोनों प्रकार के प्रतीक क्रमशः यथार्थ चेतना और उसके प्रति लेखक की तीव्र प्रतिक्रिया के वाहक हैं। विद्या केन्द्र शिक्षण संस्था भर नहीं है, वह सत्ता का प्रतीक है। विद्या केन्द्र के 'बॉस' साहब आभिजात्य मानसिकता के व्यक्ति के प्रतीक हैं, जो सत्ता में बने रहने के लिए हर प्रकार के हथकण्डे अपनाते हैं। 'जगत', 'मैं' आदि मध्यवर्ग के प्रतीक हैं जो आभिजात्यवर्गीय 'बॉस' साहब से सम्पर्क बढ़ा कर उन्हीं के वर्ग में जाना चाहते हैं, लेकिन पहुँच नहीं पाते। डॉ. नामवर सिंह लिखते हैं कि– "विपात्र की सांस्कृतिक संस्था का संसार भी आज की व्यवस्था का ही एक छोटा नमूना है।"[25] विपात्र में फ़ैण्टेसी का भी प्रयोग हुआ है। विद्याकेन्द्र की स्थिति को विषद रूप से अंकित करने के उपरान्त अन्त की ओर जाते हुए फ़ैण्टेसी के माध्यम से विद्या केन्द्र के वातावरण को घनीभूत संवेदना में ढाल दिया गया है।

'विपात्र' में चूँकि बुद्धिजीवियों के विरोधाभासों को बहस का मूल मुद्दा बनाया गया है ; अस्तु इसका शिल्प भी उसी के अनुरूप बड़ी प्रखरता के साथ हमें बहस में अपने अन्दर समेटता है और यही उसकी सबसे बड़ी उपलब्धि है; चूँकि भाषा सामाजिक निधि होती है। समाज के विभिन्न व्यक्तियों द्वारा आवश्यकता अनुरूप उसे गढ़ा जाता है। सामाजिक विचारविनिमय का वह सशक्त माध्यम होती है, इसलिए रचनाकार उसे महत्ता प्रदान करता है। मुक्तिबोध ने बुद्धिजीवियों की समस्या को समग्रता के साथ उजागर करने के लिए 'विपात्र' में बहस के अनुरूप और जनता के साथ पूरे अन्तर्विरोधों को प्रस्तुत करने के लिए, उन्होंने जिस भाषा को गढ़ा है वह अपना प्रभाव पाठक पर विशेष रूप से छोड़ती है। मुक्तिबोध ने रचना प्रक्रिया के सन्दर्भ में जो सवाल उठाये हैं वे अपनी एक ख़ास अहमियत रखते हैं। उन्होंने वस्तु एवं रूप को अलग नहीं माना, लेकिन उनका ज़ोर सर्वहारा वर्ग की समस्याओं के साथ उसको लेकर विषय वस्तु को ज़्यादा महत्ता प्रदान करता है। विपात्र इसी तरह की कथा रचना है। "मुक्तिबोध की हर रचना साहित्य की सभी विधाओं को अजीब चुनौती है। मुक्तिबोध ने साहित्य की हर विधा को इतना तोड़ दिया है कि रचना स्वयं अपने मूल्यों को ललकारने लगती है, कविता बढ़ते–बढ़ते डायरी हो जाती है और डायरी चलते–चलते कहानी हो जाती है। डायरी, कहानी और उपन्यास, तीनों के गुण–दोषों से बेलाग 'विपात्र' को साहित्य की किस विधा में रखा जाये, फैसला कर पाना कठिन है। वैसे 'विपात्र' की कल्पना मुक्तिबोध ने उपन्यास के रूप में की थी। वह उसे छपाना भी चाहते थे उपन्यास कहकर। लम्बे–लम्बे पृष्ठों पर बड़े–बड़े हर्फ़ों में लिखी हुई यह कहानी अपनी विशालकाय पाण्डुलिपि में उपन्यास ही लगती थी। मगर टाइप कराने पर मालूम हुआ कि उसे अधिक से अधिक एक लम्बी कहानी के बतौर ही छापा जा सकता है। सच्चाई यह है कि 'विपात्र' कहानी या उपन्यास दोनों में से कुछ भी न होने के बावजूद दोनों ही है। कहानी और उपन्यास दोनों संकीर्ण परिभाषाएँ किस तरह

टूट रही हैं और साहित्य की विधाएँ कैसे एक-दूसरे के नज़दीक आती हुई गुमनाम होती जा रही हैं, उसे मुक्तिबोध जैसे द्रष्टा कलाकार ही पहचान सकते थे।''[26]

'विपात्र' को लम्बी कहानी मानते हुए जनक शर्मा ने लिखा है कि-''विपात्र' जो संग्रह की सबसे लम्बी कहानी है। मुक्तिबोध का एक उपन्यास भी है इसी शीर्षक से लेकिन 'विपात्र' को उपन्यास न कहकर एक लम्बी कहानी के अन्तर्गत रखना अधिक उचित है। इसका रचना विधान उपन्यास का-सा नहीं है। कहानी के अंश के बाद जो विस्तार देकर इसे उपन्यास का रूप दिया गया है उसमें अभिजात्य वर्ग, निम्न-मध्यवर्ग तथा समाज की निम्न श्रेणियों की मनोवृत्तियाँ, स्थिति, परिस्थितियाँ इत्यादि का लेखा-जोखा है, जिसके अन्तर्गत लेखक की आत्म पीड़ा और अन्तर्वेदना ध्वनित मुखरित है। 'विपात्र' चरित्र स्थितियों पर आधारित है और घटना विहीनता इसकी विशेषता है।''[27] 'विपात्र' को एक लम्बी कहानी मानने की ओर ज़्यादातर आलोचकों का ज़ोर रहा है और इसी ज़ोर के चलते उन्होंने अपनी-अपनी तरह से कहानी मनवाने का प्रयास किया है। कुछ आलोचकों ने तो बिना कारण बताये सीधे कहानी कह दिया है। शायद वे परम्परा से चले आ रहे विचार पर ही अपने को केन्द्रित करते हैं इस पर तनिक भी सोचने या विचारने की ज़रूरत नहीं समझते हैं। अग्न्येश्का सोनी का विचार 'विपात्र' को कहानी मानने की ओर ही रहा है-''विपात्र की यह कटु परिभाषा एक स्फुट व्यंग्य उद्‌गार नहीं हैं। इसके पीछे जो सन्ताप जो तड़पन है उसे मुक्तिबोध की उन सब व्याकुल कहानियों में महसूस किया जा सकता है पर, उस तड़पन के गुप्तनाटक प्रकट करने में ख़ास तौर से पारदर्शी अपने-अपने ढंग से क्लासिक तीन कहानियाँ 'क्लॉड ईथरली', 'पक्षी और दीमक' तथा अपनी विस्तृत बहसों और व्याख्याओं में कहीं-कहीं शिथिल पड़ने के बावजूद 'विपात्र'।''[28] हम विपात्र को 'क्लॉड ईथरली' तथा 'पक्षी और दीमक' जैसी कहानी मान सकते हैं, क्योंकि 'विपात्र' में इससे अलग एवं ख़ासतौर से एक विचारणीय बात है और वह कहानी के रूप में नहीं कही जा सकती थी। कलेवर को देखकर भले ही आलोचक उसे कहानी मानते रहें, लेकिन कहानी या उपन्यासों की यह कसौटी नहीं है। अगर आकार को ही कसौटी माना जाता तो विनोद कुमार शुक्ल की कहानी 'महाविद्यालय' को आलोचकों ने उपन्यास न माना होता। ''मेरी नज़र में जिस तरह से विनोद कुमार शुक्ल के उपन्यास 'नौकर की कमीज़' का बड़ा गहरा और सार्थक हिस्सा 'पहल' में प्रकाशित उनकी लम्बी कहानी 'महाविद्यालय (मई 1 976) है उसी तरह से 'मौनी को संस्कार' या 'भारतीपुर' उपन्यासों में जोड़कर देखने की ज़रूरत है।',[29] मात्र 18 पृष्ठों का होते हुए भी उपन्यास की समूची परिधि को स्पर्श करता है बल्कि एक मुकम्मल 'बस्त' और चरित्रों की नयी-नयी भंगिमाओं को भी उजागर करती है।

नामवर सिंह ने भी 'विपात्र' को बतौर कहानी ही आँका है-''विपात्र आदि कहानियों का 'मैं' इस चरित्र को प्रबुद्ध प्रेरित और सक्रिय करके उसकी आस्था को दृढ़ करने के लिए ही मुक्तिबोध ने अनात्मपरक ढंग अपनाया है।''[30] जब हम 'विपात्र' को बतौर उपन्यास के रूप में विचार करते हैं तो उसमें उपन्यास के परम्परागत मान्य तत्त्व भले ही न हों फिर भी वह उपन्यास की आज की कसौटी पर खरा उतरता है। ''परिप्रेक्ष्य या

आत्मार्जित विज़न के अभाव में उपन्यास के रूपाकार को निभा पाना सचमुच कठिन है। कथानक, चरित्र सृष्टि, परिवेश चित्रण आदि के माध्यम से सम्प्रेष्य कथ्य की प्रासंगिकता अन्ततः अन्तर्दृष्टि से ही निर्धारित होती है। इसी मायने में प्रविधि का विशेष आग्रह करनेवाला यथार्थवाद नहीं बल्कि संरचना में व्यक्त यथार्थ तत्त्व अधिक महत्त्वपूर्ण है। उपन्यास की मूलभूत समस्या संरचनागत अनुभव को अन्तर्दृष्टि देने की समस्या है। यही उपन्यास की सार्थकता की जाँच का बुनियादी प्रतिमान है।''[31] 'विपात्र' मध्यवर्ग की पुंसत्वहीनता की कथा है। कथा के बजाय इसे बहस कहना ही शायद कुछ ज़्यादा ठीक है–निर्मम और खुली बहस, ख़ुद अपने आपसे, अपने आपको लेकर और अपने ही विरुद्ध। जो मैं है वही जगत है, वही भनावत और वही राव साहब और मिश्रा भी। इस लघुकाय और लगभग कथाहीन उपन्यास का असली नायक ए.बी.लार्ड अनुपस्थित रहकर उपन्यास के अलग-अलग नाम-चेहरेवाले पात्रों को विपात्र बनाता चलता है–ख़ुद को ए.बी.लार्ड मानने से इंकार करते 'मैं' को भी। विपात्र में कहीं-कहीं गद्यात्मक सन्दर्भ भी आये हैं, लेकिन उसे गद्य नहीं माना जा सकता। इसको स्पष्ट करते हुए प्रमोद वर्मा ने लिखा है कि–''कुछ फैसला ही मध्यवर्ग को कारामुक्त कर सकता है। स्वतन्त्रता का सही अर्थ भी तभी स्पष्ट हो सकता है। यह झूठ है कि व्यक्ति स्वातन्त्र्य है। हमें खरीदने और बेचने की, खरीदे जाने और बेचे जाने की ही आज़ादी है। हमने अपने व्यक्ति स्वातन्त्र्य को बेच दिया है ... सच्ची आज़ादी उन्हें है, जिनके पास पैसा है। वे पैसों के बल पर दूसरों की स्वतन्त्रता खरीद सकते हैं। स्वतन्त्रता का अपहरण पौरुष का भी अपहरण है। आदमी को तय करना ही होगा कि पौरुषहीन सन्त बनकर अकेले मुक्ति के लिए शून्य साधना करेगा या जनजीवन से जुड़कर सच्ची स्वतन्त्रता और सम्पूर्ण मुक्ति के लिए संघर्षरत रहेगा। मुक्तिबोध ने गद्य में यह फ़ैसला अपने 'विपात्र' उपन्यास में लिखा है।''[32]

'विपात्र' रम्य गद्य नहीं है। शायद ठीक-ठीक उपन्यास भी नहीं, न ठीक-ठीक आत्म चरित्र ही। लेकिन कोरा विचार गद्य नहीं है। भावना और विचार के परस्पर संघात से उत्पन्न यह रचना एक उन्मत्त जल प्रवाह की तरह है। पूर आने पर नदी का जल खौलने लगता है और उसके पेंदे में कब से बैठी चीज़ें भी खदबदाकर बाहर निकल पड़ती हैं। 'भूरी-भूरी खाक धूल' और 'चाँद का मुँह टेढ़ा है' में संग्रहीत अनेक कविताओं की स्मृतियाँ उनकी डायरी और समीक्षा पुस्तक में व्यक्त विचारों की पूर्ति-टिप्पणियों और मुक्तिबोध के निजी जीवन प्रसंगों के साथ जुड़कर विपात्र में प्रवाहित दिखायी देती है। मध्यवर्ग का व्यक्ति संवेदनशील होने के साथ-साथ बौद्धिक भी हो जाये तो उसकी भीतरी दुनिया की टूट-फूट की रचना कुछ इसी तरह सम्भव की जा सकती थी। इसे कहानी मात्र नहीं माना जा सकता था इसे तो उपन्यास में ही समेटा जा सकता है। इसीलिए हमें 'विपात्र' उपन्यास के समीप ही अधिक दिखायी देता है। 'विपात्र' को उपन्यास मानते हुए चन्द्रकान्त बान्दिबड़ेकर ने लिखा है कि -अगर उपन्यास में हम कथा चरित्र का सांगोपांग विवरण देखने के आदी हैं तो 'विपात्र' को औपन्यासिक रचना मानने में हमें संकोच हो सकता है परन्तु व्यक्ति और समाज के सम्बन्धों से जटिल जीवन का अनुभव अगर उपन्यास का कथ्य है तो 'विपात्र' निश्चय ही अच्छा उपन्यास है। वह बाह्य जीवन

को केवल सूचित करता हुआ आन्तरिक जीवन को आलोकित करता है।''[33] 'काठ का सपना' नामक कहानी संग्रह की भूमिका में श्रीकान्त वर्मा ने लिखा भी है कि मुक्तिबोध स्वयं 'विपात्र' को बतौर उपन्यास ही मानते थे। उनके उपन्यास मानने का कारण चाहे जो भी रहा हो। आज जब हम इस बहस पर समग्र दृष्टि डालते हैं तो हम पाते हैं कि विपात्र अपने तरह का एक अलग ही उपन्यास है, इसे उपन्यास मानने में सन्देह नहीं किया जा सकता।

डॉ. विश्वम्भरनाथ उपाध्याय इसके शिल्प पर लिखते हैं कि–''विपात्र एक लम्बा वक्तव्य है, एक तर्क, एक रेखाचित्र। वह प्रचलित फ़ार्म में कहानी नहीं है। वह कहानीनुमा कहानी है लेकिन रूप फ़ार्म और संरचना (स्ट्रक्चर) की चिन्ता न करने पर भी मुक्तिबोध की सच्ची मानव संवेदना और यथार्थ की पकड़ के कारण विपात्र आज के कहानीकार को यह बता सकती है कि काँटा कहाँ चुभता है और काँटे चुभानेवाले वर्गों और व्यक्तियों का असली चेहरा कैसा है?''[34] विपात्र कहानी है या उपन्यास यह विवाद का विषय है लेकिन उसकी भीतरी अन्विति इस रूप में देखी जा सकती है जैसा कि डॉ. नामवर सिंह ने रेखांकित किया है–''मुक्तिबोध तो ऐसे रचनाकार हैं जो वर्गीकृत नहीं हो सकते। उन्हें किसी एक विधा के साथ बँधना मुश्किल है। कविता, कहानी, लघु उपन्यास, डायरी आदि सब में एक ही मुसल्सल रचनात्मक व्यक्तित्व है। एक ही जीवन जगत् की समीक्षा और एक ही चिन्ता। इसलिए उनके यहाँ कविता कहानी का विस्तार है तो कहानी कविता की व्याख्या।[35] 'विपात्र' के शिल्प पर विचार करते हुए प्रमोद वर्मा की धारणा है कि ''कथा के बजाय इसे बहस कहना ही शायद कुछ ज़्यादह ठीक है। निर्मम और खुली बहस। ख़ुद अपने आप से अपने को लेकर और अपने ही विरुद्ध ... अपनी वर्गीय कारा से मुक्त होने का फैसला लेता विपात्र का कथा नायक जैसे स्वयं मुक्तिबोध क्योंकि उपन्यास बहुतांश में उनका आत्म चरित है।''[36]

निष्कर्षत: कहा जा सकता है कि विपात्र में न तो कहानी की अतिशय संक्षिप्त गत्वरता है और न तो उसमें हाथी की तरह मंथरता। वह एक द्रुत विलम्बित लघु उपन्यास के रूप में विधाओं के वार्डों को तोड़कर उभरता है। जिसे चरित्र, संवाद, वातावरण, वस्तुस्थितियाँ, भयावह यथार्थ और द्वन्द्वात्मक उद्‌देश्य पुष्ट करते हैं। यह कहानी की प्रक्रिया भी एक आयामी नहीं है। उसमें नपुंसक स्थितियों का ईंधन है जो पाठक को झकझोरता है। समझौतों को छोड़कर संघर्ष की ओर ले जाता है। अत: विपात्र न तो कहानी है और न ही उपन्यास, वह इनसे भिन्न एक लघु उपन्यास है। उसका दीर्घकाल, उसके पात्र, उनकी मानसिकता का उद्‌घाटन उसका वर्गज द्वन्द्व, उसकी इकाइयों की असमग्र समग्रता में ढलना इस तथ्य का प्रमाण है कि नि:सन्देह यह एक लघु उपन्यास है।

मध्यवर्ग की मुक्ति : ग्रन्थिमुक्ति

मुक्तिबोध अपनी धरती को जानते थे। सामान्य जनता की हक़ीक़तों को बख़ूबी पहचानते थे। उनका कहना है कि, ''आज का यथार्थ जनता के जीवन का यथार्थ है। जो हम रोज़मर्रा जीते हैं, यदि हमारी काव्य प्रेरणा वस्तुत: जन जीवन से उद्‌भुत हुई हो तो

जनजीवन की वर्तमान परिस्थितियों और कष्टों का कारण भी हमारी अनुभूति क्षेत्र का अंग होगा अर्थात् इन्सानियत को तबाह करनेवाले रावणों, उनके सिपहसालारों और दासों के जन विरोधी षड्यन्त्र भी हमारी अनुभूतियों के अंग होंगे।''[37] ज़ाहिर है कि कोई भी साहित्य तब तक महत्ता प्राप्त नहीं कर सकता जब तक वह जनजीवन से उगा न हो, सामान्य जनता की हक़ीक़तें और उसकी समूची स्थितियाँ उसमें मूर्तित न हुई हों। बुद्धिजीवियों का मूल संकट नैतिकता से समन्वित है। वे झूठी शानशौकत और अपनी स्वार्थबद्धताओं से परिचालित हैं और इसी कारण वे गहन अन्तर्विरोधों से जूझते रहते हैं। अपने वर्ग को त्यागकर चमक-दमक वाली नसैनियों से ऊपर तक पहुँचना चाहते हैं। वैसे उनमें अपने वर्ग के प्रति सहानुभूति रहती है लेकिन स्वार्थपरता ऐसी वस्तु है जो उसे तोड़ देती है। अपना सोशल स्टेट्स तैयार करने की फ़िराक़ में वे अपनी ज़मीन को छोड़ देते हैं। जहाँ तक अस्मिता के संकट का प्रश्न है अस्मिता खोयी हुई नहीं है। बल्कि गिरवी रखी हुई है। उस अस्मिता को मुक्त कराना ही महत्त्वपूर्ण बात है। चमकदार जीवन प्रणाली के मोह ने फासलों को जन्म दिया है। ऊँच-नीचपन की नसैनी टूटना आवश्यक है। बुद्धिजीवी की सबसे बड़ी ट्रैजिडी तो यह है कि उसे बाल-बच्चों का भी ध्यान रखना पड़ता है। मुक्तिबोध ने इस बात की ओर स्पष्ट संकेत किया है कि अपने अपने दुःखों की आग में जलना बेहतर नहीं है। दुःखों से त्राण पाने का सही तरीक़ा वर्गों को मिटाने में है, फासलों को पाटने में है। जनता कुत्ते नहीं हैं। जो वर्ग उत्पादन करता है, श्रम करता है और जिसके आधार पर पूँजीवादी सभ्यता और संस्कृति खड़ी है उस वर्ग को तिरस्कृत करना लाजिमी नहीं है। ''अँधेरे में रहकर अँधेरे में मर जाना ठीक समझता हूँ लेकिन फटीचरों से घृणा करना नहीं चाहता।' पूँजीवादी सभ्यता सर्वहारा वर्ग को ही वर्गों में बाँटना चाहती है लेकिन ऐसा सम्भव नही हैं। बुद्धिजीवी अपनी-अपनी वेदनाओं की डींग हाँकते हैं। जबकि डींग हांकने से और अंधेरी सुरंगों में धँसे रहने से समस्या का निदान नहीं हो सकता। शिक्षा और संस्कृति के नाम पर जो लूट-खसोट चल रही है उसी के दबाव में बुद्धिजीवी अपनी अस्मिता को रेहन रखे हुए हैं। दरबारी परिवेश जो भारतीय पूँजीवादी संस्कृति का एक सुथरा हुआ रूप है जिसमें मसालेदार गपबाजी चलती है और बुद्धिजीवियों को वक़्त कटी का साधन बनाया जाता है। विपात्र के बुद्धिजीवी इस संकट को जानते पहचानते हैं लेकिन इससे बाहर नहीं हो पाते।

'विपात्र' में वासना एवं वेदना की चर्चा भी की गयी है। ईश्वरदयाल गुप्त लिखते हैं कि-''वेदना की बारम्बारता जितनी निचली श्रेणी के लिए प्रकृति है-वासना की संकुलता ऊपर की श्रेणियों के लिए सहज है, क्योंकि उन्हें मनोमय लीला करने की फ़ुर्सत अधिक है। यह वासना व्यक्ति को आकांक्षाओं के वृत्त में बंद कर लेती है। रंगीन सपनों की दुनिया से निकलने नहीं देती। फलतः वह घोर रूप से आत्मबद्ध हो जाता है। उन्हीं सपनों रंगीनियों में विचरण करता है। स्टेट्स आदि का रंगीन मोह जगत निस्संगता को तो प्रदान करता है लेकिन मन में ग्रन्थि डालकर।''[38] प्रश्न यह उठता है कि विपात्र के बुद्धिजीवी क्या अपनी वासनाओं से निकलने की हिम्मत नहीं करते? विपात्र का 'मै' बराबर इस बात पर जोर देता है कि हमें छोटे आदमियों के साथ जुड़ना है। ''मैंने सिर्फ़ एक काम अच्छा

किया है। बड़े आदमियों के ज़्यादा बड़े चक्कर में न पड़कर मैंने आमतौर से छोटे आदमियों का अहसान लिया है। वे छोटे आदमी ये नहीं कहते कि तुम अपनी आत्मा मुझे बेच दो। ... बुद्धिजीवियों का दायित्व है कि वे फासलों के मिटाने के लिए जनता के साथ जुड़े। सर्वहारा वर्ग जिन समस्याओं से गुज़र रहा है, जिन हक़ीक़तों को भोग रहा है उससे निजात दिलाने के लिए वे सामने आये। अकाल में भूखी औरतें बच्चों को बेचते देखी गयी हैं। और पेट के लिए स्त्रियाँ शरीर को बेचती हैं और आदमी अपनी अक्ल को और मेहनत को बेचता है, तो उसी शक्ति का यह तकाज़ा। है कि मनुष्य सामाजिक न्याय के लिए आगे आयें। मैदान में आकर कर्मसूत्र सम्हाले सिर्फ़ दरमियानी फ़ासलों को देखकर उनसे घबराये नहीं वरन् उन खाइयों को फांदने के रास्ते और पुल तैयार करे।'' हमारे देश में पूँजीवादी सभ्यता ने अपनी लूट-खसोटवाली प्रवृत्ति को अधिक फैलाया है। शोषण के नये तरीक़े इस्तेमाल किये गये हैं जिसके भयंकर परिणाम सर्वहारा वर्ग को भोगने पड़ रहे हैं।

शोषण के चक्रव्यूहों में फँसा हुआ सर्वहारा किस स्थिति से गुजर रहा है तथा गंदी नालियों, मैले कुचैले कपड़ों में लिपटा हुआ नारकीय ज़िन्दगी जी रहा है। सामाजिक यथार्थ का तक़ाज़ा है कि बुद्धिजीवी बातें भर न करता रहे बल्कि इन यथार्थों से टकराने के लिए अपने समूचे संघर्ष को सर्वहारा के कल्याण के लिए उपयोग में लाये। बुद्धिजीवी वर्ग भटकावों को छोड़कर ग़लत ढंग की राज्य सत्ता और पूँजीवादी शोषण से स्वयं को मुक्त करे तभी सर्वहारा वर्ग दरमियानी फासलों से उबर सकता है। लेनिन के शब्दों में-''और यदि राज्य सत्ता न मिटनेवाले वर्ग विरोधों का फल है, अलग-अलग वह एक ऐसी ताक़त है जो समाज से ऊपर है और उससे स्वयं को अधिकाधिक अलग करती जाती है तो यह बिल्कुल साफ़ है कि उत्पीडित वर्ग तब तक आज़ाद न हो सकेगा जब तक कि न केवल एक हिंसापूर्ण क्रान्ति न हो, बल्कि जब तक कि राज्य सत्ता की उस मशीन को भी ध्वंस न कर दिया जाये, जिसे शासक वर्ग ने तैयार किया था और जो इस अलगाव का मूर्त रूप है।''[39]

बौद्धिक संकटों से गुज़रता हुआ बुद्धिजीवी अपनी मज़बूरियों के कारण कोई अहम् भूमिका प्रस्तुत नहीं कर पाता। 'जगत' और 'मैं' की बहसें इस बात का सबूत हैं कि इन बुद्धिजीवियों के मन में व्यवस्था द्वारा उपस्थित किया हुआ संकट उन्हें किस त्रास के बीहड़ों में ढकेलता है। ये दोनों पात्र आराम से गन्दे होटलों में चाय नाश्ता करते हैं। लेकिन घबराहट भी इनके मन में है। स्वतन्त्रता समानता और बन्धुत्व की छूट संविधान द्वारा हर नागरिक को प्रदान की गयी है लेकिन एक ऐसी स्थिति भी है कि जहाँ आदमी खुली जेल में है लेकिन वह उस सीमा के बाहर नहीं जा सकता। डॉ. कुँवरपाल सिंह की टिप्पणी गौरतलब है कि-''अजीब विचार स्वातन्त्र्य है, जहाँ गालियाँ बकने और कीचड़ उछालने की स्वतन्त्रता तो है लेकिन वास्तविक तथ्यों का उद्घाटन करने और सच कहने की स्वतन्त्रता नहीं है। परदे के बाहर की बातों पर तो आप अपनी राय दे सकते हैं, लेकिन रंगमंच के पीछे होनेवाले क्रियाकलापों के विषय में न तो इस देश के साधारण नागरिक को जानने का हक़ है, न कहने का, यदि कोई साहस करता है तो उसको अन्यायपूर्ण

परिणामों की चुनौती का सामना करना पड़ता है।'' [40]

'विपात्र' के बुद्धिजीवी संकटों को जानते हुए और त्रास के रूपों को पहचानते हुए भी इन परिस्थितियों से संघर्ष करने को आमादा हैं। उनके मन में हालातों को सुधार करने की अजीब छटपटाहट और बेचैनी देखी जा सकती है। दूसरे खण्ड में जो अन्तहीन बहस की गयी है–उसका मूल उद्‌देश्य यह है कि संकटों के पहचान कर उनकी हर स्थितियों का मूल्यांकन कर हमला बोला जाये। 'मैं' और जगत की बहस से इस विषय पर कुछ प्रकाश पड़ता है।'' मैं पूछता है–पढ़े लिखे आदमियों से तुम्हारी क्या अपेक्षाएँ हैं? उत्तर जगत का है'' यही कि वे अपनी विद्या बुद्धि द्वारा संस्कृति, समाज और मानवता के विकास में अपनी-अपनी प्रतिभा के अनुसार, किन्तु पूर्ण हृदय से योग दें।''

विपात्र के अधिकांश बुद्धिजीवी भले ही स्वार्थी और नाकारा हों लेकिन 'मैं' की छटपटाहट सर्वहारा वर्ग के कल्याण के लिए, उसे ऊपर उठाने के लिए ही है। इस सन्दर्भ में उसकी क्रान्तिकारी भूमिका शुरू से आख़िर तक देखी जा सकती है। कहना न होगा कि बुद्धिजीवी की विपात्रता की सार्थकता एक जागरूक और सफल ढंग का पात्र बनने में ही है। अन्ततः बुद्धिजीवी का जो दायित्व है उसे निबाहना ही पड़ेगा। व्यक्ति की स्वतन्त्रता का ढोल पीटना कोई मानी नहीं रखता, क्योंकि ''व्यक्ति की वास्तविकता उसके समाज की स्वतन्त्रता है और स्वतन्त्र समाज में ही स्वतन्त्र व्यक्तित्व के विकास की सम्भावनायें रहती हैं।'' [41] ज़ाहिर है कि बुद्धिजीवी वर्ग चाहे जहाँ से नाभिनालबद्ध हो उसकी वास्तविक स्थिति तो सर्वहारा वर्ग के ही साथ है। विपात्र के 'मैं' की पूरी संवेदना साधारण जनता के साथ है।

सन्दर्भ

1. 'विपात्र'-प्रथम संस्करण 1971 का आवरणीय वक़्तव्य
2. नेमिचन्द्र जैन-मुक्तिबोध रचनावली की भूमिका
3. मुक्तिबोध रचनावली (खण्ड तीन) की भूमिका।
4. वही -पृष्ठ 235
5. सतह से ऊपर उठाती रचना-मलयज-पूर्वग्रह : पृष्ठ -11
6. पूर्वग्रह-सितम्बर से दिसम्बर तक-1981, पृष्ठ-12
7. 'आलोचना'-जुलाई-सितम्बर 1968, पृष्ठ-64
8. रवीन्द्र वर्मा-आलोचना, मई-जून 1984 : पृष्ठ-17-18
9. सं. लक्ष्मणदत्त गौतम-ग. मा. मुक्तिबोध :। पृष्ठ-180
10. मोतीराम वर्मा-लक्षित मुक्तिबोध : पृष्ठ-26
11. वही पृष्ठ-26
12. विपात्र : पृष्ठ-45-46
13. आलोचना-मई-जून 1984 पृष्ठ-18
14. आलोचना-जुलाई-सितम्बर 1968
15. क्रिस्टोफर कॉडवेल : स्टडीज इन अ डाइंग कल्चर (अंग्रेज़ी) : पृष्ठ-77
16. एक साहित्यिक की डायरी : पृष्ठ-32
17. डॉ. जगदीश शर्मा-मुक्तिबोध: एक साहित्यिक इकाई : पृष्ठ-69

18. आलोचना-जनवरी-मार्च 1976, पृष्ठ-49
19. ज्योत्सना-जुलाई 1962
20. पूर्वग्रह-मार्च-जून 1982, अंक 49-50 : पृष्ठ - 53
21. वही पृष्ठ-53
22. सेवाराम त्रिपाठी-कविता अन्य विधाओं के प्रभाव में-देशबन्धु सतना, 15 दिसम्बर, 1991
23. आचार्य रामचन्द्र शुक्ल-चिन्तामणि (प्रथम-भाग) : पृष्ठ-223
24. डॉ. जगदीश शर्मा-मुक्तिबोध: एक साहित्यिक इकाई : पृष्ठ-75
25. डॉ. नामवर सिंह-कविता के नये प्रतिमान : पृष्ठ - 249
26. श्रीकान्त वर्मा-काठ का सपना-भूमिका : पृष्ठ-5-6
27. जनक शर्मा-मुक्तिबोध : व्यक्तित्व एवं कृतित्व : पृष्ठ 326
28. आलोचना-जुलाई-सितम्बर 1968 अंक 1, पृष्ठ-63
29. विनोद भारद्वाज-पूर्वग्रह-अंक 46-47, पृष्ठ 39
30. डॉ. नामवर सिंह-कविता के नये प्रतिमान : पृष्ठ 248-49
31. डॉ. पुरुषोत्तम अग्रवाल-पूर्वग्रह : पृष्ठ-14
32. प्रमोद वर्मा-कालजयी मुक्तिबोध : पृष्ठ 21
33. आलोचना-जनवरी-मार्च 1976, पृष्ठ-49
34. डॉ. विश्वम्भरनाथ उपाध्याय-समकालीन सिद्धान्त और साहित्य : पृष्ठ 197
35. पूर्वग्रह-61-62 : पृष्ठ-126
36. प्रमोद वर्मा-कालजयी मुक्तिबोध : पृष्ठ-21
37. नया खून-26 जनवरी, 1951 : पृष्ठ 22
38. सं. लक्ष्मणदत्त गौतम-गजानन माधव मुक्तिबोध : पृष्ठ-184
39. लेनिन-राज्य सत्ता और क्रान्ति : पृष्ठ 12
40. वातायन (त्रैमासिक) दिसम्बर 1962
41. डॉ. रांगेय राघव : काव्य कला और संस्कृति : पृष्ठ 148

समग्र आकलन

कृतित्व के सन्दर्भ में विचारधारा का आकलन

मुक्तिबोध का कृतित्व मूलतः कवि और गद्यकार के रूप में है। गद्यकार के रूप में उन्होंने कहानियाँ, उपन्यास आलोचनाएँ, इतिहास और संस्कृति पर लेखन, डायरियाँ और सामयिक टिप्पणियाँ लिखी हैं। देखना यह है कि वह कौन-सा व्यक्तित्व है जो उनके कथा साहित्य, कविता और आलोचना में अनुस्यूत है। उनकी रचनात्मकता के विभिन्न तेवरों और रंगों को देखने पर प्रतीत होता है कि उनमें सर्वत्र बहुत तीव्र रचनात्मक आवेग है, लेकिन यह आवेग उन्हें आत्ममुग्ध नहीं करता वरन् एक विश्लेषक का दर्ज़ा दिलाता है। उनकी विचारधारा का असर भाव-तरंगों और संवेदन-तरंगों में रूपायित होकर आवेग का रूप धारण करता है। उनके इस आवेग में सघनता और विराटता का अद्भुत संयोजन भी है। इस तरह विचारबोध-भावबोध और जीवनबोध की इतनी सघन अन्विति बहुत बिरले रचनाकारों में मिलती है।

आचार्य शुक्ल लिखते हैं कि-"अनुभूति के द्वन्द्व ही से प्राणी के जीवन का आरम्भ होता है।... नाना विषयों के बोध का विधान होने पर ही उनसे सम्बन्ध रखनेवाली इच्छा की अनेकरूपता के अनुसार अनुभूति के भिन्न-भिन्न योग संघटित होते हैं। जो भाव या मनोविकार कहलाते हैं। अतः हम कह सकते है कि सुख और दुःख की मूल अनुभूति ही विषय-भेद के अनुसार प्रेम, हास, उत्साह, आश्चर्य, क्रोध, भय, करुणा, घृणा इत्यादि मनोविकारों का जटिल रूप धारण करती है।"[1] विचारबोध-भावबोध की प्रक्रिया का उद्घाटन करते हुए शुक्ल जी लिखते हैं कि-"मनोविकारों या भावों की अनुभूतियाँ परस्पर तथा सुख या दुःख की मूल अनुभूति से ऐसी भिन्न होती हैं, जैसे-रासायनिक मिश्रण परस्पर तथा अपने संयोजक द्रव्यों से भिन्न होते हैं। ... समस्त मानव जीवन के भाव ही प्रेरक के रूप में पाये जाते हैं। शील या चरित्र का मूल भी भावों के विशेष प्रकार के संगठन में ही समझना चाहिए।"[2] शुक्ल जी यह भी मानते हैं कि अपने मंगल और लोक के मंगल का संगम होना चाहिए, क्योंकि इसी मंगल के लिए प्रकृति के क्षेत्र के भीतर मनुष्य को अपने हृदय के प्रसार का अभ्यास करना चाहिए। यह आवश्यक है कि भावों का प्रसार हो। दरअसल जब तक विचार विस्तार न हो और उसी के साथ भाव विस्तार न हो तो कवि होना मुश्किल है।

भावतत्व के बारे में डॉ. शर्मा की मान्यता है कि–"मनुष्य का भावजगत् उतना व्यापक और सार्वजनिक नहीं है जितना उसका इन्द्रियबोध, पर उसके विचारजगत् से वह अधिक व्यापक है। रति, घृणा आदि के भाव मानव सभ्यता के आदिकाल से चले आ रहे हैं और उन्हें उचित ही स्थायी भाव की संज्ञा दी गयी है। विज्ञान और दर्शन की अपेक्षा साहित्य की व्यापकता का यह दूसरा कारण है।" [3] मुक्तिबोध ने लिखा है कि–"संवेदनात्मक, अनुभवात्मक आधारों पर उपस्थित यह जो विचार व्यवस्था है, यह जो जीवन ज्ञान व्यवस्था है वह उसके साहित्य में, उसकी रचना में, उसकी कलाकृति में तरह–तरह से प्रकट होती है। मेरे अपने ख़्याल से वह मुख्यत: दो प्रकार की होती है। एक तो वह भाव–दृष्टि, जीवन–आलोचन, जीवन–विवेक अथवा–विचार चित्रण या भावांकन के रूप में प्रकट होती है। किन्तु इसके अतिरिक्त, वह कलात्मक विवेक का रूप धारण कर, कला सम्बन्धी विचारधारा भी बन जाती है, और उसके प्रभाव से वह कलाकृति का अन्तर्बाह्य संगठन भी करती है।" [4] डॉ. शर्मा मानते हैं कि विचारबोध के सहारे कविता सम्भव नहीं है। "कोई कवि केवल विचारबोध के सहारे कविता नहीं कर सकता। राजनीतिक कार्यकर्ता भी केवल विचारधारा के सहारे संघर्ष में देर तक टिका नहीं रह सकता। टिके रहने के लिए भावशक्ति चाहिए। कविता लिखने के लिए विचारबोध के साथ भावबोध भी चाहिए।"[5]

मुक्तिबोध के यहाँ विचारधारा अनुभव से परिपोषित नहीं है। वह जीवन संघर्ष से परिपोषित होती है। प्रगतिशील आन्दोलन पर यह आरोप बहुत लगाया गया। प्रगतिशीलता को विदेशी और आयातित भी कहा गया। प्रश्न यह उठता है कि जब कोई विचारधारा आरोपित होती है तो वह 'फोर्सफुल' भी नहीं होती, लेकिन जब वह जातीय अनुभव का अंग बन जाती है और उसकी समूची ऊर्जा से, जीवन के गतिशील तत्त्वों से उपजती है तो उसमें शक्ति का बिजलीघर होता है, जिससे रचनात्मकता निरन्तर नयी ऊष्मा, नयी कल्पनाशीलता, नया विचारबोध, नया यथार्थ और नयी संवेदनशीलता प्राप्त करती है। जैसे–निराला के यहाँ वेदान्त ओढ़ा हुआ नहीं लगता लेकिन पन्त के यहाँ मार्क्सवाद ओढ़ा हुआ और शक्तिहीन–सा लगता है। नयी–कवितावादियों में अस्तित्ववाद ओढ़ा हुआ लगता है, क्योंकि वह प्रभाव के स्तर पर आया, जीवन के स्तर पर नहीं। केदारनाथ अग्रवाल और नागार्जुन के यहाँ वह ओढ़ी हुई चीज़ नहीं है बल्कि उनके यहाँ विचारधारा मनुष्य की प्रकृति में रम गयी है। उसी तरह मुक्तिबोध के यहाँ विचारधारा उनके अनुभव और संघर्ष का सहज अंग बन गयी है। इसीलिए हम पाते हैं कि मुक्तिबोध की रचनाओं में क्रोध, करुणा और संघर्ष के मनोविकारों में इतनी सहजता और स्वाभाविकता है और वे इतने घुलमिल गये है कि विचारधारा के रेशे भिन्न रूप में दिखायी नहीं देते।

विचारधारा की भूमिका के बारे में साहित्य चिन्तकों ने विस्तार से विचार किया है। अजय तिवारी का मानना है कि–"विचारधारा बहिर्जगत के सन्दर्भ में मनुष्य की स्थिति को ही व्यक्त करती है, क्योंकि वह हित–अहित, विवेक से प्रेरित जीवन–दृष्टि का परिणाम है। अर्थात् मनुष्य की अपने अन्तर्जगत् और बहिर्जगत् तथा इनके अन्तर्सम्बन्धों की अविकल और अविरोधात्मक समझदारी का ही नाम विचारधारा है। ... बहिर्जगत् के

मनुष्य के अन्तर्सम्बधों को व्यक्त करने के नाते विचारधारा का चरित्र वर्गीय होता है। कला मनुष्य का आत्मिक प्रयत्न है, वह मनुष्य की वर्गीय विचारधारा से गर्भित होती है। किन्तु साहित्य विचारों के अलावा इन्द्रियबोध और भावों की अभिव्यक्ति करता है। इसलिए विचारधारा मात्र नहीं होता।''[6] कालिंगवुड लिखते हैं–''जब विचार अस्तित्व में आता है तो वह साथ भावों के नये क्रम लाता है, भाव जो केवल विचारक में उठ सकते हैं और केवल इसलिए कि वह निश्चित तरीक़ों से विचारता है।''[7] सामाजिक परिप्रेक्ष्य में विचारधारा का अध्ययन करते हुए सोवियत सिद्धान्तकार मास्क्विचोव की मान्यता है कि–''विचारधारा किसी समाज, वर्ग या सामाजिक समुदाय की चेतना है जिसका निर्धारण उसके अस्तित्व की भौतिक स्थितियों द्वारा होता है तथा जो उसके व्यावहारिक क्रिया कलाप को दिशा, सिद्धान्त और आदर्श प्रदान करती है।''[8] इससे स्पष्ट है कि विचारधारा की भूमिका साहित्य सृजन में बेहद महत्त्वपूर्ण होती है। ''मैकरे कलाकृति और विचारधारा के सम्बन्ध के सरल नहीं, जटिल सम्बन्ध मानता है। यह तो स्पष्ट ही है कि कोई कलाकृति विचारधारा की पुनः प्रस्तुति नहीं करती, उत्पादित करती है। यह उत्पादन विषय के रूपायन से सम्भव होता है और इस प्रक्रिया में वह कृति अपनी सीमाएँ, दरारें, रिक्त स्थान और न्यूनताओं को प्रकट करती है जो विचारधारा और वास्तविक इतिहास के अन्तर्विरोधों से पनपती है। अतः कृतियों, कथा-कृतियों में ऐतिहासिक सत्य होता है पर वह माध्यमीकृत (Mediated) तथा विच्छुरित (Refra Cide) प्रकार का होता है।''[9]

ज़ाहिर है कि कोई भी विचारधारा ओढ़कर महान रचनाकार नहीं बन सकता। ऐसे अनेक रचनाकार होते रहे हैं जिन्होंने किसी विचारधारा को अपने लिए पसन्द किया लेकिन उनकी रचनाओं में शक्ति नहीं रही। विचारधारा की सार्थकता तभी होती है जब वह व्यापक जीवनानुभवों, व्यापक संवेदनाओं से जुड़कर रचनात्मकता की भूमि तक आती है। वह रचनाकार के रक्त में रूपान्तरित हो जाती है। मुक्तिबोध के यहाँ विचारधारा बेमालूम तरीक़े से आती है। केवल उसका आवेग ऐसा आवेग जिसमें 'फोर्स' होता है, जीवन की गति, समझ और व्यापकता होती है, वह आता है। विभिन्न अन्तर्विरोधों के कई कोण उभरते हैं। ज़द्दोज़हद होती है। ऐसे प्रचण्ड आवेग से यह समूची प्रक्रिया निरन्तर घटित होती रहती है कि विचारधारा अलग से उनमें दिखती नहीं है बल्कि यूँ कहें कि वह उनकी रचनाशीलता में। एकदम पिरोई हुई या गुंथी हुई आती है, ऐसी कि जैसे फूल में सुगन्ध कहाँ है, क्या पूरे फूल में है या उसके किसी खास हिस्से में। उनकी कृति 'एक साहित्यिक की डायरी' में जो बहस होती है वह जैविक है। कविताओं में उनके यहाँ परस्पर चाँटे पड़ते हैं या जैसे उनको लगता है कि उनका व्यक्तित्व छीला जा रहा है तो बहस का मुक्तिबोध के यहाँ जो लम्बा सिलसिला है, वह वैचारिक शक्ति का द्योतक है; तथा उसी के द्वारा वे किसी निष्कर्ष तक पहुँचने का प्रयत्न करते हैं। 'डायरी' में ही यह बात स्पष्ट होती है कि मित्र और उनकी बहस के दौरान जब कोई उनकी बात नहीं मानता तो उनकी नसें फड़फड़ाने लगती हैं। ऐसा लगता है मानो विचारधारा उनके अवचेतन में शामिल हो गयी है। 'भूलग़लती' कविता का उदाहरण लें तो उसमें आत्मालोचन का बेहद तीव्र स्वर है जैसे–'भूलग़लती आज बैठी है/ जिरह बख़्तर पहनकर/ तख्त पर दिल के।

उसी के साथ संकल्पधर्मा चेतना का रक्तप्लावित स्वर/ हमारे ही हृदय का गुप्त स्वर्णाक्षर/ प्रकट होकर विकट हो जायेगा। इसी तरह उनकी कहानियों में आत्मालोचन, का तीव्र स्वर है। इस तरह विचारधारा उनकी जीवन प्रक्रिया से रचना प्रक्रिया में शामिल हो गयी है। उनका सहजबोध बन गयी है। इसलिए वे कुछ भी लिख रहे हों मसलन–कविता, कहानी या आलोचना। यहाँ तक कि सामयिक टिप्पणियों में भी विचारधारा अपने आप सहज रूप में गुंथी हुई मिल जाती है।

मुक्तिबोध में जो रचनात्मक आवेग है वह आक्रामक होने के बजाय कनविंसिंग या समझाइश से भरा है, सम्भवत: इसीलिए वे आलोचना को 'मैत्रीदर्शन' मानते हैं। वे आलोचक को साहित्य का दारोग़ा मानने के ख़िलाफ़ हैं। प्रमोद वर्मा के शब्दों में– ''आलोचना के नाम पर दारोग़ाई करनेवालों का उन्होंने मज़ाक बनाया। अगर आलोचक में श्रद्धा–भाव न हो–''यह कि मनुष्य में सुधार किया जा सकता है।'' और वह अपनी सीमाओं और कमज़ोरियों के ऊपर उठकर उस विशाल उच्चतर क्षेत्र का भागी हो सकता है। जिसे हम संस्कृति, विज्ञान, साहित्य या दर्शन अथवा आध्यात्म का क्षेत्र कहते हैं तो वह आलोचना के नाम पर बस दादागिरी ही करता है। 'आलोचना करते वक़्त वह हमेशा' गलतियों के लिए कम–से–कम पचीस–तीस प्रतिशत हाशिया छोड़ने के कायल थे क्योंकि 'मानव–ज्ञान और अपने स्वयं के ज्ञान की' सीमाएँ स्पष्ट हैं। आलोचना का ध्येय है 'हार्दिक तथा वैचारिक आदान–प्रदान' सदाशयता और प्रेम के अभाव में जिसकी पूर्ति असम्भव है। इसीलिए अपनी समीक्षा की दूसरी किताब में उन्होंने आलोचना को 'प्रेमदर्शन' की संज्ञा दी है।''[10] कहना ज़रूरी है कि वर्ग संघर्ष में युद्ध का बिन्दु बहुत प्रचारित है लेकिन मुक्तिबोध की विचारधारा मैत्रीपूर्ण, सौमनस्य एवं अहिंसावादी बनाती है। वे ख़ुद को आलोचना के दायरे में रखते हैं, इसीलिए उनकी रचनात्मकता में आत्मसंघर्ष की गहरी छाप है बल्कि दूसरे शब्दों में कहें कि उनकी समूची रचनात्मकता के केन्द्र में आत्मालोचन और आत्मसंघर्ष की विराट भूमिका है। इसीलिए मुक्तिबोध के यहाँ अहंकार का कोई कोण नहीं है। मान–मूल्यों के लिए संघर्ष है तो सिर्फ़ इसलिए कि वे किसी नतीजे तक पहुँचना चाहते हैं। 'कामायनी: एक पुनर्विचार' में उनका यह मन्तव्य महत्त्वपूर्ण है। ''अगर मेरी इस रचना की ओर आलोचकों का ध्यान गया तो निश्चय ही मतभेदों की टंकार सुनायी देगी। यह आवश्यक भी है। 'कामायनी' हमारे लिए मूल्यवान् ग्रन्थ है। मतभेदों की सक्रियता के द्वारा ही हम मतैक्य का विकास कर सकेंगे, तथा न केवल साहित्य के, वरन् साहित्यालोचना के प्रधान सिद्धान्तों के बारे में भी कतिपय निष्कर्षों की तरफ़ बढ़ सकेंगे।''[11]

कहा जाता है कि वैचारिक संघर्ष मानसिक संघर्ष को ज़्यादा फलीभूत करता है। मुक्तिबोध के यहाँ बाह्य संघर्ष नागार्जुन की तरह नहीं है। उनका संघर्ष मनोलोक का संघर्ष बनाता है हालाँकि यह बाह्य संघर्ष है। मुक्तिबोध के समूचे लेखन में भावात्मक दिशा और संवेदनात्मक दिशा भी अटूट है। इसलिए उनका पूरा लेखन विचार–प्रणाली को भाव–प्रणाली में विकसित करने और रूपान्तरित करने से सम्बद्ध है, इसलिए जब वे किसी चीज़ का वर्णन करते हैं तो तत्काल मनोलोक में उतर जाते हैं। ज़ाहिर है कि बाह्य धरती पर

मुक्तिबोध का मनुष्य ज़्यादा देर नहीं रुकता, बल्कि भीतर उतर जाता है। ऐसे आदमी को यूँ तो क़ायर या मनोलोकी होना चाहिए या घुन्ना। जैसे कुछ लोग बाहर न लड़कर भीतर लड़ते हैं। मुक्तिबोध लिखते हैं कि–"कवि जीवन की प्रथम स्तरीय उपलब्धि, उस अन्तःप्रकृति से साक्षात्कार है, जो अपना कुछ विशेष कहना चाहती है, जिसके पास कुछ विशेष कहने के लिए है इस आत्मचेतना के प्रत्यक्ष संवेदनात्मक ज्ञान के बिना कोई कवि मौलिक नहीं हो सकता।" मनोरचना ऐसी है कि उसमें विवेक और तर्कबुद्धि उनके भावों और संवेदनाओं से टकराती है। इसलिए विवेक का रंदा चलता है, व्यक्तित्व छीला जाता है। भावों और संवेदनों का संसार उन्हें अत्यन्त प्रिय है। ये भाव और संवेदन अधिकतर स्वतः स्फूर्त और तर्क से परे जान पड़ते हैं।"[12] रामविलास जी ने मुक्तिबोध के मन को जाँचने की जो कोशिश की है उसके अनुसार–'मुक्तिबोध की अन्तर्मुख दशाएँ हैं। अन्तश्चेतना में डूबने के उनके प्रयास। ये दशाएँ गहनतर होती है। बाहर की दुनिया से मार खाकर अपने भीतर समाज और ब्रह्माण्ड का रहस्य ढूँढने से।"

यूँ तो मुक्तिबोध ने विचारधारा के रूप में मार्क्सवाद को चुना था। मार्क्सवाद शुद्ध विचारधारा नहीं है बल्कि वैज्ञानिक दृष्टिकोण भी है, लेकिन कोई मात्र मार्क्सवाद के जरिये सफल रचनाकार नहीं बन सकता, जब तक वह जीवन के विभिन्न अन्तर्विरोधों सामाजिक संरचनाओं एवं इतिहास बोध से लैस नहीं हो। मुक्तिबोध की विचारधारा की पहचान सहज, सम्पाट और सरल तरीक़े से नहीं हो सकती। प्रमोद वर्मा ने सही कहा है कि–"मुक्तिबोध ने अपनी पक्षधरता लम्बी वैचारिक यात्रा के बाद तय की थी। पक्षधरता तय करने के बाद अन्तःकरण का विस्तार होने लगता है। व्यक्तित्वान्तरण की जटिल प्रक्रिया से गुज़रता आदमी अपने भीतर के रूढ़ प्रतिक्रियावादी और ह्रासग्रस्त पक्षों को प्रमुख रूप से तराशता चलता है। यह अपने को बदलना ही सबसे मुश्किल काम है। आदमी के भीतर एक और आदमी और चेहरे के पीछे एक और चेहरा होता है। मुक्तिबोध जैसे अपनी डायरी वैसे ही कविता में भी निरन्तर अपने भीतर के दूसरे आदमी से बातचीत करते मिलते हैं। अपने को खोजने, खोलने और पहचानने की क्रिया अबाध रूप से जारी रहती है।"[13]

मुक्तिबोध की मान्यताएँ

किसी भी व्यक्ति की मान्यताएँ सहज ही नहीं बनतीं बल्कि उसके जीवन संघर्ष, जीवनानुभव, सौन्दर्यानुभव, संवेदनात्मक दिशा, ज्ञान प्रक्रिया और उसकी वर्गीय चेतना, ये समूचे परिक्षेत्र उसकी मान्यताओं को निर्धारित करते हैं। मुक्तिबोध का जीवन साधारण नहीं था बल्कि एक विशेष अर्थ में भयावह, विस्फोटक और विकट था। तीव्र आर्थिक संघर्ष और वैचारिक संघर्ष उनकी मान्यताओं के केन्द्र में रहे हैं। उनके जीवन संघर्ष ने उनकी विचार प्रणाली को बहुत गहरे तक प्रभावित और आन्दोलित किया था, साथ ही उनके युग और समय की जटिलताओं ने उनकी विचार प्रणाली को निरन्तर नये-नये आलोक दिए थे। वे ऐसे रचनाकार हैं जिनमें आत्मसंघर्ष बेहद तीव्र रहा है इसके ज़रिये वे आत्मालोचन की दिशा की ओर मुड़ते हैं तो दूसरी ओर उनकी प्रतिबद्धता एवं वर्ग दृष्टि

भी उनकी विचार प्रणाली में समोयी हुई मिलती है। अपने समग्र लेखन में वे अनुभव, जीवन, सौन्दर्यानुभूति, कलात्मक अनुभव, कलाकृति, कलाकार, अभिव्यक्ति का संघर्ष, रचना प्रक्रिया, भाषा विचार, वस्तु और रूप के सम्बन्धों एवं समाज के बारे में वे भिन्न कोणों से लगातार विचार करते रहे हैं। इन्हीं के आलोक में उनकी मान्यताओं का विशाल भवन निर्मित हुआ है। यूँ तो उनकी मान्यताओं की चर्चा छुटपुट रूप से पिछले अध्यायों में की जा चुकी है। यहाँ हम उनकी मान्यताओं के कुछ सूत्रों को रखना चाहेंगे।

मुक्तिबोध लिखते हैं कि–"साहित्यिक कलाकार अपनी विधायक कल्पना द्वारा जीवन की पुनर्रचना करता है। जीवन की यह पुनर्रचना ही कलाकृति बनती है। जीवन के बारे में उनका मानना है–जीवन में हर पहलू दूसरे पक्ष का अविच्छिन्न अंग है। वे परस्पर समाविष्ट हैं। हम वैचारिक सुविधा की दृष्टि से ही उन्हें एक-दूसरे से अलग करके देखते हैं।" समाज के बारे में उनकी मान्यता है–"समाज रेत का वह ढेर नहीं, जिसमें का प्रत्येक कण एक-दूसरे से घनिष्ठ सम्पर्क रखते हुए, एक-दूसरे से विलग और स्वतन्त्र रहता है। समाज एक वृक्ष की भाँति है जिसका प्रत्येक भाग, प्रत्येक अंश, प्रत्येक कण और प्रत्येक बिन्दु एक-दूसरे से, अपने पूर्ण अखण्ड आवयविक सम्बन्ध रखता है।"[14] मुक्तिबोध मानते हैं कि, "हमारी आत्मा में जो कुछ है, समाज प्रदत्त है–चाहे वह निष्कलुष अनिंद्य सौन्दर्य का आदर्श ही क्यों न हो। हमारा सामाजिक व्यक्तित्व हमारी आत्मा है। आत्मा का सारा सार तत्त्व प्राकृत रूप से सामाजिक है।" सौन्दर्य पर विचार करते हुए वे लिखते हैं कि–'सौन्दर्यानुभव तब घटित होता है जब मनस्पटल पर बिम्बित कल्पना रूपों में डूबकर मन साधारण जीवन की अपनी निजबद्धता का परित्याग करता है। वह उस निजबद्धता से ऊपर उठकर, उसके परे जाकर, उससे सम्पूर्णत: मुक्त होकर मनस्पटल पर उद्दीप्त उन बिम्बों में खो जाता है, उनमें तन्मय हो जाता है कि जो बिम्ब संवेदनात्मक उद्देश्य से परिचालित कल्पना तथा उन्ही उद्देश्यों द्वारा परिचालित और संकलित, जीवन-अनुभवतत्व के पूर्ण संयोग से बने हैं।" रचना प्रक्रिया के बारे में मुक्तिबोध ने अपने अनेक निबन्धों में विस्तृत विचार किया है। 'एक साहित्यिक की डायरी' के 'तीसरा क्षण' नामक अपने प्रसिद्ध निबन्ध में वे लिखते हैं कि–"कला का पहला क्षण है जीवन का उत्कट तीव्र अनुभव क्षण। दूसरा क्षण है इस अनुभव का अपने कसकते दुखते हुए मूलों से पृथक हो जाना और एक ऐसी फ़ैण्टेसी का रूप धारण कर लेना मानो वह फ़ैण्टेसी अपनी आँखों के सामने खड़ी है। तीसरा और अन्तिम क्षण इस फ़ैण्टेसी के शब्द-बद्ध होने की प्रक्रिया का आरम्भ और उस प्रक्रिया की परिपूर्णावस्था तक की गतिमानता।"[15]

फ़ैण्टेसी के बारे में यह माना जाता रहा है कि वह बूर्जुआ फ़ार्म है लेकिन मुक्तिबोध ने फ़ैण्टेसी का उपयोग यथार्थ और जीवन को तीखे ढंग से व्यक्त करने के लिए किया है। फ़ैण्टेसी के सम्बन्ध में उनकी मान्यताएँ प्राथमिक और मौलिक हैं। वे लिखते हैं–'फ़ैण्टेसी एक झीना परदा है जिसमें जीवन तथ्य झाँक-झाँक उठते हैं। फ़ैण्टेसी का ताना-बाना कल्पना बिम्बों में प्रकट होनेवाली विविध क्रिया-प्रतिक्रियाओं से ही बना हुआ होता है। दूसरे शब्दों में तथ्यों का उद्घाटन अत्यन्त गौण और विकारपूर्ण होता है किन्तु उन तथ्यों के प्रति की गयी क्रिया प्रक्रियाएँ भी प्रधान होती है।" फ़ैण्टेसी के बारे में उन्होंने एक तथ्य

की ओर हमारा ध्यान दिलाया है–"सबसे पहले हम फ़ैण्टेसी में गुन्थी हुई क्रिया-प्रक्रिया जाने और उन क्रिया-प्रक्रियाओं के सूत्र से हम प्रच्छन्न और अर्द्ध प्रच्छन्न जीवन तथ्यों तक जाएँ।"[16]

मुक्तिबोध ने आभ्यन्तरीकरण और बाह्यीकरण की प्रक्रिया का उद्घाटन करते हुए लिखा है कि–"हमारे जन्मकाल से ही शुरू होनेवाला जो हमारा जीवन है, वह बाह्य जीवन-जगत् के आभ्यन्तरीकरण द्वारा ही सम्पन्न और विकसित होता है। यदि वह आभ्यन्तरीकरण न हो तो हम पानी के जीव हाइड्रा कृमि बन जायेंगे। हमारी भाव सम्पदा, ज्ञान सम्पदा, अनुभव समृद्धि उस अन्तस्तत्व व्यवस्था का ही अभिन्न अंग है जो अन्तस्तत्व-व्यवस्था हमने बाह्य जीवन-जगत् के आभ्यन्तरीकरण से प्राप्त की है किन्तु साथ ही बातचीत, बहस, लेखन, भाषण, साहित्य और काव्य द्वारा हम निरन्तर स्वयं का बाह्यीकरण करते जाते हैं। बाह्य का आभ्यन्तरीकरण और बाह्यीकरण मात्र मनन-जन्य नहीं है वरन् कर्म जन्य भी है। जो हो कला आभ्यन्तर के बाह्यीकरण का एक रूप है।" एक स्थान पर वे और लिखते है कि–"यह आभ्यन्तरीकृत बाह्य या कहिए कवि की अपनी सम्पत्ति अथवा दूसरे शब्दों में कवि का मनोजगत् किन्ही उद्वेगों या अनुरोधों से विचरित होकर कल्पना नेत्रों के सामने चंचल हो उठता है। उससे प्रतीत होता है कि उसकी चेतना अँधेरे में ज्ञान में बहने वाली सरिता है, जिसकी लहरें कुछ क्षणों के लिए चमक-चमक उठती हैं।"[17]

मुक्तिबोध भाषा को सामाजिक निधि मानते हैं क्योंकि शब्दों के पीछे उनकी अर्थ परम्परा होती है। शब्द के अपने ध्वनि अनुषंग होते है जिनमें चित्र और ध्वनि शामिल हैं। कवि कलाकार अपनी अभिव्यक्ति के अनुकूल शब्दों की खोज शुरू करता है। वह अपने हृदय के तत्त्व के रंग-रूप, आकार के अनुसार अभिव्यक्ति का रंग-रूप और आकार तैयार करना चाहता है। इसलिए उसे अपने हृदय की भावध्वनियों की, शब्दों की परम्परागत अर्थध्वनियों से अनवरत तुलना करनी पड़ती है। कविता के बारे में उनका विचार है–"नहीं होती, कहीं भी ख़त्म कविता नहीं होती/ कि वह आवेग-त्वरित काल-यात्री है/ व मैं उसका नहीं कर्त्ता/ पिता-धाता/ कि वह कभी दुहिता नहीं होती/ परम स्वाधीन है वह विश्वशास्त्री है/ गहन -गम्भीर छाया आगमिष्यत् की/ लिए, वह जन-चरित्री है/ नये अनुभव व संवेदन/ नये अध्याय-प्रकरण जुड़/ तुम्हारे कारणों से जगमगाती है व मेरे कारणों से सकुचा जाती है।" (चकमक की चिनगारियाँ) अपनी 'इसी बैलगाड़ी को' नामक कविता में वे लिखते हैं–"क्या करें। ज़िन्दगी ही ऐसी है कि/ सहचर-रूप में। हमारे साथ तारे हैं/ चाँद है व आसमान/ अब तो तुम्हारे लेखे/ आउट-ऑफ-डेट हैं/ इसके लिए क्या करें/ हमारे तुम्हारे बीच/ फ़र्क़ आबोहवा का कि/ शब्दों का अभिधार्थ/एक होते हुए भी/व्यंजना-लक्षणा-ध्वनि और/ मर्म भिन्न-भिन्न हैं। इसके लिए क्या करें हम लोग।" दूसरी एक कविता है "मैं तुम लोगों से इतना दूर हूँ/ तुम्हारी प्रेरणाओं से मेरी प्रेरणा इतनी भिन्न है/ कि जो तुम्हारे लिए विष है मेरे लिए अन्न है।" अपनी एक कविता में वे अपना मन्तव्य व्यक्त करते हैं–"तुम्हारे पास हमारे पास/ सिर्फ़ एक चीज़ है/ ईमान का डण्डा है/ बुद्धि का बल्लम है/ अभय की गैंती है/ हृदय की तगारी है-तसला है/ नये-नये बनाने के

लिए भवन/ आत्मा के/ मनुष्य के/ हृदय की तगारी में ढोते हैं हमीं लोग/ जीवन की गीली और/ महकती हुई मिट्टी को।'' और ''कविता में कहने की आदत नहीं/ लेकिन कह दूँ। वर्तमान समाज में चल नहीं सकता/ पूँजी से जुड़ा हुआ मन बदल नहीं सकता।''

मुक्तिबोध ने अपनी कविताओं, समीक्षाओं एवं निबन्धों में अपनी आस्थाओं और मान्यताओं को प्रकट किया है। वे काव्य को एक सांस्कृतिक प्रक्रिया मानते हैं और काव्य सौन्दर्य को जीवन सौन्दर्य का पर्याय, जिसमें वैयक्तिक मौलिकता होती है। इस प्रकार मुक्तिबोध की मान्यताएँ यूँ तो साहित्य और उसके वस्तुतत्त्व, रूपतत्त्व और जीवनतत्त्वों के केन्द्र में हैं, लेकिन उन्होंने इतिहास, संस्कृति, राजनीति, सांस्कृतिक प्रश्न और सामाजिक अन्तर्विरोधों, संघर्षों एवं विसंगतियों को भी बहुत गहराई से जानने-पहचानने का प्रयत्न किया है और इन महत्त्वपूर्ण बिन्दुओं पर अपने विचार व्यक्त किये हैं।

कृतित्व और विचारधारा के द्वन्द्वात्मक अन्तःसम्बन्ध

रचनात्मकता विचारधारा को और विचारधारा रचनात्मकता को प्रभावित करती है। ऐसे कई रचनाकार होते हैं जो अपने व्यक्तिगत सोच में साधारणजनों से प्यार करते हैं, उनके लिए करुणा होती है और ख़ुशहाली के लिए सद्इच्छाएँ भी, लेकिन अनजाने ही अपनी रचनाओं में वे अपनी वर्गभूमि छोड़कर उच्च वर्गों की भावधारा में बहने लगते हैं और इस तरह अनजाने ही अपने वर्ग की जड़ काटने लगते हैं। इसलिए ज़रूरी है कि रचनाकार की दृष्टि साफ़-सुथरी हो, गड्ड-मड्ड नहीं हो। सम्भवतः इसलिए साहित्य में प्रतिबद्धता या पक्षधरता का सवाल पैदा हुआ। मुक्तिबोध की हर रचना किसी-न-किसी आइडिया या वैचारिक कौंध के आलोक में प्रस्फुटित होती है। इससे यह अर्थ नहीं निकालना चाहिए कि इस आइडिया या वैचारिक कौंध में जीवन की भावधारा का आवेग नहीं है या संवेदनात्मकता का 'फोर्स' नहीं है। मुक्तिबोध अपने विचारक को दूसरे झटके में भावलोक में लाते हैं और तब रचना बनती है। रचना प्रक्रिया में तीन क्षणों के जो पड़ाव हैं उनकी चर्चा मुक्तिबोध ने विस्तार से की है। रचना-प्रक्रिया के आयामों की चर्चा करने के पूर्व विचारधारा के बारे में जान लेना ज़रूरी है। बच्चन सिंह के शब्दों में-''विचार प्रणाली विचारों और दृष्टिकोण की एक पद्धति है जिसके तहत लोग वास्तविकता तथा अपने पारस्परिक सम्बन्धों को पहचानते और सामाजिक समस्याओं और संघर्षों का मूल्यांकन करते हैं। इसके माध्यम से एक दी हुई सामाजिक व्यवस्था को क्रम देने या बदलने का एक सामाजिक कार्यक्रम भी तैयार किया जाता है। वर्ग विभाजित समाज में विचार प्रणाली का एक वर्ग चरित्र होता है, जिसमें उस वर्ग की अपनी स्थिति और दिलचस्पी प्रतिबिम्बित होती है।''[18]

ज़ाहिर है कि कला की दुनिया में विचारधारा या विचार प्रणाली की महत्ता है। लेनिन ने विचार प्रणाली को दो कोटियों में विभाजित किया है।-बूर्जुआ -विचार प्रणाली और समाजवादी-विचार प्रणाली।''मार्क्सवादी विचारधारा कला की आइडियोलॉजिकल प्रकृति पर बराबर ज़ोर देती रही है। इस सन्दर्भ में आधार (आर्थिक आधार) और अधिरचना (सुपर स्ट्रक्चर) के द्वन्द्वात्मक सम्बन्धों पर विचार किया जाता है। कला और साहित्य

अधिरचना है और विभाजित समाज में वे विशिष्ट वर्ग स्वार्थों से जुड़े रहते हैं। इन वर्ग हितों की अभिव्यक्ति कलारूपों में होती है जिनके अपने आन्तरिक नियम हैं। कलात्मक संरचना के कारण कला को एक सापेक्षिक स्वायत्तता मिल जाती है जिसे विचार प्रणाली में न्यूनीकृत (रिड्यूस) नहीं किया जा सकता।''[19] यूँ तो विचारधारा के बारे में आलोचना के क्षेत्र में कोई मतैक्य नहीं है। विचारधारा कोई घोषणा पत्र लेकर कला की दुनिया में आती भी नहीं है और यदि आती भी है तो अपना प्रभाव प्रायः नहीं छोड़ती। प्रतिबद्धता या पक्षधरता या कमिटमेन्ट रचनाकार का स्वाभाविक रूप से अपने वर्ग के प्रति, अपने लोगों के प्रति होता ही है।

रचना प्रक्रिया में द्वन्द्व होता है, क्योंकि रचना की जो मंज़िल बनती है वह सीधी और सपाट नहीं होती बल्कि उसके भीतर एक ज़बर्दस्त द्वन्द्व होता है। मसलन-वस्तु का अनुभव से, अनुभव का फ़ैण्टेसी से और फ़ैण्टेसी का भाषा से। यह रचना प्रक्रिया की जो द्वन्द्वात्मकता है या इसके जो रिश्ते बनते और विकसित होते हैं, वे जटिल और पेचीदा भी होते हैं। इनमें एक-दूसरे से संघर्ष और एक-दूसरे से मैत्री का गुण भी होता है। मैत्री और संघर्ष का यह सिलसिला रचना को विभिन्न रूपों में संश्लेषित, विश्लेषित और रूपायित करता है। रचनात्मकता की जो सरणियाँ हैं वे कई-कई मंज़िलों को पार करती हैं। जैसे अनुभव का कल्पना से द्वन्द्व, विचार का भाव से द्वन्द्व, समाज में वर्ग द्वन्द्व, उसी तरह नये और पुराने का आत्मद्वन्द्व। रचनाओं में यह जो द्वन्द्व प्रणाली है वह दरअसल विचार प्रणाली को साथ लेकर चलती है, इसलिए कृतित्व और विचारधारा के द्वन्द्वात्मक सम्बन्ध होते हैं। इससे स्पष्ट है कि विचार कृतित्व को और कृतित्व विचारधारा को प्रभावित करता है, लेकिन इसके केन्द्र में जीवन होता है, जीवन के अनुभव होते हैं, साथ ही रचनाकार के वर्गीय आधार और वर्गीय अनुभव भी होते हैं। इन्हीं की द्वन्द्वात्मक प्रक्रिया, मुठभेड़, संघर्ष और मैत्री से कृति नयी अर्थवत्ता प्राप्त करती है। ज़ाहिर है कि कृति के लिए अनुभव अत्यन्त महत्त्वपूर्ण होता है लेकिन अनुभव अपने आप में कृति का रूप धारण नहीं कर सकता। तात्पर्य यह कि वस्तु और अनुभव दोनों निरपेक्ष नहीं होते। इन दोनों में गहन द्वन्द्व होता है तभी कृति निर्मित होती है।

मुक्तिबोध ने अपने कई निबन्धों में वस्तु और अनुभव के द्वन्द्व की चर्चा की है। साथ ही वे जीवन-यथार्थ और संवेदना के आदर्शीकरण की भी चर्चा करते हैं। उनके निबन्ध हैं-तीसरा क्षण, विचार और चरित्र, वाद का घेरा, व्यक्तित्व और चेतना, सौन्दर्य प्रतीति की प्रक्रिया, व्यक्तित्व और रचना का सम्बन्ध, विशिष्ट और अद्वितीय आदि। 'सौन्दर्य प्रतीति की प्रक्रिया' नामक निबन्ध में वे लिखते हैं-''मैं अपने स्वभाव की तुलना उसके स्वभाव से करता हूँ तो पाता हूँ कि हम दोनों के बीच बड़ी-बड़ी खाइयाँ हैं। मुझे लगता है कि उसके स्वभाव में ठोस भार अधिक है, बाहरी पकड़ ज़्यादा है, वस्तु या व्यक्ति पर उसका दबाव ज़्यादा होता है। कभी-कभी लगता है कि वह व्यक्ति 'व्यावहारिक' है। लेकिन, वह व्यावहारिक उद्देश्यों के कारण व्यावहारिक नहीं है, किन्हीं मानसिक उद्देश्यों से ही व्यावहारिक है। उसकी पकड़बाज़ व्यावहारिक

प्रवृत्तियाँ उसकी सकर्मकता का लक्षण हैं, वह सकर्मक व्यक्ति है। चूँकि मानसिक उद्देश्यों से क्रियाशील है, इसलिए मेरी उससे पट जाती है। किन्तु, उसके कार्य की द्रुतगति, छोटे-छोटे कामों में भी पूरे व्यक्तित्व को केन्द्रित कर देने की उसकी आदत, और उसके काम के लिए सुविधाजनक या विघ्नकारक व्यक्तियों की उसके द्वारा की गयी आलोचना मुझे बुरी मालूम होती है। दूसरे व्यक्तियों की आलोचना अपने कार्य की सुविधा या दुविधा की दृष्टि से नहीं होनी चाहिए। लेकिन वह अपना बौद्धिक स्तर इतना नीचे गिरा देता है कि वह अपने कार्य की दृष्टि से लोगों का मूल्यांकन करने लगता है। मैंने कई बार उसे डाँटा, इस सम्बन्ध में उसकी बड़ी भर्त्सना की। इस उद्धरण के द्वारा यह स्पष्ट होता है कि वैचारिक टकराहट कई चीज़ों को साथ लेकर चलती है जैसे-स्वभाव से स्वभाव का संघर्ष, अपनी आइडियालॉजी का संघर्ष, अपनी कमज़ोरियों, आदतों और स्वार्थबद्धताओं का सम्बन्ध। यह सम्बन्ध वैचारिकता की परिधि में जाकर कृतित्व को प्रभावित करता है। मुक्तिबोध ने अपने मन के आवेग की चर्चा अनेक जगह की है। वे लिखते हैं कि-''मेरी कविताएँ और मेरा साहित्य सब इसी रुकावट कहिये या बेचैनी कहिये का परिणाम है।''[20] अपने साहित्यिक साथी की चर्चा करते हुए वे लिखते हैं कि-''एक साहित्यिक सज्जन कहने लगे कि मैं किसी वाद के फेर में नहीं हूँ। मैंने जबाव दिया-आप स्वीकार करें, न करें, आज दुनिया में जो कुछ चल रहा है, उसकी प्रक्रियाएँ आपके मन में होती ज़रूर हैं। अगर वे प्रतिक्रियाएँ संवेदनात्मक है तो आपकी साहित्यिक आत्मा का वे पोषण जरूर करती हैं। ऐसी स्थिति में उन वास्तविक संवेदनात्मक प्रतिक्रियाओं को व्यवस्थाबद्ध करना क्या आवश्यक नहीं है? वे बोले - साहित्यिक को इससे मतलब नहीं है। वह अपनी संवेदनाएँ प्रकट करना चाहता है। बस इतना ही। ... अपनी संवेदनाएँ प्रकट करने के लिए अगर सही-सही व्याकुलता उसमें होती तो है क्या बात थी। ज़िन्दगी बड़ी ही विविध और विशद् है। आज के मनुष्य की भावनाओं में राजनैतिक भावना ही लीजिए। इसकी कितनी ही कविताएँ, लेख, संस्मरण, शब्द चित्र, कहानी आदि-आदि हो सकते हैं। यह उस राजनैतिक भावना के वैविध्य और सम्पन्नता का ही लक्षण है। मैंने तो नहीं देखा कि कभी आपने उन्हें कलात्मक रूप से प्रकट करने की ओर कदम बढ़ाया हो। असल में संवेदनाओं में एक विभाजन-रेखा खींच दी गयी है।''

ज़ाहिर है कि रचनाकार का विचारधारा के साथ आत्म-संघर्ष होता है। विचार व्यवस्था संवेदना से शुरू होकर विकसित होती है ज्ञान से नहीं। मुक्तिबोध ने इसके लिए एक पद विशेष का इस्तेमाल किया है-''संवेदनात्मक ज्ञान और ज्ञानात्मक संवेदन''। विचार और संवेदन की प्रक्रिया को समझने के लिए यहाँ दो उद्धरण प्रस्तुत हैं-''सड़क पर दो पेड़ों की क़तार है। बिजली के प्रकाश से राह छाया-चित्रित हो गयी है। सुगन्धित निर्जन एकान्त। ख़ूबसूरत। मेरे दिल में भीनी मस्ती और दिमाग़ में एक गहरी बौद्धिक ख़्याली खुमारी ! मैं, अकेला, राह के किनारे-किनारे चला जा रहा हूँ।... हल्की-सी आह निकलती है। काश मैं भी वैसा हो पाता ! लेकिन, इसमें वेदना नहीं है आत्म -आलोचना की क्षमता का एक मीठा भान है। वह मेरे ही रास्ते पर मुझसे

आगे बढ़ गया है, लेकिन है वह मेरे ही रास्ते पर। वह-वह। एक चिन्तक, जो पहले कहानीकार था और अब कवि हुआ ! मुझे उसके शब्द अभी भी याद हैं। उसने कहा- एस्थेटिक एक्सपीरिएंस, सौन्दर्य प्रतीति, आत्म संवेदना का वास्तविक चित्रण न हुआ तो उसका प्रेषण नहीं हो सकता। कितनी सही बात उसने कही। चित्रण और प्रेषण का यह सम्बन्ध मननीय है। मैं इसमें निवेदन का प्रेषण से सम्बन्ध और जोड़ दूँगा।'' एक दूसरा उदाहरण देखें-''मुझे युक्ति-धारा में, बौद्धिक तर्क-न्याय में, मात्र तर्क संगति, लॉजिकल आनन्द मिलता ही है। उसे मैं छोड़ ही नहीं सकता। और उस युक्तिवाद में युक्तिवादी उत्तर देने के लिए सतत तैयार रहते हुए भी, मैं एक-दूसरे प्रकार का आनन्द लेने के लिए तत्पर रहता हूँ। और वह है लॉजिक की सायकॉलॉजी जानने का, यद्यपि यह सरासर मूर्खता का काम भी सिद्ध हो सकता है, क्योंकि गणित में मनोविज्ञान नहीं, शुद्ध अरूप तार्किक-तत्व बोध है। लेकिन साहित्यिक विचारों से ज़रूर व्यक्तित्व का कुछ-न-कुछ सम्बन्ध होता है ऐसा मालूम होता है।''

इसी तरह हम देखें कि मुक्तिबोध ने न केवल आलोचना बल्कि कहानियों और कविताओं में भी सहज रूप में विचारधारा का इस्तेमाल किया है। उनके यहाँ विचारों के भव्य भवन बनते हैं और वे एक इकाई से सामाजिक इकाई बनाना ज़्यादा पसन्द करते है। द्वन्द्व विचारों में विचारों से होता है, समाज में सामाजिक शक्तियों से होता है। उनकी कोई भी कृति इसी द्वन्द्व प्रक्रिया से निर्मित होती है। उनकी एक कविता है-''शब्दों का अर्थ जब/ सीधों के गालों पर/ टेढ़ों की घृणाभरी/ कुत्सामय झापड़-सा/ आत्मा के आसपास द्वेषों की ईर्ष्या की/ थूहर-बबूलों की/ काँटेदार बागड़-सा/ शब्दों का अर्थ जब/ लुके-छिपे कभी-कभी/ सज्जन की आत्मा में विकृतिपूर्ण स्वार्थों की/अकस्मात् गड़बड़ या चन्द्र-किरण-स्नात/वन-मंजरी-बौराई नवल आम्र-शाख पर/ चिमगादड़-वृन्दों की/ फड़फड़ या हुल्लड़ सा/ शब्दों का अर्थ जब।'' (शब्दों का अर्थ जब) इसी कविता में वे आगे लिखते हैं-''आदर्शों-लक्ष्यों के स्वर्ण-कांति शिखर लिए/ विचारों के भव्य भवन/ मानसरोवर तट पर प्रतिबिम्बित शोषित हैं। तो कभी-कभी, कभी-कभी/ स्फटिक श्वेत स्निग्ध संगमरमर बनी मधुर चाँदनी-धुली/ भव्य पावन दीवालों पर अन्धकार-गुहाओं से सरसराते हुए लक्ष्य/ स्वप्नों की चमचमाती हुई स्याह रश्मि या दीर्घ लहराता हुआ काल-सर्प/ महत्त्वाकांक्षा का सरसराता चढ़ता है काल-नाग/ स्फटिक-श्वेत पावन दिवालों पर/ कि जिसकी अकस्मात्/ पकड़कर लहराती भुजंग-पूछ/ चढ़ता है, चढ़ता है/ चोर एक/ अकुलाती इच्छा का बिल्वमंगल मोह-अन्ध/ शब्दों का अर्थ जब।'' इस तरह हम देखते हैं कि मुक्तिबोध विचारों के भव्य भवन निर्मित करते हैं साथ ही उनकी अन्विति सामाजिक ज़िन्दगी में देखते हैं।'ब्रह्मराक्षस' कविता में वे लिखते हैं- ...ये गरजती, पूंजती, आन्दोलिता/ गहराइयों से उठ रही ध्वनियाँ अतः/ उद्‌भ्रान्त शब्दों के नये आवर्त में/ हर शब्द निज प्रति-शब्द को भी काटता/ वह रूप अपने बिम्ब से भी जूझ/ विकृताकार-कृति/ है बन रहा/ ध्वनि लड़ रही अपनी प्रतिध्वनि से यहाँ।'' इससे स्पष्ट है कि मुक्तिबोध के यहाँ जीवन के विस्तीर्ण फैलाव को समेटने की कोशिश है, क्योंकि उनकी रचना के सरगम में कोई-न-कोई आइडिया या वैचारिक कौंध होती है। और यह आइडिया या वैचारिक कौंध

जीवन के यथार्थ को व्यापक परिधि से उठाती है। जिसमें हमारा सामाजिक संघर्ष भी होता है और, हमारी हिस्सेदारी भी। इससे यह निष्कर्ष सहज ही निकाला जा सकता है कि उनके कृतित्व में द्वन्द्व प्रणाली अनिवार्य रूप से है।

मुक्तिबोध का साहित्यिक अवदान

यूँ तो मुक्तिबोध ने 1936 से लिखना शुरू किया था लेकिन अज्ञेय द्वारा सम्पादित 'तारसप्तक' में कविताएँ प्रकाशित होने के पश्चात् उनकी पहचान बनी। आज़ादी के बाद मुक्तिबोध ने अपना ज़्यादातर लेखन किया है, हालाँकि उन्हें प्रकाशन की पर्याप्त सुविधाएँ नहीं मिलीं। उनकी पहचान का मुख्य बिन्दु कविता है, हालाँकि वे कहानियाँ, आलोचनाएँ, डायरियाँ और सामयिक टिप्पणियाँ भी लिखते रहे हैं। समग्र रूप में उनके लेखन का प्रकाशन उनकी मृत्य के बाद हुआ। ज़ाहिर है कि कविता के क्षेत्र में उनका सम्बन्ध नयी कविता से है, बल्कि यूँ कहें कि नयी कविता की प्रगतिशील धारा से। नयी कविता के भीतर दो तरह की धाराएँ लगातार सक्रिय थीं-एक धारा का सम्बन्ध अस्तित्ववाद, लघुमानववाद, क्षणवाद, परिमल समूह एवं कांग्रेस फॉर कल्चरल फ्रीडम' जैसी संस्थाओं से था। यह धारा व्यक्तिवादी, अराजक और मानव-विरोधी थी। इसमें 'कला के लिए कला' का नारा भी बुलन्द किया जाता था। दूसरी धारा का सम्बन्ध मानववाद, प्रगतिशील लेखक संघ, प्रगतिवाद और मानववादी मूल्यों से था। इस धारा ने दुनिया में प्रचलित शीतयुद्ध, साम्राज्यवाद -पूँजीवाद और हर तरह के शोषण के ख़िलाफ़ अपना रचनात्मक संघर्ष किया था। मुक्तिबोध ने अपने आपको नयी कविता की इसी धारा से जोड़ा। परिमल ग्रूप ने प्रगतिशील आन्दोलन पर यह आरोप लगाया था कि उनके यहाँ अनुभव की जगह विचारधारा आरोपित होती है, उनकी विचारधारा 'टाइप फीलिंग' और 'टाइप चरित्र' पर आधारित है। इसके बरक्स मुक्तिबोध ने मार्क्सवादी होकर यह दिखा दिया कि मार्क्सवादी ही दरअसल अनुभवजीवी स्वायत्तता का हक़दार होता है। वह अपनी निजता क़ायम करता है एवं अपने सृजन में अनिवार्य रूप से निजता का कार्य करता है। दूसरा आरोप था कि मार्क्सवादी मानव-मूल्य की उपेक्षा करता है, लेकिन मुक्तिबोध ने अपने समग्र लेखन से यह प्रमाणित कर दिया कि मार्क्सवादी ही सच्चे अर्थों में मानवीय-मूल्य की प्रतिष्ठा करता है। उनके यहाँ मार्क्सवादी पद्धति जीवन और संवेदनात्मकता में निहित होती है। मुक्तिबोध ने नयी कविता में पनपे विभिन्न अराजक, अमानवीय एवं ग़लत मूल्य व्यवस्था के घटाटोपों को फ़्यूज कर दिया, सबको श्रीहीन कर दिया। व्यावहारिक धरातल पर मुक्तिबोध की रचनाशीलता ने उनकी प्रतिभा, समर्पणशीलता और गहन रचनात्मकता के कारण उनके निधन के उपरान्त 1966 तक उन्हें उस कालखण्ड का शलाका पुरुष बना दिया।

मुक्तिबोध के रचनात्मक, विचारधारात्मक और आत्मसंघर्षात्मक व्यक्तित्व ने आने-वाली पीढ़ियों को लगातार प्रभावित किया है। सन् 1964 के बाद हिन्दी जगत् में जो नयी पीढ़ियाँ आयीं और अभी आ रही हैं, वे अपने आप को मुक्तिबोध की प्रगतिशील, संघर्षकामी परम्परा से जोड़ती हैं। वर्तमान साहित्य के कविता विशेषांक में नन्दकिशोर नवल ने अपनी बातचीत में इस तथ्य को स्वीकार किया है। मुक्तिबोध का सबसे बड़ा

अवदान यह है कि उन्होंने महाकाव्यात्मक समझ के साथ प्रदीर्घ कविता का स्ट्रक्चर खड़ा किया। उन्होंने कभी न समाप्त होनेवाली कविता का ढाँचा खड़ा किया। लम्बी कविताओं का जो रचना विधान 'राम की शक्ति पूजा', 'सरोज स्मृति' और 'कुकुरमुत्ता' में मिलता है। मुक्तिबोध के यहाँ उसका चरम विकास 'चम्बल की घाटी में एक भूतपूर्व विद्रोही का आत्मकथन, 'चाँद का मुँह टेढ़ा है' एवं 'अँधेरे में' जैसी कविताओं में प्रतिफलित होता है। बाद के कवियों में भी लम्बी कविता का रचनाविधान मिल जाता है जैसे-धूमिल की' मोचीराम' एवं पटकथा, मणिमधुकर की 'खण्ड-खण्ड पाखण्ड पर्व' एवं विजेन्द्र की 'जनशक्ति' एवं 'संरचना' लीलाधर जगूड़ी की 'नाटक जारी है।' राजकमल चौधरी की 'मुक्ति प्रसंग' आदि में। यह परम्परा निराला से शुरू होकर इस दौर तक आती है।

शिल्प के मामले में मुक्तिबोध के प्रयोग पूरे कविता आन्दोलन में भिन्न है जैसे-फ़ैण्टेसी का स्ट्रक्चर, स्वप्नों की दुनिया बूर्जुआ फ़ार्म के रूप में प्रचारित था। मुक्तिबोध ने इनका उपयोग नयी अर्थवत्ता के साथ प्रस्तुत किया है। उनके प्रतीक और बिम्ब भी पारम्परिक दायरे से अलग मिलते हैं। मुक्तिबोध ने भाषा के पारम्परिक स्वरूप को, नयी वास्तविकताओं और युग की नयी माँग और नयी अवधारणाओं के साथ प्रस्तुत किया। जिसमें लोक रुचियों, लोक धारणाओं एवं समय की जटिलताओं की अनेक रंगते उपलब्ध होती हैं। बिम्ब, प्रतीक, मिथक एवं रूपकों का भी मुक्तिबोध ने नये जीवन-मूल्यों के अनुरूप प्रयोग और विस्तार किया है। कहना न होगा कि न केवल कविता बल्कि कथा-साहित्य और आलोचना में भी उनका अवदान अत्यन्त महत्त्वपूर्ण है। उनका समग्र साहित्य विधाओं की हदबन्दियों को तोड़ता है। उनकी कविता कब कहानी और आलोचना के रूप में रूपान्तरित हो जाय और कहानी कब कविता की शक्ल या डायरी में बदल जाय, इसका कोई निश्चित फार्मूला नहीं। मुक्तिबोध जिस गहन वैचारिक आवेग को अपनी रचनात्मकता के केन्द्र में लाते हैं, वह उन्हें चिन्तक और दार्शनिक का दर्जा दिलाता है। कथा की दुनिया में उन्होंने पारम्परिक कथा के ढाँचे को तोड़ा है। आलोचक के रूप में मुक्तिबोध ने आलोचना के मसीहाई अन्दाज़ को ख़ारिज किया है, साथ ही 'जड़ीभूत सौन्दर्याभिरुचि' का भी उन्होंने लगातार विरोध किया है। मुक्तिबोध इस मान्यता के पक्षधर रहे हैं कि रचनाकार के आधार पर कृति की समीक्षा नहीं की जानी चाहिए। सही पद्धति यह है कि कृति की राह से गुजरकर ही सच्ची आलोचना एवं सार्थक आलोचना सम्भव हो सकती है। यह सही है कि कविता, कथासाहित्य और आलोचना में मुक्तिबोध के बाद निरन्तर विकास हुआ है। परिवेश वहीं ठहरा हुआ नहीं है और न रचनात्मकता बाधित है बल्कि यूँ कहें कि इन सबका तीव्रतर विकास हो रहा है। इससे साफ़ ज़ाहिर है कि मुक्तिबोध ने अपने बहुआयामी, बहुकोणीय रचनात्मक व्यक्तित्व के जरिये जो मान-मूल्य विकसित किये, उसी के आधार पर नयी रचनाशीलता सामने आ रही है। कविता के अलावा उन्होंने आलोचना के नये मान-मूल्य भी रखे और कथा साहित्य के पारम्परिक स्ट्रक्चर को भी ताड़ा। उनकी कहानियाँ नयी कहानी की परम्परा, शिल्प विधान और संवेदना से एकदम अलग-थलग है। इसकी चर्चा कहानियों का विवेचन करते वक़्त हम कर आये हैं। मुक्तिबोध के अवदान की संक्षिप्त चर्चा हम इन

बिन्दुओं के आधार पर करना चाहेंगे, मसलन–कविता का नया प्रस्थान, गद्य लेखक के रूप में, भाषा शिल्पी के रूप में, सृजन–शक्ति और आलोचन–शक्ति का समाहार एवं संश्लेषण तथा परवर्ती रचनाधर्मिता में मुक्तिबोध की विरासत।

कविता का नया प्रस्थान

आज़ादी के पूर्व की कविता का मूल स्वर और दिशा स्वतन्त्रता प्राप्ति की ओर ही थी। उसमें अपने युग के घात–प्रतिघात भी थे। स्वयं मुक्तिबोध की कविताओं में रोमैण्टिक भाव–धाराएँ थीं, हालाँकि इस रोमैण्टिकता से बाहर आने की तड़प भी उनमें बराबर मिलती है। 'तारसप्तक' में प्रकाशित उनकी कविता 'पूँजीवादी समाज के प्रति' में यह भाव–धारा देखी और परखी जा सकती है। आज़ादी के बाद हिन्दी कविता में परस्पर अन्तर्विरोधी स्वर मुखर होते रहे हैं। एक स्वर सामाजिकता, समाजवाद और मानवतावाद का रहा है और दूसरा व्यक्तिवाद की स्फीत का। 'कला के लिए कला' की चुनौती का सामना मुक्तिबोध ने 'कला जीवन के लिए' की धारणा के आधार पर किया। कविता की दुनिया में मुक्तिबोध की कविता सपाट सहज–सरल नहीं बल्कि पेचीदगी, भयावहता और ऊबड़–खाबड़पन की थी। डॉ. कमला प्रसाद की मान्यता है कि–"वे यन्त्रणा, त्रास, भूख, पीड़ा, मृत्यु, दारिद्रय, सामाजिक उलझन का बड़ा ही भयावह चित्र प्रस्तुत करते हैं। ऐसा लगता है जैसे कवि मृत्यु से पंजे लड़ा रहा हो। कुल मिलाकर उनकी कविता में नवीन निर्माण की सम्भावना भी है। मुक्तिबोध ने रहस्य देश का अन्वेषण कर भौतिक जगत् के भयावह यथार्थ की पड़ी चादर को हटा दिया है। अत: उनका काव्य निरलंकृत उन्मुक्त तथा विश्वसनीय है।"[21]

वे सामाजिक संघर्षों, उलझनों, विकृतियों को कविता की सरहद तक लाकर और उनके ख़िलाफ़ लड़कर, ख़ुशहाली और शोषणविहीन दुनिया चाहते थे। श्रीकांत वर्मा ने सही लक्ष्य किया है कि–"मुक्तिबोध की सार्थकता है कि उन्होंने इतिहास के प्रश्नों को केवल इतिहास के प्रश्न कहकर नहीं छोड़ दिया है। बल्कि उन्हें कविता के प्रश्नों में बदल दिया।"[22] शमशेर का सोच है कि–"मुक्तिबोध युग के उस चेहरे की तलाश करते हैं जो आज के इतिहास के मलवे के नीचे दब गया है, मगर मर नहीं गया है।'[23] मुक्तिबोध की कविता की ख़ासियत यह है कि वह युग के जलते सवालों को बेहतर तरीक़ों से उठाती है–"मुझ पर क्षुब्ध बारूदी धुएँ की झार आती है/ व उन पर प्यार आता है कि जिनका तप्त मुख/संवला रहा है/ धूम लहरों में/ कि जो मानव भविष्यत युद्ध में रत है/ जगत की स्याह सड़कों पर/ कि मैं अपनी अधूरी दीर्घ कविता में सभी प्रश्नोत्तरी की तुंग प्रतिमाएँ/ गिराकर तोड़ देता हूँ हथोड़े से/ कि वे सब प्रश्न कृत्रिम और/ उत्तर और भी छलमय/ समस्या एक –/ मेरे सभ्य नगरों और ग्रामों में/सभी मानव/सुखी, सुन्दर व शोषण मुक्त/कब होंगे।"

मुक्तिबोध की काव्य चेतना का विकास स्वीकार और अस्वीकार की धुरी पर हुआ है। इसलिए समूचे काव्य परिदृश्य में उनकी कविता इकहरी और एक आयामी नहीं है बल्कि यूँ कहें कि उनकी कविता का चरित्र सर्वाश्लेषी और अनेक परिधियोंवाला रहा है। इसलिए उनकी कविता में ज़िन्दगी के विभिन्न शेड्स विभिन्न रूपों में ढलते हैं। वे भले

ही दो कठिन पाटों के बीच पिसते रहे लेकिन ज़िन्दगी की जितनी बेहतर और विश्वसनीय तस्वीर अपनी कविताओं में उन्होंने टाँकी है वह अत्यन्त विरल और दुर्लभ है। हरिनारायण व्यास ने सही कहा है कि–''मुक्तिबोध की चेतना छायावाद की रूमानियत, रहस्यवाद की गूढ़ता और प्रगतिवाद की इतिवृत्तात्मकता में पनपी।'' सम्भवत: इसीलिए उनके यहाँ इन तीनों परम्पराओं की विशेषताएँ मिल जाती हैं। वे गहरे अर्थ में कालबद्ध कवि हैं। यह कालबद्धता उनकी कोई सीमा नहीं बल्कि एक ऐसी विलक्षण ऊर्जा है जो अपने समय के प्रति गहरी रागात्मक संसक्ति से पैदा होती है। मुक्तिबोध की कविताएँ अपने समय के जीवित इतिहास को कविता में बदलने की कठिन चुनौती का सामना करनेवाली कविताएँ हैं। ... मुक्तिबोध का कवि जो अपने पूरे कलात्मक सन्तुलन के साथ वर्तमान की तनी हुई रस्सी पर चलने का प्रयास करता है। शुरू में ही उन उपकरणों से वंचित होने की स्थिति को स्वीकार कर लेता है। नतीजा यह होता है कि मुक्तिबोध अगर फ़न्तासी का भी निर्माण करते हैं तो उसकी जड़ें वर्तमान में ही होती हैं।''[24] मुक्तिबोध की कविता की दुनिया में बाह्य और आभ्यन्तर का द्वन्द्व सर्जनात्मक रूप में सामने आता है। वे व्यक्ति और समाज के कठिन रिश्ते का सतत अनुसंधान करते हुए उसे एक विस्तृत कैनवस में चित्रित करते हैं।

मुक्तिबोध की कविता का परिवेश, उपकरण, ढाँचा, काव्यवस्तु पारम्परिक कविता के मिज़ाज से भिन्न है। उनकी कविता में बकौल डॉ. धनंजय वर्मा–''तात्कालिक वास्तविकता का अतिक्रमण करनेवाली कालातीत मानवीयता के विराट् कैनवास पर अंकित करने की जो रचनात्मक चेष्टा है, उसी से समकालीन आधुनिकता के स्थिर और स्थैतिक चरित्र के बरअक्स एक संचरणशील और गत्यात्मक आधुनिकता का सरोकार उभरता है। यह महज संयोग नहीं है कि आज की जो भी महत्त्वपूर्ण, प्रासंगिक और सार्थक कविता है–वह मुक्तिबोध की कविता की तरह बेचैन करती है और उसे अपना प्रतिमान समझती है। ... यह उसकी प्रासंगिकता, सार्थकता, गत्यात्मकता के कारण ही उसकी आधुकिता का भी निर्विवाद प्रमाण है।''[25] यहाँ यह भी स्मरणीय है कि ''मुक्तिबोध की कविता ने कविता की मान्यता बदल दी। उनकी कविता प्रचलित काव्य परिपाटी का ध्वंस करती है और कहना न होगा कि उनके बाद की कविता ने उनके मुहावरे और तेवर का अधिकतम अनुकरण किया है।''[26]

गद्य लेखक के रूप में

मुक्तिबोध ने मात्रा की दृष्टि से कविता की तुलना में गद्य कम नहीं लिखा, बल्कि कविताएँ रचनावली के दो खण्डों में और गद्य चार खण्डों में। इसलिए मात्रा गद्य की अधिक ही है। गद्य में उन्होंने कहानियाँ लिखीं। 'विपात्र' को लम्बी कहानी कहें या लघु उपन्यास। उनकी कहानियों को एक बड़े उपन्यास का अलग-अलग अंश मानें या स्वतन्त्र कहानियाँ। मुक्तिबोध का गद्य एक प्रश्न पैदा करता है। 'एक साहित्यिक की डायरी' ऐसी गद्य रचना है, जो हिन्दी में विरल है। निर्मल वर्मा उसे आधुनिक साहित्य चिन्तन की अत्यन्त महत्त्वपूर्ण पुस्तक मानते हैं। उसमें ''मार्क्सवाद का उल्लेख बहुत कम आता है। अपने मनन-चिन्तन में मुक्तिबोध की ज़ुबान है। ज़ुबान एक ऐसी चीज़ है जो शरीर का

अंग है किन्तु उसका फंक्शन एकदम अन्दरूनी है-दिल से। मुक्तिबोध के गद्य में उनका सोच एक तरह का बोलना है-बोलता हुआ सोच-दिल और दुनिया के बीच एक अन्तहीन वार्त्तालाप, जिसकी मध्यवर्गीय ज़िन्दगी की गाँठे एक के बाद एक खुलती जाती हैं। अन्य कहानीकारों में पात्र और घटनाओं के बीच टकराहट से कथानक का जन्म होता है। मुक्तिबोध ज़िन्दगी के कथानक के बीच सोच की घटना को जन्म देते हैं, जिसके पात्र और भोक्ता वह स्वयं हैं।''[27] इसके अलावा नयाखून, सारथी आदि समाचार-पत्रों में राष्ट्रीय-अन्तरराष्ट्रीय स्थितियों एवं सांस्कृतिक प्रश्नों पर वे लेख या टिप्पणियाँ लिखते थे, रूप में जो निबन्ध की तरह हैं। वे रचनावली में संकलित हैं। 'पाया पत्र तुम्हारा पत्रों का संग्रह हैं। मुक्तिबोध और नेमिचन्द्र जैन के आपसी पत्रों का संग्रह। इस तरह मुक्तिबोध के गद्य का यह रूप है।

उनके गद्य का एक विस्तृत कैनवस आलोचना के सैद्धान्तिक और व्यावहारिक मूल्यांकन से सम्बद्ध है। उनकी सैद्धान्तिक आलोचना में व्यावहारिक आलोचना घुली-मिली होती है, वहीं व्यावहारिक आलोचना में सिद्धान्त निरूपण। यह क्षमता मेरी दृष्टि में आचार्य रामचन्द्र शुक्ल के बाद केवल उन्हीं में है। आलोचक के रूप में वे न केवल साहित्य की पारम्परिक दृष्टि का रेखांकन करते वरन् जीवन की विभिन्न जटिलताओं के बीच परम्परा और जीवन के बीच जो फाँक है उसकी गहरे तक धँसी अन्वितियों की भी तलाश करते हैं। सच तो यह है कि उनकी आलोचना यथार्थ के विभिन्न रूपों और स्तरों को बेरहमी से उद्घाटित करने की क्षमता भी रखती है। उनकी आलोचना न तो मुँहजोरी है और न मुँह देखी। जो भी तथ्य प्रकट किये जाते हैं वे एकदम बेबाक और दो टूक। जनक शर्मा ने लिखा है-''मुक्तिबोध का गद्य साहित्य, जो उनके प्रबुद्ध विचारक, प्रखर समाज-चेता, संवेदनशील साहित्यकार उनकी रचनात्मक प्रतिभा तथा मौलिक चिन्तन का परिचायक है। किसी भी विधा के सामान्य नियमों में बँधकर मुक्तिबोध का साहित्य नहीं रचा गया है। उनका साहित्य चाहे वह गद्य हो या काव्य, उनके जीवनानुभवों का उन अनुभवों की सामाजिक सन्दर्भ में व्याख्या एवं विश्लेषण का साहित्य है।''[28] ज़ाहिर है कि मुक्तिबोध का गद्य जीवन्त एवं शक्तिवान गद्य है। उसमें लुंज-पुंजपन या उदासीनता नहीं है। उसमें विचारों का ऐसा आवेग है जो पाठक को एक सिरे से अन्तिम सिरे तक झनझनाहट से भर देता है। उनके गद्य की एक अन्यतम ख़ूबी उसकी व्यंग्यात्मकता है। जिसमें गद्य की प्राणशक्ति है। ''मुक्तिबोध के व्यंग्य की यह प्रखरता जिसके पीछे उनकी सजग, निस्संग, व्यापक आलोचनात्मक दृष्टि है, उनके गद्य को एक अतिरिक्त गरिमा देती है और उनकी लेखन क्षमता को नया आयाम।''[29]

यहाँ यह भी रेखांकित करने योग्य हैं कि-'' अपनी आलोचनात्मक कृतियों में मुक्तिबोध न केवल अपने-अपने सांस्कृतिक दायित्व के प्रति सजग दिखलायी देते हैं, वरन् उनके सौन्दर्यशास्त्रीय चिन्तन में और समीक्षा-दृष्टि में गहरी समझदारी एवं मूल्य-विवेक के दर्शन होते हैं। कला मर्मज्ञ होने के नाते वे मार्क्सवादी सौन्दर्यशास्त्रीय दृष्टि से सृजन-प्रक्रिया के रहस्य का गहन विश्लेषण कर उसे यथार्थ का ठोस आधार प्रदान करते हैं और इसी आधार पर नयी कविता के क्षेत्र में आत्मछल को जन्म देने वाली प्रवृत्तियों के

उद्घाटन में समर्थ होते हैं।''[30] मार्क्सवादी सौन्दर्यशास्त्र में मुक्तिबोध की देन अत्यन्त सार्थक है क्योंकि चिन्तन के धरातल पर वे मार्क्सवादी आलोचना सिद्धान्तों के समर्थ व्याख्याता की हैसियत से प्रकट होते हैं। चारुमित्र के शब्दों में-''दायित्व सजग मुक्तिबोध की सांस्कृतिक चिन्ता सभी रचनाओं में व्यक्त हुई है। कथा साहित्य एवं कविताओं में भी उनकी कला-दृष्टि हमारे हाथों कुछ ऐसे संकेत-सूत्र थमा देती है, जिनमें कविता के साथ उनकी समीक्षा दृष्टि को समझने में हमें प्रभूत सहायता मिलती है।''[31] मुक्तिबोध की आलोचना की सबसे बड़ी ख़ूबी यह है कि वह दावघाती नहीं है बल्कि स्फटिक की तरह साफ़-सुथरी है। अपने मन्तव्यों को वे डंके की चोट रखते हैं। प्रगतिशील जीवन-मूल्यों एवं मार्क्सवाद में आस्था रखते हुए भी उन्होंने अपने समानधर्मा आलोचकों की खामियों को उजागर किया। उनका यह भी मानना है कि मतभेदों के ज़रिये भी हम मतैक्य तक पहुँच सकते हैं। कहना न होगा कि मुक्तिबोध की कविता की तरह उनके गद्य ने भी हिन्दी में एक नया दृष्यान्तर उपस्थित किया है। मुक्तिबोध कहते हैं कि वे गद्यकार नहीं हैं। वे उपन्यास नहीं लिख सकते। प्रश्न है कि इसके बावजूद उन्होंने इतना गद्य क्यों लिखा? वे उपन्यास लिखकर अपयश के भागीदार नहीं हुए बल्कि यश मिला। गहराई से देखने पर लगता है कि अनुभव में घुला-मिला विचारों का आवेग अपने पूरे तौर पर खुलने के आग्रह में गद्य बन जाता है। वे स्थितियों को पकड़ते हैं और स्थितियाँ तात्विक हो जाती हैं। उनकी सतह की वास्तविकता समाप्त हो जाती है। उदाहरण के लिए उन्होंने किसी अन्तरराष्ट्रीय घटना को अख़बार में घटना की तरह जिक्र किया और तत्काल वह घटना तिरोहित हो जाती है। वे घटना के स्रोत उसकी प्रवृत्ति, उसके सामाजिक आधार, उसके मनोविज्ञान में तैरने लगते हैं। कोशिश करते हैं कि वह सब उतर आये। यह गद्य एकान्तिक मनोयोग का गद्य है। यह गद्य अँधेरे में टोहते हुए चलने जैसा गद्य है। चेखव या सआदत हसन मन्टो का गद्य, लेखक की पूरी सहयात्रा है। क्या मुक्तिबोध का गद्य इन लेखकों से कम सहयात्रा का गद्य है, बल्कि इस गद्य में अर्जित स्वायत्तता अधिक उजागर होती है। यह अर्जित स्वायत्तता यद्यपि सापेक्ष है लेकिन वह मनोलोक का परिभ्रमण कराती है। इसीलिए रामविलास शर्मा जैसे विचारशील आलोचक को उसमें अस्तित्ववाद की बू नज़र आती है। यह प्रश्न विचारणीय है।

मुक्तिबोध की कहानियाँ खुलासा हैं। कहानी का रूप उन्हें अनायास रूप से मिल जाता है। ऐसा लगता है कि मुक्तिबोध के सामने कुछ गाँठे हैं, वे गाँठें खोली नहीं गयीं। इसीलिए उन गाँठों के बारे में उसी तरह का रहस्य है जैसे दीमक के ढेरों के बारे में। मुक्तिबोध उन गाँठों के वर्जित क्षेत्र में घुसते हैं और उन्हें खोलते हैं। ज्ञान से संवेदना और संवेदना से ज्ञान का यही तो रहस्य है। ऐसी गाँठ भंजक रचना हिन्दी में और नहीं है। कविता की सीमायें होती हैं। वह फ़ैण्टेसी में अपने को व्यक्त कर आत्मतोष प्राप्त करती है। मुक्तिबोध के गद्य में इसीलिए कविता की प्रकृति है और वहाँ भी फ़ैण्टेसी है-ऐसी फ़ैण्टेसी जो ख़ुद को प्रकट करती है। कविता में हम मुक्तिबोध की मर्यादित और खुली हुई फ़ैण्टेसी का रूप पाते हैं, जबकि गद्य में वह खुली हुई फेण्टेसी है। यह अन्तर न हो तो

गद्य और कविता का भेद करना कठिन है। दरअसल मुक्तिबोध गद्य में अपने काव्यलोक की परीक्षा करते हैं। यह एक तरह से काव्य-सत्य की प्रयोगशाला भी है जहाँ यह सत्य जाँचा जाता है। मुक्तिबोध का गद्य हिन्दी में अपने ढंग का अलग गद्य है। वह अपनी निजता में हिन्दी साहित्य में योगदान की तरह है।

भाषा शिल्पी के रूप में

मुक्तिबोध ने अपने मित्र नेमिचन्द्र जैन को 26.10.45 के पुत्र में लिखा था-"मेरे अत्यन्त आत्मिक विचार मराठी या अंग्रेज़ी में निकलते थे, उसका तर्जुमा यदि अवसर हो तो हिन्दी में हो जाता था। इसीलिए जान-बूझकर यह पत्र हिन्दी में लिख रहा हूँ। मेरा ख़याल है कि मेरी भाषा सुन्दर न भी हो सके तो, वह सशक्त होकर रहेगी, क्योंकि उसके पीछे अन्दर का ज़ोर रहेगा। ... मुझे साज-सँवार की प्रतिष्ठित बोली पसन्द नहीं। ... क्या मैं अपनी हिन्दी सुधार सकता हूँ। उसे सक्षम और अर्थ दीप्त कर सकता हूँ।"[32] इस कथन से जिस तथ्य का पता चलता है, उस पर ग़ौर करने की ज़रूरत है। उदाहरण के लिए मुक्तिबोध ने हिन्दी में लिखा है, लेकिन उनका मूल मराठी या अंग्रेज़ी में है, हिन्दी में उसका तर्जुमा है। यह तर्जुमा ऐसा नहीं है, जिसका मूल और तर्जुमा मौजूद हो। पाठक के सामने केवल तर्जुमा है। मूल तो लेखक के पहले रचनात्मक मानसिक साक्षात्कार में था। शब्दबद्धता तर्जुमे में है। यह कैसी स्थिति है? यह मूल का शब्दबद्धता से कैसा संघर्ष है, मूल का कौन प्रमाण देगा। मूल से तर्जुमा कहाँ भटकता है। इसका पता कैसे चलेगा। स्वयं तर्जुमा का बनाव इसका साक्ष्य होगा। मुक्तिबोध का मूल्यांकन करते समय इस बनाव को गहरे से समझने की ज़रूरत है। यह तर्कसंगत कसौटी है।

मुक्तिबोध जिस दूसरी बात पर इन पंक्तियों में ज़ोर देते हैं वहाँ उन्हें भरोसा है अपने इसी अन्दर के ज़ोर का। भाषा अस्त-व्यस्त हो, उसमें सौष्ठव का अभाव हो तो लेखक इसकी चिन्ता नहीं करता। आवेग की निश्चितता दरअसल एक रोमण्टिक मूड का द्योतक है। यह रोमैण्टिक मूड मुक्तिबोध में है जो उनके लेखन में दिखता है। इस रोमैण्टिक मूड के कारण उनके गद्य में आत्मीयता, विपर्यस्तता एक साथ मिलती है। देखना यह है कि यह रोमानियत छायावादी है या बाद की। छायावादी रोमानियत में इतनी तर्कशीलता और वैचारिक प्रामाणिकता नहीं है। वहाँ भी वह कभी-कभी विचार विरोधी है। विचार विरोधी भाव साहित्य में होता है। इसलिए साहित्य सत्य को लोग वस्तु सत्य से विलग कर देते हैं। मसलन बिहारी की कविता में या महादेवी की कविता में। वस्तु-सत्य का रूपान्तरित रूप तर्क मुक्त हो जाता है, लेकिन निराला की कविताएँ तर्क की डोर नहीं छोड़ती।

मुक्तिबोध के साहित्य में जो भीतर का ज़ोर है। उसमें विचार प्रणाली बाधित नहीं होती। इसलिए यह सक्रिय रोमानियत है। यह सुविचारित आन्तरिकता है। इसमें भावात्मक और संवेदनात्मक दिशा की तारतम्यता है। इस दृष्टि से मुक्तिबोध की साहित्य की भाषा का मूल्यांकन होना चाहिए। मुक्तिबोध की हिन्दी अर्जित की गयी है। इसमें जो शिल्पकार है, उसे विचार अर्थ दीप्ति और शब्दबद्धता ऑदि के लिए चौतरफ़ा संघर्ष करना पड़ता है। भाषा के महत्त्व को स्वीकार करते हुए मुक्तिबोध 'एक साहित्यिक की डायरी' के 'तीसरा

क्षण' निबन्ध में लिखते हैं–"भाषा सामाजिक निधि है। शब्द के पीछे एक अर्थ की परम्परा है। ये अर्थ जीवनानुभवों से जुड़े हुए हैं।" तात्पर्य यह कि भाषा हमारी सोच प्रणाली, हमारे कलात्मक, जीवनगत विचारों के सम्प्रेषण का सबसे बड़ा माध्यम है। शब्द के पीछे अर्थ परम्पराओं–अर्थ छवियों की सुदीर्घ सम्पदा है। मुक्तिबोध यह भी मानते हैं कि भाषा अनुभव के वैशिष्ट्य को सुरक्षित रखती है, बल्कि उस अनुभव की सार्वजनिकता और सार्वकालिकता को सामान्यीकृत भी करती है। उन्हीं के शब्दों में–"मनस्तत्व अपनी अन्तर अभिव्यक्ति को कायम रखने और उसी मौलिक रूप में प्रकट होने के लिए भाषा में विविध प्रकार के शब्द संयोगों की रचना करते हैं। इस प्रकार वे भाषा पर अपना प्रभाव छोड़ते हैं साथ ही भाषा की सामाजिकता के ढाँचे में अपने को फिट करने के लिए स्वयं ही अपने को काटते तराशते रहते हैं। कला में बाह्य के आभ्यन्तरीकरण, आभ्यन्तर के बाह्यीकरण का यह चक्र अविरल चलता रहता है।" इस पूरे कथन से मुक्तिबोध के भाषा सम्बन्धी रवैये की जानकारी मिलती है।

कहना न होगा कि मुक्तिबोध का समग्र लेखन अत्यन्त वेगवान्, रचनात्मक और 'फोर्सफुल' है। उसके मूल में उनका वैचारिक आवेग, सामाजिक संघर्षशीलता और वस्तु के अनुरूप भाषा का अकृत्रिम इस्तेमाल भी मौजूद है। यह मूल्यवान् है "उसमें एक रीतिबद्ध भाषा की चमक, लालित्य, प्रसन्नता आदि के गुण भले न हों, किन्तु वह प्राणशक्ति असन्दिग्ध है जो सृजनशीलता की अनिवार्य शर्त है। भाषा की इस प्राणशक्ति का सम्बन्ध भाषा के नाटकीय प्रयोग से है और कहना न होगा कि मुक्तिबोध की प्राणवान् काव्य–भाषा उनके प्राणवान् कथ्य की प्रतिध्वनि है।"[33] केदारनाथ सिंह ने कहा था कि मुक्तिबोध की भाषा की आधुनिकता पर कम ध्यान दिया गया है। डॉ. नामवर सिंह मुक्तिबोध की भाषा की आधुनिकता के सन्दर्भ में लिखते हैं–"मुक्तिबोध के लिए भाषागत अभिव्यक्ति जीवन की अभिव्यक्ति से अभिन्न रूप से जुड़ी हुई है। ... मुक्तिबोध की काव्य–भाषा उनकी तुलना में काफ़ी अनगढ़ और बेडौल लगती है। किन्तु इससे केवल यही सिद्ध होता है कि मुक्तिबोध की भाषा काव्यात्मक नहीं है। इससे उनकी 'व्यंजकता' असिद्ध नहीं होती। ... निराला के समान ही मुक्तिबोध की भाषा भी 'तेज़स्क्रिय' है।"[34]

सृजनशक्ति और आलोचनशक्ति का समाहार एवं संश्लेषण

मुक्तिबोध रचना लिखते वक़्त केवल रचनाकार नहीं होते, बल्कि उनके भीतर आलोचना की प्रक्रिया घटित होती है। वे शब्दशोधन–भावशोधन आदि की प्रक्रियाओं से गुजरते हैं। उसी तरह आलोचना करते वक़्त वे निर्णायक फतवे ज़ारी नहीं करते बल्कि रचना की व्याप्ति उसकी परिधि और अन्तर्वस्तु के तत्त्वों का विश्लेषण और अनुसन्धान मित्र की भाँति करते हैं। इन सबको मापने–जाँचने–परखने के लिए अपने भीतर गहरी रचनात्मकता रखते हैं। उनकी रचना और आलोचना संगीन मुठभेड़ भी है और मित्रता का सोपान भी। सम्भवतः इसीलिए उनके यहाँ रचना और आलोचना के बीच ज़बर्दस्त रस्साकसी चलती है।

मुक्तिबोध की डायरी, आलोचना, कहानी और कविता में आलोचना शक्ति की चर्चा है। 'ब्रह्मराक्षस' कविता में आलोचनाशक्ति के कई कोण हैं जैसे–"बावड़ी की उन घनी गहराइयों में शून्य/ ब्रह्मराक्षस एक पैठा है/ व भीतर से उमड़ती गूँज की भी गूँज/ बड़बड़ाहटशब्द पागल से/ गहन अनुमानिता/तन की मलिनता/ दूर करने के लिए प्रतिपल/ पाप छाया दूर करने के लिए, दिन-रात/स्वच्छ करने/ब्रह्मराक्षस/ घिस रहा है देह/ हाथ के पंजे, बराबर, बाँह-छाती-मुँह छपाछप/ ख़ूब करते साफ़/ फिर भी मैल/ और ... होंठों से/ अनोखा स्तोत्र, कोई क्रुद्ध मन्त्रोच्चार/ अथवा शुद्ध संस्कृत गालियों का ज्वार/ मस्तक की लकीरें/ बुन रहीं/ आलोचनाओं के चमकते तार !! उस अखण्ड स्नान का पागल प्रवाह ...। प्राण में संवेदना है स्याह।" इस कविता का ब्रह्मराक्षस ज्ञानी व्यक्तित्व है, साथ ही ऐसा लगता है कि वह पाप छायाग्रस्त भी है, क्योंकि वह आलोचनाओं के चमकते तार बुनता है। तात्पर्य यह कि ब्रह्मराक्षस गहन आत्मालोचन करता है। इसी तरह 'ब्रह्मराक्षस का शिष्य' कहानी में ब्रह्मराक्षस की मुक्ति की कथा है। ब्रह्मराक्षस योग्य शिष्य को अपना समस्त अर्जित ज्ञान सौम्पकर शाप मुक्त हो जाता है। लेकिन अपनी आलोचना के भी कोण हैं। वह अपने शिष्य से कहता है–"शिष्य स्पष्ट कर दूँ कि मैं ब्रह्मराक्षस हूँ फिर भी तुम्हारा गुरु हूँ। मुझे तुम्हारा स्नेह चाहिए। अपने मानव-जीवन में मैंने विश्व की समस्त विद्या को मथ डाला, किन्तु दुर्भाग्य से कोई योग्य शिष्य न मिल पाया कि जिसे समस्त ज्ञान दे पाता। इसलिए मेरी आत्मा इस संसार में अटकी रह गयी और मैं ब्रह्मराक्षस के रूप में यहाँ विराजमान रहा।"[35] ब्रह्मराक्षस आगे कहता है कि–"मैं प्रवृत्तिवादी हूँ, साधु नहीं। सैकड़ों मील जंगल की बाधाएँ पारकर तुम यहाँ आये। तुम्हारे चेहरे पर जिज्ञासा का आलोक था। मैंने अज्ञान से तुम्हारी मुक्ति की। तुमने मेरा ज्ञान प्राप्त कर मेरी आत्मा को मुक्ति दिला दी। ज्ञान का लाया हुआ उत्तरदायित्व मैंने पूरा किया। अब मेरा उत्तरदायित्व तुम पर आ गया है। जब तक मेरा दिया ज्ञान तुम किसी और को न दोगे तब तक तुम्हारी मुक्ति नहीं।"[36]।

मुक्तिबोध ने कविता, कहानी में आलोचनाशक्ति का रचनात्मक परीक्षण किया, वहीं वे अपने निबन्ध 'समीक्षा की समस्याएँ' में इस आलोचना शक्ति का यथार्थवादी विवेचन विश्लेषण और परीक्षण भी करते हैं। उनका मानना है–"कलात्मक चिन्तन के बिना समीक्षा कार्य नहीं चल सकता। उसी प्रकार वास्तविक जीवन-ज्ञान और जीवन-चिन्तन के बिना, उसका मानव विवेक और कलात्मक विवेक (ये दोनों तरह के पृथक् और दूसरी तरह से अभिन्न हैं) विकसित नहीं हो सकता। ... इन आग्रहों और अनुरोधों में सार्थकता तभी आयेगी जब समीक्षक स्वयं भीगा हुआ हो। वृथा भावुक या वृथा बौद्धिक न हो। भीगकर कही हुई जीवन-विवेकपूर्ण जरा-सी बात का मूल्य सैद्धान्तिक आवेश के प्रवाह से कहीं अधिक होता है।" वे आगे लिखते हैं–"यदि साहित्य-सृजन एक संघर्ष है- अभिव्यक्ति के मार्ग पर संघर्ष तो समीक्षा एक प्रेमदर्शन है। ऐसा प्रेम-दर्शन जो आवश्यकता पड़ने पर अतिशय कठोर होता है, किन्तु सामान्यत: उदार, और कोमल रहता है। ऐसी समीक्षा का विकास यदि समीक्षक करे, तो यह निश्चित है कि वह 'नेतृत्व कर सकता है।"[37] ज़ाहिर है कि मुक्तिबोध की आलोचना के कई कोण हैं, जहाँ-जहाँ इस तरह की

स्थितियाँ हैं वहाँ मुक्तिबोध ने दो मनों की चर्चा की है, उनका एक मन भावुक है और दूसरा विवेकवान। विवेक की पूरी प्रक्रिया को उन्होंने आलोचक की तरह देखा है तो भाव की प्रक्रिया को रचनाकार की तरह। 'एक साहित्यिक की डायरी' में केशव और मैं की जो बहस है उसके कई अंशों में रचनाकार और आलोचक की बहस भी मान सकते हैं। इस बहस में गरमा-गरमी है, उठापटक है, नसों का फड़फड़ाना है और कभी-कभी ऐसे भी बैठ जाना है मानो काठ मार गया हो। एक उदाहरण देखें-"अगर मैं बोलना न शुरू करता तो चुप्पी काली होकर घनी और घनी होकर और भी काली और लम्बी हो जाती है। इसलिए मैंने ही बोलना शुरू किया-"कैसे निकले?" केशव गरदन एक ओर गिराकर रह गया। इसके बाल तब आधे माथे पर आ गये। मुझे लगा, वह आराम करना चाहता है। उसने आरम्भ किया-"मैंने बहुत सोचा कि ईस्थेटिक एक्सपीरिअन्स क्या है? आज मैंने इसी सम्बन्ध में कुछ लिखा है। तुम्हें सुनाने आया हूँ।" भीतर दिल में मेरी नानी मर गयी। मैं ख़ुद कविताएँ सुनाने की ख्वाहिश रखता था। अब यह केशव अपनी सुनाने बैठेगा। मेरी सारी दुपहर ख़राब हो जायेगी। शीः।... मैंने प्रस्ताव रखा। अपन उस विषय पर बात ही क्यों न कर लें। "ज़रूर ; लेकिन तुम्हें डिसिप्लिन में बात करनी होगी।" यह कहकर वह मुस्करा दिया। ... यह मुस्कराहट चुभ गयी। तो क्या मैं इतना पागल हूँ कि बात करने में भटक जाता हूँ। इस साले ने बहुत ध्यानपूर्वक मेरे स्वभाव का अध्ययन किया होगा। शायद मैं ही इसे बहुत ग़ौर करता रहा हूँगा। अपने स्वभाव के अध्ययन के इतने अधिक और इतने प्रदीर्घ अवसर किसी को देना शायद उचित नहीं था। मैं तो उल्लू सरीखा बोलता जाता हूँ और ये हज़रत अपने दिमाग़ की नोटबुक में मेरी हर ग़लती टीप लेते हैं।"[38]

'एक साहित्यिक की डायरी' में ऐसे कई नमूने हैं लेखक और मित्र की बहस के। दरअसल 'एक साहित्यिक की डायरी' रचनाकार और आलोचक की जीवन्त बहस का महत्त्वपूर्ण साक्ष्य भी मानी जा सकती है। अपने प्रसिद्ध निबन्ध 'समीक्षा की समस्याएँ' में उन्होंने ज़ोर देकर कहा कि है ऐसा कोई एक आलोचक जो रचनाकार की भाव-लहरियों को स्पर्श करे, वहीं यह भी अपेक्षा है कि वह लेखक का भावबोध पाये। जिसमें रचयिता की मनःस्थिति से साक्षात्कार हो। इस तरह हम देखते हैं कि वहाँ मुक्तिबोध रचनाकार और आलोचक की उपस्थिति देखते हैं। मुक्तिबोध अपने समूचे लेखन में बार-बार मन की चर्चा करते हैं 'मेरा ऐसा मन'। मुक्तिबोध का यह मन अलग-अलग रूपों में अपनी अलग-अलग भूमिका का निर्वाह करता है, कभी रचनाकार की तरह कभी आलोचक की तरह। मुक्तिबोध ने ऐसे मन की बार-बार चर्चा की है, जिसमें भावुकता भी है और विवेक भी। जैसा 'अँधेरे में' कविता में-"ओ मेरे आदर्शवादी मन/ ओ मेरे सिद्धान्तवादी मन/ अब तक क्या किया?/ जीवन क्या जिया !! /उदरम्भरि बन अनात्म बन गये/ भूतों की शादी में क़नात से तन गये,/ किसी व्यभिचारी के बन गये बिस्तर।' उनकी बहुत सारी कविताओं में मन की चर्चा है।

डॉ. कमला प्रसाद लिखते हैं कि-"रचयिता की क्रिया कलात्मक क्षमता का उपयोग कर कृति पेश करने में सम्पन्न होती है। आलोचक की क्रिया यहीं से शुरू हो जाती है। जहाँ रचयिता की क्रिया का अन्त, वहीं से आलोचक की क्रिया की शुरुआत। रास्ते भी उल्टे।

रचयिता जहाँ आत्मवृत्त का बाह्यीकरण करता है, वहीं आलोचक उस कृति का आभ्यन्तरीकरण। आभ्यन्तरीकरण के समय उसकी रचनात्मक प्रतिभा जागृत होती है, तभी वह रचना की समूची प्राणशक्ति को आत्मसात् कर पाता है।''[39] रचनाकार और आलोचक की परस्परता से ही साहित्य और जीवन का विकास सम्भव है। मुक्तिबोध की सृजनशक्ति और आलोचनशक्ति में यह बेहतर तरीक़े से मिलता है। मलयज लिखते हैं कि–''कविता मेरे लिये अपने अनुभव को महसूस करने और उसे रचने का नाम है और आलोचना उस कविता के कवि को खोजने का। ... अनुभव से निकलकर जो कविता बाहर आयी वह मेरे लिए यात्रा का अन्त नहीं, वह एक नया आरम्भ है जो मुझे आलोचना के अनुभव संसार में ले जाता है। मैने समझा है कि आलोचना का संसार कविता के संसार का विरोधी, उसका विलोम या उसका प्रतिद्वन्द्वी संसार नहीं है। बल्कि वह कविता के संसार से लगा हुआ समानांतर संसार है। ये दोनों संसार अपनी-अपनी जगह पर स्वतन्त्र सर्वप्रभुता सम्पन्न संसार है पर दोनों के बीच एक भिन्नता की सन्धि है। दोनों एक-दूसरे पर अपनी शर्तें और प्रतिज्ञाएँ आरोपित नहीं करते, पर उनकी एक-दूसरे के हितों में आपसी दिलचस्पी है।''[40] मुक्तिबोध के सृजन संसार में इन वस्तु सत्यों की खोज आवश्यक है। निराला के यहाँ भी मुक्तिबोध जैसा मन है। जैसे 'राम की शक्तिपूजा' में राम के ऐसे ही मन की चर्चा उन्होंने की है, जिसमें जय-पराजय का द्वन्द्व है। ज़ाहिर है कि मुक्तिबोध की कविता में बौद्धिक ज़द्दोज़हद है, भावुकता है लेकिन भाववाद नहीं। मुक्तिबोध की ख़ूबी यह है कि उनके रचनात्मक लेखन में आलोचनात्मकता और आलोचनाओं में अटूट रचनात्मकता है। इसी से वे सृजन और आलोचना के प्रश्नों को हल करते हैं।

परवर्ती रचनाधर्मिता में मुक्तिबोध की विरासत

हिन्दी कविता के लिए जिस तरह 1902 का वर्ष महत्त्वपूर्ण है क्योंकि 'सरस्वती' के सम्पादक महावीरप्रसाद द्विवेदी बने। 1916 का वर्ष महत्त्वपूर्ण है क्योंकि छायावादी कविताएँ सामने आने लगीं। 1936 का वर्ष महत्त्वपूर्ण है क्योंकि नयी प्रगतिशील कविता यथार्थ के मैदान में प्रकट हुई। उसी तरह 1964 का वर्ष महत्त्वपूर्ण है क्योंकि वह 'चाँद का मुँह टेढ़ा है' के प्रकाशन का वर्ष है। हम पाते हैं कि यह काव्य संग्रह कविता की यात्रा में युगान्तर प्रस्तुत करता है। कविता की प्रकृति और दिशा बदल जाती है। विभिन्न आन्दोलनों के नकली जाल टूट जाते हैं और एक आदमी की कविता जिसका सारा सन्दर्भ यथार्थ मूलक है, लिखी जाने लगती है। अपने सृजन की यादें टटोलते हुए भारतभूषण अग्रवाल लिखते हैं कि–''सन् 1964 में उनकी मृत्यु के समय जब मुक्तिबोध की कविताएँ पहली बार पुस्तक रूप में सामने आयीं तो उन्होंने कवियों और कविता के पाठकों, दोनों को हिला डाला और जो युवा कवि उस समय रचना के क्षेत्र में उतर रहे थे, वे एकाएक बड़े वेग से उनकी ओर आकृष्ट हुए। यह बात अब सहज ही देखी जा सकती है कि 62-64 का यह समय हिन्दी कविता का एक डमरूमध्य है और उसके बाद की कविता पूर्ववर्ती कविता से अपने अन्दाज़ और अपने रुख़ में नितान्त भिन्न है।''[41]

सातवें दशक की कविता को लोगों ने 'नव प्रगतिशील कविता' या 'आज की

कविता' कहा। इस दशक के उल्लेखनीय कवि धूमिल, विजेन्द्र, आलोक धन्वा, सोमदत्त, भगवत रावत और विनोद कुमार शुक्ल आदि हैं। ज़्यादातर कवियों ने मुक्तिबोध का ऋण अपनी कविता भंगिमा और काव्यवस्तु के लिए स्वीकार किया है। मुक्तिबोध के बारे में विनोद कुमार शुक्ल की काव्य परम्परा के रूप में स्वीकृति है। उसी तरह धूमिल का काव्यलोक, जिसमें जुमलेबाजियाँ और वक्तव्यनुमा अन्दाज़ेबयाँ है और जिन्होंने अपनी कविता का नया मुहावरा गढ़ा था, उनकी कविता में भी मुक्तिबोध जैसी समानताएँ मिल जाती हैं। इन कवियों के अलावा एक दूसरी तरह की पीढ़ी इस दशक में सक्रिय रही है, जिसमें उग्रता अपने ज़माने के कवियों की तुलना में ज़्यादह है। विजय कुमार ने अपनी पुस्तक 'साठोत्तरी हिन्दी कविता : परिवर्तित दिशाएँ' में इसे 'व्यवस्था-विरोध की गुस्सैल कविता' कहा है। इसके अन्तर्गत लीलाधर जगूड़ी, कुमार विकल और मृत्युन्जय आदि आते हैं। डॉ. नामवर सिंह हिन्दी में प्रतिबद्ध कविता के आर्विभाव को 1967 के नक्सलवादी आन्दोलन से जोड़ते हैं। हिन्दी कविता का आठवाँ दशक पूर्व के अनुभवों की रचनात्मक शुरुआत पर टिका है, इसमें मतभेद हैं, नारे हैं और नये क़िस्म का दंगल भी। इस दौर की पीढ़ी में अनेक कवि उभर कर सामने आये जैसे-अरुण कमल, उदय प्रकाश, राजेश जोशी, मंगलेश डबराल, ज्ञानेन्द्रपति, शलभ श्रीराम सिंह इत्यादि। आठवें दशक के काव्य परिदृश्य में मुक्तिबोध के प्रभाव को रेखांकित करते हुए विजय कुमार की मान्यता है कि-"मुक्तिबोध इस दशक के काव्य व्यक्तित्व पर छाये रहे हैं। अपने समय को जीने की उत्कटता, उसका संश्लिष्ट अनुभव संवेदन पर झेले जानेवाले तनावों का उलझा हुआ वस्तुगत रूप ये सभी बातें हैं, जिन पर आकर रुकते और सोचते हुए समकालीन कवि मुक्तिबोध की ओर देखता रहा है। मुक्तिबोध का सीधा असर चाहे कविता पर न आया हो पर समकालीन काव्य चेतना के लिए वे आवश्यक पड़ाव ज़रूर बनें।'[42] तात्पर्य यह कि आठवें दशक की कविता में मुक्तिबोध की केन्द्रीयता निरन्तर रही है। ऐसा इसलिए हुआ कि मुक्तिबोध की काव्यवस्तु में सामाजिक सोच का जो प्रचण्ड आवेग है उससे इस दशक के कवियों ने किंचित् बदली हुई परिस्थितियों के बावजूद भी अपने को जोड़ा।

नौवें दशक में हिन्दी कविता की जो नयी रचनाशीलता आयी, उसमें गुस्से के स्थान पर सामाजिक संलग्नता थी, इस रचनाशीलता ने भावबोध-जीवनबोध और जीवन के समूचे क्षेत्रों को नयी संवेदनशीलता के साथ अनुभव किया। मुक्तिबोध की कविता परम्परा का महाकाव्यात्मक औदात्य या लम्बी कविताओं का रचना विधान भी टूटा। इसके स्थान पर अर्थगर्भी छोटी कविताएँ केन्द्र में आयीं। नवें दशक से अब तक जो रचनाएँ लिखी जा रही हैं। उनमें तनाव नहीं है, बड़बोलापन नहीं है। ऊँची-ऊँची कल्पना की मीनारें नहीं हैं बल्कि जीवन के प्रति रिश्तों के प्रति अटूट प्यार मिलता है। कविता का रिश्ता घर-परिवार के निजी सरोकारों से लेकर समूचे दुनियायी सन्दर्भों को अपनी कविता के कैनवस में चित्रित करता है। वाद प्रमुखता जो मुक्तिबोध के समय तक थी वह धीरे-धीरे छँट गयी है। अब कविता आन्दोलनधर्मी की बजाय जीवनधर्मी हो गयी है। कवियों के सरोकार अव हवाई नहीं रहे बल्कि उनकी संवेदना घर-परिवार की तरफ़ और अपनी जड़ों की तरफ़

लौटने के रूप में पहचानी जा सकती है।

कविता के पल-पल परिवर्तित आयामों में सन् '60 के बाद का नया लोक है। 'पहल' के समकालीन कविता पर केन्द्रित अंक के सम्पादकीय में कहा गया है कि, "सातवें दशक के उत्तरार्द्ध में भयावह सामाजिक परिस्थितियों, राजसत्ता की असफलताओं और क्रूरताओं के प्रतिरोध में उभरी लड़ाइयों ने जब देश की चेतना को गुणात्मक स्तर पर बदलना शुरू किया तो एक और तरह की कविता की जरूरत पैदा हुई। इस बदली हुई चेतना ने हिन्दी में निरपेक्ष, तटस्थ, ठण्डी, व्यक्तिवादी और स्वायत्त कविता को या तो कठिन या हास्यास्पद बना दिया। काव्यभाषा में यथार्थ का यह हस्तक्षेप आधुनिक हिन्दी कविता के सामाजिक इतिहास की एक उल्लेखनीय घटना है। मुक्तिबोध जिसे 'सच को पूरी ताक़त के साथ बाहर लाने का काम' कहते थे वह इस परिवर्तन के बाद ही शुरू हुआ।"[43] मुक्तिबोध की मृत्यु के पश्चात् यदि यह जायजा लिया जाय कि परवर्ती रचनाधर्मिता में उनका कितना प्रभाव है तो निश्चय ही आश्चर्य होगा, क्योंकि इस शताब्दी के अन्तिम दशक का नवोदित रचनाकार भी अपने को मुक्तिबोध की परम्परा में मानता है। उनके समकालीन और बाद के महत्त्वपूर्ण युवा रचना कर्मियों ने उनकी परम्परा को पहचाना भी है और उनका सतत विकास भी किया है। यह सही है कि रचनाशीलता आगे बढ़ी है। नयी पीढ़ी ठहरी हुई नहीं बल्कि निरन्तर आगे बढ़ रही है। हरिशंकर परसाई का मानना है कि-"मेरा ख़याल है कि सन् '65 से लेकर यदि किसी कवि का प्रभाव न केवल हिन्दी कवियों पर बल्कि अन्य भाषाओं के कवियों पर भी है तो वह मुक्तिबोध का है।"[44]

शमशेर जी ने 'चाँद का मुँह टेढ़ा है' में अत्यन्त विश्वास के साथ लिखा था किमुक्तिबोध का वास्तविक मूल्यांकन अगली पीढ़ी यानी अब आगे की पीढ़ी निश्चय ही करेगी क्योंकि उसकी करुण अनुभूतियों को, उसकी व्यर्थता और खोखलेपन को पूरी शक्ति के साथ मुक्तिबोध ने ही अभिव्यक्त किया है। इस पीढ़ी के लिए यही अपना ख़ास कवि है।"[45] वर्तमान साहित्य के कविता विशेषांक में नन्दकिशोर नवल से जब यह पूछा गया कि क्या बाद के कवियों ने मुक्तिबोध की परम्परा का विकास किया है? वे कहते हैं-"परम्परा के विकास का मतलब उसी तरह के विषय को पकड़कर उसी तरह की कविता लिखना नहीं होता।... इस बात को नहीं झुठलाया जा सकता कि मुक्तिबोध की कविता ने हिन्दी कविता में जो दृश्यान्तर उपस्थित किया। परवर्ती कविता उसी दृश्य का विस्तार है, विविध और विभिन्न रूपों में।... मुक्तिबोध कवियों को जो सबसे बड़ा सन्देश देते हैं, वह यह कि जिस कविता का स्रोत स्वयं कवि न होकर इतिहास होता है, वह कविता कभी समाप्त नहीं होती।"[46] त्रिलोचन ने मुक्तिबोध के साहित्य अकादमी से प्रकाशित 'चयन' की प्रस्तावना में कहा है -"मुक्तिबोध की कविता में एक सार्वभौम भाव का भी ग्रहण है जिसके कारण मुक्तिबोध को सराहने वाले उत्तरोत्तर बढ़ेंगे।"

ज़ाहिर है कि मुक्तिबोध की प्रगतिशील कविता की विरासत निरन्तर गतिमान् है। हाँ, यह अन्तर ज़रूर आया है कि अपने समय के दबावों के अनुरूप युवा कवियों का एप्रोच भिन्न है, समस्या भिन्न है। अपनी तमाम असहमतियों के बावजूद डॉ. रामविलास शर्मा

यह स्वीकार करते हैं कि–"मुक्तिबोध कवियों के प्रिय रहे हैं और रहेंगे। उन्होंने जो नये कलात्मक प्रयोग किये हैं, उनमें सीखने समझने के लिए बहुत कुछ है। उन्होंने 'फ़ैण्टेसी' का प्रयोग व्यंग्य उपहास से लेकर करुण भावों की अभिव्यक्ति के लिए किया है। ऊपर से अँधेरा-अँधेरा दिखने पर भी उनकी कविता में बड़ी विविधता है।"[47] वहीं केदारनाथ सिंह मानते हैं कि–"मुक्तिबोध की कविताएँ अपने समय के जीवित इतिहास को कविता में बदलने की कठिन चुनौती का सामना करनेवाली कविताएँ हैं।" इस विवेचन से स्पष्ट है कि परवर्ती रचनाधर्मिता में मुक्तिबोध की विरासत मूल्यवान् है। "उनकी कविता अपने समय की ही नहीं आने वाली घटनाओं के संकेत की कविता भी थी, इसी रूप में आज वे और अधिक प्रासंगिक हैं।"[48]

सन्दर्भ

1. आचार्य रामचन्द्र शुक्ल-चिन्तामणिभाग–1 : पृष्ठ - 1
2. वही, पृष्ठ–2–3
3. डॉ. रामविलास शर्मा–साहित्य : स्थायी मूल्य और मूल्यांकन : पृष्ठ–12
4. नये साहित्य का सौन्दर्यशास्त्र : पृष्ठ–15
5. डॉ. रामविलास शर्मा–प्रगतिशील काव्यधारा और केदारनाथ अग्रवाल : पृष्ठ–85–86
6. सं. अखिलेश–समकालीन साहित्यः स्वरूप और समस्याएँ : पृष्ठ–16
7. कालिंगबुड–कला के सिद्धान्त : पृष्ठ–153
8. मोस्क्विचोव–दि ऐण्ड ऑफ आइडियोलॉजी थियरी : इल्यूजेस एण्ड रियलिटी पृष्ठ–66
9. डॉ. विश्वम्भरनाथ उपाध्याय–समकालीन मार्क्सवाद : पृष्ठ–172
10. प्रमोद वर्मा–कालजयी मुक्तिबोध : पृष्ठ–24
11. कामायनी : एक पुनर्विचार : पृष्ठ–22
12. डॉ रामविलास शर्मा–नयी कविता और अस्तित्ववाद : पृष्ठ–192
13. प्रमोद वर्मा–कालजयी मुक्तिबोध : पृष्ठ–12
14. कामायनी : एक पुनर्विचार : पृष्ठ–2
15. एक साहित्यिक की डायरी : पृष्ठ–18–19
16. कामायनी : एक पुनर्विचार : पृष्ठ–8
17. नयी कविता का आत्मसंघर्ष तथा अन्य निबन्ध : पृष्ठ–27
18. डॉ. बच्चन सिंह–आधुनिक हिन्दी आलोचना के बीज शब्द : पृष्ठ 94
19. वही, पृष्ठ–94–95
20. मुक्तिबोध रचनावली (खण्ड–4) पृष्ठ–146
21. डॉ. कमला प्रसाद–छायावादोत्तर हिन्दी काव्य की सामाजिक और सांस्कृतिक पृष्ठभूमि : पृष्ठ 165
22. आलोचना (नवांक 6) पृष्ठ–65
23. चाँद का मुँह टेढ़ा है (भूमिका) : पृष्ठ–23
24. केदारनाथ सिंह–कालबद्ध और पदार्थमय–पूर्वग्रह 39–40 : पृष्ठ–30
25. डॉ. धनंजय वर्मा–समावेशी आधुनिकता : पृष्ठ–233–234
26. सं. निर्मल शर्मा–मुक्तिबोध : विश्वनाथ तिवारी का लेख : पृष्ठ–52

27. निर्मल वर्मा-मुक्तिबोध की गद्यकथा-पूर्वग्रह अंक 7 : पृष्ठ-4-5
28. जनक शर्मा-मुक्तिबोध का व्यक्तित्व और कृतित्व : पृष्ठ-29
29. डॉ. शिवकुमार मिश्र-आधुनिक कविता और युगदृष्टि : पृष्ठ-252
30. चारुमित्र-आलोचक मुक्तिबोध-प्रस्तावना : पृष्ठ (ii)
31. वही पृष्ठ-(iii)
32. आलोचना-जुलाई-सितम्बर 1968
33. डॉ नामवर सिंह-कविता के नये प्रतिमान : पृष्ठ-119
34. वही - पृष्ठ-244
35. मुक्तिबोध रचनावली (खण्ड-तीन) पृष्ठ-131
36. वही - पृष्ठ-131-132
37. समीक्षा की समस्याएँ पृष्ठ-33
38. एक साहित्यिक की डायरी : पृष्ठ-7
39. डॉ. कमला प्रसाद-रचना और आलोचना की द्वन्द्वात्मकता : पृष्ठ-217
40. मलयज-कविता से साक्षात्कार : पृष्ठ-9
41. सं. प्रियदर्शी प्रकाश एवं मिश्रीलाल शर्मा-साहित्यालोचन-जनवरी 1973 : पृष्ठ-9
42. विजय कुमार-साठोत्तरी हिन्दी कविता : परिवर्तित दिशाएँ : पृष्ठ-114
43. सम्पादकीय पहल 37 (समकालीन कविता पर केन्द्रित अंक) : पृष्ठ-6
44. हरिशंकर परसाई-म.प्र. सन्देश, 10 नवम्बर, 1980 : पृष्ठ-5
45. शमशेर बहादुर सिंह-चाँद का मुँह टेढ़ा है (आवरणीय-वक्तव्य)
46. डॉ. नन्दकिशोर नवल -वर्तमान साहित्य (कविता विशेषांक) : पृष्ठ-114
47. डॉ. रामविलास शर्मा-नयी कविता और अस्तित्ववाद : पृष्ठ-138
48. डॉ. कर्णसिंह चौहान-आलोचना के नये मान : पृष्ठ-182

परिशिष्ट

मुक्तिबोध : पुनश्च

- मुक्तिबोध की उत्तर प्रासंगिकता
- रचना-प्रक्रिया और मुक्तिबोध
- परतदार यथार्थ के कवि मुक्तिबोध
- मध्यवर्ग की त्रासदी और मुक्तिबोध की कहानियों का अंतर्मन

मुक्तिबोध की उत्तर प्रासंगिकता

मुक्तिबोध को पैदा हुए 100 वर्ष पूरे हो गए। 100 वर्ष यानी एक सैकड़ा साल। मुक्तिबोध को उनके जीते जी भले ही कम लोगों ने याद किया और समझा हो; बल्कि उस दौर में उनका मज़ाक तक बनाया गया; उनकी खिल्ली उड़ाई गई; लेकिन वे हर समय संजीदा रहे। लेखन उनकी असली दुनिया थी, कोई शगल नहीं। उस दौर में उनके कृतित्व पर भी कम चर्चाएँ हुईं; लेकिन उन्होंने जो लिखा वह खानापूर्ति वाला या दिखावा वाला लेखन कतई नहीं था। हाँ, उसमें हमेशा गंभीरता रही। कविता, कहानी, आलोचना या एक साहित्यिक की डायरी जैसी कृतियाँ उनके विचार और सोच-प्रणाली की महत्त्वपूर्ण धरोहर हैं। उनके लिखे पत्रों में भी उनके संघर्ष के विभिन्न रूप हैं और आवाज़ें हैं। हाँ, उनकी लिखी हुई तमाम टिप्पणियाँ, उनके आत्मालोचन की बेमिसाल सीढ़ियाँ हैं।

प्रारंभ में उनको महत्त्व नहीं मिला, यह सौ टके की बात है; लेकिन अपने मरते ही वे साहित्य के केंद्र में आ गए। मुझे याद आता है कि उनके निधन के पश्चात् कोई भी सभा, कोई भी गोष्ठी और कोई भी सम्मेलन उनकी वैचारिकता के बिना संभव ही नहीं होता था। उनके विचारों की चर्चा, उनके साहित्य की गंभीर पड़ताल होती थी। लगातार बढ़ते महत्त्व के कारण कुछ बड़े आलोचकों ने उन्हे अनदेखा करना शुरू किया, यह एक कटु सत्य है। लेकिन उनके समग्र लेखन में जो लोहा है; जो धार है; जो वर्गानुभूति और जीवन-अनुभूति है तथा जीवन-संघर्ष का ताप है, उसका कोई सानी नहीं। विशेष बात यह है कि उस लेखन में जो उत्कट ईमानदारी, आत्मालोचन, ऊष्मा तथा वैचारिकता की तहें हैं, उसको अलग करके या क्रास करके आप बाहर जा नहीं सकते; अपनी अधकचरी सोच से आप टकरा नहीं सकते। तारसप्तक के दूसरे संस्करण में उन्होंने अपने आत्मवक्तव्य में लिखा- "जीवन और परिवेश की विषमता की यह स्थिति आभ्यंतरलोक में भी दुःस्थिति भी उत्पन्न करती है, यह एक दारुण सत्य हैं। मैं कहूँ कि यह मेरा अपना भी सत्य है। परिणामतः, स्वाधीनता के इस युग में मेरी कविता सघन बिंब-मालिकाओं में अधिकाधिक प्रकट होने लगी। अचानक अंतरदशाएँ और भी दीर्घ और गहन होती गईं; किंतु यह भी एक तथ्य है कि इस आत्मग्रस्तता के

बावजूद और शायद उसको साथ लिए-लिए मेरा आत्म-संवेदन समाज के व्यापकतर छोर छूने लगा।"

मुक्तिबोध पर अनेक पुस्तकें, आलेख और पत्रिकाओं के नए-नए अंक आए, उन पर अलग-अलग तरह से विचार-विमर्श हुए, कभी उनकी दुरूहता की चर्चाएँ की गईं, कभी-कभी तो उनको महत्त्वहीन साबित करने के भी प्रयास हुए, फिर भी वे हँसी में टाल दिए जाने वाले लेखक नहीं हैं। उनका वैचारिक आवेग और रचनात्मक ताकत ही उनके बारे में सोचने और विचारने के लिए उत्साहित करते हैं। अपने संपादकीय में शंभुनाथ ने लिखा- "ठीक है कि मुक्तिबोध के ज़्यादा पाठक नहीं है और वे बुद्धिजीवियों के कवि हैं। इसके बावजूद उनकी रचनाओं ने मध्यवर्गीय मानस की जीती-जागती तस्वीरें हैं और इनमें आज के लिए प्रेरणा है। उनकी निजता और सारभौमता में एक व्यापक अंतर्कीड़ा है। उनकी रचनाओं में जीवन के धधकते बिंब हैं; जिनकी शैली का अनुकरण नहीं हो सका।" (वागर्थ, नवंबर 2017, पृष्ठ-07)

ज़ाहिर है कि मुक्तिबोध की हैसियत एक बड़े लेखक और चिंतक की है। वे आदमी भले ही छोटी आय के रहे हों; लेकिन उनके सपने, उनकी जीवनदृष्टि, समाज को देखने-समझने का नज़रिया सुदूर अतीत से भविष्य की अनंत ऊँचाइयों तक और कहीं इससे भी बहुत दूर तक जाते हैं। उनकी विचार-संपदा केवल भारतीय परिवेश से संचालित नहीं होती, उसमें भारत के बाहर के अनेक देशों में बहने वाली जीवन-निष्पत्तियाँ, दार्शनिक रूपरेखाएँ और जीवन के जद्दोजहद भी शामिल हैं। उनके ज्ञानलोक में हमें बहुत दूर तक ले जाने की क्षमता है। उनका समूचा लेखन हमारे जीवन, जगत और हमारी वास्तविकताओं की दुनिया के आलोक में है। वे यथार्थ के विभिन्न रूपों को हमारे सामने रखने का प्रयत्न करते हैं; कभी यथार्थ को पूरी तरह से नाकाम रहने पर कल्पना और फ़ैंटेसी की आवाज़ से दुनिया तक ही जाते हैं। मुक्तिबोध बार-बार सवाल उठाते रहे हैं; जिनका रिश्ता हमारे विकास से, हमारी मनुष्यता से और हमारी प्रगति से है। वे मात्र सवाल उठाने के लिए सवाल नहीं उठाते। उनके प्रश्न बेचैनियों से भरे हुए हैं; जिसमें सामाजिक परिवर्तनशीलता की जद्दोजहद है। समय, समाज और देश-दुनिया को बदलने की बातें वे शिद्दत के साथ करते हैं। उनकी आवाजाही हमारी वैचारिकता के विभिन्न आयामों से है। इसलिए उनके यहाँ जद्दोजहद हैं, चुनौतियाँ हैं और इसीलिए उनकी प्रपत्तियाँ गहन अन्वेषण करती हैं। मुक्तिबोध चुप बैठने वाले लेखक कभी नहीं रहे। वे कविता, कहानी, आलोचना, डायरी, पत्र एवं अख़बारी स्तंभ-लेखन में बोलते रहे हैं। उनकी साहित्यिक दुनिया प्रश्नों की एक अजस्र शृंखला है। उनके लिखने के व्यापक सरोकार रहे हैं। मौलिकता, तर्कशीलता, पक्षधरता, इंसानियत और व्यापक मूल्यवत्ता- उनके लेखक का अभूतपूर्व गुण है। जिस व्यक्तिगत ईमानदारी की वे बातें करते हैं, वह केवल बात नहीं; अपने लिखे हुए साहित्य में, अपने जीवन-मूल्यों में, अपनी मानव-दृष्टि में भी उसे पिरोते हैं। वह कोई सामान्य चीज़ नहीं है। वे लेखन में जीते हैं; क्योंकि उनका लेखन जीवन, जगत और ज़िंदगी के कारखाने

से उपजा है। संभवतः इसीलिए वे अपने लेखन में सब कुछ व्यक्त करने की स्पृहा से भरे हुए हैं। उनके यहाँ न दुराव है, न छिपाव। दुनिया के तमाम ज्ञान की हवाएँ उनके लेखन में स्थान पाती हैं और अपनी कार्यवाही करती हैं।

उन्होंने हमेशा कथनी और करनी के फ़र्क को मिटाया। वे जो कहते हैं, उसे करते भी हैं और जो करते हैं उसी को कहते भी हैं। संभवतः इसीलिए उनके यहाँ कथनी-करनी का द्वैत प्रायः नहीं है। सच्चाई तो यह है कि उनका लेखन तलवार की धार पर धावनो जैसा है। उनके साथियों, मित्रों एवं शुभचिंतकों ने उन्हें महागुरु ऐसे ही नहीं कहा था। उनके जज़्बातों को, उनके लेखन के लोहे को, उसकी धार को, उसकी विचार-संपदा को आप यूँ ही नहीं 'क्रास' कर सकते; क्योंकि उनका लेखन बजता है; गरजता है और गोली जैसा दगता है और व्यापक रूप से इस तरह समूची फ़िज़ाओं में फैल जाता है। उनके यहाँ ज़िंदगी की कितनी प्यास और कितनी तड़प है; जो उनकी अभिव्यक्ति में स्थान न पा सकी। तभी तो उन्होंने लिखा था- "अगर मेरी कविताएँ पसंद नहीं- उन्हें जला दो/अगर उसका लोहा पसंद नहीं/उसे गला दो/अगर उसकी आग बुरी लगती है/दबा डालो/इस तरह बला टालो/...लेकिन मैं वहाँ रहूँगा।" वे कलाकार की व्यक्तिगत ईमानदारी के एक नक्षत्र की तरह रहे हैं। उनका समूचा लेखन अपनी ईमानदारी के लिए टूट सकता था; लेकिन मानवीय मूल्यों के लिए उसके सपनों के लिए कभी झुक नहीं सकता था। मुक्तिबोध की व्यक्तिगत ईमानदारी हमारे लिए एक नया संसार रचती है। मुक्तिबोध को परखने की अनेक प्रणालियाँ रहीं हैं। कुछ बड़े आलोचकों ने उनमें कई तरह की ऐसी चीज़ें भी खोजने का प्रयत्न किया; जो उनमें हैं ही नहीं। उनकी रचनात्मक आग को बहुत कम लोगों ने समझा। समझने के लिए लोगों ने कई तरह के तर्क रखे। मुक्तिबोध के शताब्दी-वर्ष में भी उन पर कई प्रश्नवाचक लगाए गए; लेकिन उन्होंने अपने लेखन में ज़िंदगी के रास्तों के जीवन-यापन के जो तथ्य रखे हैं, वे उनके लेखन के ऐसे बिंदु हैं; जिनको परखने के लिए अभी भी पुनर्विचार की ज़रूरत है।

मुक्तिबोध का समूचा लेखन एकदम खुला हुआ है। उनकी रचनाशीलता में इतनी परतें हैं कि आप उन्हें ढूँढ़ते रह जाएँगे। कोई उन्हें विदेशी मनोविज्ञान में पकड़ना चाहता है, कोई उन्हें भाववादी दार्शनिक गुत्थियों में समझना चाहता है या समझाना चाहता है। वे गहन मार्क्सवादी और जीवन के वस्तु-सत्यों को उजागर करने वाले दमदार लेखक हैं। मेरे ख़्याल से उनके लेखन की असली दुनिया हमारा संघर्षमय जीवन और उसकी त्रासदी है। अपने जीवन के घात-प्रतिघातों से अपने लेखन और देश दुनिया के विस्तीर्ण इलाकों या अपनी निष्पत्तियों के लिए वे कहाँ-कहाँ नहीं गए, किन-किन विचार-सरणियों, विचार-वीथियों, दर्शनों से नहीं टकराए? कोई उन्हें हवा में नहीं उड़ा सकता। वे वैशाखियों के सहारे चलने वाले लेखक नहीं थे। उनके लेखन में उनकी व्यक्तिगत ईमानदारी, उनका आत्मालोचन और उनकी उत्कट जिजीविषा और संघर्षशीलता व्याप्त है। अपने लेखन की पंक्ति-पंक्ति में उनका रक्त-मांस, मज्जा और साँसें हैं। इसे

भावावेश में नहीं, हक़ीक़त में समझने की ज़रूरत है। मुक्तिबोध ने लिखा है- "व्यक्तित्व दर्जी-निर्मित वस्त्रों से नहीं बनता; बल्कि उसके लिए पगना पड़ता है। जिस युग के अपने कोई संस्कार, मूल्य अथवा आस्था नहीं, वहाँ कवि में इनकी अपेक्षा करना साधारणतः क्षम्य माना जाता है; किंतु ऐसे संक्रांतिकाल में ही कवि-धर्म की अग्निपरीक्षा हुआ करती है। काव्य की आस्था यथार्थोन्मुखी न होकर आदर्शोन्मुखी होती है। युग का आदर्श राजनीतिक अर्थों में भले ही हो; किंतु मानवीय अर्थों में आज कोई युग-आदर्श नहीं। इसलिए कवि पर दायित्व पिछले सभी युगों से ज़्यादा है, कारण कि श्रेष्ठ काव्य के लिए श्रेष्ठ व्यक्तित्व का होना निश्चित शर्त है।"

मुक्तिबोध के यहाँ चीज़ों वस्तुस्थितियों को पहचानने की अद्भुत क्षमता थी। वे अपने समय के सवालों को भविष्य के सवालों से बहुत संजीदा तरीके से जोड़ते थे। संभवतः इसीलिए मुक्तिबोध ने अपने समय में संस्कृति और आत्मा के संकट की पहचान की थी; क्योंकि आत्मसंघर्ष के सत्य को लगभग भुला दिया गया था। इसीलिए उन्होंने आत्मसंघर्ष पर ज़्यादा ज़ोर दिया। तथ्य यह है कि मुक्तिबोध के यहाँ कंटेंट की जितनी संपन्नता है; जिसका उन्होंने इस्तेमाल किया है। उनके शिल्पसंरचना संबंधी प्रयोग भी आकूत हैं; फिर भी वे रचनाशीलता के लिए शिल्प और संरचना की कमी महसूस करते हैं। इसलिए उसकी माँग भी करते हैं। बुनियादी ईमानदारी उनकी रचनात्मकता का दुर्लभ गुण रहा है। मुक्तिबोध प्रयोग भी बहुत करते थे, दरअसल मुक्तिबोध में अनेक ऐसे बीज शब्दों का इस्तेमाल किया है; जो उनके जमाने में प्रचलित नहीं थे- जैसे ज्ञानात्मक संवेदना और संवेदनात्मक ज्ञान, आत्मसंघर्ष, अंतःकरण और आत्माभियोग। मुक्तिबोध जी के बारे में रामविलास शर्मा द्वारा की गई व्याख्याएँ न्यायपूर्ण नहीं हैं। मुक्तिबोध के यहाँ द्वंद्वात्मकता तो है ही एक तरह की त्रिकोणात्मकता भी लगातार पहरेदारी करती है। उनकी रचनात्मकता अपने समय में जितनी है उससे कहीं बहुत आगे की भी है, यानी भविष्य की है। वह हमारे भीतर बहुत सारे प्रश्न पैदा करते हैं। मुक्तिबोध को हम सतत् मूल्यनिवेशी रचनाकार के रूप में पाते हैं। मुक्तिबोध ने आधुनिकता में भी प्रश्नवाचक लगाए हैं और उसकी कमियों की ओर भी संकेत किया है।

आप सोच सकते हैं कि एक साधनहीन मध्यवर्ग से आया इंसान अपनी मज़बूरियों में, दी हुई दुनिया में अंदर-अंदर ही कितना छटपटा रहा होगा। यह समूचा संघर्ष उनके जीवन में देखिए; उनकी रचनात्मकता में देखिए। उन्हें कोई भी, किसी भी स्थिति में हिला नहीं पाया; फिर उनका दायरा, उनकी रेंज, उनकी जीवन-दृष्टि, उनकी जिजीविषा और उनका कोण, उनकी आँख और उनके सपने देखिए। आज के ज़माने की तरह मुक्तिबोध किसी को लाभ पहुँचाने की स्थिति में नहीं थे। उनका सब कुछ, उनका लेखन, निष्ठा, ईमानदारी, जिजीविषा और लोगों के प्रति उत्कट प्रतिबद्धता ही तो थी। यही उनके जीवन की पूँजी थी। उनका मूल्यांकन सहज नहीं है। एक लंबा अरसा पहले मैंने मुक्तिबोध जी के तमाम साहित्य का अध्ययन, विश्लेषण और

मूल्यांकन करने की कोशिश की थी; तब प्रायः उनका बड़ा काम प्रकाशित नहीं हुआ था; छुट-पुट ही सामने आया था। हाँ, एक साहित्यिक की डायरी, चाँद का मुँह टेढ़ा है, नई कविता का आत्मसंघर्ष, नए साहित्य का सौंदर्यशास्त्र और भारत : इतिहास और संस्कृति (यह पुस्तक मध्यप्रदेश शासन के एक असाधारण राजपत्र के द्वारा रोक दी गई थी) नामक पुस्तकें बड़ी मुश्किल से मिल पाती थीं। मूल्यांकन के तौर पर जो उन पर समीक्षा-लेख प्रकाशित हुए थे, वे भी बमुश्किल मिल पाते थे। अब तो उनकी सभी क़िताबें नए-नए रूप में प्रकाशित हैं। मुक्तिबोध की एक कविता है, मुझे याद आती है- "रास्ते पर आते-जाते दीखते हैं/लठधारी बूढ़े से पटेल बाबा/ऊँचे से किसान दादा/वे दाढ़ीधारी देहाती मुसलमान चाचा और/बोझा उठाए हुए/माँएँ, बहनें, बेटियाँ/सब को ही सलाम करने की इच्छा होती है/ सबको राम राम करने को चाहता है जी।"

मुक्तिबोध एक विचारवान-रचनाकार चिंतक रहे हैं। कवि के रूप में उनकी ख़ास ख़्याति रही है। हाँ, उनका प्रभाव उस समय भी अकूत था और अब भी अकूत है। वह ठहरकर सोचने के लिए उत्साहित करते हैं। उनके यहाँ हड़बड़ी नहीं है; चीज़ों को बहुत गंभीरता से लेने की कोशिश की जाती है। मुक्तिबोध के साहित्य, उनकी चिंताओं को अख़बारों, पत्रिकाओं, यूट्यूब और इलेक्ट्रॉनिकी के अन्य माध्यमों तक पहुँचाने की महती आवश्यकता है। मुझे याद पड़ता है कि उनके निधन के पश्चात् कोई भी गोष्ठी, कोई भी साहित्यिक आयोजन उनके नाम के बिना पूरा नहीं होता था। उन्होंने जो पत्रकारिता की, उसमें भी उनकी जिजीविषा और प्रतिभा के दर्शन होते हैं। हाँ, एक छोटे से कस्बे श्योपुर में जन्म लेने वाले मुक्तिबोध का जीवन-संघर्ष भले ही पीड़ादायक रहा हो; लेकिन उन्होंने जो जीवन वास्तव में प्राप्त किया और ज़िंदगी के जो निष्कर्ष निकाले और अपनी नौकरियों में जो संघर्ष किए, वे सभी मुक्तिबोध के तमाम साहित्य में बिखरे हुए हैं। नामवर सिंह ने बहुत बेबाक शब्दों में लिखा- "इस व्यक्तित्व की सबसे बड़ी सार्थकता यह है कि इसके माध्यम से मुक्तिबोध ने आज के साहित्य में एक शलाका-पुरुष की स्थापना की है- ऐसा शलाका-पुरुष, जो आज की स्थिति के योग्य कवि की भूमिका अदा कर सके। 'डायरी' बड़ी स्पष्टता के साथ उस काव्य-पुरुष की परिकल्पना को मूर्तिमान करती है; जो संभवतः मुक्तिबोध के ख़्याल से आज की स्थिति की चुनौती को स्वीकार करने में समर्थ हो।" (नामवर सिंह संचयिता-पृष्ठ-52)

मुक्तिबोध अपने जीवित रहते हमेशा प्रश्नों के दायरे में रहे हैं। यह ज़रूर है कि उनकी समग्रता को बिना पढ़े, जाने-पहचाने बग़ैर ही उनके साहित्य की जीवन-भूमि और रचना-भूमि को खारिज़ करने की कोशिश की है। बिना पढ़े ही उनके साहित्य की जीवन-भूमि ख़ारिज करने की कोशिश होती रही। मुक्तिबोध अपने मरण के बाद जिस तरह चर्चा के केंद्र में आए, वह एक परिघटना है। बीच-बीच में उनका महत्त्व स्वीकारते हुए भी उन्हें रचनात्मकता की किन-किन खोहों में भटकाया गया। विशेषता उनकी यह है कि आप चाहे जितने लांछन लगाएँ, उनकी जीवन-ऊष्मा को, उनकी

वैचारिकता और संघर्षशीलता को आप किसी भी तरह खारिज़ नहीं कर सकते। जीवन और विचारों के प्रति ऐसी उत्कट ईमानदारी प्रायः दिखाई नहीं पड़ती। मुक्तिबोध को न तो आलोचना के क्षेत्र में, न कविता के क्षेत्र में, न कहानी के क्षेत्र में किसी मुका़म को हासिल करने की तमन्ना थी। उनका लेखन स्वतःस्फूर्त यथार्थ की धारा में बहते हुए जीवन के संग्राम में काम आते हुए प्राप्त किया गया है। प्रश्न आप उठा सकते हैं; लेकिन आप उनको लांछित नहीं कर सकते। लांछित करते है तो उसके लिए आपको तर्क और प्रमाण देने पड़ते हैं। वे किसी के मनोनुकूल लेखक नहीं है। लेखन में उनकी अपनी ऊर्जा, अपनी तड़प, अपनी वैचारिकता और अपनी ही तरह के संधान हैं। इसलिए जब वे कामायनी पर विचार करते हैं तो साफ़-साफ़ लिखते हैं कि मेरे विचारों में आपको एक टंकार सुनाई पड़ेगी। आत्मविश्वास से भरे हुए अपनी शर्तों पर जीने वाले ऐसे मुक्तिबोध को बाद के दौर में निरस्त करने की कोशिश की गई; क्योंकि वे किसी के दायरे में नहीं आते। वे अपनी शर्तों के अनुसार लेखक है; अपनी शर्तो के अनुसार जीवन जीने का उनका तका़जा है। इसलिए ध्यान रखा जाना चाहिए था कि कृपया अपने मनोलोक में अपनी शर्तों के अनुसार मुक्तिबोध के लेखन से आपकी चाहत क्यों हैं? क्या वे अस्तित्ववादी हैं; क्या अपने जीवन-संघर्ष के लिए किसी के सामने गिड़गिड़ाने वाले हैं। ठीक है कि नेमिचंद्र जैन अपने समय में का़मयाब रहे होंगे और अपने मित्र से पत्र में यह लिख देना कि मेरे लिए आप किसी अच्छी सी नौकरी का इंतजाम कर सकें तो बेहतर होगा। यह कोई बेजा हरकत नहीं है कि इसे बढ़ा-चढ़कार तूल दिया जाए या सिर्फ़ उनको बौना माना जाए। जो आरोप लगा रहे हैं कि क्या मुक्तिबोध अपने मित्रों से यह भी न कहते? आख़िर अपने गहन मित्र से कोई अपनी बातें नहीं कहेगा तो और किससे कहेगा?

हम एक ऐसे वक़्त से गुज़र रहे हैं; जो काफ़ी कठिन और पेचीदा है। हमें हमारी मूल जड़ों से काटने का लगातार प्रयत्न किया जा रहा है। परिवर्तन-विरोधी शक्तियाँ अपना मोर्चा सम्हाल चुकी हैं। वे इतिहास की विकृतियों के साथ धर्म को रथयात्राओं की खोल में प्राचीन मान्यताओं का बाजा बजाते हुए हर जगह हाज़िर हैं और लोकतंत्र के साए में हमारे समूचे विकासक्रम को नष्ट करने में अमादा हैं। दुर्भाग्यपूर्ण स्थिति यह भी है कि वे हमारी साझी संस्कृति से अलगाकर एक अलग 'स्तूप संस्कृति' विकसित करने की योजनाओं से भरे हैं। वे जनता का ध्यान आधारभूत समस्याओं से हटाकर ऐसी समस्याओं की ओर ले जाने की साजिश रचे रहे है; जहाँ घृणा, द्वेष और सांप्रदायिकता का ज़हर है। वहाँ धुंध, गर्दो-गुबार के अलावा कुछ नहीं है और फ़िरका़परस्ती, धार्मिक विद्वेष, हत्याओं और हत्याकांडों का कोहराम है। बच्चों की चीख़ें, औरतों का आर्तनाद और पुरुषों का सामूहिक हाहाकार है। राजनीति में अपराधीकरण और आर्थिक शोषण की प्रवृत्तियाँ लगातार सक्रिय हैं। सांस्कृतिक अधःपतन की बहार है। आकांक्षाएँ और स्वप्न निरंतर चकनाचूर हो रहे हैं। निराशाओं की लपेट में पूरा माहौल सन्नाटे में डूबा हुआ है। भ्रष्टाचार नई-नई खोलों से पूरे देश को रौंद रहा है।

मुक्तिबोध में जितना साहस, स्वीकार है उससे कम अस्वीकार नहीं है। नीलकांत ने लिखा है- "मुक्तिबोध साहित्य को रोज़गार की वस्तु नहीं मानते थे; इसके अनेक संकेत उनकी साहित्यिक संस्कृति से स्वयं प्रकट होते हैं। साहित्य उनके लिए आत्मसंघर्ष और सामाजिक रूपांतरण का एक औज़ार था। अपने स्वरूप में उनके निबंध, समीक्षाएँ, कविताएँ और कहानियाँ मनोवैज्ञानिक, दार्शनिक और सबसे बढ़कर राजनीतिक रुझानों से भरपूर हैं। नई कविता के वस्तुतत्त्व, जो प्रायः व्यक्तिगत, सामाजिक यथार्थ से पृथक, स्वायत्त और व्यक्तिपरक हुआ करते थे और शीतयुद्ध से निर्धारित होते थे, मुक्तिबोध ने उस वस्तुतत्त्व को विकसित करते हुए समाज से, समाज के शोषित-दलित, जीवन-धारा से जोड़ा और विश्व-दृष्टि के आलोक में अपने रचनात्मक उद्‌देश्य तय किया था। उनकी रचनाओं का पाठ करने और उनके अर्थ-मर्म को छूने के लिए ज़रूरी है कि कवि के सौदर्यशास्त्री सिद्धांतों को अच्छी प्रकार समझने का प्रयास हो।" (दो शब्द-मुक्तिबोध की तीन कविताएँ, पृष्ठ-13)

बीसवीं शताब्दी के प्रारंभ में हमारे देश में स्वाधीनता-आंदोलन का गुलामी से मुक्ति का अभूतपूर्व संघर्ष था। गुलामी, रीतिवादी प्रवृत्तियाँ और बहुत गहरे तक धँसे या धँसाए गए जड़त्व और कुसंस्कार थे। हम समानता और बंधुत्व के लिए संघर्ष कर रहे हैं। राष्ट्रीय जनजागरण के गीत उस दौर में लगातार उभरते रहे। देश की जनता में सुगबुगाहट थी। राष्ट्रीय गरिमा के लिए लोग मौत का आलिंगन कर रहे थे। तरुणाई जाग्रत थी; वृद्ध नई चेतना भर रहे थे। हमारे राजनीतिक वातावरण और सांस्कृतिक परिवेश में ग़लतियों के ख़िलाफ़ सजगता और चौकन्नापन था। निराला ने 'कविता की मुक्ति' और 'मानव की मुक्ति' का अभियान छेड़ा था। प्रेमचंद ने अपने रचनात्मक संघर्ष के जरिए दलितों, पीड़ितों, मज़दूरों, किसानों एवं छोटी आय वालों को अपनी कथाओं का नायक बनाया और उनकी ज़िंदगी का पारदर्शी चित्रण किया; जिसमें मानवीय गरिमा का जज़्बा था। साहित्य को लोकमंगल की भावना से विश्लेषित किया जा रहा था। हमारी सामाजिक फ़िज़ाओं में शोषण के विरुद्ध आक्रोश का शंखनाद था। प्रेमचंद ने रंगभूमि उपन्यास में सूरदास और उसके पोते के जरिए इसके मुकम्मल अक्स खींचे थे।

हमारी इस जीवंत परंपरा की कड़ी में कई नाम हैं। महादेवी वर्मा अपनी रचनाओं में 'चिर सजग आँखे उनींदी/आज कैसा व्यस्त बाना/जाग तुझको दूर जाना' जैसी बातें हमारे सामने पेश कर रहीं थी; जिन्होंने हमारे दुःखते घावों में मरहम का काम किया। यशपाल झूठा सच लिख रहे थे। उनके बाद केदारनाथ अग्रवाल, त्रिलोचन, शमशेर, नागार्जुन, गिरजाकुमार माथुर जैसे और कई नाम हैं; जिन्होंने उनके युग की आवश्यकताओं के अनुरूप विरोधी परिस्थितियों के ख़िलाफ़ लगातार अपनी रचनाओं के द्वारा संघर्ष किया है। इन सभी का अवदान अत्यंत महत्त्वपूर्ण है। डॉ. रामविलास शर्मा आलोचना के क्षेत्र में व्यक्तिवाद और पतनशील ताक़तों के ख़िलाफ़ लगातार लोहा ले रहे थे। मुक्तिबोध संबंधी उनकी आलोचना कई अर्थों में मुक्तिबोध के विराट व्यक्तित्व और

कृतित्व का अवलोकन करती है; लेकिन पता नहीं किस वजह से उन्हें अस्तित्ववाद ऊहापोह तक लाता है। कहीं उन्हें नवरहस्यवादी परछाइयों में आच्छादित करता है; कहीं उन्हें मार्क्सवाद के प्रति आस्थाहीन रूप में इंगित करता है; कहीं उनमें मानसिक रुगणताओं के अँधेरे में फेंकता है और उनकी देखा-देखी अन्य आलोचक भी उस ओर मूल्यांकन-विश्लेषण में जुटे। यह प्रक्रिया अभी भी जारी है।

मुक्तिबोध का रचनात्मक संघर्ष हमारी प्रगतिशील परंपरा की संजीवनी-शक्ति और ज़िंदगी के लिए ऑक्सीजन की तरह था। मुक्तिबोध ने अपने समय की चुनौतियों, अंतर्विरोधों से मुठभेड़ भर नहीं की थी; बल्कि अवाम को सही दिशा देने की लाज़वाब कोशिश भी की थी। वे अपने युग के यथार्थ के प्रति हमेशा सजग और सचेष्ट रहे। युग-प्रसंगों की सामयिकता के संदर्भ में उनकी चिंतन-प्रक्रिया और दृष्टि-विकास का संघर्ष निरंतर जारी रहा है। स्वाधीनता प्राप्ति के पश्चात् देश में अवसरवाद, स्वार्थपरता, लाभ-लोभ, अनाचार, अंतर्विरोध और असंगतियों का वातावरण बनता रहा। व्यक्तिवाद महत्वाकांक्षा का प्रभाव विभिन्न सामाजिक क्षेत्रों में बढ़ता जा रहा था। उसकी पहचान करते हुए वे लिखते हैं- ''आज का यथार्थ जनता के जीवन का यथार्थ है; जो हम रोज़मर्रा जीते हैं। यदि हमारी काव्य-प्रेरणा वस्तुतः जनजीवन से उद्‌भूत हुई हो तो जनजीवन की वर्तमान परिस्थितियाँ और कष्टों का कारण भी हमारे अनुभूतिक्षेत्र का अंग होगा अर्थात् इंसानियत को तबाह करने वाले रावणों, उनके सिपहसालारों और दासों के जनविरोधी षड्‌यंत्र भी हमारी अनुभूतियों के अंग होंगे। मात्र बौद्धिक स्तर पर नहीं, वे हमारे हृदय और आत्मा के समस्त अभिप्रायों में लीन हो जाएँगे। जब वे लीन होंगे तो स्थायी भाव होगा घृणा और भयानक घृणा तथा उनके नाश का संकल्प देशभक्ति का अर्थ जनभक्ति होगा। अतएव राजनीति और साहित्य मात्र अभिव्यक्ति में भिन्न हैं। उनका मूल है आज का यथार्थ यानी जनजीवन का यथार्थ उसके लक्ष्य, उसके अभिप्रेत, उसके संघर्ष।''

मुक्तिबोध देश और दुनिया की नब्ज़ जानने वाले रचनाकार रहे हैं। राष्ट्रीय, अंतरराष्ट्रीय घटना-चक्रों से लेकर अपने इर्द-गिर्द के परिवेश को उन्होंने बख़ूबी देखा था। अपने जीवनानुभवों को उन्होंने अपनी रचनाओं में और अपने अख़बारी लेखन में निरंतर व्यक्त किया है- ''हमारे हिंदुस्तान को जनता आज स्वर्गलोक के सपने देखती है; किंतु फिलहाल वह केवल अपने दुःख-दर्द की कराह के अलावा निर्णायक रूप से कुछ नहीं कर पा रही है। निश्चय ही, यदि उसे भारत को स्वाभाविक मानवजीवन का स्वर्ग बनाना है, तो शोषण और अत्याचार के पहाड़ों को चीरकर, नीचे रेगिस्तान को अपार शक्ति से नई प्राणधारा बहानी होगी। तभी हमारे जीवन में मानवोचित स्वाभाविकता और समृद्धि आ सकती है।''

मुक्तिबोध देश के सामने छाए विभिन्न ख़तरों, बढ़ती हुई पूँजीवादी, साम्राज्यवादी मनोवृत्ति, सामंतशाही, सांप्रदायिकता और भ्रष्टाचार को अपने लेखन के केंद्र में रखा है। देश की ज्वलंत समस्याओं को वे हाशिए से खींचकर देश की प्रत्यक्ष भूमि पर ले

आए। मुक्तिबोध की सूक्ष्मदृष्टि के साथ-साथ उनके जनोन्मुख हित-चिंतन और लोकमंगल की भावना उनके लेखन की मूल धुरी है। कविता, कहानी और आलोचना में उनकी यह दृष्टि बार-बार हमारे सामने प्रत्यक्ष होती है। 1936 से लेकर 1964 के बीच लिखी मुक्तिबोध की कविताएँ समय की कठोरता और वास्तविकता का जीवंत साक्ष्य हैं। वे अपने समय से आगे की भयानक वास्तविकता और जटिलता को प्रत्यक्ष कर रहे थे। इसलिए अपने समय में उन्हें स्वीकार करना कठिन था। उनके जीवनकाल में प्रायः उनकी नोटिस कम ही ली गईं अपनी मृत्यु के साथ ही वे एक घटना बन गए। कुछ ऐसी घटना, जिसकी ओर आँख मूँद लेना असंभव था। उनकी एकनिष्ठ तपस्या और संघर्ष उनकी अटूट सच्चाई, उनका पूरा जीवन, सभी एक साथ हमारी भावना के केंद्रीय मंच पर सामने आ गए और हमने अब उनके कवि और विचारक को एक नई आश्चर्य-दृष्टि से देखा।

मुक्तिबोध की रचनात्मक ऊर्जा एकायामी नहीं है। वह कई-कई रूपों में हमारे सामने फूटती है। उनकी रचनात्मकता में महाकाव्यात्मक और औपन्यासिक औदात्य है तो दूसरी और सपाटता के स्थान पर बीहड़ता है। दृश्यालेखों, स्थितियों, प्रश्नात्मक आत्मसंवादों, वक्तव्यों, गाथा-प्रसंगों और नाटकीय भाव-भंगिमाओं में यह बीहड़पना अतिरिक्त रूपों से प्रकट हुआ है। किसी ने समझा, किसी ने नहीं। हाँ अपने मतों का आरोपण ज़रूर कर दिया; जिसे मुक्तिबोध ने न सोचा, न समझा और न ही व्यक्त किया। उन पर प्रश्नवाचक जड़ दिए गए। मेरे ख़्याल से रचनात्मक और आलोचनात्मक प्रतिमान इन सबको समेटने में सक्षम नहीं है। इसलिए भी उनके औदात्य को पकड़ने में मूल्यांकन-प्रेमियों ने धोखा खाया है। इसके बावजूद वे अपनी 'भूमिका' शीर्षक कविता में लिखते हैं- ''अगर मेरी कविताएँ पसंद नहीं/उन्हें जला डालो/इस तरह बला टालो/लेकिन याद रखो वह लोहा खेतों में तीखा तलवारों का जंगल बन सकेगा/मेरे नाम से नहीं किसी और नाम से सही/और वह आग बार-बार चूल्हें में सपनों सी जागेगी/सिगड़ी में ख़्यालों सी भड़केगी, दिल में दमकेगी/मेरे नाम से नहीं किसी और से सही/लेकिन मै वहाँ रहूँगा/तुम्हारे सपनों में आऊँगा/सताऊँगा/खिलखिलाऊँगा/खड़ा रहूँगा/तुम्हारी छाती पर अड़ा रहूँगा।''

मुक्तिबोध के बारे में काफ़ी गोलमोल, घालमेल वाली बातें कहीं गई हैं। हरिशंकर परसाई उनके अभिन्न मित्र रहे हैं। जब परसाई जी से यह पूछा गया कि क्या मुक्तिबोध मार्क्सवादी थे? उनका उत्तर दो टूक है और घालमेल को उजागर करने वाला है। परसाई कहते हैं- ''ज़्यादा आग्रह यह है कि यह सिद्ध किया जाय कि मुक्तिबोध मार्क्सवादी नहीं थे, अंतर्द्वंद्व के कवि थे; बल्कि रहस्यवादी थे। बात इतनी आसान नहीं है कि किसी कवि के बारे में दो टूक फैसला कर दिया जाय कि यह मार्क्ससवादी है और यह नहीं है। यह दार्शनिक विश्वास का प्रश्न है; जीवन-दर्शन से संबंध रखता है। इतिहासबोध, मनुष्य की नियति, सामाजिक संघर्ष आदि के प्रति दृष्टि से इसका संबंध है। मुक्तिबोध के बारे में हम लोग जो व्यक्तिगत रूप से उनके संपर्क में कई सालों से रहे और घंटों

उनकी बातें सुनते रहे। उन्हें कोई शक नहीं है कि मार्क्सवादी दर्शन में उनका अटल विश्वास था। उनका इतिहास-बोध, जीवन-व्याख्या, समाजशास्त्र और आर्थिक व्यवस्था की व्याख्याएँ मार्क्सवादी थीं।''

मुक्तिबोध की मृत्यु के इतने वर्षों बाद यदि यह जायज़ा लिया जाए कि उनके परवर्ती समय और रचनाशीलता में उतना कितना प्रभाव है तो आश्चर्य होगा। बीसवीं शताब्दी और इक्कीसवीं शताब्दी के नवोदित रचनाकार भी अपने को उनकी परंपरा में मानते है। उनके समकालीन और बाद के महत्त्वपूर्ण लेखकों ने उनकी प्रासंगिकता स्वीकार की है। वे वहीं ठहरे हुए नहीं है; आगे बढ़े हैं और उनका उत्तरोत्तर विकास हुआ है। संभवतः यही उनकी परंपरा की जीवंत कड़ी है। हरिशंकर परसाई का मानना है कि- ''मेरा ख़्याल है कि सन् 1965 से लेकर यदि किसी कवि का प्रभाव न केवल हिंदी कवियों पर, बल्कि अन्य भाषाओं के कवियों पर भी है तो वह मुक्तिबोध का है।'' यही नहीं, मुक्तिबोध की उत्तर प्रासंगिकता के परिप्रेक्ष्य में शमशेर बहादुर सिंह ने 'चाँद का मुँह टेढ़ा है' के आवरणीय वक्तव्य में अत्यंत विश्वास के साथ लिखा था- ''मुक्तिबोध का वास्तविक मूल्यांकन अगली यानी अब आगे की पीढ़ी निश्चय ही करेगी; क्योंकि उसकी करुण अनुभूतियों को, उसकी व्यर्थता और खोखलेपन को पूरी शक्ति के साथ मुक्तिबोध ने अभिव्यक्त किया है। इस पीढ़ी के लिए शायद यही अपना ख़ास कवि हो।'' शमशेर ने जो बात 1964 में कही थी, वह 2018 में भी प्रत्यक्ष हो रही है। वर्तमान साहित्य के कविता विशेषांक में डॉ. नंदकिशोर नवल से यह प्रश्न पूछा गया- ''क्या बाद के कवियों ने मुक्तिबोध की परंपरा का विकास किया है?'' वे कहते हैं- ''परंपरा के विकास का मतलब उसी तरह के विषय को पकड़कर उसी तरह की कविता लिखना नहीं होता...। इस बात को झुठलाया नहीं जा सकता कि मुक्तिबोध की कविता ने हिंदी में जो दृश्यांतर उपस्थित किया, परवर्ती कविता उसी दृश्य का विस्तार है, विविध और विभिन्न रूपों में। मुक्तिबोध एक ऐसे कवि हैं; जिनके दाय को श्रमपूर्वक ही आत्मसात किया जा सकता है। जो कवि श्रम करके मुक्तिबोध को ग्रहण करेंगे, उनकी कविता का क्षितिज स्वयमेव अत्यधिक विकसित हो जाएगा। मुक्तिबोध कवियों को जो सबसे बड़ा संदेश देते हैं, वह यह कि जिस कविता का स्रोत स्वयं कवि न होकर इतिहास होता है, वह कविता कभी समाप्त नहीं होती।'' त्रिलोचन ने मुक्तिबोध के साहित्य अकादमी के प्रकाशित चयन की प्रस्तावना में कहा था- ''मुक्तिबोध की कविता में एक सार्वभौम भाव का भी ग्रहण है; जिसके कारण मुक्तिबोध को सराहने वाले उत्तरोत्तर बढ़ेंगे।''

मुझे ऐसा लगता है कि मुक्तिबोध-साहित्य का सार्थक और समग्र मूल्यांकन केवल प्रासंगिक है; बल्कि आवश्यक भी। उनकी मृत्यु के बाद ज़ाहिर है कि मुक्तिबोध के बहाने हम एक लंबी प्रगतिशील जनवादी और संघर्षकामी परंपरा से जुड़ते हुए अपनी वर्गशक्ति को सही रूप में खोज पाएँगे और मुंशी प्रेमचंद ने जिस जीवंत परंपरा की नींव रखी थी, मानव मुक्ति और मनुष्य की बेहतरी के लिए उन्होंने जो संघर्ष किया

था उसे ठीक से पहचान पाएँगे। मुक्तिबोध ने कहा था समाजवाद की मूल आत्मा जनतांत्रिक है। वे ज़िंदगी को प्यार करने वाले अप्रतिम रचनाकार हैं। अपने कठिन समय में उन्होंने अपने मित्र वीरेंद्र कुमार जैन को एक पत्र में लिखा था- "ज़िंदगी बड़ी तल्ख है; लेकिन मानव की मिठास का क्या कहना। जी होता है सारी ज़िंदगी एक घूँट में पी ली जाए।" अपनी तमाम असहमतियों के बावजूद डॉ. रामविलास शर्मा यह स्वीकार करते हैं- "मुक्तिबोध कवियों के प्रिय रहे हैं और रहेंगे। उन्होंने जो नए कलात्मक प्रयोग किए हैं, उनमें सीखने-समझने के लिए बहुत कुछ है। उन्होंने 'फैंटेसी' का प्रयोग व्यंग्य, उपहास से लेकर करुण भावों की अभिव्यक्ति के लिए किया है, उन पर से अँधेरा दिखने पर भी उनकी कविता में विविधता है।" यदि मुक्तिबोध के तमाम साहित्य में दमख़म नहीं होता तो उन्हें अब तक अस्वीकार और खारिज़ कर दिया गया होता। वे जितने प्रासंगिक बुज़ुर्ग कवियों के लिए, समकालीन कवियों के लिए, उतने ही नवोदित कवियों के लिए भी हैं; क्योंकि उनके समूचे साहित्य में रचनात्मकता का जो अपार धैर्य और साहस है, वह किसी को भी उनके प्रति आकर्षित करने में सक्षम है।

मुक्तिबोध अपनी रचनाओं में अपनी संपूर्णता के साथ उपस्थित होते हैं। वे सफलता के पीछे कभी भागे नही; जिसे हासिल करने के लिए मनुष्य को आत्मगौरव खोना पड़ता है। चतुरता के नाम पर बदमाशियाँ करनी पड़ती हैं या शालीनता के नाम खुशामदीपना अपनाने को बाध्य होना पड़ता है। गुमनामी का जीवन जीते हुए उन्होंने अपने को साहित्य और जनता से एकाकार कर लिया और इस तरह उन्होंने अपने युग के मुक़म्मल इतिहास की रचना की। डॉ. केदारनाथ सिंह लिखते हैं- "मुक्तिबोध की कविताएँ अपने समय के जीवित इतिहास को कविता में बदलने की कठिन चुनौती का सामना करने वाली कविताएँ हैं।"

मुक्तिबोध पक्षधर रचनाकार हैं; इसीलिए वे हर आदमी से सवाल करतें हैं कि पार्टनर पहले अपनी पॉलिटिक्स साफ़ करो। यह पॉलिटिक्स पार्टीबद्ध पॉलिटिक्स नहीं है; यह पॉलिटिक्स मनुष्य की बेहतरी की पॉलिटिक्स है। इसीलिए उनका समग्र लेखन व्यक्ति-स्वातं य से कम मानव-स्वातं य ज़्यादा गहरा सरोकार रखता है। यह सरोकार व्यक्ति की स्वतंत्रता मानव की स्वतंत्रता में ही संभव दिखता है और आर्थिक, राजनैतिक व सामाजिक समानता को सभी की स्वतंत्रता के लिए अनिवार्य मानता है। मुक्तिबोध की ख़ासियत यह है कि वे जड़ता चाहे जिसकी हो, प्रगतिवादी की या प्रयोगवादी की, वे उसका जमकर विरोध करते हैं। इसीलिए उन्होंने जड़ीभूत सौंदर्याभिरुचि को तोड़ने की बात कही थी और इसे तोड़ना तत्काल संभव नहीं है। उसके लिए एक लंबा संघर्ष और व्यक्ति-सौंदर्य और मूल्यों को समझने की ताक़त होनी चाहिए। उनका रचनात्मक संघर्ष उनका और समाज का दोनों का आत्मसंघर्ष है और संभवतः उनके इस आत्मसंघर्ष ने एक नई कशिश पैदा की है; जिसे हम भुला नहीं सकते। कुछ लोगों ने तो उनके आत्मसंघर्ष को ही दीनता का पर्याय मान लिया है या उनकी संघर्ष-क्षमता

को खत्म होने का सिलसिला भी अपने लेखन में मुक्तिबोध अनेक संभावनाओं को अनेक प्रपत्तियों को, अनेक द्वारों और अनेक खिड़कियों को भी देखते हैं। वे पुरानी हवाओं की जगह नई हवाओं को आने का संकेत भी देते हैं। उनकी इस तड़प को भी इस दौर में समझने की ज़रूरत है। उनकी उत्तर प्रासंगिकता आरोप लगा देने से खारिज़ नहीं होती; बल्कि उनके उठाए हुए प्रश्नों, समाधानों और संदर्भों को पहचानने की बेचैनी-सी बढ़ी हुई है। मुक्तिबोध के विचार वहाँ भी सक्रिय हैं। मैं यह नहीं कहता हूँ कि मुक्तिबोध का गुणगान किया जाए, उनकी कमियों को अनदेखा किया जाए; लेकिन उन पर लांछन लगाने के पहले आलोचकों को अपना स्टैंड भी तो देखना चाहिए कि आख़िर वे खड़े कहाँ हैं और किन-किन लोगों के बहाने और किन-किन के माध्यम से उनके रचनात्मक ताप को छुपा देना चाहते हैं। मुक्तिबोध वह ताप-ऊर्जा और आग हैं; जिसके सामने कोई भी झूठ जल्दी खड़ा नहीं हो सकता।

रचना-प्रक्रिया और मुक्तिबोध

मुक्तिबोध का मन कैसे सृजन के विभिन्न धरातलों में आवाजाही करता है और कवि या कलाकार के मन में उठने वाले सर्जनात्मक सवालों को कैसे देखता है। मुक्तिबोध की पुस्तक 'एक साहित्यिक की डायरी' के प्रकाशन के पश्चात् सर्वप्रथम नामवर सिंह ने उस पर ध्यान दिया था और उसका अवलोकन करते हुए कुछ गंभीर बातें लिखी थीं; जिसका शीर्षक है- "एकालाप और संलाप"। उन्हीं के शब्द हैं- "कुछ लोग दुनिया से बहस करते हैं तो कुछ सिर्फ़ अपने से, किंतु कुछ थोड़े से लोग ऐसे भी होते हैं; जो दुनिया से बहस करने की प्रक्रिया में अपने आप से भी बहस चालू रखते हैं। मुक्तिबोध ऐसे ही थोड़े से लोगों में थे और उनकी एक साहित्यिक की डायरी ऐसी ही जीवंत बहस का सर्जनात्मक दस्तावेज़ है; जिसमें भाग लेने का लोभ संवरण करना कठिन है। अपने आप से या किसी दूसरे से बात करते हुए मुक्तिबोध पाठक को कुछ इस प्रकार उस वार्तालाप का साझीदार बना लेते हैं कि निःसंग रहना कठिन हो जाता है। यह अपनापा संक्रामक है; स्वयं से अस्वयं होना है। प्लेटों के डायलाग्स को छोड़कर, मुझे याद नहीं कि मैंने इस तरह कहीं हिस्सा लेने की विवशता का सुखद अनुभव किया हो।" (नामवर संचयिता, पृष्ठ-49)

रचना-प्रक्रिया मुक्तिबोध का प्रिय विषय रहा है। उनके चितंन में बार-बार रचना के बाहर-भीतर और तमाम जगहों में रचना, रचना-प्रक्रिया और उसके संबंध में चिंताएँ गुँथी और बिंधी मिलती हैं। मुझे लगता है कि वे अपने तमाम जीवन में रचना-प्रक्रिया की विभिन्न परिधियों के बारे में विचार-विमर्श करते रहे। यही नहीं, इस प्रक्रिया को उन्होंने विभिन्न कोणों, संदर्भों और अन्य माध्यमों के द्वारा देखने-समझने, विचार करने की दृढ़ और अनिवार्य चेष्टा की। उनकी रचनात्मकता का यह एक विशाल कैनवास है। नेमिचंद्र जैन ने रचनावली खंड पाँच में रचना-प्रक्रिया शीर्षक से ही एक अलग खंड रखा है। इन निबंधों में रचना के मूल उत्सों, उसकी परिधि, उसके व्यापकत्व और पहुँच का ही विस्तार से वर्णन है। मुक्तिबोध रचना के संबंध में जीवन-जगत, सामाजिकता, और मनोवैज्ञानिक संदर्भों में रचना के विविध अवयवों को देखने और परखने के क़ायल

रहे हैं; जिन्हें नेमि जी ने उनके दस निबंधों को इस खंड में जगह् दी है। देखें कि मुक्तिबोध की रचना-प्रक्रिया के मान-मूल्यों को, सौंदर्य-प्रतीति की पक्षधरता को, रचना की उपस्थिति को, अंतर्आत्मा और रचना की प्रतिबद्धता को, रचना के सांस्कृतिक उत्सों को किन-किन माध्यमों से सँजोते-सँवारते और हस्तगत करते हैं। इस खंड में उनके दस निबंध हैं; जो बहुत गहरे अर्थों में रचना की मनोसामाजिकी और रचना के अंतःतत्त्वों की भी खोज करते हैं; साथ ही लेखक की सौंदर्य को देखने की क्षमता को भी हमारे सामने लाते है। हाँ, इनके शीर्षक हैं- सौंदर्यप्रतीति और सामाजिक दृष्टि, काव्य- एक सांस्कृतिक प्रक्रिया, आधुनिक कविता की दार्शनिक पार्श्वभूमि, रचना-प्रक्रिया 1 और 2, कलात्मक अनुभव, साहित्य में जीवन की पुनर्रचना, प्रश्न यह है कि आख़िर रचना क्यों? अंतर्आत्मा और पक्षधरता, सौंदर्यानुभूति और जीवन अनुभव। इसी के साथ 'तीसरा क्षण' नामक उनका निबंध तो महत्त्वपूर्ण है ही, यह निबंध सृजन-प्रक्रिया का प्रारंभिक और महत्त्वपूर्ण विश्लेषण भी है; जिसमें तीन क्षणों के व्यापक परिप्रेक्ष्य हैं- अनुभव, फ़ैंटेसी और शब्दबद्ध-प्रक्रिया के विभिन्न चरण और समांतर में सौंदर्यप्रतीति, तादात्म्य और तदाकारिता की अंतहीन बहस है। रचना-प्रक्रिया के दौरान ऐसा बहुत कुछ होता है; जो लेखक को मथता, झकझोरता और उसे गहन आवेग से भर देता है। यह प्रक्रिया सुखद होने के साथ ही अत्यंत त्रासद भी है। लेखक जो चाहता है, वह बार-बार उससे कुछ-न-कुछ छूट ही जाता है। उसका सोचा-समझा पूरा पकड़ में नहीं आता। उसके पास एक मनःसंसार बचता है; जिसमें वह बार-बार आवाजाही करता है और यह सोचता है कि मैं जो चाहता था, वह सब उभर आया है या नहीं। मुक्तिबोध के लिए आलोचना-कर्म आपद्धर्म नहीं था; बल्कि उनकी सहज वृत्ति थी। उस समय, जबकि ज़्यादातर कवि-समीक्षक अपने आप को स्थापित करने में लगे थे; पूर्वाग्रही और कट्टर सिद्धांतवादी नज़रिए से साहित्य को देख-समझ रहे थे, मुक्तिबोध ने दायित्वपूर्ण तरीके से साहित्य का परीक्षण, मूल्यांकन और विश्लेषण किया और अकादमिक आलोचना का राजमार्ग छोड़कर उन्होंने प्रचलित मान-मूल्यों के ख़िलाफ़, उसे धड़कते हुए साहित्य की जीवन भूमि से जोड़ा। मुक्तिबोध की अंतर्आत्मा जाज्वल्यमान थी। उन्होंने कला में जीवनपरकता का भी विश्लेषण किया; केवल समाजशास्त्रीय मूल्यों पर बल देते हुए ही नहीं, उसे मनोवैज्ञानिक, सौंदर्यशास्त्रीय एवं सांस्कृतिक मूल्यों से भी दीप्त किया; आदमी को जीवन-संग्राम से जोड़ा। उन्होंने काव्य-समीक्षा संबंधी मूलभूत सवालों को निर्भयता और आत्मविश्वास के साथ उठाया। वे हर तरह की जड़ता के विरुद्ध जीवन में, जीवन की विभिन्न परिधियों में और साहित्य की प्रतिगामी अंतर्धाराओं से संघर्ष करते रहे। उन्होंने नए अति उत्साही लेखन के शीतयुद्धीय उद्देश्यों से प्रेरित कला-सिद्धांतो की निर्मम और दो टूक आलोचना भी की। उनकी आलोचना सामाजिक चिंतनशीलता की नए आने वाले समय की चुनौतियों और नई परिधियों का स्पर्श और जीवन-जगत से निर्गत है। रचना-प्रक्रिया के सिलसिले में जब

वे नई बातें रखते हैं तो वैचारिकता की झनझनाहट भी सुनाई पड़ती है। मुक्तिबोध ने रचना-प्रक्रिया के मूल उत्स, जीवन-जगत और भौतिक स्थितियों का भी गहन वस्तुगत और मूल्यगत विश्लेषण किया।

मुक्तिबोध का व्यक्तित्व मूलतः एक कवि का है; लेकिन उनका सृजन-पक्ष नितांत मौलिक और जीवन-मूल्यों की आपाधापियों से निकला है; जिसमें जीवन के संघर्ष, ताप और हाहाकार हैं और कशमकश (खींचातानी, आपाधापी, धक्कमधक्का, भीड़भाड़, आंतरिक संघर्ष, असंमजस, दुविधा, सोच-विचार, पसोपेश, प्रतिस्पर्धा) भी। कवि की छाया में वे कथाकार, आलोचक और इतिहास-लेखक भी रहे हैं। यही नहीं, वे सामाजिक बदलाव की बेचैनी से भी भरे रहे। इन व्यक्तित्वों की टकराहट में कवि के रूप में उनका व्यक्तित्व विजयी होता रहा है। इसलिए उनका मूल चरित्र कवि का है; लेकिन उनका कार्यव्यापार और प्रभाव एक चिंतक का है। ऐसा कवि, जिसे समीक्षक और कथाकार परिपुष्ट करते हैं; जहाँ कथाकार मन की गहराइयों को तथा वस्तु-संबंधों को द्वंद्वात्मक स्वरूप प्रदान करता है, वहीं उनका आलोचक उनके वस्तुतत्त्व और आत्मतत्त्व की बारीकियाँ, उनके संवेदनात्मक संबंध, परंपरागत जटिलताएँ और समकालीन संघर्षों की वैज्ञानिक पड़ताल और पहचान प्रदान करता है; ताकि उनका कवि-मानस रोमानियत से मुक्त हो सके, ज़्यादा-से-ज़्यादा जीवन-संग्राम में शामिल हो सके तथा अधिक-से-अधिक विश्वसनीय और प्रमाणित हो सके। इसका आशय यह है कि मुक्तिबोध का मानसिक संसार पृष्ठभूमि में कथाकार और समीक्षक से द्वंद्वात्मक रिश्ते क़ायम करते हुए प्रायः संपादित होता रहा है; जिसमें एक मानवीय संभावना है। उस संसार का कोई ऐसा कोना नहीं है; जिसकी कई-कई बार उन्होंने परीक्षा न की हो। उनकी रचना-प्रक्रिया में जर्मन दार्शनिकों के विचारों का प्रतिबिंबन और रूपांकन भी है। उनकी इस परिधि को भी देखा जाना चाहिए; जिसे परीक्षण, वस्तुगत विश्लेषण और आत्मनिरीक्षण का द्वंद्वात्मक संधान अधिक प्रभावी बनाता है।

सैद्धांतिक समीक्षा के रूप में मुक्तिबोध की एक साहित्यिक की डायरी, नई कविता का आत्मसंघर्ष और अन्य निबंध तथा नए साहित्य का सौंदर्यशास्त्र जैसी कृतियाँ हैं। इसी के साथ वे अन्य रूपों में लगातार सक्रिय रहे हैं। काव्य की रचना-प्रक्रिया के सिलसिले में समूची दुनिया में बहुत चिंतन हुआ है। मुक्तिबोध उसमें पूरी शक्ति और जीवंतता के साथ शामिल हैं; किंतु हिंदी-आलोचना में इस पर बहुत चलताऊ ढंग से छिटपुट चर्चाएँ हुई हैं। ज़ाहिर है कि रचना-प्रकिया कोई अबूझ पहेली नहीं है- भले ही इस विषय को बहुत रहस्यमय माना जाता रहा हो। हमारे शास्त्रीय संदर्भों में उसे ईश्वरीय सत्ता से भी जोड़ा जाता रहा है। संस्कृत काव्यशास्त्र अभ्यास को भी बहुत महत्त्वपूर्ण मानता है; जिसे दूसरे शब्दों में कहा जाए- 'Exercise is the best teacher'. हिंदी-संसार में एक दायित्व सजग चिंतक के रूप में मुक्तिबोध ने गंभीरता के साथ इसकी बारीकियों में पैठकर अत्यंत ज़िम्मेदारीपूर्वक के साथ इसे विधिवत विश्लेषित

और व्याख्यायित किया है। काव्य की रचना-प्रक्रिया पर उन्होंने कई-कई बार लिखा है; कई-कई कोणों से देखा-परखा है और हर बार कुछ-न-कुछ उसकी प्रस्तुति समृद्धितर हुई है- जैसे आचार्य रामचंद्र शुक्ल ने 'कविता क्या है' नामक निबंध लंबे विचार-विमर्श, चितंन और अनुभवों के द्वारा पूरा किया था; उसी प्रकार अपने निबंधों में वे बहुत व्यापक रूप से काव्य के उत्सों, रचना-प्रक्रिया के सैद्धांतिक एवं व्यावहारिक रूपों, मान-मूल्यों के साथ नए स्वरूपों में पेश करते हैं; साथ ही यह चिंता करते हैं कि रचना-प्रक्रिया संबंधी ईश्वरीय और भाग्यवादी नज़रिए से दूर रहकर रचना-प्रक्रिया का वस्तुगत एवं मूल्यगत विश्लेषण कर सकें। इसी से उन्हें नई-नई राहें मिलीं; नए-नए अन्वेषण की प्रक्रियाओं के संदर्भ उजागर हुए। भारत के अलावा अन्य देशों में रचना-प्रक्रिया के रहस्यलोक को जिस तरह रखा गया और उसे ज़िंदगी की वास्तविकता के साथ जोड़ा गया, उसका श्रेय हिंदी में मुक्तिबोध को जाता है। यही उनकी मौलिकता है।

मुक्तिबोध का ज़्यादातर ज़ोर रचना के अवयवों और अंतस्तत्त्वों की तलाश का रहा है। हर रचनाकार की रचना-प्रक्रिया अलग-अलग होती है या हो सकती है। किसी की रचना-प्रक्रिया किसी से मिलान करे, यह कतई संभव नहीं है। यहाँ दो रचनाकारों के मत उद्धृत हैं- भारतभूषण अग्रवाल लिखते हैं- "कलाकार, यानी लेखक जीवन को देखता-भोगता है, अपनी कल्पना से अपने अनुभवों को क्रम और स्वरूप देता है और फिर अंत में अपनी सरजन शक्ति से इन्हें कलात्मक अभिव्यक्ति देता है।" (साहित्य साधना और संघर्ष, पृष्ठ-68) दूसरा उदाहरण है नलिन विलोचन शर्मा का- "यदि रचना बोल सकती है, तो रचयिता को मौन ही रहना चाहिए। मैं अपनी रचनाओं में वह सब कुबूल ही तो करता हूँ, जिसे जानने की इच्छा किसी को सकती है और जो नहीं कुबूल नहीं किया है, वह किसी के काम का नहीं- मेरे लिए उसका जो भी मूल्य हो। मैं प्रेरणा होने पर जीना पसंद करता हूँ, लिखना एकदम नहीं- कविता तक प्रेरणा के क्षणों में नहीं लिखता।" (हिंदी के प्रतिनिधि कलाकार, पृष्ठ, 25-26)

प्रधान रूप से ये शीर्षक ही रचना-प्रक्रिया का विश्लेषण करते हैं; परंतु दूसरे अन्य शीर्षक निबंधों के माध्यम से उन्होंने इसी मसले को और गहरे से जानने के प्रयास किए हैं; मसलन कलाकार की व्यक्तिगत ईमानदारी और कलात्मक अनुभव आदि। इसका आशय यह हुआ कि मुक्तिबोध रचना-प्रक्रिया का उद्घाटन समीक्षक के लिए अनिवार्य क्रिया मानते हैं। जिस प्रकार कवि की अपनी एक रचना-प्रक्रिया होती है और जब यह कवि के लिए अनिवार्य है अर्थात् रचना की आकृति उसके बिना नहीं बनती तो ऐसा कैसे संभव है कि आलोचक उसका विश्लेषण किए बग़ैर आगे निकल जाए। अगर वह कवि की यात्रा को दुबारा नहीं समझता; उसके रहस्यों का भेदन नहीं करता; उस प्रक्रिया से नहीं गुज़रता तो उसकी समीक्षा का अर्थ क्या है? मुक्तिबोध की विशेषता यह है

कि वे रचना के समय जिस प्रक्रिया से गुज़रे, रचना के तत्त्वों को उन्होंने जैसे-जैसे पाया और व्यक्तित्वांतरण के बाद जिस नतीजे में पहुँचे, उन सभी का विश्लेषण और मूल्यांकन किया, वे रचना के अन्य तत्त्वों तक भी जाने का प्रयास करते हैं; ताकि रचना में कोई झोल न आए। दूसरे कवियों के लिए या रचनाकारों के लिए उनकी ही काव्य-यात्राएँ विश्लेषण के समय रहस्यमूलक हो जाती थीं; जिन्हें मुक्तिबोध ने परीक्षण और मूल्यांकन के बाद हासिल किया। यही कारण है कि वे इन दोनों व्यक्तित्वों में द्वंद्वात्मक संबंध रखते हुए भी पृथक नहीं हो पाए। मुक्तिबोध रचना-प्रक्रिया या सृजन-प्रक्रिया के मूल उत्सों द्वारा रचना बनने के दौरान की घटनाओं और उसके साथ चलने वाली क्रियाओं को भी गहरी अंतर्दृष्टि के साथ देखते हैं; उन पर प्रश्न भी उठते रहते हैं। मुक्तिबोध ने रचना के तमाम अवयवों का विश्लेषण और मूल्यांकन नहीं किया। ज़ाहिर है कि रचना-प्रक्रिया के तमाम मुद्दों को वे जितनी दूर तक जितनी वास्तविकताओं को देख पाए; जितना समझ पाए, उसका बार-बार परीक्षण किया। हमने इस वास्तविकता को अनदेखा नहीं किया मुक्तिबोध मानते हैं कि एक ही रचनाकार की रचना-प्रक्रिया भिन्न-भिन्न संदर्भों में अलग-अलग होती है; क्योंकि कविता, नाटक, निबंध, कहानियाँ भिन्न-भिन्न रूपों में हमारे सामने आते हैं। "काव्य की रचना-प्रक्रिया के अंतर्गत तत्त्व-बुद्धि, भावना, कल्पना इत्यादि एक होते हुए भी, प्रभाव-संगठक आंतरिक उद्देश्यों की भिन्नता के साथ ही रचना-प्रक्रिया भी वस्तुतः बदल जाती है। गेय काव्य (लिरिकल पोएट्री) की रचना-प्रक्रिया उस कविता की रचना-प्रक्रिया से बिल्कुल भिन्न है; जो मन किसी प्रतिक्रिया-मात्र का लेखांकन करती है।" (मुक्तिबोध रचनावली, भाग-5, पृष्ठ 209) रचना-प्रक्रिया की अनेक तहें होती हैं। उन तहों के भीतर बैठकर उनके अंतस्तत्त्वों की खोज को ही हम आगे देख सकते हैं। मुक्तिबोध के शब्द हैं- "यह सही है कि सृजन अकेले में होता है। ऐसी बहुत सी बातें होती हैं; जो बिल्कुल अकेले में होती हैं। कहा जा सकता है कि वहाँ भी संघ होता है। किंतु, फिर भी, वह ऐकांतिक संघ समाज-स्वीकृति या समाज-निंदित होता है। संक्षेप में, मनुष्य की ऐकांतिक दशा भी समाज के लिए विचारणीय होती है, बशर्ते कि उसका कोई सामाजिक परिणाम हो या सामाजिक प्रभाव हो। ठीक उसी प्रकार, सृजन की ऐकांतिकता में भी सहचरत्व होता है, संघ होता है। इस संघ या सहचरत्व के बिना सृजन संभव नहीं है।" (मुक्तिबोध रचनावली, भाग-5, पृष्ठ-218)

हिंदी-आलोचना में सृजन-प्रक्रिया को ईश्वरीय विधान माना जाता रहा है अर्थात् रचनाकार एक विशिष्ट प्रकार का प्राणी है; जबकि हर रचना की एक विधिवत प्रक्रिया होती है- चाहे वह लकड़ी का काम हो, भवन-निर्माण हो, लोहे की आकृतियों का निर्माण हो या संगीत, नाटक, रंगमंच, चित्रकला आदि की कलाएँ हों। क्या इस वजह से उस कलाकार को, उसकी रचना-प्रक्रिया को कोई अहमियत न दी जाए कि वह लकड़ी का, लोहे का या कोई अन्य काम करता है। रचना बनते समय कलाकार के

दिमाग में जो चीज़ें होती हैं, जो इसका भावजगत होता है, कला में उसका प्रतिबिंबन ज़रूर होता है। इस दृष्टि से लेखक या रचनाकार कोई अति विशिष्ट प्राणी नहीं मान लिया जाना चाहिए। रचना भी एक कला है। हाँ, उसमें संवेदनात्मक व्यापार और क्रियाएँ औरों से भिन्न होती हैं। यह सही है कि वह रचनात्मक प्रक्रिया को और उन क्षणों को जीता है; जो शब्दों को नई-नई दुनिया में ढालता और जीता है और कथ्यों को नई-नई ऊँचाइयाँ देता है। केवल इसी बल के आधार पर उसका रचनात्मक आवेग विशिष्ट नहीं माना जा सकता। मुकि्ताबोध ने इस बिंदु को अत्यंत महत्त्वपूर्ण मानते हुए तर्क दिया- "यदि कलाकार का जीवन तुच्छ है अर्थात् नवनवीन संवेदनात्मक ज्ञान और ज्ञानात्मक संवेदनों से हीन है। यदि उसमें उदार सहानुभूतियों का विस्तार करती है। यदि उसमें नितांत आत्मबद्धता है तो फिर ऐसा अंतर्जगत कलाभिव्यक्ति के लिए महत्त्वहीन है।" (नए साहित्य का सौंदर्यशास्त्र, पृष्ठ 86)

रचना-प्रक्रिया आकाश से नहीं उतरती। वह हमारे जीवन-संघर्षों और सामाजिक सच्चाइयों का प्रतिबिंबन ही तो करती है। मुक्तिबोध लिखते हैं- "जिस समाज में हम रहते हैं उसके द्वारा प्रदत्त अथवा उत्सर्जित भाव-परंपरा तथा मूल्यों से विछिन्न होकर, सृजन-प्रक्रिया के अंगभूत मूल्यों का अस्तित्व नहीं है...हम जिस समाज, संस्कृति, परंपरा, युग और ऐतिहासिक आवर्त में रह रहे हैं, उन सबका प्रभाव हमारे हृदय का संस्कार करता है। हमारी आत्मा में जो कुछ है, वह समाज-प्रदत्त है, चाहे वह निष्कलुष, अनिंद्य सौंदर्य का आदर्श ही क्यों न हो। हमारा सामाजिक व्यक्तित्व हमारी आत्मा है।" ज़ाहिर है कि रचना-प्रक्रिया सामाजिक वस्तुतत्त्वों के संबंधों का ही विवेचन करती है। उसके भीतर अंतर्विरोध भी होते हैं और रचनात्मक क्षणों की व्याख्या भी।"

मुक्तिबोध समीक्षक के रूप में रचना-प्रक्रिया के माध्यम से जिन तत्त्वों पर विशेष बल देते हैं, उसके बारे में वे कहते हैं- "कला का पहला क्षण है, जीवन का उत्कट तीव्र अनुभव-क्षण। दूसरा क्षण है, इस अनुभव का अपने कसकते-दुःखते हुए मूलों से पृथक हो जाना और एक ऐसी फ़ैंटेसी का रूप धारण कर लेना मानो वह फ़ैंटेसी अपनी आँखों के सामने ही खड़ी हो। तीसरा और अंतिम क्षण है, इस फ़ैंटेसी के शब्द-बद्ध होने की प्रक्रिया का आरंभ और उस प्रक्रिया की परिपूर्णावस्था तक की गतिमानता। शब्द-बद्ध प्रक्रिया के होने के भीतर जो प्रवाह बहता रहता है वह समस्त व्यक्तित्व और जीवन का प्रवाह होता है। प्रवाह में वह फ़ैंटेसी अनवरत रूप से विकसित-परिवर्तित होते हुए आगे बढ़ती जाती है।" (एक साहित्यिक की डायरी, पृष्ठ 20-21)

स्पष्ट है कि मुक्तिबोध की सैद्धांतिक समीक्षा का पूरा चिंतन रचना-प्रक्रिया पर आधृत है। उनके प्रायः सभी वैचारिक निबंध घूम-फिरकर रचना-प्रक्रिया का ही विस्तार से तथ्यों के साथ विश्लेषण, मूल्यांकन और आत्मपरीक्षण करते हैं। मुक्तिबोध की रचना-प्रक्रिया इतनी विस्तृत है कि उसका कोई भी पक्ष अछूता नहीं है। वैसे जिन

समीक्षकों ने इसमें प्रश्नवाचक लगाए हैं, वे इसके प्रायः हर पक्ष को, अन्य पहलुओं को इस विश्लेषण में देखने के पक्षधर है। कला के इन तीन क्षणों की व्याख्या कई-कई बार दुहराई गई है। इसके बावजूद उनके विश्लेषण में कहीं भी आवृत्ति-दोष या असंगति नहीं है। एक साहित्यिक की डायरी और नई कविता का आत्मसंघर्ष निबंध में क्षण-विकास के विभिन्न पड़ावों के जो नाम दिए गए हैं, उनमें कहीं भी अंतर्विरोध नहीं है; बल्कि वे एक-दूसरे के पूरक ही नज़र आते हैं। यहाँ यह स्पष्ट कर देना आवश्यक है कि रचना-प्रक्रिया संबंधी मुक्तिबोध के निष्कर्षों से रचना-प्रक्रिया के संबंध में पूर्ववर्ती कई जटिलताएँ समाप्त हो गई हैं; बल्कि रचना-प्रक्रिया का ईश्वरीय विधान से संबंध का भंडाफोड़ भी हुआ है। मुक्तिबोध का यह विवेचन रचनात्मकता के विस्तार के लिए नए द्वार खोलता है।

मुक्तिबोध ने पहले क्षण के बारे में विचार करते हुए स्पष्ट किया है कि- "प्रथम क्षण निस्संदेह अनुभव का क्षण है। उसके बिना आवेग और आगे की गति असंभव है। मानसिक प्रक्रिया को आत्माभिव्यक्ति की ओर ले जाने के लिए आवश्यक पहला जबरदस्त धक्का यह प्रथम क्षण ही देता है। वह उस गति की दिशा निर्धारित करता है। साथ ही उसके तत्त्व रूपायित करता है अर्थात् वह उनको एक आकार प्रदान करता है साथ ही मजा यह है कि यह अनुभव विचित्र रूप से अन्य मनस्तत्त्वों से जुड़ता हुआ मनस्पटल पर स्वयं को प्रक्षेपित कर स्वयं ही बदल जाता है। ज्यों ही यह घटना होती है अनुभव के मूल अपनी दुःखती हुई भूमि से पृथक हो जाते हैं। अर्थात् वे निरे वैयक्तिक न रहकर अपने से परे रहते हैं।" (एक साहित्यिक की डायरी, पृष्ठ-21) रचना के सभी क्षण ज़रूरी होते हैं। उसमें किसी भी क्षण छोटा बड़ा नहीं होता। सभी महत्वपूर्ण होते हैं।

विचारणीय है कि दूसरे क्षण में आए हुए या सजाए हुए अनुभवों को एक दूसरा स्पर्श मिलता है; जो फ़ैंटेसी-अनुभव को व्यक्तिगत पीड़ा से पृथक होकर अर्थात् उनका तटस्थ होकर अनुभव के भीतर की ही संवेदनाओं के द्वारा उत्सर्जित और प्रक्षेपित होगी। "उस फ़ैंटेसी में अब एक भावात्मक उद्‌देश्य की संगति आ जाएगी। इस भावात्मक उद्‌देश्य के द्वारा ही वस्तुतः फ़ैंटेसी को रंग-रूप मिलेगा। किंतु यह होते हुए भी वह फ़ैंटेसी यथार्थ में भोगे गए वास्तविक अनुभव की प्रतिकृति नहीं हो सकती। वैयक्तिक से निर्वैयक्तिक होने के दौरान ही उस फ़ैंटेसी ने कुछ ऐसा नवीन ग्रहण कर लिया कि जिससे वह स्वयं भी वास्तविक अनुभव से स्वंतत्र बन बैठी। फ़ैंटेसी अनुभव की कन्या है और उस कन्या का अपना स्वतंत्र विकासमान व्यक्तित्व है। वह अनुभव से प्रसूत है इसलिए वह उससे स्वतंत्र हैं।" (एक साहित्यिक डायरी, पृष्ठ-21) इस वास्तविकता और संदर्भ की व्याख्या मुक्तिबोध ने दूसरे स्थान पर भी की है। उद्‌घाटन क्षण के अनंतर मानसिक दृष्टि से जो इस तत्त्वरूप को देख रही थी, उसकी इसमें निमग्न-सी होने

लगती है; साथ ही बोधपक्ष यानी ज्ञानवृत्ति की सक्रियता के फलस्वरूप वह अंतःप्रवेश करने लगती है। साथ ही वह बाहर से पर्यावलोकन भी करती है। फलतः एक ओर रस का प्रवाह या भाव-प्रवाह अन्य सम स्वभावी और समरूप अनुभवों के उस तत्त्व में मिला देता है तो दूसरी ओर हृदय में संचित जीवन-मूल्यों की अर्थात् हमारे अंतःकरण में स्थित आध्यात्मिक सत्ता की भी एक धारा इस तत्त्व में मिलने लगती है। (नई कविता का आत्मसंघर्ष, पृष्ठ- 3)

दूसरे क्षण के संदर्भ में एक साहित्यिक की डायरी और नई कविता के आत्मसंघर्ष की अवधारणाओं में शाब्दिक अंतर भले ही हो; लेकिन कोई विशेष तात्त्विक अंतर नहीं है। एक साहित्यिक की डायरी में जहाँ 'फ़ैंटेसी' शब्द का प्रयोग हुआ है वहीं नई कविता का आत्मसंघर्ष में 'संश्लिष्ट जीवन चित्रशाला' का। फ़ैंटेसी को मुक्तिबोध ने डायनेमिक कहा है। दरअसल मुक्तिबोध की शब्दावली निजी भी है और विशिष्ट भी। संश्लिष्ट जीवन चित्रशाला की बजाय फ़ैंटेसी का तत्त्वार्थ ज़्यादा ही ठोस और व्यापक है और यही स्थिति निर्वैयक्तिक और तटस्थ शब्दों के संदर्भ में भी मानी जा सकती है। कला के प्रथम क्षण से यानी अनुभव-क्षण से दूसरे क्षण में कला का अंतस्तत्त्व अधिक विकसित और प्रभावी हुआ और उसने दो कार्य संपादित किए- पहला अंतस्तत्त्व जीवन-मूल्यों तथा अनुभवों से पूर्णतः आलोकित हुए और इसी के साथ अभिव्यक्ति की तीव्रता की प्रक्रिया की ओर रचनाकार की आतुरता भी बढ़ी। यह गुणात्मक अंतर है।

तीसरे क्षण का विवेचन मुक्तिबोध ने अतिरिक्त विस्तार और आत्मीयता के साथ किया है। एक साहित्यिक की डायरी में इसकी तीन बार आवृत्ति हुई है। ये आवृत्तियाँ सूचित करती हैं कि वस्तुतः मुक्तिबोध के चिंतन में इसकी महत्ता कितनी अधिक है। वह इसलिए भी कि यह क्षण प्रदीर्घ होता है और दूसरी विशेषता यह है कि रचना का यह पूर्ण क्षण भी है। रचना की समूची निर्मिति-प्रक्रिया इस दौरान सृजन-प्रक्रिया की गतिमानता ज़ोरों से जारी रहती हैं। तीसरे क्षण में कलाकार ने अनुभवों एवं फ़ैंटेसी की ऊँचाइयाँ स्पर्श की होती है। इसके बाद वह अभिव्यक्ति के लिए अत्यंत आतुर और आवेग में होता है। शब्द-शोधन एवं अभिव्यक्ति की परिपूर्णावस्था तक पहुँचाने की तरफ़ उसकी सक्रियता भी ख़ास हो उठती है, यही कुल मिलाकर तीसरा क्षण होता है। मुक्तिबोध के शब्दों में- ''कला के तीसरे क्षण में सृजन-प्रक्रिया ज़ोरों से गतिमान होती है। कलाकार को शब्द-साधना द्वारा नए-नए अर्थ-स्वप्न मिलने लगते हैं। पुरानी फ़ैंटेसी अब अधिक संपन्न, समृद्ध और सावर्जनीनता हो जाती है। यह सार्वजनीनता, अभिव्यक्ति-प्रयत्न के दौरान शब्दों के अर्थ-स्पंदनों द्वारा पैदा होती है। अर्थ-स्पंदनों के पीछे सार्वजनिक सामाजिक अनुभवों की परंपरा होती है। इसलिए अर्थ-परंपराएँ न केवल मूल फ़ैंटेसी को काट देती है, तराशती है, रंग उड़ा देती है, वरन् उसके साथ ही,

वे नया रंग चढ़ा देती हैं, नए भावों और प्रवाहों से उसे संपन्न करती है, उसके अर्थ-क्षेत्र का विस्तार कर देती है।" (एक साहित्यिक की डायरी, पृष्ठ-27)

मुक्तिबोध का यह कहना है कि कलाकार अपने हृदय से तत्त्व के रंगरूप आकार के अनुसार अभिव्यक्ति का रंग-रूप और आकार तैयार करना चाहता है। इसलिए उसे अपने हृदय की भाव-ध्वनियों की शब्दों की अर्थ-ध्वनियों से अनवरत लगातार तुलना करनी पड़ती है। इस तुलना के दो परिणाम होते हैं। इसे हम रचना-प्रक्रिया के जूझने का सोपान भी कह सकते हैं- "इसके दो परिणाम होते हैं (1) यह कि भाव-ध्वनियों को उपलब्ध शब्द-ध्वनियों के कठघरे में फँसाने का प्रयत्न; जिसके फलस्वरूप काफ़ी कुछ मनस्तत्त्व अपना मौलिक और मूल तेज़ त्यागकर एक नए, संदर्भ से संबद्ध आकार में प्रकट होते हैं। कई कवि तो भाषा की चमक और सफ़ाई के लिए अपने भाव-तत्त्वों का बलिदान भी कर देते हैं। इस प्रकार हम देखते हैं कि शब्दबद्ध होने की प्रक्रिया में फ़ैंटेसी की काट-छाँट होने लगती है। (2) किंतु इसके विपरीत दूसरी महत्त्वपूर्ण बात यह है कि अभिव्यक्ति-साधना के दौरान स्वयं अभिव्यक्ति फ़ैंटेसी को संपन्न और परिपूर्ण करने लगती है। फ़ैंटेसी अपने को प्रकट करने के लिए समानार्थ-वाचक शब्दों को लाती है।" (एक साहित्यिक की डायरी, पृष्ठ-26)

शब्दबद्ध होने की स्थिति में फ़ैंटेसी की छीलछाल और काट-छाँट की प्रक्रिया प्रारंभ हो जाती है। इसी के साथ एक स्थिति और उपस्थित होती है; वह यह कि अभिव्यक्ति फ़ैंटेसी को संपन्न और परिपूर्ण करने लगती है। (एक साहित्यिक की डायरी, पृष्ठ-26) फ़ैंटेसी की गतिमानता को मुक्तिबोध को बहुत आत्मीयता और विस्तार के साथ रेखांकित किया है। भाषा एक जीवंत हैसियत रखती है। शब्द यूँ ही इस्तेमाल नहीं किए जाते; उसमें अर्थ की धड़कन और सरणियाँ भी होती हैं। उनका कैनवास बहुत बृहत्तर और तेजस्वी होता है। मुक्तिबोध मानते हैं- "इन भावधाराओं में अनेकों नए-पुराने अनुभव अपने पराए भाव सब प्रवाहित होते रहते हैं। फ़ैंटेसी-जगत की अर्थमत्ता तो उनसे बढ़ जाती है, साथ ही उनके द्वारा फ़ैंटेसी एक नया पर्सपेक्टिव प्राप्त हो जाता है। इस पर्सपेक्टिव से संयुक्त होकर फ़ैंटेसी एक तेजोवलय में चमकने लगती है। फ़ैंटेसी अब पूर्ण रूप से सार्वजनीन हो जाती है।" (वही, पृष्ठ-26)

चूँकि तीसरे क्षण में रंग-ध्वनियों, भाव-ध्वनियों का रूपांतरण भाषा के माध्यम से होने लगता है और यह निश्चित है कि समूचे विचारों को अभिव्यक्त करने का माध्यम भाषा है। अस्तु भाषा के महत्त्व को किसी भी तरह अस्वीकृत नहीं किया जा सकता। वह अनिवार्य है। भाषा सामाजिक निधि है। शब्द के पीछे अर्थ की परंपरा हैं। ये अर्थ जीवनानुभवों से जुड़े हुए है। फ़ैंटेसी अपने अनुकूल शब्दों में स्थित अर्थ-स्पंदन को उद्‌बुद्ध करती है। इन शब्दों के ढाँचों में फ़ैंटेसी का मौलिक तेज़ काफ़ी कट-छँट जाता है। तीसरे क्षण में भाव और भाषा का द्वंद्व अत्यंत महत्त्वपूर्ण है। तय है कि कवि की

फ़ैंटेसी भाषा को समृद्धता देती है, साथ ही नए अर्थ-अनुषंग भी। इसी क्षण के दौरान भाषा की निर्मिति भी होती है। भाषा की निर्माण-प्रक्रिया को मुक्तिबोध अत्यधिक महत्ता प्रदान करते हैं। जो कवि भाषा का निर्माण करता है, विकास करता है, वह निःसंदेह महान कवि होता है और मुक्तिबोध की रचनाशीलता में यह बात दिखाई देती है।

मुक्तिबोध की रचना-प्रक्रिया संबंधी विश्लेषण-मूल्यांकन की परिधि बहुत व्यापक, बृहत्तर और सर्जनात्मक है। अंतःकरण की संकल्पशीलता में घुले उनके जीवनानुभव का व्यापक परिप्रेक्ष्य और चिंतन-भूमि है। उनकी धारणा है कि ''काव्य-रचना केवल व्यक्तिगत मनोवैज्ञानिक प्रक्रिया नहीं, सांस्कृतिक प्रक्रिया है और फिर वह एक आत्मिक प्रयास है, उसमें जो सांस्कृतिक मूल्य परिलक्षित होते हैं वे व्यक्ति की अपनी देन नहीं, समाज या वर्ग की देन हैं।'' मुक्तिबोध की रचनात्मक ऊर्जा का यह सबसे बड़ा परिचय है कि वे लेखन के केवल नए निकष ही नहीं गढ़ते; बल्कि पुराने प्रतिमानों को तोड़ते भी हैं। परंपरा के सापेक्ष चलते हुए भी वे परंपरा की रूढ़ि में नहीं अटकते। यही बात उन्हें अन्य रचनाकारों से अलग करती है।

परतदार यथार्थ के कवि मुक्तिबोध

मुक्तिबोध के काव्य-संसार में जो यूँ ही प्रवेश करना चाहते हैं, उनके लिए कई कठिनाइयाँ हैं। वे सहजता के नहीं, असहजता के कवि हैं। वे पूरेपन के नहीं, अधूरेपन के कवि हैं; जिन्हें हादसों, सच्चाइयों और समय के द्वंद्वों ने निर्मित किया है; बेचैनी, प्रश्नाकुलता और असमाप्तता जिनके ख़ास चिह्न हैं। यह सब होते हुए भी आप उनकी कविता को बाहर नहीं कर सकते। अधूरा कहकर उन्हें खारिज़ नहीं किया जा सकता। अशोक वाजपयी उन्हें परिणतविहीन और प्रक्रिया का कवि मानते हैं। मुझे लगता है कि वे संभावनाओं के संसार के कवि हैं। वे साहस और दुर्दम्य जिजीविषा के कवि हैं। मुक्तिबोध ने जो पाया, वह यूँ ही नहीं पाया। उन्होंने कहीं स्वीकार किया है कि एक रचनाकार को तत्त्व के लिए संघर्ष, अभिव्यक्ति को सक्षम बनाने के लिए संघर्ष और दृष्टि-विकास के लिए संघर्ष करना पड़ता है। इन मुद्‌दों को गंभीरता से लेने की ज़रूरत है; अन्यथा मात्र आरोप लगाते हुए उनकी कविता का स्पर्श नहीं किया जा सकता। केवल हवा हवाई बातें ही की जा सकती है। आपको गुमान भी नहीं होगा कि मुक्तिबोध को समझने की कौन-सी चीज़े ज़रूरी है और गौरतलब हैं। मुक्तिबोध ने नई कविता के परिप्रेक्ष्य में एक महत्त्वपूर्ण तथ्य की ओर संकेत किया है; जो उनकी कविताओं की परतों को खोलने में सक्षम है। उन्हीं के शब्दों में- ‘‘नई कविता का स्वर एक नहीं है- विविध है। एक ओर यदि उनमें सुकोमल तीव्र गीतात्मक स्वर है तो दूसरी ओर तीव्र आलोचना का स्वर भी। यह स्वर कभी आत्मालोचन का रूप धारण कर लेता है तो कभी समाजोन्मुख आलोचना भी करता है। नई कविता एक काव्य प्रकार का नाम है। उसके काव्य प्रकार के भीतर अनेकानेक व्यक्तिगत शैलियाँ, शिल्प, रचना-विधान और जीवन-दृष्टियाँ हैं। मैं यह नहीं कहता कि आपने अंतर्जीवन के विविध पक्षों के चित्र में सौंदर्य नहीं है या आत्मपरकता गलत है। मै वह कह रहा हूँ कि अपने अंतःकरण में स्थित जीवनानुभव को उनके संपूर्ण बाह्‌य संदर्भों के साथ उपस्थित करना आवश्यक है।’’

मुक्तिबोध की कविता कोई आसान कविता नहीं है। वह परतदार कविता है; जिसमें जीवन का यथार्थ तथा ऐतिहासिक विकासक्रम और वर्तमान जीवन के परिप्रेक्ष्य और भविष्य की चुनौतियाँ हैं। मुक्तिबोध अपनी कविताओं में कई तरह का व्यवहार करते हैं।

मसलन जीवन को, अनुभवों को, संसार को और तमाम प्रकार की चुनौतियों को कविता में अभिव्यक्त करते हैं। इस कारण कविता में टूट-फूट होती है। पुरानी शिल्प-संरचनाओं से जब काम नहीं चलता तो वे अन्य संदर्भों और वास्तविकताओं के साथ जाते हैं। मोटे तौर पर उनकी कविता का कोई पूर्वज नहीं है- चाहे वह वस्तुपक्ष हो या शिल्पपक्ष हो। ज़ाहिर है कि टूट-फूट के बावजूद उनकी कविताएँ मुकम्मल बयान करती हैं। उनकी कविता ज़िंदगी को एक बड़ी कथा की तरह, एक डॉक्यूमेंट्री की तरह और यथार्थ के विभिन्न रूपाकारों की तरफ़ हमें ले जाती है। उनकी कविता मार्क्सवाद की विभिन्न सरणियों और संकेतों को अपने भीतर छिपाए हुए है; जिसे कुछ लोगों ने देखा, कुछ लोगो ने नहीं देखा। किसी ने उनके स्वर को पहचाना किसी ने नहीं पहचाना। क्या वजह है कि मुक्तिबोध अपनी निगाह विभिन्न रूपों और विभिन्न रंगों में बार-बार रखते हैं। एक उदाहरण दृष्टव्य है-कविता का शीर्षक है हार गए- ''हार गए/सच है, परंतु ज्वाला अंतर की/हारी नहीं/और भी धधकी/धधकी अधिकाधिक ज्यों-ज्यों तुम/अपने से भी पार गए/स्याह खुरदुरे गाल, श्यामला चेहरा/ सूखे सूखे होंठ/थका-हारा उजाड़ सा भाव बदन पर गहरा/भूखी आत्मा, प्यासा-प्यासा मन/रूखा, रूखा यह ग़रीब जीवन/खड़े कठिन व्यक्तिगत भाग्य के/काले काले कोट!!/जिनके पार गए-अपनों के द्वार गए!!''

मैं मुक्तिबोध की कविता का मुरीद इसलिए नहीं हूँ कि उसमें ऊबड़-खाबड़पन और 'हारर' है; बल्कि उनकी कविता सामान्य जन, मध्यवर्ग और उसके जीवन के विभिन्न अभावों को शिद्दत के साथ प्रस्तुत करती है। उनके सामाजिक कंसर्न बहुत व्यापक रहे हैं। वे जीवन को आर-पार देखने वाले कवि हैं। उनकी कविता आदमी के उत्तरोत्तर विकास की ओर उन्मुख कविता है। वह आदमी के स्वप्न और यथार्थ की भी कविता है; ऐसा यथार्थ, जिसके कारण आदमी बार-बार झुलस-झुलस जाता है। जीवन में कभी हार नहीं मानता। अपने आप से लड़ता है और जीवन के दुःस्वप्नों और विकृतियों से जूझता है; इसलिए मुक्तिबोध की कविता कोई आसान कविता नहीं है। वह जीवन के महासंग्राम से उपजी हुई कविता है। ज़ाहिर है कि वे जीवन की वास्तविकता को विभिन्न, अवयवों को और विभिन्न परतों को बहुत विस्तार और शिद्दत से चित्रित करते हैं।

मुक्तिबोध जितने वैचारिक प्रतिबद्धता के लेखक हैं, उतने ही गहन भावोच्छ्वास के भी। उनके यहाँ यथार्थ का ज़ोर ज़्यादा हैं; लेकिन उनके स्वप्न बहुत प्रबल और दूरगामी हैं। किसी बड़े स्वप्न के बिना और जीवन के यथार्थ के बिना कविता बड़ी और कारगर कविता नहीं हो सकती। वे यथार्थ को पाने और समझने के लिए कल्पनालोक एवं फ़ैंटेसी की दुनिया तक जाते हैं। फ़ैंटेसी यानी अवास्तविक संसार को अपनी दुनिया में प्रत्यक्ष करना चाहते हैं। उनके यहाँ उठापटक के लंबे-लंबे सिलसिले हैं। साथ ही उनके यहाँ कोई चीज़ एकांगी नहीं है। वे हर चीज़ को बहुत बड़े और व्यापक कैनवास में देखने के आदी रहे हैं। उनका विज़न बहुआयामी है। उन्हें हर विकास स्थिति में घोर असंतोष रहा है। उनके व्यक्तित्व का बहुत बड़ा क्षेत्र मानसिक द्वंद्व के साए में रहा है। इसे उनकी कमज़ोरी के रूप में नहीं समझना चाहिए; बल्कि इस सिलसिले में देखना चाहिए कि जो

समाज को बदलना चाहता है; ज़िंदगी के वस्तुसत्यों को पाना चाहता है, उसे हर हाल में द्वंद्व का सामना करना ही होगा। अपने 'आत्मवक्तव्य' में वे लिखते हैं- "मैं कलाकार की स्थानांतरगामी प्रवृत्ति (माइग्रेशन इंस्टिक्ट) पर बहुत ज़ोर देता हूँ। आज के वैविध्य में, उलझन से भरे, रंग-बिरंगे जीवन को यदि देखना है तो अपने वैयक्तिक क्षेत्र से एक बार तो उड़कर बाहर जाना ही होगा। बिना उसके, इस विशाल जीवन-समुद्र की परिसीमा, उसके तटप्रदेशों के भूखंड, आँखों से ओट ही रह जाएँगे। कला का केंद्र व्यक्ति है, पर उसी केंद्र को अब दिशाव्यापी करने की आवश्यकता है।...मेरी ये कविताएँ अपना पथ ढूँढ़ने वाले बेचैन मन की अभिव्यक्ति हैं। उनका सत्य और मूल्य उसी जीवन-स्थिति में छिपा है।" (आत्मवक्तव्य, तार सप्तक, 1944) यदि इस वक्तव्य में निहित मूल आशयों को नज़रअंदाज़ कर दिया जाएगा तो उनकी कविता की पटभूमि और असली संसार को समझने में दिक्क़त पैदा होगी।

हिंदी-संसार में मुक्तिबोध की एक विशेष पहचान है। वे कोई सामान्य कवि नहीं हैं। उनका लेखन सत् सच्चाई की ओर जाने वाला और कुछ नया कर गुज़रने वाला लेखन है; जिसमें मुक्तिबोध की वैचारिक ऊर्जा और ताप को व्यापक रूप से पहचाना जा सकता है। कविता के परिदृश्य में मुक्तिबोध की पहचान एक जटिल कवि के रूप में प्रचारित हुई है। जटिल इस अर्थ में कि उनकी कविता की काव्यवस्तु और शिल्प-संरचना पूर्व की कविता से बिल्कुल भिन्न एवं ऊबड़-खाबड़ है। वहाँ पर्वत हैं, पहाड़ हैं, झाड़-झंखड़ हैं; लेकिन जीवन का अनंत विस्तार है। उनकी कविता सीधी और सपाट कविता नहीं है। उन्होंने कविता की कोई सरल रेखा नहीं खींची। उनके काव्य-व्यापार का संसार बहुत विशद है और भविष्यगामी भी। मुक्तिबोध की नज़र जितनी परंपरा में थी, उससे कहीं ज़्यादा भविष्य के विकासक्रम के रंगरूपों में भी। उसमें जितनी संवेदनशीलता है, प्रायः औरों में नहीं मिलती। उनमें जितनी वैचारिक प्रतिबद्धता है, प्रायः दूसरों में नहीं मिलती। उनकी काव्यवस्तु में आतंक, भय-संत्रास, हॉरर और ऊहापोह की जटिल स्थितियाँ हैं। इन जटिलताओ को समझे बग़ैर उनके काव्य-संसार का मूल्यांकन और विश्लेषण नहीं किया जा सकता। दरअसल जो जीवन की सरलता को देखने के आदी हैं; जो सरल रेखाओं को ही जीवन का व्यापार मानते हैं। उन्हें उनकी कविता में ही नहीं, उनके विचार-संसार में भी कमियाँ और खामियाँ दिखाई पड़ेंगी। उन्होंने कविताओं के अलावा कहानियाँ, डायरियाँ, समीक्षाएँ और पत्र-पत्रिकाओं में सामयिक लेखन भी किया है। अपनी टिप्पणियों में वे राजनीतिक, सामाजिक-सांस्कृतिक एवं विश्वपरिदृश्य को उजागर करते रहे हैं। वे जितने गंभीर और ऊर्जावान कवि हैं, उतने ही विश्वसनीय आलोचक भी। एक साहित्यिक की डायरी लेखक का मात्र रोजनामचा वाली डायरी नहीं है। वह हमारी जीवन-संरचना, रचनात्मक कशिश और भविष्य का अंदरूनी और बाह्य नक्शा भी बनाती है। उनकी कहानियाँ हिंदी-कथा-संरचना के भूगोल से अलग-थलग हैं; क्योंकि उनका कैनवास बड़ा है। उनका काव्य झाँसे का काव्य नहीं है। वे किसी को यूँ ही टरकाना नहीं चाहते हैं। उसमें आपको हमेशा स्तरीयता और एक पुकारती हुई पुकार मिलेगी; तरह-तरह की आवाज़ें

भी मिलेंगी; तरह-तरह के आसन्न संकटों से मुठभेड़ का जज़्बा भी मिलेगा। इन आवाज़ों में ही वे खुलते हैं और बोलते हैं; कोई लाग-लपेट नहीं। उनका उत्तम ही उसमें बसता है और इस बसे हुए संसार में उनकी वैचारिकता और व्यक्तिगत ईमानदारी को देखा और परखा जा सकता है। उनकी विश्वदृष्टि व्यापक है। उनके मानसिक जगत में दुनिया की तमाम हवाओं के लिए खिड़कियाँ खुली हैं। हालाँकि उनकी प्रतिष्ठा पूरे काव्य-संसार में कवि के रूप में ही ज़्यादा रही है। मुक्तिबोध में आवेग, उत्तेजना और वस्तुसत्यों को पाने की एक अज़ीब-सी बेचैनी और तड़प है। उनके कवि की विकास-प्रक्रिया विभिन्न रूपों में संभव हुई है। फ़ैंटेसी का बहुत व्यापक अर्थसंघर्षी और रचनात्मक इस्तेमाल उनके यहाँ हुआ हैं। वे फ़ैंटेसी के द्वारा बहुत कुछ अभिव्यक्त करना चाहते रहे हैं। फ़ैंटेसी उनके यहाँ विभिन्न रूप, आकार और वास्तविकताओं में नए वस्तुसत्यों लेकर आती है। वे उसी के माध्यम से अर्थ की विराटता, रंगों की विविधता, भुतहा और जानलेवा सच को अभिव्यक्त करते हैं। मुक्तिबोध ने स्वीकार भी किया था कि फ़ैंटेसी में कलाकार का व्यक्तित्व प्राथमिक है। यह ज़ाहिर है कि मुक्तिबोध की कविताओ में जटिलता, अनगढ़पन और बेचैनी है। ऐसा लगता है कि जैसे एक तूफ़ान छाया हुआ है और यह वैचारिक तूफ़ान सभी गड्ड-मड्ड चीज़ों को करीने से लगा देगा। छटपटाहट तो हर जगह है। उनकी कविताओं पर टिप्पणियाँ चलताऊ ढंग से नहीं की जा सकतीं; क्योंकि वे सोचने-समझने वाले कलाकार की अभिव्यक्तियाँ हैं। उनकी वैचारिक यात्रा से गुजरे बग़ैर शायद उन पर आरोप लगा देना न्यायसंगत नहीं होगा। उनकी सामाजिक चिंताएँ उनमें व्याप्त खरापन, जो उनकी कविता को व्यापक कैनवास पर उपलब्ध कराता है; उनका काव्य-विवेक बहुत सघन और बहुत बड़ा है। विवरण और अधूरेपन के बावजूद उनमें संयोजन की टूट-फूट भी उनकी ओजस्विता को, उनकी काव्यवस्तु को कम नहीं करती। यही नहीं जब वे अपने परिपक्व परिसरों तक जाते हैं; मसलन- एक भूतपूर्व विद्रोही का आत्मकथन, चाँद का मुँह टेढ़ा है, या अँधेरे में अथवा डूबता चाँद कब डूबेगा तो हमारे समय-समाज और सांस्कृतिक संदर्भों के भयावह रूपाकारों को प्रत्यक्ष करते हैं।

उनकी कविताएँ सन् 1935 से लेकर 1964 तक के कालखंड में फैली हुई हैं। उनकी कविता में छायावाद के प्रभाव भी दिखाई पड़ते हैं और इससे मुक्त होने की आकांक्षा के गुरुतर प्रयास भी। उसी तरह उनमें नई धारा में बहने और जाने का तथा नए प्रस्थान के बिंदु भी हैं। मुक्तिबोध की एक अन्यतम विशेषता इस रूप में रेखांकित होती है कि काव्य-परंपरा में प्रचलित रूपकों, उपमानों, मिथकों और बिंबों से वे प्रायः संतुष्ट नहीं होते; बल्कि कुछ अलग तरह से इन्हें पाना और सहेजना चाहते हैं। फ़ैंटेसी उनका विशेष गुणधर्म है। मेरी दृष्टि में वे खोज और बदलाव के कवि हैं। ज़ाहिर है कि उन्होंने अपनी कविता के लिए जिस काव्यवस्तु को चुना, वह सहज, सरल और सपाट नहीं है। वह रेगिस्तान की तरह, पर्वत-पहाड़ों की तरह, नदी-नालों, खड्डों-खाइयों और झरनों की तरह भी है; जहाँ समतली इलाके भले ही न हों, जीवन का एक गहरा और अप्रतिम संगीत अवश्य है। वह ऊबड़-खाबड़ और ऊँची-नीची भी है। उनके यहाँ मैदानी इलाके प्रायः कम मिलते हैं।

खोह, कंदरे और बावड़ियाँ हैं। ऊँचे उठे हुए पर्वत-शिखर हैं, पहाड़ हैं और चढ़ाइयाँ हैं और यहाँ से वहाँ तक फैला हुआ इलाका भी है। सच तो यह है कि उनके काव्य में तिलिस्मों की दुनिया है और एक तरह का भुतहा सच भी। कुछ लोग मुक्तिबोध पर इसी आधार पर आरोप लगा सकते हैं; बल्कि लगाते ही हैं। प्रश्न है कि क्या वे हमारे जीवन के ज़रूरी हिस्से नहीं है। जीवन-सत्य को प्रस्तुत करने में क्या इनकी कोई भूमिका नहीं मानी जाए? उनकी एक दूसरी विशेषता यह भी है कि इस समाज की सच्चाइयों को, उसके अंतर्विरोधों, विसंगतियों, विरोधाभासों और विकृतियों को वे जिस रूप में रखना चाहते हैं, वह पारंपरिक काव्यवस्तु और पारंपरिक काव्यशिल्प से किसी भी तरह संभव नहीं था। उनकी कविता के इलाके में चाँद का मुँह टेढ़ा भी है, एक भूतपूर्व विद्रोही का आत्मकथन है, ब्रह्मराक्षस, चंबल की घाटी में, जड़ीभूत साँचों से लड़ेंगे, मुझे याद आते हैं, जब प्रश्न-चिह्न बौखला उठें और सूरज के वंशधर हैं तो ओ अकाव्यात्मक फणिधर है, इसी बैलगाड़ी में और अँधेरे में है। मुझे लगता है कि उनकी कविता सच को कहने के लिए तरह-तरह के रूप धरती है और हर हाल में उस अनकहे सच को किसी भी तरह हासिल करना चाहती हैं; जिसे सामाजिक व्यवस्थाएँ, राजनीतिक संजाल भुला देना चाहते हैं। किसी भी कीमत पर उस सच को अभिव्यक्त करना चाहते हैं और हर हाल में उन्हें पाना चाहती हैं; जिससे अन्य लोग भी परेशान और लहूलुहान है। इसलिए पारंपरिक काव्यरूपों से वे कभी भी संतुष्ट नहीं होते। संभवतः इसलिए उनके यहाँ फैंटेसियाँ नए-नए रूप धरकर सामने आती हैं। कुछ गुफ़्तगूँ करती हैं; राजदार बनती हैं; वास्तविकता के नए क्षितिज उद्घाटित करती हैं। यही नहीं, कुछ करामात भी करती हैं। जानना मुश्किल होगा कि उनकी कविताएँ न तो भाषा के मुहावरे में और न ही काव्यवस्तु के मुहावरे में चली आती परंपरा से विलग होने की कोशिश करती हैं; ताकि यथार्थ के विभिन्न रूपों का साक्षात किया जा सके। ऊबड़-खाबड़, अलग तरह से व्यवहार करना- यह सब उनके यहाँ जानबूझकर नहीं है। वह सहज और स्वाभाविक है। कुछ आलोचकों ने उन्हें उनके ऊबड़-खाबड़पन पर गंभीर प्रश्न उठाए। मुझे लगता है यह उनकी प्राकृतिक आबोहवा के समीप है; जैसे लंबी कविताएँ लिखना उनका सहज स्वभाव है। वे कुछ भी कहते हैं तो अलग तरह का ही कहते हैं। हाँ, उसमें विज़न और वज़न दोनों होता है। वे ताक़त और विज़न के विरले कवि हैं। वे व्याकुल, विक्षोभ, विद्रूप और अनंत मानवीय करुणा के जागरूक कवि हैं। कोई उन्हें मात्र भविष्य-वक्ता कहकर खारिज़ नहीं कर सकता। मुक्तिबोध की तलाश जीवन की भूमि से हैं। वे बेहद संवादी कवि हैं; जहाँ संभावनाओं का खुला हुआ आकाश है। ज़ाहिर है कि मुक्तिबोध का मार्क्सवाद कोई ठस मार्क्सवाद नहीं है; बल्कि उनका मार्क्सवाद जीवन जगत की विद्रूपताओं, विडंबनाओं और आम आदमी के हाहाकार को कभी ओझल नहीं करता। इसलिए जब भी वे कविता लिखते हैं तो उन्हें जीवन-जगत के तमाम रूप और समस्याओं के विराट रूपाकार दिखाई पड़ते हैं। उनकी कविता जुमलेबाजी की कविता नहीं है। वे सौ टंच जीवन-संग्राम की कविता है, तभी तो वह अपनी 'इंतज़ार' नामक कविता में लिखते हैं- ''हम उस दिन का/करते हैं इंतज़ार/जब हिमालय

का शिखर मज़दूर के/डाकिए के, किसान के बेटों के चरणों को चूमेंगे/हमारे चपरासी की बेटी के/चेहरे को/सूरज की, चाँद की, कमल की उपमाएँ दी जाएँगी/जब आज के ग़रीब से ग़रीब पुत्र भी/गगन में सूर्य-मुख-मंडल सा दमककर/पृथ्वी को भी प्रकाश देगा/समाज को विकास देगा/जब मेहतर का पुत्र भी।"

उनकी कविता में वर्णन-बहुलता, वैचिंय और सपनों का अनूठा संसार है। ऐसे सपने, जिसे सामान्यतः रचनाकार प्रायः देखने का साहस नहीं कर पाते? वे अपनी कविता में ऐसी-ऐसी ख़बरें लाते हैं; जो सुखद नहीं है; बल्कि त्रासद, भयावह और यंत्रणाप्रद हैं। इसलिए उनकी कविता को 'भयानक ख़बर की कविता' भी कहा गया है। ऐसी भयानक ख़बर, जिसे सुनकर डर लगता है; जिसको जानकर तक़लीफ होती है; क्योंकि भयानक ख़बर के बअरक्स उनकी कविताएँ ज़िंदगी के भयावह सच का अनंत विस्तार हैं। उन्हें अनुभव कर हमारी रूह तक काँप जाती है। बड़े-बड़े आलोचक उनकी कविताओं से गुज़रने में तक़लीफ़ का अनुभव करते रहे हैं। अनकहे, अनछपे और अनचीन्हे जीवन-वास्तव को वे गहरी संवेदनात्मकता, निश्छलता और ज्ञान के विविध अनुशासनों से प्राप्त करके अपनी कविताओं में लगातार उठाने का ज़ोखिम उठाते रहे हैं; जैसे- "कविता में कहने की आदत नहीं/लेकिन कह दूँ/वर्तमान समाज में चल नहीं सकता/पूँजी से जुड़ा हुआ मन बदल नहीं सकता/जन को छल नहीं सकता।"

मुक्तिबोध सहमत के कम और असहमत के कवि ज़्यादा हैं। उनकी जिज्ञासा अकूत रही हैं। वे थोड़े में खुश होने वाले कवि नहीं थे। उन्होंने लिखा भी है- "आज बहुत से कवियों के अंतःकरण में जो बेचैनी, जो आत्मग्लानि, जो अवसाद, जो विरक्ति है, उसका एक कारण उनमें एक ऐसी विश्व-दृष्टि का अभाव है कि जो विश्व-दृष्टि उन्हें आभ्यंतर आत्मिक शक्ति प्रदान कर सके, उन्हें मनोबल दे सके और उनकी पीड़ा-ग्रस्त अगतिकता को दूर कर सके। ऐसी विश्वदृष्टि अपेक्षित है; जो भाव दृष्टि का, भावना का, भावात्मक जीवन का अनुशासन कर सके।" (मुक्तिबोध रचनावली, भाग-5, पृष्ठ-198) ज़ाहिर है कि मुक्तिबोध का काव्य-फलक विस्तीर्ण हैं। उनकी कविता की रेंज बहुत दूर तक जाती है। कविता की कुछ पंक्तियाँ देखें- "अचानक/मज़बूत फ़ासलों को/(लोहे की दीवालों को) पार कर/नई नाज़ुक-आफ़तों के कारगर/बनते हैं मेरे लिए कारीगर/उनकी मुझ पर बहुत कृपा बहुत अनुराग/मेरे सिर, उनकी बहुत धारदार माँग/रंदों और बसूलों से मेरी छील-छाल/बिगाड़-सुधार और संस्कार/लगातार देखभाल/जहाँ कहीं जो भी होता मेरी वहाँ छाँह/कहीं मेरा कटता है सिर, कहीं बाँह/कहीं मुझसे शक्ति का अचानक बोध/कहीं अवरोध।" ('सूखे हुए होठों पर' नामक कविता का अंश)

मुक्तिबोध के यहाँ कविता या उनका समग्र साहित्य कोई खेल-तमाशा और मनोरंजन-व्यापार नहीं है। वे अपनी कविताओं में जीते हैं; अपने सपनों और संघर्षो के विभिन्न आयामों के साथ मुठभेड़ करते हैं। मुक्तिबोध जितने आत्मसंघर्ष के कवि हैं, उससे किसी भी तरह कम जगत-संघर्ष के कवि नहीं हैं। उनके सुलझाव भी हैं और उलझाव भी। मुक्तिबोध किसी भी तरह उड़न-छू कवि नहीं हैं। उनकी कविता को सहज

ही छेड़ा नहीं जा सकता। उनकी कविताएँ पाठक और श्रोता से गंभीरता और विवेक की माँग करती हैं। उन्हें समूचे आयामों से समझना पड़ता है; क्योंकि उनकी अंतर्कथा का आयतन बड़ा है। उनमें जीवन-संघर्षों को देखने की क्षमता भी है और उसके विराट रूपाकारों को सहेजने और व्यक्त करने की क्षमता भी। उनको केवल एक सिरे से आप पकड़ नहीं सकते। उनको पकड़ा और समझा तभी जा सकता है, जब उनके आत्मसंघर्ष की छवियों को विभिन्न कोणों से देखें; उनके सामाजिक संघर्ष और सपनों से एकाकार हों। उनके समझने की यही ट्रेजडी है- "पिस गया वह भीतरी/और बाहरी दो कठिन पाटों बीच/ऐसी ट्रेजडी है नीच।" मुक्तिबोध की चारित्रिक दृढ़ता और व्यक्तिगत ईमानदारी को हर कोण से समझना पड़ेगा। ये तथाकथित बड़ी दुनिया के आदमी नहीं हैं। उनकी पक्षधरता जगज़ाहिर है और उनका आत्मसंघर्ष भी। कविता में उन्होंने घोषणा की है- "मैं तुम लोगों से इतना दूर हूँ/तुम्हारी प्रेरणाओं से मेरी प्रेरणा इतनी भिन्न है/कि जो तुम्हारे लिए विष है/वह मेरे लिए अन्न है/मेरी असंग स्थिति में चलता-फिरता साथ है/अकेले में साहचर्य का हाथ है/उनका जो तुम्हारे द्वारा गर्हित हैं/किंतु वे मेरी व्याकुल आत्मा में बिंबित हैं, पुरुस्कृत हैं/इसीलिए, तुम्हारा मुझ पर सतत आघात है।" मुक्तिबोध की कविताओं की प्रेरणा-भूमि आम जीवन के संघर्ष और समस्याएँ हैं; जिनमें उनका उत्कट जीवन-संघर्ष रहा है।

यह चिंता मुक्तिबोध को निरंतर परेशान करती रही; उनका लगातार पीछा करती रही। इसलिए अपने दौर में लंबी कविताएँ लिखने के बावजूद वे उन्हें हमेशा अपूर्ण और अधूरी मानते रहे। कविता को वे कालयात्री की संज्ञा भी देते हैं और उसकी परिपूर्णावस्था की खोज में आजीवन तल्लीन रहे। उन्हें दूसरों की तुलना में ज़िंदगी कम ही मिली; लेकिन जो भी मिली उसका अपने तईं उन्होंने बेहतर इस्तेमाल किया। सभी उनके लेखन से चौंक गए। हाँ, तत्काल तो उनकी कोई नोटिस नहीं ली गई; लेकिन कालांतर में वे हिंदी-संसार की परिधि में आए। उन्होंने यह भी लिखा कि "असफलता का धूल कचरा ओढ़े हूँ/इसलिए कि वह चक्करदार जीनों में मिलती है/छल-छद्म-धन के/किंतु मैं सीधी-साधी पटरी-पटरी दौड़ा हूँ/जीवन की/फिर भी अपनी सार्थकता से खिन्न हूँ/निज से अप्रसन्न हूँ/इसलिए कि जो है उससे बेहतर चाहिए/सारी दुनिया को साफ़ करने के लिए/एक मेहतर चाहिए/और वह मेहतर मैं हो नहीं पाता।" एक अच्छा मेहतर न बन पाने की यंत्रणा असाधारण है और उनकी यह तड़प उन्हें अपने समय की कवि-बिरादरी से अलगाती भी है और उन्हें एक अलग पहचान भी देती है। मुक्तिबोध केवल बाहर-भीतर के कवि नहीं; बल्कि हमारी यांत्रिक और भीतरी यात्रा के कवि हैं। उनके अंदर समाज के परिवर्तन की जो अबूझ प्यास है, ख़राब चीज़ों को बदलने की जो तड़प है, वह उनकी कविता के वृत्त को बहुत बड़ा बनाती है। वे भीतर के अनुशासन और शुचिता के कवि हैं। ईमानदारी उनकी कविता का बीज है। वे सुपठित विद्वान और सारे प्रमेयों को आत्मसात करने वाले कवि हैं। वे जो भी कहते हैं, यूँ ही नहीं कहते; बल्कि देखभालकर, आजमाकर और ठोंक-बजाकर कहते हैं। वे उसे पूरी ज़िम्मेदारी के साथ

कहते हैं। संभवतः इसीलिए उनकी कविताएँ, उनकी भंगिमाएँ हमें अक्सर बेचैन करती हैं।

मुक्तिबोध की कविता की ख़ासियत यह है कि वह युग के, समय के, समाज के सवालों को बेहतर तरीके से उठाती है। ज़ाहिर है कि इसीलिए वह एक असमाप्त कविता है; जिसका क्षितिज विस्तीर्ण है और उसमें मानवीय जीवन की समूची रंग-रेखाएँ आसानी से मिल जाती हैं। अपनी एक कविता में वे लिखते हैं- "मुझ पर क्षुब्ध बारूदी/धुएँ की झार आती है/व उन पर प्यार आता है कि जिनका तप्त मुख/सँवला रहा है/धूम लहरों में/कि जो मानो भविष्यत युद्ध में रत हैं/जगत की स्याह सड़कों पर/कि मैं अपनी अधूरी दीर्घ कविता में सभी प्रश्नोत्तरों की तुंग प्रतिमाएँ/गिराकर तोड़ देता हूँ हथौड़े से/कि वे सब प्रश्न कृत्रिम और उत्तर और भी छलमय/समस्या एक/मेरे सभ्य नगरों और ग्रामों में/सभी मानव/सुखी, सुंदर व शोषणमुक्त/कब होंगे।" ये चाहत का खुला संसार है। वे तड़प और असुविधा के कवि हैं; जीवन की यंत्रणा और दहानों के कवि हैं। वे खुरदुरेपन के कवि हैं। इसीलिए वे कठिन और कठोर कवि हैं। उनका काम सहज कथ्य से चल नहीं सकता। मुक्तिबोध की बेचैनी समय की आपदाओं की स्थितियों की बेचैनी है। वे अपने समय के जीवित-इतिहास को कविता में बदलने की कठिन चुनौती का सामना करने वाले कवि रहे हैं। 'अँधेरे में' कविता में वे तिलक को, महात्मा गाँधी को और अपने समय के प्रपंचों और भ्रष्टाचारों को केंद्र में करते हैं। वहाँ पत्रकार डोमा जी उस्ताद हैं। वहाँ गोलियाँ चल रहीं हैं। वहाँ कर्फ़्यू चढ़ा हुआ है। वे अपनी कविताओं में जितना पीछे की ओर देखते हैं, जितना वर्तमान पर नज़रें गड़ाते हैं, उतना ही भविष्य के सपने भी देखते हैं। उनकी कविता एक विशेष अर्थ में मनुष्य को सुखी देखने की, उसके भविष्य को सुंदर बनाने की कल्पना करने वाली कविता है। उनकी कविताएँ सपनों के नए संसार का सुखद निर्माण करती हैं। वे अपनी कविताओं में जीवन की पड़ताल भी करती हैं और गहरी आलोचना भी। ज़ाहिर है कि उनकी कविताएँ बेचैन मन का भरा-पूरा संसार हैं। उनके यहाँ जितनी प्रश्नाकुलता और असंतोष है, उतनी ही आकांक्षाओं की सघनता भी है। जोखिमों का भयावह संसार उनके यहाँ लगातर अनुभव किया जा सकता है। मुक्तिबोध के आत्मसंसार में जल्दी ही आपको विनोद और हास्य नहीं मिलेगा। हमारे जीवन की सच्चाई कई-कई रूपों में उनकी कविताओं में टूट-टूटकर बिखरती हुई आप अनुभव कर सकते है; जिसमें तड़पती हुई मनुष्यता और कराहता हुआ जीवन आमने-सामने दृष्टिगोचर होगा।

मुक्तिबोध पूँजीवादी-साम्राज्यवादी सभ्यता पर लगातार प्रहार करते हैं। वे समकालीन राजनीति की अदूरदर्शिता का विश्लेषण और मूल्यांकन करते हैं। वे यथार्थ के बहुआयामी स्वरूप को विभिन्न रूपों और कोणों से देखते हैं और उनको भिन्न-भिन्न तरीकों से रचने का साहस भी करते हैं। इसलिए वे अपनी कविता में फ़ैंटेसी, प्रतीकों, रूपकों, मिथकों और इसी तरह के अन्य माध्यमों का इस्तेमाल भी करते हैं। यूँ तो मुक्तिबोध ने छंदोबद्ध, छोटी, लंबी एवं अधूरी कविताएँ लिखी हैं; लेकिन गौर से देखें तो मुझे लगता है कि उनकी समग्र कविताएँ एक अधूरी दीर्घ कविता ही है; जो भिन्न-भिन्न कविताओं में बार-बार

फूटती रही हैं और साथ ही विभिन्न गद्य-लेखन में उसके नए-नए रूपाकार भी मिलते हैं। उनके प्रतीक चाहे इतिहास से आते हों, चाहे पुराणों से या वैज्ञानिक प्रविधियों से; लेकिन सबमें एक भरा-पूरा जीवन है; जीवन की आवाज़ें हैं; जीवन का सुकून है; उनके यहाँ जीवन के विस्तीर्ण परगने हैं। मुक्तिबोध कविता में व्यंग्य और विद्रूप को ध्वनि-संकेतों के माध्यम से प्रस्तुत करते हैं। उनके यहाँ जीवन-यथार्थ का घमासान है; क्योंकि विषयवस्तु पर उनकी पकड़ बहुत संजीदा रही है। उसमें कभी कोई उलझाव नहीं रहा।

मुक्तिबोध की कविता में परंपरागत प्रयोग भी हैं और गैरपरंपरागत प्रयोग भी; लेकिन उनके अलावा उनके पूर्व की हिंदी-कविता में संभवतः ऐसे गैरपरंपरागत प्रयोग किसी ने नहीं किए। उनकी कविता की जटिलता के पीछे यह महत्त्वपूर्ण कारक है। मुक्तिबोध अपनी कविताओं में ऐसे व्यक्ति को चित्रित करना चाहते हैं; जो संघर्षों, द्वंद्वों और शोषण के चक्रव्यूह में फँसा है। उसे निकाले बग़ैर कविता की मुक्ति संभव नहीं है। वे छंद के बंधनों को तोड़ने पर ही विश्वास नहीं करते। वे आदमी की जकड़न को तोड़ना चाहते हैं। वे यंत्रणा से छुटकारा दिलाने वाले मुक्तिकामी कवि हैं। उनकी कविताओं में ब्रताराक्षस ऐसे ही नहीं आता। इसीलिए वे अपनी कविताओं के भीतर एकालाप भी करने लगते हैं और कभी क्रांति का उद्घोष भी। 'अँधेरे में' कविता में ऐसे कई स्थल हमारे सामने आते हैं। उनकी अनेक ऐसी कविताएँ हैं; जैसे- लकड़ी का बना रावण, चंबल की घाटी में, चकमक की चिनगारियाँ, डूबता चाँद कब डूबेगा; जिसमें हमारे जीवन के अंतः-बाह्य द्वंद्व और त्रासदी में फँसे आदमी के विभिन्न रूप मुखरित हुए हैं। उनकी कविता एक ऐसी ट्रेजडी में फँसी है; जिससे निकलना कोई सामान्य बात नहीं है। एक जगह वे लिखते हैं- "बारह का वक़्त है/भुसभुसे उजाले का फुसफुसाता षड्यंत्र/शहर में चारों ओर ज़माना भी सख़्त है।" तो एक दूसरी कविता में वे लिखते हैं- "हम यहाँ ज़मीन के नीचे दबे हुए हैं/गड़ी हुई अन्य धुकधुकियों/खुश रहो/इसी में कि/वक्षों में तुम्हारे अब/बच्चे ये खेलेंगे।" (एक भूतपूर्व विद्रोही का आत्मकथन) उन्होंने अपने तईं कविता का कोई मुहावरा नहीं बनाया; लेकिन उनकी कविता अपने आप एक विराट मुहावरा बन गई है। यही नहीं, मुक्ति का एक माध्यम भी बन गई है एवं काव्य-यात्रा के लिए मील का पत्थर भी।

मुक्तिबोध की कविताओं में अद्भुत सर्जनात्मकता का गुण विद्यमान है। वे अपनी कविताओं में एक चित्रकार की तरह, एक शिल्पी की तरह, एक कलाकार की तरह यथार्थ की स्थिति का बखान करते हैं; हर हाल में यथास्थिति को तोड़ने का प्रयत्न करते हैं। फ़ैंटेसियाँ उनकी कविता में बार-बार नए-नए रूपाकारों में आती हैं और अपनी नई-नई अर्थछवियों के साथ भासित होती हैं। ज़ाहिर है कि फ़ैंटेसी का प्रयोग करने वाले वे हिंदी के शायद पहले रचनाकार हैं, नए-नए रूपों में फ़ैंटेसी यानी रम्य कल्पना। मुक्तिबोध जिस तरह अपनी कविता में कहानी का गूढ़ अवतरण करते थे, उसके लिए फ़ैंटेसी का उपयोग एक सेफ्टी वॉल्ब ही कहा जा सकता है। संभव है कि महाकवि ने सोच-समझकर इसे पठनीयता का औज़ार बनाया हो। कल्पना की जा सकती है कि अगर उनकी कविता में यह फ़ैंटेसी-तत्त्व नहीं होता तो दुरूहता का क्या स्तर होता? फ़ैंटेसी एक ऐसी कल्पना है;

जो यथार्थ के जितने भीतर है, उतने ही बाहर भी। वे जीवन के संभावनाशील क्षेत्रों के कवि हैं। इसी तरह वे जब अपनी कविता में सपनों का इस्तेमाल करते हैं तो निश्चय ही मनुष्य की यातना को कई रूपों में देखते हैं। यह देखना कोई एक तरह का देखना नहीं है; बल्कि कई कोणों से और आयामों से देखना भी है। ज़ाहिर है कि इससे एक ऐसी मानसिकता निर्मित होती है; जिससे पाठक अंदर तक खौल जाता है और सपनों के भीतर से विकृतियों और विसंगतियों का कोहराम मचता है। यह लंबी कार्यवाही है। पाठक के चारों ओर से बिंब-प्रतिबिंब, संसार-प्रतिसंसार और उनकी गतिविधियाँ मूर्त होने लगती हैं। अपनी एक कविता में उन्होंने स्पष्ट भी किया है कि स्वप्न के भीतर एक स्वप्न, विचारधारा के भीतर और एक प्रच्छन्न विचारधारा होती है। द्वंद्वात्मकता उनकी कविता का एक विरल और दुर्लभ गुण है। हमारे जीवन के गहरे द्वंद्वों-अंतर्द्वंद्वों से उनकी कविता निर्मित होती है। उनकी कविता की गगनचुंबी इमारतें देखिए कि आगे-आगे होता है क्या? उनकी कविता होने और न होने के गहन अंतर्द्वंद्व के बीच से निकलने वाली कविता है। यह कविता युगधर्म का, युग की संघर्षशीलता का प्रज्वलित और देदीप्यमान उद्भासित चेहरा है। मुक्तिबोध का गहन रिश्ता बिंबों से, प्रतीकों, रूपकों, तिलिस्मों, अय्यारियों से, रहस्यों से और जादू से रहा है। यह जादू कोई खेल-तमाशा नहीं है। चमत्कार और यथार्थ को जीवन में देखने वाले संभवतः वे हिंदी के अन्यतम कवि हैं। मुक्तिबोध की कविताओं पर सबसे ज़्यादा प्रश्न उठाए गए हैं; उठाए जा रहे हैं। उनकी कविता से जब कई प्रश्नचिह्न बौखला उठते हैं तो संभवतः यही उनकी कविता की ताक़त बनती है और दूसरे शब्दों में यह भी कहूँ कि जड़े गए हैं तो अतिशयोक्ति न होगी। उनकी कविता के स्थापत्य को, उनकी गहनता को और उसकी छलाँग को भी देखा जाना चाहिए। जो उनकी कविता को पकड़ नहीं पाते; उतनी लंबी यात्रा नहीं कर पाते; आख़िर वे प्रश्न न उठाएँ तो क्या करें? कहाँ जाएँ? लेकिन माथा फोड़ने से सवाल हल नहीं होते। उनकी कविता के लिए कोई भी क्षेत्र वर्जित नहीं है- खोह, टीले, बावड़ियाँ, धूसर ज़मीन, भूतों का नृत्य-उत्सव इत्यादि। मुक्तिबोध का मन एक उलझा हुआ मन दिखता है; लेकिन दरअसल वह ऐसा है नहीं, उसी तरह जैसे आम आदमी प्रश्नों में उलझा है। वे किसी भी समय चुप रहने वाले कवि नहीं हैं, चाहे वह कविता हो या जीवन या बीमारी के दौरान डॉक्टरों की सलाह। उनके जीते जी कोई उन्हें चुप नहीं करा सकता। उनकी कविता का एक अंश देखें- इसमें वर्णन-क्षमता का क़माल देखिए- उनकी कल्पना की उड़ान देखिए- "खंभों पर बिजली की/गरदन लटकी है...बार-बार आता है खोह अँधेरा/जादू से बँधा हुआ/खोहों की गलियाँ/तिलिस्मी खोह.../अनाज के बड़े-बड़े ढेलों पर/नाचते हैं सुनहले भूत।"

मुक्तिबोध विराट कैनवास पर जीवन रचने वाले लेखक रहे हैं। प्रोफेसर राजेंद्रकुमार ने एक सवाल उठाया है-" मुक्तिबोध का कवि-व्यक्तित्व बहुत ही जटिल है। ज्ञानात्मक संवेदना और संवेदनात्मक ज्ञान जैसे पद मुक्तिबोध की सोच की राह पर बार-बार मिलते हैं। कोरे ज्ञान से गदगद रहने वाले विद्वानों में वे थे नहीं। कोरी संवेदना से सराबोर होकर

कवि होना उन्हें अभीष्ट नहीं था। ज्ञान और संवेदना, दोनों की आपस की गुत्थमगुत्थ से ही जितना वे बन सकते थे, बने; जितना वे टूट सकते थे, टूटे। न उनका बनना बहुत सुनियोजित है, न उनका टूटना। किसी भी स्तर पर सुनियोजित न हो पाना ही उन्हें विवादास्पद बनाता है। आज़ादी के बाद के दौर की हिंदी-आलोचना में मुक्तिबोध सबसे ज़्यादा विवादास्पद कवि हैं।'' (मुक्तिबोध की तीन कविताएँ, भूमिका, पृष्ठ-07) स्थिति यह बनती है कि कथ्य के भीतर कथ्य, विरुद्ध, विपरीत, नेपथ्य-संगीत, मस्तिष्क के भीतर एक और मस्तिष्क, उसके भी भीतर एक और कक्ष, कक्ष के भीतर एक सुप्त प्रकोष्ठ और कोने के भीतर सामने गुहा अंधकार! ज़ाहिर है कि मुक्तिबोध का समूचा अवलोकन और मूल्यांकन मन के भीतर जितना है, उससे ज़्यादा मन के बाहर और दृश्यमान जगत में है। मुक्तिबोध ने अपनी निगाह से मन के भीतरी रहस्यों का भेदन करते हुए उस वस्तु-सत्य को सामने रखा है; जिसके द्वारा मनुष्य निरंतर शोषित, उत्पीड़ित और यातनाग्रस्त है। उनकी कविताएँ अपने समय, परिवेश और व्यवस्था में लहूलुहान आदमी को मुक्त करने की तीव्रतम आकांक्षा से संभव होती हैं। इन पीड़ाओं भरे नरक से भागकर क्या कोई बाहर जा सकता है? यह आदिम भय नहीं हैं। यह जब तक जीवन जीना है तब तक के लिए का भय है; लेकिन इस भय से लड़ना पड़ता है। बिना लड़े इस भय को जीतना मुश्किल है। कहा जाता है 'जो डरा वह मरा।' मुक्तिबोध सामाजिक व्यवस्था का भय, दो मुँहेपन के भय से, कथनी और करनी के भय को भी अपनी कविताओं में रखते हैं। वैयक्तिक हदबंदियों और तरह-तरह से समाप्त कर देने का भय और इन सभी के मिश्रण से उत्पन्न सांस्कृतिक दोगलेपन के भय को बहुत विराट कैनवास में चित्रित करते हैं। सभी ओर से पीछा करता हुआ वह भय मुक्तिबोध की रचनात्मकता में छितराया हुआ मिलता है। मुक्तिबोध काव्य को एक मनोवैज्ञानिक प्रक्रिया मानते हैं। वे असुरक्षा, विडंबना, विसंगति, अंतर्विरोधों को समूची जटिलताओं में देखते-परखते हैं। ये सभी चीज़ें उन्हें लगातार घटित होती हुई दिखाई पड़ती हैं। मुक्तिबोध के अनुभव के कैमरे की आँख से कोई चीज़ बड़ी मुश्किल से छूट पाती है। वे अपने दृश्यांकनों में कहीं-न-कहीं ज़रूर फोकस करते हैं। यथार्थ के बदलते स्वरूपों और शोषण, उत्पीड़न के बदलते तमाम रूपों को वे अपनी कविता की सरहद तक लाते हैं। मुक्तिबोध की कविता सतत जाग्रत रहने वाली, संघर्षों से लड़ने वाली जुझारू कविता है। इसलिए उनकी कविता ठहराव की कविता नहीं है। वह अनंत हौसलों की कविता है। वह सतत जागने और जगाने वाली भी कविता है। मुक्तिबोध से आप सहमत-असहमत हो सकते हैं, उन पर प्रश्न जड़ सकते हैं। लेकिन वे एक ऐसे कवि हैं; जिन्हें कभी भी, किसी भी हालात में आप अनदेखा नहीं कर सकते। देवीशंकर अवस्थी का यह कहना सार्थक है कि- ''तमाम उपेक्षाओं के बीच भी मुक्तिबोध का व्यक्तित्व अपनी जगह बनाता गया है। वह जनप्रिय नहीं थे और न कभी होंगे; पर वह बड़े कवि थे तथा आगे और भी बड़े कवि माने जाएँगे।'' भवानीप्रसाद मिश्र मुक्तिबोध की कविताओं को अगम्य और समझ से परे कहते थे। भवानी भाई की काव्य-दृष्टि को समूचे हिंदी-संसार की काव्य-दृष्टि नहीं माना जा सकता।

मुक्तिबोध के जीवन में उनकी व्यक्तिगत ज़िंदगी के आयामों को समझने के लिए तथा उनकी पारदर्शिता की कड़ियों से जुड़ने के लिए उनका वक्तव्य देखने की ज़रूरत है- ''मैं उन सौभाग्यशाली व्यक्तियों में से हूँ, जिसे अपने गलीकूचों में रहने वालों का स्नेह प्राप्त हुआ है। वे मेरी ही भाँति छोटी-छोटी हस्तियाँ हैं। किंतु उनके पेचीदा संघर्ष, अथाह प्रेम करने का उनका हार्दिक सामर्थ्य और बौद्धिक जिज्ञासा के साथ ही साथ, उनकी साहसिक पहल, उनकी रोमेंटिक कल्पना, उनकी राजनैतिक आशा-आकांक्षाएँ, उनके समाज, नैतिक स्वप्न मेरे चारों ओर चक्कर लगाने लगे। मेरी परिस्थिति अब विकसित हो गई, वे फैलकर मैदान बन गईं, मैदान बनकर फैलती हुई वह पूरी पृथ्वी बन गईं'' (मुक्तिबोध रचनावली-भाग 5, पृष्ठ-275) मुक्तिबोध की वस्तु-संरचना में अपने ज़माने का समूचा घमासान 'स्पेस' पाता है। इस 'स्पेस' में वे पाठक को सब कुछ बता देना चाहते हैं। उनके यहाँ दुराव और छिपाव नहीं है। हाँ, आपमें वस्तु-सत्यों को समझने-पहचानने की क्षमता हो तभी आप उसे हासिल कर सकते हैं। वे अपने पाठकों के दिमाग में हर तरह की परछाइयों को टाँक देना चाहते हैं; जिनकी वज़ह से आदमी की ऐसी हालत है। उनकी ऐसी प्रवृत्ति और प्रकृति है या उनका स्वभाव है और इसी गुण के कारण उनकी रचनात्मकता में 'क्लासिकीय' संपन्नता भी है; जिसमें इतिहास, सभ्यता, संस्कृति, वर्तमान और भविष्य को एक साथ साधा जा सकता है और बहुत दूर तक सामाजिक सत्यों पर निगाह डाली जा सकती है। संभवतः इसीलिए उनकी कविताएँ आज मील का पत्थर बन चुकी हैं।

मध्यवर्ग की त्रासदी और मुक्तिबोध की कहानियों का अंतर्मन

"हर चीज़ मेरे लिए लायबिलटी है। परिवार, परिस्थिति और विचार, सभी कोई मेरी उन्नति में योग नहीं देते। लेकिन, मुझे उसकी चिंता है। अँधेरे में रहकर अँधेरे में मर जाना मैं ठीक समझता हूँ; लेकिन फटीचरों से घृणा करना नहीं चाहता हूँ कि मेरे हाथ से कोई अच्छा काम हो जाए" *-(मुक्तिबोध)*

"उनका (मुक्तिबोध) जीवन निम्नवर्ग के अति साधारण लोग के जीवन के समान था। आर्थिक दृष्टि से बहुत से मज़दूर उनसे अच्छी हालात में थे। शोषक वर्गों के प्रति उनकी घृणा, मार्क्सवाद के अलावा, उनके जीवन की परिस्थितियों से पैदा हुई थी।" *-(रामविलास शर्मा)*

मुक्तिबोध का रिश्ता मध्यवर्ग के उस जीवन से था; जो अत्यंत ग़रीबी में साधनहीन होकर अपने जीवन के लिए संघर्ष कर रहा था। इस निम्न-मध्यवर्ग के जीवन-संघर्षों और समस्याओं से वे बहुत वाकिफ़ थे। मध्यवर्ग के बारे में हमारे समाज में जो धारणाएँ प्रचलित हैं, उनके विभिन्न अवयवों के बारे में उनकी जानकारी किताबी नहीं थी। मुक्तिबोध के जीवन-संघर्षों से उनके अनुभव संसार की समूची जानकारियाँ उनके पास आई थीं। यूँ तो उनके समग्र साहित्य में उनके विभिन्न रूप और शेड्स आपको दिखाई पड़ेंगे; लेकिन उनकी कहानियाँ निम्नवर्ग के जीवन-संघर्षों का आईना बनकर हमारे सामने आती हैं और इस वर्ग की भयावह त्रासदी को अपनी कहानियों में उन्होंने बहुत विस्तार से चित्रित किया है। उनमें जो दृश्यांकन है; उनमें जो वास्तविकताएँ हैं और ज़िंदगी के संघर्ष हैं, उन सभी से उनका एक विराट रूपाकार बनता है। प्रश्न उठता है कि हमारे समाज में जो तीन वर्ग हैं; जैसे-उच्चवर्ग, निम्नवर्ग, उसी तरह से मध्यवर्ग भी। हाँ, हम मध्यवर्ग को दो श्रेणियों में विभाजित कर सकते हैं- उच्च मध्यवर्ग और निम्न मध्यवर्ग मध्यवर्ग की त्रासदी पर जो विचार-विमर्श और मंथन हुए हैं और भारत में जो उनके हालात थे, वे मुक्तिबोध के समय में बहुत प्रभावी और विस्फोटक हुआ करते थे। तब चारित्रिक अधःपतन का बहुत भयावह और क्रूर दौर हुआ करता था। इतने वर्षों बाद अब वह अपने समूचे दायरे तोड़ चुका है। प्रफुल्ल किदवई ने लिखा है-"भारतीय मध्यवर्ग प्रभावी माँग करने में सक्षम नहीं हैं। उसकी

क्रयशक्ति दक्षिण एशियाई अभिजात वर्ग की दस साल पहले की क्रयशक्ति से भी काफ़ी कम है। यह वर्ग अभिजात वर्गीय उपभोक्ता-माँग में तेज़ वृद्धि को कायम रखने लायक भी नहीं है।" (फ्रंट लाइन-10, फरवरी 1995) मुक्तिबोध के समय में मध्यवर्ग और निम्नवर्ग बहुत कठिन हालातों में हुआ करते थे। जीवन यंत्रणामय, भयावह और जानलेवा था; जहाँ रोजी-रोटी, कपड़ा, मकान और जीवन जीने की यंत्रणाकारी स्थितियाँ भयावह और विस्फोटक रूप होती थीं। आर्थिक हालात तो और भी ख़राब थे। मुक्तिबोध की कहानियों में चित्रित मध्यवर्ग यातनाओं के भयावह संसार में जीवन यापन कर रहा था। गुलामी से मुक्ति के बाद ये यातनाएँ भारतीय प्रजातंत्र के लगभग पंद्रह वर्षो में हर सोचने-समझने वालों को बेहद परेशान करती थीं; जिन्हें किसी भी रूप में बहुत सामान्य रूप में नहीं देखा जाना चाहिए।" आम तौर पर माना जाता है कि संतुलन, किफ़ायत और स्थिरता मध्यवर्ग की ख़ास विशेषताएँ होती हैं। अरस्तू ने संभवतः सबसे पहले मध्यवर्ग की इन्हीं ख़ूबियों को ध्यान में रखते हुए कहा था कि "सबसे अच्छे राजनीतिक समुदायों की रचना मध्यवर्ग के नागरिकों द्वारा की जाती है।" अरस्तू की दलील यह थी कि मध्यवर्ग ग़रीबों की तरह पड़ोसियों की संपत्ति पर लोलुप दृष्टि नहीं डालता और दूसरे भी उसकी संपत्ति के प्रति लिप्सा नहीं रखते। अरस्तू का ख़्याल था कि जिस राज्य के नागरिकों की आर्थिक हैसियत मझोले स्तर की होती है, वह एक सफल राज्य होता है।" (भारत के मध्यवर्ग की अजीब दास्तान- पवनकुमार वर्मा, पृष्ठ-40)

मुक्तिबोध का जन्म हुए 100 साल हो गए। अपने जीवित रहते उन्होंने दो तरह का भारत देखा- आज़ादी के पहले का और आज़ादी के बाद का। यह भारत आज़ादी के पूर्व यातनाओं के अँधेरे में था। स्वतंत्रता के बाद एक तरह की आरामतलबी पसर गई थी। इसी दौरान हमारे देश में मोहभंग की प्रक्रिया शुरू हो गई थी। भारत के लोग अपने को ठगा महसूस करने लगे थे। इसके तमाम रूप हमारी साहित्यिक चिंताओं में फैल गए थे। यूँ तो मुक्तिबोध ने 1935 के पश्चात् लिखना शुरू किया था। वे एक ओर छायावादी संस्कारों से अपने साहित्य में संघर्ष कर रहे थे तो दूसरी ओर हर तरह की गुलामी के ख़िलाफ़ भी। ज़ाहिर है कि उनका लेखक एक दिन में नहीं बना। संघर्षशीलता और साफ़गोई तथा विचारशीलता उनके विशेष गुण हैं। जीवन की सघनता, आत्मनिष्ठता और अपनी हैसियत से ज़्यादा न कर पाने की तड़प मुक्तिबोध के भीतर आत्ममंथन की प्रक्रिया से संबद्धता बनाती है। अपनी एक कविता में वे लिखते हैं- "सत्य के गरबीले/अन्याय न सह, मित्र/संघर्ष करता हुआ तू जीवन का खींच चित्र/मिथ्या की हत्या कर बुद्धि के, आत्मा के विष भरे तीरों से/खींच चित्र मानव का प्राणों के रुधिर की लकीरों से/तेरे द्वारा भूले हुए/याद, पर दिलाए हुए अनुभव के सत्यों के प्रति जीवन का दंडवत होगा जब श्रद्धाभार नतहिय, नम्रग्रीव स्वीकृत होगी जब/आँसुओं से सिंचे हुए/गालों पर जीवन की अनुभूति।" (सत्य के गरबीले अन्याय न सह) मुक्तिबोध की तड़प और बेचैनी को देखे-समझे बग़ैर उनके रचनालोक की तहें

नहीं थाही जा सकतीं और जो लोग उनकी इस पीड़ा और व्यथा को नज़रअंदाज़ करते हैं, उन्हें आख़िर क्या कहा जाए? जैसे उन्होंने परिवार के कुछ संस्कारों के ख़िलाफ़ विद्रोह किया, उसी तरह प्रचलित संस्कारों और रूढ़ियों के ख़िलाफ़ भी। उनकी रचनाओं को पढ़ते हुए जो वैचारिक झनझनाहट और वैचारिक टकराहट हम देखते हैं, वह संभवतः उसी वजह से है। वे ज़ल्दी किसी चीज़ से संतुष्ट नहीं होते थे। इसे खोल या रूपक के रूप में जो दर्ज़ करेंगे, उन्हें किस कोटि में गिना जाना चाहिए। वे सामाजिक, सांस्कृतिक, राजनैतिक संघर्षों से बहुत कुछ सीखते रहे हैं; साम्राज्यवाद, पूँजीवाद के संघर्षों से भी सीखते रहे हैं। समय, परिवेश और अपने कालखंड की उठापटकों से भी उन्होंने सीखा। उनका समूचा जीवन एक संघर्ष-यात्रा की तरह रहा है; जिसके तमाम बिंब उनके लेखन में हैं। मार्क्सवाद उनके लिए एक टॉनिक की तरह रहा है या यूँ कहें, एक जीवनरेखा की तरह; यदि कहें कि उनके लेखन में है तो अतिशयोक्ति नहीं होगी। प्रश्न यह उठता है कि यह आदमी कितना पढ़ता है, कितनी आलोचनाएँ करता है, कितना अपने आप को बदलता है, कितना कुछ सीखता है, कितना कुछ समझता और समझाता है; वह अपने लिए भर नहीं, पूरे युग के लिए कितना पाना चाहता है। यदि इसकी तलाश की जाए तो बड़े आश्चर्यजनक नतीज़े हमारे सामने आएँगे। एक मध्यवर्ग में पैदा हुआ आदमी, मुसीबतों में पला और बढ़ा आदमी कितना आत्मालोचन करता है, वह आश्चर्यजनक है। बहुतों को समझने में यह दिक्क़त आईं वे मुक्तिबोध के इस कठिन संघर्ष को यूँ ही मान लेते हैं। उनकी व्यक्तिगत ईमानदारी का तो कहना ही क्या? वह अपने जीवन में जो भोगता है, जितना सोचता है, समझता है, वही कहता है और उसी अनुभवलोक के आलोक में लिखता भी है। मेरी समझ में उसके अंदर की बेचैनी, उसके अंदर का लावा कोई सामान्य चीज़ नहीं है। उसका समग्र लेखन 'अँधेरे के ख़िलाफ़' एक विशेष अर्थ में रोशनी का घोषणापत्र है; जिसमें भविष्य तक आसानी से पहुँचने का सपना और रास्ता भी है। मुक्तिबोध कलाकार की व्यक्तिगत ईमानदारी की बात यूँ ही नहीं कहते; उनका सीधा जुड़ाव है इससे। उन्हीं के शब्दों में- "व्यक्तिगत ईमानदारी वहाँ लक्षित होगी, जहाँ वस्तु का वस्तुमूलक आकलन करते हुए लेखक उस आकलन के आधार पर वस्तुतत्त्व के प्रति सही-सही मानसिक प्रतिक्रिया करे। यदि वह ऐसा नहीं करता तो उसकी प्रतिक्रिया में सत्यत्व का आविर्भाव नहीं होगा।" (एक साहित्यिक की डायरी, पृष्ठ-110)

मुक्तिबोध चाहे कहानी में बात कर रहे हों या कविता में, आलोचना या निबंधों में, टिप्पणियों में या व्यक्तिगत पत्रों में- इन सब में वे अपने भीतर की आग को, अपने भीतर की ज्वालाओं को, अपने अंदर के जज़्बातों को, भीतर के तापमान को, अंतरात्मा के समूचे आयतन को अपने लेखन में बिखेर देते हैं। इसीलिए समूची विधाओं में उनका लिखा हुआ एक-दूसरे से गुँथा है; एक-दूसरे से बिंधा है। वह कहीं से भी असंबद्ध नहीं है। उनका लेखन अपने जनों और परिजनों के बीच एक ग़हरा आत्मीय संवाद है तथा प्रतिक्रियावादी ताक़तों के ख़िलाफ़ एक सुदृढ़ मोर्चा भी; एक तरह का

आत्मालाप भी है और सख़्त कार्यवाही भी। मुक्तिबोध के लेखन में आपको कोई तृप्ति प्रायः नहीं दिखती; कोई संतुष्टि भी नहीं दिखती; बल्कि एक बेचैनी, एक तड़प, एक गहन आवेग और कुछ प्राप्त करने की, कुछ बाँटने की बलवती स्पृहा वहाँ सक्रिय रूप से काम करती हुई दिखती है। जब वे काव्य की रचना-प्रक्रिया की बातें करते हैं तो उन तंतुओं की तलाश करते हैं; जिससे रचनाएँ सामने आती हैं। उन्होंने सिद्धांत और व्यवहार का हमेशा समन्वय किया है; जैसे कभी टी.एस. इलियट ने कहा था- 'दि ग्रेट पोयट, इन राइटिंग हिमसेल्फ, राइट्स इज़ टाइम।' वे रचना लिखने के दौरान समूची शास्त्रीयताओं से, समूची वास्तविकताओं से, समूचे आदर्शों से और सपनों से एकाकार होना चाहते हैं। उनके द्वारा अर्जित रचना की जो प्रक्रिया है, वह किसी से सामान्य अपेक्षा की माँग भी नहीं करती। लेखक बनना या संस्कृतिकर्मी बनना कोई छोटा-मोटा कार्य-व्यापार नहीं है; कोई दिखावा नहीं; वह कोई सुविधाजनक रास्ता भी नहीं है। वह संघर्ष के व्यक्तिवांतरण की गहरी तैयारी का और एक सापेक्षिक स्वतंत्रता का वाहक भी है। कलाकार का संघर्ष बहुआयामी है। इसे रचना और आलोचना के दो फाँकों में कतई नहीं बाँटा जा सकता। रचना में आलोचना होती है और आलोचना में रचनात्मकता। यही एक सरणि है। इसमें कोई सामान्य और कोई विशिष्ट नहीं होता। रचना-प्रक्रिया के दौरान कलाकार का बहुत बड़ा 'विज़न' होता है; उसकी अंतरात्मा होती है; उसका गहरा आत्मसाक्षात्कार होता है; उसकी वैचारिकताएँ खुली रहती हैं और यदि आप इन भूमिकाओं में समग्र रूप से नहीं हैं तो तय है कि आप रचना को कभी पकड़ ही नहीं पाएँगे। कुछ लोगों ने अपनी कलाकारी के द्वारा रचनात्मकता को उद्योग बनाने की कोशिश की। वे बहुत दूर तक जा नहीं पाए; मुक्तिबोध की व्यक्तिगत ईमानदारी उन्हें बहुत दूर तक ले गईं मुक्तिबोध की वैचारिक ऊष्मा उन्हें कई तरह के दबावों में काम करने के लिए प्रेरित करती है। ये दबाव ही मुक्तिबोध की शक्ति हैं; जो उनके वैचारिक आयामों को बहुत दूर तक पहुँचाते हैं।

मुक्तिबोध ने जो कहानियाँ लिखी हैं, वे उनके लेखक के, उसके अनुभव-संसार के कुछ बेहद ज़रूरी हिस्से हैं। इन कहानियों में मुक्तिबोध जीवन को पूरी व्यापकता के साथ, पूरे फैलाव और घनत्व के साथ देखने का प्रयत्न करते हैं। संभवतः इसीलिए उनकी कहानियाँ शिल्प-संरचना से प्रायः टँकी हुई कहानियाँ नहीं है। वे अपने समय में लिखी जा रही कथा-संरचनाओं के चालू भूगोल, रचनाओं के इतिहास के परिप्रेक्ष्य से एकदम भिन्न रूप अख़्तियार करती हैं। उनका शिल्प-संसार भी अलग-थलग है। उनकी जो कहानियाँ प्रकाश में आईं हैं; उनमें कुछ पूरी हैं; कुछ अधूरी; कुछ टुकड़े हैं; कुछ बेचैनियाँ हैं; कुछ सपने हैं। उनका यह कथन काबिलेगौर है कि "मुख्य पात्र की ज़िंदगी थी। मैं भाष्यकर्ता दर्शक की हैसियत से एक पात्र बना हुआ था। कहानी बढ़ सकती थी, बशर्ते कि मैं मूर्खता को कला मान लेता।" ये वक्तव्य मुक्तिबोध की अपने आप से भिड़ंत का एक जीता-जागता उदाहरण है। वे किसी भी साफ़-सुथरे संदर्भ से अपने कथाकार को अलग करते हैं। मुक्तिबोध की कहानियाँ पढ़ते हुए, सोच-विचार

करते हुए और गुनते हुए यथार्थ के उस स्वर को समझना पड़ता है; जो मात्र विवरणात्मक और सपाट नहीं है। उसमें जीवन की विभिन्न हलचलों का, उसकी रचनात्मकता में उसकी जटिल संरचना का भी अवगाहन करना पड़ता है। उनकी कहानियों में आदमी का टूटापन और बिखराव भी दिखाई पड़ता है। उनकी कहानियों का सघन रिश्ता मध्यवर्ग की यंत्रणा और घमासान से है। मध्यवर्ग के यहाँ जीवन का कोई बना बनाया फार्मूला नहीं होता। वहाँ आवश्यकता के अनुसार फार्मूले बनते और टूटते हैं। उनकी कहानियों की संबद्धता आदमी के हाहाकार को संजीदगी से अभिव्यक्त करती है। वे एक विशेष अर्थ में मुझे प्राचीन कहानी-परंपरा से अपने को अलगाते हुए, नई कहानी-आंदोलन के बअरक्स एक नए रूप और रूपाकार संसार में दर्ज़ करते हैं। वहाँ जीवन अपनी समूची भयावहता में सामने आता है। इसमें अमरकांत और हरिशंकर परसाई का रचनात्मक वैविध्य है। 'एक साहित्यिक की डायरी' के एक निबंध 'विशिष्ट और अद्वितीय' में उन्होंने लिखा है कि ''अगर नई कहानी का मतलब पानी के भीतर घुसकर उसमें डूबकर फिर आँखें खोलकर देखना है तो मैं बता दूँ कि ज़्यादा-से-ज़्यादा एक धुंध दिखाई देगी और आँखों को तकलीफ़ तो होगी ही, वे देख भी नहीं सकेंगी। हाँ, देख चुकने का स्वाँग भले ही करें। 'नई कहानी' के मतलब को नए ढंग की धुंध से अलग किया जाए'' (वही पृष्ठ-88) मुक्तिबोध के यहाँ एक स्वप्नलोक है तो दूसरी ओर एक विशेष प्रकार का यथार्थबोध भी है; जो काल से बिंधा हुआ समय की विडंबनाओं को बार-बार स्मरण कराता है; कृत्रिमताओं को बार-बार ठोकर मारता है। कभी-कभी यह भी लगता है कि इन कहानियों में स्वप्नलोक और यथार्थबोध को वे बहुसंयमी के रूप में रखते हैं। मुझे बार-बार लगता है कि मुक्तिबोध की कहानियों में मध्यवर्गीय मन की द्वंद्वात्मक जटिलता भी है और उसकी कमज़ोरियाँ भी। जीवन केवल सफलताओं का ताना-बाना नहीं है, वह जीवन-संघर्ष भी है और कोहराम भी। वहाँ मुक्तिबोध की कहानियों के पात्र अपनी संपूर्णता में खड़े होते हैं; संघर्ष करते हैं; स्वयं रास्ता बनाते हैं। नंदकिशोर नवल मानते हैं- ''मुक्तिबोध ने इस बात को समझा और मध्यवर्ग को उसके दायित्व का बोध कराने का भरसक प्रयास किया। निश्चय ही यह मध्यवर्ग निम्न मध्यवर्ग है; जिसकी मानसिकता निम्न पूँजीवादी होती है। इसी कारण उससे आने वाले लोग पूँजीपति वर्ग की तरफ़ भी जाते हैं और मज़दूर वर्ग की तरफ़ भी और राजनीतिक दृष्टि से उनमें एक अस्थिरता होती है। यह आकस्मिक नहीं है कि कविता के साथ मुक्तिबोध ने जो थोड़ी-सी कहानियाँ लिखीं हैं, उनका विषय भी मध्यवर्ग ही है : मध्यवर्ग का वह तबका, जो बुद्धिजीवी कहलाता है और दफ़्तरों में काम करता है, यह एक तरफ़ सामाजिक शोषण का शिकार होता है, पस्त और टूटा हुआ, और दूसरी तरफ़ उसमें क्रांति की चिनगारी भी दबी हुई होती है।'' (मुक्तिबोध, पृष्ठ-81)

मुझे ऐसा लगता है कि मुक्तिबोध चाहे जिस विधा में लिख रहे हों, वे वहाँ मध्यवर्ग के संघर्ष को, उसकी ख़ूबियों और कमियों के साथ चित्रित और रेखांकित करते हैं।

यह स्थिति विरले लोगों में ही मिलती है। मध्यवर्ग उनके यहाँ हर तरह से और हर रूप में दृष्टिगोचर होता है। वे मध्यवर्ग की वास्तविकताओं को बहुत गहराई से समझते हैं। उसे अन्य रूपों में भी समझा जा सकता है। कविता में 'अँधेरे में' कहानी में अँधेरे में, कविता में ब्रह्मराक्षस और कहानी में ब्रह्मराक्षस का शिश्य- ये दोनों रूप आपको उनके यहाँ मिलेंगे। इस तरह के अनेक उदाहरण आपको आसानी से मिल जाएँगे। मध्यवर्ग की ज़िंदगी, वास्तविकता, उसकी जय-पराजय के साथ मध्यवर्गीय जीवन की त्रासदी और उन पात्रों के संताप, फटे हाल रूप बार-बार देखे और अनुभव किए जा सकते हैं। मध्यवर्ग उनकी रचनाशीलता में घुला-मिला है।

उनकी कहानियों में मध्यवर्ग का अनुभव-संसार भी है और एक प्रदीप्त चेतना-संसार भी। पता नहीं, मुक्तिबोध की कहानियों में मुझे एक अलग तरह की हरहराती आवाज़ सुनाई पड़ती है; जिसमें काँपता हुआ जीवन है। मध्यवर्ग की त्रासद स्थितियों की पूरी पटकथा या फ़िल्मी दृश्यांकन वहाँ विस्तार से मिलेंगे। वहाँ समस्याओं का गहरा तापमान भी है। मध्यवर्ग भले एक स्तूपवर्ग ही क्यों न हो, उस वर्ग का पश्चात्ताप भी उसमें गुँथा है; मध्यवर्ग की तड़प और यातना की अनुगूँजें भी वहाँ बार-बार आप महसूस कर सकते हैं। मुक्तिबोध का मन, उनका चिंतन-दायरा अंततोगत्वा, जिसमें द्वंद्व है; हताशा है और आगे जाने के सपने भी हैं, मुझे मध्यवर्ग में दिखता है; जो सर्वहारा के साथ अपनी सभी कमज़ोरियों के साथ खड़ा है। मुक्तिबोध की कहानियों में एक अदृश्य त्रासदी है; एक घुटती हुई उदासी है; मुक्ति की छटपटाहट और भय का अबूझ संयम भी है। सच तो यह है कि मुक्तिबोध अपनी कहानियों में एक व्यापक प्रतिरोध रचते हैं; भले ही उसे जीवन की धुंध समझा जाए। यथार्थ को वे बाहर-बाहर से नहीं देखते; वे यथार्थ को कहानियों के भीतर से हासिल करते हैं और ज़िंदगी के संग्राम से हस्तगत करते हैं। उनकी कथा-संरचनाओं में दुःख की अदृश्य छायाएँ आपको मौजूद मिलेंगी। वे अपने लेखन में उसे बहुत संवेदनात्मकता के साथ, सूक्ष्मता के साथ चित्रित एवं अभिव्यक्त करते हैं। उनकी कहानियों में एक रूपक है। इसलिए डॉ. सुरेंद्र चौधरी मानते हैं कि "हमारी अंतरात्मा मध्यवर्गीय आत्मसंतोष की जड़ता के रूप में प्रकट होती है।...संदेह को निश्चय में बदलकर ही भय से मुक्त हुआ जा सकता है। मुक्तिबोध की कहानियों का रूपक हमें संदेह से निश्चय की ओर ले जाता है। वह हमें अनेक आत्मभ्रमों से मुक्त करता है। यात्रा, अंतर्यात्रा, स्वप्नयात्रा...मुक्तिबोध की कहानियाँ सदा ही एक स्थिति से दूसरी स्थिति तक भीतर-बाहर से खुलती रहती हैं। इसमें मानव-सुलभ स्निग्धता, करुणा और सद्भावना भी है तथा अलगाव और निर्वासन की पीड़ाएँ भी। भयकारी तंत्रों और शक्तियों से घिरा हुआ हमारा मन अपनी स्वतंत्रता के साथ मुक्त होना चाहता है। इस प्रकार भय और मुक्ति का यह रूपक शोषण और प्रगति का प्रतिरोध और विद्रोह का रूपक भी बनता है।" (मुक्तिबोध विशेषांक, कंक, पृष्ठ-199)

कहानीकार के लिए मुक्तिबोध कुछ बिंदु निर्धारित करते हैं। वे पूरे भले ही न हों; लेकिन कथाकार के वस्तु-सत्यों का विशिष्ट मूल्यांकन करते हैं। "कथाकर सचमुच जीवन का गहरा और व्यापक ज्ञान रखता है तो वह प्रसंग-स्थिति में बद्ध मनुष्य की संवेदनात्मक प्रक्रियाओं को ही महत्त्व नहीं देगा, वरन् उस स्थिति से संबंध रखने वाले, जो वस्तु-सत्य हैं, उनके बनाने वाले तत्त्वों पर अर्थात् व्यक्ति-स्वभाव की विशेषताओं, वास्तविकता की पेचीदगियों और अब तक चलते आए इन सबके विकास-क्रम पर, इन सब पर अवश्य ही ध्यान देकर, इस प्रसंग-स्थिति के वस्तु-सत्य के सारे ताने-बाने (कलात्मक प्रभावशाली रूप से भौंड़े ढंग से नहीं) प्रस्तुत करेगा और इस प्रकार व्यक्ति-समस्या को मानव-समस्या बनाकर एक व्यापकतर पार्श्व भूमि में इसे उपस्थित करेगा! वैसा करेगा।" (एक साहित्यिक की डायरी, पृष्ठ-89)

मुक्तिबोध की कहानियों के अंतर्मन की तलाश बहुत सरल, सहज और सपाट नहीं है। एक घायल और पीड़ित अंतरात्मा वहाँ कराहती हुई आप निरंतर देख सकते हैं। मध्यवर्ग उठापटक का शिकार भी है और अपनी कमज़ोरियों का कारागार भी। मुक्तिबोध के कथा-संसार में उच्चवर्ग का चित्रण प्रायः नहीं होता; लेकिन उसका तंत्र हमेशा विद्यमान रहता है; क्योंकि उच्चवर्ग का अपना अलहदा संसार है। हाँ, उसके अपने अलग विश्वास और कार्यवाहियाँ हैं। कहना ज़रूरी है कि सर्वहारा वर्ग की ऊष्मा मुक्तिबोध की कहानियों में निरंतर है; लेकिन मध्यवर्ग की विडंबनाओं, उनके जीवन के दहानों को वहाँ भरपूर जाँचा-परखा गया है और उसके अंदरूनी ताप को अभिव्यक्त किया गया है। उनके कथा-संसार में मध्यवर्ग के अनेक विरोधाभास और विसंगतियाँ भी हैं। आज हम अपने सामने फैले हुए भूमंडलीकरण और तने हए बाज़ार को जब देखते हैं तो आश्चर्य होता है कि मुक्तिबोध ने मध्यवर्ग के उस मन को थाहने का कितना गंभीर प्रयत्न किया है; जिसमें अभी भी विवेक और अंतरात्मा के लिए थोड़ी-सी जगह है। मध्यवर्ग की सीमाएँ अनेक हैं तो उसकी अंतरात्मा की पुकार भी बहुत है। मुक्तिबोध मध्यवर्ग में ही संभावनाओं की तलाश करते हैं। संभवतः इसीलिए उनकी कहानियों में मध्यवर्ग का जीवित और जीवंत रचना-संसार है। उन्होंने काठ का सपना, सतह से उठता आदमी, विपात्र और कुछ आधी-अधूरी कहानियाँ लिखी थीं। उन्हीं के माध्यम से हम उनकी कथा-संरचनाओं में फैली हुई मध्यवर्ग की भयावह और जानलेवा वस्तुस्थितियों को देख सकते हैं। मुक्तिबोध की कहानियों के वस्तु-संसार की पड़ताल करते वक़्त मुझे निर्मल शर्मा का यह कहना सही लगता है कि "मुक्तिबोध कहीं भी इस मध्यवर्ग को उसकी औक़ात से अधिक चित्रित नहीं करते; बल्कि कहीं प्रत्यक्ष तो कहीं बातचीत के दौरान या फिर कहीं फ़ैंटेसी के ज़रिए उसे एक्सपोज ही अधिक करते हैं।...मुक्तिबोध की प्रायः कहानियाँ ग़रीब उत्पीड़ित शोषित मध्यवर्ग को ध्यान में रखकर ही लिखी गई हैं। अपनी पूरी सहानुभूति के बावजूद वे इस वर्ग को इस निस्संगता के साथ पाठक के समक्ष नंगा करते हैं कि वह अपने को व्यवस्था के विपक्ष में पाने लगता है।" (कंक, मुक्तिबोध विशेषांक, पृष्ठ-201)

मुक्तिबोध का पहला कहानी-संग्रह 'काठ का सपना' 1967 में भारतीय ज्ञानपीठ से प्रकाशित हुआ था; जिसमें 11 कहानियाँ थीं- क्लॉड ईथरली, पक्षी और दीमक, जंक्शन, काठ का सपना, ब्रह्म राक्षस का शिष्य, नई ज़िंदगी, दो चेहरे, अँधेरे में, प्रश्न, मोह और मरण तथा विपात्र- विपात्र कहानी बाद में लघु उपन्यास के रूप में प्रकाश में आई दूसरा संग्रह 'सतह से उठता आदमी' (1971) में प्रकाशित हुआ; जिसमें नौ कहानियाँ हैं- ज़िंदगी की क़तरन, समझौता, आखेट, चाबुक, विद्रूप, भूत का उपचार, जलना, एक दाख़िल दफ़्तर साँझ, सतह से उठता आदमी। विपात्र उपन्यास के रूप में भी प्रकाशित हुआ। प्रारंभ में यह ज्ञानोदय पत्रिका में क्रमशः मार्च और अप्रैल 1966 में छपा था। मुक्तिबोध रचनावली खंड-3 के पहले संस्करण में मुक्तिबोध की कुछ कहानियाँ प्रकाशित हुई थीं- खलील काका, वह, मैत्री की माँग, उपसंहार, बाबू रामचंद्र अग्रवाल, नाग नदी के किनारे, भटनागर, तिलिस्म, ना घर तेरा ना घर मेरा चिड़िया रैन बसेरा, बड़ी सड़क और पिछवाड़ा, मेरा मित्र, महापुरुष, सात अधूरी कहानियाँ और एक विखंडित अप्रकाशित उपन्यास। मुक्तिबोध रचनावली खंड-3 के दूसरे संस्करण 1986 में भूमिका, मैं फिलॉस्फर नहीं, अधूरी कहानियों की संख्या मिलकर हो गई 11। सौंदर्य उपासक- माधव कॉलेज की मैगज़ीन के जनवरी 1935 के अंक में प्रकाशित हुई थी। यह कहानी समय सूत्रधार वर्ष -1, अंक-8 (9 से 23 दिसंबर 1992) में भी छपी थी। यूँ तो सौंदर्य उपासक बहुत छोटी-सी कहानी है। यह जयशंकर प्रसाद की कहानी-कला की याद दिलाती है। इस प्रेम-कहानी में नायक और नायिका की प्रेम-भावना को, उनकी गहरी आसक्ति को, एक-दूसरे की चाहत को और उनकी सौंदर्य-उपासना को अभिव्यक्त किया गया है। कहानी छोटे-छोटे चार खंडों में विभक्त है। चौथे खंड में ही सूचना मिलती है कि देश में भूकंप आया है। उसके संवाद का एक अंश द्रष्टव्य है- "वह बोली, प्रमोद, तुम जानते हो देश कैसा दुःखी है, त्रस्त है। हम अच्छे हो गए हैं। हमारा उपयोग होना चाहिए प्रमोद।" मैं फूट पड़ा- "तुम्हारा हृदय कितना उच्च है, कितना सहानुभूति से भरा है। हम कवि लोग अपनी भावनाओं को ही घुमाने-फिराने में लगे रहते हैं। क्या किसी कवि को तुमने कार्य कवि भी देखा है, होते भी होंगे, पर बहुत कम। तुम्हारी कल्पनाएँ, हमारी चीखती-चिल्लाती भावनाएँ क्या भूकंपत्रस्त लोगों को कुछ भी सुख पहुँचा सकती हैं।"

मुक्तिबोध की कहानियों का विश्लेषण हम कई तरह से कर सकते हैं। यह मानना महत्त्वपूर्ण है कि वे विचारक हैं; बल्कि एक गंभीर विचारक हैं; वस्तुस्थितियों के आर-पार चीज़ों के देखने वाले चिंतक हैं। वे व्यक्ति एवं पात्रों का विश्लेषण-मूल्यांकन व्यक्तित्व के अनेक रूपों के भीतर से करते हैं। इसीलिए उनकी कहानियाँ हम व्यक्तिपरक रूप में, मनोवृत्तिपरक संदर्भों में, घटनापरक रूपों में, वृत्तिपरक या यूँ कहें कि जीविकापरक रूपों में- कभी स्थितियों के माध्यम से, कभी जिज्ञासाओं के माध्यम से कभी परिस्थितियों के रूप में कर सकते हैं। यह विभाजन भी कभी-कभी फेर होता है और एक-दूसरे संदर्भों में आवाजाही करता है। मुक्तिबोध अपनी कहानियों में व्यक्ति

और समाज में फैले हाहाकार को तो चित्रित करते ही हैं, उनका ध्यान हमेशा सांस्कृतिक प्रश्नों की तरफ़ भी रहता है। मध्यवर्ग के सभी आयाम वहाँ सहज रूप में केंद्र में हैं। चाहे मध्यवर्ग की पीड़ा हो, हाहाकार हो, मध्यवर्ग की त्रासदी हो या उसका दुचित्तपना हो, वे साम्राज्यवाद और पूँजीवाद की साजिशों को भी अपनी कहानियों से ओझल नहीं होने देते। उनकी कहानियों के आंतरिक संसार में वैचारिकता कूट-कूटकर भरी है। इससे किसी भी दशा से इनकार नहीं किया जा सकता। उनकी कहानियों में तीखा व्यंग्य तो है ही, दार्शनिकता और वैचारिकता भी अटूट है। मुक्तिबोध जितने भी विषय इन कहानियों में पेश करते हैं, उनमें जीवन के अंतर्द्वंद्व, अंतर्विरोधों के भव्याकार रूप, ज़िंदगी के अनकहे सच बड़ी सूक्ष्मता और गहनता के साथ उद्‌घाटित होते हैं। वहाँ लोकतंत्र की बंदरबाँट और पशुता के विराट रूपाकार भी हैं। वे फैंटेसी में अपनी बातें अत्यंत शक्ति के साथ उठाते हैं। उनकी कहानियों में इकहरापन के स्थान पर बहुस्तरीयता, पीड़ा और यातना के अनेक रूप बार-बार प्रकट होते हैं। उनके लेखन में जीवन के गहरे संश्लिष्ट चित्र होते हैं; जिनमें मारक स्थितियाँ व्याप्त होती हैं। मुक्तिबोध भयावह से भयावह सच को अभिव्यक्त करने में नहीं हिचकते- "और अगर यह सच है तो यह भी सही है कि उनकी संस्कृति और आत्मा का संकट हमारी संस्कृति और आत्मा का संकट है। यही कारण है कि आजकल के लेखक और कवि अमरीकी, बिट्रिश तथा पश्चिम यूरोपीय साहित्य तथा विचारधाराओं में गोते लगाते हैं और वहाँ से अपनी आत्मा को शिक्षा और संस्कृति प्रदान करते हैं- क्या यह झूठ है? और हमारे तथाकथित राष्ट्रीय अख़बार और प्रशासन केंद्र : वे अपनी विचारधारा और दृष्टिकोण कहाँ से लेते हैं?" (मुक्तिबोध रचनावली-3, पृष्ठ-174)

उनकी एक कहानी है 'क्लॉड ईथरली'। इसमें अमानवीय कृत्यों, जघन्य अपराधों और पापाचारों के विरुद्ध एक ऐसा स्वर है; जो हमारी वास्तविक ज़िंदगी से सीधा सरोकार रखता है। यह कहानी अमानवीयता के ख़िलाफ़ मनुष्यता का घोषणापत्र भी कही जा सकती है। इस कहानी की ख़ासियत यह है कि यह मनुष्य के मनोविज्ञान की व्यापक स्तर पर पड़ताल करती है। अमरीकी विमान चालक क्लॉड ईथरली वह आदमी है; जिसने हिरोशिमा पर बमबारी की थी और बर्बरतापूर्वक जनधन, मानवीय मूल्यों और मानवीय संस्कृति को विध्वंस किया था। तब उसे यह नहीं मालूम था कि इतनी लाशें एक साथ बिछ जाएँगी; समूची प्रकृति बाँझ हो जाएगी; क्योंकि तब वह युद्ध के उन्माद में था। ज़ाहिर है, युद्ध किसी समस्या का हल नहीं है। क्लॉड ईथरली को जब असलियत का ज्ञान होता है तब वह अपराधबोध से ग्रस्त होकर सच्ची मनुष्यता का परिचय देता है। यह कहानी मानव-सभ्यता के सामने खड़े संकट को अपनी भयंकरता के साथ पेश करती है। इस कहानी में कई संकट एक साथ हैं; जिन पर मुक्तिबोध हमारा ध्यान बार-बार आकर्षित करना चाहते थे। कहानी में कहा गया है- "भारत के हर बड़े नगर में एक-एक अमरीका है। तुमने लाल ओंठ वाली चमकदार, गोरी-सुनहली औरतें नहीं देखी; उनके क़ीमती कपड़े नहीं देखे? शानदार मोटरों में घूमने

वाले अतिशिक्षित लोग नहीं देखे? नफ़ीस क़िस्म की वेश्यावृत्ति नहीं देखी? सेमिनार नहीं देखे? एक ज़माने में हम लंदन जाते थे और इंग्लैंड रिटर्न्ड कहलाते थे और आज वाशिंगटन जाते हैं। अगर हमारा बस चले और आज हम सचमुच उतने ही धनी हों और हमारे उतने ही एटम बम और हाइड्रोजन बम हों और राकेट हों तो फिर क्या पूछना! अख़बार पढ़ते हो कि नहीं?" (क्लॉड ईथरली)

मुक्तिबोध हमारे मन में उठने वाले सवालों की नोंक पकड़ते हैं और उसका विश्लेषण करने के लिए हमें स्वतंत्र छोड़ देते हैं। मुक्तिबोध के यहाँ मात्र प्रश्न नहीं होते, प्रश्नों के थपेड़े होते हैं; जिनमें बिंधा हुआ हमारा समय और परिवेश होता है। इसी कहानी में हमारे (मध्यवर्ग के) आदमी के अवचेतन का वे भरपूर मूल्यांकन करते हैं। इस कहानी का विश्लेषण करते हुए एक बात और ध्यान में आई- "कौन नहीं जानता कि क्लॉड ईथरली अणुयुद्ध का विरोध करने वाली आत्मा की आवाज़ का दूसरा नाम है। हाँ, ईथरली मानसिक रोगी नहीं है। वह आध्यात्मिक अशांति का, आध्यात्मिक उद्विग्नता का ज्वलंत प्रतीक है। क्या इससे तुम इनकार करते हो।" इस कहानी में मुक्तिबोध अन्य प्रकार के सवाल भी उठाते हैं; जैसे- "आजकल हमारे अवचेतन में हमारी आत्मा आ गई है; चेतन में स्वहित और अधिचेतन में समाज से सामंजस्य का आदर्श-भले ही वह बुरा समाज क्यों न हो! यही आज के जीवन-विवेक का रहस्य है।. ..तुमको वहाँ की सैर करनी होगी। मैं तुम्हें पागलखाने ले चल रहा हूँ; लेकिन पिछले दरवाज़े से नहीं, खुले अगले से।" ज़ाहिर है कि क्लॉड ईथरली मध्यवर्ग का एक पात्र है; जो जागरूक भी है, संवेदनशील भी और सचेत भी। मध्यवर्ग जब अपनी असलियत में होता है तब वह आत्मालोचन करता है और अपनी चीर-फाड़ भी। पश्चात्ताप उसकी सबसे बड़ी पूँजी है। कमज़ोरियाँ उसे हिलाती भी हैं और जीवन-संग्राम में ताक़त भी देती हैं।

उसी तरह, 'पक्षी और दीमक' कहानी मध्यवर्गीय आत्मसीमित प्रवृत्ति का भंडाफोड़ करती है। मध्यवर्गीय समाज में प्रभाव, धन और भ्रष्टाचार की सत्ता की जो पटभूमि है; उसकी परिधि को व्यापक परिप्रेक्ष्य में मानवीय अस्मिता के साथ जोड़ने और बृहत्तर निष्कर्षों तक पहुँचाने का कार्य भी होता है। मध्यवर्ग अपनी स्वार्थ-सीमाओं में निरंतर सचेष्ट रहता है; लेकिन सामाजिक और जनाकांक्षाओं के संदर्भ में निष्क्रिय और उदासीन। जीवन में जो व्यापक समझौते होते हैं, वे भी इस कहानी के केंद्र में हैं। ज़ाहिर है कि मुक्तिबोध का मध्यवर्गबोध बहुत व्यापक, उदात्त और संयमी है। संभवतः इसीलिए उनके कथा-संसार में मध्यवर्ग का व्यापक चित्रण हुआ है। मध्यवर्ग हमेशा अपने लिए दायरे बनाता है। उन दायरों में वह भयानक रूप से छटपटाता है; हाँ, उनसे मुक्त होना चाहता है। क्या मुक्त होना इतना सहज और आसान है? नायक ने श्यामला के प्रसंग उठाए हैं; पक्षी और दीमक के रहस्य का उद्घाटन करते हुए अपनी छटपटाहट को अभिव्यक्त किया है। इस कहानी का एक प्रसंग याद आता है- "नहीं, मुझमें अभी बहुत कुछ शेष है, बहुत कुछ। मैं उस पक्षी जैसा नहीं मरूँगा। मैं अभी भी उबर सकता

हूँ। रोग अभी असाध्य नहीं हुआ है। ठाठ से रहने के चक्कर से बँधे हुए बुराई के चक्कर तोड़े जा सकते हैं। प्राणशक्ति शेष है, शेष।'' (पक्षी और दीमक कहानी से) मध्यवर्ग के अपने-अपने यातनालोक हैं; उसकी छटपटाहट और घेरे हैं; जिनसे वह बाहर जाना चाहता है; जा पाता है या नहीं। हाँ, उसकी कोशिश ज़रूर होती है। शायद यही मध्यवर्ग की जीवन-शैली भी है और भयावह त्रासदी भी।

'जंक्शन' कहानी में आत्मालोचन का स्वर बेहद तीव्र है। इसमें ग़रीबी की कटुता और आदमी की विवशता केंद्र में है। व्यक्ति का सोचना और अपने घर-परिवार को ठीक ढंग से न चला पाने की जो पीड़ा है, उसके लिए व्यक्ति की आत्मभर्त्सना वहाँ रेखांकित की गई है। जीवन की घुटन और विचारोत्तेजक अनुभव हमें भीतर तक हिला देने में समर्थ होते हैं। हमारे ज़ेहन में अनेक चीज़ें बार-बार दस्तक देती हैं; वस्तुस्थितियों से छुटकारा पाना चाहती हैं। प्रमोद वर्मा मानते हैं- ''मध्यवर्ग भी एक जंक्शन है; जहाँ ऊँचे और निचले तबके मिलते हैं। मध्यवर्गीय आदमी का मन भी एक जंक्शन की तरह है; जहाँ मनुष्यता की गाड़ी के दो ही घंटे बाद मनुष्यता-विरोध की गाड़ी भी प्लेटफार्म पर आ लगती है। कटे-पिटे दागदार चेहरे वालों को एकदम नंगा कर देने वाली यह जंक्शन कहानी भी उस वर्ग-चरित्र का साक्षात्कार करती है; जो अपने दोमुँहेपन के कारण हार्दिक संबंध वालों को परित्याग कर देता है; मगर जिनसे कुछ भी लेना-देना नहीं है, उनकी तरफ़ भागता है।'' (प्रमोद वर्मा समग्र, भाग-दो) मध्यवर्ग का अकेलापन उसकी निरीहिता और पार्थक्य हमेशा तोड़ता रहता है। यह नियति नहीं, वास्तविकता है। ''उबलती चाय को देखती हुई पति की आँखों ने अस्त-व्यस्त अपनी स्त्री को देखा और सन्न रह गया उसने जान लिया कि आज उसे किन्हीं पेचीदा हालातों से मुकाबला करना है और उसका मन अपनी ज़िंदगी के पिछले वरक़ उलटने लगा। वैसे वह चुपचाप कप-बशियों में चाय उड़ेलता जा रहा था, बच्चों को हुक्म देता जा रहा था कि यह कप नाना को दे आओ, वह कप नानी को दे आओ।'' (जलना कहानी) पाठक को मुक्तिबोध की कहानियों के शीर्षक बेचैन करते हैं। बेचैनी और तड़प मध्यवर्ग की सच्चाइयों का आईना भी है; मसलन 'जलना' कहानी। मध्यवर्गीय जीवन और उसमें फँसे आदमी अपनी तमाम ज़िंदगी जलते हैं। इसमें जीवन के ताप की दाहकता उसे लगातार बेचैन किए रहती है। 'जलना' शिक्षक की कहानी है; जो अपनी बूढ़ी माँ की चाय के दूध के लिए पंसारी के यहाँ रद्दी बेचता है। इस कहानी में मध्यवर्गीय दंपति के मन की गहराई को बहुत अंदर तक छुआ गया है। मध्यवर्ग की विवशता और ग़रीबी के भयावह दंश का इस कहानी में रेखांकन है। मध्यवर्ग अनेक बार अपनी नज़रों में गिरता है। गाँव में लोग जिस तरह का जीवन यापन कर रहे हैं, वह बहुत उत्तेजक है। उसे घोषणावीर क्या जानें? भोले विश्वासों पर ही मनुष्यता टिकती है। जो भोले विश्वासों से बाहर आया, वह संपन्न भले हो जाए, कभी-कभार ही नहीं, अक्सर मनुष्यता की परिधि से बहुत दूर चला जाता है; नक़लीपन के फंदे में मध्यवर्ग फँस जाता है; निकलना चाहता है; कोशिश करता है और प्रायः नाकाम भी होता है।

कहानी में कहा गया है- ''मैंने बच्चों को सिखा दिया है कि बेटे, कभी इच्छामय दृष्टि से दुनिया को मत देखना, वह मामूली से मामूली इच्छा भी पूरी नहीं कर सकती। और चाहे जो करो, मौका पड़ने पर झूठ बोल सकते हो; लेकिन यह मत भूलना कि तुम्हारे ग़रीब माँ-बाप थे। तुम्हारी जन्मभूमि ज़मीन और धूल और पत्थर से बनी यह भारत की धरती ही नहीं है : वह है ग़रीबी। तुम कटे-पिटे दाग़दार चेहरे वालों की संतान हो। उनसे द्रोह मत करना। अपने इन लोगों को मत त्यागना। प्रगतिवाद तो मैंने अपने घर से शुरू कर दिया था।'' (जंक्शन कहानी से)

'काठ का सपना' कहानी में रोज़मर्रा जीवन के छोटे-छोटे ठोस चित्रों की शृंखला है और उस घुटन भरी ग़रीब मध्यवर्गीय ज़िंदगी के अँधेरे का अवलोकन है; जहाँ ख़्यालों से माथे का दुखना नहीं थमता; देह की थकन दूर नहीं होती; असंतोष की आग और बेबसी का धुआँ दूर नहीं होता। पर यही सब कुछ नहीं है। कहानी का यह थका, हताश नायक, जिसे सिर्फ़ एक संदेह है कि इस निष्क्रियता में एक अलगाव है- एक भीतरी अलगाव है; जो अंदर की जड़ता से मुक्त नहीं हो पाता। इसमें बताया गया है कि निम्नवर्ग के दंपति परिस्थितियों की मार से काठ हो गए हैं; जैसे जल-विप्लव में ये दोनों प्राणों से विहीन लकड़ियाँ आपस में गुँथ गए हैं और इसमें बैठी है एक बालिका सरोज। कहानी अनेक प्रश्न उठाती है। ज़िंदगी के सच का बयान करती है। ''दोनों स्त्री-पुरुष के जीवन पर विराम का पूर्ण चिह्न लग गया है। काठ हो गए हैं। बाढ़ आती है। किनारे पर पड़े हुए काठों को बहाकर ले जाती है। जल-विप्लव है। काठ बहते जाते हैं, फिर भी वे प्राणहीन काठ, आपस में बहे जा रहे हैं।'' (काठ का सपना, कहानी)

'ब्रह्मराक्षस का शिष्य' अभिव्यक्ति के संकट की कहानी है और अभिशप्त बुद्धिजीवी की त्रासद दास्तान भी। हर ईमानदार बुद्धजीवी इस प्रश्न से और उसकी भयंकरता से जूझने के लिए मजबूर है। बुद्धिजीवी की इस अभिशाप से मुक्ति सहज-सरल क्रिया नहीं है; बल्कि यह संपूर्ण ज्ञानदान में ही संभव है। कहानी में चित्रित किया गया है कि एक बालक पिता की मार खाकर ज्ञान लेने के लिए योगगुरु के पास काशी जाता है। सात मंज़िले अभिशप्त भवन में वह ज्ञान प्राप्त करता है। उसके गुरु का कहना है- ''तुमने मुझे प्रेत-योनि से मुक्ति दिलाई; लेकिन जब तक इस ज्ञान को दान नहीं करोगे, तुम्हारी मुक्ति नहीं होगी।'' ज़ाहिर है कि गाँव में जिसे बरम कहा जाता है, वही ब्रह्मराक्षस है; जिसकी मुक्ति आसानी से नहीं होती। मध्यवर्ग के लिए मुक्ति एक सपना है। वह कमज़ोरियों के चक्रों में फँसा रहता है। इसी तरह मुक्तिबोध की कहानी है- 'नई ज़िंदगी।' इसका नायक मध्यवर्ग का होते हुए भी उस वर्ग का नहीं था। इसका परिणाम यह था, न तो निचली श्रेणी के लोगों की लाभदायक आदतें और मनोवृत्तियाँ उसके पास थीं, न मध्यवर्ग के मुख्य लाभ उसे प्राप्त थे। मुक्तिबोध की सोच यह है कि ''संसार के बारे में सारी योजनाएँ अपने साथ रखने और सफलताओं के बावजूद अगर मैं उनमें अव्यवस्था, असंगठन और आवारागर्दी देखता हूँ तो न जाने मुझे क्यों बुरा लगता है।''

मुक्तिबोध की अनेक कहानियाँ हैं। इनको पढ़ते हुए बार-बार यह अनुभव होता है कि वे अनेक तरह की कहानियाँ होते हुए भी उसमें मध्यवर्ग की समूची समस्याएँ बार-बार घिरती हैं। वे बार-बार मध्यवर्ग के संदर्भ में विचार करते हैं और उनकी वास्तविकताओं को परखने का प्रयत्न करते हैं। उनकी कहानियों में मध्यवर्गीयजनों के अभावग्रस्त जीवन की भयावहता, अन्याय, अत्याचार की लंबी शृंखलाएँ मिलती हैं; जीवन की जटिलता और सामाजिक-आर्थिक दुर्दशाओं के बहुतायत रूप और चित्र मिलते हैं। हमारे जीवन में वास्तविकताएँ पात्रों के लोक में बार-बार घटती हैं। अभावग्रस्तता तो वहाँ एक स्थायी रूप है। इसी क्रम में उनकी कुछ कहानियों को देखा जा सकता है। एक कहानी है- 'दो चेहरे।' वह सच्ची लगन और निष्ठा पर ज़ोर देती है। इसमें एक तरफ़ तो प्रेमी युगल का प्रेम है, उस प्रेम में दीवानगी है; उन्हें यह भी नहीं मालूम कि उन्होंने एक राहगीर को कब उनकी लत लग गई है। दूसरी ओर ख़ुदा की इबादत करने वाला एक भक्त है; जो हमेशा चौबीसों घंटे साधना करने के बावजूद अपने आप को नहीं भूल पाता और जब उसे प्रेमी युगल की अनजान ठोकर लगती है तब वह उनको डाँटता है; लेकिन अंततोगत्वा उसे अपनी गलती का अहसास हो जाता है। वह पश्चात्ताप भी करता है और अपने आपको दुरुस्त भी। मुझे एक शायर की कुछ पंक्तियाँ याद आती हैं कि "चोट जब तक लगी नहीं होती/होश में ज़िंदगी नहीं होती/सर है सज़दे में, दिल है और कहीं/इस तरह बंदगी नहीं होती।" 'दो चेहरे' में इसी प्रश्न को और इसकी वास्तविकता को उजागर किया गया है। एक कहानी है- 'अँधेरे में'; जिसमें समाज के थके-हारे निम्नवर्गीय जीवन की कटुता को झेलने वाले लोग हर उस व्यक्ति को अपेक्षा की दृष्टि से देखते हैं; जो उन्हें थोड़ी सी ऊष्मा बाँटता हो। आवश्यक है कि हमारी ऊष्णता का दृष्टिकोण स्पष्ट एवं मूर्त हो; उसमें ईमानदार भावना हो। ज़ाहिर है कि विचार और क्रिया के योग में ही गति है। क्रियाहीनता कायरता और नपुंसकता को जन्म देती है। इस कहानी में मध्यवर्गीय लोगों की सहिष्णुता और सहानुभूति निम्नवर्ग के प्रति केंद्रित की गई है। मुझे ऐसा लगता है कि इस कहानी का विस्तृत कैनवास मुक्तिबोध की प्रसिद्ध एवं कालजयी कविता 'अँधेरे में' के प्रारूप और उसके यथार्थ में भी मिलता है। हालाँकि 'अँधेरे में' कविता में हमारे समय की आशंकाओं और प्रश्नों के अनेक रूप हैं; जो हमें अभी भी बेचैन कर रहे हैं। इसी तरह 'प्रश्न' कहानी में मुक्तिबोध ने पारस्परिक नैतिकता और पवित्रताबोध के स्थान पर गतिशील यथार्थ को केंद्र में रखा है। परिवारों में पल रहे सामंती संस्कार, सोच और नैतिक सवालों के संकट को आज के जीवंत संदर्भों में सवाल के रूप में यह कहानी खड़ा करती है। उसका सार्थक जवाब यह है कि पति की मृत्यु के पश्चात् यदि पत्नी किसी परपुरुष से संबंध बना लेती है तो उसे क्यों ग़लत समझा जाता है? इसे स्त्री के जीवन-संसार की आवश्यकता के रूप में देखा जाना चाहिए। यह कोई अपवित्र और ग़लत काम नहीं है। वह अपने सुरक्षा-घेरे को और बाल-बच्चों के कल्याण को भी इसमें शामिल करती है; जो उस पत्नी के लिए बहुत ज़रूरी है और यह अत्यंत मानवीय भी

लगता है। यह अच्छी बात है कि इस दौर में जातियों के बंधन शिथिल होते जा रहे हैं। कामकाजी लड़के और लड़कियाँ चाहे जिस वर्ग और जाति के हों, आपस में दांपत्य जीवन में बँध जाते हैं; क्योंकि इस दांपत्य का संबंध सुरक्षा, आत्मरक्षा और भविष्य से भी है और स्त्री-पुरुष की भौतिक ज़रूरतों से भी इनका रिश्ता है। रूढ़ियाँ भी धीरे-धीरे टूट रही हैं। पुरानी पीढ़ी इसे भले ही अलग नज़रिए से देखे; लेकिन नया ज़माना उसे सहज स्वीकारोक्ति के रूप में ग्रहण करता है। यह मजबूरी नहीं, समय की आवश्यकता है। हमारा समाज उत्तरोत्तर विकसित हुआ है और उसमें समय और परिवेश के नए संदर्भ भी हैं।

मुक्तिबोध की ज़्यादातर कहानियाँ परिवारों को केंद्र में करती हैं। परिवार मानव-जीवन की अंदरूनी धुरी भी है जिसमें समाजिक सच्चाइयों के विभिन्न रूप है। मध्यवर्ग के परिवार अनेक प्रकार की यातनाओं के शिकार हैं। वहाँ आर्थिक संघर्ष और बाल-बच्चों के विकास का संघर्ष नए-नए रूपों में लगातार प्रकट होता रहता है। मुक्तिबोध अपने निजी परिवार के संघर्ष को पूरे देश के परिवारों के साथ जोड़ने का कार्य करते हैं। अपने एक लेख में उन्होंने संकेत दिया है- ''मानव का अर्थ वह साधारण मध्यवर्गीय और निम्नवर्गीय जन हैं; जो अपने बालकों को उचित भोजन और उचित शिक्षा और उचित वस्त्र का भी ठीक से प्रबंध नहीं कर सकते। दिल्ली, बंबई, कलकत्ता और मद्रास के उस उच्चवर्गीय जन सदाशयी हो सकते हैं; किंतु भारतीय जनमत की वर्तमान स्थिति का संवेदनात्मक बोध उनके पास नहीं। वे बेचारे यह नहीं जानते कि आज साधारण जनमन में व्यक्ति-स्वातंय का प्रश्न सबके लिए मानवोचित जीवन-रचना और समाज-रचना के प्रश्नों के साथ जुड़ा है।'' विभिन्न संदर्भों को इसमें रेखांकित किया गया है। इसी तरह 'मोह और मरण' कहानी में पारिवारिक आय को बढ़ाने के लिए बूढ़े की विवशता लाभ-लोभ और उसकी लाचारी का वर्णन और विवरण है। इसमें मध्यवर्ग के आंतरिक मनोविज्ञान की गहरी पहचान है। इस कहानी का बूढ़ा एन-केन-प्रकारेण हर हालत में पैसा कमाना चाहता है। इसीलिए वह पैसा कमाने के तरीकों का नए-नए रूपों में सृजन करता है। उसकी बहू उस बूढ़े की ठगवृत्ति पर कटाक्ष करती है और बूढ़ा इस बात को सोचने के लिए मजबूर होता है। दरअसल लूट-खसोट और ठगने की प्रवृत्ति भी पूँजीवादी सभ्यता की कोख़ से जन्मी है। हालाँकि इसके लक्षण और रूप मध्यवर्ग में भी आपको आसानी से मिल जाएँगे; जिसकी वजह से बूढ़ा अपने ही वर्ग के लोगों को ठगने से नहीं चूकता। ये भले ही बूढ़े की गिरावट के रूप में पहचानी जाए; लेकिन उसे जब एहसास होता है तो वह अपने आप को बदलता है। यह एक तरह हृदय-परिवर्तन की कहानी है। मध्यवर्ग ठगने के बारे में, लूट-खसोट के बारे में दोहरे चरित्रों का निर्वाह हमेशा करता रहा है। उदाहरण के रूप में हम सब्जी वाले से सामान खरीदते वक़्त उसे कम-से-कम पैसा देना चाहते हैं; उसी तरह रिक्शा खींचने वाले को ठग लेना चाहते हैं। यह मध्यवर्ग की एक असंतुलित प्रवृत्ति है और जीवन की अनिवार्य सच्चाई भी; जिसे मुक्तिबोध ने इस कहानी में रेखांकित किया है।

मुक्तिबोध अपने कथा-संसार में मध्यवर्ग को विभिन्न रूपों में प्रस्तुत करते हैं। इनमें मध्यवर्ग के दोनों रूप मिलते हैं- निम्न मध्यवर्ग और उससे थोड़ा उठा हुआ मध्यवर्ग उसकी मुख्य वजह यह है कि वे मध्यवर्ग की स्थितियों को बहुत व्यवस्थित ढंग से जानते-पहचानते हैं। उनकी एक कहानी है- 'ज़िंदगी की कतरन'। इसमें मुक्तिबोध ने आत्महत्या के प्रसंग को उठाया है और आत्महत्या के तहख़ाने में छिपे सत्य को खोजने की कोशिश की हैं। इसमें जिन हत्याओं के प्रसंग हैं, उन्हें वे बाहर-बाहर से नहीं देखते; बल्कि आत्महत्या के कारणों की पृष्ठभूमि को, उनमें छिपे आर्थिक, सामाजिक संबंधों के बुने हुए ताने-बाने को और कारकों को भी बड़ी सूक्ष्मता के साथ उभारने का वे प्रयत्न करते हैं। मेरी नज़र में इस कहानी में विभिन्न आत्महत्याओं को गौरवान्वित नहीं किया गया; बल्कि इन्हें पूरी हक़ीक़त के साथ विश्लेषित भी किया गया। इसमें चित्रित हैं- मध्यवर्ग की रोज़मर्रा की ज़िंदगी के तनाव, अंतर्विरोध, विसंगति और विडंबनाएँ। मध्यवर्गीय समाज में तरह-तरह की पेचीदा स्थितियाँ हमारे सामने आती हैं; जो मध्यवर्ग को बार-बार समूची ज़िंदगी में लहूलुहान करती रहती हैं और हमें किंकर्तव्यविमूढ़ बनाती हैं। प्रशासन के कोई भी दावे मध्यवर्ग की वास्तविकताओं को ढँक सकने में अक्षम है। प्रशासन और राजकाज चलाने वाले सभी विश्लेषण अपनी सुविधा और सत्ता में काबिज़ रहने के लिए करते हैं। समूचे समाज को तबाह करता, बेचैन करता मनोविज्ञान राजकाज की वास्तविकता को उजागर करता है। उसे आज के संदर्भों में देखें तो हमारे देश में किसानों द्वारा की जा रही विभिन्न आत्महत्याएँ इन्हीं बेचैनियों के जीते-जागते नमूने हैं।

मुक्तिबोध की एक कहानी है- 'समझौता'। उसमें केंद्रीय समस्या नौकरी है और नौकरी के तंत्र में कार्यालयों में होने वाली उठापटक, जीहुज़ूरी, चापलूसी और चमचागिरी है। कहानी बताती है कि प्रशासन-तंत्र के ये कार्यालय एक तरह की जेलें भी हैं। इन जेलों में अफ़सर और बड़े कर्मचारी अपने से छोटों का निरंतर शोषण करते हैं। इस दारुण व्यथा को मुक्तिबोध ने केवल एक वाक्य में व्यंजित किया है- "तुम भी अज़ीब आदमी हो। 'यह तो सर्विस है, सर्कस नहीं'। कहानी का एक पात्र कहता है- "जोकर होना क्या बुरा है। ज़िंदगी एक भारी बड़ा मज़ाक है; और तो और जोकर अपनी भावनाएँ व्यक्त कर सकता है, चपत जड़ सकता है, एक-दूसरे को लात मार सकता है और फिर भी कोई दुर्भावना नहीं। वह हँस सकता है, हँसा सकता है उसके हृदय में इतनी सामर्थ्य है।" मुझे लगता है कि हमारे तंत्र में नौकरी कई रूपों में प्रत्यक्ष होती है। शोषण, अन्याय, उत्पीड़न और उठापटक की बड़ी छायाएँ वहाँ मौजूद हैं। वहाँ जी रहे लोग कई तरह की यातनाओं के शिकार होते हैं और रिटायरमेंट के दौरान भ्रष्टाचार और अन्याय के बवंडर में बार-बार फँसते हैं। मुक्तिबोध अपनी कहानियों में मध्यवर्ग की त्रासदी को विभिन्न तरीकों से चित्रित करते हैं। मध्यवर्ग ज़िंदगी भर समझौता ही तो करता है। तरह-तरह के सपने पालता है। सपने पूरे नहीं होते; अन्य अनेक तरह की कवायदें भी करता है। इसमें कथा इस रूप में सामने आती है कि एक शेर है और एक रीछ-

दोनों नक़ली। मध्यवर्ग भी तो नक़ली है। वह जितने वायदे करता है, अपनी मजबूरियों की वजह से उनका पालन नहीं कर पाता। शेर और रीछ का संवाद ध्यान से सुनने लायक है- "अबे डरता क्यों है, मैं भी तेरे ही सरीखा हूँ, मुझे भी पशु बनाया गया है, सिर्फ़ मैं शेर की खाल पहने हूँ तू रीछ की!" "इस बात पर रीछ को विश्वास करने या न करने की फुरसत ही न देते हुए शेर ने कहा, "तुम पर चढ़ बैठने की सिर्फ़ मुझे क़वायद करनी है, मैं तुझे खा डालने की कोशिश करूँगा, खाऊँगा नहीं। क़वायद नहीं की तो हंटर पड़ेंगे, तुमको और मुझको भी। मैं तुझे खा नहीं सकता। आओ, हम दोस्त बन जाएँ। अगर पशु की ही ज़िंदगी ही बितानी है तो ठाठ से बिताएँ, आपस में समझौता करके।"

उनकी कहानी है 'आखेट'। इसका नायक मोहब्बत सिंह तत्कालीन सामाजिक रूढ़ियों के कारण अपने प्रेम में विफल होता है। वह राजपूत होते हुए भी अपने मुसलमान हेड कांस्टेबल की ख़ूबसूरत लड़की से प्रेम करता है; लेकिन असफल हो जाता है। ताज़्जुब है कि उसके राजपूती हृदय में किसी प्रकार की सांप्रदायिक कटुता नहीं है। वह प्यारा आकर्षण विफल होकर मन की पर्तों के नीचे दब जाता है और उसे भीतर-भीतर से उदार बनाए रखता है कि अचानक एक घटना घटती है कि भूख से पीड़ित एक भिखारिन उसके घर आ जाती है। मोहब्बत सिंह की अपनी भूख का तूफ़ान उस स्त्री की भूख पर विशेष ध्यान न देकर वह उस पर अंधाधुंध टूट पड़ता है। उससे बलात् , शरीर संपर्क स्थापित कर लेता है; लेकिन जब उसे पाप का एहसास होता है तो वह उस अनाथ भिखारिन को अपना लेता है। इस कहानी में ख़राब प्रवृत्तियों पर अच्छी प्रवृत्तियों की विजय हमारे सामने आती है। यह एक तरह से मनुष्यता का एक शुभ लक्षण है। कहानी का तात्पर्य है "मनुष्य में स्थित जिस पशु ने उस स्त्री को चौकी के अंदर पैर रखते हुए अपना आखेट बना लिया था, उसी मनुष्य के भीतर बैठे हुए देवता ने मानो अपने आचरण से अनाथिनी को सनाथिनी बना दिया था।" इसी क्रम में एक कहानी है 'चाबुक'। इसका नायक, जो निजी परिस्थितियों को झेलता हुआ पारिवारिक विवशताओं से परे जाकर उनसे ऊपर उठकर वह ज़माने भर के दर्द को दिमागी फ़ितूर की तरह जीता है; शोषण और न्याय के प्रति विद्रोह करने वाली शक्तियों की ऊष्मा से अपने को ताक़तवर बनाता है। यह कहानी हमें अपने स्वार्थों तक सीमित न रहकर सोच को बढ़ाकर दुनिया की चिंता करने के लिए बाध्य करती है। रामलाल ग़रीब है; फिर भी वह संघर्ष करता है। वह लोगों के बहकावे और फुसलावे में नहीं आता; लाभ और लालच की दुनिया से अपने को दूर कर लेता है। मुक्तिबोध का जीवन सीधे निम्नवर्ग की समस्याओं से ही आता है; जिसके अंदर ज़िंदगी के यथार्थ का भयावह संसार है और यथार्थ के हाहाकार भी। मुक्तिबोध कुछ कह पाए हैं और उनसे भी कुछ छूट गया-सा लगता है।

मुक्तिबोध की कहानियाँ मध्यवर्ग की वंचनाओं, दुःखों और समस्याओं को उठाती हैं। मुक्तिबोध के लिए मध्यवर्ग पहेली न था। इतिहास की गतिविधियों के मार्फ़त वे

मध्यवर्ग के संताप को अभिव्यक्त करना चाहते थे। श्रीकांत वर्मा लिखते हैं- ''सारा इतिहास मुक्तिबोध के लिए एक चुनौती था। मध्यवर्ग इस इतिहास की एक गुत्थी है; जिसे मुक्तिबोध समझना-सुलझाना चाहते थे। मुक्तिबोध के चारों ओर मध्यवर्ग का नैराश्य, कुंठा, असवाद, आत्मवंचना और आत्मपरस्ती थी। मध्यवर्ग के संकट को मुक्तिबोध ने जितना समझा था, अन्य किसी भी लेखक ने नहीं समझा है।...मुक्तिबोध की कहानियाँ मध्यवर्ग के विरुद्ध एक ज़िरह हैं। वे मध्यवर्ग के एक लेखक का आत्मस्वीकार मात्र नहीं; बल्कि अपने वर्ग के संहार का स्वप्न भी हैं।...मुक्तिबोध की कहानियाँ दो पात्रों के बीच- एक स्वयं मुक्तिबोध और दूसरा मुक्तिबोध का सहयात्री- एक अनंत वार्तालाप हैं।'' ऐसी तमाम बहसें उनके लेखन में फैली हुई हैं और संभवतः इसीलिए उनके वर्णन और चित्रण सटीक हो गए हैं। (फ्लैप से) 'विद्रूप' कहानी मध्यवर्ग के ऐसे स्त्री-पुरुष पात्रों की कहानी है; जिनका अपना कोई सोच का दायरा नहीं है; जो जीवन-दर्शन के अभाव में और उससे उपजे अंधकार में प्रेत आत्माओं की तरह एक-दूसरे से टकरा रहे हैं; एक-दूसरे से जूझ रहे हैं और एक-दूसरे को दोषी ठहरा रहे हैं। मध्यवर्ग हमेशा 'नाच न जाने आँगन टेढ़ा' की समस्याओं का शिकार भी रहा है। इस कहानी का नवयुवक संपन्न वर्ग से सामान्य वर्ग में आकर अपने आपको दंडित करता है। मुझे लगता है कि यही इस कहानी की विद्रूपता है। इसका एक पात्र कहता है- ''सर्वटे कभी अपने आपको पशु, कभी बंदर, कभी रीछ, कभी सिर्फ़ कुत्ता अनुभव करते हुए पुराने असभ्य बर्बर आदिवासी की भाँति दिन के भोजन की तलाश में निकल पड़ता है।...किंतु सर्वटे चाहे अपने आप को जितना बर्बर मान ले वह बर्बर समाज का अंग नहीं था।'' इस कहानी की उदात्तता दरअसल मध्यवर्ग की संवेदनशीलता का स्पष्ट प्रमाण है। इसी तरह इस कहानी में प्रमिला का यह कथन महत्त्वपूर्ण है- ''एक दिन उन्होंने बड़ा मज़ेदार शाप दिया। उन्होंने गुस्से में कहा- जाओ तुम अगले जनम में बहुत धनी परिवार में जनम लोगी; लेकिन मुझ जैसे ग़रीब की तलाश में तुम दर-ब-दर ठोकर खाओगी और अंत में आत्महत्या कर लोगी और वह व्यक्ति तुम्हारा तिरस्कार करेगा।''

मुक्तिबोध की 'भूत का उपचार' कहानी मुझे 'कहानी' की याद दिलाती है। उस कहानी में चित्रित एक पात्र लेखक के ख़िलाफ़ यह वक्तव्य देता है कि लेखक मुझे अपने बलबूते या इशारों पर अपने पात्र को नचा नहीं सकता। इसका पात्र अपने स्रष्टा लेखक से इस बात का आग्रह करता है कि वह बाह्य समाज के रूप भर को नहीं देखे; बल्कि उसकी आंतरिक विरूपताओं को भी उद्घाटित करे। बाह्य यथार्थ को तरज़ीह देने मात्र से कुछ बदलाव नहीं किया जा सकता। इसके लिए ज़रूरी है कि अंदर के जीवन-यथार्थ, उसकी परिस्थितियों को भी रेखांकित किया जाए। पात्र का यह कहना सही है- ''ज़नाबे आली, मैं इस बात का विरोध करता हूँ कि आप निम्न मध्यवर्गीय कहकर मुझे ज़लील करें, मेरे फटेहाल कपड़ों की तरफ़ जानबूझकर लोगों का ध्यान इस उद्देश्य से खिंचवाएँ कि वे मुझ पर दया करें, उन सालों की ऐसी तैसी।'' ज़ाहिर है

कि कोई भी कहानी लेखक के इशारे पर नहीं रची जा सकती। उसे परिवेश और जीवन-स्थितियों के घमासानों को भी चित्रित करना होता है। यदि ऐसा संभव नहीं तो हम जीवन के मर्म को नहीं जान पाएँगे। पात्र उनकी परिस्थितियाँ और उनका संसार उन्हें स्वयं रचता है। लेखक तो उसमें एक सेतु का कार्य करता है। 'जलना' कहानी मेरे हिंसाब से जबरदस्त ट्रेजडी है। नायक चुन्नीलाल अपने पारिवारिक अंतर्द्वंद्वों को पहचानते हुए भी दायित्वों का निर्वाह नहीं कर पाता। उसकी पत्नी पारिवारिक यंत्रणाओं से जूझती हुई प्रतिक्रिया स्वरूप कुछ ऐसा करना चाहती है; जिससे घर का हर आदमी प्रभावित हो। घर की एक साधारण-सी घटना से परिवार का समूचा माहौल बदल जाता है। चुन्नीलाल संकल्प लेता है कि वह पारिवारिक दायित्वों को ठीक से निबाहेगा। वह इसलिए कि परिवार हमें जीवन को जानने, पहचानने और जीवन की वास्तविकता को पहचानता भी है और उजागर भी करता है। अपने बच्चों को समाज की तलछट बनाने से रोकेगा। उसकी यह ललक एक नया संसार रचती है। ज़ाहिर है कि यह कहानी घरेलू ज़िंदगी के संताप का प्रतिनिधित्व करती है; लेकिन प्रश्न यह है कि मध्यवर्ग के द्वारा अपने परिवार को संकट से उबारने के असंख्य प्रयत्न किए जाते हैं तो भी क्या यह जगह संभव हो पाती है? यही मध्यवर्ग की मजबूरी है। यह कहानी एक आकर्षण पैदा करती है- "चुन्नी का दिल इस दृश्य को देख पिघल गया। वह उसे अत्यंत सुंदर प्रतीत हुआ। उसका मन बेहद के मैदान में चला गया। इन सब लोगों का प्यार वह अपने में नहीं सम्हाल सकता। उसका दिल मि‍ी का घड़ा है, उसमें ज़्यादा भरोगे तो वह टूट जाएगा।...एक बारगी उसने अपने सारे घर पर दृष्टि डाली। यह उसका जगत है, उसे सबकी सेवा करनी है। वह ज़रूर-ज़रूर करेगा; नहीं तो ज़िंदगी भर का कोई मतलब नहीं है।" (जलना कहानी)

मुक्तिबोध की कहानियाँ आदमी के अंतर्मन की खोज भी हैं। जब हमारे जीवन में शुचिताएँ प्रभावित होती हैं तो कोई भी उसे सही नहीं कर पाता। हमारे सत्ता में बैठे लोग और प्रशासनतंत्र को चलाने वाले बार-बार, तरह-तरह के नरक रचते हैं। हमारे दफ़्तर यातनागृहों में तब्दील हो गए। एक दाख़िल दफ़्तर साँझ- जिसमें दफ़्तरों की यंत्रणादायक ज़िंदगी, वहाँ पल रहे विभिन्न षड्यंत्र और गुटबाजी की यंत्रणा को प्रस्तुत किया गया है। दफ़्तरों में गुटपरस्ती की वजह से मातहत कर्मचारियों को एक जीवित नरक से गुज़रना पड़ता है। मध्यवर्ग की असली विडंबना यह है कि वह कायर, काइयाँ और डरपोकपने का मिला-जुला संस्करण है। कुछ अच्छा काम यदि करना चाहे तो उसे करने नहीं दिया जाता। इस दौर में तो देखा यह जा रहा है कि मजबूरीवश लोग नौकरी ज़रूर करते हैं; लेकिन हमेशा यंत्रणाओं के कारागार में पड़े होने का अनुभव करते हैं। वे वस्तुस्थितियों से निकलना चाहते हैं; लेकिन निकल नहीं पाते। यह कहानी दफ़्तरों के उस सच को रेखांकित करती हैं- "नौकरी में- वर्मा साहब, कोई किसी का न दोस्त है न दुश्मन। जब किसी पर आ बनती है तो कौन अपनी सुरक्षा की कीमत पर दूसरों की मदद करता है।" (मुक्तिबोध रचनावली-3, पृष्ठ 59) यह एक ऐसी सच्चाई है;

जिसे किसी भी तरह अनदेखा नहीं किया जा सकता। मुक्तिबोध की एक कहानी है- 'सतह से उठता आदमी।' इसके पात्र जीवन की विभिन्न समस्याओं से जूझते हुए अपना पथ खोजने की कोशिश कर रहे हैं और अपनी इस कोशिश में वे तमाम सोपानों पर चढ़ते-उतरते हैं। आज़ादी के बाद की भारत की स्थिति में मनुष्य का विकास किन-किन आयामों से मूर्त हो रहा है- इसका चित्रांकन और मूल्यांकन इस कहानी की केंद्रीय धुरी और संवेदना है। इस कहानी को केंद्र में रखते हुए मलयज का एक लेख प्रकाशित हुआ था 'सतह से ऊपर उठाती रचना।' मुक्तिाबोध की इस कहानी की मूल संवेदना के आधार पर और कुछ निबंधों और कविताओं को ध्यान में रखकर प्रसिद्ध फ़िल्मकार मणिकौल ने एक फ़िल्म बनाई थी; जिसका शीर्षक था- 'सतह से उठता आदमी।' इस फ़िल्म पर और इसके प्रभावों पर टिप्पणी करते हुए अशोक वाजपेयी मानते हैं- ''उसमें कोई कथानक नहीं था और यह मुक्तिबोध की ज़िंदगी के बारे में भी नहीं है तो क्या है? आगे आप इस फ़िल्म को देखें और मैं सोच रहा हूँ कि मणिकौल ने सिर्फ़ इस मुक्तिबोध के लेखन के सिनेमा पक्ष का इस्तेमाल किया, कोई कथानक न देकर...लेकिन मुक्तिबोध की जो प्रतिभा है वह औपन्यासिक और महाकाव्यात्मक है।'' (आलोचना, जुलाई-सितंबर 2015, पृष्ठ-78)

इसी क्रम में देखें तो मुक्तिबोध की एक कहानी है 'विपात्र'- जो बाद में कुछ अंशों को मिलाकर 1971 में उपन्यास के रूप में भारतीय ज्ञानपीठ से प्रकाशित हुई थी। मोतीराम वर्मा ने लिखा था ''विपात्र के माध्यम से ज़िंदगी के बारे में अपनी बहस को मुक्तिबोध और आगे बढ़ाना चाहते थे; किंतु संभवतः अपनी बीमारी के कारण वे उसे पूरा नहीं कर पाए थे।'' (मुक्तिबोध का गद्य साहित्य, पृष्ठ-42) सच तो यह है कि विपात्र लगभग कथाहीन संरचना है; क्योंकि इसकी कथावस्तु और चरित्र-स्थितियाँ काफ़ी उलझी हुईं हैं। इस कथा में जीवन और जगत, समय और परिवेश की द्वंद्वात्मकता लगातार सक्रिय दिखती हैं। इसमें बुद्धिजीवियों के अंतर्विरोध और स्वार्थपरताएँ भी केंद्र में हैं। इसमें एक बॉस है- उनका एक विद्याकेंद्र है और दरबारी परिवेश भी। इस दरबार में तरह-तरह के बुद्धिजीवी आते हैं; जो हमारे जीवन की बहुविध और बहुआयामी व्याख्या करते हैं। उनकी चिंतन-प्रणाली भी स्वार्थसिद्धि के केंद्र में हैं। इस रचना में 'मैं' की भूमिका बहुत महत्त्वपूर्ण है। उसकी चिंता के केंद्र में संपूर्ण मानव-समाज, परिस्थितियाँ और युग की जटिलताएँ हैं; जिनको वह तोड़ना चाहता है। जगत और मैं की अंतहीन बहस से कथा को विकसित किया गया है। यह कथा हमारे आधुनिक जीवन की भयावह त्रासदी के रूप में प्रकट होती है। विपात्र की यह केंद्रीय समस्या है; जिसे अग्नएशका सोनी मानती हैं- ''भारतीय समाज की असली शासक-सत्ता के सामने प्रभाव, धन और भ्रष्टाचार की सत्ता के सामने अकेला प्रबुद्ध व्यक्ति किस हद तक, किस शर्त पर अपने चरित्र का खरापना और अपना मानवीय गौरव बनाए रख सकता है।'' (आलोचना, जुलाई-सितंबर, 1968, पृष्ठ-63) आज़ादी प्राप्ति के पश्चात् भारत में लोकतंत्र की स्थापना तो अवश्य हुई; लेकिन पराधीनता की भयावह दरबारी

मनोवृत्ति ज्यों-की-त्यों विद्यमान है। हमारी जनतंत्रीय प्रणाली में व्यवस्था के स्थान पर व्यवस्थापक का महत्त्व अभी भी बरकरार है; जिसमें व्यक्ति के कर्तव्य का लोप होता जा रहा है। वह करता कुछ नहीं है, पर व्यवस्था में जो कुछ होता है, वह उसके लिए ज़िम्मेदार है। हमारे जीवन की जद्दोजहद हमें इस मुक़ाम तक ले आई है- "आदमी तैयार रहते हैं कि आओ हमें खरीदो। आत्मा की स्वतंत्रता बेचने वालों की संख्या असीम है। इतनी ही बड़ी संख्या है आत्मा को गहन रखने वालों की।" विपात्र में बहस के केंद्र में है- हमारा जीवन, हमारा समय, हमारी चुनौतियाँ, हमारे सामाजिक सरोकार और परिस्थितियों के दबाव को तोड़ने का उपक्रम। इस कथा-संरचना में वासना और वेदना की भी चर्चा है तो दूसरी ओर जीवन-मूल्यों को प्राप्त करने का सपना भी।

हमारे कालखंड की सबसे बड़ी त्रासदी यह है कि हम हर हालत में विपात्र बनने को मजबूर हैं। सारे झमेले शिक्षा और संस्कृति के नाम पर चल रहे हैं। समूची चीज़ें लीपी-पोती जा रही हैं। कहा कुछ जा रहा है और इसके ठीक उलट कुछ और हो रहा है। मुक्तिबोध महत्त्वपूर्ण संकेत देते हैं- "यह एक मानी हुई बात है कि कोई भी व्यक्ति चाहे जितना ही आत्मालोचन कर सकने की सामर्थ्य रखता हो, वह अपने स्वयं के द्वारा निज परिष्कार नहीं कर सकता। मुक्ति अकेले में अकेले की नहीं हो सकती।" सच तो यह है कि हमारे समकालीन समय में और इस दुनिया में भयानक तिलिस्म भी हैं और भयानक त्रासदियाँ भी। विपात्र अनेक प्रश्नों को बहुत गंभीरता से उठाता है; लेकिन अंततोगत्वा झुँझलाहट, तिलमिलाहट, मजबूरियाँ और बेवज़ह के क्रोध का शिकार होता है। वह लड़ते-लड़ते लगभग थक जाता है और जहाँ भी जाता है, अपने आप को लस्त-पस्त पाता है। मुक्तिबोध ने बुद्धिजीवियों को एक रास्ता यह भी दिखाया है- "सिर्फ़ सच्चाई आदमी को कुछ नहीं दे पाती, सच्चाई को सामने लाने के लिए भी ज़ोर और ताक़त की ज़रूरत होती है। ऐसी सच्चाई जो आदमी में ज़ोर पैदा नहीं कर पाती, वह सिर्फ़ जानकारी बनकर रह जाती है।" (मुक्तिबोध रचनावली-3, पृष्ठ-229) विपात्र बुद्धिजीवियों के संकट को और हमारे समय के जीवन की भयावह त्रासदी और जानलेवा विडंबनाओं को मूर्त करता है। ज़ाहिर है कि यहाँ वर्गीय फासले भी हैं और इन वास्तविकताओं के ख़िलाफ़ ज्योतिपुंज जलाए रखने का अटूट साहस भी है। विपात्र पढ़ते हुए अलवेयर कामू के उपन्यास 'द कैसल' की याद आना स्वाभाविक है; जिसमें कोई भी पात्र रचना के केंद्र में नहीं है। केंद्र में है हमारा संघर्ष, हमारी जानलेवा सच्चाइयाँ। विपात्र में जीवन को लेकर अनेक तरह की बहसें की गई हैं। ये सभी बहसें अंततोगत्वा मध्यवर्ग में पनप रहे वास्तव को अभिव्यक्त करती हैं। मध्यवर्ग हमेशा आगे जाने के लिए रास्ते तलाशता है। कभी उसे रास्ता मिलता है; कभी वह भटकता रहता है; रास्ता खोजता रहता है। एक पात्र कहता है- "कर्म मनुष्य के उसकी परिस्थिति से तथा अन्य मनुष्यों से सिर्फ़ जोड़ता ही नहीं है, वह उन्हें तोड़ता भी है।" विपात्र में वर्गीय फासलों का जीवंत यथार्थ है तो दूसरी ओर वस्तुस्थितियों के ख़िलाफ़ ज्योतिपुंज

जलाए रखने का साहस भी। मध्यवर्ग की विडंबानाएँ अनंत हैं; उसमें मध्यवर्ग की कमज़ोरियाँ हैं; उसकी छटपटाहट है। मुक्तिबोध का एक पात्र ग़ालिब पंक्तियाँ उद्धृत करता है। इसमें मध्यवर्ग की किंकर्तव्यविमूढ़ता समझी जा सकती है- ''कोई उम्मीद बर नहीं आती/कोई सूरत नजर नहीं आती/मौत का एक दिन मुअय्यन है/नींद क्यों रात भर नहीं आती।''

मुक्तिबोध अपने समय के अंतर्विरोधों को बहुत ही व्यवस्थित ढ़ंग से चीरफाड़ करते हैं; एक ही समय में अनेक तरह के वैचारिक संघर्षों से जूझते हैं। उनके लिए नैतिक मूल्य बहुत ज़रूरी हैं; लेकिन नैतिक मूल्यों को क़िताबी रूप में पढ़ने के बाद वास्तविक जीवन में उसको पाना हमेशा टेढ़ी खीर होती है। लेखक में वे किसी भी तरह के छल को बर्दाश्त नहीं करते। आत्मालोचन के द्वारा आत्मभर्त्सना के जरिए वे मध्यवर्ग की सच्चाइयों को अभिव्यक्त करने की कोशिश करते हैं। छल, बल और धूर्तता से यदि आपने लेखकीय बाना धारण कर भी लिया तो उसका ज़िंदगी में ज़्यादा प्रभाव नहीं होता। मैं मुक्तिबोध की ईमानदारी का बहुत क़ायल हूँ। एक निबंध में उन्होंने लिखा है- ''मैं पंडित नहीं हूँ, प्रचारक नहीं हूँ, विद्वान नहीं हूँ, केवल एक मामूली लेखक हूँ, और मैंने शायद सबकी आलोचना कर डाली है। इसलिए मुझसे सब नाराज़ भी होंगे। लेकिन मेरा ख़याल है कि मुझे माफ़ भी कर देंगे, मेरी उपेक्षा करेंगे; क्योंकि मैं उनके रास्ते के बीच में कहीं भी नहीं आता।'' (समीक्षा की समस्याएँ, निबंध)

मुक्तिबोध की कहानियाँ पढ़ते हुए कई चीज़ें याद आतीं हैं। मुक्तिबोध सच्चाइयों का वर्णन बहुत तीख़ें अंदाज़ में करते हैं। उनके यहाँ जीवन की आपाधापियों के बहुविध चित्र आते हैं; जिसमें हमारे समय और समाज की वस्तुस्थितियों का मूल्यांकन होता है। मुक्तिबोध की कहानियाँ अपने समय, परिवेश और पात्रों की वास्तविकता को रेखांकित करती हैं। ज़ाहिर है कि कहानियों के लिए कहानियाँ नहीं हैं। उनमें समाज का सत्य और मध्यवर्गीय जीवन का ऐसा भयावह सच है; जो हमारी आँखें खोल देने में सक्षम है। वह हमको बार-बार तौलता है। संभवतः इसीलिए उनकी कहानियों में वस्तुसत्य का उद्‌घाटन विस्तार से और कई आयामों में होता है। एक-एक चीज़ को बहुत बारीकी से देखने का वहाँ रिवाज़ है और पद्धति भी। उनके यहाँ मध्यवर्गीय जीवन के डिटेल्स और रोज़मर्रा समय के बहुत तीखे रूप हैं। मुक्तिबोध की नज़र में सच महत्त्वपूर्ण है। वे इस सच को हर हालत में अभिव्यक्त कर देना चाहते हैं और उस सच में बैठा हुआ जीवन और इस जीवन में पिसता हुआ आदमी, जो न आगे जा सकता, न पीछे जा सकता, न समय की धारा को काट सकता; वह वहीं लगातार लहूलुहान होता रहता। जीवन न तो क़िताब है, न कोई कल्पनालोक। वह जीवन का ऐसा सच है कि हमें लगातार ज़िंदगी की तलवार की धार पर दौड़ लगाने के लिए मजबूर करता है। अपवाद के तौर पर उनकी कुछ कहानियाँ यदि छोड़ भी दी जाएँ तो

उनकी अनेक कहानियों में अनेक प्रकार की विभीषिकाओं के चित्र हैं; ज़िंदगी के उठापटक और विवशताएँ हैं।

वे अपनी कहानियों में सत्य को परिभाषित करना चाहते हैं; ज़िंदगी को चित्रित करना चाहते हैं। इसलिए मुझे उनकी कहानियों में अवलोकन-पद्धति कैमरे की आँख से जैसे फ़िल्में उकेर दी जातीं हैं, उस तरह लगती है। पूरे सामाजिक यथार्थ को ऐतिहासिक घटनाााामों के द्वारा जैसे सत्य उसमें जीवंत कर दिए जाते है, कुछ इसी तरह महसूस होता है। उदाहरण के लिए जैसे सत्यजित राय ने मुंशी प्रेमचंद की कहानी पर 'शतरंज के खिलाड़ी' का निर्माण किया। शतरंज के पॉसों के बैकग्राउंड पर यदि समूची फ़िल्म को शतरंज के मोहरे के सिलसिले में 'विजुलाइज' में किया गया है तो वह काफ़ी प्रभावी जान पड़ता है। एक दूसरा उदाहरण देखें; जैसे फणीश्वरनाथ रेणु की कहानी 'तीसरी कसम' को फ़िल्माते हुए 'हीराबाई' और 'हीरामन' के संघर्ष और प्रेम को, वास्तविकता को चित्रित किया गया है। समूचे बिहार की वास्तविकताएँ व्यवस्थित तरीके से चित्रित की गई हैं। यह बिहार भर का सच नहीं है; समूचे भारत का सच है। उनकी एक-एक हरक़त को फ़िल्म में तराशा गया है। उसी तरह देखें कि मुक्तिबोध ने अपनी कहानी 'क्लॉड ईथरली' में हमारी नाग़रिक-सभ्यता के तमाम स्वरूपों को चित्रित किया है। उसमें कहा गया है कि भारत में भी अमेरिका की सभ्यता की भयावह प्रेत छायाएँ हैं। मैं उनकी अन्य कहानियों को यदि देखना चाहूँ; जैसे- 'एक दाख़िल दफ़्तर साँझ, समझौता, पक्षी और दीमक, नई ज़िंदगी तो इनमें चित्रित और चिह्नित हमारे जीवन के मनोभाव, जद्दोजहद एक मानवीय तड़प और इनसे मुक्ति का प्रयास करता हुआ आदमी इन कहानियों में बार-बार मनुष्य की दुर्दम जिजीविषा तड़प के साथ अंकित दिखाई पड़ता है। मुक्तिबोध के यहाँ अपराधियों के मन-बदलाव के भरपूर दृश्य हैं और उनमें आत्मग्लानि का स्वर बहुत तीव्रता से दिखाई पड़ता है। समझौता कहानी में एक वाक्य है- 'दिल के किसी कोने में कोई अँधियारा गटर एकदम फूट निकलता है।' वह गटर है आत्मालोचन, दुःख, ग्लानि और समाज को समझने की पद्धति और व्यवहार करने की पद्धति का। वह बहुत सटीक चित्रण और अवलोकन करने की स्थितियों का हमें व्यवस्थित ढ़ंग से पता चलता है। मुक्तिबोध की कहानियों में प्रायः जो भी पात्र आए हैं, वे मध्य वर्ग की समूची वास्तविकताओं को कई तरह से अभिव्यक्त करते हैं। उनकी कहानियों में मध्यवर्ग् के पात्र सहज रूप में आए हैं तथा उस वर्ग की सच्चाइयों की वहाँ सक्षम अभिव्यक्ति भी है।

मुक्तिबोध के यहाँ बिंब और प्रतीक, ऐतिहासिक-सांस्कृतिक संदर्भ भी बहुत मायने रखते हैं। वे अन्याय और अत्याचार को बहुत व्यापक परिप्रेक्ष्य में देखने की कोशिश करते हैं। उनकी कहानियों में हमारे जीवन के जो ब्यौरे मिलते हैं और उनके जो डिटेल्स मिलते हैं, उस पर नए सिरे से ध्यान देने की ज़रूरत है। वे आत्मबोध, पापबोध एवं अपराधबोध को बहुत बेबाकी से लक्षित और चित्रित करते हैं। इसलिए उनकी कहानियों की संरचना एक अलग तरह से रेखांकित होती है। उसका एक ख़ास

पैटर्न होता है। वे अराजकता और असंतुलन को और देश-दुनिया में घट रही भयावह स्थितियों को अपनी कहानियों में बिखराते हुए चलते हैं। जैसे हमारी दुनिया होती है हम उसी तरह के बिंबों-प्रतिबिंबों का सृजन करते हैं। यह एक ऐसी प्रक्रिया है; जिसे हम स्वयं सृजित करते हैं। लेनिन का मत है कि "मनुष्य की चेतना वस्तुजगत को सिर्फ़ प्रतिबिंबित नहीं करती; बल्कि उसे सृजित भी करती है।" जैसे उनकी एक छोटी-सी कहानी 'आखेट' हमें बताती है कि पुलिस का एक सिपाही अनाथ भिखारिन को कैसे ठगता और लूटता है और अंत में उसे अपनी सहधर्मिणी बना लेता है। यह उसका मानवीय पक्ष है। मुक्तिबोध की कहानियों को स्मरण करते हुए मुझे अक्सर हरिशंकर परसाई और अमरकांत की याद आती है। बिना तुरपाई, बिना सफ़ाई के केवल आंतरिक अन्विति के कारण इन लेखकों की कहानियाँ आपकी आत्मा में झाँकती-सी महसूस होती हैं।

मुक्तिबोध ने अपनी कहानियों में अपने समय के मध्यवर्ग की चिंताओं, तक़लीफ़ों, समस्याओं को और स्थितियों को रखा है। प्रश्न उठता है कि उनकी कहानियों में आत्मालोचन, आत्मभर्त्सना और अपने समय, समाज को बदलने के बड़े गहरे तंतु हैं। मुझे लगता है कि मुक्तिबोध की कहानियाँ निम्न मध्यवर्ग की स्थितियों का बहुत बारीक चित्रण हैं; क्योंकि वे मध्यवर्ग की जानलेवा सच्चाइयों से भली-भाँति वाक़िफ़ रहे हैं। इसीलिए इनकी कहानियाँ हमें बेहद प्रभावित करतीं हैं और कहीं भी यह नहीं लगता है कि इनमें कृत्रिमता है। मुक्तिबोध मध्यवर्गीय अपराधबोध को अपनी सीमाओं में विस्तार से देखते और चित्रित करते हैं। इसे डॉ. नामवर सिंह ने लक्षित किया है कि- "मुक्तिबोध की रचनाओं में आत्मभर्त्सना का स्वर असंदिग्ध है; लेकिन इस आत्मभर्त्सना को स्वयं मुक्तिबोध की आत्मभर्त्सना कहना भारी भ्रम है। वस्तुतः मुक्तिबोध ने अपनी रचनाओं में 'मैं' के द्वारा अपने पूरे वर्ग मध्यवर्ग की आत्मभर्त्सना को अभिव्यक्त किया है। (कविता के नए प्रतिमान, पृष्ठ-231)

मुक्तिबोध की जो कहानियाँ पूरी हैं, वे भी उनकी कुछ कविताओं की तरह, उनके रचनात्मक स्वभाव के अनुसार अधूरी-सी लगती हैं और जो अधूरी हैं वे तो ख़ैर अधूरी ही हैं। इन कहानियों में चित्रित पात्र जो मध्यवर्ग से आए हैं, वे अपना बखान इस रूप में करते हैं- "मेरे भीतर का जीवन आप क्या जानो। जो भीतर का है, वह धुआँ या कोहरा है, यह गलत है।...ठीक है कि मैं तंगँ गलियों में रहता हूँ और बच्चे को कपड़े नहीं हैं या कि मैं फटेहाल हूँ।" मुक्तिबोध की ज़्यादातर कहानियों में निम्न मध्यवर्गीय अभावग्रस्त जीवन के बहुत भयावह चित्र हैं; अन्याय, शोषण और उत्पीड़न का लंबा सिलसिला है। उनकी कहानियों में एक भुतहा सच, अपराधबोध, दुःख-पीड़ा, अवसाद और घुटन की भयानक छायाएँ हैं। उनकी कहानियाँ मध्यवर्ग की मनःस्थिति, त्रासदी और अँधेरे जीवन की वस्तुगत सच्चाइयों का जीता-जागता बखान है। वे अपने कथा-संसार में जिस परिवेश और वास्तविकता को चित्रित करते हैं, वह हमें भीतर तक हिला देता है। प्रतीक के तौर पर दो उदाहरण द्रष्टव्य हैं- "एक मैली-कुचैली खाट पर

एक बूढ़े की ज़िंदा ठठरी पड़ी हुई थी और ठठरी के दुबले चेहरे की आँखों में एक ज़्योति थी। ऐसी ज़्योति, जो ममतापूर्वक एक और ठठरी को देख रही थी। वह दो साल के शिशु की ठठरी थी; जिसके सारे बदन पर सलवटें पड़ी हुई थीं और उसके सलवट भरे बाल मुख पर वेदना की चीख़ निःशब्द होकर जड़ हो उठी थी।'' (विपात्र)

इसका दूसरा उदाहरण है- ''दोस्त की भावमुद्रा अविचल थी। घुटनों को पैरों से समेटे वह बैठा हुआ था। उसका चेहरा पाषाण-मूर्ति के मुख-सा अविचल भाव प्रकट करता था। कुछ लंबे और गोल कपोलों की मांसपेशियाँ बिलकुल स्थिर थीं या तो वह आधा सो रहा था अथवा वह निश्चित रूप से भावहीन मस्तिष्क के साँवले धुँधलेपन में खो गया था, किंवा वह किसी घनीभूत चेतना के कारण निःशब्द-सा लगता था।'' (ज़िंदगी की क़तरन)

मुक्तिबोध कभी बिंबों के माध्यम से, कभी प्रतीकों के माध्यम से, कभी भावनाओं के द्वारा अपनी बात कहते हैं। वहाँ जीवन का फैलाव ही अक्सर होता है। जीवन के वे क्षण दर्ज़ होते हैं; जो बहुत भयावह होते हैं। मध्यवर्गीय जीवन के कष्ट, अभाव और दुश्चिंताओं और वहाँ के अपने तापों का बयान ज़रूर होता है। कभी-कभी यह ज़रूर लगता है कि इन कहानियों में वैचारिकता है या वैचारिकता में कहानियाँ आकार ग्रहण कर रही हैं। मैं प्रारंभ में ही इस बात को स्पष्ट कर चुका हूँ कि अपनी समूची टूट-फूट के बावजूद ये कहानियाँ चालू कथा-संरचनाओं से अलग हैं और इसी रूप में व्यवहृत होती हैं; लेकिन वहाँ जीवन का बहुत विस्तार से वर्णन है। वे अपने समय और समाज का व्यापक सर्वेक्षण करते हैं और अपनी इन कहानियों में (वे चाहे जैसी हैं) जीवन को, समस्याओं को और स्थितियों को उजागर भी करते हैं; जिनमें विश्वसनीयता है।

●●●